本书编委会

主　　编：王爱立（全国人大常委会法工委刑法室主任）

彭　波（中央政法委综治督导局局长）

刘忠义（公安部刑侦局局长）

副 主 编：李延华（中央政法委综治督导局一级巡视员）

黄　永（全国人大常委会法工委刑法室副主任）

许永安（全国人大常委会法工委刑法室副主任）

杨立州（公安部刑侦局副局长）

吕震乾（中央政法委综治督导局处长）

刘宁宁（公安部刑侦局处长）

编写人员：王　宁　王锡章　项显生　陈远鑫　朱志雄　刘　晋　张义健　黄　星　伊繁伟　陈志荣　佘相东　王奕超　刘婕妤　马　曼　张小乐　马　啸　张金勇　骆　程　董　晴　王　雷　刘筱彤　纪文哲　孙　俊

中华人民共和国
反有组织犯罪法
释义与适用

主编　王爱立　彭　波　刘忠义

中国民主法制出版社

图书在版编目（CIP）数据

《中华人民共和国反有组织犯罪法》释义与适用／王爱立，彭波，刘忠义主编．—北京：中国民主法制出版社，2022.3

ISBN 978-7-5162-2791-6

Ⅰ.①中… Ⅱ.①王… ②彭… ③刘… Ⅲ.①犯罪集团—刑事犯罪—法律解释—中国②犯罪集团—刑事犯罪—法律适用—中国 Ⅳ.①D924.115

中国版本图书馆 CIP 数据核字（2022）第 047718 号

图书出品人：刘海涛
出 版 统 筹：乔先彪
责 任 编 辑：陈　曦　贾萌萌
图 书 策 划：刘　卫

书　　名／《中华人民共和国反有组织犯罪法》释义与适用
作　　者／王爱立　彭波　刘忠义　主编

出版·发行／中国民主法制出版社
地址／北京市丰台区右安门外玉林里 7 号（100069）
电话／010－57258080　57514499（系统发行）　63292520（编辑室）
传真／010－84815841
http://www.npcpub.com
E-mail:mzfz@npcpub.com
经销／新华书店
开本／16 开　710 毫米×1000 毫米
印张／31.75　　**字数**／498 千字
版本／2022 年 4 月第 1 版　2022 年 4 月第 1 次印刷
印刷／北京飞帆印刷有限公司

书号／ISBN 978-7-5162-2791-6
定价／68.00 元

前　　言

2021 年 12 月 24 日，十三届全国人民代表大会常务委员会第三十二次会议通过了《中华人民共和国反有组织犯罪法》。该法自 2022 年 5 月 1 日起正式施行。

反有组织犯罪法贯彻落实习近平法治思想和党中央关于常态化开展扫黑除恶的决策部署，系统总结了扫黑除恶专项斗争的实践经验，突出预防和惩治的要求，明确了一系列的重要制度措施，是一部预防和惩治有组织犯罪的专门性、综合性法律，对于进一步巩固专项斗争的成果，保障在法治轨道上常态化机制化开展反有组织犯罪工作，建设更高水平的平安中国、法治中国，具有重大意义。

制定反有组织犯罪法坚持问题导向，从实际出发，践行全过程人民民主，充分听取和吸收了各方面的意见。反有组织犯罪法共九章七十七条，对反有组织犯罪的工作原则和工作机制、有组织犯罪的预防和治理、案件办理的具体制度和要求、涉案财产认定和处置、国家工作人员涉有组织犯罪的处理、国际合作、保障措施及法律责任等作了全面的规定。

为了深入宣传、学习和贯彻反有组织犯罪法，全国人大常委会法制工作委员会刑法室、中央政法委员会综治督导局、公安部刑侦局参与反有组织犯罪法制定工作的人员，共同撰写了《〈中华人民共和国反有组织犯罪法〉释义与适用》一书，对条文的具体含义、实践中需要注意的问题以及立法宗旨和背景作了详细介绍和阐述。本书密切结合法律草案起草、审议和修改中各方面的意见建议，紧扣实践问题和执法需求，并对重要条文编附了典型案例，必将为读者正确理解和适用反有组织犯罪法提供有力的参考和帮助。因时间和水平所限，不当之处在所难免，敬请广大读者批评指正。

编　者

2022 年 4 月

目　录

001　**中华人民共和国主席令**（第一〇一号）

002　**中华人民共和国反有组织犯罪法**

第一部分　导　读

017　**认真贯彻落实反有组织犯罪法　为常态化扫黑除恶斗争提供坚强法治保障**／王洪祥

017　一、深入认识反有组织犯罪法的立法背景和重要意义

019　二、全面把握反有组织犯罪法的立法思路和基本原则

019　三、充分发挥反有组织犯罪法对常态化扫黑除恶斗争的规范引领作用

020　四、切实抓好反有组织犯罪法宣传贯彻工作

023　**构建惩防并举的反有组织犯罪工作新格局**／杜航伟

024　一、坚持主动进攻，持续保持严打高压态势

025　二、坚持精准防控，建立健全预警预防体系

025　三、坚持依法治理，严格规范公正文明执法

026　四、坚持专群结合，提升基层基础支撑能力

027　五、坚持党的领导，着力增强防范治理合力

028　**制定反有组织犯罪法　构建平安中国的坚实法治平台**／王爱立

028　一、制定反有组织犯罪法的背景与过程

030　二、制定反有组织犯罪法的总体思路

031　三、反有组织犯罪法的主要内容

039　四、认真学习、正确执行反有组织犯罪法

第二部分 释 义

043 第一章 总 则
043 第一条 [立法目的]
049 第二条 [有组织犯罪、恶势力组织的概念及境外黑社会组织的法律适用]
059 第三条 [反有组织犯罪工作方针]
062 第四条 [反有组织犯罪工作原则]
065 第五条 [依法反有组织犯罪、尊重和保障人权]
068 第六条 [有关国家机关的反有组织犯罪工作职责]
072 第七条 [协助、配合开展反有组织犯罪工作的义务]
077 第八条 [举报、表彰和奖励]
085 第二章 预防和治理
085 第九条 [防治主体]
093 第十条 [宣传教育]
097 第十一条 [校园防治]
101 第十二条 [基层组织防治]
104 第十三条 [行业监管]
110 第十四条 [向行业主管部门提出意见]
115 第十五条 [重点区域、行业领域防治]
118 第十六条 [防范有组织犯罪信息传播]
126 第十七条 [反洗钱工作]
133 第十八条 [对有组织犯罪罪犯的监管和安置帮教]
137 第十九条 [个人财产和日常活动报告制度]
142 第二十条 [从业审查和监管制度]
147 第二十一条 [防范境外黑社会组织渗透]
154 第三章 案件办理
154 第二十二条 [总体要求]
161 第二十三条 [网络有组织犯罪及软暴力手段]

166　第二十四条　[线索处置职责]
171　第二十五条　[发现移送]
175　第二十六条　[线索核查]
183　第二十七条　[核查阶段财产的查询和临时措施]
188　第二十八条　[立案侦查]
192　第二十九条　[限制出境措施]
196　第三十条　[特殊羁押制度]
198　第三十一条　[特殊侦查手段]
201　第三十二条　[分案处理]
203　第三十三条　[从宽处罚情形]
209　第三十四条　[财产刑适用]
214　第三十五条　[从严管理和异地服刑制度]
219　第三十六条　[特定的有组织犯罪罪犯减刑、假释程序]
224　第三十七条　[审理减刑、假释案件的程序规定]
226　第三十八条　[办理减刑、假释案件要考虑财产刑的执行情况]
230　第四章　涉案财产认定和处置
230　第三十九条　[办理有组织犯罪案件对涉案财物进行查封、扣押、冻结]
234　第四十条　[对涉嫌有组织犯罪的组织及其成员财产调查]
240　第四十一条　[查封、扣押、冻结、处置涉案财物的要求]
248　第四十二条　[公安机关可以向反洗钱行政主管部门查询信息数据、提请协查]
251　第四十三条　[涉案财产的先行处置]
256　第四十四条　[涉案财产的甄别和处理]
259　第四十五条　[涉案财产的追缴、没收]
267　第四十六条　[涉案财产追缴、没收的特殊情形]
271　第四十七条　[犯罪嫌疑人、被告人逃匿、死亡案件违法所得没收程序]
275　第四十八条　[依法查处与有组织犯罪相关的洗钱及掩饰、隐瞒犯罪所得、犯罪所得收益等犯罪]

280 第四十九条 ［利害关系人对涉案财物处理不服的异议及救济］
285 第五章 国家工作人员涉有组织犯罪的处理
285 第五十条 ［国家工作人员涉有组织犯罪的处理］
290 第五十一条 ［建立线索办理沟通机制及有组织违法犯罪的报案、控告、举报］
294 第五十二条 ［依法查办有组织犯罪案件］
298 第五十三条 ［对从事反有组织犯罪工作人员的名誉保障］
306 第六章 国际合作
306 第五十四条 ［反有组织犯罪开展国际合作］
308 第五十五条 ［反有组织犯罪开展国际合作的具体机制］
311 第五十六条 ［反有组织犯罪的刑事司法协助、引渡］
313 第五十七条 ［反有组织犯罪国际合作中的证据使用］
319 第七章 保障措施
319 第五十八条 ［为反有组织犯罪工作提供各项保障］
320 第五十九条 ［加强反有组织犯罪队伍建设］
322 第六十条 ［反有组织犯罪工作的经费保障］
325 第六十一条 ［对在有组织犯罪案件中作证等相关人员的保护措施］
334 第六十二条 ［有组织犯罪案件中保护措施的批准和执行机关］
338 第六十三条 ［对侦破或查明案件起重要作用的有组织犯罪人员的保护］
343 第六十四条 ［对办理有组织犯罪案件的工作人员及其近亲属的保护措施］
346 第六十五条 ［对反有组织犯罪工作相关人员伤残或者死亡人员的抚恤优待］
350 第八章 法律责任
350 第六十六条 ［有组织犯罪相关的刑事责任］
355 第六十七条 ［涉未成年人从重追究刑事责任的情形］
358 第六十八条 ［对有组织犯罪罪犯适用的从业禁止］
362 第六十九条 ［对尚不构成犯罪情形的处罚］

367　第七十条　［违反日常报告制度的处罚］
369　第七十一条　［对金融机构等相关单位未协助采取紧急止付、临时冻结措施的处罚］
372　第七十二条　［电信业务经营者、互联网服务提供者违反本法规定的处罚］
377　第七十三条　［拒不履行、拖延履行及拒不配合反有组织犯罪法定职责的法律责任］
382　第七十四条　［反有组织犯罪工作保密以及违反规定泄露的法律责任的规定］
387　第七十五条　［国家工作人员涉有组织犯罪的处理］
393　第七十六条　［对行政处罚和行政强制措施决定不服的行政复议、行政诉讼］
398　第九章　附　则
398　第七十七条　［反有组织犯罪法的生效日期］

第三部分　附　录

403　附录一
403　关于《中华人民共和国反有组织犯罪法（草案）》的说明
407　全国人民代表大会宪法和法律委员会关于《中华人民共和国反有组织犯罪法（草案）》修改情况的汇报
410　全国人民代表大会宪法和法律委员会关于《中华人民共和国反有组织犯罪法（草案）》审议结果的报告
412　全国人民代表大会宪法和法律委员会关于《中华人民共和国反有组织犯罪法（草案三次审议稿）》修改意见的报告
414　十三届全国人大常委会第二十四次会议审议反有组织犯罪法草案的意见
422　十三届全国人大常委会第三十次会议审议反有组织犯罪法草案二次审议稿的意见

431 附录二

431 刑法、刑事诉讼法和有关司法解释、规范性文件关于惩治黑恶势力违法犯罪的规定

437 有组织犯罪常见的刑法罪名及相关条文

446 有组织犯罪的概念和特征

452 《联合国打击跨国有组织犯罪公约》的基本情况和主要内容

458 德国反有组织犯罪的立法情况

464 意大利反有组织犯罪的立法情况

470 美国反有组织犯罪的立法情况

477 日本反有组织犯罪的立法情况

483 赃物善意取得问题研究

489 一些国际公约、国家关于刑事涉案财产处置的规定

中华人民共和国主席令

第一〇一号

《中华人民共和国反有组织犯罪法》已由中华人民共和国第十三届全国人民代表大会常务委员会第三十二次会议于 2021 年 12 月 24 日通过，现予公布，自 2022 年 5 月 1 日起施行。

中华人民共和国主席　习近平

2021 年 12 月 24 日

中华人民共和国反有组织犯罪法

（2021 年 12 月 24 日第十三届全国人民代表大会常务委员会第三十二次会议通过）

目　　录

第一章　总　　则
第二章　预防和治理
第三章　案件办理
第四章　涉案财产认定和处置
第五章　国家工作人员涉有组织犯罪的处理
第六章　国际合作
第七章　保障措施
第八章　法律责任
第九章　附　　则

第一章　总　　则

第一条　为了预防和惩治有组织犯罪，加强和规范反有组织犯罪工作，维护国家安全、社会秩序、经济秩序，保护公民和组织的合法权益，根据宪法，制定本法。

第二条　本法所称有组织犯罪，是指《中华人民共和国刑法》第二百九十四条规定的组织、领导、参加黑社会性质组织犯罪，以及黑社会性质组织、恶势力组织实施的犯罪。

本法所称恶势力组织，是指经常纠集在一起，以暴力、威胁或者其他手段，在一定区域或者行业领域内多次实施违法犯罪活动，为非作恶，欺压群众，扰乱社会秩序、经济秩序，造成较为恶劣的社会影响，但尚未形成黑社会性质组织的犯罪组织。

境外的黑社会组织到中华人民共和国境内发展组织成员、实施犯罪，以及在境外对中华人民共和国国家或者公民犯罪的，适用本法。

第三条 反有组织犯罪工作应当坚持总体国家安全观，综合运用法律、经济、科技、文化、教育等手段，建立健全反有组织犯罪工作机制和有组织犯罪预防治理体系。

第四条 反有组织犯罪工作应当坚持专门工作与群众路线相结合，坚持专项治理与系统治理相结合，坚持与反腐败相结合，坚持与加强基层组织建设相结合，惩防并举、标本兼治。

第五条 反有组织犯罪工作应当依法进行，尊重和保障人权，维护公民和组织的合法权益。

第六条 监察机关、人民法院、人民检察院、公安机关、司法行政机关以及其他有关国家机关，应当根据分工，互相配合，互相制约，依法做好反有组织犯罪工作。

有关部门应当动员、依靠村民委员会、居民委员会、企业事业单位、社会组织，共同开展反有组织犯罪工作。

第七条 任何单位和个人都有协助、配合有关部门开展反有组织犯罪工作的义务。

国家依法对协助、配合反有组织犯罪工作的单位和个人给予保护。

第八条 国家鼓励单位和个人举报有组织犯罪。

对举报有组织犯罪或者在反有组织犯罪工作中作出突出贡献的单位和个人，按照国家有关规定给予表彰、奖励。

第二章 预防和治理

第九条 各级人民政府和有关部门应当依法组织开展有组织犯罪预防和治理工作，将有组织犯罪预防和治理工作纳入考评体系。

村民委员会、居民委员会应当协助人民政府以及有关部门开展有组织犯罪预防和治理工作。

第十条 承担有组织犯罪预防和治理职责的部门应当开展反有组织犯罪宣传教育，增强公民的反有组织犯罪意识和能力。

监察机关、人民法院、人民检察院、公安机关、司法行政机关应当通过普法宣传、以案释法等方式，开展反有组织犯罪宣传教育。

新闻、广播、电视、文化、互联网信息服务等单位，应当有针对性地面向社会开展反有组织犯罪宣传教育。

第十一条 教育行政部门、学校应当会同有关部门建立防范有组织犯罪侵害校园工作机制，加强反有组织犯罪宣传教育，增强学生防范有组织犯罪的意识，教育引导学生自觉抵制有组织犯罪，防范有组织犯罪的侵害。

学校发现有组织犯罪侵害学生人身、财产安全，妨害校园及周边秩序的，有组织犯罪组织在学生中发展成员的，或者学生参加有组织犯罪活动的，应当及时制止，采取防范措施，并向公安机关和教育行政部门报告。

第十二条 民政部门应当会同监察机关、公安机关等有关部门，对村民委员会、居民委员会成员候选人资格进行审查，发现因实施有组织犯罪受过刑事处罚的，应当依照有关规定及时作出处理；发现有组织犯罪线索的，应当及时向公安机关报告。

第十三条 市场监管、金融监管、自然资源、交通运输等行业主管部门应当会同公安机关，建立健全行业有组织犯罪预防和治理长效机制，对相关行业领域内有组织犯罪情况进行监测分析，对有组织犯罪易发的行业领域加强监督管理。

第十四条 监察机关、人民法院、人民检察院、公安机关在办理案件中发现行业主管部门有组织犯罪预防和治理工作存在问题的，可以书面向相关行业主管部门提出意见建议。相关行业主管部门应当及时处理并书面反馈。

第十五条 公安机关可以会同有关部门根据本地有组织犯罪情况，确定预防和治理的重点区域、行业领域或者场所。

重点区域、行业领域或者场所的管理单位应当采取有效措施，加强管理，并及时将工作情况向公安机关反馈。

第十六条 电信业务经营者、互联网服务提供者应当依法履行网络信息安全管理义务，采取安全技术防范措施，防止含有宣扬、诱导有组织犯罪内容的信息传播；发现含有宣扬、诱导有组织犯罪内容的信息的，应当立即停止传输，采取消除等处置措施，保存相关记录，并向公安机关或者有关部门报告，依法为公安机关侦查有组织犯罪提供技术支持和协助。

网信、电信、公安等主管部门对含有宣扬、诱导有组织犯罪内容的信息，应当按照职责分工，及时责令有关单位停止传输、采取消除等处置措施，或者下架相关应用、关闭相关网站、关停相关服务。有关单位应当立即执行，并保存相关记录，协助调查。对互联网上来源于境外的上述信息，电信主管部门应当采取技术措施，及时阻断传播。

第十七条 国务院反洗钱行政主管部门、国务院其他有关部门、机构应当督促金融机构和特定非金融机构履行反洗钱义务。发现与有组织犯罪有关的可疑交易活动的，有关主管部门可以依法进行调查，经调查不能排除洗钱嫌疑的，应当及时向公安机关报案。

第十八条 监狱、看守所、社区矫正机构对有组织犯罪的罪犯，应当采取有针对性的监管、教育、矫正措施。

有组织犯罪的罪犯刑满释放后，司法行政机关应当会同有关部门落实安置帮教等必要措施，促进其顺利融入社会。

第十九条 对因组织、领导黑社会性质组织被判处刑罚的人员，设区的市级以上公安机关可以决定其自刑罚执行完毕之日起，按照国家有关规定向公安机关报告个人财产及日常活动。报告期限不超过五年。

第二十条 曾被判处刑罚的黑社会性质组织的组织者、领导者或者恶势力组织的首要分子开办企业或者在企业中担任高级管理人员的，相关行业主管部门应当依法审查，对其经营活动加强监督管理。

第二十一条 移民管理、海关、海警等部门应当会同公安机关严密防范境外的黑社会组织入境渗透、发展、实施违法犯罪活动。

出入境证件签发机关、移民管理机构对境外的黑社会组织的人员，有权决定不准其入境、不予签发入境证件或者宣布其入境证件作废。

移民管理、海关、海警等部门发现境外的黑社会组织的人员入境的，应当及时通知公安机关。发现相关人员涉嫌违反我国法律或者发现涉嫌有组织犯罪物品的，应当依法扣留并及时处理。

第三章 案件办理

第二十二条 办理有组织犯罪案件，应当以事实为根据，以法律为准绳，坚持宽严相济。

对有组织犯罪的组织者、领导者和骨干成员，应当严格掌握取保候审、不起诉、缓刑、减刑、假释和暂予监外执行的适用条件，充分适用剥夺政治权利、没收财产、罚金等刑罚。

有组织犯罪的犯罪嫌疑人、被告人自愿如实供述自己的罪行，承认指控的犯罪事实，愿意接受处罚的，可以依法从宽处理。

第二十三条 利用网络实施的犯罪，符合本法第二条规定的，应当认定为有组织犯罪。

为谋取非法利益或者形成非法影响，有组织地进行滋扰、纠缠、哄闹、聚众造势等，对他人形成心理强制，足以限制人身自由、危及人身财产安全，影响正常社会秩序、经济秩序的，可以认定为有组织犯罪的犯罪手段。

第二十四条 公安机关应当依法运用现代信息技术，建立有组织犯罪线索收集和研判机制，分级分类进行处置。

公安机关接到对有组织犯罪的报案、控告、举报后，应当及时开展统计、分析、研判工作，组织核查或者移送有关主管机关依法处理。

第二十五条 有关国家机关在履行职责时发现有组织犯罪线索，或者接到对有组织犯罪的举报的，应当及时移送公安机关等主管机关依法处理。

第二十六条 公安机关核查有组织犯罪线索，可以按照国家有关规定采取调查措施。公安机关向有关单位和个人收集、调取相关信息和材料的，有关单位和个人应当如实提供。

第二十七条 公安机关核查有组织犯罪线索，经县级以上公安机关负责人批准，可以查询嫌疑人员的存款、汇款、债券、股票、基金份额等财产信息。

公安机关核查黑社会性质组织犯罪线索，发现涉案财产有灭失、转移的紧急风险的，经设区的市级以上公安机关负责人批准，可以对有关涉案财产采取紧急止付或者临时冻结、临时扣押的紧急措施，期限不得超过四十八小时。期限届满或者适用紧急措施的情形消失的，应当立即解除紧急措施。

第二十八条 公安机关核查有组织犯罪线索，发现犯罪事实或者犯罪嫌疑人的，应当依照《中华人民共和国刑事诉讼法》的规定立案侦查。

第二十九条 公安机关办理有组织犯罪案件，可以依照《中华人民共和国出境入境管理法》的规定，决定对犯罪嫌疑人采取限制出境措施，通知移民管理机构执行。

第三十条 对有组织犯罪案件的犯罪嫌疑人、被告人，根据办理案件和维护监管秩序的需要，可以采取异地羁押、分别羁押或者单独羁押等措施。采取异地羁押措施的，应当依法通知犯罪嫌疑人、被告人的家属和辩护人。

第三十一条 公安机关在立案后，根据侦查犯罪的需要，依照《中华人民共和国刑事诉讼法》的规定，可以采取技术侦查措施、实施控制下交付或者由有关人员隐匿身份进行侦查。

第三十二条 犯罪嫌疑人、被告人检举、揭发重大犯罪的其他共同犯罪人或者提供侦破重大案件的重要线索或者证据，同案处理可能导致其本人或者近亲属有人身危险的，可以分案处理。

第三十三条 犯罪嫌疑人、被告人积极配合有组织犯罪案件的侦查、起诉、审判等工作，有下列情形之一的，可以依法从宽处罚，但对有组织犯罪的组织者、领导者应当严格适用：

（一）为查明犯罪组织的组织结构及其组织者、领导者、首要分子的地位、作用提供重要线索或者证据的；

（二）为查明犯罪组织实施的重大犯罪提供重要线索或者证据的；

（三）为查处国家工作人员涉有组织犯罪提供重要线索或者证据的；

（四）协助追缴、没收尚未掌握的赃款赃物的；

（五）其他为查办有组织犯罪案件提供重要线索或者证据的情形。

对参加有组织犯罪组织的犯罪嫌疑人、被告人不起诉或者免予刑事处罚的，可以根据案件的不同情况，依法予以训诫、责令具结悔过、赔礼道歉、赔偿损失，或者由主管部门予以行政处罚或者处分。

第三十四条 对黑社会性质组织的组织者、领导者，应当依法并处没收财产。对其他组织成员，根据其在犯罪组织中的地位、作用以及所参与违法犯罪活动的次数、性质、违法所得数额、造成的损失等，可以依法并处罚金或者没收财产。

第三十五条 对有组织犯罪的罪犯，执行机关应当依法从严管理。

黑社会性质组织的组织者、领导者或者恶势力组织的首要分子被判处十年以上有期徒刑、无期徒刑、死刑缓期二年执行的，应当跨省、自治区、直辖市异地执行刑罚。

第三十六条 对被判处十年以上有期徒刑、无期徒刑、死刑缓期二年执行的黑社会性质组织的组织者、领导者或者恶势力组织的首要分子减刑的，执行机关应当依法提出减刑建议，报经省、自治区、直辖市监狱管理机关复核后，提请人民法院裁定。

对黑社会性质组织的组织者、领导者或者恶势力组织的首要分子假释的，适用前款规定的程序。

第三十七条 人民法院审理黑社会性质组织犯罪罪犯的减刑、假释案件，应当通知人民检察院、执行机关参加审理，并通知被报请减刑、假释的罪犯参加，听取其意见。

第三十八条 执行机关提出减刑、假释建议以及人民法院审理减刑、假释案件，应当充分考虑罪犯履行生效裁判中财产性判项、配合处置涉案财产等情况。

第四章 涉案财产认定和处置

第三十九条 办理有组织犯罪案件中发现的可用以证明犯罪嫌疑人、被告人有罪或者无罪的各种财物、文件，应当依法查封、扣押。

公安机关、人民检察院、人民法院可以依照《中华人民共和国刑事诉讼法》的规定查询、冻结犯罪嫌疑人、被告人的存款、汇款、债券、股票、基金份额等财产。有关单位和个人应当配合。

第四十条 公安机关、人民检察院、人民法院根据办理有组织犯罪案件的需要，可以全面调查涉嫌有组织犯罪的组织及其成员的财产状况。

第四十一条 查封、扣押、冻结、处置涉案财物，应当严格依照法定条件和程序进行，依法保护公民和组织的合法财产权益，严格区分违法所得与合法财产、本人财产与其家属的财产，减少对企业正常经营活动的不利影响。不得查封、扣押、冻结与案件无关的财物。经查明确实与案件无关的财物，应当在三日以内解除查封、扣押、冻结，予以退还。对被害人的合法财产，应当及时返还。

查封、扣押、冻结涉案财物，应当为犯罪嫌疑人、被告人及其扶养的家属保留必需的生活费用和物品。

第四十二条 公安机关可以向反洗钱行政主管部门查询与有组织犯罪相关的信息数据，提请协查与有组织犯罪相关的可疑交易活动，反洗钱行政主管部门应当予以配合并及时回复。

第四十三条 对下列财产，经县级以上公安机关、人民检察院或者人民法院主要负责人批准，可以依法先行出售、变现或者变卖、拍卖，所得价款由扣押、冻结机关保管，并及时告知犯罪嫌疑人、被告人或者其近亲属：

（一）易损毁、灭失、变质等不宜长期保存的物品；

（二）有效期即将届满的汇票、本票、支票等；

（三）债券、股票、基金份额等财产，经权利人申请，出售不损害国家利益、被害人利益，不影响诉讼正常进行的。

第四十四条 公安机关、人民检察院应当对涉案财产审查甄别。在移送审查起诉、提起公诉时，应当对涉案财产提出处理意见。

在审理有组织犯罪案件过程中，应当对与涉案财产的性质、权属有关的事实、证据进行法庭调查、辩论。人民法院应当依法作出判决，对涉案财产作出处理。

第四十五条 有组织犯罪组织及其成员违法所得的一切财物及其孳息、收益，违禁品和供犯罪所用的本人财物，应当依法予以追缴、没收或者责令退赔。

依法应当追缴、没收的涉案财产无法找到、灭失或者与其他合法财产混合且不可分割的，可以追缴、没收其他等值财产或者混合财产中的等值部分。

被告人实施黑社会性质组织犯罪的定罪量刑事实已经查清，有证据证明其在犯罪期间获得的财产高度可能属于黑社会性质组织犯罪的违法所得及其孳息、收益，被告人不能说明财产合法来源的，应当依法予以追缴、没收。

第四十六条 涉案财产符合下列情形之一的，应当依法予以追缴、没收：

（一）为支持或者资助有组织犯罪活动而提供给有组织犯罪组织及其成员的财产；

（二）有组织犯罪组织成员的家庭财产中实际用于支持有组织犯罪活动的部分；

（三）利用有组织犯罪组织及其成员的违法犯罪活动获得的财产及其孳息、收益。

第四十七条 黑社会性质组织犯罪案件的犯罪嫌疑人、被告人逃匿，在通缉一年后不能到案，或者犯罪嫌疑人、被告人死亡，依照《中华人民共和国刑法》规定应当追缴其违法所得及其他涉案财产的，依照《中华人民共和国刑事诉讼法》有关犯罪嫌疑人、被告人逃匿、死亡案件违法所得的没收程序的规定办理。

第四十八条 监察机关、公安机关、人民检察院发现与有组织犯罪相关的洗钱以及掩饰、隐瞒犯罪所得、犯罪所得收益等犯罪的，应当依法查处。

第四十九条 利害关系人对查封、扣押、冻结、处置涉案财物提出异议的，公安机关、人民检察院、人民法院应当及时予以核实，听取其意见，依法作出处理。

公安机关、人民检察院、人民法院对涉案财物作出处理后，利害关系人对处理不服的，可以提出申诉或者控告。

第五章 国家工作人员涉有组织犯罪的处理

第五十条 国家工作人员有下列行为的，应当全面调查，依法作出处理：

（一）组织、领导、参加有组织犯罪活动的；

（二）为有组织犯罪组织及其犯罪活动提供帮助的；

（三）包庇有组织犯罪组织、纵容有组织犯罪活动的；

（四）在查办有组织犯罪案件工作中失职渎职的；

（五）利用职权或者职务上的影响干预反有组织犯罪工作的；

（六）其他涉有组织犯罪的违法犯罪行为。

国家工作人员组织、领导、参加有组织犯罪的，应当依法从重处罚。

第五十一条 监察机关、人民法院、人民检察院、公安机关、司法行政机关应当加强协作配合，建立线索办理沟通机制，发现国家工作人员涉嫌本法第五十条规定的违法犯罪的线索，应当依法处理或者及时移送主管机关处理。

任何单位和个人发现国家工作人员与有组织犯罪有关的违法犯罪行为，有权向监察机关、人民检察院、公安机关等部门报案、控告、举报。有关部门接到报案、控告、举报后，应当及时处理。

第五十二条 依法查办有组织犯罪案件或者依照职责支持、协助查办有组织犯罪案件的国家工作人员，不得有下列行为：

（一）接到报案、控告、举报不受理，发现犯罪信息、线索隐瞒不报、不如实报告，或者未经批准、授权擅自处置、不移送犯罪线索、涉案材料；

（二）向违法犯罪人员通风报信，阻碍案件查处；

（三）违背事实和法律处理案件；

（四）违反规定查封、扣押、冻结、处置涉案财物；

（五）其他滥用职权、玩忽职守、徇私舞弊的行为。

第五十三条 有关机关接到对从事反有组织犯罪工作的执法、司法工作人员的举报后，应当依法处理，防止犯罪嫌疑人、被告人等利用举报干扰办案、打击报复。

对利用举报等方式歪曲捏造事实，诬告陷害从事反有组织犯罪工作的执法、司法工作人员的，应当依法追究责任；造成不良影响的，应当按照规定及时澄清事实，恢复名誉，消除不良影响。

第六章 国际合作

第五十四条 中华人民共和国根据缔结或者参加的国际条约，或者按照平等互惠原则，与其他国家、地区、国际组织开展反有组织犯罪合作。

第五十五条 国务院有关部门根据国务院授权，代表中国政府与外国政府和有关国际组织开展反有组织犯罪情报信息交流和执法合作。

国务院公安部门应当加强跨境反有组织犯罪警务合作，推动与有关国家和地区建立警务合作机制。经国务院公安部门批准，边境地区公安机关可以与相邻国家或者地区执法机构建立跨境有组织犯罪情报信息交流和警务合作机制。

第五十六条 涉及有组织犯罪的刑事司法协助、引渡，依照有关法律的规定办理。

第五十七条 通过反有组织犯罪国际合作取得的材料可以在行政处罚、刑事诉讼中作为证据使用，但依据条约规定或者我方承诺不作为证据使用的除外。

第七章 保障措施

第五十八条 国家为反有组织犯罪工作提供必要的组织保障、制度保障和物质保障。

第五十九条 公安机关和有关部门应当依照职责，建立健全反有组织犯罪专业力量，加强人才队伍建设和专业训练，提升反有组织犯罪工作能力。

第六十条 国务院和县级以上地方各级人民政府应当按照事权划分，将反有组织犯罪工作经费列入本级财政预算。

第六十一条 因举报、控告和制止有组织犯罪活动，在有组织犯罪案件中作证，本人或者其近亲属的人身安全面临危险的，公安机关、人民检察院、人民法院应当按照有关规定，采取下列一项或者多项保护措施：

（一）不公开真实姓名、住址和工作单位等个人信息；

（二）采取不暴露外貌、真实声音等出庭作证措施；

（三）禁止特定的人接触被保护人员；

（四）对人身和住宅采取专门性保护措施；

（五）变更被保护人员的身份，重新安排住所和工作单位；

（六）其他必要的保护措施。

第六十二条 采取本法第六十一条第三项、第四项规定的保护措施，由公安机关执行。根据本法第六十一条第五项规定，变更被保护人员身份的，由国务院公安部门批准和组织实施。

公安机关、人民检察院、人民法院依法采取保护措施，有关单位和个人应当配合。

第六十三条 实施有组织犯罪的人员配合侦查、起诉、审判等工作，对侦破案件或者查明案件事实起到重要作用的，可以参照证人保护的规定执行。

第六十四条 对办理有组织犯罪案件的执法、司法工作人员及其近亲属，可以采取人身保护、禁止特定的人接触等保护措施。

第六十五条 对因履行反有组织犯罪工作职责或者协助、配合有关部门开展反有组织犯罪工作导致伤残或者死亡的人员，按照国家有关规定给予相应的待遇。

第八章 法律责任

第六十六条 组织、领导、参加黑社会性质组织，国家机关工作人员包庇、纵容黑社会性质组织，以及黑社会性质组织、恶势力组织实施犯罪的，依法追究刑事责任。

境外的黑社会组织的人员到中华人民共和国境内发展组织成员、实施犯罪，以及在境外对中华人民共和国国家或者公民犯罪的，依法追究刑事责任。

第六十七条 发展未成年人参加黑社会性质组织、境外的黑社会组织，教唆、诱骗未成年人实施有组织犯罪，或者实施有组织犯罪侵害未成年人合法权益的，依法从重追究刑事责任。

第六十八条　对有组织犯罪的罪犯，人民法院可以依照《中华人民共和国刑法》有关从业禁止的规定，禁止其从事相关职业，并通报相关行业主管部门。

第六十九条　有下列情形之一，尚不构成犯罪的，由公安机关处五日以上十日以下拘留，可以并处一万元以下罚款；情节较重的，处十日以上十五日以下拘留，并处一万元以上三万元以下罚款；有违法所得的，除依法应当返还被害人的以外，应当予以没收：

（一）参加境外的黑社会组织的；

（二）积极参加恶势力组织的；

（三）教唆、诱骗他人参加有组织犯罪组织，或者阻止他人退出有组织犯罪组织的；

（四）为有组织犯罪活动提供资金、场所等支持、协助、便利的；

（五）阻止他人检举揭发有组织犯罪、提供有组织犯罪证据，或者明知他人有有组织犯罪行为，在司法机关向其调查有关情况、收集有关证据时拒绝提供的。

教唆、诱骗未成年人参加有组织犯罪组织或者阻止未成年人退出有组织犯罪组织，尚不构成犯罪的，依照前款规定从重处罚。

第七十条　违反本法第十九条规定，不按照公安机关的决定如实报告个人财产及日常活动的，由公安机关给予警告，并责令改正；拒不改正的，处五日以上十日以下拘留，并处三万元以下罚款。

第七十一条　金融机构等相关单位未依照本法第二十七条规定协助公安机关采取紧急止付、临时冻结措施的，由公安机关责令改正；拒不改正的，由公安机关处五万元以上二十万元以下罚款，并对直接负责的主管人员和其他直接责任人员处五万元以下罚款；情节严重的，公安机关可以建议有关主管部门对直接负责的主管人员和其他直接责任人员依法给予处分。

第七十二条　电信业务经营者、互联网服务提供者有下列情形之一的，由有关主管部门责令改正；拒不改正或者情节严重的，由有关主管部门依照《中华人民共和国网络安全法》的有关规定给予处罚：

（一）拒不为侦查有组织犯罪提供技术支持和协助的；

（二）不按照主管部门的要求对含有宣扬、诱导有组织犯罪内容的信息停止传输、采取消除等处置措施、保存相关记录的。

第七十三条 有关国家机关、行业主管部门拒不履行或者拖延履行反有组织犯罪法定职责，或者拒不配合反有组织犯罪调查取证，或者在其他工作中滥用反有组织犯罪工作有关措施的，由其上级机关责令改正；情节严重的，对负有责任的领导人员和直接责任人员，依法给予处分；构成犯罪的，依法追究刑事责任。

第七十四条 有关部门和单位、个人应当对在反有组织犯罪工作过程中知悉的国家秘密、商业秘密和个人隐私予以保密。违反规定泄露国家秘密、商业秘密和个人隐私的，依法追究法律责任。

第七十五条 国家工作人员有本法第五十条、第五十二条规定的行为，构成犯罪的，依法追究刑事责任；尚不构成犯罪的，依法给予处分。

第七十六条 有关单位和个人对依照本法作出的行政处罚和行政强制措施决定不服的，可以依法申请行政复议或者提起行政诉讼。

第九章　附　　则

第七十七条 本法自2022年5月1日起施行。

第一部分

导　读

认真贯彻落实反有组织犯罪法
为常态化扫黑除恶斗争提供坚强法治保障

中央政法委副秘书长、全国扫黑办副主任　王洪祥

2021年12月24日，第十三届全国人大常委会第三十二次会议通过反有组织犯罪法。同日，国家主席习近平签署第一〇一号主席令予以公布，该法于2022年5月1日起正式实施。反有组织犯罪法是我国第一部专门、系统、完备规范反有组织犯罪工作的法律，是党中央部署开展扫黑除恶专项斗争的标志性成果，是中国特色反有组织犯罪制度的成功探索和伟大实践。学习、宣传、贯彻、实施反有组织犯罪法，是当前和今后一个时期全国扫黑除恶战线的一项重要任务。

一、深入认识反有组织犯罪法的立法背景和重要意义

制定反有组织犯罪法是总结扫黑除恶专项斗争经验，加强制度建设，确保扫黑除恶斗争始终在法治轨道上运行的重要举措。要从巩固党的执政基础、确保人民安居乐业、社会安定有序、国家长治久安的高度，深刻认识制定反有组织犯罪法的重要性，切实把思想和行动统一到以习近平同志为核心的党中央作出的重大决策部署上来。

1. 从长期的历史规律来看，需要及时总结工作经验，实现扫黑除恶工作“常态化”。黑恶势力是人类社会的毒瘤，古今中外概莫能外。我国改革开放以来，受多方面因素影响，黑恶势力在一些地方沉渣泛起。这既体现了与黑恶势力斗争的长期性、复杂性，也暴露出之前在治理过程中体制机制建设的短板。为期三年的扫黑除恶专项斗争取得了决定性胜利，但彻底铲除黑恶势力仍是一项长期艰巨的任务。同时，扫黑除恶专项斗争中行业部门齐抓共管、扫黑除恶与反腐“拍蝇”、基层组织建设相结合等工作机制和经验做法也需要通过法律

的形式固定下来。2021 年，中共中央办公厅、国务院办公厅印发了《关于常态化开展扫黑除恶斗争巩固专项斗争成果的意见》，对常态化开展扫黑除恶斗争作出安排部署。制定反有组织犯罪法，将党中央决策部署转化为国家法律，建立一套包括打击与预防、实体与程序、权力与责任的制度机制，有利于常态化、机制化推进扫黑除恶斗争。

2. 从复杂的司法实践来看，需要完善法律制度，实现扫黑除恶工作“法治化”。传统黑恶势力不断变色变异、漂白翻新，给依法惩治带来新的难题。现行法律对黑恶势力犯罪尚缺乏完善的法律认定和执行标准，对实践中出现的涉黑涉恶犯罪新动向不能全方位覆盖、针对性打击，相关法律政策规定比较分散、缺乏系统性。制定反有组织犯罪法，有助于健全完善以法律、司法解释等多种形式衔接配套的反有组织犯罪法律体系，更好运用法治思维和法治方式开展常态化扫黑除恶斗争，努力让人民群众在每一个扫黑除恶案件中感受到公平正义。

3. 从社会治理现代化的大背景来看，需要科学预防犯罪，实现扫黑除恶工作“前端化”。黑恶犯罪往往存在一个“由乱生恶、由恶生黑”的演化规律，既要严厉打击成型的黑恶犯罪，也要下大气力进行源头治理。这就需要坚持“有黑扫黑、有恶除恶、有乱治乱”的原则，以法律的形式压实行业领域和基层农村地区重点整治职责，实现行政执法和刑事司法有效衔接，不断夯实基层组织，确保黑恶势力“打而又生”的怪圈不再重演。制定反有组织犯罪法，从法律层面建立有组织犯罪预防制度体系，有助于健全行业监管、源头整治、基层治理长效机制，助推社会治理现代化，让“中国之治”成色更足、优势更加彰显。

4. 从国际立法实践来看，需要借鉴域外制度实践，实现反有组织犯罪“通行化”。世界上不少国家和地区都通过单行立法形式建立了比较完善的反有组织犯罪法律制度。面对有组织犯罪日趋职业化、专业化、跨国化的形势，我国可以借鉴这些国家和地区的立法经验和立法模式，通过单行立法的方式来完善和健全我国的反有组织犯罪法律制度。同时，我国是《联合国打击跨国有组织犯罪公约》缔约国。制定反有组织犯罪法，有助于更好实现国内法律与国际公约的衔接，为在打击有组织犯罪方面寻求国际司法合作提供法律支撑、创造更好条件。

二、全面把握反有组织犯罪法的立法思路和基本原则

以习近平同志为核心的党中央高度重视反有组织犯罪立法工作，将制定反有组织犯罪法列入需要党中央研究的重大立法事项，列入中央政治局常委会工作要点，明确由中央政法委牵头，全国人大常委会法工委和中央政法单位参加。中央政法委高度重视草案起草工作，起草过程中，多次征求全国扫黑除恶专项斗争领导小组成员单位意见，同时向各地各有关部门特别是基层执法部门和一线政法干警征求了意见，在总结实践经验、深入调查研究、开展专题论证、反复讨论修改的基础上，形成了反有组织犯罪法草案稿。在立法审议过程中，全国人大常委会充分发挥立法主导作用，全国人大宪法和法律委员会、全国人大常委会法工委多次组织立法调研，召开专题会议审查修改、听取意见，对草案作了进一步修改完善，并组织进行了法律案通过前评估，提请十三届全国人大常委会三次审议后通过。

在立法过程中，始终坚持以习近平新时代中国特色社会主义思想为指导，深入学习习近平法治思想，认真贯彻落实以习近平同志为核心的党中央关于开展扫黑除恶斗争的决策部署，依照宪法、刑法、刑事诉讼法等有关法律规定，系统总结扫黑除恶专项斗争实践经验，着眼提升扫黑除恶工作法治化、规范化、专业化水平，为遏制有组织犯罪滋生蔓延、推进国家治理体系和治理能力现代化提供法律支撑。重点把握了以下原则：一是坚持法治思维，突出法治性。妥善处理与刑法、刑事诉讼法及其他现行法律、规范性文件的关系，贯彻落实宽严相济刑事政策，做到了依法依规、宽严有据、罚当其罪。二是坚持问题导向，突出针对性。聚焦执法司法办案过程中遇到的重点难点问题，有针对性地提出对策举措、作出具体规定，有效回应了社会关切。三是坚持开放立法，突出适用性。从国情和实际出发，合理借鉴境外有益经验，充分听取专家学者和一线办案人员的意见建议，确保在全国范围内能普遍适用。四是坚持实践检验，突出集成性。对办案实践检验的有益经验和科学机制方法系统集成、提炼升华，吸收固化到法律中，确保扫黑除恶法律制度的系统整体、稳定连续。

三、充分发挥反有组织犯罪法对常态化扫黑除恶斗争的规范引领作用

反有组织犯罪法的出台，为依法、准确、及时打击黑恶势力违法犯罪提供

了法律政策指引，为深入推进常态化扫黑除恶斗争提供了坚强法治保障。

1. 进一步提高常态化扫黑除恶斗争法治化水平。反有组织犯罪法的出台，有效提升了扫黑除恶斗争的规范化水平，促进了精准认定案件事实、准确把握法律适用、依法严惩黑恶势力犯罪；有利于严厉打击“套路贷”、利用网络实施黑恶犯罪等新型犯罪，有效应对黑恶势力违法犯罪新变化、新特征；有利于依法处置涉案财产，确保摧毁黑恶势力经济基础；有利于健全打早打小的依法惩处机制；有利于强化执法机关的法治意识、证据意识、程序意识、接受监督意识；有利于在预防和惩治有组织犯罪中尊重和保障人权，维护公民和组织的合法权益，确保每一起案件都经得起法律、历史和人民的检验。

2. 进一步推动常态化扫黑除恶斗争机制化开展。反有组织犯罪法的出台，深刻把握传统黑恶势力犯罪不断向互联网延伸，呈现出涉足金融化、手段网络化、结构隐蔽化等新特点，密切跟踪专项斗争后续发展态势，将已经被实践证明正确、成熟、科学，具有中国特色和显著优越性的领导体制、系统治理、机构职权、办案机制等在立法中确认下来，体现打击、治理、预防、建设一体化的格局和思路，有利于监察机关、政法机关和其他国家机关充分发挥职能作用，互相配合，互相制约，形成打击合力；有利于进一步健全行业领域涉黑涉恶违法犯罪防控体系，汇聚全社会共防共治的强大力量。

3. 进一步捍卫人民群众的合法权益。反有组织犯罪法的出台，对准人民群众深恶痛绝的强揽工程、欺行霸市、非法高利放贷、插手民间纠纷等各类黑恶势力犯罪，对准执法不公、欺压群众、“村霸”和宗族黑恶势力把持基层政权、祸害百姓现象，对准黑恶势力背后的国家工作人员贪污腐败和“保护伞”，充分体现了坚持以人民为中心的立法思想，有利于展示各级党委和政府扫黑除恶的决心和成效，增强人民群众运用法律与黑恶势力作斗争的信心和能力，不断提升人民群众的获得感、幸福感、安全感。

四、切实抓好反有组织犯罪法宣传贯彻工作

全国扫黑办将深入贯彻落实以习近平同志为核心的党中央关于常态化开展扫黑除恶斗争的决策部署，把宣传贯彻反有组织犯罪法作为推进常态化扫

黑除恶斗争向纵深发展的有利契机和重要抓手，广泛开展宣传解读，持续深化贯彻落实，提高全民知晓度和自觉主动守法用法意识，推动建设更高水平的平安中国、法治中国，为党的二十大胜利召开创造安全稳定的政治社会环境。

1. 抓好学习培训。推动将反有组织犯罪法纳入各级领导干部学法重点，纳入各级党委（党组）理论中心组学习内容、政府常务会会前学法计划，作为领导干部年度述法重要内容。组织编写反有组织犯罪法系列辅导读物、案例汇编等，帮助进一步学懂弄通、指导实践。举办全国扫黑办反有组织犯罪法系列培训班，会同全国人大常委会法工委、中央政法各单位等对省市县三级扫黑除恶领导小组成员单位有关人员和一线办案干警进行宣讲培训。

2. 抓好普法宣传。将反有组织犯罪法列入"八五"普法重点内容，在中央主流媒体、网站、新媒体等平台，开辟专题专栏细致深入报道，广泛宣传解读。编制反有组织犯罪法宣传挂图，制作播出一批反映创新基层社会治理、整治行业乱象、加强黑恶犯罪源头防范、体现常态化扫黑除恶新成效的影视和新媒体作品，创作展播一批高质量普法剧、动漫、微视频等法治文化产品。积极落实"谁执法谁普法"责任制，结合实际组织开展"送法进企业、进社区、进校园、进军营、进乡村、进机关"活动，推动反有组织犯罪法宣传在全社会有效覆盖。依托中国法学会"百名法学家 百场报告会"活动，举办反有组织犯罪法专场报告会，深入宣讲习近平法治思想和反有组织犯罪法。利用"中央政法委长安剑""长安评论"等微信公众号平台，组织开展线上专题知识竞赛。将反有组织犯罪法主要内容融入"学习强国"平台专项答题和竞赛答题范围。

3. 抓好贯彻执行。把贯彻实施反有组织犯罪法作为2022年常态化扫黑除恶斗争的总牵引，坚持除恶务尽不动摇，持续向社会释放"扫黑除恶永远在路上"的强烈信号。把贯彻实施反有组织犯罪法作为深化行业领域整治的重要举措，持续聚焦"沙霸""矿霸"等行业领域突出问题，强化工作统筹，狠抓责任落实，确保行业领域整治取得扎实成效。把贯彻实施反有组织犯罪法纳入平安中国建设考评，作为2022年常态化扫黑除恶年度考评和全国扫黑办特派督导的重点内容，进一步压实属地责任，确保各项任务落地落实。

4. 抓好队伍建设。巩固深化政法队伍教育整顿成果，以更高的政治自觉和使命但当，认清反有组织犯罪法对扫黑除恶斗争提出的新要求，推动各级党委和政府把常态化扫黑除恶纳入经济社会发展全局谋划推进，进一步健全完善常态化扫黑除恶斗争工作机制，优化机构编制和资源配置，建立扫黑专业人才库，确保各地特别是市县两级扫黑队伍人员力量充足、业务过硬，始终保持对黑恶势力违法犯罪的高压态势。

构建惩防并举的反有组织犯罪工作新格局

公安部副部长、全国扫黑办副主任　杜航伟

制定颁布实施反有组织犯罪法是党中央开展扫黑除恶专项斗争的标志性成果，是构建中国特色反有组织犯罪法律制度的成功探索和伟大实践，在我国反有组织犯罪工作中具有里程碑意义。本法的草案起草工作由中央政法委牵头，公安部具体负责。公安部高度重视，成立了反有组织犯罪法立法领导小组及工作专班，起草过程中始终坚持惩防并举、问题导向、统一协调和开放立法的思路和原则，全面总结实践经验，深入调查研究，广泛听取意见，数易其稿，形成反有组织犯罪法（草案），为该法的顺利审议出台奠定了良好基础。

以黑恶势力为代表的有组织犯罪是世界公认的社会“毒瘤”。新中国成立后，党和政府以雷霆之势，迅速清除了旧社会遗留的反动会道门和帮派团伙。改革开放以来，受境外黑社会渗透和境内社会管理滞后于经济社会发展等因素影响，黑恶势力在一些地方沉渣泛起。公安部对惩治黑恶势力犯罪始终高度重视，二十世纪八九十年代，开展了多次以犯罪团伙、流氓恶势力为打击重点的严打行动。1993 年，在公安部刑侦局成立了反有组织犯罪处，我曾任副处长、处长，在任分管副局长和局长期间，又承担了打黑除恶专项斗争任务。在长期斗争实践中，我深刻感受到反有组织犯罪工作的艰巨性、复杂性，出台一部专门法律为扫黑除恶提供全方位法律支持是广大公安民警的多年期盼！

2018 年，以习近平同志为核心的党中央部署开展为期三年的扫黑除恶专项斗争，根本遏制了黑恶势力犯罪，取得了压倒性胜利，并且在全面总结、固化专项斗争经验做法的基础上，制定出台了反有组织犯罪法，为常态化扫黑除恶斗争提供更加有力的法治保障。徒法不足以自行。公安机关要坚决抓好反有组织犯罪法贯彻实施，按照法律赋予的职责任务，坚持惩防并举，积极构建及时主动发现、全面彻底打击、专业精准防控、长效综合治理、高效协同配合的反有组织犯罪工作新格局。

一、坚持主动进攻，持续保持严打高压态势

严厉打击惩治有组织犯罪是公安机关的主业主责，公安机关要以实施反有组织犯罪法为契机，持续加大打击力度，全面提升打击质效。一是突出打击重点。本法明确界定了有组织犯罪的概念，确定了惩治的目标和范围。公安机关要严格执行法律规定，既要严厉打击黑社会性质组织，又要严惩恶势力组织；既要惩治境内黑恶势力，又要防范惩治境外黑社会渗透；既要防止黑恶势力在传统领域滋生蔓延，又要防止其向信息网络、金融信贷等新领域渗透。要贯彻宽严相济刑事政策，将打击矛头始终对准有组织犯罪的组织者、领导者、主要分子。二是坚持“打早打小”。“打早打小”是我国开展扫黑除恶斗争的基本方针，必须长期坚持。公安机关要继续紧盯非法拘禁、敲诈勒索、寻衅滋事、强迫交易、聚众斗殴等黑恶势力惯常案件，及时侦破并深挖串并，防止违法犯罪分子以案立威，避免其坐大成势。要用好反有组织犯罪法赋予公安机关新的行政处罚措施，对有组织实施但尚构不成犯罪的行为及时依法处罚。三是彻底“打财断血”。反有组织犯罪法专章规定了有组织犯罪涉案财产的认定和处置，确立了财产调查制度。公安机关要转变理念，将调查财产与调查犯罪事实摆于同等重要位置，对有组织犯罪组织及其成员的财产全面调查，依法采取查封、扣押、冻结措施，并在移送审查起诉时提出处理意见，为涉案财产处置及财产刑执行打好坚实基础。反有组织犯罪法在追缴、没收涉案财产方面作出特别规定，比如，依法应当追缴、没收的涉案财产无法找到、灭失或者与其他合法财产混合且不可分割的，可以追缴、没收等值财产或者混合财产中的等值部分，对黑社会性质组织犯罪的违法所得及其孳息、收益采取高度可能性证明标准等。对此，公安机关要尽快适应，侦查工作中有针对性地开展调查取证。四是坚决“打伞破网”。反有组织犯罪法专章规定了对国家工作人员涉有组织犯罪的处理，明确列举了国家工作人员涉有组织犯罪的六种行为。公安机关在工作中发现国家工作人员涉嫌该六种行为的，要依据职权进行核实，经核实属于公安机关管辖的，应当依法立案查处，不属于公安机关管辖的，要及时移送主管机关处理。公安机关要建立健全与纪检监察机关线索双向移送和重大疑难复杂案件会商分析、案情通报、协调推进等工作机制，完善双专班工作模式，实现“打

伞破网”与扫黑除恶同向发力、同频共振。

二、坚持精准防控，建立健全预警预防体系

反有组织犯罪法的一大亮点就是规定了一系列预防有组织犯罪滋生和蔓延的法律制度。公安机关是扫黑除恶斗争的主力军，在对有组织犯罪的防范方面要充分发挥工作优势，提升专业化水平，实现精准防控。一是建立常态化监测评估体系。各级公安机关应当根据辖区内警情、线索、案件及社会评价等情况，充分利用现代化信息系统和大数据技术，定期对有组织犯罪态势进行评估，随时掌握本地有组织犯罪情况，做到心中有数，为精准预防和打击提供支撑。二是明确预防和治理重点。这是反有组织犯罪法赋予公安机关的新职责。公安机关要根据有组织犯罪态势评估等情况，会同有关部门依法确定预防和治理的重点区域、行业领域和场所，并根据职权加强治安行政管理，会同或者配合有关部门加大监督检查力度，深入开展专项整治。三是完善高危人员管控。要求服刑完毕的黑社会性质组织的组织者、领导者报告个人财产和日常情况，是反有组织犯罪法创设的新制度。作为执行机关，公安机关要充分运用、执行好该制度，切实有效管控刑满释放的“黑老大”，防止其重操旧业。要不断完善对有组织犯罪高危人员的研判和预警措施，防止其发展形成黑恶势力。四是强化线索核查。反有组织犯罪法对线索核查作出明确规定，为公安机关开展有组织犯罪线索核查工作提供了法律支撑。公安机关要建立更加科学的线索摸排核查工作机制，切实落实摸排核查责任，用足用好核查措施，做到发现及时、核查彻底，不断提升线索成案率。

三、坚持依法治理，严格规范公正文明执法

公安机关在反有组织犯罪工作中，要全面贯彻习近平法治思想和党中央全面依法治国的要求，坚持社会主义法治原则，让人民群众在每一起案件办理中感受到公平正义。一是准确适用法律。公安机关要严格把握法律政策界限，严格按照罪刑法定、罪刑相适应的原则，根据犯罪的主客观要件、社会危害性等依法确定罪名和应当承担的法律责任；严格依照法定条件认定黑社会性质组织和恶势力组织，既不降格放纵，又不拔高凑数。二是规范执法行为。公安机关要积极适应以审判为中心的刑事诉讼制度，进一步强化程序意识、证据意识，

紧紧围绕黑恶势力犯罪特征和构成要件依法全面收集证据，做到犯罪证据确凿、充分；遵守反有组织犯罪法在预防治理等方面的制度规定，依照法定职责和程序，落实各项行政处罚和管理措施。三是注重保障人权。公安机关执法过程中，应当充分尊重和保障犯罪嫌疑人和案件相关人员的合法权益，严格执行反有组织犯罪法、刑事诉讼法等法律规定的办案程序，严格掌握有关措施的审批权限，严格依法采取监视居住、拘留、逮捕等限制、剥夺人身自由的强制措施。四是维护合法财产权益。公安机关依法查封、扣押、冻结涉案财产，要尽量减少对公民生活和企业生产正常经营活动的不利影响。要严格区分经济纠纷与涉黑涉恶犯罪、合法经营收入与违法犯罪所得、企业正当融资与非法集资的界限，畅通申诉、救济渠道，依法保护企业和个人合法权益。

四、坚持专群结合，提升基层基础支撑能力

打击防范有组织犯罪，既要加强专业力量建设，又要广泛动员人民群众参与支持，不断夯实基层基础工作。一是建强专业队伍。反有组织犯罪法明确规定，公安机关应当建立健全反有组织犯罪专业力量，加强人才队伍建设和专业训练。各地公安机关要按照反有组织犯罪法以及中共中央办公厅、国务院办公厅印发的《关于常态化开展扫黑除恶斗争巩固专项斗争成果的意见》要求，设立常态化反有组织犯罪专门队伍和情报线索处置平台，确保各级特别是县区一级的公安机关具备数量充足、装备精良、业务过硬、政治可靠的反有组织犯罪专业队伍。要加强反有组织犯罪专家人才建设，强化业务培训，提升队伍的专业化水平。二是紧紧依靠群众。惩治有组织犯罪必须践行群众路线，始终以保障人民群众根本利益为出发点和落脚点，打好人民战争。要充分发动群众配合做好安全防范、情报信息、案件侦查、行业整治等方面的工作。要畅通线索举报渠道，落实举报奖励经费，鼓励并保护群众检举揭发黑恶势力违法犯罪。三是强化履职保障。扫黑除恶是一项高风险职业，公安机关要建立健全对履职民警及其近亲属的权益保护机制，落实依法履职免责制度和容错纠错机制。对利用举报等方式歪曲捏造事实，诬告陷害执法人员的，要依法追究责任；造成不良影响的，要按照规定及时澄清事实，恢复名誉，消除不良影响，解除公安民警与黑恶势力作斗争的后顾之忧。四是加大普法力度。公安机关要结合职责，通过普法宣传、以案释法等方式，积极开展反有组织犯罪宣传教育，让人民群众充分认识到有组织犯罪的社会危害性，不断提升人民群众反有组织犯罪意识和斗争能力。

五、坚持党的领导，着力增强防范治理合力

公安机关要充分发扬三年专项斗争的成功经验，在党的统一领导下，推动建立健全各部门各司其职、各负其责、密切配合的工作体系。一是强化组织保障。目前，参照原有全国扫黑除恶专项斗争领导小组组成和分工，中央成立全国扫黑除恶斗争领导小组及其办公室，各级党委和有关部门保留相应领导和办事机构，这为反有组织犯罪工作提供了强有力的组织保障。各级公安机关要坚决贯彻落实有关要求，建立相应的组织领导和执行机构，将反有组织犯罪工作纳入经济社会发展全局，定期向党委政府汇报情况，争取加大保障支持力度。二是密切协作配合。反有组织犯罪法对有关国家机关在反有组织犯罪工作中的职责分工作了具体规定。公安机关要依照法定的权限和程序，与有关部门密切配合，协同各方面力量，做好反有组织犯罪工作。对在办理案件中发现的行业乱象和监管漏洞，要按照反有组织犯罪法的规定，及时发出公安提示函，提出针对性意见建议，推动落实整改治理措施。三是加强国际执法合作。有组织犯罪呈现跨区域、跨境化的特点，打击难度越来越大，开展国际执法合作十分必要。反有组织犯罪法专章规定了国际合作的内容，公安机关在其中承担着重要职责。要加强跨境反有组织犯罪警务合作，积极主动与有关国家和地区建立警务合作机制。经公安部批准后，有关边境地区公安机关可以与相邻国家或地区建立跨境有组织犯罪情报信息交流和警务合作机制。四是抓好责任落实。公安机关是落实反有组织犯罪法的重要力量，各级公安机关要加强督导检查，推动法律实施落地见效，对执行落实不力的，予以追责问责。同时，对有关行业部门未履行法定义务的，反有组织犯罪法赋予了公安机关相应的处罚职责，各级公安机关要严格执法，推动责任落实。

反有组织犯罪工作任重道远。全国公安机关要以反有组织犯罪法实施为契机，乘势而上、积极作为，不断健全反有组织犯罪工作机制制度，建强反有组织犯罪专门力量，全面提升运用法律武器打击、防范有组织犯罪的能力水平，推动常态化扫黑除恶斗争深入健康开展，为建设更高水平的平安中国、法治中国贡献更大力量。

制定反有组织犯罪法
构建平安中国的坚实法治平台

全国人大常委会法工委刑法室主任　王爱立

2021 年 12 月 24 日，十三届全国人大常委会第三十二次会议通过了反有组织犯罪法。反有组织犯罪法的制定，贯彻落实了习近平法治思想和以习近平同志为核心的党中央关于常态化开展扫黑除恶斗争的重大决策部署，系统总结了扫黑除恶专项斗争实践经验，对于推动扫黑除恶工作机制化、常态化开展，推进国家治理体系和治理能力现代化，不断增强人民群众的获得感、幸福感、安全感，建设更高水平的平安中国、法治中国，具有重大意义。

一、制定反有组织犯罪法的背景与过程

（一）立法背景

黑恶势力犯罪现象由来已久，在世界各国普遍存在，新中国成立之前就存在着反动会道门等多种黑恶势力。新中国成立后，党和政府采取高压严打政策，在较短的时间内彻底清除了旧社会遗留下来的黑恶势力。改革开放以来，受境内外多方面因素的影响，黑恶势力在一些地方沉渣泛起。为打击黑社会性质组织犯罪，刑法中专门规定了组织、领导、参加黑社会性质组织的犯罪。实践中，公安、司法机关等依法办理黑社会性质组织犯罪案件，积累了有益经验，也制定了一些司法解释、政策文件，为预防和惩治有组织犯罪打下了坚实基础。

党的十九大以来，以习近平同志为核心的党中央强调，要加快社会治安防控体系建设，依法打击和惩治黄赌毒黑拐骗等违法犯罪活动，保护人民人身权、财产权、人格权；要加快完善中国特色社会主义法律体系，以良法促进发展，保障善治；要积极回应人民群众新要求新期待，系统研究谋划和解决法治领域人民群众反映强烈的突出问题，不断增强人民群众获得感、幸福感、安全感，

用法治保障人民安居乐业。2018 年，党中央作出了开展扫黑除恶专项斗争的重大决策部署。2018 年至2020 年，全国范围内开展了为期三年的扫黑除恶专项斗争，在各方面的共同努力下，扫黑除恶专项斗争取得了重大胜利。2021 年，党中央进一步作出了常态化开展扫黑除恶斗争，巩固专项斗争成果的决策部署。为总结专项斗争的成功经验，在法律上巩固专项斗争的成果，保障常态化扫黑除恶斗争法治化、规范化进行，有必要制定一部加强和规范反有组织犯罪工作的专门的综合性法律。

制定反有组织犯罪法，是坚持党的领导，贯彻落实习近平法治思想和党中央常态化开展扫黑除恶斗争的重大决策部署的要求。党的领导是中国特色社会主义最本质的特征，是社会主义法治最根本的保证，党的政策是制定社会主义法律的最重要指导。将党的领导和决策部署转化为法律制度，有利于政策与法律紧密衔接，通过法律制度保障党的政策有效贯彻实施，发挥法治在国家治理体系和治理能力现代化中的积极作用。

制定反有组织犯罪法，是及时总结扫黑除恶专项斗争的实践经验，巩固专项斗争成果的需要。三年专项斗争中，各地各有关部门在办理黑恶势力犯罪案件实践过程中，总结出一系列关于“破案攻坚”“打伞破网”“打财断血”等经验做法，有力地打击了黑恶势力的嚣张气焰，涉黑涉恶“保护伞”得到清除，基层基础明显加强，社会风气持续净化。坚持以法治思维和法治方式常态化开展扫黑除恶，将这些经验做法以法律的形式加以固定，进一步巩固专项斗争所取得的成果，确保每一起案件都经得起法律、历史和人民的检验。

制定反有组织犯罪法，是加强重点领域立法，完善中国特色社会主义法律体系，推进国家治理体系和治理能力现代化的需要。反有组织犯罪法制定前，我国刑法、刑事诉讼法及司法解释等关于惩治黑恶势力违法犯罪已经有了部分规定。此外，有关机关还出台了一些办理黑恶势力犯罪案件的法律政策文件，在法律规定的框架下，针对专项斗争中司法实践的需要，就法律适用、司法政策和工作机制作出了具体规定。反有组织犯罪的法律制度具备一定规模，但比较分散、未成体系，对预防治理、工作保障方面的制度规范较少，部分文件效力位阶比较低。在此基础上，制定一部专门的反有组织犯罪方面的综合性法律，有利于加快完善中国特色社会主义法律体系，以良法促进发展，保障善治。

制定反有组织犯罪法，是践行以人民为中心的发展思想，以法治保障实现人民对美好生活的向往的需要。要积极回应人民群众新要求新期待，系统研究谋划和解决法治领域人民群众反映强烈的突出问题。一方面，要严惩严重影响人民群众安全感和切身利益的黑恶势力犯罪，查处黑恶势力背后的“保护伞”，通过法律制度建设形成长效机制，防止黑恶势力死灰复燃，实现社会长治久安。另一方面，执法、司法机关要规范办案行为，尊重和保障涉案人员的合法权益，减少对生产生活、营商环境的负面影响。用法治保障人民安居乐业，不断增强人民群众获得感、幸福感、安全感。

（二）立法过程

一是列入年度立法工作计划，成立立法专班。全国人大常委会 2020 年和 2021 年两次将制定反有组织犯罪法列入年度立法工作计划。2020 年，中央政法委牵头，公安部具体负责，成立领导小组和工作专班，起草了反有组织犯罪法草案。

二是深入调研、充分座谈，立法过程中广泛听取各部门、各方面意见。全国人大宪法和法律委、全国人大常委会法工委积极开展工作，广泛征求社会各方面意见，将草案印发各地方、有关部门及高等院校、研究机构、基层立法联系点征求意见，两次在中国人大网公布草案征求社会公众意见，赴北京、河南、重庆、江西、青海、宁夏等地深入进行调研，听取一线执法干警、律师、专家学者等方面的意见，在充分吸收常委会审议意见和各方面意见的基础上对草案进行修改完善。

三是严格依照立法程序，提请常委会审议、表决通过。2020 年 12 月，全国人大常委会委员长会议将反有组织犯罪法草案提请十三届全国人大常委会第二十四次会议初次审议。2021 年 8 月，十三届全国人大常委会第三十次会议对草案进行了第二次审议。2021 年 12 月，十三届全国人大常委会第三十二次会议对草案进行了第三次审议，并于 12 月 24 日表决通过。国家主席习近平签署第一〇一号主席令予以公布，自 2022 年 5 月 1 日起施行。

二、制定反有组织犯罪法的总体思路

一是坚持以习近平新时代中国特色社会主义思想为指导，认真贯彻习近平法治思想和党中央关于扫黑除恶的决策部署。党的政策是国家法律的先导和指引，是立法的重要依据。在反有组织犯罪法立法过程中，对有关政策文件进行专门的系统学习，学深悟透，转化为法律中的具体制度规范。对实践认识还不统一的问题，统筹考虑现有法律制度的安排、法治的发展方向、实践情况和社会治理的需要等情况灵活处理，留出进一步探索的空间。

二是坚持全过程人民民主，充分保证人民群众知情权、参与权、表达权。以多种形式广泛听取人民群众特别是基层一线干部群众的意见，就其中的重大问题和主要制度规范，与起草部门、各相关部门进行多轮沟通，按照立法工作程序两次网上征求公众意见、召开座谈会，多次深入基层执法部门、发生过黑恶势力违法犯罪案件的乡村、街道进行调研并听取意见。既注重起草部门、相关部门的意见，也注重专家学者、律师、基层群众的意见。

三是注重预防治理与打击惩治并重，处理好惩治犯罪与保障人权、规范执法的关系，提升扫黑除恶工作法治化、规范化水平。在立法内容上，注重处理好惩治犯罪与保障人权、规范执法的关系，在具体制定设计上充分保护当事人及利害关系人的人身权利和财产权益。在具体规定中，既体现了对黑恶犯罪依法从严惩治的精神，形成持续威慑，同时也注重保障包括犯罪嫌疑人、被告人在内的个人和组织的合法权益，避免执法不规范的现象。

四是注重处理好本法与刑法、刑事诉讼法等其他法律之间的关系，维护法律体系的统一协调和刑法、刑事诉讼法基本制度体系的稳定性。反有组织犯罪法立法过程中，妥善处理与实体法的关系，在犯罪行为和刑事责任方面与刑法保持一致，同时对涉黑涉恶犯罪行为适用刑法作了部分指引、衔接性规定和情节补充性规定；妥善处理与程序法的关系，在案件办理、涉案财产认定和处置程序等方面与刑事诉讼法保持衔接，对一些刑事诉讼法没有明确规定的问题作出补充规定，在个别条款中对刑事诉讼法作出特别规定。做到既根据扫黑除恶实践需要作出有针对性的规定，又在原则上维护刑事法律制度体系的统一。

三、反有组织犯罪法的主要内容

反有组织犯罪法共九章七十七条，包括总则、预防和治理、案件办理、涉案财产认定和处置、国家工作人员涉有组织犯罪的处理、国际合作、保障措施、法律责任等。主要规定了以下内容：

（一）明确反有组织犯罪法的立法目的和工作原则

反有组织犯罪法的立法目的是预防和惩治有组织犯罪，加强和规范反有组织犯罪工作，维护国家安全、社会秩序、经济秩序，保护公民和组织的合法权益。

为更好地指导反有组织犯罪工作，本法明确了反有组织犯罪工作的原则。一是综合治理原则。反有组织犯罪工作应当坚持总体国家安全观，综合运用法律、经济、科技、文化、教育等手段，建立健全反有组织犯罪工作机制和有组织犯罪预防治理体系。二是明确反有组织犯罪工作应当坚持专门工作与群众路线相结合，坚持专项治理与系统治理相结合，坚持与反腐败相结合，坚持与加强基层组织建设相结合，惩防并举、标本兼治。三是明确法治原则。反有组织犯罪工作应当依法进行，尊重和保障人权，维护公民和组织的合法权益。实践中对于黑恶势力要依法予以严厉打击，不是黑恶势力也不能拔高凑数。对涉案的财产认定和处置，既要对黑恶势力做到“打财断血”，又要对公民和企业的合法财产权益依法予以严格保护。四是全面参与原则。本法第六条至第七条规定了有关国家机关、基层组织、企事业单位、公民都应依法参加反有组织犯罪工作。

（二）明确有组织犯罪、恶势力组织等定义和有关法律适用问题

1. 规定有组织犯罪的概念。本法所称有组织犯罪，是一个狭义的概念，是指刑法第二百九十四条规定的组织、领导、参加黑社会性质组织犯罪，以及黑社会性质组织、恶势力组织实施的犯罪。广义上的有组织犯罪，包括恐怖活动组织犯罪、邪教组织犯罪、传销组织犯罪以及有组织的黄赌毒盗抢骗犯罪、危害食品药品安全犯罪、侵犯知识产权犯罪等，可以直接适用刑法、刑事诉讼法及反恐怖主义法、反间谍法等有关规定，但如黑恶组织实施上述行为及刑法规定的其他犯罪的，还应当适用本法的规定。此外，《联合国打击跨国有组织犯罪公约》规定，有组织犯罪集团是指三人以上组成的、在一定时期内存在的、为了实施一项或多项严重犯罪或根据公约确立的犯罪以获得金钱或其他物质利益而一致行动的有组织结构的集团。对于黑恶组织实施公约规定的有关犯罪行为的，可以适用本法。

2. 规定恶势力组织的概念。本法明确了恶势力组织的概念及可以适用法律规定的惩治和防范措施。一方面有利于依法认定恶势力组织，及时予以打击惩治，防止其做大做强，成长为黑社会性质组织；另一方面也有利于防止实践中出现拔高凑数认定，将一般的犯罪团伙认定为恶势力组织的情况，严肃严格执

法。恶势力组织概念的有关内容主要是总结了专项斗争中的实践经验，并借鉴了最高人民法院、最高人民检察院、公安部、司法部《关于办理黑恶势力犯罪案件若干问题的指导意见》的有关规定，只有符合恶势力组织构成条件的，才能被认定为恶势力组织，适用本法的有关惩治和防范措施。与组织、领导、参加黑社会性质组织不同，组织、领导、参加恶势力组织并不是一个独立的罪名，对于组织、领导、参加恶势力组织的，应当依其规模、结构等分别予以认定，依照刑法相应罪名予以定罪处罚，但在有关法律文书中可对其组织性质予以认定。

3. 明确境外黑社会组织及其成员适用本法的情形。考虑实践中打击跨境有组织犯罪工作需要，规定了境外黑社会组织的法律适用问题，明确境外的黑社会组织到我国境内发展组织成员、实施犯罪，以及在境外对我国国家或者公民犯罪的，适用本法，并依法追究刑事责任；参加境外的黑社会组织，尚不构成犯罪的，依法给予行政处罚。

4. 明确利用网络，或者通过滋扰、纠缠、哄闹、聚众造势等“软暴力”手段实施黑恶犯罪的，应当认定为本法规定的有组织犯罪。

需要特别注意的是，本法预防和治理、案件办理、涉案财产认定和处置部分规定了一些特殊的制度，根据实践情况，区分情形，规定了不同的适用案件类型和对象。有的只适用于黑社会性质组织犯罪案件，如公安机关在线索核查阶段的紧急止付、临时冻结、临时扣押的紧急措施，认定有关财产属于违法所得的证明标准调整为“高度可能”，犯罪嫌疑人、被告人逃匿、死亡案件违法所得的没收程序等制度；有的适用对象仅包括黑社会性质组织犯罪的组织者、领导者，如个人财产及日常活动报告制度；有的适用于本法规定的所有有组织犯罪，包括黑社会性质组织犯罪和恶势力组织犯罪，如全面调查涉嫌有组织犯罪的组织及其成员的财产状况的财产调查制度。

（三）规定反有组织犯罪工作机制和各部门的职能分工

在扫黑除恶专项斗争中，中央成立了全国扫黑除恶斗争领导小组，专项斗争结束后，中共中央办公厅、国务院办公厅《关于常态化开展扫黑除恶斗争巩固专项斗争成果的意见》提出，参照原有全国扫黑除恶专项斗争领导小组组成和分工，中央成立全国扫黑除恶斗争领导小组及其办公室，各级党委和有关部门保留相应领导和办事机构。本法明确建立健全反有组织犯罪工作机制；对监察机关、人民法院、人民检察院、公安机关、司法行政机关以及其他有关国家机关在反有组织犯罪工作中的职责作了规定；规定有关部门应当动员、依靠村民委员会、居民委员会、企业事业单位、社会组织，共同开展反有组织犯罪工作；还规定单位和个人协助、配合有关部门开展反有组织犯罪工作的义务等方面的内容。

（四）规定反有组织犯罪预防和治理制度

1. 规定反有组织犯罪宣传教育工作体系。本法明确规定各级人民政府和有关部门应当依法开展有组织犯罪预防和治理工作，将有组织犯罪预防和治理工作纳入考评体系；规定监察机关、人民法院、人民检察院、公安机关、司法行政机关以及新闻、广播、电视、文化、互联网信息服务等单位的宣传教育职责；还对教育行政部门、学校加强宣传教育，增强学生防范有组织犯罪的意识，教育引导学生自觉抵制有组织犯罪，防范有组织犯罪的侵害作出了专门规定。

2. 规定村民委员会、居民委员会候选人资格审查制度。为防止黑恶势力向基层组织渗透，根据党中央加强基层组织建设、防范和惩治“村霸”的有关文件精神，总结实践经验，本法第十二条对基层群众性自治组织选举中的联审机制作了规定，明确民政部门应当会同监察机关、公安机关等有关部门，对村民委员会、居民委员会候选人资格进行审查，发现因实施有组织犯罪受过刑事处罚的，应当依照有关规定及时作出处理。

3. 规定重点行业领域的预防治理制度。对易滋生黑恶势力的重点行业领域，相关监管部门要加强日常监管。本法规定，一是市场监管、金融监管、自然资源、交通运输等行业主管部门应当会同公安机关，建立健全行业有组织犯罪预防和治理长效机制。二是监察机关、人民法院、人民检察院、公安机关在办理案件中发现行业主管部门有组织犯罪预防和治理工作存在问题的，可以书面提出意见建议。实践中，办案部门就是通过监察建议书、司法建议书、检察建议书、公安提示函（即“三书一函”）提出意见建议的。

4. 规定重点区域、行业领域、场所管理制度。为加强重点区域、行业领域或者场所的监管，本法规定，公安机关可以会同有关部门根据本地有组织犯罪情况，确定预防和治理的重点区域、行业领域或者场所，相关管理单位应当采取有效措施，加强管理，并及时将工作情况向公安机关反馈。

5. 规定有组织犯罪的罪犯刑满释放后的帮教和特定人员的监督管理制度。

为预防再犯罪，本法规定，一是有组织犯罪的罪犯刑满释放后，司法行政机关应当会同有关部门落实安置帮教等措施，促进其顺利融入社会。二是黑社会性质的组织者、领导者或者恶势力组织的首要分子开办企业或者在企业中担任高级管理人员的，相关行业主管部门应当依法审查，加强监管。审查和监管应当严格依照公司法、市场主体登记管理条例等法律法规的有关规定进行。

6. 规定日常行为报告制度。为加强对黑社会性质组织犯罪有关人员的监督管理，本法规定，因组织、领导黑社会性质组织被判处刑罚人员刑满释放后，须按照国家有关规定向公安机关报告个人财产及日常活动。适用该制度，应当经设区的市级以上公安机关决定，报告期限不超过五年。法律责任部分还明确了对违反报告义务的行政处罚。本法出台后，有关部门需要制定配套规定对报告制度进行明确。

（五）规定反有组织犯罪案件办理的具体制度和要求

1. 建立有组织犯罪线索收集和研判机制。线索的收集和研判是扫黑除恶工作中至关重要的一环，很多黑恶犯罪案件都是通过群众举报后获得线索，通过前期的研判分析，再确定为重点案件的。总结实践经验，本法规定，公安机关开展线索统计、分析、研判工作，分级分类进行处置；有关国家机关发现线索或者接到举报的，应当移送公安机关等主管机关依法处理。

2. 规定黑社会性质组织案件立案前对涉案财产的紧急措施。为防止涉案财产在立案前被快速转移，导致被害人的经济损失无法挽回，确保“打财断血”的实现，本法规定，在线索核查阶段，对黑社会性质组织案件的涉案财产可以依法采取紧急止付、临时冻结、临时扣押的紧急措施。同时，考虑到这一措施涉及对企业、公民的财产权的限制，本法也对此作了严格限制：一是这些措施适用于立案前的线索核查阶段；二是涉案财产有灭失、转移的紧急风险；三是须经设区的市级以上公安机关负责人批准，才可以采取上述紧急措施；四是期限不得超过48小时，当期限届满或者紧急情形消失的，应当立即解除紧急措施。金融机构等相关单位应当按照规定协助公安机关采取紧急措施，对于不提供协助，还拒不改正的，法律责任部分还规定了相应的行政处罚。

3. 规定对黑恶犯罪从严惩治的精神和要求。明确对于有组织犯罪的组织者、领导者和骨干成员应当严格掌握取保候审、不起诉、缓刑等的适用条件，充分适用剥夺政治权利、没收财产、罚金等刑罚；规定具有为查明案件提供重要线索或者证据的从宽处罚情节的，对于有组织犯罪的组织者、领导者应当严格适用；规定黑社会性质组织的组织者、领导者或者恶势力组织的首要分子被判处十年以上有期徒刑、无期徒刑、死刑缓期二年执行的，应当跨省、自治区、直辖市异地执行刑罚，减刑假释的，严格适用程序，应当报经省、自治区、直辖市监狱管理机关复核后，提请人民法院裁定。

此外，为保障涉案单位和个人合法权益，还专门规定，办理有组织犯罪案件，应当以事实为根据，以法律为准绳，坚持宽严相济；对有组织犯罪的犯罪嫌疑人、被告人，可以适用认罪认罚从宽制度；对犯罪嫌疑人、被告人采取异地羁押措施的，应当依法通知其家属和辩护人；公安机关采取技术侦查、控制下交付等措施应当依照刑事诉讼法的规定进行。

（六）规定涉案财产认定和处置的具体制度

1. 规定财产全面调查制度。办案机关根据办理有组织犯罪案件的需要，可以全面调查涉嫌有组织犯罪的组织及其成员的财产状况。办案机关查清组织及其成员的财产状况，可以为最大限度地追缴犯罪所得创造条件，也可以为财产刑的执行打好基础。本法总结实践经验，对这一制度作出了原则性规定。需要注意的是，全面调查只是为了掌握组织及其成员的财产状况，实践中，还应当注意保护单位和个人的合法财产权益，不得查封、扣押、冻结与案件无关的财物。

2. 规定等值没收制度。依法应当追缴、没收的涉案财产无法找到、灭失或者与其他合法财产混合且不可分割的，可以追缴、没收其他等值财产或者混合财产中的等值部分。等值没收是国际上通行的一种涉案财产没收制度，《联合国打击跨国有组织犯罪公约》以及德、日、意大利等国刑法典对此都有规定。等值没收不同于罚金刑、没收财产刑等财产性刑罚，前者是为了追缴涉案财产和违法所得，使受到犯罪侵害的原有合法财产状态得到恢复，防止犯罪嫌疑人或者被告人从违法犯罪行为中获得非法利益；而后者则是对其合法财产的惩罚性剥夺。

3. 完善涉案财产处置证明标准，对认定涉案财产属于黑社会性质组织犯罪所得及其孳息、收益的证明标准作出特殊规定。我国在刑事案件定罪量刑和涉案财产处置方面一般都要求达到“证据确实、充分”的证明标准。但是，黑社会性质组织犯罪案件的财产性质认定情况比较复杂，若严格按照定罪量刑的证明责任和证明标准进行涉案财物的认定和处置，不利于追缴没收其违法所得。《联合国打击跨国有组织犯罪公约》和一些外国都对有组织犯罪等的涉案财物没收标准作了特殊规定，适度降低证明标准，以利于顺利完成刑事诉讼，实现惩治犯罪的目的。此外，我国2012年刑事诉讼法增加规定了犯罪嫌疑人、被告人逃匿、死亡案件违法所得没收程序，根据司法实践的迫切需要，司法解释将此类案件中认定财产属于违法所得及其他涉案财产的证明标准规定为“具有高度可能”，取得了较好的现实效果。

本法参照《联合国打击跨国有组织犯罪公约》，借鉴国外有关法律规定，并吸收有关司法解释的规定，明确被告人实施黑社会性质组织犯罪的定罪量刑事实已经查清，有证据证明其在犯罪期间获得的财产高度可能属于黑社会性质组织犯罪的违法所得及其孳息、收益，并且被告人不能说明财产合法来源的，应当依法予以追缴、没收。这样规定后，案件定罪量刑的证据标准和以前保持一致，即要求达到“证据确实、充分”的证明标准，而证明有关财产属于违法所得的证明标准则有所降低。应当注意的是，为防止被告人的合法财产权益受到侵害，对其适用作出了严格的限制，适用的财产是被告人在犯罪期间获得的财产，公诉方仍然承担“高度可能”的举证责任，只有公诉方达到了证明标准，而被告人还不能说明财产的合法来源的情况下，才可以予以没收。

4. 对利害关系人的财产权利保障、涉案财产的先行处置等作出规定。对查封、扣押、冻结、处置涉案财产作出明确的总体要求，应当严格依照法定条件和程序进行，减少对企业正常经营活动的不利影响；公检法机关办理案件时应当对涉案财产审查甄别，法院应当组织法庭调查、辩论，判决时对涉案财产作出处理；利害关系人提出异议的，办案机关应当予以核实，听取意见，依法作出处理，对处理不服的，还可以提出申诉或者控告；对于不宜长期保存的物品、有效期即将届满的汇票、本票、支票等特殊财物，经批准可以先行处置。

（七）规定国家工作人员涉有组织犯罪的处理

扫黑除恶专项斗争中坚持把扫黑除恶与反腐败斗争、基层“拍蝇”结合起来，深挖黑恶势力的“保护伞”，取得了很好的社会效果。本法对国家工作人员涉有组织犯罪的处理作出专章规定，将查办国家工作人员涉有组织犯罪明确为反有组织犯罪工作重点。一是明确了国家工作人员涉有组织犯罪的违法犯罪行为的具体类型，明确对于这些行为，应当全面调查，依法作出处理；并规定国家工作人员组织、领导、参加有组织犯罪的，应当依法从重处罚。二是对监察机关、人民法院、人民检察院、公安机关、司法行政机关加强协作配合，建立线索办理沟通机制作了规定，以及时深挖彻查在各环节出现的问题。三是对依法查办有组织犯罪案件的国家工作人员不得有的行为作出规定，明确底线禁区。四是加强对从事反有组织犯罪工作的执法、司法工作人员的保护，明确对利用举报等方式歪曲捏造事实，诬告陷害从事反有组织犯罪工作的执法、司法工作人员的，应当依法追究责任。

（八）规定反有组织犯罪国际合作

对反有组织犯罪国际合作作出规定是打击跨境有组织犯罪工作的需要，也是加强反有组织犯罪国际合作的需要。本法专章对国际合作作出规定，明确国家根据缔结或者参加的国际条约，或者按照平等互惠原则，与其他国家、地区、国际组织开展反有组织犯罪合作，并对有关部门与他国和国际组织开展情报信息交流和执法合作，公安部门开展跨境警务合作，边境地区公安机关与相邻国家或者地区执法机构建立合作机制，通过反有组织犯罪国际合作取得的材料可以在行政处罚、刑事诉讼中作为证据使用，以及依照有关法律规定开展涉及有组织犯罪的刑事司法协助、引渡等作出了规定。

（九）规定反有组织犯罪工作的保障措施

强化反有组织犯罪工作的保障，提升反有组织犯罪工作能力。本法专章对保障措施作出规定，内容主要包括：一是明确国务院和县级以上地方各级人民政府应当将反有组织犯罪工作经费列入本级财政预算。二是对证人、举报人、控告人、“污点证人”等的保护措施作了专门规定，具体包括不公开个人信息、出庭保护、禁止特定的人接触、对人身和住宅采取专门保护、变更被保护人员身份等。三是规定因开展反有组织犯罪工作导致伤残或者死亡的人员，按照规定给予相应的待遇。

（十）规定法律责任

法律责任内容包括对黑恶组织犯罪的刑事处罚，对尚不构成犯罪的涉黑涉恶违法行为的行政处罚，以及对有关单位人员的处分。为加强对涉未成年人的有组织犯罪的惩治，本法规定，发展未成年人参加黑社会性质组织、境外的黑社会组织，教唆、诱骗未成年人实施有组织犯罪，或者实施有组织犯罪侵害未成年人合法权益的，依法从重追究刑事责任；教唆、诱骗未成年人参加有组织犯罪组织或者阻止未成年人退出有组织犯罪组织，尚不构成犯罪的，依法从重处罚。为完善涉案财产的处置，本法还专门规定，对尚不构成犯罪的涉黑涉恶违法行为的违法所得，除依法应当返还被害人的以外，应当予以没收。

四、认真学习、正确执行反有组织犯罪法

反有组织犯罪法，既是在扫黑除恶实践经验基础上制定的一部内容综合的法律，也是我国关于预防和惩治黑恶犯罪的一部专门性法律。该法的出台有利于为常态化扫黑除恶斗争提供更加有力的法治保障，进一步完善以宪法为核心的中国特色社会主义法律体系，推进国家治理体系和治理能力现代化。司法机关和有关部门要认真学习、严格执行。各方面要充分认识制定反有组织犯罪法的重大意义，加强宣传教育，并做好贯彻实施。各有关部门要各司其职、齐抓共管，加强专项治理、系统治理、综合治理、源头治理，有效铲除黑恶势力滋生的土壤。司法机关要严格依法办案，在涉黑恶案件办理中要坚持以事实为依据，以法律为准绳，宽严相济，坚持既要惩治犯罪，又要保障人权。希望在各方面的共同努力下，将反有组织犯罪法的精神和各项规定落到实处，进一步加强和规范反有组织犯罪工作，推动反有组织犯罪工作取得更大的成绩。

一是要认真学习反有组织犯罪法。要提高认识，从贯彻党中央决策部署，常态化开展扫黑除恶斗争巩固专项斗争成果的高度，充分领会制定反有组织犯罪法的重要意义；正确解读每个条文的含义，理解有关条文与刑法、刑事诉讼法及其他法律、现行规范性文件的关系，以正确把握反有组织犯罪法的实践适用。二是要做好配套规定的制定工作。包括对与反有组织犯罪法规定相冲突的司法解释、规范性文件及时进行修改，对新设立的有关制度要作出具体规定的，及时制定司法解释等规定，做好培训和法律条文释解工作等。三是及时解决执行中发现的问题。对于执行反有组织犯罪法过程中出现的问题，要及时研究、及时解决。

第二部分

释　　义

第一章　总　　则

第一条　为了预防和惩治有组织犯罪，加强和规范反有组织犯罪工作，维护国家安全、社会秩序、经济秩序，保护公民和组织的合法权益，根据宪法，制定本法。

【条文主旨】

本条是关于反有组织犯罪法立法目的的规定。

【条文释义】

本条主要规定了以下两方面的内容：

第一，制定反有组织犯罪法的目的。具体包括三个方面：一是预防和惩治有组织犯罪。有组织犯罪是危害社会管理秩序，侵害公民人身权利、财产权利等合法权益的“毒瘤”。要实现人民群众对美好生活的向往，必须拔除。因此，对有组织犯罪进行严厉打击惩治，是最基础的反有组织犯罪工作。在铲除有组织犯罪土壤的基础上，实现特殊预防的目的。同时，对整个社会也可实现教育防范的一般预防效果。基于这一考虑，反有组织犯罪法既规定了案件办理、涉案财产认定和处置等惩治有组织犯罪方面的内容，也重视系统治理、源头治理，规定了一系列预防有组织犯罪滋生和蔓延的法律制度，以及为预防和惩治有组织犯罪提供保障的措施。二是加强和规范反有组织犯罪工作。有组织犯罪相对于一般犯罪，具有组织性强、社会危害广泛、影响恶劣等特征。因此，除了刑法、刑事诉讼法规定的一般性的法律制度外，还需要针对其特点规定一些行之有效的惩治和防范措施。世界上多数国家都针对有组织犯罪制定专门法律，对特殊制度作出规定。反有组织犯罪法注重加强反有组织犯罪工作，赋予办案机关必要的执法司法职权，为常态化扫黑除恶斗争提供充足的法律武器，切实保障反有组织犯罪工作取得成效。同时，如果执法司法机关在开展反有组织犯罪工作中不严格依法进行，也会对当事人的合法权益造成损害，甚至造成适得其反的效果，影响或者破坏法律权威。因此，要平衡打击犯罪与规范执法、保障人权的关系，在加强执法的同时注重规范反有组织犯罪工作，为执法司法活动设定严格的法律规范，充分保障涉案单位和个人的合法权益。三是维护国家安全、社会秩序、经济秩序。通过立法保障依法惩治有组织犯罪活动，维护国家政治安全、经济安全、社会安全，消除有组织犯罪对社会生活和经济活动的非法控制和不法影响，维护安定有序的社会秩序，维护正常的经济秩序和营商环境。

第二，制定反有组织犯罪法的依据。宪法是国家的根本法，是制定反有组织犯罪法的依据。宪法第二十八条规定，国家维护社会秩序，镇压叛国和其他危害国家安全的犯罪活动，制裁危害社会治安、破坏社会主义经济和其他犯罪的活动，惩办和改造犯罪分子。制定反有组织犯罪法，是在反有组织犯罪领域通过完备的法律推动宪法实施，保证宪法确立的制度和原则得到落实的重要举措。

【实践中应注意的问题】

反有组织犯罪法是关于反有组织犯罪工作的专门法律，对于完善反有组织犯罪法律制度体系，为常态化扫黑除恶工作提供法制保障具有重要意义。同时，刑法、刑事诉讼法等其他法律中关于反有组织犯罪的规定也继续有效。实践中，在根据反有组织犯罪法开展反有组织犯罪工作的同时，也应当注意处理好与刑法、刑事诉讼法等其他法律规定的衔接，注意准确适用其他相关法律的规定。按照立法法规定的法律适用原则，反有组织犯罪法对有关问题有特别规定的，应当适用反有组织犯罪法的规定。

【立法宗旨和背景】

黑恶势力犯罪，即本法所称的“有组织犯罪”，是人类社会的一种丑恶现象，在世界各国普遍存在，一些国家还形成了组织严密、经济实力强大、对社会生活甚至国家政治活动有显著影响的黑社会犯罪组织。新中国成立后，党和政府采取高压严打政策，在较短的时间内彻底清除了旧社会遗留下来的反动会道门等黑恶势力。改革开放以来，受境内外多方面因素的影响，黑恶势力在一些地方又沉渣泛起。1997 年修订刑法时，经过对我国当时有组织犯罪的情况进行深入研究、综合研判，增加规定了组织、领导、参加黑社会性质组织的犯罪。此后，公安、司法机关依法办理黑社会性质组织犯罪案件，积累了一些经验，也制定了一些司法解释、政策文件。

这次全国人大常委会为反有组织犯罪工作制定一部专门的综合性法律——

反有组织犯罪法，主要有以下几个方面的背景：

一是贯彻落实党中央常态化开展扫黑除恶斗争的重大决策部署，总结扫黑除恶专项斗争的实践经验，巩固专项斗争成果。

党的十九大提出，加快社会治安防控体系建设，依法打击和惩治黄赌毒黑拐骗等违法犯罪活动，保护人民人身权、财产权、人格权。党的十九大闭幕后不久，以习近平同志为核心的党中央站在中国特色社会主义进入新时代、“两个一百年”奋斗目标进入历史交汇期的战略高度，作出开展扫黑除恶专项斗争的重大决策部署。2018 年 1 月，中共中央、国务院发出《关于开展扫黑除恶专项斗争的通知》，在全国范围内开展为期三年的扫黑除恶专项斗争。中央成立全国扫黑除恶专项斗争领导小组，由中央政法委牵头，中央纪委机关、中央组织部、中央宣传部、最高人民法院、最高人民检察院、公安部、司法部等成员单位参加。这次专项斗争，以习近平新时代中国特色社会主义思想为指导，牢固树立以人民为中心的发展思想，针对涉黑涉恶问题新动向，切实把专项治理和系统治理、综合治理、依法治理、源头治理结合起来，把打击黑恶势力犯罪和反腐败、基层“拍蝇”结合起来，把扫黑除恶和加强基层组织建设结合起来，聚焦涉黑涉恶问题突出的重点地区、重点行业、重点领域，把打击锋芒对准群众反映最强烈、最深恶痛绝的各类黑恶势力违法犯罪。既有力打击震慑黑恶势力犯罪，形成压倒性态势，又有效铲除黑恶势力滋生土壤，形成长效机制。

三年专项斗争中，各地各有关部门坚持以“破案攻坚”开路、以“打伞破网”断根、以“打财断血”绝后、以“问题整改”提质、以“组织建设”强基，打响了对黑恶势力及其“保护伞”的整体战、歼灭战。同时，党中央强调坚持以法治思维和法治方式开展专项斗争，做到既不“拔高”也不“降格”，确保每一起案件都经得起法律、历史和人民的检验。在各方面的共同努力下，扫黑除恶专项斗争取得了重大胜利。专项斗争中，全国共打掉涉黑组织 3644 个，涉恶犯罪集团 11675 个，抓获犯罪嫌疑人 23.7 万人，境内目标逃犯全部缉拿归案，境外目标逃犯到案率达 88.7%，43144 名涉黑涉恶违法犯罪人员投案自首。云南孙小果案、湖南“操场埋尸”案等社会影响恶劣、人民群众反映强烈，多年没有解决的重大涉黑涉恶案件得到依法公正处理，扫黑除恶成为党的十九大以来最得人心的大事之一。通过专项斗争，有力地打击了黑恶势力的嚣张气焰，黑恶势力得到有效遏制，涉黑涉恶“保护伞”得到清除，基层基础明显加强，社会风气持续净化，为决胜全面建成小康社会做出了突出贡献。

为期三年的扫黑除恶专项斗争胜利结束后，党中央进一步作出了常态化开展扫黑除恶斗争，巩固专项斗争成果的决策部署。2021 年 2 月，中共中央办公厅、国务院办公厅印发了《关于常态化开展扫黑除恶斗争巩固专项斗争成果的意见》，对常态化开展扫黑除恶斗争作出了安排部署。党中央要求，要继续加强系统治理、依法治理、综合治理、源头治理，持续保持对黑恶势力违法犯罪的高压态势，形成有效震慑。要准确掌握涉黑涉恶犯罪新动向，不断加强行业领域监管和专项整治，与反腐“拍蝇”、加强基层组织建设结合起来，不断完善社会治理体系，持续提高扫黑除恶法治化、规范化、专业化水平。2021 年以来，各地各部门持续推进常态化扫黑除恶工作，取得了新的显著成果。

扫黑除恶专项斗争和常态化扫黑除恶斗争期间，各地各有关部门出台了一些法律政策文件，探索积累了一些行之有效的工作机制和经验。为总结专项斗争的成功经验，在法律上巩固专项斗争的成果，保障常态化扫黑除恶斗争法治化、规范化进行，有必要制定一部加强和规范反有组织犯罪工作的专门的综合性法律。

二是加强重点领域立法，完善中国特色社会主义法律体系，推进国家治理体系和治理能力现代化。

习近平总书记在中央人大工作会议上强调，要加快完善中国特色社会主义法律体系，以良法促进发展，保障善治。中共中央、国务院印发的《法治政府建设实施纲要（2021—2025 年）》中提出，积极推进国家安全等重要领域立法。依法惩治有组织犯罪，涉及维护国家安全、社会秩序、经济秩序，保护公民和组织的合法权益，关系到人民群众的获得感、幸福感、安全感，是立法工作应当着重关注的重点领域。

在反有组织犯罪法制定前，我国法律体系中关于惩治黑恶势力违法犯罪已经有了一系列规定。在法律层面：其一是刑法的有关规定。包括刑法第二百九十四条关于组织、领导、参加黑社会性质组织罪，入境发展黑社会组织罪和包庇、纵容黑社会性质组织罪，以及黑社会性质的组织的含义的规定，刑法总则关于共同犯罪、犯罪集团的规定，关于特殊累犯、限制减刑、不得假释的规定中对黑社会性质组织犯罪、有组织的暴力性犯罪的规定，关于洗钱罪的规定中对黑社会性质组织的犯罪构成洗钱罪上游犯罪的规定等。其二是刑事诉讼法关于黑社会性质组织犯罪案件办理程序的特别规定，包括对黑社会性质的组织犯罪案件证人、鉴定人、被害人的保护措施，对黑社会性质的组织犯罪案件采取技术侦查措施的规定等。在司法解释、司法文件层面，主要有：2000年12月最高人民法院制定的《关于审理黑社会性质组织犯罪的案件具体应用法律若干问题的解释》；2009年12月最高人民法院、最高人民检察院、公安部联合印发的《办理黑社会性质组织犯罪案件座谈会纪要》；2012年9月最高人民法院、最高人民检察院、公安部、司法部联合印发的《关于办理黑社会性质组织犯罪案件若干问题的规定》等。

扫黑除恶专项斗争期间，全国扫黑办协调中央纪委国家监委和中央政法单位发布了依法办理黑恶势力犯罪案件的10个法律政策文件，具体包括：《关于办理黑恶势力犯罪案件若干问题的指导意见》《关于办理恶势力刑事案件若干问题的意见》《关于办理“套路贷”刑事案件若干问题的意见》《关于办理黑恶势力刑事案件中财产处置若干问题的意见》《关于办理实施“软暴力”的刑事案件若干问题的意见》《关于在扫黑除恶专项斗争中分工负责、互相配合、互相制约严惩公职人员涉黑涉恶违法犯罪问题的通知》《关于办理非法放贷刑事案件若干问题的意见》《关于办理利用信息网络实施黑恶势力犯罪刑事案件若干问题的意见》《关于跨省异地执行刑罚的黑恶势力罪犯坦白检举构成自首立功若干问题的意见》《关于依法严惩利用未成年人实施黑恶势力犯罪的意见》等。总的来看，这些政策文件是在法律规定的框架下，针对专项斗争中司法实践的需要，就法律适用、司法政策和工作机制作出的具体规定，与刑法、刑事诉讼法等法律规定的精神是一致的。同时，这些政策文件中也有一些有针对性和创新性的具体制度，经过三年专项斗争的实践检验取得了积极效果，对法律制度的完善具有参考价值。

从总体上看，反有组织犯罪法制定前，我国反有组织犯罪的法律制度具备一定规模，实施的效果也是好的，但比较分散、未成体系，部分文件效力位阶比较低。从法律规范的内容来看，主要是办理有组织犯罪案件的刑事实体和刑事诉讼程序方面的规定，有组织犯罪的预防治理、反有组织犯罪工作保障方面的制度规范还比较少。在此前规定的基础上，总结实践经验，制定一部专门的反有组织犯罪方面的综合性法律，有利于为常态化扫黑除恶斗争提供更加有力的法治保障，进一步完善以宪法为核心的中国特色社会主义法律体系，推进国家治理体系和治理能力现代化。

三是践行以人民为中心的发展思想，以法治保障实现人民对美好生活的向往。

党的十九大提出，我国社会的主要矛盾已经转化为人民日益增长的美好生活需要和不平衡不充分的发展之间的矛盾。人民美好生活需要不仅包括对物质文化生活的要求，还包括在民主、法治、公平、正义、安全、环境等方面的要求。习近平总书记在中央全面依法治国工作会议上要求，要积极回应人民群众新要求新期待，系统研究谋划和解决法治领域人民群众反映强烈的突出问题，不断增强人民群众获得感、幸福感、安全感，用法治保障人民安居乐业。在扫黑除恶领域，人民群众的法治需求主要体现在两个方面：一方面，需要国家依法严厉惩治影响人民群众安全感和切身利益的黑恶势力犯罪，查处公职人员队伍中黑恶势力的“保护伞”，并通过法律制度建设形成长效震慑，使黑恶势力不能死灰复燃，实现社会长治久安。另一方面，也需要执法司法机关规范执法行为，准确有效打击黑恶违法犯罪分子，尊重和保障涉案人员的合法权益，减少执法活动对生产生活、营商环境的负面影响。为回应人民群众这两方面的法治需求，建设更高水平的平安中国、法治中国，也需要制定一部加强和规范反有组织犯罪工作的专门的综合性法律。

党中央在扫黑除恶专项斗争进行中，就对制定反有组织犯罪法作出了部署。全国人大常委会高度重视反有组织犯罪法立法工作，按照党中央部署，在2020年和2021年两次将制定反有组织犯罪法列入年度立法工作计划。2019年，由中央政法委牵头，公安部具体负责，成立了反有组织犯罪法起草工作领导小组和工作专班。起草过程中，多次征求中央纪委国家监委、中央组织部、中央宣传部等23家全国扫黑除恶专项斗争领导小组成员单位和全国人大常委会法工委的意见，同时向各地各有关部门特别是基层执法部门和一线政法干警征求了意见。在总结实践经验、深入调查研究、广泛听取意见的基础上，形成了反有组织犯罪法草案。全国人大常委会法工委按照发挥人大在立法工作中主导作用的要求，就草案的立法体例，与刑法、刑事诉讼法等法律的关系等重大问题和主要制度规范，与草案起草部门进行了多轮沟通。2020年12月，由全国人大常委会委员长会议提出议案，将反有组织犯罪法草案提请十三届全国人大常委会第二十四次会议初次审议。

草案提请全国人大常委会审议后，全国人大宪法和法律委、全国人大常委会法工委按照立法工作程序，将草案印发各省、自治区、直辖市人大常委会、中央有关部门及部分高等院校、研究机构、基层立法联系点征求意见，两次在中国人大网全文公布草案，征求社会公众意见。多次深入基层进行调研，听取一线执法干警、律师、专家学者等方面的意见，并就草案的有关问题与中央纪委国家监委、中央政法委、最高人民法院、最高人民检察院、公安部、国家安全部、司法部等部门交换意见，共同研究。在充分吸收常委会审议意见和各方面意见的基础上对草案进行修改完善。2021 年 8 月，十三届全国人大常委会第三十次会议对草案进行了第二次审议。按照立法法的有关规定，全国人大常委会法工委还在草案提请三次审议前，邀请部分全国人大代表、基层执法部门、专家学者和律师代表，对草案主要制度规范的可行性、出台时机、社会效果和可能发生的问题进行了评估。2021 年 12 月，十三届全国人大常委会第三十二次会议对草案进行了第三次审议，并于 12 月 24 日表决通过了反有组织犯罪法。国家主席习近平签署第一〇一号主席令予以公布，自 2022 年 5 月 1 日起施行。

第二条　本法所称有组织犯罪，是指《中华人民共和国刑法》第二百九十四条规定的组织、领导、参加黑社会性质组织犯罪，以及黑社会性质组织、恶势力组织实施的犯罪。

本法所称恶势力组织，是指经常纠集在一起，以暴力、威胁或者其他手段，在一定区域或者行业领域内多次实施违法犯罪活动，为非作恶，欺压群众，扰乱社会秩序、经济秩序，造成较为恶劣的社会影响，但尚未形成黑社会性质组织的犯罪组织。

境外的黑社会组织到中华人民共和国境内发展组织成员、实施犯罪，以及在境外对中华人民共和国国家或者公民犯罪的，适用本法。

【条文主旨】

本条是关于有组织犯罪概念、恶势力组织概念和境外黑社会组织法律适用的规定。

【条文释义】

本条共分三款。第一款是关于本法所称有组织犯罪概念的规定。根据本款规定，本法所称有组织犯罪，是指《中华人民共和国刑法》第二百九十四条规定的组织、领导、参加黑社会性质组织犯罪，以及黑社会性质组织、恶势力组织实施的犯罪。这里使用“本法所称”的限定词，是考虑到理论研究和实践中对“有组织犯罪”这一概念存在不同理解，本款规定是明确本法中使用的“有组织犯罪”概念的含义，明确本法设定的法律制度规范的适用范围。在本法规定以外的其他领域，还存在黑社会性质组织、恶势力组织犯罪以外的有组织的犯罪活动，不同语境下“有组织犯罪”的含义可能有所区别。本款规定的“有组织犯罪”具体包括三个方面的犯罪：

一是《中华人民共和国刑法》第二百九十四条规定的组织、领导、参加黑社会性质组织犯罪，即刑法第二百九十四条第一款规定的犯罪。刑法第二百九十四条是1997年制定的，2011年通过的刑法修正案（八）对本条作过一次修改。根据该条规定，组织、领导、参加黑社会性质组织犯罪，只要有组织、领导或者参加黑社会性质组织的行为，就可以构成犯罪，不要求有其他具体的犯罪行为，具体包括组织黑社会性质组织、领导黑社会性质组织、参加黑社会性质组织三种犯罪行为。参加黑社会性质组织的犯罪行为，根据具体情节，又可以分为积极参加和其他参加两种情形。所谓“组织”黑社会性质组织，是指倡导、发起、策划、建立黑社会性质组织的组织行为。实施组织黑社会性质组织犯罪的，一般是黑社会性质组织的建立者，以及在发展壮大黑社会性质组织中发挥重要作用的人员等核心成员。所谓“领导”黑社会性质组织，是指在黑社会性质组织中处于领导地位，对该组织的发展、运行、活动进行策划、决策、指挥、协调、管理的行为。黑社会性质组织的组织者、领导者既包括通过一定形式产生的有明确的“职务”、称谓的组织者、领导者，也包括在黑社会性质组织中事实上的组织者、领导者。所谓“积极参加”黑社会性质组织，是指积极、主动参加黑社会性质组织的行为，包括多次积极参与该组织的违法犯罪活动，或者在违法犯罪活动中作用突出，或者在组织中起重要作用等。所谓“其他参加”黑社会性质组织的，是指黑社会性质组织的一般参加者，即黑社会性质组织中除组织、领导和积极参加者外，其他参加该组织的成员。刑法第二百九十四条第一款根据黑社会性质组织的组织者、领导者、积极参加者和一般参加者在黑社会性质组织中所处的地位、所起的作用，分别规定了刑罚。对组织、领导黑社会性质的组织的，处7年以上有期徒刑，并处没收财产；对积极参加的，处3年以上7年以下有期徒刑，可以并处罚金或者没收财产；对其他参加的，处3年以下有期徒刑、拘役、管制或者剥夺政治权利，可以并处罚金。

关于黑社会性质组织的特征，刑法第二百九十四条第五款在有关法律解释的基础上作了规定，具体包括四个方面的特征：

1. 组织特征，即形成较稳定的犯罪组织，人数较多，有明确的组织者、领导者，骨干成员基本固定。形成较稳定的犯罪组织，主要是指组织形成后，在一定时期内持续存在。对于存在、发展时间过短、犯罪活动尚不突出的，或者本条第二款规定的尚未形成黑社会性质组织的恶势力组织，或者为了某一具体目的而形成的犯罪集团等，都不属于黑社会性质组织。

2. 经济特征，即有组织地通过违法犯罪活动或者其他手段获取经济利益，具有一定的经济实力，以支持该组织的活动。有组织地通过违法犯罪活动或者其他手段获取经济利益，主要是指有组织地通过违法犯罪活动或者其他不正当手段获取经济利益；由组织成员提供或者通过其他单位、组织、个人的资助获取经济利益，也包括通过合法的经营活动获取经济利益。具有一定的经济实力，既包括通过上述方式获取一定数量的经济利益，也包括可以调动一定规模的经济资源用以支持该组织活动的能力。

3. 行为特征，即以暴力、威胁或者其他手段，有组织地多次进行违法犯罪活动，为非作恶，欺压、残害群众。使用暴力、威胁手段是黑社会性质组织实施违法犯罪活动的基本手段。对于一些暴力、威胁色彩虽不十分明显，但实际是以组织的势力、影响和能力为依托，以暴力、威胁的现实可能性为基础，对他人形成心理强制，足以限制人身自由、危及人身财产安全，影响正常社会秩序、经济秩序的手段，如有组织地进行滋扰、纠缠、哄闹、聚众造势等“软暴力”手段，根据本法第二十三条第二款的规定，可以认定为有组织犯罪的犯罪手段。有组织地多次进行违法犯罪活动，为非作恶，欺压、残害群众，主要是指为确立、维持、扩大组织的势力、影响、利益或者按照组织要求多次实施违法犯罪活动，侵犯不特定多数人的人身权利、民主权利、财产权利，破坏经济秩序、社会秩序。

4. 危害性特征，即通过实施违法犯罪活动，或者利用国家工作人员的包庇或者纵容，称霸一方，在一定区域或者行业内，形成非法控制或者重大影响，严重破坏经济、社会生活秩序。利用国家工作人员的包庇或者纵容，是许多黑社会性质组织的共同特征，但不是认定黑社会性质组织的必要条件。在一定区域或者行业内，形成非法控制或者重大影响，严重破坏经济、社会生活秩序，包括对一定行业的生产、经营形成垄断，或者对涉及一定行业的准入、经营、竞争等经济活动形成重要影响的；插手民间纠纷、经济纠纷，在相关区域或者行业内造成严重影响的；干扰、破坏他人正常生产、经营、生活，并在相关区域或者行业内造成严重影响的；利用组织的势力、影响，帮助组织成员或他人获取政治地位，或者在党政机关、基层组织中担任一定职务的等。犯罪组织应当同时具备上述四个方面的特征，才能认定为黑社会性质组织。

二是黑社会性质组织实施的犯罪，即黑社会性质组织实施的刑法规定的具体犯罪。包括黑社会性质组织的组织者、领导者直接组织、策划、指挥、参与实施的犯罪；为该组织争夺势力范围，打击竞争对手、形成强势地位、谋取经济利益、树立非法权威、扩大非法影响、寻求非法保护、增强犯罪能力等实施的犯罪；黑社会性质组织成员为逞强称霸、插手纠纷、报复他人、替人行凶、非法敛财而实施的犯罪等。从扫黑除恶专项斗争实践来看，重点打击的黑社会组织的犯罪活动包括：威胁政治安全特别是政权安全、制度安全以及向政治领域渗透；把持基层政权、操纵破坏基层换届选举、垄断农村资源、侵吞集体资产；利用家族、宗族势力横行乡里、称霸一方、欺压残害百姓；在征地、租地、拆迁、工程项目建设等过程中煽动闹事；在建筑工程、交运运输、矿产资源、渔业捕捞等行业、领域，强揽工程、恶意竞标、非法占地、滥开滥采；在商贸集市、批发市场、车站码头、旅游景区等场所欺行霸市、强买强卖、收保护费；操纵、经营“黄赌毒”等违法犯罪活动；非法高利放贷、暴力讨债；插手民间纠纷，充当“地下执法队”；组织或雇用网络“水军”在网上威胁、恐吓、侮辱、诽谤、滋扰等。涉及较多的犯罪包括公安机关管辖的故意杀人、故意伤害、抢劫、抢夺、绑架、非法拘禁、诈骗、敲诈勒索、聚众斗殴、聚众扰乱社会秩序、故意毁坏财物、强迫交易、寻衅滋事、串通投标、开设赌场、组织和强迫卖淫等犯罪，还包括监察机关管辖的行贿犯罪。在扫黑除恶专项斗争中，对各种黑恶犯罪严厉打击的同时，重点对这些类型的犯罪活动进行打击，取得了切实的成效，政治效果、法律效果、社会效果突出。

三是恶势力组织实施的犯罪，即恶势力组织实施的刑法规定的具体犯罪。本条第二款对恶势力组织的概念作了规定。

第二款是关于本法所称恶势力组织概念的规定。根据本款规定，本法所称恶势力组织，是指经常纠集在一起，以暴力、威胁或者其他手段，在一定区域或者行业领域内多次实施违法犯罪活动，为非作恶，欺压群众，扰乱社会秩序、经济秩序，造成较为恶劣的社会影响，但尚未形成黑社会性质组织的犯罪组织。这一概念总结了专项斗争经验，明确了恶势力组织应当具有的特征。对恶势力组织的特征，可以从三个方面的具体特征和一个总体特征来把握：

三个方面的具体特征：第一是组织特征，即经常纠集在一起，具有一定的组织性。这是恶势力组织区别于为特定犯罪目的临时形成的犯罪组织的特征。根据《关于办理恶势力刑事案件若干问题的意见》，恶势力一般为3人以上，纠集者相对固定。纠集者，是指在恶势力实施的违法犯罪活动中起组织、策划、指挥作用的违法犯罪分子。

第二是行为特征，即以暴力、威胁或者其他手段，在一定区域或者行业领域内多次实施违法犯罪活动，为非作恶，欺压群众。暴力、威胁也是恶势力组织实施犯罪的基本手段，“其他手段”也包括本法第二十三条第二款规定的软暴力手段。“行业领域”既包括交通运输、资源开采、集贸市场等合法行业，也包括黄赌毒等非法领域。“多次实施违法犯罪活动”，根据《关于办理恶势力刑事案件若干问题的意见》，是指于2年之内，以暴力、威胁或者其他手段，在一定区域或者行业内多次实施违法犯罪活动，其中至少应包括1次犯罪活动；且包括纠集者在内，至少应有2名相同的成员多次参与实施违法犯罪活动。

第三是危害性特征，即扰乱社会秩序、经济秩序，造成较为恶劣的社会影响。这一规定要求犯罪组织的违法犯罪行为对社会秩序、经济秩序造成一定的危害后果，形成一定的恶劣影响。根据《关于办理恶势力刑事案件若干问题的意见》，认定这一特征，应当结合侵害对象及其数量、违法犯罪次数、手段、规模、人身损害后果、经济损失数额、违法所得数额、引起社会秩序混乱的程度以及对人民群众安全感的影响程度等因素综合把握。

一个总体特征是：尚未形成黑社会性质组织。即恶势力组织在组织上还不及黑社会性质组织严密稳定，在行为上不及黑社会性质组织恶劣，在危害性上不及黑社会性质组织的非法控制或者重大影响，更不具备黑社会性质组织的经济特征。从犯罪组织发展的规律来看，恶势力组织是黑社会性质组织的前身、雏形，如果不加打击惩治，很可能在一段时期后发展为黑社会性质组织。

第三款是关于境外黑社会组织法律适用的规定。本款规定的“境外的黑社会组织”，既包括外国的黑社会组织，也包括我国香港特别行政区、澳门特别行政区和台湾地区的黑社会组织。本款规定境外的黑社会组织适用本法的情形有三种。一是到中华人民共和国境内发展组织成员，即境外的黑社会组织通过引诱、拉拢、腐蚀、暴力、威胁、贿赂等手段，在我国境内将境内或者境外人员吸收为该组织的成员。二是到中华人民共和国境内实施犯罪，即到我国境内实施我国刑法规定的犯罪行为。三是在境外对中华人民共和国国家或者公民犯罪。即在境外实施危害我国国家安全和利益或者我国公民权利的犯罪行为。需要说明的是，对于第三类犯罪行为追究刑事责任的，仍然要符合刑法第八条规定的条件。本款规定的“适用本法”，是指对境外的黑社会组织实施的这些犯罪行为，可以适用本法规定的工作原则、预防和治理措施和案件办理、涉案财产认定和处置程序等。具体来说，按照举轻以明重的精神，本法对黑社会性质组织犯罪规定的特别措施，境外黑社会组织犯罪都可以适用。

【实践中应注意的问题】

在本条的理解适用中，应当需要注意以下几个方面的问题：

一是对于黑社会性质组织和恶势力组织的认定，应当按照以事实为依据、以法律为准绳的原则，按照犯罪组织几个方面的特征准确把握和认定。既不能放纵犯罪，也不能“拔高凑数”。

二是组织、领导恶势力组织虽然不是一种独立的犯罪，对恶势力组织应当按照其实施的具体犯罪行为确定罪名，但本法对恶势力组织及其首要分子的处理规定了一些特殊的制度，如第二十条规定的从业审查和监管制度，第三十五条第二款规定的异地服刑制度等。因此，将犯罪组织认定为恶势力组织的，人民法院应当按照有关规定在裁判文书中明确表述，使后续有关制度的适用有明确依据。

三是对于恶势力组织，符合刑法规定的犯罪集团认定条件的，应当认定为犯罪集团。对于组织、领导犯罪集团的首要分子，应当按照集团所犯的全部罪行处罚。尚不构成犯罪集团的，对其组织成员实施的犯罪行为，应当按照刑法关于一般共同犯罪的规定处理。

【典型案例】

2017 年 5 月，张某、王某与李某共同出资租赁经营场所，组建“某崐金融贷款公司”（以下简称某崐金融），招揽他人入伙并管理公司日常事务，通过微信、支付宝向包括学生在内的不特定人员放贷。某崐金融分别设立业务部门、财务部门和催收部门。业务部门的人员负责寻找借款客户、联系中介和初步审核客户信息，审核员获取每单放款金额的10%作为提成，财务部门的人员负责给客户转款和收账，复核客户信息，财务员获取每单利润的30%作为提成，催收部门的人员负责催收，催收员获取催收回款的30%作为提成。

某崐金融人员审核时要求借款人提供身份证、手机号码、通讯录、个人负债情况等个人信息，审核通过后要求借款人签订金额虚高的借款合同，借款周期一般为6天，先行扣除约20%—36%的高额周息后放款，借款人到期不能偿还时，要求借款人支付下一期利息作为续期费用，或者向借款人推荐其他放款人要求借款人借钱还款，或者要求借款人“清账”，使借款人的债务不断增高；借款人不按时还款或者无力还款时，先由审核员、业务员进行催收，如仍不归还由催收部门催收，催收方式包括电话短信轰炸、上门催收、提起虚假诉讼等，使借款人产生畏惧心理，不得不偿还虚高借款及利息、续期、逾期等费用。

某崐金融组织分工明确，已构成恶势力组织。

【立法宗旨和背景】

（一）起草背景

如何界定有组织犯罪等概念，是反有组织犯罪立法中的一个基本问题，也是反有组织犯罪法总则在明确立法目的之后的首要任务。

1997年修订刑法时，立法机关经过对我国当时有组织犯罪活动情况的调研评估，会同有关部门、专家学者等审慎研究，认为新中国不存在旧中国和境外一些国家和地区存在的组织严密、规模较大，对经济社会生活甚至国家政治活动产生重大影响的黑社会组织，但是带有黑社会性质的犯罪组织在个别地方已经初现端倪，具备了黑社会组织所具有的组织特征和犯罪手法。这些黑社会性质的组织拥有一定的资产，操纵一些行业或者区域的经济，有的还通过贿赂等手段拉拢腐蚀一些国家工作人员充当其保护伞，严重危害一定区域内正常的社会、经济秩序。为依法惩治这样的犯罪组织，1997年刑法增加规定了组织、领导、参加黑社会性质组织的犯罪，并对黑社会性质组织作了定义性规定。此后，有关方面在司法实践中对黑社会性质组织的特征把握存在不同认识。为统一认识、正确适用法律，2002 年 4 月，九届全国人大常委会第二十七次会议通过了《关于〈中华人民共和国刑法〉第二百九十四条第一款的解释》，明确黑社会性质组织应当同时具备四个方面的特征。2011 年 2 月，十一届全国人大常委会第十九次会议通过了刑法修正案（八），将 2002 年对黑社会性质组织特征的法律解释纳入刑法第二百九十四条中。

1997 年刑法 2002 年法律解释及刑法修正案（八）规定的黑社会性质组织要求具备四个方面的特征，具有一定的“门槛”。实践中，犯罪组织从滋生、发展蔓延到形成黑社会性质组织，往往需要一个过程。对这类犯罪组织的打击惩治，应当按照“打早打小”的思路，尽量在其滋生发展的初期就予以打击惩治，避免其坐大成势，对社会秩序、经济秩序和人民群众生命财产安全造成较大的危害。公安司法机关在执法司法实践和有关政策文件、司法解释中，对具有一定组织性、危害性，但尚未形成黑社会性质组织的犯罪组织，使用了“恶势力”“恶势力犯罪集团”等名称。1997 年刑法实施以来，中央和地方的政法机关多次进行打黑除恶斗争。2018 年 1 月，中共中央、国务院发出《关于开展扫黑除恶专项斗争的通知》，在全国范围内开展为期三年的扫黑除恶专项斗争。2018 年 1 月，最高人民法院、最高人民检察院、公安部、司法部制定的《关于办理黑恶势力犯罪案件若干问题的指导意见》明确提出，依法惩处恶势力犯罪，对“恶势力”“恶势力犯罪集团”的概念和特征作了明确规定。2019 年 4 月，最高人民法院、最高人民检察院、公安部、司法部联合制定了《关于办理恶势力刑事案件若干问题的意见》这一专门指导办理恶势力刑事案件的司法政策文件，再次明确了恶势力的概念，并对办理恶势力刑事案件的总体要求，恶势力、恶势力犯罪集团的认定标准，办理恶势力刑事案件中正确运用宽严相济刑事政策的有关要求提出了明确意见。从扫黑除恶专项斗争的实践来看，全国共打掉恶势力犯罪集团 11675 个。对恶势力犯罪及时发现，有效打击惩治，既体现了“打早打小”的精神，把法律的防线提前，有利于更好地维护社会治安，保障人民群众的获得感、幸福感、安全感，也有利于减少黑社会性质组织犯罪，及时挽救违法犯罪人员。总结专项斗争的实践经验和开展常态化斗争的需要，在法律中对恶势力组织的概念特征和打击惩治、预防治理恶势力犯罪的措施作出明确规定，是十分必要的。

贯彻落实党中央常态化开展扫黑除恶斗争的重大决策部署，巩固专项斗争成果，为常态化扫黑除恶斗争提供法治保障，是制定反有组织犯罪法的任务使命。在刑法、有关法律解释、司法政策文件规定的基础上，结合扫黑除恶专项斗争以来的实践，并参照我国缔结、参加的有关国际公约规定，在法律中对有组织犯罪、恶势力组织的概念作出明确科学的规定，有利于有关部门准确把握有组织犯罪、恶势力组织的性质和范围，采取切实有效的防范治理和打击惩治措施；有利于公安司法机关在刑事诉讼中准确适用有关法律，依法严厉惩治有组织犯罪，同时规范执法工作，防止拔高扩大，保证执法统一；有利于社会公众认清有组织犯罪、恶势力组织的本质，同黑恶势力犯罪进行坚决斗争；也有利于我国开展反有组织犯罪领域的国际交流和合作。本条第一款、第二款对本法所称的有组织犯罪和恶势力组织的概念作了规定。

有组织犯罪是世界范围内普遍存在的现象，在美国、欧洲、日本和我国香港特别行政区、我国台湾地区等国家和地区都不同程度存在一些黑社会组织。改革开放后，这些境外的黑社会组织到我国境内进行发展渗透，派人发展组织成员，以及在境内外实施犯罪，侵犯我国国家或者公民权益的情形时有发生。1997年刑法第二百九十四条第二款规定了入境发展黑社会组织的犯罪，即境外的黑社会组织的人员到中华人民共和国境内发展组织成员的犯罪及其刑事责任。在我国坚持和扩大改革开放，国际交往更加密切，日益走进世界舞台中央的背景下，加强对境外的黑社会组织涉我国犯罪活动的防范和惩治，对于维护我国家安全和利益，具有重要意义。根据党中央统筹推进国内法治和涉外法治，加快我国法域外适用的法律体系建设的精神，本条第三款对境外的黑社会组织有关法律适用问题作了明确规定。

（二）审议中各方面的意见及争议问题

提请全国人大常委会审议的草案一审稿第二条中规定了恶势力组织的概念。有的常委委员、地方和部门提出，草案关于恶势力组织概念的界定，与扫黑除恶专项斗争中的有关指导意见和实践中掌握的标准不尽一致，可能导致将恶势力犯罪泛化到一般的团伙犯罪，打击面过大。同时，有组织犯罪的概念应明确与境外黑社会组织有所区别，并处理好对境外黑社会组织的法律适用问题。立法机关经研究，根据专项斗争的实践经验，在恶势力组织的概念中增加了“在一定区域或者行业领域内”“扰乱经济、社会生活秩序，造成较为恶劣的社会影响”的特征条件；增加一款，明确境外黑社会组织的法律适用问题。

在反有组织犯罪法起草和审议工作过程中，还有的意见提出修改补充刑法，或者在反有组织犯罪法中作出规定，将组织、领导恶势力组织的行为规定为犯罪。立法机关会同有关方面研究认为，恶势力组织虽然具有社会危害性，但尚未形成黑社会性质组织，在刑法关于共同犯罪、集团犯罪范畴内进行评价，是适当的。从专项斗争的实践经验来看，对其依照刑法关于共同犯罪、犯罪集团的规定处理，按照其实施的具体犯罪定罪处罚，是能够做到罚当其罪的。恶势力组织的社会危害性与恐怖活动组织和黑社会性质组织相比，还是存在明显区别。综合考虑，没有增加组织、领导恶势力组织的犯罪。

（三）有关国家和地区的规定

从国际公约和域外规定来看，“有组织犯罪”在国际上的英文表述一般是“organized crime”。国外理论和实务界对有组织犯罪概念的界定，长期以来无法达成共识。迄今为止，在世界范围内尚无精确、统一的定义。

2000年联合国通过了《联合国打击跨国有组织犯罪公约》。该公约指出，有组织犯罪系指“由三人或多人所组成的，在一定时期存在的，为了实施一项或多项严重犯罪或根据本公约确立的犯罪以直接或间接获得金钱或其他物质利益而一致行动的集团”。这一定义主要考虑定义适用的广泛性，即适用于不同国家，能提示出世界各国的有组织犯罪的最具普遍性的特征：一是有组织犯罪的主体人数的限定性，必须是3人以上；二是有组织犯罪的主观方面是以牟利为目的；三是有组织犯罪在客观方面表现为实施暴力或其他方法。

不同国家对有组织犯罪的概念界定方式有所不同。有的国家规定了有组织犯罪的概念，有的国家则没有规定有组织犯罪的概念，而只是对一些特定的有组织犯罪，如黑社会犯罪进行界定。美国、俄罗斯等国对有组织犯罪的概念进行界定，黑社会性质犯罪只是其中的一种犯罪。如美国1970年制定的《有组织犯罪控制法》，将有组织犯罪界定为：“一个从事提供非法商品和非法服务，其中包括但不限于赌博、卖淫、高利贷、毒品、劳工欺诈以及其他该组织成员的非法活动的高度组织化、纪律化的社会团体。”有些国家和地区没有规定有组织犯罪的概念，而是直接规定某种类型的有组织犯罪，比如日本的暴力团、意大利的黑手党、我国香港特别行政区的三合会等。

第三条 反有组织犯罪工作应当坚持总体国家安全观，综合运用法律、经济、科技、文化、教育等手段，建立健全反有组织犯罪工作机制和有组织犯罪预防治理体系。

【条文主旨】

本条是关于反有组织犯罪工作方针的规定。

【条文释义】

本条主要规定了三个方面的反有组织犯罪工作方针：

一是反有组织犯罪工作应当坚持总体国家安全观。这是对反有组织犯罪工作具有全局性意义的指导方针。国家安全法根据党中央战略决策，对总体国家安全观的含义作了明确规定。国家安全法第三条规定，国家安全工作应当坚持总体国家安全观，以人民安全为宗旨，以政治安全为根本，以经济安全为基础，以军事、文化、社会安全为保障，以促进国际安全为依托，维护各领域国家安全，构建国家安全体系，走中国特色国家安全道路。反有组织犯罪工作坚持总体国家安全观，首先要提高政治站位，从维护国家安全、巩固党的执政地位，确保人民安居乐业、社会安定有序、国家长治久安的角度认识反有组织犯罪工作。同时要注重维护好各领域的国家安全。践行以人民为中心的发展思想，通过依法惩治和预防有组织犯罪活动，同时规范执法活动、约束执法权力，切实维护人民安全和人民群众的获得感、幸福感、安全感。维护国家政治安全，着重打击黑恶势力威胁政权安全、制度安全的犯罪活动，抵制黑恶势力向基层群众性自治组织、基层政权机关、协商机构的渗透，及时发现和惩治国家工作人员队伍中黑恶势力的"保护伞"和"两面人"。维护经济安全，打击黑恶势力欺行霸市、强买强卖等扰乱市场秩序的违法犯罪活动，打破其对特定行业领域的非法控制和影响，维护社会主义市场经济秩序，优化营商环境。维护社会安全，通过常态化扫黑除恶净化社会风气，实现社会和谐稳定。

二是反有组织犯罪工作应当综合运用法律、经济、科技、文化、教育等手段。综合运用法律、经济、科技、文化、教育等手段，是指在反有组织犯罪工作中，要充分发挥专门机关和其他有关机关反有组织犯罪职能作用，也要广泛动员公民和组织，防范、制止有组织犯罪活动；要做好对涉黑涉恶违法犯罪活动的打击处理，又要做好宣传教育、安全防范等工作；既要依照法律规定和法定程序惩治有组织犯罪，又要运用道德、文化的力量教育群众，实现法安天下，德润人心。法律手段，主要是指依法办理有组织犯罪案件、认定和处置涉案财产，如本法第三章、第四章的有关规定。经济手段，包括在经济上对有组织犯罪活动进行制裁，实现“打财断血”，防止死灰复燃，也包括在经济领域对有关行业乱象进行治理，铲除有组织犯罪滋生的土壤。科技手段，包括运用现代信息技术、大数据等方法对有组织犯罪线索进行分析研判，在侦查有组织犯罪案件中使用技术手段等。文化手段，包括运用多种文化形式进行反有组织犯罪宣传，本法第十条第三款规定了有关单位的职责。教育手段，包括运用多种形式对未成年人、特定行业从业人员和社会公众进行反有组织犯罪教育，本法第十一条规定了教育行政部门、学校的相关职责。这些手段不是相互严格区分的，而是互相交叉融合，需要综合运用，统筹考虑。

三是反有组织犯罪工作应当建立健全反有组织犯罪工作机制和有组织犯罪预防治理体系。反有组织犯罪工作机制和有组织犯罪预防治理体系，是指在党的统一领导下，有关部门认真履行职责、互相配合，发动基层群众性组织、企业事业单位、社会组织和人民群众广泛参与，预防有组织犯罪滋生、依法惩治有组织犯罪活动的长效机制体系。按照党中央常态化开展扫黑除恶斗争的决策部署，这一工作机制和预防治理体系主要包括六个方面：一是源头治理的防范整治机制；二是智能公开的举报奖励机制；三是“打早打小”的依法惩处机制；四是精准有效的督导督办机制；五是激励约束的考核评价机制；六是持续推进的组织领导机制。本条提出了建立健全这些机制的工作方针，对本法的有关规定和扫黑除恶斗争实践起指导引领作用。

【立法宗旨和背景】

（一）起草背景

反有组织犯罪法总则在明确了有组织犯罪、恶势力组织等基本概念后，用几个条文对反有组织犯罪工作的方针和原则作了规定，对本法其他章节和实践中开展反有组织犯罪工作起指导作用。

近些年来，随着我国经济社会的发展和国际地位的提高，我国的国家安全面临新的形势和挑战，我们对国家安全的认识也不断深化和发展。当前我国国家安全内涵和外延比历史上任何时候都要丰富，时空领域比历史上任何时候都要宽广，内外因素比历史上任何时候都要复杂。党的十八大以来，以习近平同志为核心的党中央对维护国家安全工作作出了新的重要决策和部署，提出了新的总体国家安全观。党的十八届三中全会决定成立中央国家安全委员会。2014年4月15日，习近平总书记主持召开中央国家安全委员会第一次会议。他强调，要准确把握国家安全形势变化新特点新趋势，坚持总体国家安全观，走出一条中国特色国家安全道路。新的总体国家安全观，既包括传统安全，也包括非传统安全；既重视发展问题，又重视安全问题；既重视自身安全，又重视共同安全，要构建集政治安全、国土安全、军事安全、经济安全、文化安全、社会安全、科技安全、信息安全、生态安全、资源安全、核安全等于一体的国家安全体系。2015年7月1日，十二届全国人大常委会第十五次会议通过了新的国家安全法，以总体国家安全观为指导，对新形势下国家安全基础法律制度作了规定。反有组织犯罪工作直接关系维护国家政治安全、经济安全、社会安全和人民安全，应当坚持以总体国家安全观为指导，本条对反有组织犯罪工作的这一基本方针作了规定。

反有组织犯罪工作既包括依法对黑社会性质组织和恶势力组织的违法犯罪活动进行惩治，又要对滋生和助长有组织犯罪的行业乱象等土壤进行治理，对国家工作人员涉黑涉恶的职务犯罪进行惩治和预防，建立预防有组织犯罪发生的长效机制，对相关行业、重点单位和普通公众进行宣传教育，提高他们识别和抵制有组织犯罪，与有组织犯罪进行斗争，积极支持协助党委政府、政法机关开展反有组织犯罪工作的意识和能力。这些工作涉及面广，不是一个部门、一种工作方式可以完成的。这一方面需要综合运用各种工作手段，另一方面还需要在党的统一领导下，建立健全有关部门各司其职、互相配合的科学合理的反有组织犯罪工作机制和有组织犯罪预防治理体系，凝聚共识，形成合力，将中国特色社会主义制度优势转化为反有组织犯罪领域的治理效能，推进这一领域国家治理体系和治理能力的现代化。

2018年1月，中共中央、国务院《关于开展扫黑除恶专项斗争的通知》中提出，要在各级党委领导下，发挥社会治安综合治理优势，推动各部门各司其职、齐抓共管，综合运用各种手段预防和解决黑恶势力违法犯罪突出问题。专项斗争期间，党中央成立了全国扫黑除恶专项斗争领导小组。2021年2月，中共中央办公厅、国务院办公厅《关于常态化开展扫黑除恶斗争巩固专项斗争成果的意见》中提出，不断完善党委领导、政府负责、民主协商、社会协同、公众参与、法治保障、科技支撑的社会治理体系。参照原有全国扫黑除恶专项斗争领导小组组成和分工，中央成立全国扫黑除恶斗争领导小组及其办公室，各级党委和有关部门保留相应领导和办事机构。本条根据党中央决策部署和专项斗争经验，对综合运用多种手段开展反有组织犯罪工作，建立健全反有组织犯罪工作机制和有组织犯罪预防治理体系的工作方针作了规定。

（二）审议中各方面的意见

反有组织犯罪法草案审议和征求意见过程中，有的地方和部门建议增加反有组织犯罪专门机构的规定，立法机关经会同有关方面研究，在本条中增加了“建立健全反有组织犯罪工作机制”的规定。

提请全国人大常委会审议的反有组织犯罪法草案一审稿第三条中规定，反有组织犯罪应当“贯彻落实全面依法治国基本方略”。有的单位提出，“全面依法治国基本方略”具有全局性、战略性、基础性，内涵丰富，在本条中规定针对性不强。考虑到本法第五条对反有组织犯罪工作应当依法进行已作了规定，在本条中删去了“贯彻落实全面依法治国基本方略”的表述。

第四条　反有组织犯罪工作应当坚持专门工作与群众路线相结合，坚持专项治理与系统治理相结合，坚持与反腐败相结合，坚持与加强基层组织建设相结合，惩防并举、标本兼治。

【条文主旨】

本条是关于反有组织犯罪工作原则的规定。

【条文释义】

本条主要规定了五个方面的反有组织犯罪工作原则：

一是反有组织犯罪工作应当坚持专门工作与群众路线相结合。黑恶势力犯罪对人民生命财产安全和获得感、幸福感造成严重威胁，与有组织犯罪作斗争，必须坚持以人民为中心的发展思想，践行“一切为了群众、一切依靠群众”“从群众中来，到群众中去”的群众路线，实行专门工作与群众路线相结合。专项斗争的实践证明，这是我们克敌制胜的重要法宝，具有鲜明的中国特色，是做好反有组织犯罪工作必须长期坚持的重要原则。国家安全法第九条规定，维护国家安全，应当坚持预防为主、标本兼治，专门工作与群众路线相结合，充分发挥专门机关和其他有关机关维护国家安全的职能作用，广泛动员公民和组织，防范、制止和依法惩治危害国家安全的行为。刑事诉讼法第六条中规定，人民法院、人民检察院和公安机关进行刑事诉讼，必须依靠群众。本条规定的这一原则与国家安全法和刑事诉讼法的规定是衔接一致的。

在反有组织犯罪工作中坚持专门工作与群众路线相结合，一方面，要根据有组织犯罪的规律和特点，组织专门的机关，采取专门的措施和手段。专门机关应当在各自职责范围内积极开展工作。另一方面，各专门机关都要广泛动员、组织群众，积极争取人民群众的理解支持，紧密依靠群众做好针对有组织犯罪活动的安全防范、情报信息、案件侦查、行业整治等方面的工作。对此，本法作了一些具体规定。如第六条第二款规定，有关部门应当动员、依靠村民委员会、居民委员会、企业事业单位、社会组织，共同开展反有组织犯罪工作。第七条规定，任何单位和个人都有协助、配合有关部门开展反有组织犯罪工作的义务。国家依法对协助、配合反有组织犯罪工作的单位和个人给予保护。第八条规定，国家鼓励单位和个人举报有组织犯罪。对举报有组织犯罪或者在反有组织犯罪工作中作出突出贡献的单位和个人，按照国家有关规定给予表彰、奖励等。

二是反有组织犯罪工作应当坚持专项治理与系统治理相结合。“专项治理”是指针对黑恶势力犯罪活动滋生和蔓延的具体领域、具体问题，精准施策，“靶向治疗”，解决突出问题，化解风险隐患。“系统治理”是指从犯罪控制和社会治理的全局着眼，综合运用多种措施手段，从源头上减少和预防有组织犯罪。专项治理与系统治理相结合的原则，体现了整体与局部并重，当前与长远相结合的辩证思维，有利于实现长治久安。本法第二章关于预防和治理的规定，特别是关于重点行业治理的规定体现了这一原则。

三是反有组织犯罪工作应当坚持与反腐败相结合。我国的社会治理体系和政府与社会的关系与西方不同，从多年来扫黑除恶斗争的实践经验来看，虽然“保护伞”的存在不是认定黑社会性质组织的必要条件，但黑恶势力的发展壮大，基本上都离不开掌握相关领域公权力的公职人员的包庇纵容甚至参与。扫黑除恶专项斗争取得胜利的重要经验，就是坚持政法机关与纪检监察机关密切协作配合，对黑恶势力与保护伞“一案双查”。专项斗争中共立案查处涉黑涉恶腐败和“保护伞”案件81366件，共97802人。本条规定的反有组织犯罪与反腐败相结合原则，就是强调要根据党中央全面从严治党的要求，发扬自我革命精神，对有组织犯罪与相关的公职人员职务违法犯罪一并处理，既惩治黑恶犯罪，又清除干部队伍中的“害群之马”。本法对国家工作人员涉有组织犯罪的处理专章作出规定，体现了这一原则。

四是反有组织犯罪工作应当坚持与加强基层组织建设相结合。这里规定的“基层组织”，是指基层群众性自治组织，即村民委员会、居民委员会。从扫黑除恶斗争的实践来看，向基层组织渗透，把持基层组织、操纵破坏基层选举，通过基层组织的资源攫取非法利益，横行乡里、称霸一方、欺压残害群众，是黑恶组织常见的犯罪手法。专项斗争中，查处了一大批“村霸”。党委组织部门、民政、公安等部门密切配合，建立对村民委员会、居民委员会成员候选人资格的联审机制，坚决防止涉黑涉恶人员进入基层群众性自治组织，取得了良好效果。本条规定的反有组织犯罪与加强基层组织建设相结合的原则体现了这方面的经验。要通过加强基层组织建设，使基层组织成为党领导下防范有组织犯罪活动的坚固防线。本法第十二条关于基层组织成员候选人资格审查制度的规定，以及其他关于基层组织在反有组织犯罪工作中职责的规定体现了这一原则。

五是反有组织犯罪工作应当惩防并举、标本兼治。这一原则是指既要注重对有组织犯罪活动的依法惩治，又要重视通过多种手段进行反有组织犯罪预防治理。通过惩治和治理两手抓，实现打击和震慑“治标”与建立长效机制“治本”的结合，促进社会长治久安。本条规定的前四项原则都体现了惩防并举、标本兼治的精神。

【立法宗旨和背景】

（一）起草背景

在长期以来与黑恶势力犯罪活动的斗争实践中，特别是2018年以来的扫黑除恶专项斗争和常态化扫黑除恶斗争的实践中，各级党委政府、政法机关等国家机关形成并坚持了一系列经过实践检验行之有效的基本原则和经验、做法，这些原则、经验和做法对我们在与黑恶势力犯罪活动的斗争中取得成效，对扫黑除恶专项斗争取得重大胜利，发挥了重要的指导和保障作用。在今后的常态化扫黑除恶斗争中，面对新形势新任务，要保障反有组织犯罪工作继续高效规范开展、从胜利走向胜利，一方面需要在斗争中不断地总结新的经验做法，另一方面也需要及时将已经确立的原则、制度在法律上确定下来，以提升我们反有组织犯罪工作的能力水平，动员各方面力量广泛参与常态化扫黑除恶工作，全面治理、综合施策，切实筑牢防范、制止和惩治有组织犯罪的防线，维护国家安全、社会秩序、经济秩序，保护公民和组织的合法权益。

2018 年 1 月，中共中央、国务院《关于开展扫黑除恶专项斗争的通知》对专项斗争应当坚持的原则都提出了明确要求，如坚持以人民为中心的发展思想，把专项治理和系统治理、依法治理、源头治理结合起来，把打击黑恶势力犯罪和反腐败、基层“拍蝇”结合起来，把扫黑除恶和加强基层组织建设结合起来等。2021 年 2 月，中共中央办公厅、国务院办公厅《关于常态化开展扫黑除恶斗争巩固专项斗争成果的意见》对常态化扫黑除恶斗争的相关原则再次作了强调。专项斗争中中央政法机关等制定的有关司法政策文件也体现了这些原则。2021 年，党中央还针对加强基层治理体系和治理能力现代化建设、防范和整治“村霸”专门出台文件。本条根据党中央文件精神，总结专项斗争的实践经验，对反有组织犯罪工作的原则作了规定。

（二）审议中各方面的意见

提请全国人大常委会审议的反有组织犯罪法草案一审稿第四条规定，反有组织犯罪应当坚持专门工作与群众路线相结合，坚持与反腐败相结合，坚持与加强基层组织建设相结合，打早打小、除恶务尽，惩防并举、标本兼治。草案审议和征求意见过程中，有的部门建议将“反有组织犯罪”修改为“反有组织犯罪工作”。有的意见提出，“打早打小、除恶务尽”不是法律语言，建议删除。立法机关经研究，采纳了上述意见。

第五条　反有组织犯罪工作应当依法进行，尊重和保障人权，维护公民和组织的合法权益。

【条文主旨】

本条是关于依法反有组织犯罪、尊重和保障人权的规定。

【条文释义】

本条主要规定了反有组织犯罪工作两个方面的要求：

一是反有组织犯罪工作应当依法进行。这一规定要求在反有组织犯罪立法和执法司法工作中，应当贯彻党中央全面依法治国的要求，坚持社会主义法治原则。在立法方面，贯彻习近平法治思想和党中央关于常态化扫黑除恶的决策部署，制定反有组织犯罪法，为反有组织犯罪工作提供有力的法治保障和法律武器，同时将反有组织犯罪工作纳入法治轨道进行规范，就体现了依法反有组织犯罪的原则要求。在执法司法方面，各级人民政府、政法机关和其他有关部门都应当严格执行本法、刑法、刑事诉讼法和其他法律法规的规定，依法开展反有组织犯罪工作。首先，惩治反有组织犯罪要依法进行，要严格按照罪刑法定、罪责刑相适应的原则，根据犯罪的主客观要件、实际危害等情节依法确定罪名和应当承担的法律责任。严格依照法定条件认定黑社会性质组织和恶势力组织，既不放纵，也不拔高凑数。在刑事诉讼的侦查、审查起诉、审判、执行等各环节严格遵循法律规定的程序。其次，反有组织犯罪工作专门机关和各有关部门开展各项反有组织犯罪工作，应当遵守本法对反有组织犯罪预防和治理、案件办理、涉案财产认定和处置、国家工作人员涉有组织犯罪的处理等制度规定，依照法定的职责分工，严格依照法律确定的条件和程序采取各项反有组织犯罪措施，既不失职，也不越权。

二是反有组织犯罪工作应当尊重和保障人权，维护公民和组织的合法权益。对这一规定，应当从两个方面理解。其一，有组织犯罪是对国家安全、公共安全、人民人身财产权利的重大威胁，强化反有组织犯罪措施，有效地防范和惩治有组织犯罪活动，本身就是国家尊重和保障人权，维护公民和组织合法权益的一个重要方面。其二，执法司法机关应当充分尊重和保障包括犯罪嫌疑人、被告人在内的公民和组织的合法权益，严格执行本法、刑事诉讼法等法律规定的办案程序，严格掌握有关措施的审批权限，慎重采取拘留、逮捕等限制、剥夺人身自由的强制措施和查封、扣押、冻结等对财产的强制措施。要遵循“比例原则”，把握法律政策界限，尽量减少执法办案活动对公民生活和企业生产经营活动的不利影响，维护和优化营商环境。要畅通公民和组织对违法不当办案侵犯其合法权益的申诉、救济渠道，违法办案给公民和组织人身或者财产造成损害的，应当依照国家赔偿法等规定给予赔偿。

本法的许多具体规定都体现了尊重和保障人权，维护公民和组织的合法权益的原则。如第十九条、第二十七条第二款对个人财产及日常活动报告制度、立案前的紧急止付等紧急措施规定较严格的审批权限，第二十二条第三款关于有组织犯罪的犯罪嫌疑人、被告人适用认罪认罚从宽制度的规定，第三十条中关于对犯罪嫌疑人、被告人采取异地羁押措施依法通知其家属和辩护人的规定，第四十一条中关于涉案财物处置应当严格依照法定条件和程序进行，依法保护公民和组织的合法财产权益的规定，第四十九条关于涉案财物处置中保障利害关系人有关诉讼权利的规定，第七章中关于对证人、鉴定人、被害人、举报人、污点证人等的保护措施等。执法司法机关应当严格执行这些规定，切实维护公民和组织的合法权益。

【立法宗旨和背景】

（一）起草背景

依法治国，是坚持和发展中国特色社会主义的本质要求和重要保障，是实现国家治理体系和治理能力现代化的基本要求。党的十八大以来，以习近平同志为核心的党中央高度重视法治建设，把全面依法治国纳入“四个全面”战略布局。党的十八届四中全会专题研究全面推进依法治国，作出重大决策。党的十九大把全面依法治国纳入习近平新时代中国特色社会主义思想“八个明确”与新时代坚持和发展中国特色社会主义“十四个坚持”基本方略。2020 年 11 月，党中央召开中央全面依法治国工作会议，提出了习近平法治思想，习近平总书记在会议上强调，要坚持全面推进科学立法、严格执法、公正司法。宪法第五条第一款规定，中华人民共和国实行依法治国，建设社会主义法治国家。国家安全法第七条中规定，维护国家安全，应当遵守宪法和法律，坚持社会主义法治原则。反有组织犯罪工作作为重要的执法司法工作，应当遵循法治原则，严格依法进行。2018 年 1 月，中共中央、国务院《关于开展扫黑除恶专项斗争的通知》中也对坚持严格依法办案，确保办案质量和办案效率的统一，切实把好案件事实关、证据关、程序关和法律适用关，严禁刑讯逼供，防止冤假错案等依法办案的原则提出了明确要求。

宪法第三十三条第三款规定，国家尊重和保障人权。国家安全法第七条中规定，维护国家安全，应当尊重和保障人权，依法保护公民的权利和自由。刑事诉讼法第二条规定的刑事诉讼法的任务包括“尊重和保障人权、保护公民的人身权利、财产权利、民主权利和其他权利”。2009 年以来，我国先后制定了四期《国家人权行动计划》，都提出了执法司法领域尊重和保障人权的具体举措。反有组织犯罪工作中也应当遵循尊重和保障人权的原则，既要严厉惩治有组织犯罪，也要尊重和保障人权。本法赋予了执法司法机关必要的执法权力，同时就要加强对执法权力的规范制约，防止执法手段的不当使用侵害公民和组织的合法权益。这样，反有组织犯罪工作才能真正获得人民群众的拥护和支持，得到胜利的保障。

本条总结扫黑除恶专项斗争经验，与宪法和有关法律的规定衔接，对反有组织犯罪工作依法进行、尊重和保障人权的原则作出了规定。

（二）审议中各方面的意见

提请全国人大常委会审议的反有组织犯罪法草案一审稿第五条规定，反有组织犯罪工作严格遵照宪法和法律，以事实为根据，以法律为准绳，贯彻宽严相济的刑事政策，尊重和保障人权，维护公民和组织的合法权益。有的意见提出，“以事实为根据，以法律为准绳，贯彻宽严相济的刑事政策”是办理有组织犯罪案件的原则。在总则中规定的，应当是对包括预防治理、案件办理等方面的反有组织犯罪工作整体上有指导意义的原则。立法机关经研究，采纳了这一意见，将有关办理案件的原则移至第三章“案件办理”中规定，在本条中删去了相关表述。

第六条　监察机关、人民法院、人民检察院、公安机关、司法行政机关以及其他有关国家机关，应当根据分工，互相配合，互相制约，依法做好反有组织犯罪工作。

有关部门应当动员、依靠村民委员会、居民委员会、企业事业单位、社会组织，共同开展反有组织犯罪工作。

【条文主旨】

本条是关于有关国家机关的反有组织犯罪工作职责的规定。

【条文释义】

本条共分两款。第一款是关于反有组织犯罪工作中有关国家机关的履职原则和相互关系的规定，主要包括两个方面的内容：

一是监察机关、人民法院、人民检察院、公安机关、司法行政机关以及其他有关国家机关，应当根据分工，依法开展反有组织犯罪工作。分工明确是开展好反有组织犯罪工作的前提，对于有关国家机关在反有组织犯罪工作中的职责分工，本法出台前，监察法、刑事诉讼法等法律已经有一些规定，本法从预防和治理、案件办理、涉案财产认定和处置、国家工作人员涉有组织犯罪的处理、国际合作、保障措施等方面，对有关国家机关在上述各方面反有组织犯罪工作中的职责分工作了具体规定。对于本款规定的各国家机关，监察机关负责公职人员涉有组织犯罪的职务违法、职务犯罪的监督、调查、处置。人民法院负责有组织犯罪案件的审判，审核裁定减刑、假释。人民检察院负责有组织犯罪案件的批准逮捕、提起公诉、涉有组织犯罪的司法工作人员有关职务犯罪案件的侦查。公安机关负责有组织犯罪案件的线索核查、侦查、拘留、执行逮捕、预审，还负责会同民政、市场监管等行业主管部门开展基层组织候选人资格审查、行业治理等工作。司法行政机关负责有组织犯罪罪犯的刑罚执行，提请减刑、假释。其他有关国家机关也承担相应的反有组织犯罪工作职责，如教育部门负责对学生进行反有组织犯罪宣传教育，民政部门负责会同有关部门对基层组织候选人资格进行审查，市场监管、金融监管、自然资源、交通运输等行业主管部门负责会同公安机关，对相关行业领域内有组织犯罪情况进行监测分析，对有组织犯罪易发的行业领域加强监督管理等。本条规定的有关国家机关应当依照法定的权限和程序行使职权，共同做好反有组织犯罪工作。

二是监察机关、人民法院、人民检察院、公安机关、司法行政机关以及其他有关国家机关，在反有组织犯罪工作中应当既互相配合，又互相制约。互相配合，是指有关国家机关在预防和惩治有组织犯罪活动，维护国家安全、社会秩序、经济秩序、保护公民和组织的合法权益方面有着共同的目标，要依照法律规定，在党的统一领导下，在正确履行各自职责的基础上，互相支持，形成合力。共同完成反有组织犯罪工作任务。不能违法法律规定，各行其是，互不通气，甚至互相掣肘。互相制约，是指有关国家机关在反有组织犯罪工作中，特别是监察机关、人民法院、人民检察院、公安机关、司法行政机关在有组织犯罪和相关职务犯罪案件的调查和刑事诉讼中，为防止和及时纠正可能发生的错误，通过程序上的相互制约，以保证案件办理等工作质量，正确适用法律惩治犯罪、保障人权。互相制约主要体现在法律规定的办案程序上，如监察机关调查终结、公安机关侦查终结的案件要由人民检察院进行审查，人民检察院认为不符合起诉条件的，可以作出不起诉决定；监察机关、公安机关认为不起诉决定错误的，有权要求人民检察院复议或者复核。人民检察院提起公诉的案件，由人民法院依法审理作出判决；人民检察院认为人民法院判决确有错误的，有权向上级人民法院提出抗诉。罪犯的减刑、假释，由刑罚执行机关提出建议，人民法院审查后作出裁定，人民检察院进行监督。有关行政执法机关移送的涉嫌犯罪线索，对公安机关的侦查工作也形成制约等。有关国家机关互相配合、互相制约，是宪法、监察法、刑事诉讼法的规定，也是多年来执法司法实践经验的总结，对于防止和减少错案发生，让人民群众切实感受到公平正义就在身边，具有重要意义。

第二款是关于有关部门动员、依靠社会力量共同开展反有组织犯罪工作的规定。根据本款规定，有关国家机关应当动员、依靠几个方面的社会力量，共同开展反有组织犯罪工作。一是村民委员会、居民委员会，根据村民委员会组织法、城市居民委员会组织法的规定，村民委员会、居民委员会是城乡居民自我管理、自我教育、自我服务的基层群众性自治组织，都有协助维护社会治安的职责。本法第九条也规定了村民委员会、居民委员会协助人民政府以及有关部门开展有组织犯罪预防和治理工作，具体包括协助党委政府开展反有组织犯罪宣传教育，组织开展治安巡逻，发现有组织犯罪活动线索及时向公安机关报告，协助开展涉有组织犯罪人员的社区矫正、安置帮教工作等。二是企业事业单位。本法规定了电信业务经营者、互联网服务提供者、金融机构和特定非金融机构等企业事业单位配合开展反有组织犯罪工作的职责。三是社会组织，包括社会团体、基金会、社会服务机构等，这些组织可以在协助有关国家机关开展反有组织犯罪宣传教育、社区矫正、行业治理等方面发挥作用。有关国家机关应当依照本款规定，充分动员、依靠社会力量，形成全社会广泛参与反有组织犯罪工作的强大合力。

【立法宗旨和背景】

（一）起草背景

反有组织犯罪工作包括预防治理，有组织犯罪案件侦查、审查起诉、审判和刑罚执行，国家机关工作人员涉有组织犯罪的职务违法、职务犯罪案件的调查处置，工作保障等多个方面和领域，涉及多个部门的职责。对涉及反有组织犯罪工作的有关部门的职责和履职原则、相互关系作出规定，有利于各部门加强统筹协调，形成合力，各司其职、各负其责，共同做好反有组织犯罪工作。

监察机关、人民法院、人民检察院、公安机关、司法行政机关负责有组织犯罪案件和相关职务犯罪案件的办理，是反有组织犯罪工作的核心力量。对这些机关的履职原则和相互关系，我国宪法和有关法律已作了规定。宪法第一百二十七条第二款规定，监察机关办理职务违法和职务犯罪案件，应当与审判机关、检察机关、执法部门互相配合，互相制约；第一百四十条规定，人民法院、人民检察院和公安机关办理刑事案件，应当分工负责，互相配合，互相制约，以保证准确有效地执行法律。监察法第四条第二款规定，监察机关办理职务违法和职务犯罪案件，应当与审判机关、检察机关、执法部门互相配合，互相制约。刑事诉讼法第七条规定，人民法院、人民检察院和公安机关进行刑事诉讼，应当分工负责，互相配合，互相制约，以保证准确有效地执行法律。党中央有关文件和扫黑除恶专项斗争指导文件中也有一些规定。党的十八届四中全会通过的《中共中央关于全面推进依法治国若干重大问题的决定》中提出，健全公安机关、检察机关、审判机关、司法行政机关各司其职，侦查权、检察权、审判权、执行权相互配合、相互制约的体制机制。2018 年 1 月，中共中央、国务院《关于开展扫黑除恶专项斗争的通知》中对各部门加强协调配合、各司其职、齐抓共管提出了要求。本法总结扫黑除恶专项斗争经验，与宪法和有关法律规定相衔接，对反有组织犯罪工作中有关国家机关履职原则和相互关系作了规定。

本法第四条中规定，反有组织犯罪工作应当坚持专门工作与群众路线相结合。做好反有组织犯罪工作，除依靠监察机关、人民法院、人民检察院、公安机关、司法行政机关等国家专门机关外，还应当广泛发动基层群众性自治组织、企业事业单位和社会组织等社会力量，联动配合，打好反有组织犯罪的人民战争。扫黑除恶专项斗争中，许多地方和部门在这方面取得了很好的经验。本条对有关部门动员、依靠社会力量共同开展反有组织犯罪工作也作了明确规定。

（二）审议中各方面的意见

提请全国人大常委会审议的反有组织犯罪法草案一审稿第六条规定，监察机关、公安机关、人民检察院、人民法院、司法行政机关以及其他有关国家机关，应当根据分工，互相配合，主动作为，依法共同做好反有组织犯罪工作。有的常委会组成人员、地方、部门和社会公众建议，将本条等条文中的部门排序调整为“监察机关、人民法院、人民检察院、公安机关、司法行政机关”，将部门之间的关系修改为“分工负责、互相配合、互相制约”，与宪法、监察法、刑事诉讼法有关规定相一致。立法机关经研究，采纳了上述意见。

第七条　任何单位和个人都有协助、配合有关部门开展反有组织犯罪工作的义务。

国家依法对协助、配合反有组织犯罪工作的单位和个人给予保护。

【条文主旨】

本条是关于单位和个人协助、配合开展反有组织犯罪工作的义务和对协助、配合开展反有组织犯罪工作的单位和个人给予保护的原则规定。

【条文释义】

本条共分两款。第一款是单位和个人协助、配合开展反有组织犯罪工作的义务规定，即任何单位和个人都有协助、配合有关部门开展反有组织犯罪工作的义务。

根据本款规定，任何单位和个人都有协助、配合有关部门开展反有组织犯罪工作的义务，发现有组织犯罪嫌疑或者有组织犯罪嫌疑人员的，应当依法及时向公安机关或者有关部门报告。任何单位和个人都有协助、配合有关部门开展反有组织犯罪工作的义务。这是要强调反有组织犯罪是一项需要全社会齐心协力、共同努力做好的重要工作。不论是作为单位，包括企业、事业单位、社会团体等，还是作为公民的每一个人，都有协助、配合负有反有组织犯罪工作职责的有关部门，包括监察机关、人民法院、人民检察院、公安机关、司法行政机关以及其他有关国家机关开展反有组织犯罪工作的义务。这些负有反有组织犯罪工作职责的部门由法律赋予其打击和防范、处置反有组织犯罪的职责，其具体内容及如何开展反有组织犯罪工作，本法第二章、第三章、第四章、第六章等有关章节都有明确的规定。作为单位和个人需要做的，就是积极协助和配合开展反有组织犯罪工作。比如有关部门在打击反有组织犯罪活动或者查处反有组织犯罪案件时，需要调查取证，或者需要查封、扣押、冻结相关财物，或者需要征用有关场地、交通工具、其他有关物品等，有关单位和个人都应当积极给予协助、配合，而不能借口拖延时间，或者隐瞒事实真相，或者在其他方面不予以协助、配合，更不能加以阻碍。这样规定是因为反有组织犯罪工作非常重要，涉及反有组织犯罪案件是关系到国家安全、政治稳定、公共安全和人民生命财产安全的重大案件，决不能视同儿戏，更不能掉以轻心。只有全社会齐心协力，积极协助和配合好有关部门，才能把反有组织犯罪工作做好。

第二款是对协助、配合开展反有组织犯罪工作的单位和个人给予保护的原则规定，即国家依法对协助、配合反有组织犯罪工作的单位和个人给予保护。在我国，国家利益与人民的根本利益是一致的，反有组织犯罪工作不仅关乎国家命运、也影响人民群众的福祉。公民自觉地、积极地协助、配合有关部门同有组织犯罪活动作斗争，是做好反有组织犯罪工作的基础和保证。反有组织犯罪工作具有复杂性、艰巨性，甚至有很大程度的危险性。协助、配合有关部门反有组织犯罪工作的单位和个人很有可能受到黑恶势力及其“保护伞”的威胁、报复。保护这些单位和个人的人身财产安全，使他们免受侵害，既是做好反有组织犯罪工作的需要，也是反有组织犯罪工作的重要组成部分。通过保护这些单位和个人的人身财产安全，也能进一步取得人民群众的信任，鼓励人民群众同有组织犯罪活动作斗争，更好地维护国家安全、政治稳定、公共安全和人民生命财产安全。本条所说的“单位和个人”是广义的，它包括一切国家机关、武装力量、各政党、各社会团体及企业事业组织和个人。这里所说的“保护”，主要是指对协助、配合反有组织犯罪工作的单位和个人的人身安全、财产安全和其他合法权益加以保护，防止他们遭受侵害。如对其个人信息采取保密措施，对其人身采取专门保护，等等。此外，有关部门在工作中也要注意保护这些单位和个人的合法权益，不能随意侵害他们的合法权益。对此，本法其他条文也有相应规定，如本法第六十一条规定：“因举报、控告和制止有组织犯罪活动，在有组织犯罪案件中作证，本人或者其近亲属的人身安全面临危险的，公安机关、人民检察院、人民法院应当按照有关规定，采取下列一项或者多项保护措施：（一）不公开真实姓名、住址和工作单位等个人信息；（二）采取不暴露外貌、真实声音等出庭作证措施；（三）禁止特定的人接触被保护人员；（四）对人身和住宅采取专门性保护措施；（五）变更被保护人员的身份，重新安排住所和工作单位；（六）其他必要的保护措施。”第六十四条规定：“对办理有组织犯罪案件的执法、司法工作人员及其近亲属，可以采取人身保护、禁止特定的人接触等保护措施。”第六十五条规定：“对因履行反有组织犯罪工作职责或者协助、配合有关部门开展反有组织犯罪工作导致伤残或者死亡的人员，按照国家有关规定给予相应的待遇。”此外，本法还规定，对于实施有组织犯罪的人员配合侦查、起诉、审判等工作，对侦破案件或者查明案件事实起到重要作用的，适用刑事诉讼法中证人保护的规定执行。

刑事诉讼法第六十四条规定，“对于危害国家安全犯罪、恐怖活动犯罪、黑社会性质的组织犯罪、毒品犯罪等案件，证人、鉴定人、被害人因在诉讼中作证，本人或者其近亲属的人身安全面临危险的，人民法院、人民检察院和公安机关应当采取以下一项或者多项保护措施：（一）不公开真实姓名、住址和工作单位等个人信息；（二）采取不暴露外貌、真实声音等出庭作证措施；（三）禁止特定的人员接触证人、鉴定人、被害人及其近亲属；（四）对人身和住宅采取专门性保护措施；（五）其他必要的保护措施。证人、鉴定人、被害人认为因在诉讼中作证，本人或者其近亲属的人身安全面临危险的，可以向人民法院、人民检察院、公安机关请求予以保护。人民法院、人民检察院、公安机关依法采取保护措施，有关单位和个人应当配合”。

【实践中应注意的问题】

在该条的理解适用中，应当需要注意以下几个方面的问题：

本条规定了单位和个人协助、配合开展反有组织犯罪工作的义务，有关部门在排查、整治、打击有组织犯罪活动嫌疑或者有组织犯罪活动嫌疑人员的，单位和个人应当协助、配合有关部门及时打击，精准打击犯罪活动。

需要指出的是，根据本法规定，对协助、配合开展反有组织犯罪工作的单位和个人给予保护。本法其他条文也有相应规定，如本法第六十一条、第六十四条、第六十五条。对于实施有组织犯罪的人员配合侦查、起诉、审判等工作，对侦破案件或者查明案件事实起到重要作用的，适用刑事诉讼法中证人保护的规定执行。本法有特别规定的，适用本法规定。

【立法宗旨和背景】

（一）起草背景

反有组织犯罪工作，是关系到国家安全、公共安全和人民群众生命财产安全的一项重要工作。20世纪以来，犯罪的组织化程度越来越高，有组织犯罪发展和蔓延的态势越来越严重，其策划和实施各种违法犯罪活动，不仅威胁我国政治安全特别是政权安全、制度安全，还给社会的正常治安、生活秩序和经济发展造成严重破坏。在我国，面对有组织犯罪，特别是“村霸”、宗族恶势力、“保护伞”以及“软暴力”等犯罪，需要社会各方面通力合作，共同开展反有组织犯罪工作。近年来，有组织犯罪多发频发，所造成的严重后果令人触目惊心，其通过把持基层政权、操纵破坏基层换届选举、垄断农村资源、侵吞集体资产；利用家族、宗族势力横行乡里、称霸一方、欺压残害百姓；在征地、租地、拆迁、工程项目建设等过程中煽动闹事；在重点行业、领域强揽工程、恶意竞标、非法占地、滥开滥采；在商贸集市、批发市场、车站码头、旅游景区等场所欺行霸市、强买强卖、收保护费；操纵、经营“黄赌毒”等违法犯罪活动；非法高利放贷、暴力讨债；插手民间纠纷，充当“地下执法队”；组织或雇用网络“水军”在网上威胁、恐吓、侮辱、诽谤、滋扰等。作为整个社会的一分子，无论是单位还是公民个人，对于反有组织犯罪工作，都有着义不容辞的责任。本条的规定也是本法第四条关于反有组织犯罪工作坚持专门工作与群众路线相结合原则的具体体现。一方面，在反有组织犯罪工作中，负有专门职责的有关部门，应当依靠社会力量，调动人民群众参与反有组织犯罪工作的积极性，取得广大人民群众的积极配合和有力支持。这是做好反有组织犯罪工作的重要条件。另一方面，作为单位和个人，在不断提高对反有组织犯罪工作重要性认识的基础上，也有义务从各个方面积极、主动配合有关部门，做好反有组织犯罪工作。另外，本法第九条还规定，村民委员会、居民委员会应当协助人民政府以及有关部门开展有组织犯罪预防和治理工作。本法第六十一条规定，因举报、控告和制止有组织犯罪活动，在有组织犯罪案件中作证，本人或者其近亲属的人身安全面临危险的，公安机关、人民检察院、人民法院应当按照有关规定，采取相关保护措施。本条规定有利于使反有组织犯罪工作深入基层。

（二）审议中各方面的意见以及争议的问题

提请全国人大常委会审议的一审稿中规定，任何单位和个人都有协助、配合有关部门开展反有组织犯罪工作的义务。常委会审议过程中，有的院校提出，给单位和个人设置普遍性义务的做法缺乏正当性，建议修改为，国家鼓励单位和个人协助、配合有关部门开展反有组织犯罪工作，或者在“协助、配合”前增加“依法”。有的院校建议增加规定适用条件或者规定“法律另有规定的除外”。有的社会公众建议增加规定，国家对协助、配合反有组织犯罪工作的单位、个人实施保护。

常委会二次审议过程中，有的委员建议增加规定国家对有关单位和个人给予奖励。有的社会公众建议加强相关举报及保护体系建设，对举报人和单位的信息予以保护。

经研究，吸收了部分意见，增加国家对协助、配合反有组织犯罪工作的单位、个人实施保护的规定。本条规定了协助、配合开展反有组织犯罪工作的义务，以及国家对协助、配合反有组织犯罪工作的保护，有利于惩治黑恶势力，机制化、常态化开展扫黑除恶斗争，同时，顺应人民群众期待，作为整个社会的一分子，无论是单位还是公民个人，对于反有组织犯罪工作，都有着义不容辞的责任。落实对协助、配合反有组织犯罪工作的单位和个人保护措施等办法，有利于激发广大人民群众积极配合和有力支持的热情。

（三）有关国家和地区的规定

1. 2000 年 11 月 15 日，第 55 届联合国大会通过了《联合国打击跨国有组织犯罪公约》。这是世界上第一项针对跨国有组织犯罪的全球性公约。公约于 2003 年 9 月 29 日正式生效。我国于 2000 年 12 月 12 日签署了公约。2003 年 8 月 27 日，第十届全国人大常委会批准了公约，并声明对公约第三十五条第二款关于通过仲裁和国际法院解决争议条款作出保留。2003 年 9 月 23 日，我国政府向联合国秘书长交存批准书。公约于 2003 年 10 月 23 日对我国生效。

关于保护证人。《联合国打击跨国有组织犯罪公约》第二十四条规定，各缔约国应采取措施，为证人并酌情为其亲属及其他与其关系密切者提供有效的保护，使其免遭可能的报复或恐吓，包括人身转移、不披露或限制披露身份和下落、允许以确保证人安全的方式如视像连接作证手段提供证言等。

关于帮助和保护被害人。《联合国打击跨国有组织犯罪公约》第二十五条规定，各缔约国应在其力所能及的范围内采取措施，对被害人特别是受到报复威胁或恐吓的被害人提供帮助和保护；应制定适当的程序，使被害人有机会获得赔偿和补偿；应在本国法律允许的情况下，保证被害人的意见和关切在诉讼程序中得到充分表达和考虑。

2. 意大利于 1991 年通过证人保护法案，规定了对合作者及其家属的一系列保护措施，并建立了专门的证人保护系统。一方面，该法案与 1991 年的《黑手党悔过法》相结合，对于积极指控有组织犯罪的合作者，可以从监禁地点被释放或者被采取监禁替代措施。由证人保护中心负责向被保护人及其家属提供虚假身份、住房、经济来源，帮助其融入社会等。对于脱离黑手党的悔过者及其家属，可以减轻或免除刑事责任，可以获得缓刑或假释等优待，可以享受终身由国家供养的待遇。另一方面，规定证人最大限度出庭作证义务。证人应当依法庭传唤到庭，在诉讼活动中执行法官命令、回答问题；若证人经多次传唤无故拒不到庭的，法官可以下令强制拘留证人。

3. 1960 年，美国联邦证人保护项目：任何人一旦被确定为证人，立刻被政府纳入证人保护计划中，受到政府全方位保护；同时，对被认定威胁证人的行为人，可以以威胁证人罪处以刑罚；一旦被确认事后报复证人的，可以被判处终身监禁。美国 1970 年《有组织犯罪控制法》的证人制度，规定有组织犯罪案件的污点证人可以通过作证来免于被起诉，同时要求政府为有组织犯罪案件中的证人或潜在证人及他们的家人提供安全保护。1984 年，美国又通过《证人保护改革法》，赋予联邦司法部部长保护联邦和州有组织犯罪的证人及其家属的生命财产的权力。对各州有组织犯罪的污点证人保护一般是在赔偿的基础上进行的，司法部部长有权为证人及其家属提供健康、安全及福利方面的帮助。只要危险不排除，他们就可以永远使用政府提供的保护性设施。2000 年，美国国会通过了《非法交易和暴力犯罪被害人保护法》，在保护被害人权益的同时，进一步补充和完善了证人保护制度的相关细节。

4. 20 世纪 70 年代以前，德国的刑事诉讼程序为了有效追诉犯罪，视证人出庭作证为应尽的义务，疏于对证人的保护。1992 年和 1998 年打包修改法律时，加强了对证人的保护，规定：一是证人提供住所地可能对证人和其他人员带来危害的，证人可以不告知真实住址、有关身份信息。二是被告人出庭可能妨碍证人真实陈述的，询问证人时，可以要求被告人离庭。三是证人可能遭受危害的，审判长可以决定全部或者部分不公开审理。四是证人接受法庭询问，符合法定情形的，可以在与被告人不同的房间或者在法院以外的其他地方接受询问，并在法庭同步进行视频播放。

第八条　国家鼓励单位和个人举报有组织犯罪。

对举报有组织犯罪或者在反有组织犯罪工作中作出突出贡献的单位和个人，按照国家有关规定给予表彰、奖励。

【条文主旨】

本条是关于国家鼓励单位和个人举报有组织犯罪，以及对举报或者在工作中作出突出贡献的单位和个人给予表彰、奖励的规定。

【条文释义】

本条共分两款。第一款是关于国家鼓励单位和个人举报有组织犯罪的规定。

“举报”是指当事人以外的其他知情人向公安机关、人民检察院、人民法院、全国扫黑办等机关检举、揭发有组织犯罪犯罪嫌疑人的犯罪事实或者犯罪嫌疑人线索的行为。“举报有组织犯罪”，是指举报与有组织犯罪相关的行为，举报的对象包括实施有组织犯罪的组织和个人，也包括有组织犯罪行为背后的“保护伞”。举报的形式是多样的，有关单位和个人可以亲自到有关部门举报，也可以通过信件、邮件、电话、网络平台举报；可以口头提出，也可以书面提出；可以实名，也可以匿名。

接收有组织犯罪举报的机关是不特定的，有关单位和个人可以向全国扫黑办、公安机关举报，也可以向法院、检察院以及有关主管部门举报。任何机关接到对有组织犯罪的举报的，都应当依法处理或者移送有关主管部门依法处理。根据全国扫黑办智能化举报平台的工作机制，各省扫黑办可以对省内的举报线索进行核查比对，实现统一分流、交办、督办、反馈，避免重复查办。举报平台还设置了行业领域信息项，有助于发现行业领域内存在的突出问题。根据本法第二十四条的规定，公安机关接到对有组织犯罪的报案、控告、举报后，应当及时开展统计、分析、研判工作，组织核查或者移送有关主管机关依法处理。根据本法第二十五条的规定，有关国家机关接到对有组织犯罪的举报的，应当及时移送公安机关等主管机关依法处理。此外，我国刑事诉讼法第五十七条、第一百一十条至第一百一十二条对公安机关、人民检察院、人民法院对举报应当如何处理，作了详细规定，这些规定对反有组织犯罪的举报的处理同样适用。

本款进一步明确了国家鼓励单位和个人举报有组织犯罪。根据我国刑事诉讼法第一百一十条的规定，任何单位和个人发现有犯罪事实或者犯罪嫌疑人，有权利也有义务向公安机关、人民检察院或者人民法院报案或者举报。对于有组织犯罪，知悉情况的有关单位和个人也有权利和义务报案或者举报。为保证相关规定能落到实处，让有关单位和个人消除后顾之忧，勇于与有组织犯罪行为作斗争，本法第六十一条专门规定了对举报人员及其近亲属的保护措施，即因举报有组织犯罪活动，在有组织犯罪案件中作证，本人或者其近亲属的人身安全面临危险的，公安机关、人民检察院、人民法院应当按照有关规定，采取不公开个人信息、出庭保护、禁止特定的人接触、对人身和住宅采取专门保护、变更被保护人员身份、重新安排住所和工作单位等必要保护措施。此外，刑事诉讼法规定的对举报人的保护措施，也适用于有组织犯罪的举报人。如刑事诉讼法第六十四条规定了对证人的保护措施。第八十一条规定，对有证据证明有犯罪事实，可能判处徒刑以上刑罚的犯罪嫌疑人、被告人，采取取保候审措施，可能对举报人实施打击报复的，应当予以逮捕。第一百一十条规定，公安机关、人民检察院或者人民法院应当保障举报人及其近亲属的安全，举报人如果不愿公开自己的姓名和举报的行为，应当为他保守秘密。

实践中，单位和个人举报的对象除了实施有组织犯罪的组织和个人，还包括从事反有组织犯罪工作的执法、司法工作人员。有的是因为执法、司法工作人员具有本法第五十二条规定的接到报案、控告、举报不受理，不移送犯罪线索、涉案材料，向违法犯罪人员通风报信，违背事实和法律处理案件，违反规定查封、扣押、冻结、处置涉案财物等滥用职权、玩忽职守、徇私舞弊的行为；也不排除有的是为了通过举报，达到干扰有组织犯罪的调查和处理的目的。

关于对从事反有组织犯罪工作的执法、司法工作人员的举报。我国宪法第四十一条规定，中华人民共和国公民对于任何国家机关和国家工作人员的违法失职行为，有向有关国家机关提出申诉、控告或者检举的权利，但是不得捏造或者歪曲事实进行诬告陷害。对于公民的申诉、控告或者检举，有关国家机关必须查清事实，负责处理。本法对单位和个人对关于对从事反有组织犯罪工作的执法、司法工作人员的举报的处理作了更为具体的规定。本法第五十三条规定，有关机关接到对从事反有组织犯罪工作的执法、司法工作人员的举报后，应当依法处理，防止犯罪嫌疑人、被告人等利用举报干扰办案、打击报复。对利用举报等方式歪曲捏造事实，诬告陷害从事反有组织犯罪工作的执法、司法工作人员的，应当依法追究责任；造成不良影响的，应当按照规定及时澄清事实，恢复名誉，消除不良影响。这样规定，是为了保障从事反有组织犯罪工作的执法、司法工作人员能够正常依法履职，减少恶意举报行为的发生。有关机关经核查，发现执法、司法人员确实存在违纪违法行为的，应当依法作出处理，追究相应的法律责任。

第二款是关于对举报有组织犯罪或者在反有组织犯罪工作中作出突出贡献的单位和个人给予表彰、奖励的规定。实践中，单位和个人向公安机关和有关主管部门举报有组织犯罪，可能会面临黑社会性质组织、恶势力组织及其成员的打击报复。甚至有的单位和个人明知自己的财产可能被损害，人身安全可能面临威胁，仍然勇敢地举报有组织犯罪活动，积极配合和协助有关部门，使得有关部门能够及时防范、制止即将发生或者正在发生的有组织犯罪案件，侦破有组织犯罪案件，或者使其他的反有组织工作能够顺利开展，这些单位和个人在反有组织犯罪工作中作出了自己的贡献，应当予以表彰和奖励。

本款规定的“在反有组织犯罪工作中作出突出贡献的单位和个人”，包括有组织犯罪相关案件办理部门如监察机关、人民法院、人民检察院、公安机关等单位及其工作人员。同时，本法专门规定反有组织犯罪工作应当综合运用法律、经济、科技、文化、教育等手段，建立健全预防治理体系，规定各级人民政府和有关部门应当依法组织开展有组织犯罪预防和治理工作，将有组织犯罪预防和治理工作纳入考评体系，并对有关部门的宣传教育、建立防范侵害工作机制、监督管理职责等作了规定。“在反有组织犯罪工作中作出突出贡献的单位和个人”也包括负责反有组织犯罪预防和治理工作的相关部门及其工作人员。此外，本法还规定，移民管理、海关、海警等部门发现境外的黑社会组织的人员入境的，应当及时通知公安机关；并对电信业务经营者、互联网服务提供者的网络信息安全管理义务，为公安机关侦查有组织犯罪提供技术支持和协助，对网信、电信、公安等主管部门责令有关单位对含有宣扬、诱导有组织犯罪内容的信息停止传输、采取消除等处置措施作了规定。负有相关职责的这些单位和个人在工作中作出突出贡献的，应当按照有关规定给予表彰、奖励。

实践中，还有的单位和个人为了协助、配合有关部门开展反有组织犯罪工作，除了积极主动提供工作所需场所、交通工具、物品以外，有的还积极投身于反有组织犯罪工作中，比如直接参与反有组织犯罪宣传教育、参加制止有组织犯罪活动等，为反有组织犯罪工作作出了突出贡献，应当视为在反有组织犯罪工作中作出了突出贡献，给予表彰、奖励。

这里的“突出贡献”是指对反有组织犯罪工作起到重要的促进作用，对反有组织犯罪工作进展有重大帮助，如提供了重要线索，对发现、破获严重有组织犯罪行为有重大帮助的，在反有组织犯罪宣传教育方面成绩突出的等情形。关于“突出贡献”的认定标准，本法未作规定，还需要根据实践情况，各有关部门和地方具体予以把握。这里的“表彰、奖励”包括精神奖励，也包括物质奖励。如果拟表彰、奖励的组织、个人是公务员集体或者公务员的，还应当遵守公务员法有关奖励的规定。

【实践中应注意的问题】

在该条的理解适用中，应当需要注意以下几个方面的问题：

第一，虽然宪法、刑事诉讼法等法律及政策文件对有关部门的职责范围有明确的规定，但本法对接收有关单位和个人的举报的部门未作任何限制，即发现有组织犯罪实施或者犯罪嫌疑人的，可以向公安机关、人民检察院、人民法院以及有关主管部门中的任何一个部门举报。这主要是为了方便单位和个人进行举报。至于具体如何分工，归哪个部门负责，待有关部门收到举报后，再根据有关法律规定确定。

第二，举报与报案、控告有所不同，对有组织犯罪的报案和控告，本法没有规定，对于报案和控告的处理，应当依照刑事诉讼法第一百一十条至第一百一十二条的有关规定处理。根据我国刑事诉讼法的有关规定，“报案”是指单位和个人（包括被害人）向公检法报告发现有犯罪事实或者犯罪嫌疑人的行为；“控告”是指被害人及其近亲属或者诉讼代理人，对侵犯被害人合法权益的犯罪行为向司法机关告诉，要求追究侵害人的法律责任的行为；而“举报”则是指当事人以外的其他知情人向公检法等机关检举、揭发有组织犯罪犯罪嫌疑人的犯罪事实或者犯罪嫌疑人线索的行为。

【立法宗旨和背景】

（一）起草背景

1. 关于对有组织犯罪的举报。扫黑除恶工作始终要求坚持以人民为中心，坚持人民主体地位，紧紧依靠群众。本法第四条规定，反有组织犯罪工作应当坚持专门工作与群众路线相结合，其中，“群众路线”主要是指依靠群众开展工作，实现扫黑除恶过程人民参与、成效人民评价、成果人民共享。在反有组织犯罪工作中，犯罪线索的收集是至关重要的一环，很多重大黑恶犯罪案件如湖南“操场埋尸”案、上海“小红楼”案等都是通过群众举报获得线索，经过线索核查和研判，发现了犯罪事实、犯罪嫌疑人，再确定为刑事案件立案侦查的。群众的举报在反有组织犯罪工作中至关重要。

为方便单位和个人举报有组织犯罪，在扫黑除恶专项斗争期间，2019 年 5 月 28 日，全国扫黑除恶专项斗争领导小组办公室向社会公开了全国扫黑办 12337 智能化举报平台，举报人只需要通过扫描专用二维码、网上搜索“12337”或者点击中国长安网、中央政法委长安剑等举报链接，就可随时随地、方便快捷地登录平台，填写举报人、被举报人、黑恶势力违法犯罪情况和“保护伞”情况等信息，提交成功后全国扫黑办即可实时受理。为鼓励单位和个人举报，全国扫黑办在线索核查反馈方面也下了功夫，除由公安部和省级扫黑办对线索核查结果进行双重把关之外，还会每月通过系统自动随机选取一定数量的实名举报线索，通过短信方式对举报人进行回访，听取举报人意见。此外，公安部还常年接收对有组织犯罪的举报，接收后会及时开展统计、分析、研判工作，组织核查或者移送有关主管机关依法办理；有关国家机关接到对有组织犯罪的举报的，也及时移送了公安机关等主管机关处理。可以说，单位和个人举报的平台和途径是多样的，国家通过各种措施鼓励单位和个人举报有组织犯罪。

扫黑除恶专项斗争结束后，党中央作出了常态化开展扫黑除恶斗争，巩固专项斗争成果的决策部署，要求在总结现行反有组织犯罪工作体制和实践经验的基础上，进一步建立健全反有组织犯罪工作机制。2021 年 5 月，中共中央办公厅、国务院办公厅《关于常态化开展扫黑除恶斗争巩固专项斗争成果的意见》中强调要畅通线索举报渠道，实行全国扫黑办 12337 智能化举报平台常态化运行，对群众举报的涉黑涉恶线索统一分流转办，实行分级核查和上级复核办结制，建立省市县举报线索核查三级联动机制。考虑到有组织犯罪举报的重要性，有必要在法律中对国家鼓励单位和个人举报有组织犯罪进行明确规定。

2. 关于对举报有组织犯罪或者在反有组织犯罪工作中作出突出贡献的单位和个人给予表彰、奖励。为动员人民群众积极参与扫黑除恶斗争，发动群众举报有组织犯罪及背后的保护伞，有必要建立表彰、奖励制度。此外，对在反有组织犯罪工作中作出突出贡献的单位和个人给予表彰、奖励，在对其工作给予肯定的同时，可以鼓励其他单位和个人学习榜样学习先进，更加积极有效地开展工作，通过正面宣传，弘扬正气，也有助于形成全社会扫黑除恶的浓厚氛围和风尚，进而有效地调动整个社会、有关单位和个人协助、配合有关部门做好反有组织犯罪工作的积极性。

实践中，为广辟线索来源，鼓励群众积极参与扫黑除恶斗争，根据中央有关政策文件精神，在专项斗争期间，很多省份都出台相关文件，加大了有奖举报的力度，对举报有组织犯罪的单位和个人给予奖励。如 2018 年 9 月湖北省公安厅出台了《湖北省公安厅关于涉黑涉恶线索有奖举报的指导意见》，其中规定，经公安机关查证线索属实后，立案单位或线索核查单位将根据实际情况给予举报人奖励。对于以涉嫌黑社会性质组织罪立案侦查的，奖励举报人人民币 1 万元至 3 万元；以涉嫌黑社会性质组织罪移送审查起诉的，再奖励举报人人民币 3 万元至 5 万元；特别重大的黑社会性质组织案件可奖励 20 万元。同时，立案单位或线索核查单位对于以涉嫌恶势力犯罪集团立案侦查的，奖励举报人人民币 1000 元至 5000 元；以涉嫌恶势力犯罪集团移送审查起诉的，再奖励举报人人民币 5000 元至 1 万元。此外，还明确，举报线索在侦办特别重大黑恶案件中发挥重要作用的，奖励金额上不封顶。其他省份如陕西省公安厅、财政厅联合出台了《陕西省黑恶违法犯罪线索举报奖励办法》等，对举报人的奖励也都有相关规定。

2021 年 3 月 29 日，三年的扫黑除恶专项斗争结束后，全国扫黑除恶专项斗争总结表彰大会在京召开，表彰全国扫黑除恶专项斗争先进集体、先进个人，总结三年扫黑除恶专项斗争成绩经验。之后，各省、自治区、直辖市的扫黑除恶专项斗争总结表彰大会也陆续召开。通过对专项斗争的显著成效和先进典型的宣传报道，弘扬了扫黑英模精神，也激发了人民群众与黑恶犯罪作斗争的热情，有助于营造良好社会氛围。

对于上述经验做法，有必要在法律中予以体现，明确对举报有组织犯罪或者在反有组织犯罪工作中作出突出贡献的单位和个人，按照国家有关规定给予表彰、奖励。

（二）审议中各方面的意见

在常委会审议过程中，有的常委会委员建议明确公安机关为接受举报的主体，单位和个人直接向公安机关举报有组织犯罪，会比较便捷。根据本法有关规定，其他机关接到对有组织犯罪的举报的，也需要按照要求及时移送公安机关等主管部门依法处理。若规定直接向公安机关举报，可以省去一道程序，提高工作效率。

有的社会公众建议增加规定，国家对举报有组织违法犯罪行为的单位和个人的信息、隐私进行充分保护、保密，对举报人的安全给予全面保障。有的社会公众建议明确奖励措施、经费保障和实现程序。

第二章　预防和治理

第九条　各级人民政府和有关部门应当依法组织开展有组织犯罪预防和治理工作，将有组织犯罪预防和治理工作纳入考评体系。

村民委员会、居民委员会应当协助人民政府以及有关部门开展有组织犯罪预防和治理工作。

【条文主旨】

本条是关于各级人民政府和有关部门开展有组织犯罪预防和治理工作以及村民委员会、居民委员会协助开展有组织犯罪预防和治理工作的规定。

【条文释义】

本条共两款。第一款是关于各级人民政府和有关部门开展有组织犯罪预防和治理工作职责的规定。

1. 对“有关部门”的理解。本条规定，有组织犯罪预防和治理工作的主体是各级人民政府和有关部门。专项斗争中，纪委监察、组织、宣传、政法、综治、网信、法院、检察院、教育、公安、民政、司法、财政、国土资源、住建、交通运输、水利、农业农村、文化、卫健、人民银行、税务、市场监督、银监、文旅、海警、武警部队等单位为各级扫黑办成员单位，承担扫黑除恶工作。扫黑除恶斗争常态化后，毫无疑问，这些单位也就是有组织犯罪预防和治理工作的主体。教育、公安等都是各级人民政府的组成部门，所以，这里的“有关部门”包括人民政府的组成部门，也包括政府组成部门外的其他部门，如纪委监察、组织、宣传、政法、综治、网信、法院、检察院、海警、武警部队等。

2. 开展考评工作的要求。专项斗争期间，扫黑除恶工作已经纳入综治工作（平安建设）考评体系，成为各地推进扫黑除恶专项斗争的“指挥棒”和“助推器”。扫黑除恶斗争常态化后，考评工作仍然延续。本条将这一行之有效的经验做法固化为一项法律制度，有利于推进考评的法治化和科学化。考评工作可以由各级人民政府统一开展，也可以由有关部门开展，但要避免重复考评、多头考评。

第二款是关于村民委员会、居民委员会协助开展有组织犯罪预防和治理工作的规定。

村民委员会、居民委员会作为协助开展有组织犯罪预防和治理工作的基层自治组织，一方面要根据各级人民政府和有关部门的工作部署开展有组织犯罪的预防和治理工作，另一方面，在日常工作中要主动作为，特别是在发现有组织犯罪线索、协助政府开展宣传教育等工作方面要积极主动作为。

【实践中应注意的问题】

在该条的理解适用中，应当需要注意以下两个方面的问题：

第一，正确把握各级扫黑办和各级人民政府、有关部门之间的关系。中共中央办公厅、国务院办公厅印发《关于常态化开展扫黑除恶斗争巩固专项斗争成果的意见》规定，参照原有全国扫黑除恶专项斗争领导小组组成和分工，中央成立全国扫黑除恶斗争领导小组及其办公室，各级党委和有关部门保留相应领导和办事机构，完善工作机制，充实人员队伍，优化机构编制资源配置，明确相关机构和人员负责日常工作，实现常态化运行。也就是说，常态化机制下，各级扫黑办负责反有组织犯罪日常工作。本法实施后，各级扫黑办在有组织犯罪预防和治理工作中要发挥组织、指导、协调的作用，有关部门要积极配合。

第二，正确理解村民委员会、居民委员会协助配合作用。本条规定村民委员会、居民委员会协助作用，既然是协助，其工作就存在被动性。因此，各级人民政府和有关部门要充分调动村民委员会、居民委员会工作的积极性，同时也要为协助工作提供的便利和条件。村民委员会、居民委员会在工作当中碰到问题，也要及时向各级人民政府和有关部门报告。

【立法宗旨和背景】

（一）起草背景

2018 年 1 月，中共中央、国务院印发的《关于开展扫黑除恶专项斗争的通知》要求：在各级党委领导下，发挥社会治安综合治理优势，推动各部门各司其职、齐抓共管，综合运用各种手段预防和解决黑恶势力违法犯罪突出问题。各有关部门要结合自身职能，主动承担好在扫黑除恶专项斗争中的职责任务，依法行政、依法履职，强化重点行业、重点领域监管，防止行政不作为和乱作为，最大限度挤压黑恶势力滋生空间。并要求将扫黑除恶专项斗争纳入综治工作（平安建设）考核体系，将考核结果作为对领导班子和领导干部综合考核评价的重要内容。2021年2月7日，中央办公厅、国务院办公厅印发《关于常态化开展扫黑除恶斗争巩固专项斗争成果的意见》，明确提出要充分发挥考评“指挥棒”作用，将扫黑除恶斗争纳入平安中国建设考评体系，科学赋予分值，强化结果运用，分析评估落实情况，对成绩突出的地区、单位和个人要进行通报表扬，对不敢打、不真打、不深打的后进地方重点通报督办。专项斗争期间，各级党委政府全面贯彻中央文件精神，各有关部门根据职责，细化工作要求，通力合作，强力推进，取得了对黑恶势力的压倒性胜利。因此，有必要将中央文件精神以法律的形式固定下来。

有组织犯罪的预防和治理是一项系统工程，必须充分调动各方积极性，形成政府主导、社会参与的工作新格局。村民委员会和居民委员会作为群众自治组织，根据法律规定可以协助人民政府履行行政管理职能，是实现国家基层治理的重要力量。因此，要构建完善的有组织犯罪预防和治理体系就离不开村民委员会和居民委员的积极参与。但村民委员会和居民委员会毕竟不是国家机关，法律不能给村民委员会和居民委员设定如同各级人民政府和有关部门一样的职责要求，只能规定其协助开展有组织犯罪预防和治理工作的职责。

（二）审议中各方面的意见以及争议的问题

本条是关于预防和治理有组织犯罪工作，各级人民政府、有关部门和基层群众自治组织的职责定位、考评体系机制的规定，是立法中的重大问题，经过反复修改。

1. 反有组织犯罪法草案第十条规定：“监察机关、人民法院、人民检察院、公安机关、司法行政机关及其他有关国家机关共同履行有组织犯罪预防和治理工作职责。”“基层群众性自治组织应当积极参与有组织犯罪的预防和治理工作。”第六十五条第二款规定：“县级、乡级人民政府应当指导有关单位、基层群众性自治组织协助、配合有关部门开展反有组织犯罪工作。”

在征求意见和调研过程中，有的地方建议明确各级人民政府的预防治理职责；有的部门建议明确各级人民政府在反有组织犯罪工作中的职责；有的社会公众建议增加各级党委、政法委和政府承担领导预防和治理本地区有组织犯罪的工作职责。有的地方提出，根据村民委员会组织法，村民委员会只有协助政府开展工作的义务，建议将第二款中“积极参与”修改为“协助开展”。有的地方、部门、协会建议对草案第十条、第十一条、第十二条、第六十五条等条款中“基层群众性自治组织”和“村民委员会、居民委员会”的表述予以统一。根据上述各方面的意见，对草案作了相应的修改完善。

有的社会公众建议明确各级扫黑除恶办公室的具体工作职责，或者明确法律公益组织、法学会等社会团体组织也应当积极参与有组织犯罪的预防和治理。

2. 反有组织犯罪法草案二次审议稿第九条规定：“各级人民政府和有关部门应当依法组织开展有组织犯罪预防和治理工作，将有组织犯罪预防和治理工作纳入考评体系。”“村民委员会、居民委员会应当协助人民政府以及有关部门开展有组织犯罪的预防和治理工作。”草案二次审议稿对草案作了以下修改：一是将草案第十条和第六十五条第二款合并作了规定；二是明确各级人民政府开展有组织犯罪预防和治理的职责；三是将“监察机关、人民法院、人民检察院、公安机关、司法行政机关及其他有关国家机关”列举表述修改为“有关部门”；四是增加规定将有组织犯罪预防和治理工作纳入考评体系；五是为统一表述，将“基层群众性自治组织”修改为“村民委员会、居民委员会”，并将“积极参与”修改为“协助”义务。

在审议过程中，有的常委委员建议在“村民委员会、居民委员会”后增加“企业与其他单位”；有的建议将本条移至总则中规定，更加突显本条规定的重要性。在征求意见和调研过程中，有的社会公众建议增加规定各级党委承担领导预防和治理本地区有组织犯罪的工作职责。有的部门提出，预防和治理有组织犯罪是全社会共同的责任，建议在“村民委员会、居民委员会”后增加“企业与其他单位”。

3. 反有组织犯罪法草案三次审议稿第九条规定：“各级人民政府和有关部门应当依法组织开展有组织犯罪预防和治理工作，将有组织犯罪预防和治理工作纳入考评体系。”“村民委员会、居民委员会应当协助人民政府以及有关部门开展有组织犯罪预防和治理工作。”草案三次审议稿对草案二次审议稿未作实质内容修改，只是删去第二款“开展有组织犯罪的预防和治理工作”中“的”字。

（三）有关国家和地区的规定

1. 《联合国打击跨国有组织犯罪公约》第三十一条第一款规定：“缔约国

应努力开发和评估各种旨在预防跨国有组织犯罪的国家项目，并制订和促进这方面的最佳做法和政策。”第五款规定：“缔约国应努力提高公众对跨国有组织犯罪的存在、原因和严重性及其所构成的威胁的认识。可在适当的情况下通过大众传播媒介传播信息，其中应包括促进公众参与预防和打击这类犯罪的措施。”

2. 德国立法有关情况。制定和修改单行法加强对有组织犯罪的预防和惩治，从重点领域和重点行业着手，制定了大量有针对性的行政管理措施的法律，例如：1993 年 10 月通过了《严重犯罪所得利润追查法》；1997 年 8 月通过了《反腐败法》，将腐败的监管范围从传统的公共领域扩大到私营范畴；2001 年 12 月通过了《打击非法避税法》，加大对专业性的避税行为的处罚力度；2002 年通过了《打击洗钱和打击对恐怖主义的资金资助法》；2008 年推出了全面修订后的《反洗钱法》。

通过对金融及反洗钱、麻醉药品、税务管理、反腐败、恐怖活动惩治等重点行业和领域的行政监管，预防有组织犯罪的发生。德国在相关法律中规定的具体措施：

（1）反洗钱措施。针对洗钱行为，反洗钱法规定，信贷、金融、保险、律师、公证人、税务顾问、房产中介、博彩业经营者等机构和人员对重大交易要进行身份查证，对可疑交易要报告，需要采取措施防止被人用作洗钱工具；海关对跨境现金交易进行监督，需要严控进出关的财产申报；对于违反规定的，可以处以大额的罚款。

（2）禁毒措施。针对毒品犯罪行为，麻醉药品法规定对药品进行分级分类和列管，并规定了临时管制等行政措施。

（3）反腐败措施。针对腐败行为，《反腐败法》《公务员法》等规定了大量预防性措施，如所有公职人员都不得接受任何形式的馈赠和捐献；公务员经批准并向社会公开后，才能从事第二职业；对容易滋生腐败的权力机关或敏感岗位的公务员，3 年必须换岗，其他部门 5 年必须轮岗等。

（4）反避税措施。针对非法避税行为，涉外税法规定了反避税措施，如发现有按照明显低于正常交易价格进行交易造成纳税基数减少的，税务部门可以上调纳税基数等。

3. 日本立法有关情况。在日本，暴力团是有限合法的，反有组织犯罪主要法律是1991年日本制定的《暴力团对策法》。此外，还有一些专门性立法也规定了适用于包括暴力团犯罪在内的有组织犯罪的具体管控措施，如《破坏活动防止法》对涉嫌恐怖主义的团体的设立、限制开展活动和取缔等作了规定；《枪炮刀剑取缔法》对管制刀具的携带、枪支弹药及零部件的生产、销售、出租、出借等规定了管控措施。

日本对暴力团规定的具体的管控和防范措施：

（1）指定暴力团。将符合一定特征的团体指定为暴力团，并将其名称、工作场所、人数等信息公布于众，使其反社会性明确化、公开化，加强社会对其的排斥，以达到逐渐减少成员数量，瓦解暴力团的目的。如果一个组织中有一定比例的成员有犯罪前科，该组织及其成员利用其威慑力和影响谋取经济利益，形成了具有等级结构的团体，将会被指定为暴力团。

（2）禁止从事相关行为。指定暴力团的成员被禁止从事一系列行为，包括利用暴力团的威力介入民事事项和经济纠纷；引诱、强迫他人加入暴力团；要求其成员实施暴力行为；在其据点附近扰民；暴力要挟、敲诈勒索；强迫成员断指、文身；对实施暴力的成员给予奖励；在据点张贴可能引发公众恐慌的标识；使用粗暴的言行向居民或行人示威等。

（3）损害赔偿责任。指定暴力团的成员使用暴力侵害他人的生命和身体健康的，其负责人无论有无过错，均须承担损害赔偿责任。

（4）关闭据点。若指定暴力团之间发生激烈争斗，使用凶器攻击等暴力行为的，政府可以关闭暴力团的据点，为期最长3个月，并可以延长。

（5）宣传培训和帮助措施。政府指定符合条件的组织作为“驱除暴力运动推进中心”，对民众进行应对暴力威胁的教育、培训，并鼓励、帮助成员退出暴力团回归主流社会；政府还对暴力团的被害人提供援助，包括联络、提供信息、指导和培训等。

（6）强制命令和刑事责任。指定暴力团成员实施了禁止行为的，公安委员会可以发出行政命令，要求其停止该行为，还可以发出强制命令，要求其遵守一定的事项。对于违反该法规定的有关强制命令的，可以追究暴力团成员的刑事责任。

总的来说，这些针对暴力团体、有关行业以及特定的犯罪行为、工具、对象进行管控的专门性立法，是日本反有组织犯罪立法的一个特色，对涉及有组织犯罪的各方面社会管控措施作了较为全面的规定，基本构成了防治有组织犯罪的严密法网，对日本从源头上减少有组织犯罪，有效预防有组织犯罪起到了关键作用。

4. 美国立法有关情况。20世纪50年代末至70年代初，美国进行了一系列重要的反有组织犯罪立法，其中，1968年的《犯罪综合控制与安全街道法》是美国第一部关于有组织犯罪的成文法，也是唯一一部对有组织犯罪有明确界定的法律；1970年的《有组织犯罪控制法》以及作为其组成部分一并通过的《反犯罪组织侵蚀合法组织法》，则集实体法和程序法于一身，规定了美国有组织犯罪的常见犯罪类型；1986年通过《洗钱控制法》，首次将洗钱列为联邦法独立的犯罪，并通过1992年《阿农齐奥—怀利洗钱法》、1994年《打击洗钱法》、1998年《反洗钱和金融犯罪策略法》、2004年《情报改革和防恐法案》、2017年参议院通过《打击洗钱、恐怖主义融资和造假法案》等对反洗钱作了一系列规定；2000年通过的《非法交易和暴力犯罪被害人保护法》，对非法劳务交易中的劳工剥削问题作出了规定；2011年通过的《公共腐败起诉改进法》，将某些严重的公共腐败犯罪的诉讼时效延长至6年，提高了联邦刑法中某些腐败犯罪的刑罚上限。

美国反有组织犯罪具体的管控和防范措施：

（1）《犯罪综合控制与安全街道法》。该法是美国第一部专门针对有组织犯罪的法律，除规定“有组织犯罪”的定义，包含两项重要内容：一是规定联邦政府通过“协助执法管理基金”（LEAA）向地方执法机构提供资金，打击有组织犯罪。此基金后来被美国司法部项目所替代；二是该法第三章允许美国联邦执法机构可以窃听嫌犯（包括有组织犯罪的嫌犯）的谈话。后来，该联邦执法机构的监听权在1986年《电子通信隐私法案》中受到限制，其他部分条款还在1994年《控制暴力犯罪和执法法案》中修改，以符合《联合国打击跨国有组织犯罪公约》的精神。随着有组织犯罪信息化、外表合法化发展，美国打击有组织犯罪的重点也逐渐向加强金融领域和经济活动的监管等方面转变，并将行政监管与机构职责作为阻止其发展壮大的有效预防手段。

（2）《反犯罪组织侵蚀合法组织法》（简称“RICO法案”）。该法案被认为是美国联邦法律中打击经济犯罪、有组织犯罪最重要和最有威力的一部法律，被列入《美国联邦法典》第18篇第96章，包括定义、禁止行为、刑事处罚、民事救济、管辖与传唤、诉讼中的快速处理、证据以及民事调查令等内容，如规定了四种禁止行为：禁止对合法企业利用非法资金进行投资；禁止通过该法所规定的犯罪行为来获得、维持或者控制合法企业；禁止通过该法规定的犯罪行为来管理或参与企业事务；禁止合谋实施上述所禁止的行为。

（3）《非法交易和暴力犯罪被害人保护法》，该法对非法劳务交易中的劳工剥削问题作出了规定，旨在阻止有组织犯罪集团发展成员和形成行业或区域性非法控制。

（4）《洗钱控制法》与反洗钱法律制度。《洗钱控制法》首次将“洗钱”规定为联邦法独立犯罪。同时规定，任何企业机构或个人有以下行为者，都将被视为非法：一是采取政府所“指定的非法活动”形式，企图从事某项以促进非法活动为目的的金融交易，这里所说的“指定的非法活动”包括：毒品交易、逃税、欺诈、伪造、诈骗、贿赂、贪污、走私、谋杀和绑架等；二是进行税务欺诈或逃税，掩盖其收入的性质、地点、来源以及所有权等；三是藏匿或接收赃款等行为。洗钱犯罪同样适用“RICO 法案”中的财产刑。《阿农齐奥—怀利洗钱法》规定，任何一家银行若违反《银行保密法》或有违规洗钱行为，都将被吊销营业执照。该法案要求所有金融机构必须如实报告与违法违规活动有关的任何可疑金融交易及电汇记录，对数额超过 5000 美元的可疑金融交易活动向政府提交“可疑活动报告”，并且这种报告不会因“泄密”而承担法律责任。《打击洗钱法》则要求银行监管机构审查和加强金融机构关于反洗钱培训和考核程序与向执法机构通报涉嫌违法案例的程序，建立了对从事货币汇兑业务公司的联邦注册要求，并将无照运营货币汇兑业务和为逃避监管的现金货币架构交易规定为违反联邦法规的罪行。该法授予了财政部门在监督和控制洗钱活动方面更大的权限，对反洗钱法律的制定与完善，彰显了美国遏制有组织犯罪集团向合法经济领域渗透、摧毁有组织犯罪经济基础的政策导向。《反洗钱和金融犯罪策略法》要求美国财政部及其他相关部门机构制定一个全国性的反洗钱策略，并设立洗钱和相关金融犯罪高发区域工作组，在联邦、州和地方各级洗黑钱的流行区域加强执法工作。《情报改革和防恐法案》授权财政部在对于打击洗钱和恐怖主义融资来说“合理必要”的前提下，制定规章要求相关金融机构报告跨境电子转账的记录。《打击洗钱、恐怖主义融资和造假法案》对虚拟货币的反洗钱作了规定，进一步加强反洗钱的法律监管。

第十条　承担有组织犯罪预防和治理职责的部门应当开展反有组织犯罪宣传教育，增强公民的反有组织犯罪意识和能力。

监察机关、人民法院、人民检察院、公安机关、司法行政机关应当通过普法宣传、以案释法等方式，开展反有组织犯罪宣传教育。

新闻、广播、电视、文化、互联网信息服务等单位，应当有针对性地面向社会开展反有组织犯罪宣传教育。

【条文主旨】

本条是关于承担有组织犯罪预防和治理职责的部门和监察机关、人民法院、人民检察院、公安机关、司法行政机关以及新闻、广播、电视、文化、互联网信息服务等单位开展反有组织犯罪宣传教育的规定。

【条文释义】

本条共分三款。第一款是关于承担有组织犯罪预防和治理职责的部门开展有组织犯罪宣传教育的职责规定。承担有组织犯罪预防和治理职责的部门作为打击、预防和治理有组织犯罪的主要工作部门，开展反有组织犯罪宣传教育也是它们应履行的职责。通过它们的宣传教育，让公民既明白有组织犯罪的危害，又懂得利用本法的规定来维护自身的权利，增强反有组织犯罪意识和能力。

第二款是监察机关、人民法院、人民检察院、公安机关、司法行政机关等专门机关开展反有组织犯罪宣传教育的职责规定。这些单位作为有组织犯罪预防和治理的专门机关，除了要按本条第一款规定，对公民开展普遍性的宣传教育外，还要根据专门机关工作的性质和特点，通过普法宣传、以案释法等方式开展宣传教育。以案释法的宣传方式既能提高专门机关工作人员的预防和治理能力，又能增强公民的反有组织犯罪意识和能力，是一种权威有效、易学易懂、方便易行的宣传教育方式。

第三款是新闻、广播、电视、文化、互联网信息服务等单位开展反有组织犯罪宣传教育的职责规定。新闻、广播、电视、文化、互联网信息等单位是宣传党和国家政策的重要媒介。这些单位可以通过新闻报道、图书、影视、音乐、舞蹈、绘画等形式，向社会宣传有组织犯罪的危害性。本条单独规定这些单位的职责是为了充分利用这些单位在宣传方面的专业性，利用现有的宣传手段，把本法的立法精神和目的，向全社会宣传推广，提高宣传教育的广度和深度。

【实践中应注意的问题】

在该条的理解适用中，应当注意以下几个方面的问题：

第一，统一思想认识。与一般的预防和治理工作措施不同，宣传教育往往会被有关部门认为是虚的工作，容易被忽视或者不重视。思想是行动的向导，思想动员是最重要的动员，所以各有关部门要统一思想，充分认识宣传教育的作用，特别在有组织犯罪预防和治理工作中的重要作用。

第二，注意宣传教育方式。本条分为三款，规定了不同层面部门的宣传教育职责。第一个层面为承担有组织犯罪预防和治理职责的部门，这些部门在日常的工作中应当及时开展反有组织犯罪的宣传教育。第二个层面为监察机关、人民法院、人民检察院、公安机关、司法行政机关等专门机关，这些专门机关直接从事反有组织犯罪打击、预防、治理工作，在宣传教育中，应当发挥职能优势，积极谋划、主动作为。第三个层面为新闻、广播、电视、文化、互联网信息服务等单位，这些单位是宣传教育的专业部门，可以提升宣传教育的权威性和全面性。简而言之，第一层面部门重在宣传教育的全面性，第二层面专门机关重在宣传教育的专门性，第三层面单位重在宣传教育的权威性。

第三，做好宣传教育的保障工作。宣传教育需要物力、财力和人力的支撑。因此，各级党委政府要为有关部门开展反有组织犯罪宣传教育做好保障工作。保障工作既要有专门的经费保障、人员保障，又要有专门的设施设备保障。保障工作做好了，才能让从事反有组织犯罪宣传教育的部门能够心无旁骛地做好宣传教育工作。

第四，发动好人民群众。宣传教育的目的是增强公民的反有组织犯罪的意识和能力。实务中，本条规定的部门除了开展宣传教育外，还要动员广大人民群众，让他们也主动投入反有组织犯罪宣传教育工作中，共同做好反组织犯罪宣传教育工作。

【立法宗旨和背景】

（一）起草背景

宣传教育是反有组织犯罪工作的基础性工作，是有组织犯罪预防和治理的重要措施，通过宣传教育能有效提升整个社会对有组织犯罪的防控能力和水平，构建政府主导、社会协同、民众参与的防范有组织犯罪的新格局。有关职能部门通过普法宣传，以案释法，能够揭开有组织犯罪组织的真实面纱，让群众充分认识有组织犯罪的危害。如四川黑社会性质组织头目刘汉为了蒙蔽群众，在从事违法犯罪的同时，还积极进行捐款。2008年捐款1.2亿元，被评为最年轻、最慷慨的慈善家，汶川大地震中捐款5000多万，同时，他还在四川境内投资建设了几十所希望小学。可普通民众怎么能想到就是这位大慈善家，同时作案多起，身负多条人命。专项斗争中，各媒体单位对扫黑除恶工作正面发声、及时引导、回应关切，获得了人民群众理解和支持，有力支持扫黑除恶专项斗争的深入开展。因此，本法将宣传教育规定为有组织犯罪预防和治理的基础性工作，是对有组织犯罪规律科学认识的法律体现，也是实践经验的科学总结。

（二）审议中各方面的意见以及争议的问题

1. 反有组织犯罪法草案第十一条规定："承担预防和治理工作职责的有关部门应当开展反有组织犯罪宣传教育工作，提高公众反有组织犯罪意识。学校、村民委员会、居民委员会应当协助有关部门，加强反有组织犯罪宣传教育。""反有组织犯罪宣传教育应当包括以下内容：（一）有组织犯罪的概念和特征；（二）识别有组织犯罪的方法；（三）单位和个人反有组织犯罪的权利和义务；（四）实施有组织犯罪的法律后果；（五）遭受有组织犯罪侵害时的救济途径；（六）其他与反有组织犯罪工作有关的内容。"

一是关于宣传教育的主体问题。有的建议增加规定企事业组织、社会组织、学校、村民委员会、居民委员会等为宣传教育的协助主体。经研究认为，本法第六条规定了企业事业单位、社会组织、村民委员会、居民委员会，共同开展反有组织犯罪工作；第九条规定了村民委员会、居民委员会应当协助人民政府以及有关部门开展有组织犯罪预防和治理工作。这些规定都已经包含了开展反有组织犯罪宣传教育的工作。学校宣传教育职责在本法第十一条已有专门规定。因此，为了法条简练、逻辑严密，本条没有规定企事业组织、社会组织、学校、村民委员会、居民委员会宣传教育职责。

二是关于宣传教育的内容。本法草案第一次审议稿原本规定了反有组织犯罪宣传教育的具体内容：有组织犯罪的概念、特征和危害，识别有组织犯罪的方法，单位和个人反有组织犯罪的权利和义务，实施有组织犯罪的法律后果，遭受有组织犯罪侵害时的救济途径等。审议时，有委员提出宣传教育内容应当具有开放性，过于琐碎的内容不宜在法律中规定，且草案规定的内容过于专业和具体，不利于普法宣传，建议删除。经研究，认为委员提的意见建议有其合理性，予以采纳，删除了草案中关于宣传教育的具体内容。

2. 反有组织犯罪法草案二次审议稿第十条规定："承担预防和治理职责的有关部门应当开展反有组织犯罪宣传教育，提高公众反有组织犯罪意识和能力。""监察机关、人民法院、人民检察院、公安机关、司法行政机关应当通过普法宣传、以案释法等方式，开展反有组织犯罪宣传教育。""新闻、广播、电视、文化、互联网等有关单位，应当有针对性地面向社会开展反有组织犯罪宣传教育。""村民委员会、居民委员会应当协助人民政府以及有关部门，加强反有组织犯罪宣传教育。"草案二次审议稿对草案作了以下修改：一是删去第二款有关反有组织犯罪宣传教育具体内容的规定；二是考虑到监察机关、政法机关是办案机关，其宣传教育更有针对性，增加了相关内容；三是考虑到新闻媒体宣传教育的广泛性，增加了相关内容；四是将学校宣传教育的内容与第十二条教育行政部门的宣传教育合并作出规定。

在审议过程中，有的常委委员建议将第一款中的"公众"修改为"公民"，将第三款中的"有关单位"修改为"有关媒体单位"。在征求意见过程中，有的部门和社会公众建议将第三款修改为"从事新闻、广播、电视、文化、互联网等工作的有关单位"。根据上述各方面的意见，对草案二次审议稿作了相应的修改完善。

在审议过程中，有的常委委员还建议将第二款修改为有关部门"应当通过各种行之有效的方式，开展反有组织犯罪普法以及安全防范等方面的宣传教育"；在第四款"村民委员会、居民委员会"后增加"企业与其他单位"。

3. 反有组织犯罪法草案三次审议稿第十条规定："承担有组织犯罪预防和治理职责的部门应当开展反有组织犯罪宣传教育，增强公民的反有组织犯罪意识和能力。""监察机关、人民法院、人民检察院、公安机关、司法行政机关应当通过普法宣传、以案释法等方式，开展反有组织犯罪宣传教育。""新闻、广播、电视、文化、互联网信息服务等单位，应当有针对性地面向社会开展反有组织犯罪宣传教育。"草案三次审议稿对草案一次审议稿作了以下修改：一是将"公众"修改为"公民"；二是为进一步明确宣传教育是从事新闻媒体的单位而不是主管部门，将"新闻、广播、电视、文化、互联网等有关单位"修改为"新闻、广播、电视、文化、互联网信息服务等单位"；三是考虑到本法第九条第二款规定的村民委员会、居民委员会协助开展有组织犯罪预防和治理工作中包括宣传教育的内容，因此，删去本条第四款村民委员会、居民委员会有关宣传教育的规定。

（三）有关国家和地区的规定

在日本，暴力团犯罪在有组织犯罪中占有绝大部分的比重，针对有组织犯罪的专门立法中，1991 年的《暴力团对策法》是比较有特色的。该法规定，暴力团是指可能助长其成员集体或者长期地实施非法暴力行为的团体，并对暴力团规定了具体的社会管控和防范措施，如规定宣传培训和帮助措施，要求政府指定符合条件的组织作为“驱除暴力运动推进中心”，对民众进行应对暴力威胁的教育、培训，并鼓励、帮助成员退出暴力团回归主流社会；政府还对暴力团的被害人提供援助，包括联络、提供信息、指导和培训等。

第十一条　教育行政部门、学校应当会同有关部门建立防范有组织犯罪侵害校园工作机制，加强反有组织犯罪宣传教育，增强学生防范有组织犯罪的意识，教育引导学生自觉抵制有组织犯罪，防范有组织犯罪的侵害。

学校发现有组织犯罪侵害学生人身、财产安全，妨害校园及周边秩序的，有组织犯罪组织在学生中发展成员的，或者学生参加有组织犯罪活动的，应当及时制止，采取防范措施，并向公安机关和教育行政部门报告。

【条文主旨】

本条是关于教育行政部门、学校防范有组织犯罪职责和学校防范有组织犯罪要求的规定。

【条文释义】

本条共分两款。第一款是关于教育行政部门、学校的校园防范职责规定。该条款的理解要注意以下几个方面问题。

1. 对“有关部门”的理解。这里的“有关部门”是指涉及所有负有组织犯罪预防和治理职责的部门。实务中，这里的“有关部门”主要是指监察机关、人民法院、人民检察院、公安机关、司法行政机关等反有组织犯罪的专门机关。

2. 对建立防范有组织犯罪侵害校园工作机制的理解。一是明确建立原则。要按照“一地一机制、一校一机制”的原则建立防范有组织犯罪侵害校园工作机制。也就是说，教育行政部门要在所辖行政区域内建立涵盖整个辖区的防范有组织犯罪侵害校园工作机制；每一个学校要在教育行政部门的指导下，建立学校的防范机制。二是制定科学的防范措施。措施可包括制定防范有组织犯罪侵害早期发现、预防以及应对的指导手册；建立专兼职结合的学校安保队伍；健全警校合作机制；完善专项报告和研判分析制度；设立学生求助电话和联系人；设置心理辅导团队；建立由政法干警担任法治副校长、辅导员的制度。同时，要健全学校责任追究和奖惩制度，对于校园防范工作做得好的，要给予相应的表彰、奖励；做得不好的，要给予相应的批评通报。

3. 加强宣传教育。学校宣传教育对于预防有组织犯罪具有特别的意义。学校教育要树立学生正确的世界观、人生观、价值观，培养学生健全人格和积极心理品质；要加强法治教育，让学生知晓基本的法律边界和行为底线，让学生理解有组织犯罪的危害以及受到有组织犯罪侵害时的救济途径等。所以，学校宣传教育能够为学生抵制有组织犯罪侵害奠定基础。

第二款是关于学校防范有组织犯罪的职责要求规定。本款可以从以下几个方面来理解：

1. 对于发生有组织犯罪现实侵害情形的处理。如果学校发生有组织犯罪现实侵害学生人身、财产安全，妨害校园及周边秩序或者有组织犯罪组织正在学生中发展成员的，学校应当立即报警；如果有人员受伤的，要立即送医抢救；现场情况要及时向教育行政部门报告。

2. 对于事后发现有组织犯罪侵害情形的处理。事后发现有组织犯罪侵害学生人生、财产安全，妨害校园及周边秩序而未报警处理的，学校应及时报警，并向教育行政部门报告；发现有学生参加有组织犯罪组织，如果是刚参加尚未造成后果的，应及时进行思想疏导，让其退出组织，同时要将相关的情况报告公安机关和教育行政部门；如果学生参加有组织犯罪组织并造成社会危害的，应及时向公安机关报告，并将情况报告教育行政主管部门。

3. 对于可能被有组织犯罪侵害情形的处理。学校在工作中，发现学生有参加犯罪组织苗头倾向的，学校应及时制止并加以针对性疏导，必要时要加以心理辅导；发现有组织犯罪线索的，应及时向公安机关和教育行政部门报告。

4. 要提升学校的发现能力。要通过建立防范有组织犯罪侵害校园工作机制，及时发现有组织犯罪侵害学生的行为和线索，并采取防范措施，避免校园成为有组织犯罪侵害之地。

【实践中应注意的问题】

在该条的理解适用中，应当需要注意以下几个方面的问题：

第一，要注意协作配合。在本条制定的过程当中，对校园防范主体问题曾有不同的认识。从反有组织犯罪执法实践来看，本条规定教育行政部门、学校会同有关部门共同履行校园预防和治理工作是符合工作实际的。因为，教育行政部门、学校往往最先了解掌握学生是否被有组织犯罪侵害，以及对校园应采取怎么样的预防和治理措施。但是，由于教育行政部门、学校毕竟是教育部门，其对有组织犯罪的理解和把握有局限的一面，因此，公安机关、人民检察、人民法院、司法行政机关等有关部门就要发挥专业优势，积极配合教育行政部门、学校做好校园防范和治理工作。即教育行政部门、学校要发挥好牵头组织作用，公安机关、人民检察、人民法院、司法行政机关等有关部门要积极配合，相互协作，形成工作合力。

第二，要提升预防和治理的能力。本条规定教育行政部门、学校要会同有关部门建立防范有组织犯罪侵害校园工作机制和加强宣传教育；学校发现有组织犯罪行为时，应当及时制止，采取防范措施并及时报告。这些工作要求中，建立防范有组织犯罪侵害校园工作机制是校园预防和治理工作的前提。制度工作机制要因地制宜、因校而异，不能千篇一律，相互照搬照抄。只有建立管用好用实用的防范有组织犯罪侵害校园工作机制，才能提升校园预防和治理能力。

【典型案例】

贵州省某县“青帮”“尖东帮”系典型的青少年涉黑帮派。“青帮”头目许某29岁，上百名组织成员中仅9名骨干成员超过20岁，有6名成员达到18岁。“尖东帮”头目张某年仅23岁，骨干成员潘某、王某均为17岁，上百名成员中年满18岁的不足10人。

该两个犯罪组织以学校周边为主要活动区域，以学生为主要侵害对象，学生们人心惶惶、担惊受怕，遭到侵害后不敢报案，严重影响了学校正常的教学秩序和学校周边的治安秩序。

2011年8月，县人民法院判处被告人许某，领导黑社会性质组织罪，抢劫罪，非法持有枪支、弹药罪，聚众斗殴罪，寻衅滋事罪，敲诈勒索罪，赎罪并罚决定执行有期徒刑20年，并处罚金人民币1万元，剥夺政治权利2年。其余涉案人民分别获刑3年到18年不等。

【立法宗旨和背景】

（一）起草背景

校园是容易被有组织犯罪侵害之地。犯罪组织侵害校园，侵犯了学生合法权益，破坏了社会秩序。犯罪组织侵害校园除了为经济利益和形成非法控制等外，也存在组织利益的考虑。如犯罪组织吸收学生成员成本相对较低、易于控制，又便于管理。例如，黑帮头目冯志希发展学生加入黑帮的起因就是学生单纯好骗，且使用成本较低，给点小恩惠小恐吓就可以指挥他们。据统计，扫黑除恶专项斗争中，全国公安机关打掉的涉黑组织有学生参与的占到近20%，学生涉案人数占总人数的7%左右。为了构建对学生的“保护网”，也是拉起对社会不法分子的“预警线”，从源头防范有组织犯罪向学生群体蔓延，本法规定了校园防范有组织犯罪工作机制和防范要求。

（二）审议中各方面的意见以及争议的问题

一是关于学校主体责任问题。有的建议提出，学校并非行政机关，且学校一般不具备发现和辨别犯罪行为的能力，要求学校会同有关部门建立工作机制不妥。建议将第一款有关规定修改为：教育行政部门应当会同有关部门建立防范有组织犯罪侵害校园工作机制，指导学校加强反有组织犯罪宣传教育；将第二款中“有组织犯罪侵害学生人身、财产安全，妨害校园及周边秩序的”修改为“侵害学生人身、财产安全，妨害校园及周边秩序等违法犯罪行为存在有组织犯罪线索的”。2017年4月25日，国务院办公厅印发了《关于加强中小学幼儿园安全风险防控体系建设的意见》。该意见提出，学校要明确安全是办学的底线，要切实承担起校内安全管理的主体责任，落实学校、教师对学生的教育和管理责任。校园安全内容自然包括反有组织犯罪侵害。既然学校要切实承担起校内安全管理的主体责任，也就要承担有组织犯罪预防和治理的主体责任。实践中，学校直接面对学生，对学生情况和校园安全最为了解，规定其为预防主体能第一时间掌握情况，并及时采取有效措施。因此，本法最终还是规定学校为有组织犯罪预防和治理主体，没有采纳该建议。

二是学校的责任承担问题。有的建议提出，学校未尽到相关责任导致学生人身、财产安全受到侵害的，依照相关法律承担责任。由于学校责任问题非常复杂，且民法典中侵权责任编作出了相关规定，本法不宜另行规定，故未采纳该意见。

三是保护对象问题。对本条保护对象是“学生”还是“未成年人”曾经有过不同规定，虽然二者有交叉或者重叠，但是二者内涵不完全一致，用“学生”作为保护对象，更符合本条立法目的。一是“学生”范围比“未成年人”广。我国民法典第十七条规定，不满18周岁的自然人为未成年人。学生一般是指在学校或者其他学习地方接受教育的人。本条的教育包括学前教育到高等教育的普通教育、技工教育（学制教育）、党校教育（非国民教育序列）、中外合作教育等。所以，“学生”包含“未成年人”。二是因为本条规定的是校园防治，与“校园”对应的“学生”更贴切。因此，本条将保护对象规定“学生”，更能体现法条准确严密。

（三）有关国家和地区的规定

许多国家和地区针对有组织犯罪侵害学生或未成年人都有特殊规定，如我国澳门特别行政区有关“黑社会的罪”的规定：“四、倘若招募、引诱、宣传或索款行为是向十八岁以下的人士作出者，则第一款所规定刑罚上下限加重三分之一。”同时，澳门特别行政区政府积极加大宣传力度，促使未成年人认识到黑社会组织的危害，并协调学校、家长和社会团体参与到防止未成年人加入黑社会的行动中来。

第十二条　民政部门应当会同监察机关、公安机关等有关部门，对村民委员会、居民委员会成员候选人资格进行审查，发现因实施有组织犯罪受过刑事处罚的，应当依照有关规定及时作出处理；发现有组织犯罪线索的，应当及时向公安机关报告。

【条文主旨】

本条是关于村民委员会、居民委员会成员候选人资格审查的规定。

【条文释义】

本条规定可以从以下几方面理解：

1. 责任单位。本条规定民政部门应当会同监察机关、公安机关等有关部门开展资格审查工作。民政部门作为村（居）民委员会选举的主管单位，是候选人资格审查的主责部门，要发挥组织指导协调的作用。监察机关、公安机关等有关部门要积极配合，及时提供资格审查所需要的信息材料，如犯罪记录等。除了监察机关、公安机关外，人民检察院、人民法院、司法行政机关等部门也要予以协助配合。

2. 审查对象。一是村民委员会成员候选人。根据村民委员会组织法第六条规定，村民委员会由主任、副主任和委员共3至7人组成。也就是说，只有这些人的候选人才是本法规定的审查对象。二是居民委员会成员候选人。根据城市居民委员会组织法第七条规定，居民委员会由主任、副主任和委员共5至9人组成。本法审查对象包括由主任、副主任和委员组成的居委会成员的候选人。

3. 审查内容。审查内容有两个方面：其一，是否是有组织犯罪组织实施的犯罪。这里“有组织犯罪”，是指本法第六十六条规定的组织、领导、参加黑社会性质，以及黑社会性质组织、恶势力组织实施的犯罪行为。其二，是否受过刑罚处罚。刑事处罚是违反刑法应当受到的刑法制裁，简称刑罚。这里“刑事处罚”必须是人民法院作出的实质处罚。被处于免予刑事处罚或非刑罚处罚措施的候选人，不是本法规定的审查内容，符合条件的，则可以仍然具有候选人资格。

4. 审查结果运用。根据本条规定，民政部门会同监察机关、公安机关等有关部门审查后，发现存在因有实施有组织犯罪而受过刑事处罚的候选人，应当按照有关规定，取消其候选人资格，防止有组织犯罪侵蚀渗透基层组织。

【实践中应注意的问题】

在该条的理解适用中，应当需要注意以下几个方面的问题：

第一，组织部门在村（居）民委员会成员资格审查中的作用。本条虽然规定民政部门负责牵头村（居）委员会成员候选人资格审查工作，但是在实务中组织部门发挥着重要作用。根据《中国共产党章程》《中国共产党组织工作条例》《中国共产党基层组织选举工作条例》等规定，组织部门负责村（居）委员会党的组织工作，具体包括确定人选、开展候选人资格审查以及组织换届选举等工作。《中国共产党农村基层组织工作条例》规定，村党组织书记应当通过法定程序担任村民委员会主任。这就要求组织部门需要进一步加大对村（居）委员会换届选举工作的组织、指导、协调。对于村（居）委员会成员候选人资格审查要“形成党委统一领导、组织部门牵头抓总、民政部门具体抓、监察公安等有关部门各司其职、密切配合的工作格局”。加强组织部门对村（居）委员会成员候选人资格审查工作，有利于规范基层组织选举、增强基层党组织政治功能和组织力、领导基层治理、巩固党长期执政的组织基础。

第二，要坚持全面审查。刑事处罚是指犯罪人员实际受到的刑事制裁。实践中，主要由公安机关出具的犯罪记录体现。2021年12月3日，公安部印发了《公安机关办理犯罪记录查询工作规定》。根据该规定，犯罪记录是指我国国家专门机关对犯罪人员的客观记载。除人民法院生效判决文书确认有罪外，其他情况均应视为无罪。有关人员涉嫌犯罪，但人民法院尚未作出生效判决、裁定，或者人民检察院作出不起诉决定，或者办案单位撤销案件、撤回起诉、对其终止侦查的，属于无犯罪记录人员。公安部建立犯罪人员信息查询平台，查询结果只反映查询时平台录入和存在的信息。平台查询的结果可能是滞后的，或者不全的，因为犯罪记录来源是人民法院生效判决文书确认的有罪，而人民法院生效判决录入到平台有时间差。因此，为了做好村（居）民委员成员候选人资格审查工作，准确反映刑事处罚情况，民政部门要向监察机关、人民法院、人民检察院、司法行政机关全面审查村（居）民委员成员候选人受到刑事处罚情况。

第三，发现线索的处理。本条规定民政部门应当会同监察机关、公安机关等有关部门，对村民委员会、居民委员会成员候选人资格进行审查，发现有组织犯罪线索的，应当及时向公安机关报告。如果发现有组织犯罪以外的犯罪线索的，民政部门也要及时向公安机关报告。

【典型案例】

2017年广东省某村换届选举期间。黄某报名参选，在对黄某候选人资格进行审查后发现，2014年黄某曾参与恶势力团伙，因寻衅滋事罪被判处有期徒刑两年，属于有违法犯罪前科人员，不符合村民委员会候选人资格，依照相关规定未允许黄某参与换届选举。黄某怀恨在心，来到选举现场，以选举工作人员存在不公平和拉票行为做借口，对各选举小组工作人员进行无端指责和辱骂，推搡、殴打选举工作人员，上前劝阻的村民也被打伤。处理结果：黄某暴力干扰选举，被公安机关依法逮捕，并移送检察院起诉。

【立法宗旨和背景】

（一）起草背景

近年来，有组织犯罪向基层组织渗透、侵害基层组织政权的趋势明显，危害严重。对此，习近平总书记专门作出批示，要求在扫黑除恶专项斗争中要将整顿软弱涣散基层组织作为工作重点。2018 年中共中央、国务院印发的《关于开展扫黑除恶专项斗争的通知》指出，要将加强基层组织建设作为铲除黑恶势力滋生土壤的治本之策、关键之举。2021 年中央办公厅、国务院办公厅印发的《关于常态化开展扫黑除恶斗争巩固专项斗争成果的意见》明确要不断夯实基层组织，每年排查整顿软弱涣散村党组织，全面落实村党组织书记由县级党委组织部门备案管理制度和村“两委”成员资格联审机制。为防止有组织犯罪通过各种手段把持基层，窃取基层政权，动摇党的执政根基，有必要将专项斗争中建立村（居）民委员会成员候选人资格联审机制的经验做法上升为法律制度。

（二）审议中各方面的意见以及争议的问题

有的建议提出，民政部门是居民委员会、村民委员会换届选举的指导部门，并没有规范选举的职责，目前由党委组织部门牵头的资格联审机制正在探索中，建议暂不在法律中作规定，如果确需规定，也只能规定在基层群众性自治组织换届选举中建立沟通联系机制；有的建议将条文修改为组织部门应当会同纪检监察机关和公安、民政、法院、检察院等部门严格规范基层群众性自治组织换届选举及履职全过程，建立联审机制。考虑到民政部门有指导村居“两委”换届选举的职责，经研究，规定由民政部门牵头负责。

（三）有关国家和地区的规定

我国台湾地区《组织犯罪防制条例》第十三条规定：“犯本条例之罪，经判处有期徒刑以上之刑确定者，不得登记为公职人员候选人。”

第十三条　市场监管、金融监管、自然资源、交通运输等行业主管部门应当会同公安机关，建立健全行业有组织犯罪预防和治理长效机制，对相关行业领域内有组织犯罪情况进行监测分析，对有组织犯罪易发的行业领域加强监督管理。

【条文主旨】

本条是关于市场监管、金融监管、自然资源、交通运输等行业主管部门对相关行业领域内有组织犯罪负有预防和治理职责的规定。

【条文释义】

本条规定可以从以下三个方面理解：

其一，行业主管部门担负行业有组织犯罪预防和治理的主要职责。行业有组织犯罪预防和治理工作中，行业主管部门外的其他国家机关亦负有相应职责，如监察机关、人民法院、人民检察院、公安机关在办理案件中发现行业主管部门有组织犯罪预防和治理工作存在问题的，可以根据本法第十四条规定，书面向相关行业主管部门提出意见建议。再如公安机关可以根据本法第十五条规定，会同有关部门根据本地有组织犯罪情况，确定预防和治理的重点区域、行业领域或者场所。但这并不意味着行业主管部门在行业有组织犯罪预防和治理工作中不用承担任何职责或者仅承担次要职责。事实上，行业主管部门应当根据本条，会同公安机关，对本行业领域履行有组织犯罪预防和治理的主要职责。

其二，公安机关是行业主管部门履行行业有组织犯罪预防和治理主责的协助机关之一。行业有组织犯罪预防和治理工作中，行业主管部门承担主要职责，其他国家机关承担次要职责或者说是协助职责，其中公安机关就是协助机关之一。公安机关应当根据有组织犯罪预防和治理职责的分工，在本机关职权范围内，协助行业主管部门对本行业领域更好地履行相应行业监管职责。协助内容主要包括：（1）及时向行业主管部门书面通报在日常工作、办理案件中发现的其在有组织犯罪预防和治理工作中存在的问题，并提出意见建议，协助建立健全行业有组织犯罪预防和治理长效机制；（2）就相关行业领域内有组织犯罪情况，加强与行业主管部门的信息共享，指导其进行信息化建设，协助其对本行业领域内有组织犯罪情况进行监测分析；（3）协助行业主管部门明确规范有组织犯罪线索移送标准、要求、程序，及时接受其报案或者所移送线索，并依法作出处理。

其三，行业主管部门的行业有组织犯罪预防和治理职责为“建立健全行业有组织犯罪预防和治理长效机制，对相关行业领域内有组织犯罪情况进行监测分析，对有组织犯罪易发的行业领域加强监督管理”。可以考虑围绕以下内容来进行履职：（1）针对本行业领域内有组织犯罪情况监测分析、信息共享、线索摸排研判处置、投诉举报处理、行刑衔接、特殊人员经商监管等内容，建立健全行业有组织犯罪预防和治理长效机制。（2）坚持“传统＋科技”“专门力量＋群众力量”，对本行业领域内有组织犯罪情况进行监测分析，一方面开展信息化建设，建设相应平台，设置相应模块，实现智能化监测比对，另一方面用好传统工作方式，致力于从群众走访、投诉举报、日常工作中发现问题、摸排线索。(3) 对监察机关、人民法院、人民检察院、公安机关根据本法第十四条提出的书面意见建议，及时处理并书面反馈。(4) 对公安机关根据本法第十五条会同有关部门确定的预防和治理的重点区域、行业领域或者场所，采取有效措施，加强管理，并及时将工作情况向公安机关反馈。(5) 对开办企业或者在企业中担任高级管理人员的曾被判处刑罚的黑社会性质组织的组织者、领导者或者恶势力组织的首要分子，根据本法第二十条依法审查，对其经营活动加强监督管理。(6) 将人民法院根据本法第六十八条通报的被禁止从事相关职业的有组织犯罪的罪犯记录在册，如果该罪犯系黑社会性质组织的组织者、领导者或者恶势力组织的首要分子，且在刑罚执行完毕后开办企业或者在企业中担任高级管理人员，应审查其是否违反前述从业禁止决定。

【实践中应注意的问题】

在该条的理解适用中，需要注意的是，该条列举了“市场监管、金融监管、自然资源、交通运输”等行业领域，是对有组织犯罪易发的行业领域的一种提示，并不是说有组织犯罪只在这些行业领域内发生，或者说只有这些行业主管部门才担负有组织犯罪预防和治理的职责。事实上，有组织犯罪可以在任何行业领域内发生，故此处的“等”应作“等外”理解。

【典型案例】

案例一：2017 年，尹某在经营苏跃公司期间，认为令人向往的工作岗位并不多，正规从事职介活动来钱并不快，于是便走向另一条歪道。其依托苏跃公司设立招聘部、面试部、后勤部、财务部等，安排员工使用外挂软件通过 58 同城、赶集网、百姓网等网络平台，发布大量冠以“高薪、直聘、包吃住”等字眼的虚假招聘信息，有些岗位根本不能安排，有些岗位的薪资虚高得离谱，以吸引全国各地众多来苏州务工人员。登记个人信息后，接着由面试部工作人员冒充用工单位经理，借机以服装费、伙食费、押金、体检费等各种名义收取几百元到一千元不等的费用。当求职者发现迟迟不能安排工作岗位，或者安排的工作岗位明显与招聘信息不符时，认为受骗来到苏跃公司要求退款，后勤部工作人员就露出真面目，对求职者威胁、恐吓或者殴打，以此施压不退或者少退费用。凭借此方式，短短四个月就诱骗 2000 多人，非法获利近 24 万元。该中介招工骗局呈现运作模式公司化、作案时间持续性、作案手段扩散性等特点，检察机关结合违法犯罪次数、被害人数、非法获利金额、人力市场秩序扰乱程度等多个维度，有力地揭露了该恶势力犯罪集团的社会危害性。苏州市虎丘区人民检察院于2017年12月19日对尹某等19人以涉嫌诈骗罪提起公诉，2018年9月25日对尹某3人以寻衅滋事罪进行补充起诉，2018年11月23日以恶势力犯罪集团变更起诉意见决定。后一审法院采纳了检察机关意见。

案例二：2000年至2019年，以云南某县某村原党支部书记、村委会主任杨某为首的涉黑组织，多次实施强迫交易、敲诈勒索等违法犯罪行为，长期把持基层组织，非法控制附近矿区矿石剥离和运输业务。2003年以来，杨某和王某互相勾结、达成默契。一方面，杨某故意安排村民堵路，阻碍矿山正常经营，再配合王某"做好"村民工作，借此巩固、提高王某在采矿公司的威信和话语权；另一方面，王某索要、收受贿赂，将采矿公司的矿山剥离、矿石运输等盈利业务交给杨某，帮助涉黑组织短期内积累巨额财富、持续发展扩大，造成国有资产的巨大损失。

2022年2月18日，自然资源部印发的《继续做好矿业权人开采信息公示工作》中提出管理措施：（1）积极组织做好年度勘查开采信息填报公示；（2）认真落实"双随机、一公开"抽查；（3）规范开展实地核查工作；（4）强化信息公示系统支撑服务能力。

【立法宗旨和背景】

（一）起草背景

随着经济发展和城镇化进程加快，在资源密集或者经济活跃的行业领域，极易滋生"行霸""市霸"，形成黑恶势力并盘踞成势，以有组织犯罪手段肆无忌惮攫取巨额经济利益，成为阻碍地方经济发展的"毒瘤"。在常态化、机制化开展扫黑除恶斗争中，行业主管部门不仅承担涉黑涉恶线索受理，更要承担起自查、摸排、整治本行业领域乱象的主体责任。但是，当前受职责分工、职能交叉等客观因素和现实限制，行业主管部门不同程度存在着监督错位、管制不力、制约缺失的问题。以小额借贷市场为例，"套路贷""校园贷"之所以屡禁不止，固然与被害者法律知识不足，盲目冲动借贷有关，与网贷广告迷惑性、诱惑性的虚假宣传有关，但更重要的是，对"套路贷"的防范、打击、治理和预防宣传，很大程度上是依靠公安机关、司法机关进行，并未形成综合治理格局，缺乏协同推进机制。此外，监管部门出台的规章制度对网贷App、第三方支付平台大额异动资金等的审核监管力度不足，为网贷平台利用监管漏洞大打“擦边球”留下操作空间。多起非法拘禁、寻衅滋事和“套路贷”等黑恶案件显示，多家以投资理财、房产中介、汽车租赁等名义成立的公司，擅自超范围经营民间放贷业务，并采用非法拘禁、上门滋事等手段实施非法讨债。这些案例暴露出行业监管不足的问题。

（二）审议中各方面的意见以及争议的问题

1. 反有组织犯罪法草案第十四条第一款、第二款规定：“相关行业部门应当结合本行业反有组织犯罪工作特点，主动履行监管职责，定期排查整治行业乱象，及时移送违法犯罪线索，建立健全反有组织犯罪预防和治理长效机制。”“相关行业部门应当采取有效措施，加强对有组织犯罪易发、常发的行业领域的监督管理。”第十五条第一款规定：“相关行业部门应当加强对行业领域内有组织犯罪倾向性问题的摸排监测和分析研究，开展预防和治理。”第二十四条规定：“负有监管责任的行业部门应当建立摸排工作机制，主动发现有组织违法犯罪线索，及时收集固定证据，并移送公安机关依法处理。”

审议过程中，存在争议的问题是应当由哪个部门担负行业有组织犯罪预防和治理的主要职责。有意见提出，行业主管部门主要履行市场秩序监管职责，没有侦查犯罪的职权，也缺乏相应的技术设备和专业能力，摸排监测和分析研究工作宜由公安机关牵头负责，建议将“行业主管部门应当会同公安机关”改为“公安机关会同行业主管部门”。

也有意见提出，一方面，有组织犯罪在相关行业领域内滋生蔓延、屡打不绝，与行业主管部门的监管缺位存在一定关联，考虑到本法既是打击法，更是防治法，有必要突出本法打防结合特色，强化行业主管部门的监管职责，着力形成齐抓共管的工作格局；另一方面，行业主管部门对于本行业领域情况更为熟悉，自身工作与本行业领域紧密结合，由其负主责，有助于加强源头治理，强化应对的及时性、针对性和有效性，这也是对中共中央、国务院发布的《关于开展扫黑除恶专项斗争的通知》中“各有关部门要结合自身职能，主动承担好在扫黑除恶专项斗争中的职责任务，依法行政、依法履职，强化重点行业、重点领域监管，防止行政不作为和乱作为，最大限度挤压黑恶势力滋生空间”要求的贯彻。最终规定为市场监管、金融监管、自然资源、交通运输等行业主管部门会同公安机关建立预防和治理长效机制。

2. 反有组织犯罪法草案二次审议稿第十三条规定："市场监管、金融监管、自然资源、交通运输等行业主管部门应当会同公安机关，建立健全行业反有组织犯罪预防和治理长效机制，对本行业领域内有组织犯罪情况进行监测分析，对有组织犯罪易发的行业领域加强监督管理。""相关行业主管部门应当根据职责，采取有效措施，定期排查整治行业乱象，及时移送违法犯罪线索。"草案二次审议稿对草案作了以下修改：一是将草案第十四条第一款、第二款，第十五条第一款，第二十四条三条有关内容合并规定为一条；二是明确相关行业部门为市场监管、金融监管、自然资源、交通运输等行业主管部门；三是上述三条的相关表述予以整合，进一步明确对有组织犯罪易发的行业领域加强监督管理的内容。

在常委会审议过程中，有的常委委员提出，本条两款的内容重复，建议将第二款中"及时移送违法犯罪线索"的规定移至第一款，删除第二款其他内容。根据上述各方面的意见，对草案二次审议稿作了相应的修改完善。

在征求意见过程中，有的部门建议将本条修改为，公安机关会同行业主管部门，建立健全反有组织犯罪工作协调机制，对有组织犯罪易发的行业领域加强监督管理。相关行业主管部门应当根据职责，及时移送违法犯罪线索。有的专家建议将第二款修改为，相关部门应当将反有组织犯罪工作纳入部门规章规定，并根据相应职责采取有效措施。有的专家建议明确接受线索移送的机关。有的部门提出，除了第二章列举的有关行业主管部门外，监管场所在对已决犯、看守所对未决犯的监管中更容易发现有组织犯罪线索，也需要移送公安机关，建议在有关规定中予以考虑。

3. 反有组织犯罪法草案三次审议稿将二次审议稿第十三条第二款与第二十五条合并规定，修改为："市场监管、金融监管、自然资源、交通运输等行业主管部门应当会同公安机关，建立健全行业有组织犯罪预防和治理长效机制，对相关行业领域内有组织犯罪情况进行监测分析，对有组织犯罪易发的行业领域加强监督管理。"草案三次审议稿对草案二次审议稿作了以下修改：一是考虑到有的行业主管部门的监管职责并不仅限于本行业领域，将"本行业领域"修改为"相关行业领域"；二是删去了本条第二款的规定，这是考虑到第一款规定的监督管理包含了第二款规定的"采取有效措施，定期排查整治行业乱象"的内容，且第二款规定的“及时移送违法犯罪线索”在第二十五条中已有规定，没有必要再重复规定。

（三）有关国家和地区的规定

《联合国打击跨国有组织犯罪公约》第三十一条第二款规定：“缔约国应根据其本国法律基本原则，利用适当的立法、行政或其他措施努力减少有组织犯罪集团在利用犯罪所得参与合法市场方面的现有或未来机会。”第四款规定：“缔约国应努力定期评价现有有关法律文书和行政管理办法，以发现其中易被有组织犯罪集团作不正当利用之处。”

第十四条　监察机关、人民法院、人民检察院、公安机关在办理案件中发现行业主管部门有组织犯罪预防和治理工作存在问题的，可以书面向相关行业主管部门提出意见建议。相关行业主管部门应当及时处理并书面反馈。

【条文主旨】

本条是关于有组织犯罪预防和治理工作的书面意见建议制度的规定。

【条文释义】

本条规定可以从以下几方面理解：

第一，制发主体。按照本条规定，对行业主管部门提出意见建议的，只有监察机关、人民法院、人民检察院、公安机关，其他部门是不能够针对有组织犯罪预防和治理工作存在问题向行业主管部门提出意见建议的，更不能将职责范围内的预防和治理工作，通过向其他行业主管部门提出意见建议的方式来推卸责任。

第二、意见建议的形式要求。监察机关、人民法院、人民检察院、公安机关在给行业主管部门提出意见建议的同时，应采取书面形式，行业主管部门反馈处理情况也应该是书面形式。口头提出意见建议不符合本条的立法原意。实践中，监察机关、人民法院、人民检察院、公安机关的书面法律文书分别是监察建议书、司法建议书、检察建议书、公安提示函，简称“三书一函”。

第三，处理反馈的时间要求。本条要求相关行业主管部门应当及时处理书面反馈，但是没有明确反馈时间。目前，只有检察建议书有明确时间，根据《人民检察院检察建议工作规定》第十九条规定，人民检察院提出检察建议，除另有规定外，应当要求被建议单位自收到检察建议书之日起两个月以内作出相应处理，并书面回复人民检察院。因情况紧急需要被建议单位尽快处理的，可以根据实际情况确定相应的回复期限。监察机关、人民法院、公安机关目前没有规定具体时间，但是制作文书时应确定具体反馈的时间，否则，时间拖得太久，意见建议就会失去意义。

【实践中应注意的问题】

在该条的理解适用中，应当需要注意以下几个方面的问题：

第一，制发文书的严肃性。监察机关、人民法院、人民检察院、公安机关在办案中发现行业管理漏洞向行业主管部门提出的意见建议，不能过于随意，更加不能够为了绩效考核而随意地向行业主管部门发书面意见建议。按照监察法实施条例第三十六条的规定，监察机关要根据监督、调查结果，发现行业主管部门有组织犯罪预防和治理工作存在监督管理、制度执行以及履行职责等方面问题需要整改纠正的，依法提出监察建议。《关于加强司法建议工作的意见》规定，对审判执行工作中发现行业主管部门有组织犯罪预防和治理工作中存在的普遍性问题，需要有关单位采取措施的，人民法院可以向行业主管部门提出司法建议。按照《人民检察院检察建议工作规定》第十一条的规定，人民检察院在办理案件中发现涉案单位在预防有组织犯罪方面制度不健全、不落实，管理不完善，存在违法犯罪隐患，需要及时消除的，或者一定时期有组织犯罪案件多发、频发，或者已发生的案件暴露出明显的管理监督漏洞，需要督促行业主管部门加强和改进管理监督工作的，可以向有关单位和部门提出改进工作、完善治理的检察建议。为了体现检察建议书的权威性和严肃性，《人民检察院检察建议工作规定》第十七条规定，检察官依据本规定第十一条的规定起草的检察建议书，报送检察长前，应当送本院负责法律政策研究的部门对检察建议的必要性、合法性、说理性等进行审核。检察建议书正式发出前，可以征求被建议单位的意见。公安机关对公安提示函制作也提出相应的工作规范。只有提出的意见建议切中行业乱象，才能实现有组织犯罪预防和治理工作的目的。

第二，处理反馈问题。本条规定行业主管部门应当及时处理并书面反馈工作情况。实践中，有的行业主管部门接到意见建议后，没有进行认真办理，而是敷衍了事，随意反馈。这不仅没有起到有组织犯罪预防和治理作用，还延误了预防和治理时间，便利了有组织犯罪发展壮大。所以，有关行业主管部门要提高认识，采取有效措施，对意见建议分门别类进行办理。如果涉及机制长效性的问题，短期不能办理到位的，也要排出时间表，尽早完成办理反馈工作。监察机关、人民法院、人民检察院、公安机关对行业主管部门办理情况也要进行及时跟踪指导。如果有关行业主管部门拒不按要求办理反馈，要按规定依法处理。如《人民检察院检察建议工作规定》第二十五条规定，被建议单位在规定期限内经督促无正当理由不予整改或者整改不到位的，经检察长决定，可以将相关情况报告上级人民检察院，通报被建议单位的上级机关、行政主管部门或者行业自律组织等，必要时可以报告同级党委、人大，通报同级政府、纪检监察机关。符合提起公益诉讼条件的，依法提起公益诉讼。

第三，结果运用问题。对于行业主管部门的办理反馈，监察机关、人民法院、人民检察院、公安机关要认真分析研究，分门别类处理，不能随意处置，更不能束之高阁。如果行业主管部门的办理反馈已经达到预防和治理目的，则及时办结；如果办理反馈还达不到要求的，则要继续与行业主管部门进行沟通，要求继续整改。如果有关行业主管部门拒不履行整改职责的，则可按规定上报有关上级部门，或者向当地的党委政府报告。

【典型案例】

2021 年，云南省富民县先后发出“三书一函”20 件，提出意见建议 41 个，督促建立健全规章制度 12 个。同时，坚持以问责倒逼责任落实，协同县委、政法委等县委工作部门开展联合问责，1 个单位（党组织）和 11 名领队干部被问责，以严格精准、实事求是地追责问责，推动各级党委（党组）、领导班子和领导干部切实把管党治党政治责任落到实处。

【立法宗旨和背景】

（一）起草背景

近年来，有组织犯罪不断渗透各个行业、领域，对正常经济秩序带来巨大损害，也暴露出不少行业监管漏洞和部门监管缺失。为了推动有关部门结合自身职能，加大综合整治行业乱象力度，主动堵塞监管漏洞，在专项斗争中，各地落实“一案一整治”，普遍建立了“三书一函”制度，即监察建议书、司法建议书、检察建议书、公安提示函制度。通过，“三书一函”制度，充分调动各行业主管部门的积极性，理顺专门机关与行业主管部门在有组织犯罪预防和治理工作关系，充分发挥社会治安综合治理优势，实现了对有组织犯罪的有效打击和精准防控。为了将这种好做法固定下来，并提高其法律效力，本法将该做法法律化。

（二）审议中各方面的意见以及争议的问题

1. 反有组织犯罪法草案第十五条第二款规定："监察机关、公安机关、人民法院、人民检察院发现行业监管漏洞的，可以通过书面形式告知相关行业部门，并提出意见建议。相关行业部门应当及时整改，堵塞漏洞，并书面反馈告知单位。"

一是有的建议提出，在办理减刑、假释、暂予监外执行案件中，司法行政机关也有可能发现行业主管部门防治有组织犯罪工作中存在的问题，建议增加"司法行政机关"作为告知主体。有的提出，司法行政机关主要负责有组织犯罪罪犯的执行，其发现行业主管部门防治有组织犯罪工作中存在的问题较少，且在其前面环节的监察机关、人民法院、人民检察院、公安机关已经环环把关，如果前面环节尚不能发现问题，执行环节发现问题更难。对有组织犯罪罪犯改造中，司法行政机关如果发现相关行业主管部门工作中存在问题的，可以将有关情况通报派驻检察机关。

二是有的建议将有关机关"可以"告知修改为"应当"告知。有的提出，由于解决行业主管部门有组织犯罪预防和治理工作存在问题的途径很多，书面意见建议只是其中一种，是否采用此方式由监察机关、人民法院、人民检察院、公安机关根据具体情况来定，用"可以"更符合工作实际。

三是有的建议增加一款规定，涉及事项社会影响大、群众关注度高、违法情形具有典型性、所涉问题应当引起有关部门重视的意见建议，应当抄送同级党委、人大、政府、纪检监察机关或者被建议单位的上级机关、行政主管部门以及行业自律组织等。"抄送"是一种公文处理方式，根据《国家行政机关公文处理办法》，其适用范围较广，可在上行、下行、平行和联合行文中使用。有的提出，"抄送"有关单位部门的做法在实务中较常使用，也有其合理性。但是，本条立法的目的在于建立"三书一函"制度，而不是规定公文的处理。实践中，是否要"抄送"可以由办文机关决定，没有必要在法条中作出规定。如果确有必要规范"三书一函"的公文"抄送"，可以通过制定相应规范性文件的方式解决。如《关于加强司法建议工作的意见》《人民检察院检察建议工作规定》等规定对意见建议的"抄送"专门规定。如果将该建议写入本条，则法律显得过于具体，也不利于法律的执行。

2. 反有组织犯罪法草案二次审议稿第十四条将上述规定修改为：“监察机关、人民法院、人民检察院、公安机关在办理案件中发现行业主管部门防治有组织犯罪工作存在问题的，可以书面告知相关行业主管部门，提出意见建议。相关行业主管部门应当及时整改，并书面反馈整改情况。”草案二次审议稿对草案作了以下修改：一是将“公安机关、人民法院、人民检察院”的排序作了调整，修改为“人民法院、人民检察院、公安机关”；二是进一步明确监察机关、政法机关提出意见建议的条件和内容，即在办案过程中针对防治有组织犯罪的问题；三是将“行业部门”修改为“行业主管部门”；四是明确反馈的内容是整改情况。

在审议过程中，有的常委委员建议将“防治”修改为“预防和治理”或者“反”。根据上述各方面的意见，对草案二次审议稿作了相应的修改完善。

在审议过程中，还有的常委委员提出，在办理减刑、假释、暂予监外执行案件中，司法行政机关也有可能发现行业主管部门防治有组织犯罪工作中存在的问题，建议增加“司法行政机关”作为告知主体。有的建议将有关机关“可以”告知修改为“应当”告知。

在征求意见和调研过程中，有的代表建议增加一款规定，涉及事项社会影响大、群众关注度高、违法情形具有典型性、所涉问题应当引起有关部门重视的意见建议，应当抄送同级党委、人大、政府、监察机关或者被建议单位的上级机关、行政主管部门以及行业自律组织等。有的部门建议增强“三书一函”的强制性，督促行业主管部门认真整改。

3. 反有组织犯罪法草案三次审议稿第十四条根据各方面的意见将上述规定修改为：“监察机关、人民法院、人民检察院、公安机关在办理案件中发现行业主管部门有组织犯罪预防和治理工作存在问题的，可以书面向相关行业主管部门提出意见建议。相关行业主管部门应当及时处理并书面反馈。”草案三次审议稿对草案二次审议稿作了以下修改：一是将“防治”修改为“预防和治理”；二是考虑到监察机关、政法机关提出的意见不一定都是对的，也不一定都需要整改，对于有些情况可能需要有关单位作出，故将“及时整改”修改为“及时处理”，同时也删去了反馈“整改情况”的要求。

第十五条　公安机关可以会同有关部门根据本地有组织犯罪情况，确定预防和治理的重点区域、行业领域或者场所。

重点区域、行业领域或者场所的管理单位应当采取有效措施，加强管理，并及时将工作情况向公安机关反馈。

【条文主旨】

本条是关于重点区域、行业领域或者场所预防和治理的规定。

【条文释义】

本条共分两款。第一款是关于公安机关会同有关部门确定重点区域、行业领域或者场所的规定。这里“重点区域”的大小具有相对性，且有组织犯罪非法控制和影响的对象并不是区域本身，而是在一定区域生活中的人，以及该区域的经济、社会生活秩序。因此，不能简单地要求“重点区域”必须达到某一特定的空间范围，而应当根据具体案情，并结合犯罪组织对经济、社会生活可能造成的危害程度加以综合评判。例如，自然村的地域、经济、人口等具有一定规模的，可以认定为本法中的“重点区域”。界定“重点区域”时，既要考虑曾经受犯罪组织的加害程度，还要考虑可能受到犯罪组织的危害。行业领域，是指有组织犯罪组织所控制和影响的行业范围，既包括合法行业，也包括“黄赌毒”等非法行业，且一般应与市场经济活动直接相关，涉及生产、流通、交换、消费等一个或多个市场环节。有组织犯罪组织通过实施违法犯罪活动，使行业领域内从事生产、经营人员的合法权益受到损害而不敢举报、控告，或者对行业的准入、生产、经营、竞争等经济活动形成重要影响甚至垄断等，从而形成非法控制或者重大影响。对于抢劫、盗窃、诈骗等纯粹以侵权方式获得财物的违法犯罪活动，不能认定为本法中的行业。场所，是一个法律的用语，它不是我们理解的场地，它是指场地以及在场地上发生行为的结合。如果仅有场地而没有在场地上发生的行为，则不能称之为场所。本法中的场所，是指有组织犯罪组织实施违法犯罪的特殊空间。

重点区域、行业领域或者场所还具有地域性、层级性、动态性特征。地域性特征是指在不同地域，重点区域、行业领域或者场所空间大小不同。我国地域广阔，东西部、南北方对空间大小理解不同。层级性是指各地要按照行政区划来确定重点区域、行业领域或者场所，也就是说，中央和地方要按行政区划确定，不能异地或者越级确定重点区域、行业领域或者场所。动态性特征是指重点区域、行业领域或者场所的确定不是一成不变的，而是要根据不同时期有组织犯罪情况来确定。所以，重点区域、行业领域或者场所必须根据本地有组织犯罪情况来综合确定，不能仅凭一个或者几个特征来确定。

第二款是关于重点区域、行业领域或者场所的管理单位整改反馈的规定。理解该条款要注意以下两个方面：

1. 本条第一款规定由公安机关会同有关部门确定重点区域、行业领域或者场所，而本款规定由重点区域、行业领域或者场所的管理单位负责整改反馈。这样规定是基于如下考虑：一是公安机关虽然能够了解掌握重点区域、行业领域或者场所的治安状况，但没有直接管理权限，不能直接干预。二是管理单位对重点区域、行业领域或者场所有管理职责，情况熟悉，由其来负责整改反馈效果更好。三是本款规定的管理单位直接负责管理重点区域、行业领域或者场所，而本条第一款规定的公安机关会商的对象是"有关单位"，这就存在确定单位与管理单位可能不是同一个单位的问题。实践中，有的管理单位就是确定单位，有的确定单位可能管理单位的管理机关，也可能是指导部门。因此，要根据具体情况来理解"管理单位"与确定单位的关系。

2. 本款规定管理单位整改情况向公安机关反馈。这是因为本法第二十四条规定公安机关是有组织犯罪线索收集、研判和处置机关，那么管理单位的整改情况就应该向公安机关反馈。管理单位向公安机关反馈同时，也可以向其主管部门报告。公安机关收到反馈情况后也可以根据需要将反馈情况通报重点区域、行业领域或者场所管理单位的主管部门。

【实践中应注意的问题】

在该条的理解适用中，应当需要注意以下几个方面的问题：

第一，确定标准。为了确保确定的重点区域、行业领域或者场所，能够符合有组织犯罪预防和治理的要求，必须制定相应的标准。标准应当包括涉有组织犯罪警情、线索、案件等要素。标准要体现对有组织犯罪预防和治理的精准性和有效性，既有普遍性要求，又要兼顾地区差异。

第二，确定程序。重点区域、行业领域或者场所的确定程序，包括提起、会商、决定三个环节。提起环节，是指公安机关根据掌握的线索信息，发现有有组织犯罪倾向和苗头时，可以会同有关部门提起重点区域、行业领域或者场所的确定程序。如果确定重点区域、行业领域或者场所无须与有关部门商议的，则公安机关可自行提起确定程序。所以，是否提起是公安机关的法定权限。会商环节，按照本条规定公安机关应与有关部门积极会商。这是因为有关部门作为行业管理或者指导部门，日常掌握有组织犯罪的情况，公安机关与其会商能更精准掌握有组织犯罪的情况，从而提升确定重点区域、行业领域或者场所的针对性和有效性。决定环节，公安机关与有关部门会商或者公安机关自行评估后，认为确有必要确定重点区域、行业领域或者场所的，可以依法作出决定。但公安机关作出决定必须以书面形式，并依法送达。

第三，结果应用。各地各部门要将确定的重点区域、行业领域或者场所的整改反馈情况纳入考评体系。对于整改到位，成效明显的管理单位，要表彰奖励；对于敷衍塞责、不作为、乱作为的管理单位，要给以通报批评；对于弄虚作假、隐瞒事实，造成有组织犯罪发展壮大的，要依法惩处，涉及犯罪的依法追究刑事责任。

【立法宗旨和背景】

（一）起草背景

有组织犯罪组织常常通过暴力性违法犯罪对一定区域、行业或场所进行非法控制或形成重大影响。从过去扫黑除恶的经验教训来看，扫黑除恶的力度和深度存在不平衡，个别地方还存在不敢打、不真打、不想打等认识问题，导致有的区域、行业领域或者场所黑恶势力滋生蔓延。专项斗争中，各地通过确定重点区域、行业领域或者场所，有效遏制有组织犯罪的发展蔓延。基于此，本条规定是在总结专项斗争经验的基础上，将确定重点地区、行业领域或者场所的经验做法上升为法律制度。

（二）审议中各方面的意见以及争议的问题

1. 反有组织犯罪法草案第十六条规定：“公安机关可以根据本地有组织犯罪情况，确定预防和治理的重点地区、行业领域或部门场所。”“相关责任单位应当采取有效整改完善措施，加强管控力度，及时将工作情况向公安机关反馈。”

有的建议在“确定预防和治理的重点地区”前增加“征求相关行业部门意见后”，在“将工作情况向公安机关反馈”后增加“并通报相关行业部门”。有的认为公安机关可以会同有关部门根据本地有组织犯罪情况来确定重点区域、行业领域或者场所，这里“会同确定”就已经包含“征求相关行业部门意见后”的内容。如果再规定“征求相关行业部门意见后”内容，法条就不精练。本条将预防主体确定为公安机关，主要考虑到公安机关较其他行政主管机关能够掌握更多的警情信息和有组织犯罪线索，能够基于这些信息分析研判社会治安状况，确定预防和治理的重点地区、行业领域或者部门场所。

2. 反有组织犯罪法草案二次审议稿第十五条规定：“公安机关可以会同有关部门根据本地有组织犯罪情况，确定预防和治理的重点地区、行业领域或场所。”“重点地区、行业领域或场所的管理单位应当采取有效措施，加强管控力度，并及时将工作情况向公安机关反馈。”草案二次审议稿对草案作了以下修改：一是考虑到有关行业主管部门对行业内的重点地区、行业领域或场所比较了解情况，在第一款中增加规定公安机关会同有关部门确定重点地区、行业领域或场所；二是将第一款中的“部门场所”修改为“场所”；三是进一步明确第二款规定的“相关责任单位”为“重点地区、行业领域或场所的管理单位”。

在通过前评估过程中，有的部门建议将“公安机关”修改为“各级人民政府”。

3. 反有组织犯罪法草案三次审议第十五条规定：“公安机关可以会同有关部门根据本地有组织犯罪情况，确定预防和治理的重点区域、行业领域或场所。”“重点区域、行业领域或场所的管理单位应当采取有效措施，加强管理，并及时将工作情况向公安机关反馈。”草案三次审议稿对草案二次审议稿作了以下修改：一是考虑到地区容易误解为行政区划，将“地区”修改为“区域”；二是将“加强管控力度”修改为“加强管理”。

第十六条　电信业务经营者、互联网服务提供者应当依法履行网络信息安全管理义务，采取安全技术防范措施，防止含有宣扬、诱导有组织犯罪内容的信息传播；发现含有宣扬、诱导有组织犯罪内容的信息的，应当立即停止传输，采取消除等处置措施，保存相关记录，并向公安机关或者有关部门报告，依法为公安机关侦查有组织犯罪提供技术支持和协助。

网信、电信、公安等主管部门对含有宣扬、诱导有组织犯罪内容的信息，应当按照职责分工，及时责令有关单位停止传输、采取消除等处置措施，或者下架相关应用、关闭相关网站、关停相关服务。有关单位应当立即执行，并保

存相关记录，协助调查。对互联网上来源于境外的上述信息，电信主管部门应当采取技术措施，及时阻断传播。

【条文主旨】

本条是关于电信业务经营者、互联网服务提供者的网络信息安全管理义务与网信、电信、公安等主管部门的网络信息安全监管职责的规定。

【条文释义】

本条共分两款。第一款是关于电信业务经营者、互联网服务提供者的网络信息安全管理义务的规定。

本款规定可以从以下三个方面理解：

其一，网络信息安全管理义务的主体是“电信业务经营者、互联网服务提供者”。加强网络安全管理，从有组织犯罪预防和治理工作角度来看：一方面要防止含有宣扬、诱导有组织犯罪内容的信息在互联网上传播；另一方面要在发现互联网上传播此类消息后及时予以处置，最大程度消除其危害。为此，既需要有关主管部门做好监督管理工作，更需要电信业务经营者、互联网服务提供者履行好“主体责任”，共同做好网络安全管理工作。需要把握以下两点：

1. “电信业务经营者”的界定。根据《中华人民共和国电信条例》第二条“在中华人民共和国境内从事电信活动或者与电信有关的活动，必须遵守本条例。本条例所称电信，是指利用有线、无线的电磁系统或者光电系统，传送、发射或者接收语音、文字、数据、图像以及其他任何形式信息的活动”，第七条“国家对电信业务经营按照电信业务分类，实行许可制度。经营电信业务，必须依照本条例的规定取得国务院信息产业主管部门或者省、自治区、直辖市电信管理机构颁发的电信业务经营许可证。未取得电信业务经营许可证，任何组织或者个人不得从事电信业务经营活动”规定，“电信业务经营者”是指取得相关经营许可证、在中华人民共和国境内从事利用有线、无线的电磁系统或者光电系统，传送、发射或者接收语音、文字、数据、图像以及其他任何形式信息的活动，或者从事与前述活动有关的活动的人员。

2. “互联网服务提供者”的界定。根据《互联网信息服务管理办法》第二条“在中华人民共和国境内从事互联网信息服务活动，必须遵守本办法。本办法所称互联网信息服务，是指通过互联网向上网用户提供信息的服务活动”，第三条“互联网信息服务分为经营性和非经营性两类。经营性互联网信息服务，是指通过互联网向上网用户有偿提供信息或者网页制作等服务活动。非经营性互联网信息服务，是指通过互联网向上网用户无偿提供具有公开性、共享性信息的服务活动”，第四条“国家对经营性互联网信息服务实行许可制度；对非经营性互联网信息服务实行备案制度。未取得许可或者未履行备案手续的，不得从事互联网信息服务”规定，“互联网服务提供者”是指取得许可或者履行备案手续、在中华人民共和国境内从事通过互联网向上网用户有偿提供信息或者网页制作，或者通过互联网向上网用户无偿提供具有公开性、共享性信息等服务活动的人员。

其二，义务的履行对象是“含有宣扬、诱导有组织犯罪内容的信息”。需要把握以下三点：（1）判断依据。要判断相关信息是否属于该类信息，主要是看该类信息是否具有诱发、培育或者坚定有组织犯罪犯意的目的。（2）信息类型。按照载体的不同，可以将该类信息分为文字信息、图形信息、声音信息、视频信息和实物信息等。（3）信息性质。该类信息属于负面信息范畴，故不包括与反有组织犯罪工作相关的悬赏通告、线索征集、典型案例、法律政策宣讲、培训讲座、学术研究文章等包含或者产生的信息。

其三，履行义务方式可以分为两类。具体情况如下：

1. 防止传播。即在含有宣扬、诱导有组织犯罪内容的信息传播前，依照法律、行政法规的规定，落实网络安全、信息内容监督制度和安全技术防范措施，防止这些信息传播。涉及网络安全、信息内容监督制度和安全技术防范措施的法律、行政法规包括：《中华人民共和国网络安全法》《全国人民代表大会常务委员会关于维护互联网安全的决定》《全国人民代表大会常务委员会关于加强网络信息保护的决定》《中华人民共和国电信条例》《计算机信息系统安全保护条例》《计算机信息网络国际联网安全保护管理办法》《互联网信息服务管理办法》《互联网安全保护技术措施规定》等。

2. 发现后处置。即在发现含有宣扬、诱导有组织犯罪内容的信息时，应当立即停止传输，采取消除等处置措施，保存相关记录，并向公安机关或者有关部门报告，依法为公安机关侦查有组织犯罪提供技术支持和协助。其中，电信业务经营者、互联网服务提供者履行报告义务，既可以向公安机关报告，也可以向有关部门报告；停止传输、采取消除等处置措施、保存记录、报告、依法提供技术支持和协助五种方式，是并列关系，缺一不可。

第二款是关于网信、电信、公安等主管部门的网络信息安全监管职责的规定。

本款规定可以从以下两个方面理解：

其一，网络信息安全监管职责的主体为“网信、电信、公安等主管部门”。上述主体的确定，主要是根据网络安全法第八条第一款“国家网信部门负责统筹协调网络安全工作和相关监督管理工作。国务院电信主管部门、公安部门和其他有关机关依照本法和有关法律、行政法规的规定，在各自职责范围内负责网络安全保护和监督管理工作”的规定。

根据国务院《关于授权国家互联网信息办公室负责互联网信息内容管理工作的通知》“授权重新组建的国家互联网信息办公室负责全国互联网信息内容管理工作，并负责监督管理执法”内容，“网信主管部门”是指国家互联网信息办公室和地方各级网信办；根据《中华人民共和国电信条例》第三条“国务院信息产业主管部门依照本条例的规定对全国电信业实施监督管理。省、自治区、直辖市电信管理机构在国务院信息产业主管部门的领导下，依照本条例的规定对本行政区域内的电信业实施监督管理”、《电信业务经营许可管理办法》第三条第一款“工业和信息化部和省、自治区、直辖市通信管理局（以下统称电信管理机构）是经营许可证的审批管理机构”规定，“电信主管部门”是指工业和信息化部以及各省、自治区、直辖市通信管理局。

此外，除网信主管部门、电信主管部门、公安部门外，本款的“主管部门”还包括：（1）在互联网接入服务方面，根据《中华人民共和国计算机信息网络国际联网管理暂行规定》第五条规定，国务院信息化工作领导小组负责协调、解决有关国际联网工作中的重大问题。领导小组办公室按照本规定制定具体管理办法，明确国际出入口信道提供单位、互联单位、接入单位和用户的权利、义务和责任，并负责对国际联网工作的检查监督。（2）在互联网信息服务方面，根据《互联网信息服务管理办法》第十八条规定，新闻、出版、教育、卫生、药品监督管理、工商行政管理和公安、国家安全等有关主管部门，在各自职责范围内依法对互联网信息内容实施监督管理。（3）在互联网上网服务方面，根据《互联网上网服务营业场所管理条例》第四条规定，县级以上人民政府文化行政部门负责互联网上网服务营业场所经营单位的设立审批，并负责对依法设立的互联网上网服务营业场所经营单位经营活动的监督管理；公安机关负责对互联网上网服务营业场所经营单位的信息网络安全、治安及消防安全的监督管理；工商行政管理部门负责对互联网上网服务营业场所经营单位登记注册和营业执照的管理，并依法查处无照经营活动；电信管理等其他有关部门在各自职责范围内，依照本条例和有关法律、行政法规的规定，对互联网上网服务营业场所经营单位分别实施有关监督管理。

其二，主管部门有其职责内容和履行职责方式。具体把握以下三个方面：

（1）网信、电信、公安等主管部门对含有宣扬、诱导有组织犯罪内容的信息，负有阻断其传播的职责，履行职责的方式包括及时责令有关单位停止传输、采取消除等处置措施，或者下架相关应用、关闭相关网站、关停相关服务。

网信、电信、公安等主管部门履行上述职责，应当按照有关法律、行政法规确定的职责分工进行。其中，根据《互联网信息服务管理办法》第二十三条的规定，对互联网信息服务提供者发现其网站传输该办法第十六条所列内容（包括：反对宪法所确定的基本原则的；危害国家安全，泄露国家秘密，颠覆国家政权，破坏国家统一的；损害国家荣誉和利益的；煽动民族仇恨、民族歧视，破坏民族团结的；破坏国家宗教政策，宣扬邪教和封建迷信的；散布谣言，扰乱社会秩序，破坏社会稳定的；散布淫秽、色情、赌博、暴力、凶杀、恐怖或者教唆犯罪的；侮辱或者诽谤他人，侵害他人合法权益的；含有法律、行政法规禁止的其他内容的）之一，未立即停止传输，保存有关记录，并向国家有关机关报告的，由省、自治区、直辖市电信管理机构责令改正；情节严重的，对经营性互联网信息服务提供者，并由发证机关吊销经营许可证，对非经营性互联网信息服务提供者，并由备案机关责令关闭网站。根据《计算机信息网络国际联网安全保护管理办法》第十八条规定，公安机关计算机管理监察机构发现含有该办法第五条所列内容（包括：煽动抗拒、破坏宪法和法律、行政法规实施的；煽动颠覆国家政权，推翻社会主义制度的；煽动分裂国家、破坏国家统一的；煽动民族仇恨、民族歧视，破坏民族团结的；捏造或者歪曲事实，散布谣言，扰乱社会秩序的；宣扬封建迷信、淫秽、色情、赌博、暴力、凶杀、恐怖，教唆犯罪的；公然侮辱他人或者捏造事实诽谤他人的；损害国家机关信誉的；其他违反宪法和法律、行政法规的）的地址、目录或者服务器时，应当通知有关单位关闭或者删除。

（2）网信、电信、公安等部门责令有关单位对含有宣扬、诱导有组织犯罪内容的信息采取相应措施的，有关单位应当立即执行，并保存相关记录，协助调查。需要注意的是，此处的“有关单位”与本条第一款中的“电信业务经营者、互联网服务提供者”并非完全等同，其范围要大于“电信业务经营者、互联网服务提供者”，还应当包含“电信业务经营者、互联网服务提供者”。

（3）电信主管部门还被赋予对互联网上来源于境外的含有宣扬、诱导有组织犯罪内容的信息采取技术措施以阻断传播的权力。这是因为，对在境内传播含有宣扬、诱导有组织犯罪内容的信息，有关主管部门可以依照国内法进行监管处置，但对境外网站、组织和人员通过互联网向境内传输含有宣扬、诱导有组织犯罪内容的信息，以及境内外网上勾连，策划实施有组织犯罪活动的，无法依照国内法及时处置，通过国际执法合作途径处置时效性差。赋予电信主管部门对互联网上来源于境外的含有宣扬、诱导有组织犯罪内容的信息采取技术措施以阻断传播的权力，能够有效解决这一问题。

【实践中应注意的问题】

在该条的理解适用中，需要注意的问题是在电信业务经营者、互联网服务提供者依法为公安机关侦查有组织犯罪提供技术支持和协助时，如何保护公民个人信息以及隐私权。执行中应当把握以下三个方面：一是公安机关依照本法要求提供技术支持和协助，只能出于侦查有组织犯罪的目的，取得的材料也只能用于有组织犯罪案件的侦查、起诉和审判，不得为了其他目的使用、利用该项措施以及由此取得的材料；二是要求提供技术支持和协助，应当经过严格的批准手续。参照《公安机关办理刑事案件程序规定》对刑事诉讼法关于采取技术侦查措施应当经过严格批准手续的解释性规定，公安机关要求提供技术支持和协助，应当经设区的市级以上公安机关负责人批准。此外，由于电信业务经营者和互联网服务提供者提供技术支持和协助，涉及比较复杂的技术问题，需要明确技术标准，公安机关应当会同有关部门制定。

【典型案例】

2020年4月，上海某电信运营商多次接到客户投诉：业务员陶某在上门办理电话卡业务时，无故要求客户多办卡，且态度恶劣，声称如果不肯办卡就要将客户的个人信息卖出去。电信运营商将该情况通报给公安部门。公安机关通过研判发现：陶某将大量已开通实名的电话卡寄往边境地区，且有大量来源不明的资金往来。陶某在被公安部门抓获后，对其恶意多开办客户电话卡，并向境外恶势力售卖电话卡进行牟利的犯罪行为供认不讳，并交代了和其一同作案的同代理公司内的人员。电信运营商对陶某所在的代理公司开办使用情况异常的电话卡全部采取了停用措施。

【立法宗旨和背景】

（一）起草背景

当前，通过互联网传播含有宣扬、诱导有组织犯罪内容的信息及实施有组织犯罪的现象日益显现、不容忽视，有必要加强监管。为防止此类有组织犯罪信息在互联网上传播，确保能够及时处置，电信业务经营者、互联网服务提供者应当负起主体责任，切实履行网络信息安全管理义务，网信、电信、公安等主管部门也应当积极担负起网络信息监管职责，与电信业务经营者、互联网服务提供者协同防治有组织犯罪。

（二）审议中各方面的意见以及争议的问题

1. 一审稿草案第十七条规定："电信业务经营者、互联网服务提供者应当依照法律、行政法规规定，履行网络安全、信息内容监督和安全技术防范职责，防止宣扬、诱导有组织违法犯罪内容的负面信息传播；发现宣扬、诱导有组织违法犯罪内容的负面信息的，应当立即停止传输，保存相关记录，删除相关信息，并向公安机关或者有关部门报告。""网信、电信、公安等主管部门对宣扬、诱导有组织违法犯罪内容的负面信息，应当按照职责分工及时发现，责令有关单位停止传输、删除相关信息，或者下架相关应用、关闭相关网站、关停相关服务。有关单位应当立即执行，并保存相关记录，协助调查。对互联网上跨境传输的宣扬、诱导有组织违法犯罪内容的负面信息，电信主管部门应当采取技术措施，及时阻断传播。"

在征求意见过程中，有的部门建议将第一款中的"负面信息"修改为"违法信息"。有的建议做好本条与网络安全法第四十七条、第五十条规定的衔接。根据上述各方面的意见，对草案作了相应的修改完善。

在征求意见过程中，有的部门还提出，按照电信条例和互联网信息服务管理办法的规定，"电信业务经营者"与"互联网服务提供者"存在交叉、重叠，建议明确这两个概念的内涵。有的地方建议将"电信业务经营者"修改为"通讯网络业务经营者"，以涵盖中国移动、电信、联通等通讯网络业务运营商。

有的部门建议参照网络安全法第五十条的规定，将第二款的相关内容修改为，网信、电信、公安等主管部门依法履行网络信息安全监督管理职责，发现法律、行政法规禁止发布或者传输的宣扬、诱导有组织违法犯罪的信息的，应当要求网络运营者停止传输，采取消除等处置措施，保存有关记录。有的部门建议将第二款有关跨境传输的信息的规定修改为，对来源于中华人民共和国境外的上述信息，应当通知有关机构采取技术措施和其他必要措施阻断传播。有的部门建议将“电信”改为“工信”。有的建议将“删除”改为“屏蔽”。

2. 草案二审稿第十六条根据上述意见，修改为：“电信业务经营者、互联网服务提供者应当依法履行网络信息安全管理义务，采取安全技术防范措施，防止含有宣扬、诱导有组织犯罪内容的信息传播；发现含有宣扬、诱导有组织犯罪内容的信息的，应当立即停止传输，采取消除等处置措施，保存相关记录，并向公安机关或者有关部门报告，依法为公安机关侦查有组织犯罪提供技术支持和协助。”“网信、电信、公安等主管部门对含有宣扬、诱导有组织犯罪内容的信息，应当按照职责分工，及时责令有关单位停止传输、采取消除等处置措施，或者下架相关应用、关闭相关网站、关停相关服务。有关单位应当立即执行，并保存相关记录，协助调查。对互联网上来源于中华人民共和国境外的上述信息，电信主管部门应当采取技术措施，及时阻断传播。”草案二次审议稿对草案作了以下修改：一是为表述更加准确，将“宣扬、诱导有组织违法犯罪内容的负面信息”修改为“含有宣扬、诱导有组织犯罪内容的信息”；二是根据网络安全法的有关规定，将“删除相关信息”修改为“采取消除等处置措施”；三是考虑到公安机关侦查有组织犯罪的实际需要以及网络安全法有关规定，在第一款中增加“依法为公安机关侦查有组织犯罪提供技术支持和协助”的规定；四是为表述更加精炼，将“对互联网上跨境传输的宣扬、诱导有组织违法犯罪内容的负面信息”修改为“对互联网上来源于中华人民共和国境外的上述信息”。

3. 草案三审稿第十六条根据网络安全的有关规定，将本条修改为：“电信业务经营者、互联网服务提供者应当依法履行网络信息安全管理义务，采取安全技术防范措施，防止含有宣扬、诱导有组织犯罪内容的信息传播；发现含有宣扬、诱导有组织犯罪内容的信息的，应当立即停止传输，采取消除等处置措施，保存相关记录，并向公安机关或者有关部门报告，依法为公安机关侦查有组织犯罪提供技术支持和协助。”“网信、电信、公安等主管部门对含有宣扬、诱导有组织犯罪内容的信息，应当按照职责分工，及时责令有关单位停止传输、采取消除等处置措施，或者下架相关应用、关闭相关网站、关停相关服务。有关单位应当立即执行，并保存相关记录，协助调查。对互联网上来源于境外的上述信息，电信主管部门应当采取技术措施，及时阻断传播。”草案三次审议稿对草案二次审议稿作了一处修改，即为了更加精准表述，“将中华人民共和国境外”修改为“境外”。

（三）有关国家和地区的规定

新加坡《国内安全法》规定了互联网服务提供商的报告义务以及国家机关拥有的调查权与执法权。新加坡《互联网操作规则》明确，网络服务提供商、互联网内容提供商在网络内容传播方面负有审查、报告和协助执法的义务。

澳大利亚1999年《广播服务（在线服务）修正案》规定了网络内容传播黑名单制度，即通讯传媒局在接到举报后，如果经分级委员会认定是非法内容，将根据IP地址等确定信息来源，据此制定“黑名单”，并将该非法信息移交给相应的执法机构处理，同时通知网络运营商在服务器上删除相关信息。

第十七条　国务院反洗钱行政主管部门、国务院其他有关部门、机构应当督促金融机构和特定非金融机构履行反洗钱义务。发现与有组织犯罪有关的可疑交易活动的，有关主管部门可以依法进行调查，经调查不能排除洗钱嫌疑的，应当及时向公安机关报案。

【条文主旨】

本条是关于国务院反洗钱行政主管部门、国务院其他有关部门、机构在反有组织犯罪工作中的反洗钱监管职责的规定。

【条文释义】

本条规定可以从以下三个方面理解：

其一，本条规定的反洗钱监管职责主体为“国务院反洗钱行政主管部门、国务院其他有关部门、机构”。（1）国务院反洗钱行政主管部门。根据中国人民银行法第四条第一款“中国人民银行履行下列职责：（十）指导、部署金融业反洗钱工作，负责反洗钱的资金监测”规定，“国务院反洗钱行政主管部门”是指中国人民银行。（2）国务院其他有关部门、机构。根据反洗钱法第九条

"国务院有关金融监督管理机构参与制定所监督管理的金融机构反洗钱规章，对所监督管理的金融机构提出按照规定建立健全反洗钱内部控制制度的要求，履行法律和国务院规定的有关反洗钱的其他职责"，第十二条"海关发现个人出入境携带的现金、无记名有价证券超过规定金额的，应当及时向反洗钱行政主管部门通报。前款应当通报的金额标准由国务院反洗钱行政主管部门会同海关总署规定"规定，"国务院其他有关部门、机构"包括国务院有关金融监督管理机构、海关总署等。

其二，本条规定的反洗钱监管职责内容为"督促金融机构和特定非金融机构履行反洗钱义务"。（1）金融机构。根据反洗钱法第三十四条规定，"金融机构"是指依法设立的从事金融业务的政策性银行、商业银行、信用合作社、邮政储汇机构、信托投资公司、证券公司、期货经纪公司、保险公司以及国务院反洗钱行政主管部门确定并公布的从事金融业务的其他机构。（2）特定非金融机构。反洗钱法第三十五条规定："应当履行反洗钱义务的特定非金融机构的范围、其履行反洗钱义务和对其监督管理的具体办法，由国务院反洗钱行政主管部门会同国务院有关部门制定。"中国人民银行办公厅《关于加强特定非金融机构反洗钱监管工作的通知》第一条规定："根据《中华人民共和国反洗钱法》第三十五条、第三十六条规定，下列机构在开展以下各项业务时属于《中华人民共和国反洗钱法》、《中华人民共和国反恐怖主义法》规定的特定非金融机构，应当履行反洗钱和反恐怖融资义务。具体包括：（一）房地产开发企业、房地产中介机构销售房屋、为不动产买卖提供服务。（二）贵金属交易商、贵金属交易场所从事贵金属现货交易或为贵金属现货交易提供服务。（三）会计师事务所、律师事务所、公证机构接受客户委托为客户办理或准备办理以下业务，包括：买卖不动产，代管资金、证券或其他资产，代管银行账户、证券账户，为成立、运营企业筹集资金，以及代客户买卖经营性实体业务。（四）公司服务提供商为客户提供或准备提供以下服务，包括：为公司的设立、经营、管理等提供专业服务，担任或安排他人担任公司董事、合伙人或持有公司股票，为公司提供注册地址、办公地址或通讯地址等。"

其三，本条规定的履行职责方式为"发现与有组织犯罪有关的可疑交易活动的，有关主管部门可以依法进行调查，经调查不能排除洗钱嫌疑的，应当及时向公安机关报案"。有关主管部门应当根据反洗钱法关于反洗钱调查的有关规定进行调查；有关主管部门和公安机关应当根据《行政执法机关移送涉嫌犯罪案件的规定》和《公安机关受理行政执法机关移送涉嫌犯罪案件规定》有关规定开展行刑衔接工作。

【实践中应注意的问题】

在该条的理解适用中，应当需要注意以下两方面的问题：

第一，关于有关主管部门如何调查的问题。应当根据反洗钱法关于反洗钱调查的有关规定进行调查。(1) 国务院反洗钱行政主管部门或者其省一级派出机构发现可疑交易活动，需要调查核实的，可以向金融机构进行调查，金融机构应当予以配合，如实提供有关文件和资料。调查可疑交易活动时，调查人员不得少于2人，并出示合法证件和国务院反洗钱行政主管部门或者其省一级派出机构出具的调查通知书。调查人员少于2人或者未出示合法证件和调查通知书的，金融机构有权拒绝调查。(2) 调查可疑交易活动，可以询问金融机构有关人员，要求其说明情况。询问应当制作询问笔录。询问笔录应当交被询问人核对。记载有遗漏或者差错的，被询问人可以要求补充或者更正。被询问人确认笔录无误后，应当签名或者盖章；调查人员也应当在笔录上签名。(3) 调查中需要进一步核查的，经国务院反洗钱行政主管部门或者其省一级派出机构的负责人批准，可以查阅、复制被调查对象的账户信息、交易记录和其他有关资料；对可能被转移、隐藏、篡改或者毁损的文件、资料，可以予以封存。调查人员封存文件、资料，应当会同在场的金融机构工作人员查点清楚，当场开列清单一式二份，由调查人员和在场的金融机构工作人员签名或者盖章，一份交金融机构，一份附卷备查。(4) 经调查仍不能排除洗钱嫌疑的，应当立即向有管辖权的侦查机关报案。客户要求将调查所涉及的账户资金转往境外的，经国务院反洗钱行政主管部门负责人批准，可以采取临时冻结措施。侦查机关接到报案后，对已依照上述规定临时冻结的资金，应当及时决定是否继续冻结。侦查机关认为需要继续冻结的，依照刑事诉讼法的规定采取冻结措施；认为不需要继续冻结的，应当立即通知国务院反洗钱行政主管部门，国务院反洗钱行政主管部门应当立即通知金融机构解除冻结。临时冻结不得超过48小时。金融机构在按照国务院反洗钱行政主管部门的要求采取临时冻结措施后48小时内，未接到侦查机关继续冻结通知的，应当立即解除冻结。

第二，关于行刑衔接的问题。应当根据《行政执法机关移送涉嫌犯罪案件的规定》和《公安机关受理行政执法机关移送涉嫌犯罪案件规定》有关规定进行。（1）为防止证据毁损、灭失或者今后难以取得，有关主管部门应当进行详尽调查，经调查仍不能排除洗钱嫌疑的，应当形成《行政执法机关移送涉嫌犯罪案件的规定》第六条和《公安机关受理行政执法机关移送涉嫌犯罪案件规定》第二条所要求的材料，向有管辖权的公安机关移送涉嫌犯罪案件。（2）公安机关对行政执法机关移送的涉嫌犯罪案件，应当接受，及时录入执法办案信息系统，并检查所附材料是否齐全，移送材料表明移送案件的行政执法机关已经或者曾经作出有关行政处罚决定的，还应当检查是否附有有关行政处罚决定书，对材料不全的，应当在接受案件的 24 小时内书面告知移送的行政执法机关在 3 日内补正，但不得以材料不全为由，不接受移送案件。（3）行政执法机关补全材料后，公安机关应当按照《公安机关受理行政执法机关移送涉嫌犯罪案件规定》第三条中的不同情形分别处理。公安机关审查发现涉嫌犯罪案件移送材料不全、证据不充分的，可以就证明有犯罪事实的相关证据要求等提出补充调查意见，商请移送案件的行政执法机关补充调查，必要时，公安机关可以自行调查。对决定立案的，公安机关应当自立案之日起 3 日内与行政执法机关交接涉案物品以及与案件有关的其他证据材料。

【典型案例】

案例一：2016 年，赵某英（系组织、领导黑社会性质组织案中主犯闫某攀之妻）在明知系闫某攀犯罪所得的情况下，主要通过三种形式掩饰、隐瞒黑社会性质组织犯罪所得。一是通过银行账户进行资金划转提取现金。为掩饰、隐瞒 300 万元非法资金的性质，闫某攀等人指使亲属闫某明、赵某英、胡某军等人，通过在汶上农行、建行开立的账户进行违法所得划转 9 次，而后提取现金 2 次，共计 190 万元，又交到闫某明手中。赵某英建行卡（尾号为 8737）留有 110 万元。二是购买房产多套。2016 年 5 月，闫某攀安排闫某明拿出 100 万元现金，以赵某英为购房代理人、以闫某攀儿子闫某畅的名义，购买宁阳县城区商业楼 5 套房产共计 492.37 平方米，合同价格 80 万元，纳税 13.65 万元。三是购买投资型家庭财产保险单。2018 年 12 月 25 日，汶上县人民法院对被告人闫某攀等 22 人黑社会性质组织犯罪作出一审判决，其中被告人赵某英犯参加黑社会性质组织罪与洗钱罪。宣判后被告人闫某攀等人均不服，提出上诉。2019 年 5 月 20 日，济宁市中级人民法院依法对闫某攀等被告人黑社会性质组织犯罪案件进行二审公开宣判，维持一审原判。对赵某英以参加黑社会性质组织罪判处有期徒刑 1 年，并处罚金 1 万元，以洗钱罪判处有期徒刑 5 年，并处罚金 40 万元；决定执行有期徒刑 6 年，并处罚金人民币 41 万元的判决。

案例二：2010 年以来，以李某男为首的黑社会性质犯罪团伙在四川某县通过暴力争夺消毒餐具市场、敲诈勒索开发商、非法放贷等方式攫取 6000 余万元的非法收益。

李某女系该案主犯李某男之女。其在明知李某男从事黑社会性质组织犯罪的情况下，仍按李某男安排，通过控制的朋友银行账户存现、转账等方式转移犯罪所得，涉及金额超 1000 万元。

2020 年 7 月 29 日，县人民法院对李某男等人组织、领导、参加黑社会性质组织案作出一审判决，其中，被告人李某女犯洗钱罪与行贿罪。宣判后，被告人提起上诉。2020 年 11 月 17 日，市中级人民法院二审，宣判被告人李某女犯洗钱罪，判处有期徒刑 5 年，并处罚金 60 万元；犯行贿罪，判处有期徒刑 5 年，并处罚金 20 万元；数罪并罚，判处有期徒刑 6 年，并处罚金 80 万元。

【立法宗旨和背景】

（一）起草背景

洗钱犯罪是一种典型的容易与有组织犯罪关联的犯罪。实践中，有组织犯罪组织为逃避打击，往往通过实施该种犯罪活动，采取种种手段转移、“漂白”其犯罪所得及收益，进而反过来支撑本组织实施违法犯罪活动、攫取更多经济利益、发展壮大组织规模。可以说，及时发现洗钱犯罪线索，最大限度铲除其经济基础来说，意义重大。因此，有必要规定国务院反洗钱行政主管部门、国务院其他有关部门、机构在反有组织犯罪工作中的反洗钱监管职责。

（二）审议中各方面的意见以及争议的问题

1. 反有组织犯罪法草案第十八条规定：“国务院反洗钱行政主管部门、国务院有关部门、机构应当督促金融机构和特定非金融机构履行反有组织犯罪资金监管职责，发现资金流通情况涉嫌有组织犯罪的，及时通报公安机关，配合采取紧急止付、快速冻结等紧急措施。”

在审议和征求意见过程中，有的常委会组成人员建议将“国务院有关部门、机构”修改为“国务院其他有关部门和机构”；有的地方建议将“国务院有关部门”修改为“国务院其他有关部门”。有的机构提出，采取紧急止付、快速冻结措施，公安机关可以直接向商业银行发送指令，不需要监管机关参与，建议删去“配合采取紧急止付、快速冻结等紧急措施”的规定。根据上述各方面的意见，对草案作了相应的修改完善。

在征求意见过程中，有的部门提出，发现涉嫌洗钱包括有组织犯罪，向公安机关报告等内容，在反洗钱法中已经有规定，建议删去本条规定。

2. 草案二审稿第十七条规定：“国务院反洗钱行政主管部门、国务院其他有关部门、机构应当督促金融机构和特定非金融机构履行反洗钱义务，发现交易涉嫌与有组织犯罪有关的洗钱行为的，可以依法进行调查，经调查仍不能排除洗钱嫌疑的，应当及时向公安机关报案。”草案二次审议稿对草案作了以下修改：一是考虑到与反洗钱法相衔接，将“履行反有组织犯罪资金监管职责”修改为“履行反洗钱义务”；二是考虑到金融机构和特定非金融机构难以通过资金流通情况判断是否涉嫌有组织犯罪，将“发现资金流通情况涉嫌有组织犯罪的”修改为“发现交易涉嫌与有组织犯罪有关的洗钱行为”；三是考虑到本法第二十七条对紧急止付、临时冻结措施作了规定，删去“配合采取紧急止付、快速冻结等紧急措施”的规定。四是根据反洗钱法的有关规定，增加国务院反洗钱行政主管部门“可以依法进行调查，经调查仍不能排除洗钱嫌疑的，应当及时向公安机关报案”的规定。

在征求意见过程中，有的全国人大代表提出，草案第十七条应做好与反洗钱法修改的衔接，加强对跨境涉有组织犯罪洗钱活动的监控、惩治。有的部门建议将“报案”改成“移送”或者“移交”。同时，为进一步完善与反洗钱法的衔接，建议增加反洗钱行政主管部门及派出机构采取调查措施后如何与公安部门进行衔接的规定。

3. 草案三审稿第十七条规定国务院反洗钱行政主管部门、国务院其他有关部门、机构应当督促金融机构和特定非金融机构履行反洗钱义务。发现与有组织犯罪有关的可疑交易活动的，有关主管部门可以依法进行调查，经调查不能排除洗钱嫌疑的，应当及时向公安机关报案。草案三次审议稿对草案二次审议稿作了以下修改：一是为与反洗钱法有关规定相衔接，将“交易涉嫌与有组织犯罪有关的洗钱行为”修改为“与有组织犯罪有关的可疑交易活动”；二是进一步明确调查的主持是有关主管部门。

4. 审议过程中，存在争议的问题有：

其一，关于是否需要规定本条的问题。有意见提出，发现涉嫌洗钱犯罪的交易活动，向公安机关报案等内容，反洗钱法已经有规定，建议删去本条规定。有的提出，对资金流实施有效监管，能够及时预防、打击、治理有组织犯罪，故我国刑法设立了洗钱罪，将黑社会性质组织罪作为洗钱罪的上游犯罪，并单独制定了反洗钱法，要求在我国境内设立的金融机构和特定非金融机构，均应当依法采取预防、监控措施，建立相关制度，履行反洗钱义务。为督促金融机构和特定非金融机构切实履行反洗钱义务，有必要通过本法作出原则性规定，明确国务院反洗钱行政主管部门、国务院其他有关部门、机构的督促义务。

其二，关于国务院反洗钱行政主管部门、国务院其他有关部门、机构是否有督促金融机构和特定非金融机构配合采取紧急止付、快速冻结等紧急措施的职责问题。提请全国人大常委会审议的草案一审稿规定了国务院反洗钱行政主管部门、国务院有关部门、机构对金融机构和特定非金融机构履行配合采取紧急措施的督促义务。有的提出，采取紧急止付、快速冻结措施，公安机关可以直接向商业银行发送指令，不需要监管机关参与，建议删去“配合采取紧急止付、快速冻结等紧急措施”的规定。

（三）有关国家和地区的规定

1.《联合国打击跨国有组织犯罪公约》第七条第一款规定：“各缔约国均应：（一）在其力所能及的范围内，建立对银行和非银行金融机构及在适当情况下对其他特别易被用于洗钱的机构的综合性国内管理和监督制度，以便制止并查明各种形式的洗钱。这种制度应强调验证客户身份、保持记录和报告可疑的交易等项规定；（二）在不影响本公约第十八条和第二十七条的情况下，确保行政、管理、执法和其他负责打击洗钱的当局（本国法律许可时可包括司法当局）能够根据其本国法律规定的条件，在国家和国际一级开展合作和交换信息，并应为此目的考虑建立作为国家级中心的金融情报机构，以收集、分析和传播有关潜在的洗钱活动的信息。”第二款规定：“缔约国应考虑采取切实可行的措施调查和监督现金和有关流通票据出入本国国境的情况，但须有保障措施以确保情报的妥善使用且不致以任何方式妨碍合法资本的流动。这类措施可包括要求个人和企业报告大额现金和有关流通票据的跨境划拨。”

2. 美国反洗钱法律规定。

（1）1986 年《洗钱控制法》。该法首次将“洗钱”规定为联邦法独立犯罪。同时规定，任何企业机构或个人有以下行为者，都将被视为非法：采取政府所“指定的非法活动”形式，企图从事某项以促进非法活动为目的的金融交易；进行税务欺诈或逃税，掩盖其收入的性质、地点、来源以及所有权等；藏匿或接收赃款等行为。

（2）1992 年《阿农齐奥—怀利洗钱法》。该法进一步加强金融机构的责任，明确规定，任何一家银行若违反《银行保密法》或有违规洗钱行为，都将被吊销营业执照。该法案要求所有金融机构必须如实报告与违法违规活动有关的任何可疑金融交易及电汇记录，对数额超过 5000 美元的可疑金融交易活动向政府提交“可疑活动报告”，并且这种报告不会因“泄密”而承担法律责任。1994 年《打击洗钱法》，则要求银行监管机构审查和加强金融机构关于反洗钱培训和考核程序和向执法机构通报涉嫌违法案例的程序，建立了对从事货币汇兑业务公司的联邦注册要求，并将无照运营货币汇兑业务和为逃避监管的现金货币架构交易规定为违法联邦法规的罪行。

（3）1998《反洗钱和金融犯罪策略法》。该法规定了政府监管职责，要求美国财政部及其他相关部门机构制定一个全国性的反洗钱策略，并设立洗钱和相关金融犯罪高发区域工作组，在联邦、州和地方各级洗黑钱的流行区域加强执法工作。2004 年《情报改革和防恐法案》授权财政部在对于打击洗钱和恐怖主义融资来说“合理必要”的前提下，制定规章要求相关金融机构报告跨境电子转账的记录。

3. 德国反洗钱法有关规定。

2008 年德国通过《反洗钱法》，该法规定信贷、金融、保险、律师、公证人、税务顾问、房产中介、博彩业经营者等机构和人员对重大交易要进行身份查证，对可疑交易要报告，需采取措施防止被人用作洗钱工具；海关对跨境现金交易进行监督，需严控进出关的财产申报；对于违反规定的，可以处以大额的罚款。

第十八条　监狱、看守所、社区矫正机构对有组织犯罪的罪犯，应当采取有针对性的监管、教育、矫正措施。

有组织犯罪的罪犯刑满释放后，司法行政机关应当会同有关部门落实安置

帮教等必要措施，促进其顺利融入社会。

【条文主旨】

本条是关于对有组织犯罪罪犯教育改造的规定。

【条文释义】

本条共分两款。本条第一款规定监狱、看守所、社区矫正机构对有组织犯罪罪犯，应当采取有针对性的监管、教育、矫正措施，帮助他们从思想上认识到自身行为的危害性，切实认罪悔罪，降低再犯意愿。第二款规定有组织犯罪的罪犯刑满释放后，司法行政机关应当会同有关部门落实安置帮教等必要措施，促进其顺利融入社会，防止因为生活窘迫等客观原因重新走向犯罪道路。在本条的适用过程中，要注意以下几个方面：

1. 适用机关。本条第一款适用的机关是监狱、看守所、社区矫正机构；第二款是司法行政机关以及有关部门。这里的“有关部门”是指与安置帮教工作有关的部门，如公安、教育、人力资源和社会保障、财政等部门。

2. 对“安置帮教”的理解。这里的“安置帮教”有别于反恐怖主义法中提及的“安置教育”。安置教育是对被判处徒刑以上刑罚，刑满释放后仍然具有社会危险性的恐怖活动罪犯和极端主义罪犯单独设置的一种特殊程序，目的是为了加强对恐怖主义罪犯和极端主义罪犯去极端化教育，主要有评估、决定、执行、解除四个程序。本条中“安置帮教”是安置和帮助教育的简称，是指在各级人民政府领导下，依靠有关部门和社会力量对刑满释放、解除社区矫正有组织犯罪的罪犯进行的一种非强制性的引导、扶助、教育和管理活动，主要是为了帮助他们化解消极心态。我国法律政策对如何做好安置教育作出了系列规定。如监狱法对安置和教育改造有专门作出规定，其中第三十七条规定：“对刑满解教人员，当地人民政府帮助其安置生活。”“刑满释放人员丧失劳动能力又无法定赡养人、抚养人和基本生活来源的，由当地人民政府予以救济。”第六十八条规定：“国家机关、社会团体、部队、企事业单位和社会各界人士以及罪犯的亲属，应当协助监狱做好对罪犯的教育改造工作。”原中央社会治安综合治理委员会、司法部、公安部、民政部《关于进一步做好服刑、在教人员刑满释放、解除劳教时衔接工作的意见》提出，为了加强安置帮教工作，必须做好服刑人员刑释时的衔接工作。原中央社会治安综合治理委员会《关于进一步加强刑满释放解除劳教人员安置帮教工作的意见》提出，各级党委和政府对考评结果为优秀的刑释人员安置帮教工作个人和组织，要根据国家有关规定予以表彰奖励；对考评结果为不合格的单位，或因责任不落实、措施不到位，发生刑释人员重新违法犯罪甚至参与重大恶性刑事案件或群体性事件的地方，对帮教责任人，司法所、公安派出所帮教责任民警，村（社区）党组织负责人，乡镇（街道）党政领导以至监管教育改造环节相关负责人，实行责任倒查，严肃追究有关单位领导和责任人的责任，符合社会治安综合治理一票否决制规定的，坚决实行一票否决。做好安置帮教工作能有效预防和减少重新违法犯罪，因此，本法对此作了专门规定。本条“安置帮教”对象是刑满释放的有组织犯罪罪犯。“安置帮教”的罪犯可以是组织者、领导者、参加者，也可以是首要分子或者普通成员。

3. 适用要求。教育改造要注意两个方面：一是负有教育改造的机构都应当按照本条的规定落实教育整改的措施。监狱、看守所、社区矫正机构、司法行政机关以及有关的配合部门，都必须开展好此项工作，不得推诿塞责。二是有组织犯罪罪犯在不同阶段教育改造要求不同，对在押的有组织犯罪罪犯重在监管教育，对释放的有组织犯罪的罪犯则重在帮教。

【实践中应注意的问题】

在该条的理解适用中，应当需要注意以下几个方面的问题：

第一，认识问题。教育改造是一项重要的有组织犯罪预防和治理工作。因此，对于有组织犯罪的罪犯，除了正面的监管教育之外，还要加强矫正、安置帮教，不得歧视。对于刑满释放的有组织犯罪罪犯要采取各种有力的措施，让其能够真心悔罪悔过，顺利回归社会，不再继续实施违法犯罪。

第二，衔接问题。监狱、看守所、社区矫正机构、司法行政机关都要做好衔接工作。监狱、看守所在服刑人员释放前 1 个月内，将其在监狱、看守所的认罪服法情况、改造表现、刑释解时间、技术特长、择业意向以及做好安置帮教工作的建议等相关材料送达服刑人员原户籍所在地的县级公安机关和司法行政机关。公安机关和司法行政机关收到释放人员有关材料后，要按规定做好人员接回和安置帮教工作。

第三，配合问题。有组织犯罪罪犯的教育改造是一项复杂的工程，需要各部门积极协作配合。特别是安置帮教工作，各部门更应相互配合，各尽其责。人力资源和社会保障部门应当做好失业登记、就业培训和指导等工作；民政部门应当做好最低生活保障工作；市场监督部门在企业登记注册时要平等对待；税务部门要依法通过减免税收予以支持。各部门要依法保护有组织犯罪罪犯的合法权利，对于侵犯有组织犯罪罪犯合法权益的行为要依法处理。

【立法宗旨和背景】

（一）起草背景

本条主要规定对有组织犯罪的罪犯教育改造，目的是要通过教育改造让其回归社会。对有组织犯罪的罪犯教育改造既是有组织犯罪预防的需要，也是实现反有组织犯罪治理能力和治理现代化的必然要求。有组织犯罪与普通违法犯罪最大的不同在于，其犯罪有很强的组织性、依赖性、重复性。有组织犯罪的罪犯，通常认为自己是有组织的，即使入狱，其犯罪组织也会想办法解救帮助，认罪悔罪态度差、抗拒意识强。因此，对他们的改造不能只靠刑法的惩罚功能，应更加重视教育改造功能。只有教育改造好了，让他们从思想上认识到有组织犯罪给国家、集体、个人以及自身造成的危害，才能彻底与有组织犯罪切割，回归社会，过正常生活。基于这些考虑，本次立法专门对有组织犯罪罪犯的教育改造工作作出规定。希望通过本条规定，一方面，可以加大对正在服刑的有组织犯罪罪犯教育力度，帮助他们从思想上认识到自身行为的危害性，切实认罪悔罪，降低再犯意愿；另一方面，也有利于做好刑满释放人员刑释衔接工作，防止他们因为生活窘迫等客观原因不得不“重操旧业”，再次走上犯罪道路。

（二）审议中各方面的意见以及争议的问题

在审议过程中，有的建议增加规定，对在服刑期间表现较差，存在再次犯罪可能的有组织违法犯罪人员，监管部门应与公安部门建立常态联系机制，及时通报相关人员信息，协助公安部门做好相关刑满释放人员的预警监控工作。本条的立法目的是对有组织犯罪罪犯的教育改造工作进行规定，而该建议是要建立有组织犯罪人员信息通报制度，二者目的不同，不便在同一法条中作出规定。实践中，即使法律没有规定犯罪人员信息通报制度，还是可以通过监管部门与公安机关建立联席会议等常态机制来通报相关人员信息。因此，没有采纳该建议。

第十九条　对因组织、领导黑社会性质组织被判处刑罚的人员，设区的市级以上公安机关可以决定其自刑罚执行完毕之日起，按照国家有关规定向公安机关报告个人财产及日常活动。报告期限不超过五年。

【条文主旨】

本条是关于犯组织、领导黑社会性质组织罪的刑满释放人员个人财产和日常活动报告制度的规定。

【条文释义】

本条规定可以从以下六个方面理解：

1. 适用对象为“因组织、领导黑社会性质组织被判处刑罚的人员”。本条适用于黑社会性质组织的组织者、领导者，不适用于黑社会性质组织的参加者（即属于骨干成员的积极参加者、非骨干成员的积极参加者以及一般参加者），也不适用于任何恶势力组织成员。对于“被判处刑罚”的理解，此处的“刑罚”无判处间隔时间要求，在主刑上主要涉及有期徒刑，包括死刑缓期执行减为有期徒刑或者无期徒刑减为有期徒刑两种情形，附加刑主要涉及没收财产以及剥夺政治权利。

2. 决定机关应为设区的市级以上公安机关。将决定机关设置为“设区的市级以上公安机关”主要是考虑到，黑社会性质组织犯罪案件在实践中通常由地市级以上公安机关组织侦办。对于“设区的市级”的级别理解，一般来说，“设区的市”是法律术语，与“地级市”基本等同。说二者基本等同，而非完全等同，是因为全国绝大部分地级市都设有市辖区，但目前也有少数地级市是没有设立市辖区的，这些地级市下辖行政区建制为乡级行政区。本法正是考虑到“设区的市”与“地级市”不是完全等同的情况，故没有采用该两种表述，而使用了“设区的市级”的表述，从而使得前述我国少数未设市辖区的地级市也被纳入本条适用范畴。

3. 报告依据应为“国家有关规定”。关于“国家有关规定”的理解。当前，刑法仅有两条提及“违反国家有关规定”：一条是第二百五十三条之一（侵犯公民个人信息罪）；另一条是第三百三十四条之一（非法采集人类遗传资源、走私人类遗传资源材料罪）。但有数条提及“违反国家规定”。

对“违反国家规定”的界定主要见于刑法第九十六条、最高人民法院《关于准确理解和适用刑法中“国家规定”的有关问题的通知》第一条、第二条规定。根据上述条款，“国家规定”包括全国人民代表大会及其常务委员会制定的法律和决定，国务院制定的行政法规、规定的行政措施、发布的决定和命令，以及符合一定条件的以国务院办公厅名义制发的文件。对“国家有关规定”的界定主要见于最高人民法院、最高人民检察院《关于办理侵犯公民个人信息刑事案件适用法律若干问题的解释》第二条。该条将构成侵犯公民个人信息罪所要求的“违反国家有关规定”明确为“违反法律、行政法规、部门规章有关公民个人信息保护的规定”。可见，“国家有关规定”与“国家规定”的范围不尽相同，最明显的就是部门规章属于“国家有关规定”，但不属于“国家规定”。本条的“国家有关规定”可以将最高人民检察院《关于办理侵犯公民个人信息刑事案件适用法律若干问题的解释》第二条作为参考，最低形式宜为部门规章。考虑到本条的决定机关为设区的市级以上公安机关，故本条的“国家有关规定”至少是公安部的部门规章。由于犯组织、领导黑社会性质组织罪的刑满释放人员个人财产和日常活动报告制度为本法新设制度，相关部门规章还有待公安部的研究出台。

4. 接受报告机关为“公安机关”。适用报告制度的决定机关为设区的市级以上公安机关，那么这是否意味着接受报告的公安机关的级别也需要达到设区的市级以上？从便捷性和必要性角度考虑，不宜将接受报告的公安机关设定为设区的市级以上公安机关。实际上，报告人的报告由县级公安机关接受、审查核实即可。

实践中，可能会出现这样的情形，即报告人居住地与决定机关所在地不一致，假如报告人异地服刑的，还会出现报告人服刑地与决定机关所在地不一致的情形。对此，可以参考《公安机关办理刑事案件程序规定》第九十一条第一款“公安机关决定取保候审的，应当及时通知被取保候审人居住地的派出所执行。必要时，办案部门可以协助执行”规定，由报告人居住地的公安机关接受报告。这主要是出于方便报告人的考虑，报告人居住地与决定机关所在地不一致的，原办案机关应及时通知报告人居住地的县级公安机关，并做好相关文书、材料移送和情况说明工作，以确保该县级公安机关能够提前全面了解掌握报告人的情况。

5. 报告内容应包括“个人财产”及“日常活动”两部分。具体报告内容，还有待公安部相关部门规章予以明确。此处仅作简明列举，供参考：（1）个人财产报告内容。其一，就业、开办公司企业以及投资收益等收入来源情况；其二，个人可支配财产、债权债务发生的重大变化等情况。（2）日常活动报告内容。其一，离开所居住的市、县以及出入境等情况；其二，住址、工作单位和联系方式变动情况；其三，护照等出入境证件办理或者变化情况；其四，开办企业和担任企业高级管理人员情况；其五，与原组织成员、包庇、纵容该黑社会性质组织的原国家机关工作人员或者公安机关认为可能涉嫌有组织犯罪人员的会见、通信、汇款、转账等接触往来情况；其六，与原案证人、被害人等特定人员的接触情况；其七，受到行政、刑事调查及处罚的情况。此外，对其他应该报告的个人财产和日常活动情况，报告人也应当予以报告。

6. 报告期限自刑罚执行完毕之日起计算，不超过五年。理解本条中的“刑罚执行完毕”，可以参考最高人民检察院《关于认定累犯如何确定刑罚执行完毕以后“五年以内”起始日期的批复》“刑法第六十五条第一款规定的‘刑罚执行完毕’，是指刑罚执行到期应予释放之日”的批复内容。并且如前所述，本条中的“刑罚”在主刑上必然为有期徒刑（包括死刑缓期执行减为有期徒刑或者无期徒刑减为有期徒刑两种情形），在附加刑上必然有没收财产、可能有剥夺政治权利。上述刑罚中与释放有关联的只有有期徒刑（包括减为有期徒刑的两种情形），故本条中的“刑罚执行完毕”是指“有期徒刑执行到期应予释放之日”。

本条中的“刑罚执行完毕”是单指一般意义上的“刑罚执行完毕”，还是也包括特殊意义上的“刑罚执行完毕”。刑法中的“刑罚执行完毕”存在两种情况，一种是一般意义上的“刑罚执行完毕”，即罪犯的刑期已满（包括被暂予监外执行人的刑期已满）；另一种是特殊意义上的“刑罚执行完毕”，主要是指刑法第七十六条“对宣告缓刑的犯罪分子，在缓刑考验期限内，依法实行社区矫正，如果没有本法第七十七条规定的情形，缓刑考验期满，原判的刑罚就不再执行，并公开予以宣告”、第八十五条“对假释的犯罪分子，在假释考验期限内，依法实行社区矫正，如果没有本法第八十六条规定的情形，假释考验期满，就认为原判刑罚已经执行完毕，并公开予以宣告”所规定的两种情形。为保持与刑法的统一性、协调性，且考虑到黑社会性质组织的组织者、领导者不可能被宣告缓刑，本条中的“刑罚执行完毕”应当既包括一般意义上的“刑罚执行完毕”，又包括特殊意义上的“刑罚执行完毕”中的第二种情形（即“假释的犯罪分子假释考验期满且在考验期内没有刑法第八十六条规定的情形”）。

【典型案例】

2002 年，被告人任爱军因犯组织、领导黑社会性质组织罪等 10 余项罪被判处无期徒刑，服刑期间指使被告人张天舒、任晓浩等人拉拢国家工作人员为其违法减刑，后于 2013 年 6 月释放。被告人任爱军出狱前积极笼络其他服刑人员，出狱后迅速纠集、拉拢，以亲友、狱友等为纽带，通过实施违法犯罪活动获取经济利益，树立强势地位，逐步形成了以任爱军为组织、领导者的新的黑社会性质组织。任爱军利用组织势力和影响力，通过强迫交易使他人借给其 2673 万元，还向他人借用大量房产和十余辆高档汽车，长期不还；以其实际控制的多个公司参与经营铁矿等项目，积累了一定经济实力。该黑社会性质组织采用暴力、威胁或者其他手段，有组织地在公共场所聚众滋事，插手民间纠纷，非法侵入他人住宅，随意殴打、故意伤害、非法拘禁多人，欺压、残害群众，在太原市形成重大影响。2018 年 9 月山西省高级人民法院和太原市中级人民法院、临汾市中级人民法院分别作出撤销被告人任爱军减刑的刑事裁定，对其恢复执行无期徒刑，剥夺政治权利终身，并处没收个人全部财产。2019 年 12 月 30 日上午，太原市中级人民法院依法对被告人任爱军等 24 人犯组织、领导、参加黑社会性质组织罪一案公开开庭进行宣判。该中级人民法院依法判决，任爱军与先前所判刑罚数罪并罚，判处无期徒刑，剥夺政治权利终身，并处没收个人全部财产。其他组织成员根据所犯罪行分别判处有期徒刑 15 年到 2 年 6 个月不等的刑罚。

【立法宗旨和背景】

（一）起草背景

大量案件显示，黑社会性质组织的组织者、领导者能够调度相当程度的组织网、关系网，掌握组织内多数财富，对组织成员具有极强的掌控力且这种掌控力不因其被羁押服刑而自然灭失，故加强对黑社会性质组织的组织者、领导者的监管是预防有组织犯罪工作的关键点。同时，有组织犯罪分子具有较高的前科率，黑社会性质组织的组织者、领导者亦不例外，故从特殊预防的角度，有必要要求黑社会性质组织的组织者、领导者报告个人财产和日常活动，以对其本人及其他组织成员形成心理警示和威慑，表明反有组织犯罪工作始终对此类人员给予高度关注，警示此类人员不宜有任何犯罪企图，如一旦萌生犯意，实施预备行为，不仅会被及时阻止，也将可能受到惩罚，从而避免黑社会性质组织的组织者、领导者“重操旧业”。此外，受各种因素的影响，社会中极少数人难免还会对有组织犯罪产生向往甚至予以效仿，因此，从一般预防的角度，有必要对黑社会性质组织的组织者、领导者等重罪犯罪分子建立刑满释放后严格的管理制度，既体现依法从严惩治有组织犯罪的精神，又有利于以点带面，发挥普法宣传教育作用，使得有犯罪意图的成员明确认识到犯罪成本的提高，从而打消犯罪意图。

（二）审议中各方面的意见以及争议的问题

审议过程中，存在争议的问题有：

其一，关于制定本条的必要性问题。有的提出，依照宪法和民法典的规定，公民的财产权和人身自由受到法律保护，刑满释放人员已经接受过刑罚处罚，不宜再对其权利进行限制，这也不利于其回归融入社会，建议删除本条。经研究，立法机关认为有必要设立报告制度，理由如下：一是提高预防成效。报告制度有助于对犯组织、领导黑社会性质组织罪的刑满释放人员形成警示和震慑，也利于及时掌握其动向，及时采取措施。二是符合比例原则。该制度的适用对象仅限于黑社会性质组织的组织者、领导者，且有严格的审批制度和完善的配后续套措施，能够最大限度防止因滥用而侵害他人合法权益。三是已有工作经验参照。上海等地探索实施了对有组织犯罪记录人员加强管控的经验做法，德国、英国等也有立法例。

其二，关于适用对象的问题。有的建议对适用对象加以限制；有的建议在适用对象中增加“假释人员”；有的建议在适用对象中增加“恶势力组织的首要分子”；有的建议增加“确有必要的”“经科学评估后决定”等限制条件。经研究，立法机关将适用对象限制为“因领导、组织黑社会性质组织被判处刑罚的人员”。

其三，关于审批权限的问题。有提出，本法一审稿将审批权限设定为“经县级以上公安机关负责人批准”，审批层级较低，建议将其修改为“经设区的市级以上公安机关负责人批准”；有提出，刑满释放后附加义务的决定，由人民法院作出较为合适，建议将报告措施的审批机关由公安机关改为人民法院。经研究，立法机关将相关内容修改为“设区的市级以上公安机关可以决定”。

其四，关于报告期限的问题。有意见建议，将最长报告期限修改为“七年”，有意见建议，将最长报告期限修改为“十年”，还有意见建议，分为“五年”“十年”“十五年”三个档次。另有意见建议增加规定，如有一定理由怀疑其可能会再度实施违法犯罪行为的，经省一级公安机关批准，可将其报告年限再延长，不得超过3年。有意见提出，对毒品再犯以及因故意杀人、故意伤害被判处徒刑的黑恶势力犯罪分子，造成多人严重受伤或者残疾的，经省一级公安机关批准，可实行长期的财产、活动报告监视。经研究，立法机关最终将最长报告期限设置为“五年”。

其五，其他争议问题。有的建议将“日常活动报告制度”修改为“特定事项报告制度”，缩小报告事项范围；有的建议要明确报告形式、内容、周期和频率；有的建议对被要求定期报告个人财产的人员，就其财产、支出明显超过合法收入且差额巨大的情况，增加举证责任倒置的规定；有的建议增加针对黑恶势力犯罪人员的相关制度，如有关经济活动的记录、登记和监测制度，犯罪苗头及时报告制度，重点人员的帮教管控机制，前科高危人员的动态化、常态化监测监控，以及安置教育、监察巡视与执纪问责等机制；有的建议在“法律责任”一章中规定，对违反报告制度情节严重的，应按照刑法第三百一十三条拒不执行判决、裁定罪定罪处罚。经研究，基于上述建议有的存在较大争议、有的不宜规定在法律中等种种考虑，立法机关未予吸收。

（三）有关国家和地区的规定

英国政府自2013年以来，针对严重和有组织犯罪问题出台了强有力的新立法，包括2015年《严重犯罪法》、2015年《现代奴隶法》和2017年《犯罪财政法》，确保执法机构拥有必要的权力和工具来瓦解有组织犯罪。其中包括一些重要的新措施，例如对政治公众人物和有组织犯罪参与成员适用巨额财产来源不明罪，要求政治公众人物，或被认定参与严重犯罪的人，解释与其已知收入不成比例所拥有的任何资产。

第二十条　曾被判处刑罚的黑社会性质组织的组织者、领导者或者恶势力组织的首要分子开办企业或者在企业中担任高级管理人员的，相关行业主管部门应当依法审查，对其经营活动加强监督管理。

【条文主旨】

本条是关于相关行业主管部门对曾被判处刑罚的黑社会性质组织的组织者、

领导者或者恶势力组织的首要分子开办企业或者担任企业高管加强监管的规定。

【条文释义】

本条规定内容属于行业主管部门在反有组织犯罪工作中行业监管职责的一部分，对其可以从以下三个方面理解：

1. 关于适用对象。本条适用对象为两类：（1）曾被判处刑罚的黑社会性质组织的组织者、领导者；（2）曾被判处刑罚的恶势力组织的首要分子。

对“恶势力组织的首要分子”的判断，需要把握以下内容：（1）不是所有的恶势力组织都有首要分子。不构成犯罪集团的恶势力组织不一定存在首要分子。当恶势力组织确实存在首要分子时，该首要分子属于构成犯罪集团的恶势力组织的首要分子，或者不构成犯罪集团的恶势力组织的首要分子；（2）对“恶势力组织的首要分子”的判断，可以根据刑法第九十七条进行。该条将“首要分子”分为两类：一类是在犯罪集团中起组织、策划、指挥作用的犯罪分子；另一类是在聚众犯罪中起组织、策划、指挥作用的犯罪分子。对于构成犯罪集团的恶势力组织而言，其首要分子属于刑法所列的第一类首要分子，即在犯罪集团中起组织、策划、指挥作用的犯罪分子；而对于不构成犯罪集团的恶势力组织而言，其首要分子则属于刑法所列的第二类首要分子，即在聚众犯罪中起组织、策划、指挥作用的犯罪分子。

2. 关于适用情形。本条适用情形为两类：（1）开办企业；（2）在企业中担任高级管理人员。

其一，关于“开办企业”的理解。“开办”应包括以下情形：（1）成为依照个人独资企业法在中国境内设立的个人独资企业的投资人；（2）成为依照合伙企业法在中国境内设立的普通合伙企业或者有限合伙企业的合伙人；（3）认缴出资，成为依照公司法在中国境内设立的有限责任公司的股东，或者认购股份，成为依照公司法在中国境内设立的股份有限公司的股东；（4）成为相关企业的实际控制人。

其二，关于“高级管理人员”的理解。“高级管理人员”应包括以下情形：（1）个人独资企业的高级管理人员。根据个人独资企业法第十九条第一款“个人独资企业投资人可以自行管理企业事务，也可以委托或者聘用其他具有民事行为能力的人负责企业的事务管理”规定，“高级管理人员”是指投资人委托或者聘用来管理个人独资企业事务的人员。（2）合伙企业的高级管理人员。根据合伙企业法第三十一条“除合伙协议另有约定外，合伙企业的下列事项应当经全体合伙人一致同意：（六）聘任合伙人以外的人担任合伙企业的经营管理人员”，第三十五条第一款“被聘任的合伙企业的经营管理人员应当在合伙企业授权范围内履行职务”规定，“高级管理人员”是指被聘任的合伙企业的经营管理人员。（3）公司的高级管理人员。根据公司法第二百一十六条第（一）项规定，“高级管理人员”是指公司的经理、副经理、财务负责人，上市公司董事会秘书和公司章程规定的其他人员。

3. 关于履行职责方式。根据本条规定，相关行业主管部门应当通过依法审查，对该刑满释放人员经营活动加强监督管理来履行职责。审查内容主要包括：（1）被人民法院禁止从事相关职业的人员开办企业、担任企业高管的，是否违反该从业禁止决定（本审查内容与本法第六十八条关于从业禁止的规定相关联）；（2）涉及企业的经营范围与原黑社会性质组织或者恶势力组织控制或者影响的行业或者区域的关联度和重合度；（3）涉及企业开办或者经营方式等，是否存在不正常的资金来源、入股、经营、项目获取方式等。

审查后的处理及后续监督管理主要包括：（1）如果违反人民法院依法作出的从业禁止决定的，市场监督管理部门应当决定不予登记或者不予备案，并由公安机关根据刑法第三十七条之一第二款，依法给予处罚，情节严重的，依照刑法第三百一十三条的规定定罪处罚；（2）如果关联度、重合度较高的，相关行业主管部门应及时提醒该人员不可再犯，并将其列为重点关注对象，在后续依据本法第十三条履行行业监管职责，依据第十五条履行重点区域、行业领域或者场所预防和治理职责，以及开展税务检查的过程中给予持续关注。

此外，为确保能够通过依法审查、对曾判处刑罚的黑社会性质组织的组织者、领导者或者恶势力组织的首要分子经营活动加强监督管理来履行职责，相关行业主管部门应加强与公安机关、人民法院的协作。（1）与公安机关的协作。相关人员违反人民法院依法作出的从业禁止决定的，市场监督管理部门应当将该情况移送公安机关，由公安机关根据刑法第三十七条之一第二款，依法给予处罚，情节严重的，依照刑法第三百一十三条的规定追究刑事责任；涉及企业的经营范围与原黑社会性质组织或者恶势力组织控制或者影响的行业或者区域的关联度和重合度较高的，相关行业主管部门将相关人员及涉及企业列为重点关注对象，通知公安机关，并在本部门依据本法第十三条履行行业监管职责，以及本法第十五条履行重点区域、行业领域或者场所预防和治理职责，以及开展税务检查的过程中给予持续关注；公安机关为相关行业主管部门依法审查和对相关人员经营活动的监督管理提供必要支持。（2）与人民法院的协作。相关行业主管部门有必要通过现代信息技术手段，与人民法院加强信息互联共享，掌握曾判处刑罚的黑社会性质组织的组织者、领导者和恶势力组织的首要分子名单，掌握该两类人员的判处刑罚情况，包括从业禁止情况，在做好人员信息保密工作的前提下，实现该两类人员信息系的自动关联、自动推送、自动预警。

【实践中应注意的问题】

在该条的理解适用中，应当需要注意这样一个问题，黑社会性质组织的组织者、领导者或者恶势力组织的首要分子开办的企业或者担任高级管理人员的企业可能再投资其他企业，也可能与其他主体共同举办合营企业，此时是否应当将新企业纳入监管范围。为防止该两类人员采取迂回规避策略，宜将新企业也纳入监管范围，但为了避免监管范围无限扩张，不得将该新企业再次投资或者举办合营的企业纳入监管范围。

【立法宗旨和背景】

（一）起草背景

黑社会性质组织的组织者、领导者和恶势力组织的首要分子在原有区域或者行业内长期经营，对情况较为熟悉，且其很可能早就以开办企业、在企业中担任高管的方式来实施有组织犯罪或者为有组织犯罪提供经济支持。该两类人员刑满释放后，很容易凭借原有犯罪经验，利用原有组织网、关系网，再次汇聚物力、财力资源，召唤昔日组织成员，采取开办企业或者在企业中担任高管的方式，在原涉案区域或者行业内“东山再起”。因此，有必要针对曾被判处刑罚的该两类人员开办企业或者担任企业高管加强监管，以形成有力威慑，并进而威慑社会上潜在的犯罪分子。

（二）审议中各方面的意见以及争议的问题

审议过程中，存在争议的问题有：

其一，关于本条制定必要性的问题。有的提出，企业具有独立的主体地位，不能因个人有犯罪前科，就对其开办、参与的企业进行审查监督，这不利于罪犯回归社会，也不利于优化营商环境，建议删去本条。

经研究，立法机关继续保留本条。这主要是考虑到，对曾被判处刑罚的黑社会性质组织的组织者、领导者或者恶势力组织的首要分子办企业或者担任企业高管加强监管，既是加强行业专项整治、做好源头治理的有力措施，也是落实对该两类人员的管理责任、预防其再犯罪、贯彻“打早打小”工作要求的前提保障。具体的理由有三个：一是有助于加强监管，震慑该两类人员和潜在的犯罪分子。大量案件表明该两类人员凭借原有关系网和经验在其原涉案领域再次实施违法犯罪的概率极大，如不对其加强监管，形成威慑，无法排除少部分犯意未消之人，借助前期积累的资本人脉，凭借犯罪经验，以合法企业的形式实施违法犯罪，扰乱市场经济秩序。同时，对该两类人员加强监管，也表明有组织犯罪犯罪成本的提高，进而对社会上潜在的犯罪分子形成一种威慑。二是有助于彻底做好黑财清缴工作。受经济活动的复杂性影响，部分有组织犯罪案件无法彻底查清涉案财产，更难以做到百分百执行到位，存在漏财现象。而加强对该两类人员经商办企业或者担任企业高管的监管，能够有助于查明企业资产来源，及时发现漏财，避免相关人员“洗白”黑财。三是有助于加强引导，帮助该两类人员更好地回归社会。加强对该两类人员办企业或者担任企业高管的监管，并不意味着只强调监管，不重视服务，对部分诚心悔过、希望重新回归社会的人而言，对其加强监管也是一种特殊关注，通过对其开办的企业给予更多关注，能够有效发现企业治理中的风险点，予以善意提醒，及时帮助解决经营过程中的问题，督促企业在合法合规的轨道越做越好，让其更好地融入社会。

其二，关于适用对象的问题。有的建议将一审稿中的“有组织犯罪记录人员”修改为“黑社会性质组织者、领导者”；有的提出对刑罚执行完毕的黑社会性质组织的组织者、领导者或者恶势力组织的首要分子应实行更加广泛而严格的职业禁止制度，并将一般性职业禁止规定扩大到其他涉黑涉恶人员；有的认为，应将本条的适用对象限制为具有极大社会危害性的黑恶势力人员，如被判处 10 年以上有期徒刑或者具有潜在的社会危险性的人员等。经研究，立法机关将一审稿中的“有组织犯罪记录人员”修改为“黑社会性质组织的组织者、领导者或者恶势力组织的首要分子”。

其三，关于适用情形的问题。对于一审稿中“开办或者参与的企业”，有的建议将“参与”修改为“担任重要职位”“参股或者实际控制”或者“共同经营”，有的建议在“参与”后增加“经营、管理”。经研究，立法机关将一审稿中“开办或者参与的企业”修改为“开办企业或者在企业中担任高级管理人员”。

其四，其他问题。有的建议在本条中明确行业主管部门查询黑恶犯罪信息的渠道，建立办案机关与行业主管部门信息交流共享机制。经研究，相关内容可以通过工作机制等形式予以落实，故立法机关未予吸收。

（三）有关国家和地区的规定

《联合国打击跨国有组织犯罪公约》第三十一条第二款规定：“缔约国应根据其本国法律基本原则，利用适当的立法、行政或其他措施努力减少有组织犯罪集团在利用犯罪所得参与合法市场方面的现有或未来机会。这些措施应着重于：（1）加强执法机构或者检察官同包括企业界在内的有关私人实体之间的合作。（2）促进制定各种旨在维护公共和有关私人实体廉洁性的标准和程序，以及有关职业，特别是律师、公证人、税务顾问和会计师的行为准则。（3）防止有组织犯罪集团对公共当局实行的招标程序以及公共当局为商业活动所提供的补贴和许可证作不正当利用。（4）防止有组织犯罪集团对法人作不正当利用，这类措施可包括：建立关于法人的设立、管理和筹资中所涉法人和自然人的公共记录；宣布有可能通过法院命令或任何适宜手段，在一段合理的期间内剥夺被判定犯有本公约所涵盖的犯罪的人担任在其管辖范围内成立的法人的主管的资格；建立关于被剥夺担任法人主管资格的人的国家记录；与其他缔约国主管当局交流本款（四）项1目和3目所述记录中所载的资料。”

2007年，日本颁布的《预防犯罪活动获利转移法》也增加了对某些类别的商户强制确认客户身份和交易的要求。

第二十一条　移民管理、海关、海警等部门应当会同公安机关严密防范境外的黑社会组织入境渗透、发展、实施违法犯罪活动。

出入境证件签发机关、移民管理机构对境外的黑社会组织的人员，有权决定不准其入境、不予签发入境证件或者宣布其入境证件作废。

移民管理、海关、海警等部门发现境外的黑社会组织的人员入境的，应当及时通知公安机关。发现相关人员涉嫌违反我国法律或者发现涉嫌有组织犯罪

物品的，应当依法扣留并及时处理。

【条文主旨】

本条是关于移民管理、海关、海警等部门防范境外黑社会组织入境的职责、措施和相关协作配合工作机制，以及现场处置措施的规定。

【条文释义】

本条共分三款。第一款是关于移民管理、海关、海警等部门防范境外黑社会组织入境职责的规定。

境外黑社会组织入境渗透、发展、实施违法犯罪活动始终是我国打击有组织犯罪的重点。扫黑除恶专项斗争明确将“境外黑社会入境发展渗透以及跨国跨境的黑恶势力”列为专项斗争重点打击的十类黑恶势力之一。防范境外黑社会组织入境渗透首先要把好国门，有关国家机关充分履职，相互协作，做好边境管控工作。我国承担边境管理控制职能的国家机关是移民管理、海关、海警等部门，因此，本款赋予了这些部门防范境外黑社会组织入境渗透的职责。本款具体规定如下：

1. 防范主体。防范境外黑社会组织渗透的主体包括移民管理、海关、海警等承担出境入境管理、海上执法的职能部门。公安机关是承担惩治和防范职责的职能部门。移民管理机构的前身是出入境管理机构，随着国家移民管理体制改革调整落地，2018 年 4 月 2 日组建成立国家移民管理局，标志着全国出入境边防检查管理工作翻开历史崭新的一页。改革后的移民管理机构仍然承担公民和外国人以及交通工具出境入境边防检查管理职能。海关的职责主要是监管进出境的人员、运输工具、货物、物品等。海警机构作为海上执法部门，是在我国管辖海域及其上空依法履行维权执法工作。上述三个国家机关共同构筑了陆地、海上防范境外黑社会组织入境渗透、发展、实施违法犯罪行为的防线。

2. 防范对象。境外黑社会组织是指我国港澳台地区的黑社会组织和域外国家及国际组织中的黑社会组织。港澳台地区的黑社会主要是历史形成的带有封建帮会形式的黑社会组织。如“新义安”“水房”“14K”“竹联帮”“天道盟”等。在域外国家或国际组织中公认的黑社会组织有意大利、美国的“黑手党”、日本的“山口组”等。由于“黑社会”在概念上具有中国特色，在域外国家及国际组织中，与黑社会对等的概念是有组织犯罪集团。因此，对境外黑社会组织的甄别和认定上要综合考量我国和域外国家的法律规定。

3. 防范行为。境外黑社会组织入境渗透、发展成员的行为，适用刑法第二百九十四条第二款规定的入境发展黑社会组织罪予以打击处理。对于境外黑社会组织的成员在我国境内实施的具体违法犯罪行为，则依照刑法、治安管理处罚法等法律规定予以打击处理。

第二款是关于防范境外黑社会组织具体措施的规定。

本款规定了三种防范境外黑社会组织入境的措施。包括：（1）不准入境，（2）不予签发入境证件，（3）宣布其入境证件作废。这三种措施根据出境入境管理法等法律的相关规定。

1. 关于不准入境。出境入境管理法第二十五条第一款规定，外国人有下列情形之一的，不准入境：（1）未持有效出境入境证件或者拒绝、逃避接受边防检查的；（2）具有出境入境管理法第二十一条第一款第一项至第四项规定的情形的；（3）入境后可能从事与签证种类不符的活动的；（4）法律、行政法规规定不准入境的其他情形。第二十六条规定，对未被准许入境的外国人，出入境边防检查机关应当责令其返回，对拒不返回的，强制其返回。外国人等待返回期间，不得离开限定的区域。第二十五条规定，对不准入境的，出入境边防检查机关可以不说明理由。

2. 不予以签发入境证件。出境入境管理法第二十一条第一款规定，外国人有下列情形之一的，不予签发签证：（1）被处驱逐出境或者被决定遣送出境，未满不准入境规定年限的；（2）患有严重精神障碍、传染性肺结核病或者有可能对公共卫生造成重大危害的其他传染病的；（3）可能危害中国国家安全和利益、破坏社会公共秩序或者从事其他违法犯罪活动的；（4）在申请签证过程中弄虚作假或者不能保障在中国境内期间所需费用的；（5）不能提交签证机关要求提交的相关材料的；（6）签证机关认为不宜签证的其他情形。《中华人民共和国外国人入境出境管理条例》第二十一条规定，公安机关出入境管理机构对有下列情形之一的外国人，不予批准签证和居留证件的延期、换发、补发、不予签发停留证件：（1）不能按照规定提供申请材料的；（2）在申请过程中弄虚作假的；（3）违反中国有关法律、行政法规规定，不适合在中国境内停留居留的；（4）不宜批准签证和居留证件的延期、换发、补发或者签发停留证件的其他情形。

3. 宣布入境证件作废。出境入境管理法第六十七条第一款、第二款规定，签证、外国人停留居留证件等出境入境证件发生损毁、遗失、被盗抢或者签发后发现持证人不符合签发条件等情形的，由签发机关宣布该出境入境证件无效。

第三款是关于移民管理、海关、海警等部门防范境外黑社会组织人员入境的协同配合工作机制和现场处置措施的规定。

1. 协同配合工作机制。移民管理、海关、海警等部门与公安机关建立协同配合的工作机制。移民管理、海关、海警等部门发现境外黑社会组织的人员入境，应当及时通知公安机关。出境入境管理法第五条规定："国家建立统一的出境入境管理信息平台，实现有关管理部门信息共享。"本款的规定必将进一步加强移民管理、海关、海警等部门与公安机关协同配合的力度。

2. 现场处置措施。出境入境管理法第六十八条第二款规定："对于查获的违禁物品，涉及国家秘密的文件、资料以及用于实施违反出境入境管理活动的工具等，公安机关应当予以扣押，并依照相关法律、行政法规定规定处理。"海关法第六条规定："海关可以行使下列权力：（二）查阅进出境人员的证件；查问违反本法或者其他有关法律、行政法规的嫌疑人，调查其违法行为。"海警法第十二条规定海警机构依法履行包括"预防、制止和侦查海上犯罪活动"在内的 11 项职责。可见，移民管理、海关、海警等部门在履行职责中发现境外黑社会组织的人员存在违反我国法律或者发现涉嫌有组织犯罪物品的，根据法律赋予的职责有权现场扣留并依法依规及时处理。

【实践中应注意的问题】

贯彻本条规定，移民管理、海关、海警等部门与公安机关要建立防范境外黑社会组织入境的协同配合的工作机制。应当注意以下方面：

第一，要总结推广实践中成熟经验做法。境外黑社会组织对我国的入境渗透表现出明显的差异化。集中在沿海地区，特别是闽粤苏浙沪一带。防范境外黑社会入境的协作配合工作机制要结合历史经验和现状，总结成熟的经验做法，建立健全行之有效的部门协作配合机制。如，广东省警方为防范港澳台黑社会的渗透，建立境外黑社会组织成员"黑名单""灰名单"制度。广东省警方将港澳台的通缉犯及重大黑社会头目列入"黑名单"，一经发现，立即采取缉捕行动，遣送出境，限制其再次入境；将已经进入内地经商、居住的有黑社会背景、有现实危险性的人员列入"灰名单"，实行严密监控，发现其实施违法犯罪活动立即查处；对一些基本守法的黑社会成员，利用出入境关口、定点、定时对其进行训诫，打消其入境从事违法活动的侥幸心理。上海市公安机关针对境外黑社会组织成员入境违法犯罪，采用"赶挤训查"的方针，防范境外黑社会组织成员入境生根。赶，即对在上海市的境外黑社会组织成员，采取遣送出境并列入不准入境名单等措施；挤，即压缩一些背景明确的境外黑社会组织成员的生存空间，公安机关会同有关部门对其发展设置层层障碍；训，即对在上海市尚无违法犯罪情况的境外黑社会分子，定期公开训诫，责令其具结悔过并编制档案，使其随时感受到威慑力；查，即针对一些可疑境外人士活动较为集中的区域，多警种联合行动，以治安户籍管理、出入境管理等为抓手，挖掘违法犯罪线索，定期清查，及时打压。

第二，要建立部门之间的信息共享平台。移民管理、海关、海警等部门与公安机关之间通过信息共享平台加强信息沟通，做强做大信息共享平台。公安机关要及时更新境外黑社会成员"黑名单""灰名单"等情报信息，以便移民管理、海关、海警等部门能实现动态掌握境外黑社会成员相关信息。

第三，要建立案件信息通报制度。移民管理、海关、海警等部门根据本条规定将发现的境外黑社会组织成员入境情况及时通报公安机关。公安机关将查获的境外黑社会成员入境违法犯罪的案件情况通报移民管理、海关、海警等部门。

【典型案例】

2019年12月31日，广东省珠海市中级人民法院对被告人黄某某等6人入境发展黑社会组织案一审公开宣判，以入境发展黑社会组织罪、绑架罪、非法拘禁罪，数罪并罚，判处黄某某死刑，缓期二年执行，并处没收个人全部财产，且限减刑；其余5名被告人被判处无期徒刑至有期徒刑1年7个月。该案是近年来广东省首宗境外黑社会入境发展渗透案件。

法院经审理审查明，2008年起，为招揽非法追债业务，黄某某在广东某市台商圈中宣称自己是我国台湾地区"小南门帮"头目，先后拉拢其余被告人加入该组织，采用暴力、暴力威胁、恐吓等方式强行索取债务，攫取暴利。该团伙在中山、东莞、珠海市等地多次实施绑架、非法拘禁等犯罪活动，并致一人死亡，极大地破坏了当地的营商环境和社会秩序，造成极其恶劣的社会影响。

【立法宗旨和背景】

（一）起草背景

改革开放初期，我国香港、澳门特别行政区的黑社会组织就对广东省进行渗透。1981 年，深圳市发现有香港特别行政区的“14K”“新义安”黑社会组织成员活动，佛山市出现类似我国澳门特别行政区“水房帮”黑社会组织。自 20 世纪 80 年代中期以来，随着两岸人员往来频繁，我国台湾地区黑帮人物也以观光、探亲、投资和经商名义进入大陆，发展黑社会势力。据公安部门统计，1986 年至 20 世纪 90 年代初，我国香港特别行政区、澳门特别行政区、台湾地区黑帮在福建、广东沿海等地已发展了 50 多个黑社会组织，吸收成员 460 人。20 世纪 90 年代，我国台湾地区开展大规模扫黑行动，导致大量台湾地区黑帮人物外逃，其中大部分渗透到大陆。据 1999 年 5 月 24 日我国台湾地区《联合报》的报道，台湾地区警方认为约有 1000 名黑道分子潜逃大陆，继续从事非法活动。我国多次开展扫（打）黑除恶专项行动，“境外黑社会入境发展渗透以及跨国跨境的黑恶势力”是打击重点之一，发现并查处一批境外黑社会组织入境发展成员、实施违法犯罪的案件。例如我国台湾地区黑帮“天道盟”的成员蔡文雄仿照“天道盟”的组织形式和架构，于 2006 年 2 月 12 日在广东成立“天林会”。因此，防范境外黑社会组织对我国渗透、入境发展成员、实施违法犯罪是本法预防有组织犯罪的题中应有之意。本条规定的另一重大意义在于，改变了打击和防范境外黑社会组织是政法机关，甚至是公安机关一家的事情的错误观念，进一步明确了有关国家机关防范境外黑社会组织渗透的法律义务，形成共管共治的防范境外黑社会组织的新格局。

（二）审议中各方面的意见以及争议的问题

本条在第一次审议的草案中只有一款，即规定“出入境管理、海关、海警等部门应当会同公安机关严密防范境外黑社会组织入境渗透、发展，发现境外黑社会组织嫌疑人员，应当依法扣留，并及时移送公安机关。”立法机关对草案一审稿进一步完善，由一款增加为三款。具体情况如下：

（1）在防范主体方面，吸收了有关部门的合理建议，将海警机构纳入防范主体。主要考虑是，海警机构承担着打击海上违法犯罪的职能，有必要从海上防范境外黑社会组织的入境渗透，从而与移民管理部门、海关共同构建起陆海边境完整的防范体系。

（2）在防范措施方面，单独列为一款。草案一审稿没有规定具体的防范措施，草案二审稿吸收了一审稿第二十八条第二款的内容“出入境证件签发机关、出入境边防检查机关根据公安机关通报，决定对上述人员不准出境入境、不予签发出境入境证件或者宣布其出境入境证件作废”。规定了三种防范入境的具体措施，使本条在条款设置上更加合理。

（3）草案二次审议稿将一审稿规定的现场处置内容调整为第三款，强化了与公安机关协同配合工作机制。一是增强法条的可操作性。草案一审稿关于扣留境外黑社会组织成入境的规定，缺乏可操作性。因为境外黑社会组织成员入境，有的是到内地投资、旅游等，并未触犯我国法律，仅凭其境外黑社会组织身份就对其实施扣留，缺乏法律上的依据，不具有可操作性。鉴于此，针对境外黑社会组织成员入境信息的处置，二审稿调整为“及时通知公安机关”，既让公安机关及时掌握其相关信息，发现违法犯罪活动依法予以打击处理，又能进一步强化职能部门间的协作配合。二是根据法律规定设置了现场处置权限。本条规定了现场处置情形“发现相关人员涉嫌违反我国法律或者发现涉嫌有组织犯罪物品的，应当依法扣留并及时处理”。这一规定符合法律赋予移民管理、海关、海警等机构的权限职责，于法有据。

第三章　案件办理

第二十二条　办理有组织犯罪案件，应当以事实为根据，以法律为准绳，坚持宽严相济。

对有组织犯罪的组织者、领导者和骨干成员，应当严格掌握取保候审、不起诉、缓刑、减刑、假释和暂予监外执行的适用条件，充分适用剥夺政治权利、没收财产、罚金等刑罚。

有组织犯罪的犯罪嫌疑人、被告人自愿如实供述自己的罪行，承认指控的犯罪事实，愿意接受处罚的，可以依法从宽处理。

【条文主旨】

本条是关于有组织犯罪案件办理总体的规定。

【条文释义】

本条共分三款。第一款是关于办理有组织犯罪案件的基本原则规定。

根据本法第二条的规定，有组织犯罪包括三类：一是组织、领导、参加黑社会性质组织的犯罪。二是黑社会性质组织、恶势力组织实施的犯罪。三是境外的黑社会组织到中华人民共和国境内发展组织成员、实施的犯罪，以及在境外对中华人民共和国国家或者公民的犯罪。

第一款规定可以从以下两个方面理解：

一方面，办理有组织犯罪案件，必须以事实为根据，以法律为准绳。执法机关、司法机关办理有组织犯罪案件，同样应当坚持案件“事实清楚，证据确实、充分”的法定证明标准，始终坚持罪刑法定原则、罪责刑相适应原则等基本原则，把好事实关、证据关、程序关和法律适用关，适应以审判为中心的刑事诉讼制度改革，确保常态化开展扫黑除恶斗争始终在法治轨道上运行，对有组织犯罪案件准确定性，既不“降格”，也不“拔高”。应当注意的是，“事实清楚”是指能够对定罪量刑产生影响的事实必须清楚，而不是指整个案件的所有事实和情节都要一一查证属实。“证据确实、充分”是指能够据以定罪量刑的证据确实、充分，而不是指案件中所涉全部问题的证据都要达到确实、充分的程度。关于定罪量刑证据与案件其他证据分别认定，这一点在本法第四十五条第三款关于对高度可能属于犯罪违法所得及其孳息、收益的追缴、没收规定当中也有体现。对此，实践中一定要准确理解和把握，不要纠缠那些并不影响定罪量刑的枝节问题，确保对黑恶势力违法犯罪既“打早打小”，也“打准打实”。比如，在可以认定某个犯罪组织已将所获经济利益部分用于组织活动的情况下，即使此部分款项的具体数额难以全部查实，也不影响定案。

另一方面，办理有组织犯罪案件，要贯彻落实宽严相济刑事政策。宽严相济刑事政策是刑法谦抑原则的政策体现。刑法谦抑原则实质即刑法最后动用原则，要将刑法作为社会治理的最后手段，力争用最小成本实现最大社会治理效果。要依照法律规定，根据具体的犯罪事实、犯罪情节以及犯罪嫌疑人、被告人的人身危险性、主观恶性、认罪悔罪态度等因素，充分体现刑罚的个别化。既要考虑犯罪嫌疑人、被告人所犯罪行的轻重，又要考虑其应负刑事责任的大小，做到罪责刑相适应，实现惩罚和预防犯罪的目的。要防止片面强调从宽或者从严，切实做到区别对待，宽严有据，罚当其罪。对于有组织犯罪的犯罪分子，由于其严重的社会危害性，总体上应当体现依法从严惩处的方针。同时，要注意应当依法从严，而不是一律从严，避免陷入“涉黑沾恶”就严惩的极端倾向。实务当中，要准确把握和正确适用宽严“相济”的政策要求。宽严相济刑事政策中的“相济”，主要是指在对各类犯罪依法处罚时，要综合运用宽和严两种手段，对不同的犯罪和犯罪分子区别对待，做到严中有宽、宽以济严，宽中有严、严以济宽。在对有组织犯罪当中的严重刑事犯罪依法从严惩处的同时，对犯罪嫌疑人、被告人具有自首、立功、从犯、坦白、积极退赃等法定或者酌定从宽处罚情节的，还要注意宽以济严，根据犯罪的具体情况，依法应当或者可以从宽的，都应当在处理上予以充分考虑。在对有组织犯罪当中较轻刑事犯罪依法从轻处罚的同时，要注意严以济宽，充分考虑犯罪嫌疑人、被告人是否具有屡教不改、严重滋扰社会、群众反映强烈等酌定从严处罚的情况；对于不从严不足以有效惩戒者，也应当在处理上有所体现，做到济之以严，使犯罪分子受到应有处罚，切实增强改造效果。对犯罪组织的不同成员以及同一成员同时具有法定、酌定从严和法定、酌定从宽处罚情节的案件，要在全面考察犯罪的事实、性质、情节和对社会危害程度的基础上，结合犯罪嫌疑人、被告人的主观恶性、人身危险性及社会治安状况等因素，综合作出分析判断，总体从严或者总体从宽。

第二款是关于对有组织犯罪的组织者、领导者和骨干成员依法从严处理的规定。

本款规定可以从以下三个方面理解：

第一，深刻认识黑社会性质组织、恶势力组织犯罪的社会危害性。此类犯罪遍及重点地区、重点行业和重点领域，有些犯罪分子渗透政治领域，威胁政治安全，把持基层政权、操纵破坏基层换届选举、垄断农村资源、侵吞集体资产，利用家族宗族势力横行乡里、称霸一方，在征地、拆迁等过程中煽动闹事，在建筑工程、矿产资源等行业、领域，强揽工程、滥开滥采，在商贸集市等场所欺行霸市、强买强卖，操纵、经营“黄赌毒”等违法犯罪活动，组织或雇用网络“水军”在网上从事违法犯罪活动，危害网络空间安全和秩序。还有一些与境外黑社会在境内外勾连成势，形成跨国跨境的黑恶势力，社会危害性极大。从严惩处严重刑事犯罪尤其是黑社会性质组织、恶势力组织犯罪是推进国家治理体系和治理能力现代化的坚实基础，是社会治安形势的新要求，是广大人民群众的新期待。该严不严，该重不重，就起不到对犯罪的震慑作用，就会引起人民群众的不满，就不利于社会治安的根本好转。

第二，毫不动摇地坚持依法严惩方针。通过在侦查、起诉、审判、执行各阶段，充分运用多种法律手段全面贯彻依法从严惩处精神，有力震慑黑恶势力违法犯罪分子，有效打击和预防黑恶势力违法犯罪。一是对有组织犯罪的组织者、领导者和首要分子要依法从重处罚，除法定事由外不得取保候审，不得暂予监外执行，不得适用缓刑。二是严格慎用不起诉。按照刑事诉讼法及相关司法解释规定，不起诉分为法定不起诉、酌定不起诉、存疑不起诉三种情形。本款的“不起诉”专指“酌定不起诉”，考虑到有组织犯罪具有严重社会危害性，因此办理此类案件时要严格慎用酌定不起诉。三是在减刑、假释的条件，减刑的起始时间、幅度、频度等方面从严把握，准确贯彻宽严相济刑事政策，激励罪犯改造，最大限度地发挥刑罚的功能，实现刑罚的目的。四是充分适用附加刑，降低再犯的可能性。一方面，要依法适用剥夺犯罪分子的政治权利。剥夺政治权利也是一种资格刑适用。司法实践表明，有些犯罪分子通过实施违法犯罪活动，或者利用国家工作人员的包庇、纵容，通过组织势力、组织的影响，使组织成员当选人大代表、政协委员，或者在党政机关、基层群众自治组织中担任具有组织、领导、监督、管理职能的职务。因此，要根据刑法总则的相关规定，对严重破坏社会秩序的有组织犯罪分子附加剥夺政治权利，对其进行否定性评价，限制其再次获取政治地位。另一方面，要依法严格适用财产刑。彻底铲除黑恶势力的重要手段之一就是“打财断血”，彻底摧毁犯罪分子的经济基础。执法机关、司法机关要准确运用查封、扣押、冻结、追缴、没收等法律手段，彻底摧毁黑社会性质组织、恶势力组织及组织成员的经济基础，防止死灰复燃。对犯罪财物、犯罪收益以及犯罪工具，均应依法予以追缴、没收，对涉案财产暂时查不清去向的，或者无法严格与合法财产区分的，而查明的合法财产与犯罪攫取的经济利益明显不相符的，可以对被告人、被告单位适用罚金刑，以便随时追缴。同时，实践中，应当认真审查涉案财产的来源、性质，对被告人、被告单位及其他单位、个人的合法财产亦应依法予以保护。

第三，从严惩处要坚持依法从严的原则。罪刑法定、罪责刑相适应是刑法的基本原则，也是办理任何刑事案件包括黑恶势力犯罪案件，都必须严格遵守的原则。从严惩处不是无限度的，并不是越严越好、越重越好，而应该有标准、有限度。这个标准就是罪刑法定原则和罪责刑相适应原则，就是刑法总则和分则中关于量刑情节和具体犯罪定罪量刑的规定，就是有关司法解释关于具体适用法律问题的规定。这个限度就是不能为了从严而突破法律的幅度和界限，任意或变相加重被告人的刑罚。否则，既不可能实现良好的法律效果，也不可能实现良好的社会效果。

第三款是关于对有组织犯罪的犯罪嫌疑人、被告人适用认罪认罚从宽制度的规定。

最高人民法院、最高人民检察院、公安部、国家安全部、司法部2019年10月24日制定的《关于适用认罪认罚从宽制度的指导意见》明确规定：“认罪认罚从宽制度没有适用罪名和可能判处刑罚的限定，所有刑事案件都可以适用，不能因罪轻、罪重或者罪名特殊等原因而剥夺犯罪嫌疑人、被告人自愿认罪认罚获得从宽处理的机会。”基于此，有组织犯罪的犯罪嫌疑人、被告人只要符合条件，就可以适用认罪认罚从宽制度。当然，“可以”适用并不是一律适用，犯罪嫌疑人、被告人认罪认罚后是否从宽以及从宽的幅度，应当根据案件具体情况决定。还需要注意的是，从宽处理，既包括实体从宽处罚，也包括程序从简。实践中，要根据个案情况，依法最大限度保障认罪认罚的犯罪嫌疑人、被告人的权益。

【实践中应注意的问题】

该条理解适用中，需要注意以下三个方面的问题：

第一，目前司法实践中争议最大的问题之一，就是黑社会性质组织的组织者、领导者以及恶势力组织的首要分子是否应对其本人未参与而由组织其他成员所实施的犯罪承担责任。黑社会性质组织、恶势力组织所实施的惯常性犯罪当中，涉及可以判处死刑的罪名有故意杀人、故意伤害等少数几种，而实施这些犯罪时，黑社会性质组织的组织者、领导者以及恶势力组织的首要分子大多数并不在场或者没有出面，办案机关在认定其是否应对犯罪组织成员所犯故意杀人罪、故意伤害罪承担刑事责任时，有时候会出现分歧。因此，办理有组织犯罪案件时，应当特别注意，对黑社会性质组织的组织者、领导者以及恶势力组织的首要分子，应当按其所组织、领导的黑社会性质组织、恶势力组织所犯的全部罪行处罚。对犯罪组织的参加者，应当按照其所参与的犯罪处罚。凡是犯罪组织成员为了实现该组织称霸一方、威慑公众的目的，为了组织的利益而实施的犯罪，即使组织者、领导者、首要分子对具体的犯罪行为事先不明知，也要对其组织成员的全部罪行承担责任。

第二，关于财产刑适用。刑法设置的财产刑包括罚金、没收财产。从刑法体系和通行法理来看，罚金刑的严厉程度轻于没收财产。没收财产包括没收个人财产的一部或者全部，一般适用于严重的犯罪。但是，从司法实践来看，没收财产实质上并不必然重于罚金。因为判处没收财产，是执行刑事裁判生效时被执行人所有的财产；而判处罚金，对于不能及时全部缴纳罚金的，人民法院在任何时候发现被执行人有可以执行的财产，应当随时追缴。这可以保障罪犯的刑事责任不至于落空，也必然增强了罚金刑的威慑力。比如，因犯罪分子转移、隐匿、毁灭证据或者拒不交代涉案财产来源、性质，会导致违法所得以及其他应当追缴的财产难以准确查清和追缴。基于此，为彻底铲除黑恶犯罪分子的经济基础，应当根据案情灵活适用财产刑种类。

第三，关于认罪认罚从宽制度适用。对于有组织犯罪案件的犯罪嫌疑人、被告人自愿如实供述自己的罪行，承认指控的犯罪事实，愿意接受处罚的，可以依法适用认罪认罚从宽制度从宽处理。但是，适用的范围应当严格限制，特别是对于黑社会性质组织的组织者、领导者、积极参加者，黑恶势力中的危害国家安全、危害公共安全、有严重暴力犯罪前科的累犯以及其他犯罪性质恶劣、犯罪手段残忍、社会危害严重的犯罪嫌疑人、被告人，虽然认罪认罚，但不足以从轻处罚的，不适用该制度。

【立法宗旨和背景】

（一）起草背景

自2018年1月党中央、国务院决定在全国开展扫黑除恶专项斗争以来，我国黑社会性质组织、恶势力组织违法犯罪活跃、多发的态势已经被扭转，专项斗争取得了压倒性胜利，成为最得人心的大事之一。扫黑除恶专项斗争实践表明，有组织犯罪的结构化程度高，犯罪成员多，危害范围广，时间跨度长，这些犯罪与各种社会治安问题相互交织，破坏力成倍增加，严重威胁人民群众的生命安全、财产安全。而且，黑社会性质组织、恶势力组织犯罪分子还具有极强地向经济领域、政治领域、网络空间渗透的能力，严重侵蚀社会和谐稳定的根基，是社会的毒瘤。基于此，办理此类案件必须牢固树立以人民为中心的发展思想，切实增强政治意识、大局意识、忧患意识和责任意识，进一步提高思想认识，坚持依法严惩方针，尤其是对犯罪情节恶劣、犯罪后果严重、主观恶性深、人身危险性大的犯罪分子，要在侦查、起诉、审判、执行各阶段运用多种法律手段，全方位、全过程地贯彻从严惩处的精神。办理有组织犯罪案件，要始终坚持严格依法办案，落实宽严相济的刑事政策，在强制措施适用、侦查、起诉、审判、执行等环节，把好事实关、证据关、程序关和法律适用关，适应以审判为中心的刑事诉讼制度改革，确保常态化开展扫黑除恶斗争始终在法治轨道上运行，对有组织犯罪案件准确定性，既不“降格”，也不“拔高”，既要“打早打小”，也要“打准打实”。

（二）审议中各方面的意见以及争议的问题

审议过程中，有意见提出，第一款规定的办案原则适用于所有犯罪案件，不必在本法中专门规定，建议删除。经研究认为，对有组织犯罪的预防和治理是本法的重点之一，实践当中应当深入把握有组织犯罪的规律特点，坚持打击与预防相结合，不宜片面发力打击，宜通过贯彻落实宽严相济刑事政策，并重对有组织犯罪的全面预防。基于此，有必要在本法当中作出宣示性的规定。

征求意见过程中，有意见提出，司法实践中，黑社会性质组织和恶势力组织的成员是按照组织者、领导者、积极参加者、一般参加者和纠集者、首要分子等进行区分，不是按照主从犯进行区分，建议将草案中的“在有组织犯罪组织中起次要、辅助作用的组织成员，应当依法从宽处理”修改为“犯罪情节较轻的组织成员，应当依法从宽处理”或者删除。经研究认为，有组织犯罪是一种共同犯罪，在有组织犯罪组织中起次要、辅助作用的，是从犯，对于从犯，刑事诉讼法明确规定应当从轻、减轻处罚或者免除处罚。基于此，采纳了该建议，删除了草案本条第二款中关于从犯应当从宽处理的有关表述。

此外，征求意见期间，有地方建议写入认罪认罚从宽制度。讨论中，有意见提出，有组织犯罪的犯罪分子特别是黑社会性质组织的组织者、领导者、积极参加者，此类人员往往主观恶性深、社会影响恶劣，不宜适用认罪认罚从宽制度，建议本法暂不作规定。立法机关经慎重研究后，采纳了写入的建议，主要考虑如下：一方面，完善刑事诉讼中认罪认罚从宽制度是党的十八届四中全会作出的重大改革部署，2018 年 10 月 26 日，刑事诉讼法作出重大修改，认罪认罚从宽制度在国家立法上正式确立，这是我国刑事司法发展史上一个不可忽视的坐标。另一方面，从立法原意来看，认罪认罚从宽制度是贯穿刑事诉讼全过程，适用于侦查、起诉、审判各阶段的。该制度没有适用罪名和可能判处刑罚的限定，所有刑事案件都可以适用，不能因罪轻、罪重或者罪名特殊等原因而剥夺犯罪嫌疑人、被告人自愿认罪认罚获得从宽处理的机会。

（三）有关国家和地区的规定

《联合国打击跨国有组织犯罪公约》第十一条规定，制裁、法律裁量权、早释或者假释从严掌握。第二十六条规定，对于在侦查或者起诉中提供了实质性配合的被指控者减轻处罚。《俄罗斯联邦刑法典》第三十五条规定，对团伙犯罪、有预谋的团伙犯罪、有组织的集团犯罪或犯罪团体（犯罪组织）犯罪，应该依照反有组织犯罪法典并在反有组织犯罪法典规定的限度内从重处罚。第二百一十条附注规定，自动终止参加犯罪团体（犯罪组织）或其所属分支机构以及有组织犯罪集团的组织者、领导者或其他代表人物的联合组织并积极协助揭露该犯罪或积极制止该犯罪的人，如果其行为不含有其他犯罪构成，则免除刑事责任。我国澳门地区《有组织犯罪法》第十六条、第十七条规定，相关犯罪不得给予假释，不得暂缓执行科处的徒刑。我国台湾地区《组织犯罪防制条例》第八条规定，犯第三条之罪自首，并自动解散或脱离其所属之犯罪组织者，减轻或免除其刑；因其提供数据，而查获该犯罪组织者，亦同；侦查中自白者，减轻其刑。犯第六条之罪自首，并因其提供资料，而查获其所资助之犯罪组织者，减轻或免除其刑；侦查中自白者，减轻其刑。

第二十三条　利用网络实施的犯罪，符合本法第二条规定的，应当认定为有组织犯罪。

为谋取非法利益或者形成非法影响，有组织地进行滋扰、纠缠、哄闹、聚众造势等，对他人形成心理强制，足以限制人身自由、危及人身财产安全，影响正常社会秩序、经济秩序的，可以认定为有组织犯罪的犯罪手段。

【条文主旨】

本条是关于网络有组织犯罪的认定和有组织犯罪当中“软暴力”犯罪手段认定的规定。

【条文释义】

本条共分两款。第一款是关于利用网络实施有组织犯罪认定的规定。

本款规定可以从以下四个方面来理解：

第一，认定利用信息网络实施违法犯罪的黑恶势力组织特征，要从违法犯罪的起因、目的，以及组织、策划、指挥、参与人员是否相对固定，组织形成后是否持续进行犯罪活动、是否有明确的职责分工、行为规范、利益分配机制等方面综合判断。利用信息网络实施违法犯罪的黑恶势力组织成员之间一般通过即时通信工具、通信群组、电子邮件、网盘等信息网络方式联络，对部分组织成员通过信息网络方式联络实施黑恶势力违法犯罪活动，即使相互未见面、彼此不熟识，也不影响对组织特征的认定。

第二，利用信息网络有组织地通过实施违法犯罪活动或者其他手段获取一定数量的经济利益，用于违法犯罪活动或者支持该组织生存、发展的，应当认定为符合刑法第二百九十四条第五款第二项规定的黑社会性质组织经济特征。

第三，通过线上线下相结合的方式，有组织地多次利用信息网络实施违法犯罪活动，侵犯不特定多数人的人身权利、民主权利、财产权利，破坏经济秩序、社会秩序的，应当认定为符合刑法第二百九十四条第五款第三项规定的黑社会性质组织行为特征。单纯通过线上方式实施的违法犯罪活动，且不具有为非作恶、欺压残害群众特征的，一般不应作为黑社会性质组织行为特征的认定依据。

第四，对利用信息网络实施黑恶势力犯罪非法控制和影响的“一定区域或者行业”，应当结合危害行为发生地或者危害行业的相对集中程度，以及犯罪嫌疑人、被告人在网络空间和现实社会中的控制和影响程度综合判断。虽然危害行为发生地、危害的行业比较分散，但涉案犯罪组织利用信息网络多次实施强迫交易、寻衅滋事、敲诈勒索等违法犯罪活动，在网络空间和现实社会造成重大影响，严重破坏经济、社会生活秩序的，应当认定为“在一定区域或者行业内，形成非法控制或者重大影响”。

第二款是关于“软暴力”的认定规定。

“软暴力”，是区别于传统型暴力的一种违法犯罪手段。我国现行刑法规定了 39 处“暴力”、2 处“有组织的暴力性犯罪”、1 处“暴力犯罪”、24 处“威胁”、15 处“胁迫”。根据刑法规定，暴力，主要是指以殴打、捆绑、推搡、伤害他人身体的方法，使被害人不能反抗、不敢反抗或者无力反抗，一般是指使用有形的力量。威胁，一般是无形的力量，使对方在精神上形成压力，在心理上造成一种恐惧感。威胁方法包括当面直接威胁，也包括采取其他间接的威胁方法，如打恐吓电话、寄恐吓信件等。胁迫，主要是指对被害人施以威胁、恐吓，进行精神上的强制，使被害人就范，使其恐惧不敢抗拒。反有组织犯罪法规定的“软暴力”犯罪手段，是指为谋取非法利益或者形成非法影响，有组织地进行滋扰、纠缠、哄闹、聚众造势等，对他人形成心理强制，足以限制人身自由、危及人身财产安全，影响正常社会秩序、经济秩序的，可以认定为有组织犯罪的犯罪手段。这些犯罪手段与刑法当中的暴力、威胁、胁迫等犯罪手段具有同样的社会危害性。

“软暴力”违法犯罪手段通常的表现形式有四大类：一是侵犯人身权利、民主权利、财产权利的手段，包括但不限于跟踪贴靠、扬言传播疾病、揭发隐私、恶意举报、诬告陷害、破坏和霸占财物。二是扰乱正常生活、工作、生产、经营秩序的手段，包括但不限于非法侵入他人住宅、破坏生活设施、设置生活障碍、贴报喷字、拉挂横幅、燃放鞭炮、播放哀乐、摆放花圈、泼洒污物、断水断电、堵门阻工，以及通过驱赶从业人员、派驻人员据守等方式直接或间接地控制厂房、办公区、经营场所。三是扰乱社会秩序的手段，包括但不限于摆场架势示威、聚众哄闹滋扰、拦路闹事。四是利用信息网络或者通信工具有组织地实施违反社会公德，有悖商业道德的手段，包括但不限于扰乱网络秩序，利用网络从事危害国家安全，宣扬民族仇恨、民族歧视，恶意收集、泄露、篡改他人个人信息，侵害他人名誉、隐私，编造、传播虚假信息扰乱经济秩序和社会秩序，侵犯知识产权、泄露商业秘密，传播暴力、淫秽色情信息，传授犯罪方法，以及前述三类手段当中可以通过网络实施的“软暴力”违法犯罪行为。

认定为行为人实施了足以使他人产生恐惧、恐慌进而形成心理强制或者足以影响、限制人身自由、危及人身财产安全或者影响正常生活、工作、生产、经营的“软暴力”情形有：黑恶势力实施，或者以黑恶势力名义实施，或者曾因组织、领导、参加黑社会性质组织、恶势力组织以及因强迫交易、非法拘禁、敲诈勒索、聚众斗殴、寻衅滋事等犯罪受过刑事处罚后又实施，或者携带凶器实施，或者有组织地实施或者足以使他人认为暴力、威胁具有现实可能性。其中，由多数人实施的，编造或明示暴力违法犯罪经历进行恐吓的，或者以自报组织、头目名号、统一着装、显露文身、特殊标识以及其他明示、暗示方式，足以使他人感知相关行为的有组织性的，应当认定为“以黑恶势力名义实施”。由多数人实施的，只要有部分行为人符合前述“软暴力”情形之一即可认定。

【实践中应注意的问题】

该条理解适用中，需要注意以下三个方面的问题：

第一，利用信息网络实施违法犯罪活动，符合刑法、本法第二条规定的黑社会性质组织、恶势力组织特征和认定标准的，应当依法认定为黑社会性质组织、恶势力组织。认定利用信息网络实施违法犯罪活动的黑社会性质组织时，应当依照刑法第二百九十四条第五款规定的“四个特征”进行综合审查判断，分析“四个特征”相互间的内在联系，根据在网络空间和现实社会中实施违法犯罪活动对公民人身、财产、民主权利和经济、社会生活秩序所造成的危害，准确评价，依法予以认定。

第二，网络有组织犯罪与黑社会性质组织一样，应当具备“四个特征”，只是网络有组织犯罪的特征与传统黑恶势力的“四个特征”不完全一致而已。如组织特征，虽然其犯罪组织结构比较松散，组织成员相互未见面、彼此不熟识，但是没有改变组织成员间利用网络即时通信工具组织实施犯罪的本质。行为特征方面，虽然单纯通过线上方式实施的违法犯罪活动，一般不应作为黑社会性质组织行为特征，但是，只要有“通过线上线下相结合的方式”利用信息网络实施违法犯罪，或者“单纯线上方式实施，但具有为非作恶、欺压残害群众特征”，造成严重后果的，也应当认定为符合黑社会性质组织行为特征。危害性特征方面，虽然对利用信息网络实施黑恶势力犯罪非法控制和影响的“一定区域或者行业”，有别于传统的黑恶势力犯罪，但是，只要其违法犯罪活动，在网络空间和现实社会造成重大影响，严重破坏经济、社会生活秩序的，也应当认定为“在一定区域或者行业内，形成非法控制或者重大影响”。因此，利用信息网络实施黑恶势力犯罪符合有组织犯罪的认定特征，应当纳入有组织犯罪的范畴，也应当纳入反有组织犯罪法。否则，就会错失良机，让其发展坐大。

还需要注意的是，刑法第二百九十四条规定了“其他手段”，从刑法的同类解释角度而言，其他手段必须与暴力、胁迫手段具有等价值性。行为人采取“文”的手段，一定是以“武”为后盾，如果是纯粹的“文”的手段，则不能认定为“软暴力”。

【典型案例】

甘肃兰州“2·12”网络套路贷案件中，犯罪分子王某等人以“套路贷”为手段，通过多个平台“借新还旧、以贷养贷”方式恶意垒高“债务”，并通过催收公司，使用电话侮辱威胁、发送 PS 裸照等“软暴力”手段进行非法催收。近一年时间内，该组织非法获利 28 亿余元，受害群众达 47.5 万余人。2019 年 3 月，在公安部扫黑办直接指挥下，专案组开展统一收网行动，抓获犯罪嫌疑人 269 人，冻结人民币 10.28 亿元、港币 2.27 亿元，扣押黄金 172.12 公斤、房产 14 套。2020 年 9 月，兰州市中级人民法院对该案作出判决，主犯王某因犯组织、领导黑社会性质组织罪、诈骗罪、寻衅滋事罪等，被判处无期徒刑。

【立法宗旨和背景】

（一）起草背景

网络安全，事关网络空间主权和国家安全、社会公共利益，保护公民、法人和其他组织的合法权益，事关经济社会信息化健康发展。随着信息网络技术的快速发展和社会分工的细化，信息网络领域有组织犯罪已蔓延发展成为一种新型犯罪，涉信息网络犯罪不断泛滥，网络犯罪也呈现出专业化、链条化、分工合作的特点，牵涉面广，社会危害性大。特别是传统黑恶犯罪行为与信息网络相结合后形成了更为独特复杂的犯罪特征。比如，网络有组织犯罪的组织结构更加松散化，组织头目幕后化，成员身份虚拟化；犯罪分工更为精细，犯罪行为链条化、生态化；犯罪手段进一步向“软暴力”化转变；犯罪空间领域向多样化转变。行为人有组织地利用信息网络实施的涉黑恶犯罪这种新的有组织犯罪形态，侵犯了不特定多数人的人身权利、民主权利、财产权利，破坏了经济秩序、社会秩序。据统计，从 2019 年 11 月部署开展打击信息网络领域有组织犯罪专项行动以来，截至 2020 年 12 月，全国公安机关打掉涉互联网黑恶违法犯罪团伙 1590 个，抓获嫌疑人 15015 名，破获各类刑事案件 28127 起，查获涉案财产 266.7 亿元。中央领导高度重视打击整治网络有组织犯罪。习近平总书记专门作出批示，要求要将扫黑除恶工作向网上延伸，严厉打击信息网络领域有组织犯罪。信息网络领域有组织犯罪入法，也是具体落实中央部署要求。基于此，打击有组织犯罪有必要向网上延伸，十分有必要将发生在信息网络领域的符合有组织犯罪特征的犯罪认定为有组织犯罪。

关于有组织犯罪当中“软暴力”犯罪手段认定。当前国际环境错综复杂，随着我国社会主要矛盾的发展变化，黑恶势力违法犯罪表现形式多样、隐蔽性不断增强、手法不断翻新。黑恶犯罪组织发展到一定阶段后，会选择采用非传统的暴力即“软暴力”犯罪手段来达到不法的目的，暴力色彩会有所减弱，降低被打击的风险。比如，有的犯罪分子采取滋扰、纠缠、哄闹、聚众造势等足以使他人产生恐惧、恐慌，进而形成心理强制的违法犯罪手段，影响、限制被害人的人身自由、危及人身财产安全，影响正常生活、工作、生产、经营等，此类犯罪手段效果上几乎可以达到甚至超过传统暴力手段所期待的犯罪目的，严重扰乱社会秩序、经济秩序。扫黑除恶专项斗争期间发生在甘肃的“2·12”涉黑案，该犯罪组织通过“软暴力”手段催收债务，导致若干名被害人非正常死亡。为深入贯彻落实中央关于开展扫黑除恶专项斗争的决策部署，最高人民法院、最高人民检察院、公安部、司法部《关于办理实施“软暴力”的刑事案件若干问题的意见》将“软暴力”正式以法律政策性文件的形式确定为黑恶犯罪组织的一种新型犯罪手段，这是我国打击黑恶犯罪在制度建设方面的重要进步。此次将“软暴力”入法，也是顺应实践需要，为有关部门有效防范、治理、惩治有组织违法犯罪提供充足的法律保障。

（二）审议中各方面的意见以及争议的问题

审议过程中，有意见提出，利用信息网络实施的有组织犯罪在组织成员、结构等方面有新的特点，建议对利用信息网络实施有组织犯罪的认定进一步细化。经研究认为，网络有组织犯罪的确不同于传统黑恶势力，比如其犯罪组织结构比较松散，组织成员甚至相互未见面、彼此不熟识，一般是通过线上线下相结合的方式利用信息网络实施违法犯罪，或者单纯线上方式实施，在网络空间和现实社会造成重大影响，严重破坏经济秩序、社会秩序。但考虑到网络有组织犯罪是伴随着信息网络技术的快速发展和普及而产生的一种新型犯罪，这种犯罪手段不断翻新，牵涉面非常广，基于此，目前立法不宜规定得过细，相关问题仍需要进一步研究。

另外值得说明的是，草案最初是将本条规定在反有组织犯罪法的第二条当中。讨论认为，网络有组织犯罪的认定和有组织犯罪的“软暴力”犯罪手段认定属于案件办理的内容，不应当设置在总则部分。基于此，将相关内容单独成条，设置于案件办理章。

第二十四条　公安机关应当依法运用现代信息技术，建立有组织犯罪线索收集和研判机制，分级分类进行处置。

公安机关接到对有组织犯罪的报案、控告、举报后，应当及时开展统计、分析、研判工作，组织核查或者移送有关主管机关依法处理。

【条文主旨】

本条是关于公安机关建立有组织犯罪线索收集、研判、分级分类处置的工作机制和线索办理流程的规定。

【条文释义】

本条共分两款。第一款是关于公安机关建立有组织犯罪线索收集、研判、处置的工作机制的规定。

根据刑事诉讼法的管辖规定，公安机关有根据管辖处置有组织犯罪的线索的职责。本条强调了运用现代信息技术，使本法条能够适应当前时代的发展，具有前瞻性。当前正处于信息网络时代，科学技术和信息化急速发展，日新月异，带动了社会深刻的变革。有组织犯罪的组织形式、犯罪手段、犯罪能量也发生很大变化，网络虚拟空间领域的黑恶势力犯罪大量出现。在社会信息化快速发展的时代背景下，犯罪与遏制犯罪的较量更多、更集中地体现在对情报信息的把握、运用上，只有具备信息控制的优势，才能把握同犯罪作斗争的主动权。打击有组织犯罪同样面临从工作理念、机制到打击手段的全新变革。如何通过包括“大数据”在内的现代信息技术，综合利用各种信息和数据源，对反有组织犯罪情报线索的精准分析，高效研判，并有效转化为战果，是当前和今后公安机关的一项重要任务。因此，本条第一款的规定既是适应信息网络社会发展的现实需要，也是顺应我国“信息导侦”警务体制机制变革的需要，对推进建立有组织犯罪线索智能化分析研判将起到积极作用。

本条第一款明确规定了公安机关建立线索管理和处置的工作机制，包括线索的收集、研判的工作机制和分级分类处置的管理机制。

一是收集。公安机关收集有组织犯罪线索的渠道来源主要有三个：（1）公安机关在日常执法管理摸排发现，目前县级公安机关均建立“派出所滚动摸排涉黑涉恶线索工作制度”“涉黑涉恶警情分析研判制度”“涉黑涉恶高危人员数据库”等制度机制，开展日常性情报信息搜集工作。（2）群众通过来信来电或者网络等形式举报，（3）行业主管部门移送。公安机关通过专门的线索处置平台录入、分类、流转。建立线索收集工作机制，就是要充分运用现代信息技术，巩固和拓展线索的来源。

二是研判。从广义上讲，对线索的研判包括统计、分析在内。因为统计、分析是服务于线索研判的。线索研判是有组织犯罪线索战果转化的核心环节，实践经验表明，举报线索的数量和质量直接影响到对有组织犯罪分析研判准确性和战果转化。建立线索研判工作机制，就是运用包括大数据分析在内的现代信息技术，对线索进行分析比对、关联串并，能够及时发现有组织犯罪。

三是分级分类处置。（1）分级处置，主要是公安机关系统内部根据线索内容进行处理。如公安部对掌握的涉黑涉恶线索根据具体情况组织分级核查，包括公安部督办线索、转办线索、通报线索三种情形。（2）分类处置，主要是指线索内容因不同职能管辖范围进行处理。涉黑涉恶线索中，同时涉及公安机关及其他单位党员干部和公职人员腐败问题的，按照管理权限，移交同级纪委监委调查；对涉黑涉恶线索中同时涉及行业监管问题的，由公安机关对涉黑涉恶线索开展核查，行业监管问题移交行业主管部门。

第二款是关于公安机关处理有组织犯罪线索的基本流程的规定。

根据本款的规定，公安机关在接到对有组织犯罪的报案、控告、举报后，其基本工作流程是：（1）统计，（2）分析，（3）研判，（4）核查，（5）分流。

这一工作流程是公安机关线索管理工作的基本规范。

所谓统计、分析、研判，在侦查学上是指公安机关对情报信息、线索运用专门手段，进行采集录入、资源检索、比对碰撞、研究判断等活动。

需要重点说明的是核查的概念。核查的概念是本法较为重要的法律概念，也是本法首次将核查作为一种正式的法律制度。核查概念在本法制定之前，只是在公安机关内部使用的概念，并不是法律概念，刑事诉讼法并没有关于核查的相关规定。与核查概念相近的是“初查”概念。初查的概念最早是源自1985年最高人民检察院有关领导的讲话，公安机关后来也使用初查概念。2012年，公安部制定的《公安机关办理刑事案件程序规定》和最高人民检察院制定的《人民检察院刑事诉讼规则（试行）》均使用初查的概念。之后修订时均用立案前的“调查核实”取代“初查”概念。初查概念便逐渐淡出司法实践。近年来，特别是在扫黑除恶专项斗争期间，公安机关对线索的调查核实工作普遍使用核查的概念，并建立了涉黑涉恶线索核查的相关机制。如，公安部制定了《公安机关摸排核查涉黑涉恶线索的暂行办法》。从公安部和“两办”常态化意见对核查的定位和相关工作机制来看，核查是指公安机关在立案前对涉黑涉恶线索的调查核实工作。

本法所称的分流，是指对于发现不属于公安机关管辖的线索移送有关部门依法处理。由于有组织犯罪线索中除了涉及黑恶势力及其违法犯罪的信息外，往往还涉及公职人员腐败、“保护伞”等问题以及黑恶势力违建、涉税等属于其他职能部门职责范围的事项，这部分事项的调查和处理，公安机关可以依法分流给相关职能部门。

【实践中应注意的问题】

2018年公安部制定《公安机关摸排核查涉黑涉恶线索暂行办法》等规范性文件，对公安机关收集、研判、核查，处置有组织犯罪线索作了具体规定。该规范性文件作为公安机关的内部规定，在发布新的规定前，仍然是指导各地公安机关管理和处置有组织犯罪线索的规范性文件。

在实务操作中，应当需要注意以下几个方面的问题：

第一，建立有组织犯罪线索的收集、研判工作机制。

一是建立常态化摸排研判机制。公安机关要通过“派出所滚动摸排涉黑涉恶线索工作制度”“涉黑涉恶警情分析研判制度”“涉黑涉恶高危人员数据库”，开展常态化摸排、研判。二是建立反有组织犯罪的工作阵地。各地公安机关应当加强针对重点场所、重点区域和重点人群的工作，及时发现涉黑涉恶线索。三是依托现代信息技术。各地公安机关有关警种应当结合各自职能，充分发挥本部门专业手段和数据资源优势，依托现代信息技术，做强做大大数据信息平台，实现对有组织犯罪发现机制的智能化。

第二，注意规范公安机关分级、分类处置线索的流程。

公安机关对有组织犯罪线索分级、分类处置流程应当包括以下三个环节：一是录入平台。各级公安机关对发现和接收的各类涉黑涉恶线索必须全部录入全国刑侦信息专业应用系统扫黑除恶工作平台。二是筛查甄别。由专人负责对各类线索进行筛查甄别。三是分级分类处理。完善分级分类处理的内部审批制度，重要线索提级办理。

【典型案例】

福建省厦门市依托"大数据"技术，形成可推广的扫黑除恶工作新模式。厦门市积极探索将扫黑除恶专项斗争与政法智能化建设深度融合，建设政法信息共享平台，整合汇聚全市各类信息 690 多亿条，事件 1276 多万个，建立了全市统一的涉黑涉恶事件池和数据库，在此基础上设计开发出了"区域分析""套路贷分析""村（居）干部背审"等 3 个数据精准研判模块，探索出了"大数据 + 扫黑除恶"的工作模式。这一工作模式实现了"三个转变"：一是解决了线索来源不足的问题，实现了"人工摸排"向"数据摸排"的转变。二是解决了线索核查质量不高的问题，实现了从"凭感觉打"向"按线索打"的转变。三是解决了乱象乱点整治的问题，实现从"分散治理"向"精准治理"的转变。

【立法宗旨和背景】

（一）起草背景

在侦查学上，线索是指与犯罪有关联的某种可疑迹象、事实或者嫌疑人员。我国刑事诉讼法对于立案前的线索处置没有具体制度规定，只在第五十八条中提到线索的概念。三年扫黑除恶专项斗争经验表明，建立有组织犯罪线索的收集、研判、核查、分流等工作机制是反有组织犯罪工作的基础环节。一是在实践中对于线索处置已经积累了成熟的经验。据统计，三年扫黑除恶专项斗争，全国公安扫黑除恶平台收到线索达 20 余万件，全国扫黑办 12337 智能化举报平台收到的网络举报线索更多，经过对涉黑涉恶线索的研判、核查，共查办黑恶势力犯罪案件达4万余件，破获刑事案件20余万起。实践证明，通过对有组织犯罪线索的收集、精准研判，专门调查，实现战果转化，为反有组织犯罪工作打下坚实的源头基础。二是在立法现状上有关线索的制度机制缺乏法律上的支撑。如前所述，我国刑事诉讼法没有专门针对线索收集、研判、核查、分流机制作出专门规定；专项斗争期间，公安部针对有组织犯罪情报线索管理和处置工作，制定了《公安机关摸排核查涉黑涉恶线索暂行办法》，但是其属于公安机关的内部规定，法律效力位阶低。因此，鉴于我国法律上对线索相关制度的空白和惩治有组织犯罪的需求，有必要通过本法将实践成熟的经验和制度机制上升为法律制度。

（二）审议中各方面的意见以及争议的问题

其一，关于争议的问题。在草案制定时，对于情报线索是否有必要设置专章，存在较大的争议。草案征求意见稿、一审稿曾借鉴反恐怖主义法的立法例，专章设立“情报线索处置”。对于线索处置工作的重要性，大家是形成共识的，但是在具体问题的认识上仍然分歧较大。主要争议点有以下两个方面：

一是概念使用的严谨性问题。“情报”一词在侦查学上是指侦查机关为了打击、防控犯罪，依法运用公开和秘密方法获取的与犯罪有关的信息及其加工品。用“情报”概念在本法使用是否妥当，存在争议。有的意见认为，对于有组织犯罪工作，加强信息线索的处置工作是必要的，但是参照国家安全工作和反恐怖主义工作，称为“情报信息”，还是使用别的表述更为妥当，需要进一步研究。

二是专章设置的必要性问题。刑事诉讼法对于立案前的专门调查和线索处置没有专门制度规定。考虑到本法制定要与刑事诉讼法保持衔接和协调统一，有的意见认为，如果确实需要在立案前对黑恶犯罪活动进行调查，可以依照人民警察法、治安管理处罚法以及公安部的有关规定进行，是否有必要“一般性地增加规定立案前的调查措施”，需要慎重研究。

经过慎重研究，本法改变了草案一审稿专章设置线索处置的立法模式，将原第三章“情报线索处置”的相关法条并入“案件办理”一章中。采用这一立法模式的好处是：一是使本法在结构上能与刑事诉讼法保持一致，这是本法制定必须坚持的基本指导原则。二是虽然本法没有专章规定线索处置，但是保留了原章节的大部分法条，特别是线索核查的概念。将实践中已广泛使用的“核查”概念入法，使之成为正式法律制度，是本法的一大亮点。

其二，关于本条的制定过程。本条是综合、删改了草案一审稿第三章第二十二条、第二十五条后形成的条文。草案一审稿的第三章第二十二条规定“公安机关负责接受对有组织犯罪的举报，开展有组织犯罪情报、线索的统计、分析、研判工作，组织核查或者分发相关职能部门依法处理（第一款）。公安机关统计、分析、研判有组织犯罪情报、线索，可以通过收集、存储、使用、加工、传输、提供、公开等方式处理公民个人信息（第二款）。”第二十五条规定“公安机关应当根据工作职责任务，依托信息化和大数据技术，利用专门工作手段，建立有组织犯罪情报、线索收集和研判机制，并分级、分类进行处置。”草案二次审议稿将上述两个条文合并。

在草案制定过程中，有学者提出本条应当注意与民法典相衔接。草案一审稿中规定“公安机关统计、分析、研判有组织犯罪情报、线索，可以通过收集、存储、使用、加工、传输、提供、公开等方式处理公民个人信息”。草案二审稿删除了此项内容。主要考虑是：刑事诉讼法、人民警察法等法律法规已经授权公安机关有权调查犯罪事实，调查犯罪事实必然涉及公民的个人信息，法律也明确规定公安机关在办案过程中有保守秘密的法定义务，与民法典所规定的公民信息保护是一致的。因此，没有必要在本法中特别规定处理公安个人信息的内容。

此外，本法在征求意见时，有的地方建议设立线索建档管理制度，有利于跟踪线索进度、分析研判提供情况依据。经研究，未吸收该意见。主要考虑：一是该建议涉及具体工作机制过于细致，不宜在法律中规定过细；二是按照公安部的要求，各级公安机关对发现和接收的各类涉黑涉恶线索必须全部录入全国刑侦信息专业应用系统扫黑除恶工作平台，该平台具备建档管理功能，不需要在法律中专门规定。

第二十五条　有关国家机关在履行职责时发现有组织犯罪线索，或者接到有组织犯罪举报的，应当及时移交公安机关等主管机关依法处理。

【条文主旨】

本条是关于有组织犯罪线索由主管机关归口管理的规定。

【条文释义】

本条确立了有组织犯罪线索由主管机关归口管理的工作机制。本条可以从以下方面理解：

1. 发现移交线索的责任主体。本条规定的有关国家机关是指除公安机关、纪委监委等主管机关之外的负有防范有组织犯罪义务的国家机关，主要是行业主管部门。从扫黑除恶专项斗争的成员单位来看，共有 20 多个国家机关负责发现和移送有组织犯罪线索的职责。其中金融放贷、工程建设、交通运输、市场流通、自然资源、生态环境、文化旅游、教育卫生、信息网络和社会治安等领域的行业主管部门是重要的责任主体。

2. 发现线索的来源。行业乱象和管理疏漏问题是产生有组织犯罪的土壤。有关国家机关在履行职责中有针对性地建立摸排机制，人民群众对于乱象和问题深恶痛绝，也通过各种渠道向政府和职能部门反映。据此，本条规定了发现和移送线索的两个途径：（1）自主发现或者依职权发现。自主发现线索是指有关国家机关在履行管理职责或者主动摸排等方式发现有组织犯罪线索。（2）是接受举报。接受举报是指有关国家机关接受群众来信、来电、网络等渠道的举报件。

3. 线索归口管理。本条确立了有组织犯罪线索归口管理的制度。有组织犯罪线索具有很强的专业性，有关国家机关并不具备处置有组织犯罪线索的能力和职责，必须交由专门机关负责处理。采用线索归口管理，提高了线索处置效率，避免了线索浪费，也有利于线索的战果转化。根据国家机关的职责分工，涉黑涉恶及其他涉及犯罪的线索，交由公安机关依法归口管理，有组织犯罪线索中涉及国家工作人员腐败问题、充当“保护伞”问题线索的，交由纪检监察机关依法归口管理。

【实践中应注意的问题】

实践中贯彻本条应当注意以下方面：

第一，行业主管部门依法履职，要建立摸排有组织犯罪线索的工作机制。

本条规定有关国家机关履行职责时发现有组织犯罪线索，有关国家机关主要指的是行业主管部门。从扫黑除恶专项斗争经验来看，行业主管部门在整治行业乱象过程中，建立摸排工作机制，主动发现有组织犯罪线索，是实现源头治理的有效措施。所谓摸排，有的地方又称“排摸”，是指为了获取线索或者侦办案件，在一定的范围内对事件或人进行摸底排查。在扫黑除恶专项斗争期间，各地的行业主管部门在线索摸排上积累成功经验，例如，有的地方的市场监管局采用不定期问卷、走访、暗访等对辖区市场开展摸排。有的地方的建设局对辖区的重点工程发放摸排表，开展“点对点精准摸排”，由项目部、工程部一线管理人员填写“是否受到涉黑涉恶侵扰”的线索。有的地方运用“大数据平台”进行线索摸排。这些经验值得借鉴。

行业主管部门建立摸排工作机制，需要注意的工作要点：

一是要与其行业监管日常工作紧密结合。行业主管部门要把线索摸排作为一项日常性的工作，主动作为；二是摸排线索的方法要符合行业的规律。不同的行业，其摸排线索的工作机制可以不相同；三是密切行政执法与刑事司法衔接。行业主管部门通过摸排工作机制发现有组织犯罪线索，在其执法权限范围内，需要立即进行证据收集、固定的，要及时收集固定证据，避免证据流失。根据国务院发布的《行政执法机关移送涉嫌犯罪案件的规定》第四条规定：“行政执法机关在查处违法行为过程中，必须妥善保存所收集的与违法行为有关的证据。”

第二，公安机关对受理线索要依法进行审查。

扫黑除恶专项斗争期间，曾经存在行业主管部门将属于本行业乱象线索作为有组织犯罪线索移送的情况。因此，公安机关对有关国家机关移送有组织犯罪线索需要进行必要的审查。

公安机关在受理行业主管部门移送有组织犯罪线索时，需要进行审查。根据实践经验，审查线索的要点可以从以下两个方面把握：（1）形式审查。审查移送的线索材料和相关手续是否齐全。（2）实质审查。对于明显属于因民事纠纷引起、偶然发生的行政或刑事案件，或者明显属于应当由行业主管部门管辖的涉乱线索，公安机关可以不予以受理。

【典型案例】

福建某市市场监管局、卫健委接到群众举报市区某医院存在实施手术过程对被害人实施强迫交易、敲诈勒索等违法犯罪活动。市场监管局、卫健委将涉黑涉恶线索移送市公安局某分局。分局与行业主管部门对接，联合制定打击方案，由行业主管部门卫健委、市场监管局组成联合检查组，以行业监管检查的形式对该医院进行检查，提取了该医院涉案的关键证据。公安机关迅速介入，在前期工作基础上深入开展侦查研判调查取证工作，在掌握了大量扎实证据后，专案组于2018年12月21日对涉案医院卓某某等人实施收网抓捕，一举抓获犯罪嫌疑人22名，成功打掉该市首个医疗领域的恶势力犯罪集团。

【立法宗旨和背景】

（一）起草背景

一是将中央文件精神上升为法律制度。中共中央、国务院《关于开展扫黑除恶专项斗争的通知》明确规定："各有关部门要将日常执法检查中发现的涉黑涉恶线索及时向公安机关通报，建立健全线索发现移交机制。"在扫黑除恶专项斗争期间，行业主管部门贯彻落实中央的部署要求，在整治行业乱象中主动摸排涉黑涉恶线索，与政法机关密切配合，通过"一案一整治"加强行业治理。如果说专项斗争期间行业主管部门向公安机关等主管部门移送涉黑涉恶线索，是一种政治责任，那么通过立法将中央文件精神上升为法律规则，就是将政治责任转变成法律责任，从而形成防范行业领域有组织犯罪的长效机制。二是压实行业主管部门的职责。行业乱象的失管，行业管理漏洞的存在，都容易被黑恶势力乘虚而入，如果行业主管部门没有主动作为，积极履职，最终可能让黑恶势力坐大成势。因此，压实行业主管部门的职责，要求其主动开展有组织犯罪线索摸排，有利于从源头上防范和压缩有组织犯罪的生存空间。三是确立全面防范理念。要从根本上改变"打击有组织犯罪是政法部门的事，甚至只是公安一家的事"的错误观念，各行业主管部门积极履职，主动发现和移送有组织犯罪线索，从而与政法机关协同配合，形成系统治理、综合治理的格局，这也是本法所确立全面防范有组织犯罪理念的具体体现。

（二）审议中各方面的意见以及争议的问题

本条是综合了草案一审稿第二十三条、第二十四条形成的法条。草案一审稿第二十三条是关于发现移送线索的规定："负有防范有组织犯罪义务的主体在履行职责时发现有组织犯罪线索，或者接到有组织犯罪举报，应当自发现线索或者接到举报之日起七日以内移交公安机关，配合开展调查。"草案一审稿第二十四条是关于行刑衔接的规定："负有监管责任的行业部门应当建立摸排工作机制，主动发现有组织违法犯罪线索，及时收集固定证据，并移送公安机关依法处理。"

本条在起草过程中删除了原规定的移交线索的限期、建立线索摸排的工作机制、收集固定证据等内容。主要考虑是：一是在反有组织犯罪工作中，有的国家机关与反有组织犯罪工作的关联性较为紧密，有的相对不紧密，搞一刀切设置强制性的规定，会造成权利义务上的失衡。二是刑事诉讼法等法律法规已有明确的行刑衔接的相关制度规定，本法不宜规定的过细。三是有的国家机关虽有监管职责，但是没有执法权，无法做到及时收集固定证据。

草案第二次审议稿保留了有关国家机关“有配合调查”的义务。全国人大常委会审议时，有委员提出，有的机关有配合调查的义务，有的机关只是接收到举报后有转送的义务，一律规定“配合开展调查”，对有的机关来说赋予了过重的义务和责任，可能打击移交的积极性。根据此意见，本条删除了“配合开展调查”的表述。

有的部门提出，根据草案第二条规定，有组织犯罪包括黑恶势力实施的行贿罪等监察机关管辖的犯罪。根据此意见，将“移交公安机关”修改为“移交公安机关等主管机关处理”。

第二十六条 公安机关核查有组织犯罪线索，可以按照国家有关规定采取调查措施。公安机关向有关单位和个人收集、调取相关信息和材料的，有关单位和个人应当如实提供。

【条文主旨】

本条是关于赋予公安机关核查有组织犯罪线索调查权和明确单位、个人配合义务的规定。

【条文释义】

本条规定了公安机关核查有组织犯罪线索享有调查权和单位、个人如实提供证据材料的配合义务。

一、本条规定公安机关有权在核查有组织犯罪线索时采取调查措施

（一）关于线索核查的法律性质

有组织犯罪线索核查是指公安机关依法对有组织犯罪线索开展的调查核实工作。

首先，线索核查与案件侦查的关系。主要体现在以下三个方面：一是两者处于不同的诉讼阶段。从阶段上来看，线索核查主要是在立案前的调查取证工作，案件侦查是立案后的调查取证工作。在核查阶段对犯罪事实和犯罪嫌疑人尚未有证据证明，在侦查阶段已经有证据证明发生了犯罪事实或者发现了犯罪嫌疑人。二是两者的法律依据。侦查措施由刑事诉讼法第二编第二章专章明确规定，由于线索核查概念不是刑事诉讼法上的概念，其不具有刑事诉讼法意义上的法律程序。目前，除了本法规定外，线索核查由公安部规范性文件规定。三是线索核查具有准侦查措施的性质。立案前的调查核实可采取措施仍然较多，除了涉及人身和财产方面权益外，其他的取证措施可以适用刑事诉讼法上相关取证规定，如询问、查询、勘验、鉴定等等。根据《公安机关办理刑事案件程序规定》第一百七十四条规定："调查核实过程中，公安机关可以依照有关法律和规定采取询问、查询、勘验、鉴定和调取证据材料等不限制被调查对象人身、财产权利的措施。但是，不得对被调查对象采取强制措施，不得查封、扣押、冻结被调查对象的财产，不得采取技术侦查措施。"此规定同样适用于线索核查。

其次，线索核查与立案审查的关系。刑事诉讼法对线索核查的调查措施没有明确规定，只是在刑事诉讼法第一百一十二条规定了立案前对报案、控告、举报和自首的材料的审查。从诉讼程序的定位上看，诉讼法和公安机关规范性文件已经赋予立案审查可以采取调查取证措施。因此，线索核查与立案审查的法律性质相似，两者是一种包容的关系，但是线索核查的范围要大于立案审查。有组织犯罪线索因其事实的复杂性，在一条线索中可能存在多个违法犯罪事实，在线索核查过程中，对于已经查明存在犯罪事实或者发现犯罪嫌疑人，符合立案条件的，可以先行立案侦查，其他尚未调查的事实仍然需要继续核查，也就是说，立案侦查并不意味着线索核查的办结。从《公安机关摸排核查涉黑涉恶线索暂行办法》的规定来看，线索核查办结在刑事诉讼法程序上可以一直到移送审查起诉阶段。

最后，线索核查是一种正式的法律制度。如前所述，线索核查在本法制定前只有公安部的内部规范性文件作出具体规定，位阶较低，本法首次将线索核查入法，使线索核查概念不仅成为法律概念，而且构建了关于有组织犯罪线索调查取证的一项完整的法律制度。从本法第二十四条到第二十八条规定线索从收集、分析研判、组织核查到立案侦查，其核心就是线索核查，再加上相关规范性文件进一步细化了有组织犯罪线索的核查措施、核查结论、办结条件以及核查责任、复查复核等，从而形成一个有独立评价体系的调查制度。

（二）关于线索核查的依据

本条规定公安机关核查有组织犯罪线索，可以按照国家有关规定采取调查措施。“国家有关规定”的表述与刑法上的“国家规定”存在文字表述上不同。刑法第九十六条关于违反国家规定之含义：“本法所称违反国家规定，是指违反全国人民代表大会及其常务委员会制定的法律和决定，国务院制定的行政法规、规定的行政措施、发布的决定和命令。”2011年4月8日，最高人民法院《关于准确理解和适用刑法中“国家规定”的有关问题的通知》规定：“以国务院办公厅名义制发的文件，符合以下条件的，亦视为刑法中的国家规定：（1）有明确的法律依据或者同相关行政法规不相抵触；（2）经国务院常务会议讨论通过或者经国务院批准；（3）在国务院公报上公开发布。”根据2017年最高人民法院、最高人民检察院《关于办理侵犯公民个人信息刑事案件适用法律若干问题的解释》第二条规定：“违反法律、行政法规、部门规章有关公民个人信息保护的规定的，应当认定为刑法第二百五十三条之一规定的‘违反国家有关规定’。”本法所称的国家有关规定参照“两高”2017年的司法解释，不低于部门规章。因此，公安部在制定有关有组织犯罪线索核查的规范性文件也要符合部门规章的标准。

（三）有组织犯罪线索的核查制度

有组织犯罪线索核查作为一项正式的法律程序，其基本制度包括以下方面：

1. 核查启动。线索核查相对于侦查而言，其启动调查条件相对较弱。根据刑事诉讼法、《公安机关办理刑事案件程序规定》的相关规定，只要接到有组织犯罪嫌疑的线索和情报信息，案件事实或者线索不明的，需要调查核实的，即可开展有组织犯罪线索核查调查活动。在启动依据上，线索核查不需要产生法律文书，只需要经办案部门负责人批准即可启动核查，而侦查则需要立案决定书作为启动依据。实践中，有组织犯罪线索经内部审核后录入平台，根据分级核查相关规定流转给公安机关核查单位，组建核查专班或者专案组开展线索核查工作。

2. 调查措施。有组织犯罪线索核查是立案审查阶段对线索反映的犯罪事实进行调查核实，是去伪存真、收集证据的法律程序。根据《公安机关办理刑事案件程序规定》第一百七十四条规定：“调查核实过程中，公安机关可以依照有关法律和规定采取询问、查询、勘验、鉴定和调取证据材料等不限制被调查对象人身、财产权利的措施。但是，不得对被调查对象采取强制措施，不得查封、扣押、冻结被调查对象的财产，不得采取技术侦查措施。”实践中，对有组织犯罪线索而言，可以调查走访询问有关证人、知情人，获取证据；向有关机关、企业、事业单位调查证据材料；对与被调查对象有关的银行账户、存款汇款、邮局、邮件、通信进行查询；对有关办案机关的案卷材料、档案进行查阅复制；对有关物证、书证、痕迹进行鉴定；等等。如果线索尚未立案，不能对被调查对象采取刑事诉讼法规定的立案后所采取的强制措施，包括拘传、拘留、逮捕、取保候审、监视居住。一般情况下，不能对被调查对象采取财产查封、扣押、冻结措施。但是在核查黑社会性质组织线索时，遇到法定紧急风险，可以依据根据本法第二十七条规定，采取紧急止付、临时冻结、临时扣押的措施。

3. 核查结论。根据《公安机关摸排核查涉黑涉恶线索暂行办法》的规定，有组织犯罪线索的核查结论包括四种，即“具有涉黑犯罪嫌疑”“具有涉恶犯罪嫌疑”“具有其他犯罪嫌疑”“无犯罪嫌疑”的结论。对于“具有涉黑犯罪嫌疑”的，一般由地市级以上公安机关组织专案侦查；对于“具有涉恶犯罪嫌疑”的，一般由县级以上公安机关组织专案侦查；对于“具有其他犯罪嫌疑”的，按照法律规定侦办；对于“无犯罪嫌疑”的，根据实际情况按照有关规定处理。

4. 核查责任。《关于常态化开展扫黑除恶斗争巩固专项斗争成果的意见》明确建立核查结论签字负责并落实终身负责制。要求以至少三人集体讨论的形式确定核查结论，讨论过程全程记录。公安部落实核查责任终身制，要求核查办结报告由核查地公安机关分管领导、核查部门主要负责人、核查专班负责人签字确认，终身负责。

5. 提级核查、异地核查、抽查复核。为了提高线索转化战果的质效，确保线索得到逐一落实，避免出现推诿扯皮，不作为等问题，上级公安机关对下级的线索核查加强跟踪督办和监督指导。采取的措施主要有：提级办理、异地核查、抽查复核。所谓提级办理，是上级公安机关将下级核查的线索提级办理。所谓异地核查，是上级公安机关采取异地交叉核查的办法，将线索交办给非发生地下级公安机关组织核查。抽查复核是指上级公安机关对下级公安机关线索核查工作进行监督，不定期地组织抽取评查线索的核查质量，对各地已经办结的但群众仍反复举报的线索、中央、公安部交办或下发的线索组织复核。

二、本条规定了单位和个人如实提供证据材料的配合义务

本法第七条规定“任何单位和个人都有协助、配合有关部门开展反有组织犯罪工作的义务。”可见，单位和个人的协助配合是一种法定义务，必须履行。本条的配合义务是本法第七条的具体化。强调单位和个人在配合公安机关调查时，如实提供相关证据材料，如果不如实提供或者有意作伪证，将承担相应的法律后果。

【实践中应注意的问题】

本条的理解适用中，应当需要注意以下问题：

第一，关于线索核查收集的信息材料的证据资格问题。

既然线索核查是一种准侦查措施，公安机关在有组织犯罪线索核查中收集、调取证据材料，也需要严格依据刑事诉讼法的相关规定。其调取的证据材料一般具有证据资格。

立案前依法调查获取的物证、书证、勘验检查笔录等客观证据，其证据资格不受是否立案的影响。根据刑事诉讼法第五十四条第二款的精神，侦查机关通过调查核实收集的有关证据材料，也可以作为证据使用。既往制定的相关司法解释性质文件也确认了初查证据的效力。如，2012年“两高两部”发布的《关于办理黑社会性质组织犯罪案件若干问题的规定》规定：“立案前的审查阶段获取的证据材料经查证属实的，可以作为证据使用。”2016年最高人民法院、最高人民检察院、公安部《关于办理刑事案件收集提取和审查判断电子数据若干问题的规定》第六条规定：“初查过程中收集、提取的电子数据，以及通过网络在线提取的电子数据，可以作为证据使用。”相对于物证、书证、视听资料、电子数据而言，言词证据主观性较强，2019年《人民检察院刑事诉讼规则》删除了原2012年该规则第六十四条第三款规定的关于行政机关收集的涉案人员供述，相关人员证言、陈述在一定条件下可以作为证据使用的规定。从扫黑除恶专项斗争的经验来看，由于涉黑涉恶案件在立案前后，言词证据变化较大，有的被调查对象在秘密接触时，愿意如实陈述事实，一旦案件公开后，由于心理强制等原因，不愿意作证，导致立案后言词证据难以取得，或者变化较大。可见，对于调查阶段所获取的言词证据需要慎重对待。其能否作为证据使用，需要综合判断。

第二，关于公安机关收集、调取公民个人信息材料与保护公民个人信息的关系问题。

公安机关在核查有组织犯罪事线索时收集、调取的信息材料涉及公民个人信息时，要注意不违反民法典关于公民个人信息保护制度方面的相关规定。

民法典第一千零三十三条至第一千零三十六条明确规定自然人的个人信息受法律保护，并界定了个人信息的范畴、法定条件以及免责情形。所谓公民个人信息是以电子或者其他方式记录的能够单独或者与其他信息结合识别特定自然人的各种信息，包括自然人的姓名、出生日期、身份证件号码、生物识别信息、住址、电话号码、电子邮箱、健康信息、行踪信息等。个人信息中的私密信息，适用有关隐私权的规定；没有规定的，适用有关个人信息保护的规定。

民法典第一千零三十五条规定“个人信息的处理包括个人信息的收集、存储、使用、加工、传输、提供、公开等”。但是，此条对处理个人信息作出限制性规定：“处理个人信息的，应当遵循合法、正当、必要原则，不得过度处理，并符合下列条件：（一）征得该自然人或者其监护人同意，但是法律、行政法规另有规定的除外；（二）公开处理信息的规则；（三）明示处理信息的目的、方式和范围；（四）不违反法律、行政法规的规定和双方的约定。”据此，任何未经法律授权或同意，处理公民个人信息的行为都构成民事侵权，将面临民事诉讼的风险。民法典第一千零三十六条规定了处理个人信息的免责事由：“处理个人信息，有下列情形之一的，行为人不承担民事责任：（一）在该自然人或者其监护人同意的范围内合理实施的行为；（二）合理处理该自然人自行公开的或者其他已经合法公开的信息，但是该自然人明确拒绝或者处理该信息侵害其重大利益的除外；（三）为维护公共利益或者该自然人合法权益，合理实施的其他行为。”虽然有第三项的兜底，但是为了避免不必要的诉讼风险，本条的规定起到与民法典相衔接的作用，为公安机关的执法行为提供法律授权。

需要注意的是，公安机关虽然可以处理公民个人信息，但是作为信息处理者的公安机关仍然要注意履行保密义务，不得泄露或者向他人非法提供，确保个人信息安全。民法典第一千零三十八条、一千零三十九条明确规定了个人信息安全和国家机关及其工作人员对个人信息的保密义务。否则，仍将承担一定的法律后果。

【典型案例】

2018年8月，天津市公安局从一起打架斗殴案件入手，审讯发现阎某等人系有组织犯罪团伙，在涉嫌多次实施聚众斗殴，寻衅滋事，非法拘禁，敲诈勒索，故意伤害，强迫交易，诬告陷害，破坏生产经营，高利转贷，伪造国家机关证件、印章，虚假诉讼等违法犯罪活动。2019年2月13日，天津市公安局对阎某等人组织、领导、参加黑社会性质组织案立案侦查。公安机关综合采取多种调查措施，包括走访调查、伤情及文件鉴定、账目查询、估损定价、调取监控视频、证件鉴定等，查证核实了大量犯罪证据。2020年12月23日，天津市第二中级人民法院终审判决阎某无期徒刑，剥夺政治权利终身。

【立法宗旨和背景】

（一）起草背景

公安机关对有组织犯罪线索必须开展核查工作。

首先，有组织犯罪线索的特殊性要求开展核查。表现在以下方面：一是线索涉及的事件多，内容复杂。一般的刑事犯罪线索涉及的人和事比较单一，有的甚至仅凭当事人报案即可判断是否存在犯罪事实。有组织犯罪线索往往涉及多人多起违法犯罪事实，特别是其组织内部人员关系、组织结构如果没有经过采取一定手段调查了解是无法搞清楚的。二是线索核查时间长。一般的刑事犯罪线索反映的某一个时间点犯罪事实，其线索核查可以在较短时间内完成调查取证工作，由于有组织犯罪事实往往存在隐案、漏案，有的已经发生了几年甚至十几年的时间，使得对有组织犯罪线索的核查时间相对较长。三是线索性质较为敏感。有组织犯罪线索比较敏感，容易引起社会关注，核查的保密性要求严。四是群众存在心理强制。公安机关核查有组织犯罪线索，其调查的对象暴力性较强，在当地往往已经有一定的势力，形成一定的恶名，有关单位和个人存在心理恐惧，有的担心受到报复，不愿意配合的情形在实践中较为普遍，导致公安机关对有组织犯罪线索核查难度较大。

其次，进一步明确核查的法律定位。尽管刑事诉讼法、《公安机关办理刑事案件程序规定》等法律法规一般性地规定对报案、控告、举报和自首的材料进行审查和采取调查措施，但是没有核查的相关规定，导致核查概念、性质、法律的定位不明确。核查概念在实务中已经广泛运用，需要在法律上明确定位。

最后，总结实践斗争成熟经验上升为法律规则。为了开展专项斗争需要，公安部制定了《公安机关摸排核查涉黑涉恶线索暂行办法》，经过三年实践，形成较为成熟的线索核查的工作机制，如线索调查措施、线索核查责任等，通过本法规定，为该规范性文件指导常态化扫黑除恶斗争提供法律依据。

同时，鉴于有组织犯罪线索的特殊性和复杂性，本法仍有必要规定公安机关对有组织犯罪的线索核查措施与有关单位和个人的配合义务。

（二）审议中各方面的意见以及争议的问题

由于在专项斗争中，有组织犯罪线索核查已经在实践中广泛开展，实务界和理论界对于线索核查必要性认识较为一致。但是对于线索核查采取具体调查措施存在较大的争议。主要争议如下：

草案征求意见稿中，曾罗列了公安机关核查有组织犯罪情报线索可以采取具体调查措施：一是规定了一般措施。具体包括：询问、查询、盘问、传唤、勘验、检查、鉴定、辨认、搜查等措施，可以提取或者采集肖像、指纹、声纹、虹膜图像等人体生物识别信息和血液、尿液、脱落细胞等生物样本，并留存其签名及身份证件信息，但不得采取强制措施。二是规定了可以采取技术措施。对重大的黑社会性质组织犯罪情报线索，根据核查工作需要，经法定批准手续，公安机关可以对被调查对象采取技术侦查措施。上述这些调查措施反映了实践办案部门对于线索核查的需求，但是部分调查措施突破了现有法律法规的规定，特别是对技术侦查手段法律明确规定了必须立案后才能采取，并对审批权限等作了严格规定。因此，上述具体调查措施引起实务界和理论界较大的争议。一是线索核查的调查核实不能等同立案后的侦查，法律法规对此已有的规定不能突破。二是较为敏感，且容易引起社会关注和广泛争议的措施，如涉及公民人身权利的生物识别措施和技术侦查措施，也不宜在本法中规定。因此，将上述的调查措施删除。

从本条制定过程来看，在草案第一审稿第二十六条形成后，本条的二审稿在内容与一审稿基本一致，仅作文字上的个别调整。原第二十六条规定“公安机关核查有组织违法犯罪线索，可以按照有关规定，采取调查措施。向有关单位和个人收集、调取相关信息和材料的，有关单位和个人应当及时提供。”草案二审稿将“及时提供”修改为“如实提供”，主要理由：本法第七条已经设定了单位和个人协助配合的义务，该义务已涵盖“及时提供”的要求，本条在义务设定的考量上，侧重于对单位和个人所提供证据材料的真实性方面。

第二十七条　公安机关核查有组织犯罪线索，经县级以上公安机关负责人批准，可以查询嫌疑人员的存款、汇款、债券、股票、基金份额等财产信息。

公安机关核查黑社会性质组织犯罪线索，发现涉案财产有灭失、转移的紧急风险的，经设区的市级以上公安机关负责人批准，可以对有关涉案财产采取紧急止付或者临时冻结、临时扣押的紧急措施，期限不得超过四十八小时。期限届满或者适用紧急措施的情形消失的，应当立即解除紧急措施。

【条文主旨】

本条是关于公安机关在有组织犯罪线索核查阶段可以查询嫌疑人员财产信息和对黑社会性质组织犯罪涉案财产采取紧急措施的规定。

【条文释义】

本条共分两款。第一款是关于公安机关在有组织犯罪线索核查阶段查询嫌疑人员财产信息的权限规定。

根据本款规定，公安机关在线索核查阶段有权查询嫌疑人员的财产信息。理由：一是查询是公安机关线索核查的基础性调查措施，有法律明确授权和内部办案规定；二是查询嫌疑人员财产既是核查工作的需要，也是“打财断血”的需要；三是查询并不涉及侵犯当事人合法权益，对财产的查询在公安机关内部也设置了审批手续，通过平台查询或人工查询，都会留痕，便于倒查，防止发生权力滥用问题；四是通过查询可以发现新的犯罪线索，扩大战果。需要注意的是：一是查询财产信息包括合法财产和非法财产。根据本法第四十条的规定，对有组织犯罪的组织和成员的财产状况全面调查，因此，查询的财产信息也是全面的，不限于涉案财产。二是查询的嫌疑人员必须是有组织犯罪组织及其成员。

本款中使用“嫌疑人员”的概念，是指公安机关在线索核查阶段所确定的怀疑对象，不同于立案后的犯罪嫌疑人。

对于查询的审批层级设定为县级，主要是考虑到县级公安机关是线索核查的责任兜底机关，大量线索由县级公安机关负责组织核查，如果审批层级过高，不利于消化线索。

第二款是关于黑社会性质组织犯罪涉案财产采取紧急措施的规定。

根据本款规定，公安机关在核查黑社会性质组织犯罪线索时，在特定的紧急风险情况下，可以对涉案财产采取紧急措施。本条赋予了公安机关在立案前可以对嫌疑人员的涉案财产采取临时性的强制性措施的权力，属于特殊措施，是本法对刑事诉讼法现有规定的突破。

本款对紧急措施设定较高的程序门槛和最长期限。一是适用对象。适用紧急措施限定在黑社会性质组织犯罪线索，不包括恶势力组织。二是批准的层级。需经地市级以上公安机关负责人批准。对于黑社会性质组织的线索，是由市级以上公安机关负责核查，采取紧急措施由市级以上公安机关负责人批准是适当的。三是设定期限。为了保护当事人财产权益，对紧急措施设置了最长期限 48 小时。紧急情形消失后，立即解除或者变更措施。设定最长期限为 48 小时的理由：鉴于在立案前对财产采取紧急措施，是本法对刑事诉讼法的突破性规定，为了慎重起见，同时也是从保护当事人合法权益出发，借鉴了反洗钱法第二十六条“……临时冻结不得超过四十八小时。金融机构在按照国务院反洗钱行政主管部门的要求采取临时冻结措施后四十八小时内，未接到侦查机关继续冻结通知的，应当立即解除冻结”的规定。设立最长期限的另一层意思是，不能以任何原因或理由而延长该期限。48 小时期限届满必须采取措施，要么解除紧急措施，要么立案，采取正式的查封、扣押、冻结措施。所谓“适用紧急措施的情形消失后，应当立即解除对上述涉案财产采取的措施”是指只要紧急措施的情形消失，就应当立即解除紧急措施，不以 48 小时届满为限。

【实践中应注意的问题】

如前所述，公安机关有组织犯罪线索核查具有准侦查措施的性质，本条所规定的查询、紧急措施在实务中可以参照公安部发布的《公安机关办理刑事案件程序规定》第八章第六节、第七节的相关规定。

在实践操作中注意以下问题：

第一，关于查询方面。

查询是公安机关核查有组织犯罪线索，全面掌握嫌疑人员的财产信息的调查方法。查询是线索核查基本的调查方法，其性质上不同于查封、扣押、冻结等财产处置措施，不得划转、转账或者以其他方式变相扣押。查询是通过掌握财产信息，为将来案件处置财产提供条件。在实务操作中，参照《公安机关办理刑事案件程序规定》第八章第七节的相关规定。公安机关向金融机构等单位查询嫌疑人员的存款、汇款、证券交易结算资金、期货保证金等资金，债券、股票、基金份额和其他证券，以及股权、保单权益和其他投资权益等财产，应当经县级以上公安机关负责人批准，制作协助查询财产通知书，通知金融机构等单位协助办理。

参照“两高两部”《关于办理黑恶势力犯罪案件若干问题的指导意见》规定：“公安机关侦查期间，要会同工商、税务、国土、住建、审计、人民银行等部门全面调查涉黑组织及其成员的财产状况。”公安机关在线索核查阶段，为了全面掌握有组织犯罪的财产情况，查询不限于本条第一款所规定的范围。总结实践经验，公安机关在有组织犯罪线索核查阶段查询嫌疑人员财产信息主要有四个重点方向：

一是查金融资产。利用人民银行机构和资金查控平台等有效手段查清涉案人员在各大商业银行的资金及关联的理财账户情况，在支付宝、微信等电子支付账户及关联的理财账户情况，以及股票、债券、保单、票据、基金份额等有价证券账户及对应资金账户情况。

二是查房屋等不动产。结合涉案人员的成长地、居住地、主要活动地、单位所在地等信息，通过不动产登记和交易中心查询，结合外围调查，查清涉案人员名下或虽登记在他人名下但可能属于涉案人员实际拥有、实际控制、出资购买的土地、住宅、商铺、工业厂房等不同类型不动产的情况。

三是查车辆等特殊动产。通过查询车辆登记、车辆卡口信息、保单记录、维修记录、违章处理等信息，结合外围调查，查清涉案人员名下或虽登记在他人名下但可能属于涉案人员实际拥有、实际控制、出资购买的汽车、船舶、航空器等高价值特殊动产情况。

四是查股份期权。通过调阅工商登记、股东决议、纳税记录、交易流水、合同等信息，查明涉案人员在公司、企业、厂矿等经济实体中持股情况或虽登记在他人名下但可能属于涉案人员实际拥有的股份情况。

对上述四个方面的资产，通过分析资金来源、资金流向、登记时间、实际使用等因素，并结合外围调查情况综合判断资产性质和用途，为立案后采取扣押、查封和冻结措施提供条件。

第二，关于紧急措施方面。

紧急止付、临时冻结、临时扣押的实务操作，可以参照《公安机关办理刑事案件程序规定》第八章第六节、第七节的相关规定和《公安机关侦办电信诈骗案件工作机制（试行）》。

其主要环节包括：一是审批手续。公安机关在核查黑社会性质组织线索时，需要对嫌疑人员财产采取紧急止付、临时冻结、临时扣押的紧急措施，应当经设区的市级以上公安机关负责人批准。二是提供相关法律文书。制作协助冻结财产通知书，明确冻结财产的账户名称、账户号码、冻结数额、冻结期限、冻结范围以及是否及于孳息等事项，通知金融机构等级单位协助办理。冻结股权、保单权益的，应当经设区市一级以上公安机关负责人批准，冻结上市公司股权的，应当经省级以上公安机关负责人批准。三是最长期限。根据本条第二款的规定，紧急止付、临时冻结、临时扣押，最长不得超过48小时。期限届满或者适用紧急措施的情形消失的，应当立即解除紧急措施。如果在期限内立案的，可以将紧急措施变更为一般的财产冻结、扣押的措施。

【典型案例】

福建某市在线索核查阶段，对黑恶势力的财产信息要求“六必查”：一查嫌疑人员及其配偶名下实际占有的银行存款、房产、车辆情况；二查嫌疑人员实际控制或持股的公司、企业情况；三查嫌疑人员现金、汇款、商铺、厂房、土地使用权、股权、债权（含放出的赌债、高利贷），以及财付通、支付宝等第三方支付平台的资金情况；四查嫌疑人员转移至他人名下的财产情况；五查嫌疑人员涉嫌洗钱，以及掩饰、隐瞒犯罪所得、犯罪所得收益等犯罪涉及的财产；六查其他与黑恶势力组织及其违法犯罪活动有关的财产情况。

【立法宗旨和背景】

（一）起草背景

一是查询财产信息是“打财断血”的必然要求。专项斗争经验表明，“打财断血”是扫黑除恶的两大法宝之一。经济基础作为黑恶势力赖以生存和发展的物质基础，直接决定着黑恶势力的活动能力，扫黑除恶工作必须要彻底摧毁涉黑恶犯罪的经济基础，防止其死灰复燃。因此，公安机关从有组织犯罪线索核查一开始就必须要充分运用查询等手段措施，全面掌握有组织犯罪组织和成员动产和不动产、金融资产等情况，为立案后查控有组织犯罪组织的涉案财产提供条件。二是紧急措施是法定紧急情况下运用的特殊程序性措施。由于公安机关核查黑社会性质组织线索的时间长，核查内容复杂，黑社会性质组织特别是网络空间领域的黑社会性质组织一旦察觉风声，会短时间内迅速地转移、灭失财产，给“打财断血”造成很大障碍。因此，虽然本法规定在立案前对涉案财产采取紧急措施，突破了刑事诉讼法的相关规定，但是从扫黑除恶斗争的现实需要出发，有必要在本法设置必要的紧急措施，防止嫌疑人员转移、灭失涉案财产。同时，将紧急措施仅限定在对黑社会性质组织犯罪线索的核查，并对审批权限、适用期限作出明确限制，充分保障公民和法人的财产权利。因此，根据办理黑社会性质组织犯罪案件的需要，有必要设立立案前对财产的紧急措施。

（二）审议中各方面的意见以及争议的问题

制定本条的立案初衷是将扫黑除恶专项斗争中“打财断血”的成熟经验上升为法律规范。虽然在本法草案起草过程中，一线办案部门对制定本条的呼声较大，但是专家学者对于本条规定的在线索核查阶段采取紧急措施一直存在较大争议。争议主要集中在立案前对涉案财产采取紧急措施是否妥当。有的意见认为本条的紧急措施规定与刑事诉讼法、《公安机关办理刑事案件程序规定》等法律法规相冲突，不赞成制定本条规定。

经过反复论证和研讨，最终对紧急措施的规定予以保留，主要理由如下：一是紧急措施是一种特殊程序性措施。立法上对制度设定有一般程序性措施和特殊程序性措施之分。特殊程序性措施是针对紧急情况而设定的，例如，刑事诉讼法第一百三十八条规定：“进行搜查，必须向被搜查人出示搜查证。在执行逮捕、拘留的时候，遇有紧急情况，不另用搜查证也可以进行搜查。”在立案前的线索核查阶段，原则上只能采取勘验、检查、鉴定、询问、查询等非限制性、处分性的措施。但是在紧急情况下，规定采取强制性手段则属于特殊程序性措施。故本条设定的在紧急风险的情况下，为防止黑社会性质组织及其成员的涉案财产灭失、转移，采取对财产的紧急止付、临时冻结、临时扣押等紧急措施，符合立法上特殊程序条件。二是设置一定的法定限制条件。包括对适用对象限制、批准层级限制、对最长期限限制等，确保当事人合法权益受到保护。

本条的制定时注意与刑事诉讼法保持一致，主要表现为：（1）在第一款的表述上借鉴了刑事诉讼法第一百四十五条的规定“人民检察院、公安机关根据侦查犯罪的需要，可以依照规定查询、冻结犯罪嫌疑人的存款、汇款、债券、股票、基金份额等财产。”（2）对于查询的对象，删除了原送审稿和草案二审审议稿中“房产、车辆”的规定，使法条与刑事诉讼法的规定保持一致。

本条在内容上基本保留了草案一审稿第二十七条的规定，主要改变是将原第二、三两款整合成一款，并将紧急措施的对象限定为“公安机关核查黑社会性质组织犯罪线索”。主要是考虑：如果遇到发现涉案财产有灭失、转移的紧急风险时，公安机关在法律上又缺乏必要的紧急措施，那么黑社会性质组织转移财产的风险极大，特别是网络领域黑社会性质组织的涉案财产极容易转移、灭失。在实践办案中，发现网络有组织犯罪利用第四方支付平台转移财产，以现有的侦查手段就很难追踪，给案件“打财断血”造成巨大的障碍。

第二十八条　公安机关核查有组织犯罪线索，发现犯罪事实或者犯罪嫌疑人的，应当依照《中华人民共和国刑事诉讼法》的规定立案侦查。

【条文主旨】

本条是关于公安机关有组织犯罪线索核查程序终结后立案侦查的规定。

【条文释义】

本条规定了公安机关对有组织犯罪线索核查终结的立案侦查条件。

本条可以从以下两个方面理解：

第一，核查终结在刑事诉讼法上的法律后果。

如前所述，线索核查是一项正式的法律程序。由于线索核查不是诉讼法上的制度，与刑事诉讼法的衔接需要准确地定位。刑事诉讼法第一百一十二条规定：“人民法院、人民检察院或者公安机关对于报案、控告、举报和自首的材料，应当按照管辖范围，迅速进行审查，认为有犯罪事实需要追究刑事责任的时候，应当立案；……”《公安机关办理刑事案件程序规定》第一百七十四条规定：“对接受的案件，或者发现的犯罪线索，公安机关应当迅速进行审查。发现案件事实或者线索不明的，必要时经办案部门负责人批准，可以进行调查核实。”可见，有组织犯罪线索核查在诉讼法上属于立案审查。公安机关在对于案件事实或者线索不明的情况下，开展调查核实，也就是本法所称的线索核查。“两办”《关于常态化开展扫黑除恶斗争巩固专项斗争成果的意见》明确“线索核查后对构成立案标准的及时立案”。这与刑事诉讼法第一百一十二条关于立案条件的规定是一致的，可见，有组织犯罪线索核查的程序终结在刑事诉讼法上只有两个法律后果，即立案或者不立案。本条明确规定“发现犯罪事实或者犯罪嫌疑人”，是属于应当立案的情形，当然，这一规定事实上也涵盖了不立案的情形，即没有发现犯罪事实或者犯罪嫌疑人的，不予以立案。

第二，本条的立案条件与刑事诉讼法保持一致。

本条在内容表述上与刑事诉讼法第一百零九条规定相同。刑事诉讼法第一百零九条规定：“公安机关或者人民检察院发现犯罪事实或者犯罪嫌疑人，应当按照管辖范围，立案侦查。”但此内容并不是关于立案侦查条件的表述。公安机关对有组织犯罪的立案侦查条件仍要依照刑事诉讼法第一百一十二条和《公安机关办理刑事案件程序规定》第一百七十八条规定。

有组织犯罪的立案条件与刑事诉讼法的规定相一致。立案条件包括以下三方面：（1）有犯罪事实。所谓有犯罪事实是指有被客观证据所证明的犯罪行为存在。（2）需要追究刑事责任。所谓需要追究刑事责任是指该犯罪事实或者犯罪嫌疑人仍在追诉时效内，不属于刑事诉讼法第十五条规定的不追究刑事责任的六种情形。（3）属于自己管辖的。即案件属于所在地公安机关的管辖范围。如果自己无管辖权，则需要移交给有管辖权的地区立案。综上，本条规定有组织犯罪的立案条件与刑事诉讼法等法律法规保持一致。

【实践中应注意的问题】

本法为公安机关的线索核查提供了上位法的依据。在实务操作中，公安机关有组织犯罪线索核查和立案侦查，主要是根据公安部制定的《公安机关办理刑事案件程序规定》《公安机关摸排核查涉黑涉恶线索暂行办法》等规范性文件执行。

第一，关于线索核查终结与线索办结的关系问题。

如上所述，公安机关核查有组织犯罪线索，经过调查核实，符合立案条件的，应当立案，不符合立案条件的，依法不予以立案。可见，核查有组织犯罪线索的程序终结是以立案或者不立案为标志，其依据是刑事诉讼法的相关规定。

有组织犯罪线索办结是公安机关内部对有组织犯罪线索核查结论的审核机制，其办结条件要根据公安部制定规范性文件确定。根据公安部《公安机关摸排核查涉黑涉恶线索暂行办法》第三十三条规定，公安机关核查有组织犯罪线索符合以下条件之一的，可以申请办结：（1）核查结论为“具有涉黑犯罪嫌疑”和“具有涉恶犯罪嫌疑”的，案件侦查终结、主要犯罪嫌疑人移送检察机关审查起诉；（2）核查结论为“具有其他犯罪嫌疑”的，案件已经依法处理；（3）核查结论为“无犯罪嫌疑”的，排除犯罪嫌疑的依据确实充分；（4）对不属于公安机关管辖的，已经移交相关部门。

第二，关于有组织犯罪立案侦查管辖问题。

《公安机关办理刑事案件程序规定》第七章第二节对立案的程序作了规定。公安机关有组织犯罪线索核查后，经审查，认为有犯罪事实需要追究刑事责任，且属于自己管辖的，根据线索核查单位，报请县级（涉恶）或市级（涉黑）以上公安机关负责人批准，予以立案。认为没有犯罪事实，或者犯罪事实显著轻微不需要追究刑事责任，或者具有其他依法不追究刑事责任情形的，经县级（涉恶）或市级（涉黑）以上公安机关负责人批准，不予立案。

第三，关于黑社会性质组织案件立案应当注意的问题。

一是要强化涉黑线索的经营意识和保密意识。扫黑除恶的斗争经验表明，公安机关核查涉黑线索应当重视经营意识。经营意识的核心内容是坚持黑恶案件是“办”出来的，不是“破”出来的基本理念。对于涉黑案件线索而言，从线索核查到组织收网，必须经过一段时间的调查，其主要目的是：掌握该涉黑组织的成员、分工、层级等内部组织结构，掌握该涉黑组织的主要违法犯罪事实，掌握该涉黑组织的主要涉案财产。总结经验，做好经营要做到“三个善于”，即善于发现“个案”背后的黑恶案件，善于挖掘“小组织”背后的“大组织”，善于逆用“组织”内部的秘密力量。对涉黑线索的核查的保密意识和经营意识同样重要。扫黑除恶工作是公安机关与黑恶势力及其长期经营的关系网之间的综合较量。对于重要的涉黑线索核查必须坚持公安机关“一把手”担任专案组长的原则，必要时要采取专案经营、集中办公、单线汇报的工作方式，办案人员必须严格遵守政治纪律，严禁泄露线索核查情况，严禁通风报信。

二是要准确把握立案和收网时机。经过线索经营，掌握黑社会性质组织基本情况的前提下，经过研判，认为掌握的事实和证据具备黑社会性质组织四个特征的，可以以刑法第二百九十四条立案。当然，在实务中也可以先以个罪立案，待条件成熟，再以刑法第二百九十四条立案。由于涉黑案件对当地社会的影响较大，要坚持“一把手”负责制，抽调精干警力组成专案组。在实务中立案和收网可以同步进行。收网要选择适当的时机。在全面掌握成员的活动情况，及时捕捉核心头目与骨干成员的动向及其相互间的犯罪活动联系等信息的情况下，迅速制定周密的抓捕方案，及时找准时机果断出击，适时围捕抓获犯罪组织成员。坚持果断出击和一网打尽相结合，未发现组织、领导者和骨干成员绝不收网，力争将黑恶组织一举摧毁。在抓捕涉黑涉恶团伙成员时，做到“四个同步”：抓捕与搜查同步进行；抓捕与查封同步进行；抓捕与扣押同步进行；抓捕与冻结同步进行。如果没有摸清基本情况，就匆忙收网抓捕，那么涉黑案件就很可能办成夹生案。

三是要完善“双专班”办案模式。“打伞破网”是扫黑除恶专项斗争的另一法宝，实践经验表明，反有组织犯罪必须与反腐败斗争相结合。“两办”《关于常态化开展扫黑除恶斗争巩固专项斗争成果的意见》提出强化纪法协同，建立公安机关与纪检监察机关“双专班”办案模式，实行协同立案，协同督导、协同公告。公安部在落实“两办”意见时也明确要求完善“双专班”办案模式。与纪检监察机关协同立案，协同查处，从而实现“打伞破网”与打击有组织犯罪同向发力，同频共振。实践表明，“双专班”办案模式有利于深挖彻查黑社会性质组织。

【典型案例】

从 21 世纪初开始，不断有举报反映关于海南某地区黄某某及其家族成员涉黑违法犯罪的问题线索。2018 年 9 月，海南省公安厅根据前期收集的举报线索和中央、省委巡视组的移交线索，经向省委主要领导汇报，决定成立“10·26”专案组，指定琼某市公安局异地管辖，立案开展侦查。省公安厅“上提一级，异地用警”，从全省抽调精干警力，经过充分的调查取证，掌握了大量该犯罪组织的证据。2019 年 1 月，动用全省警力 1200 余名，共计抓获犯罪嫌疑人 119 名，其中组织首要分子和骨干成员等主要犯罪嫌疑人全部到案。

经查，20 世纪 80 年代末，黄某某与其兄黄某金、黄某明、黄某波（已死亡）在其父黄某祥带领下，通过开设赌场、盗采铁矿并拉拢恶势力、招揽社会闲散人员、组建打手队伍，增强经济实力和非法影响，逐步形成以黄某某、黄某明、黄某祥、黄某金为组织者、领导者的黑社会性质组织。该组织通过开设赌场、非法采矿、强迫交易、敲诈勒索等违法犯罪活动大肆敛财，通过十几个经济实体攫取20余亿元的巨额非法收益；长期通过暴力、威胁等手段有组织地实施大量违法犯罪活动，为非作恶，欺压、残害群众，称霸一方，导致2人死亡、2人重伤、13人轻伤、5人轻微伤的严重后果。

2020年1月10日，海南省第一中级人民法院一审判处黄某某死刑，黄某明死缓并限制减刑，黄某祥、黄某金等187人1年至25年不等有期徒刑，麦某、周某等7名“保护伞”2年半至15年不等有期徒刑。2020年3月3日，海南省高级人民法院二审维持原判。2020年7月30日，黄某某被执行死刑。

【立法宗旨和背景】

（一）起草背景

一方面，本条与刑事诉讼法的相关规定相衔接，并对立案条件作了重申，表明本法所确立的立案条件与刑事诉讼法是一致的，不存在降低标准的问题；另一方面，本条的制定在本法体系中也起到了承上启下的衔接作用，也就是说，通过本条将线索核查和立案侦查两个办案阶段衔接起来，使本法的逻辑体系更加完整。

（二）审议中各方面的意见以及争议的问题

本条在草案一审稿中没有专门制定，到草案第二次审议时增加了本条。草案一审稿之所以没有制定本条的内容，主要考虑：一是原草案情报线索处置和案件办理分别专章规定，在诉讼阶段上的划分较为清晰；二是刑事诉讼法已经有对立案条件作出规定，专章制定时没有必要重复。到草案第二次审议阶段，由于对情报线索处置不再专章制定，而是将法条并入案件办理之中，考虑到从线索核查到立案侦查之间需要有专门的法条作出规定。因此，为了处理好法条之间衔接关系，增加了本条规定。本条的规定也与刑事诉讼法保持一致。

第二十九条　公安机关办理有组织犯罪案件，可以依照《中华人民共和国出境入境管理法》的规定，决定对犯罪嫌疑人采取限制出境措施，通知移民管理机构执行。

【条文主旨】

本条是关于公安机关在办理有组织犯罪案件时采取限制犯罪嫌疑人出境措施的规定。

【条文释义】

本条是关于公安机关在办理有组织犯罪案件时可以采取限制犯罪嫌疑人出境措施的规定。

本条规定可以从以下四个方面理解：

1. 限制出境的主体。根据我国法律规定，有权决定采取边控措施的职能部门有公安机关、人民法院、检察院、国家安全部门等等。本条是针对公安机关采取限制出境的边控措施的规定。公安机关是采取边控措施的主要决定机关，只要公安机关调查发现涉嫌犯罪事实或理由，就可以对相关人员实施边控措施，并不以立案为条件。

2. 限制出境的法律依据。本条规定是对出境入境管理法相关规定的重申。出境入境管理法第十二条和第二十八条规定法定不准出境的具体情形。其中，第十二条规定“中国公民有下列情形之一的，不准出境：（二）被判处刑罚尚未执行完毕或者属于刑事犯罪案件被告人、犯罪嫌疑人的；……”依法限制其不准出境。第二十八条规定“外国人有下列情形之一的，不准出境：（一）有被判处刑罚尚未执行完毕或者属于刑事案件被告人、犯罪嫌疑人的，但是按照中国与外国签订的有关协议，移管被判刑人的除外；……”

3. 限制出境的对象。根据出境入境管理法第十二条规定，刑事案件的犯罪嫌疑人属于法定不批准出境的人员。本条适用对象是有组织犯罪案件的犯罪嫌疑人。

4. 限制出境的具体措施。公安机关应当对有组织犯罪案件的犯罪嫌疑人作出限制出境的边控决定，通知移民管理机构执行。移民管理机构采取的具体的边控措施主要有：（1）掌握出入境动态；（2）阻止出境；（3）阻止出境且扣留证件；（4）阻止入境；（5）阻止入境且扣留证件；（6）扣留人员。针对有组织犯罪限制出境措施主要指第（2）（3）（6）项。出境入境管理法第六十五条规定：“对依法决定不准出境或者不准入境的人员，决定机关应当按照规定及时通知出入境边防检查机关；不准出境、入境情形消失的，决定机关应当及时撤销不准出境、入境决定，并通知出入境边防检查机关。”

【实践中应注意的问题】

实践操作中，对本条的理解适用应当需要注意以下几个方面的问题：

第一，关于由公安机关执行限制出境措施的其他情形。

一是监察机关在办理国家工作人员涉有组织犯罪案件时，为防止其外逃，也有权对被调查对象及相关人员采取限制出境措施，其执行机关是公安机关。根据监察法第三十条的规定，监察机关为防止被调查人及相关人员逃匿境外，经省级以上监察机关批准，可以对被调查人及相关人员采取限制出境措施，由公安机关依法执行。二是在有组织犯罪案件审查起诉、审判阶段，犯罪嫌疑人、被告人仍存在外逃出境风险，人民检察院和人民法院也可以决定对其采取限制出境。根据“两高两部”《关于依法限制外国人和中国公民出境问题的若干规定》，人民法院或人民检察院认定的犯罪嫌疑人或有其他违法犯罪的行为尚未处理并需要追究法律责任的，由人民法院或人民检察院决定限制出境并按有关规定执行，同时通报同级公安机关。公安部发布了《关于实行对法定不批准出境人员通报备案制度的规定》，明确了人民法院、人民检察对拟采取限出境措施的对象向公安机关通报备案，由公安机关出入境管理部门依法执行。

第二，关于限制出境的审批机关。

限制出境的审批机关为省级公安机关。根据“两高两部”《关于依法限制外国人和中国公民出境问题的若干规定》限制外国人或中国公民出境的审批权限：公安机关认定的犯罪嫌疑人或有其他违法犯罪的行为尚未处理并需要追究法律责任的，其限制出境的决定需经省、自治区、直辖市公安厅、局批准。

第三，关于限制出境期限。

公安部《关于实行对法定不批准出境人员通报备案制度的规定》第六条中规定：“限制出境期限一年以上五年以下，由省级通报备案机关或者国务院有关主管机关决定，限制出境期限三个月以上一年以下，由地市级以上通报备案机关决定，限制出境期限三个月以下（含三个月）的，由县市级以上通报备案机关决定。”

【典型案例】

2019 年 12 月 11 日，中央纪委国家监委网站援引黑龙江省纪委监委消息，哈尔滨市纪委监委对中央监督组交办问题线索全面深入研判，对呼兰区杨光、杨宏案等存续时间长、突破难度大的案件，一律提级办理，直查直办，增强威慑力。截至目前，已对 160 人立案审查调查，其中局级 6 人，处级 59 人，科级及以下 95 人；对 20 人采取留置措施；对 100 人采取边控措施。

【立法宗旨和背景】

（一）起草背景

限制出境是一种边境管控措施，是为了防止涉案的外国人或者中国公民借出境之机逃避司法机关追究法律责任，给国家、集体或个人财产等带来重大损失，而通过法定程序在国边境口岸对其采取限制出境的一种保全措施。

我国对有组织犯罪始终保持高压严打态势，有组织犯罪组织的首要分子、骨干成员均是严打的重点对象。由于有组织犯罪案件往往属于一个地区对社会有重大影响或易引起社会关注的敏感案件，有组织犯罪案件的犯罪嫌疑人听闻打击风声，为逃避打击选择外逃的概率较大。一旦犯罪嫌疑人外逃，在抓捕方面将消耗公安机关大量的人力物力，也会给案件的侦办造成巨大障碍。根据全国扫黑办在 2020 年 12 月 25 日新闻发布会公布的数字，在三年专项斗争期间，逃往境外的涉黑涉恶目标逃犯共计 496 名。因此，为了保障查办有组织犯罪案件的顺利进行，有必要赋予公安机关根据相关法律规定对有组织犯罪案件的犯罪嫌疑人采取限制出境的权限。

（二）审议中各方面的意见以及争议的问题

提请全国人大常委会审议的草案一审稿第二十八条规定了公安机关在线索核查阶段采取限制重大嫌疑人员出入境的紧急措施。这一规定的立法初衷是，有组织犯罪线索核查较为敏感，重大嫌疑人员外逃概率大，有必要对涉嫌有组织违法犯罪嫌疑人员采取限制出境入境紧急措施。为保护当事人合法权益，原法条对适用该紧急措施的对象、批准层级限制以及最长期限设置限制条件。由于原法条限制当事人出入境事实上影响了公民人身权益的行使，与刑事诉讼法、《公安机关办理刑事案件程序规定》的相关规定相冲突，因此，在征求意见时该法条的争议较大。不同意立案前采取限制出境入境措施的观点认为，此条设置的限制措施与刑事诉讼法等法律法规的规定不协调。刑事诉讼法第二条规定：

“中华人民共和国刑事诉讼法的任务，……尊重和保障人权，保护公民的人身权利、财产权利、民主权利和其他权利。”《公安机关办理刑事案件程序规定》第一百七十四条规定：“调查核实过程中，公安机关可以依照有关法律和规定采取询问、查询、勘验、鉴定和调取证据材料等不限制被调查对象人身、财产权利的措施。”立案前设置限制出入境的措施将会影响到公民人身权利的正常行使，对于涉及限制公民人身权利的措施，一般应当在案件立案后进行。

经过反复沟通和慎重研究，在法条设置上从以下三个方面作出调整：一是在适用对象上，由有组织犯罪的重大嫌疑人员改为犯罪嫌疑人。二是在措施上，将限制出境入境的措施改为仅限于出境措施。因为在公安机关查办有组织犯罪案件时，对于犯罪嫌疑人主要是担心其出逃境外，采用限制入境的情况极为少见，没有必要专门规定。三是在适用条件上，本条不再规定审批层级和适用期限等条件。原第二十八条规定“公安机关核查有组织犯罪线索，经设区的市级以上公安机关负责人批准，可以决定对重大嫌疑人员采取限制出境入境措施”，并规定了最长不得超过 90 天的期限。本条不是针对线索核查阶段的专门规定，其与刑事诉讼法等法律法规的规定是协调统一的，因此，没有必要再规定审批层级和适用期限等条件。需要说明的是，虽然本条作出上述的调整，但是并不是说公安机关在有组织犯罪线索核查阶段绝对不能够采取限制出境的边控措施。公安机关可以根据出境入境管理法第十二条和第二十八条规定“不准出境”的情形采取边控措施。

第三十条　对有组织犯罪案件的犯罪嫌疑人、被告人，根据办理案件和维护监管秩序的需要，可以采取异地羁押、分别羁押或者单独羁押等措施。采取异地羁押措施的，应当依法通知犯罪嫌疑人、被告人的家属和辩护人。

【条文主旨】

本条是关于对有组织犯罪案件的犯罪嫌疑人、被告人，根据需要采取异地羁押、分别羁押或者单独羁押等措施的规定。

【条文释义】

本条规定可以从以下四个方面理解：

其一，适用主体为“有组织犯罪案件的犯罪嫌疑人、被告人”。其中，“有组织犯罪案件”表明该特殊羁押制度适用于所有有组织犯罪案件。“犯罪嫌疑人、被告人”表明公安机关、人民检察院、人民法院皆可决定适用该特殊羁押制度。

其二，限制性条件为“根据办理案件和维护监管秩序的需要”。可以把握如下内容：（1）犯罪嫌疑人、被告人可能实施新的犯罪的；（2）可能毁灭、伪造证据，干扰证人作证或者串供的；（3）可能对被害人、举报人、控告人实施打击报复的；（4）企图自杀或者逃跑的。

其三，可以采取的特殊羁押措施有异地羁押、分别羁押或者单独羁押等三类。所谓“异地羁押”，是指在办案机关所在地以外的地方羁押；“分别羁押”是指与同案犯、易与之发生冲突影响监管秩序的人员在不同监室羁押；“单独羁押”是指在单独监室羁押。

其四，采取异地羁押措施的，应当依法通知犯罪嫌疑人、被告人的家属和辩护人。刑事诉讼法第八十五条第二款规定，除无法通知或者涉嫌危害国家安全犯罪、恐怖活动犯罪通知可能有碍侦查的情形以外，应当在拘留后24小时以内，通知被拘留人的家属。有碍侦查的情形消失以后，应当立即通知被拘留人的家属。第九十三条第二款规定，除无法通知的以外，应当在逮捕后24小时以内，通知被逮捕人的家属。在上述条款的基础上，本条考虑到在异地羁押情形下出现告知疏忽的可能性更大，故专门针对此情形，重申人民法院、人民检察院和公安机关依法通知其家属的要求，并增加“通知辩护人”的规定。

【实践中应注意的问题】

在该条的理解适用中，应当需要注意：

该条的羁押措施是指刑事拘留、逮捕等两类刑事强制措施，而不包括指定居所、监视居住措施。此结论可以从刑事诉讼法第六十七条第一款“人民法院、人民检察院和公安机关对有下列情形之一的犯罪嫌疑人、被告人，可以取保候审：（四）羁押期限届满，案件尚未办结，需要采取取保候审的”、第七十四条第一款“人民法院、人民检察院和公安机关对符合逮捕条件，有下列情形之一的犯罪嫌疑人、被告人，可以监视居住：（五）羁押期限届满，案件尚未办结，需要采取监视居住措施的”、第八十五条第二款“拘留后，应当立即将被拘留人送看守所羁押……”、第九十三条第二款“逮捕后，应当立即将被逮捕人送看守所羁押”等规定中得出。

【立法宗旨和背景】

（一）起草背景

有组织犯罪人员往往社会关系错综复杂，将其羁押在本地，其可能会千方百计地腐蚀本地羁押场所工作人员，请托工作人员为其对抗有组织犯罪侦查提供便利条件，且一些地方的羁押场所因条件受限，难以保证同案犯分别羁押、单独羁押要求，很容易造成串供、通风报信。为了体现依法从严惩治有组织犯罪的精神，确保羁押期间的教育改造效果，有必要在本法中规定异地羁押、分别羁押或者单独羁押等措施。

（二）审议中各方面的意见以及争议的问题

审议中，有的建议依照刑事诉讼法的规定，增加规定将羁押情况通知家属和辩护人的时间限制。经研究，立法机关增加“采取异地羁押措施的，应当依法通知犯罪嫌疑人、被告人的家属和辩护人”规定，同时为确保办案机关规范采取异地羁押、分别羁押或者单独羁押等措施，增加“根据办理案件和维护监管秩序的需要”限制性条件。

第三十一条　公安机关在立案后，根据侦查犯罪的需要，依照《中华人民共和国刑事诉讼法》的规定，可以采取技术侦查措施、实施控制下交付或者由有关人员隐匿身份进行侦查。

【条文主旨】

本条是关于公安机关在立案后根据侦查需要依法采取特殊侦查手段的规定。

【条文释义】

本条规定可以从以下三个方面理解：

第一，关于适用案件范围的问题。本条虽未明确点出“有组织犯罪案件”，但适用于所有有组织犯罪案件。

刑事诉讼法第一百五十条第一款规定：“公安机关在立案后，对于危害国家安全犯罪、恐怖活动犯罪、黑社会性质的组织犯罪、重大毒品犯罪或者其他严重危害社会的犯罪案件，根据侦查犯罪的需要，经过严格的批准手续，可以采取技术侦查措施。”该款规定在有组织犯罪案件方面仅明确列举了“黑社会性质的组织犯罪案件”，但留有“其他严重危害社会的犯罪案件”的兜底案件类型。本条将恶势力组织犯罪案件、境外的黑社会组织犯罪案件归入“其他严重危害社会的犯罪案件”范畴，从而将技术侦查措施适用案件范围拓展至所有有组织犯罪案件。

第二，关于“根据侦查犯罪的需要”的理解问题。具体把握两点：一是必要原则。即相关证据经由其他侦查手段无法取得或者需要花费极大代价，但取得该证据对于犯罪嫌疑人定罪量刑、查获同案犯罪嫌疑人、制止犯罪嫌疑人继续实施犯罪来说较为关键或者较为迫切。二是合比例原则。采取特殊侦查手段的案件应与犯罪嫌疑人罪行的严重程度相适应。判断犯罪嫌疑人罪行的严重程度可以考虑案件类型、犯罪行为造成的危害后果、犯罪嫌疑人的人身危险性等因素。

第三，关于程序适用的问题。采取特殊侦查手段，应当按照刑事诉讼法第二编第二章第八节、《公安机关办理刑事案件程序规定》第八章第十节有关规定办理。

【实践中应注意的问题】

在该条的理解适用中，应当需要注意对“立案后”的理解。因刑法第二百九十四条的存在，对于黑社会性质组织犯罪案件、境外的黑社会组织犯罪案件中的入境发展黑社会组织案件而言，“立案后”就是指以组织、领导、参加黑社会性质组织罪、入境发展黑社会组织罪立案侦查之后。同时，因为恶势力组织没有入刑和刑法针对境外的黑社会组织仅规定了一种罪名，所以对恶势力组织实施犯罪的案件，以及境外的黑社会组织到中华人民共和国境内实施犯罪或者在境外对中华人民共和国国家或者公民犯罪的案件，只能以个罪立案。为避免特殊侦查手段滥用，此时的“立案后”应是指以涉有组织犯罪的个罪立案侦查之后，而不是指以普通个罪立案侦查之后。亦即，以个罪立案侦查，如要采取特殊侦查手段，应当首先确认该个罪属于涉有组织犯罪的个罪。

【立法宗旨和背景】

（一）起草背景

规定公安机关在有组织犯罪案件立案后根据侦查需要依法采取特殊侦查手段，主要是基于以下背景：一是有组织犯罪手段日趋隐蔽化。过去，有组织犯罪往往表现为采取公开砍杀、开设地下赌场、招赌设局、敲诈勒索、暴力威胁等手段，“以血路开财路”，极力争夺地盘、聚敛财物、壮大势力。而现在，随着原始积累的完成和社会控制力的加强，有组织犯罪逐渐摆脱“血腥”状态，暴力性特征弱化，不再以暴力、胁迫手段为违法犯罪的主要手段，转而暴力与“软暴力”并用，开始采用伪装性、迷惑性更强的“软暴力”或“谈判”、“协商”、诉讼等方式实施犯罪，侵占吞并他人财产。可以说，当前有组织犯罪呈现出“隐性—显性、隐性并存”的特征，犯罪外观更具欺骗性，犯罪手段日趋隐蔽化，客观上加大了对其打击处理的难度。二是常规侦查手段有其局限性。常规侦查手段固然在有组织犯罪侦查中起着重要作用，但其也存在局限性，具体表现在使用该类侦查手段稍有不慎，很容易打草惊蛇，使有组织犯罪分子采取各种方式来掩盖自己的违法犯罪行为，来转移财产。为了应对该种局面，提高侦查效率、节约侦查资源、保障案件顺利侦办，有必要规定公安机关在立案后根据侦查需要依法采取特殊侦查手段，使公安机关在查证事实和收集证据方面，能够有所依托、有所抓手，这也是实践经验的总结，符合有组织犯罪案件办理规律。三是有组织犯罪同样大量涉及毒品等违禁品或者财物的犯罪活动。有组织犯罪因其犯罪内容，在不同环节可能会涉及枪支弹药、易燃易爆物、淫秽物品、毒品等违禁品或者财物。为了及时查获上述违禁品或者财物，防止有组织犯罪继续危害社会，同时也为了提取固定证据，有效打击有组织犯罪，有必要规定公安机关在有组织犯罪案件中根据侦查犯罪的需要，可以依照规定实施控制下交付。

（二）审议中各方面的意见以及争议的问题

审议过程中，存在争议的问题有：

其一，关于是否要规定“技术侦查措施”的问题。针对一审稿中未规定“技术侦查措施”的情况，有的建议增加规定可以采取其他技术侦查措施，并建立特殊的证据审查和开示制度；有的建议增加规定技术侦查措施，参照刑事诉讼法第一百五十条、第一百五十三条作出修改；有的提出，刑事诉讼法对技术侦查措施已有明确规定，建议在本条中不再规定，并建议将“为查明案情”修改为“为查明有组织犯罪案情”。经研究，在二审稿增加“技术侦查措施”。

其二，关于本条适用对象的问题。有的建议明确对黑社会性质组织犯罪之外的有组织犯罪，特别是恶势力组织实施的犯罪能否采取技术侦查措施。经研究，本条的适用范围是有组织犯罪案件，已足够明确，无重申必要，故未采纳相关建议。

其三，其他问题。有的提出，刑事诉讼法将控制下交付的使用限定在“给付毒品等违禁品或者财物的犯罪活动”，本条没作此限制，建议再斟酌；有的建议完善对特殊侦查措施的制约和监督。经研究，本条增加“依照《中华人民共和国刑事诉讼法》的规定”，以表明采取本条中的特殊侦查手段，应当依照刑事诉讼法的规定进行。

（三）有关国家和地区的规定

《联合国打击跨国有组织犯罪公约》第二十条第一款规定：“各缔约国均应在其本国法律基本原则许可的情况下，视可能并根据本国法律所规定的条件采取必要措施，允许其主管当局在其境内适当使用控制下交付并在其认为适当的情况下使用其他特殊侦查手段，如电子或其他形式的监视和特工行动，以有效地打击有组织犯罪。”意大利在诉讼程序方面，规定了临时拘留权、监听、优先扣押可疑涉黑财产、合作者保护等相关措施。英国代表性的政策和立法是2002年《犯罪收益法》、2004年3月的《战胜有组织犯罪的21世纪战略》以及2005年《严重有组织犯罪及警察法》，上述文件赋予执法、司法机关以广泛的执法权限，从而构建起较为完善的惩治有组织犯罪法律制度，其中《犯罪收益法》的主要宗旨是剥夺有组织犯罪以及恐怖主义犯罪的非法收益，由此切断其实施犯罪的资金支持。

第三十二条　犯罪嫌疑人、被告人检举、揭发重大犯罪的其他共同犯罪人或者提供侦破重大案件的重要线索或者证据，同案处理可能导致其本人或者近亲属有人身危险的，可以分案处理。

【条文主旨】

本条是关于对侦破有组织犯罪案件有重要贡献的犯罪嫌疑人、被告人进行分案处理的规定。

【条文释义】

本条规定可以从以下三个方面理解：

第一，适用对象为“犯罪嫌疑人、被告人”。这表明公安机关、人民检察院、人民法院皆可适用该特殊处理措施，从而将“两高两部”《关于办理黑恶势力犯罪案件若干问题的指导意见》规定的“另案处理”措施变更为“分案处理”措施。

第二，适用条件为“检举、揭发重大犯罪的其他共同犯罪人或者提供侦破重大案件的重要线索或者证据”与“同案处理可能导致其本人或者近亲属有人身危险”。需要把握以下两点：（1）对第一个适用条件，可以通过案件类型、社会危害程度、社会反响程度等因素来对“重大犯罪”“重大案件”进行判断，另外需要注意的是，本条使用“其他共同犯罪人”表述，表明检举人、揭发人本身也是该重大犯罪的共同犯罪人；（2）对第二个适用条件，需要注意两个方面：①“近亲属”的范围。根据刑事诉讼法第一百零八条第六项规定，刑事诉讼中的“近亲属”是指夫、妻、父、母、子、女、同胞兄弟姊妹，此处应当采此范围，这比民事诉讼中的“近亲属”范围要小，因为根据民法典第一千零四十五条第二款规定，民事诉讼中的“近亲属”包括配偶、父母、子女、兄弟姐妹、祖父母、外祖父母、孙子女、外孙子女。②“人身危险”的含义。既可能针对本人，也可能针对本人近亲属，且本条使用“人身危险”表述，说明不要求同案处理造成人身损害后果，只需可能导致人身危险即可，且该种危险仅涉及“人身”，不涉及财产等。

第三，公安机关、人民检察院、人民法院根据犯罪嫌疑人、被告人的适用条件符合情况，以及实际需要来决定是否采取此特殊处理措施即可，并非必须采取。

【实践中应注意的问题】

在该条的理解适用中，需要注意的问题是在事实和证据层面如何把握被分案处理的案件与主案件的关系。应当明确的一点是，被分案案件与主案件同属于一个有组织犯罪案件，而非是两个不同案件。因此，被分案案件中的犯罪事实与主案件中的犯罪事实紧密联系、不可分割，而且大部分情况下可以相互印证。按照此思路，可以对相关证据作出以下处理：（1）被分案处理的犯罪嫌疑人、被告人的供述在主案件中可以起到证人证言作用的，办案机关不必围绕该供述内容重新制作询问笔录，复印该份讯问笔录并对能够显现被分案处理人信息的部分作适当处理（如使用代号、作遮挡处理等），然后附卷即可。该复印件经与原件比对无误，与原件具有同等效力。（2）对其他无法复印的证据，应当通过拍照或者录制视频的方式客观反映相关证据情况，并附制作说明。（3）在主案件开庭审理对被分案处理人供述进行质证时，应当采取不暴露外貌、真实声音等出庭作证措施，必要时可以进行物理隔离，以音频、视频传送的方式作证，并对声音、图像进行技术处理。

【立法宗旨和背景】

（一）起草背景

鼓励犯罪嫌疑人、被告人检举、揭发重大犯罪的其他共同犯罪人或者提供侦破重大案件的重要线索或者证据，对有组织犯罪从内部进行分化瓦解，有助于更好地推动案件进展，显著地节约办案资源、提高司法效率。但是，将该犯罪嫌疑人、被告人与被检举、揭发人或者被侦破重大案件的涉案人员同案处理，可能会导致其本人或者近亲属有人身危险，故有必要根据需要进行分案处理。这既是对其本人或者近亲属人身安全的保护，更是对其配合办案机关开展工作的一种鼓励。

（二）审议中各方面的意见以及争议的问题

审议中，存在争议的问题主要是检举人、揭发人本身是不是其所检举、揭发的重大犯罪的共同犯罪人。针对一审稿中“检举、揭发其他重大犯罪共同作案人”，有的提出该表述有歧义，可能被解释成“如实供述重大犯罪的其他共同作案人”和“检举、揭发共同作案人的其他重大犯罪”两种情形，建议予以明确。经研究，考虑到本条第二种情形“提供侦破重大案件的重要线索或者证据”能够将“共同作案人的其他重大犯罪”涵盖在内，遂将“检举、揭发其他重大犯罪共同作案人”的表述修改为“检举、揭发重大犯罪的其他共同犯罪人”。

（三）有关国家和地区的规定

《联合国打击跨国有组织犯罪公约》第二十六条第四款规定：“应按本公约第二十四条的规定为此类人员（在本公约所涵盖的任何犯罪的侦查或起诉中提供了实质性配合的被指控者）提供保护。”第二十四条规定：“一、各缔约国均应在其力所能及的范围内采取适当的措施，为刑事诉讼中就本公约所涵盖的犯罪作证的证人并酌情为其亲属及其他与其关系密切者提供有效的保护，使其免遭可能的报复或恐吓。……”

第三十三条　犯罪嫌疑人、被告人积极配合有组织犯罪案件的侦查、起诉、审判等工作，有下列情形之一的，可以依法从宽处罚，但对有组织犯罪的组织者、领导者应当严格适用：

（一）为查明犯罪组织的组织结构及其组织者、领导者、首要分子的地位、作用提供重要线索或者证据的；

（二）为查明犯罪组织实施的重大犯罪提供重要线索或者证据的；

（三）为查处国家工作人员涉有组织犯罪提供重要线索或者证据的；

（四）协助追缴、没收尚未掌握的赃款赃物的；

（五）其他为查办有组织犯罪案件提供重要线索或者证据的情形。

对参加有组织犯罪组织的犯罪嫌疑人、被告人不起诉或者免予刑事处罚的，可以根据案件的不同情况，依法予以训诫、责令具结悔过、赔礼道歉、赔偿损失，或者由主管部门予以行政处罚或者处分。

【条文主旨】

本条是关于有组织犯罪的犯罪嫌疑人、被告人积极配合工作，可以依法从宽处罚，以及对参加有组织犯罪组织的犯罪嫌疑人酌定不起诉、被告人免予刑事处罚后的非刑罚处置措施适用的规定。

【条文释义】

本条分两款。第一款是关于对积极配合工作的犯罪嫌疑人、被告人从宽处罚具体情形的规定。本款规定可以从以下两方面理解：

第一，对积极配合工作的犯罪嫌疑人、被告人从宽的阶段贯穿于刑事诉讼整个过程。立法应当积极鼓励和引导人民同一切犯罪行为作斗争，犯罪嫌疑人、被告人也不例外。无论是在案件侦查、审查起诉或者是审判阶段，“配合从宽”的大门均应当是敞开的。司法实践表明，犯罪嫌疑人、被告人到案后能够如实供述自己的罪行，自愿认罪，主动揭发他人犯罪行为，或者提供重要线索从而得以侦破其他案件，客观上有利于打击犯罪，主观上有的也具有明显的悔罪意识，表现了改恶向善的意愿，人身危险性有所降低，原则上也还是可以结合案件具体情况从宽处罚。当然，对于此类案件，应当根据犯罪嫌疑人、被告人配合工作的阶段早晚以及配合的主动性、稳定性、彻底性等，在从宽幅度上体现差异。此外，还应当考虑其犯罪事实、犯罪性质、犯罪情节、危害后果、社会影响、被告人的主观恶性和人身危险性等，对于有组织犯罪的组织者、领导者从宽处理时应当严格掌握。

第二，本款共规定了五种从宽情形。

第一项，有组织犯罪组织的内部组织结构是查办有组织犯罪的关键。由于有组织犯罪组织具有一定的隐蔽性，一般情况下难以掌握其内部关系。通过其内部的成员协助是最直接可靠的线索和证据，对于全面摧毁该组织将起到关键性作用。

第二项，有组织犯罪的另一个特点是在其发展坐大过程中存在大量的隐漏案件。侦查机关如果只掌握个别现案，没有掌握其隐漏案件，仍然无法从法律上准确地认定其黑恶性质。因此，犯罪嫌疑人、被告人提供侦查机关尚未掌握的该犯罪组织的重大犯罪线索或者证据，将有助于侦查机关准确地打击有组织犯罪。重要线索或者证据，既包括本案的，也包括其他案件的，线索、证据应当内容具体、指向明确。

第三项，"保护伞"是有组织犯罪组织得以坐大成势的关键。如果一个有组织犯罪组织的"保护伞"没有被挖出来，其仍存在死灰复燃的机会。"保护伞"具有较深的隐蔽性，犯罪嫌疑人、被告人对于其组织的"保护伞"能够提供较为准确的线索或者证据。

第四项，犯罪嫌疑人、被告人协助追赃，提供赃款赃物的线索或证据，有助于实现彻底的"打财断血"。

第五项是兜底条款。

第二款是关于程序上人民检察院对犯罪嫌疑人不予起诉，或者实体上人民法院对被告人免予刑事处罚之后，可以根据案件的不同情况，采用非刑罚处置措施的规定。

根据本款规定，对于有组织犯罪案件当中不予起诉的犯罪嫌疑人、免予刑事处罚的被告人，人民检察院、人民法院有两类非刑罚处置措施：

第一，人民检察院决定不起诉、人民法院判处免予刑事处罚的案件，可以根据案件的不同情况，对被不起诉人、被告人依法予以训诫、责令具结悔过、赔礼道歉、赔偿损失。其中，训诫是对犯罪嫌疑人、被告人公开或者当庭进行谴责的一种教育方法；责令具结悔过是责令其用书面方式保证悔改、不再重犯；责令赔礼道歉是责令其承认错误，向被害人表示歉意的教育方法；责令赔偿损失是因犯罪嫌疑人、被告人的行为导致被害人遭受经济损失，责令犯罪嫌疑人、被告人给予被害人经济补偿。

第二，人民检察院、人民法院可以根据案件具体情况，向被不起诉人、免予刑事处罚被告人的主管部门提出行政处罚、政务处分或者其他处分的建议，不得直接作出处理。司法机关和其他行政部门之间应当加强沟通和联系，充分发挥刑法、相关法律惩治违法犯罪的作用，使得犯罪行为人得到应有的惩罚。主管部门主要是指管辖该案件的公安机关、犯罪嫌疑人、被告人所在单位或者基层组织。行政处罚主要是指行政执法机关依照行政法律、法规的规定，给予被不起诉人、被免予刑事处罚被告人以经济处罚或者限制人身自由的处罚，如罚款、行政拘留等。政务处分或者其他处分是指犯罪嫌疑人、被告人所在的单位或者基层组织，依照规章、制度，对被不起诉人、被免予刑事处罚被告人予以行政纪律处分，如开除、记过、警告等。

【实践中应注意的问题】

该条理解适用中，需要注意以下方面的问题：

第一，对于具有立功情节的被告人是否从宽处罚、从宽处罚的幅度。应当考虑其犯罪事实、犯罪性质、犯罪情节、危害后果、社会影响、被告人的主观恶性和人身危险性等，还应考虑检举揭发罪行的轻重、被检举揭发的人可能或者已经被判处的刑罚、提供的线索对侦破案件或者协助抓捕其他犯罪嫌疑人所起的作用。对于被告人具有立功情节，同时又有累犯等法定从重处罚情节的，既要考虑立功的具体情节，又要考虑被告人的主观恶性、人身危险性等因素，综合分析判断，确定从宽或者从严处罚。累犯的前罪为暴力犯罪或者前后罪为同类犯罪的，可以不从宽处罚。此外，从宽既包括主刑刑期的从宽，也包括财产刑的数额或比例等附加刑的从宽。

第二，要注意量刑平衡。有组织犯罪是共同犯罪，在共同犯罪中对具有立功情节的被告人的处罚，应注意共同犯罪人以及首要分子、主犯、从犯之间的量刑平衡。有组织犯罪集团的首要分子、共同犯罪的主犯检举揭发或者协助司法机关抓捕同案地位、作用较次的犯罪分子的，从宽处罚与否应当从严掌握，如果从轻处罚可能导致全案量刑失衡的，一般不从轻处罚；如果检举揭发或者协助司法机关抓捕的是其他案件中罪行同样严重的犯罪分子，一般应依法从宽处罚。对于有组织犯罪集团的一般成员、共同犯罪的从犯立功的，特别是协助抓捕首要分子、主犯的，应当充分体现政策，依法从宽处罚。

第三，不予起诉的犯罪嫌疑人、免予刑事处罚的被告人限“参加”有组织犯罪组织的，不包括组织、领导有组织犯罪的。“不起诉”，是刑事程序事项，分为法定、酌定、存疑三类不起诉的情形。刑事诉讼法第一百七十七条第二款规定了“酌定不诉”：“对于犯罪情节轻微，依照刑法规定不需要判处刑罚或者免除刑罚的，人民检察院可以作出不起诉决定。”反有组织犯罪法本条的不起诉决定，与第二十二条第二款规定是一样的，专门是指“酌定不起诉”，不包括“法定不诉”“存疑不诉”的情形。“免予刑事处罚”是刑事实体事项。刑法第三十七条规定：“对于犯罪情节轻微不需要判处刑罚的，可以免予刑事处罚，但是可以根据案件的不同情况，予以训诫或者责令具结悔过、赔礼道歉、赔偿损失，或者由主管部门予以行政处罚或者行政处分。”有组织犯罪当中，可能被免予刑事处罚的对象主要是未成年人、在校学生，有组织犯罪被告人系未成年人、在校学生，根据其所犯罪行，可能被判处拘役、3年以下有期徒刑，并具有本条第一款规定的情形的，应当依照刑法第三十七条的规定免予刑事处罚，并做好善后、帮教工作，或者交由有关部门进行处理，争取更好的社会效果。

第四，人民检察院决定不起诉的案件，应当同时书面通知作出查封、扣押、冻结决定的机关或者执行查封、扣押、冻结决定的机关解除查封、扣押、冻结。需要没收违法所得的，应当提出检察意见，移送有关主管机关处理，并要求有关主管机关及时通报处理情况。

第五，对人民法院作出免除刑事处罚的判决，如果被告人在押，公安机关在收到相应的法律文书后应当立即办理释放手续；对人民法院建议给予行政处理的，应当依照有关规定处理或者移送有关部门。

【立法宗旨和背景】

（一）起草背景

《联合国打击跨国有组织犯罪公约》第二十四条第一款规定：“各缔约国均应在其力所能及的范围内采取适当的措施，为刑事诉讼中就本公约所涵盖的犯罪作证的证人并酌情为其亲属及其他预期关系密切者提供有效的保护，使其免遭可能的报复或恐吓。”扫黑除恶实践表明，有组织犯罪案件往往犯罪人员多、事实多、积案长，侦破难度大，特别是办案初期能够收集的证据多为言词证据。因此，运用宽严相济刑事政策分化、瓦解犯罪分子，是扫黑除恶斗争的一条宝贵经验。一方面，对积极配合工作的犯罪嫌疑人、被告人从宽处理，既是坚持罪责刑相适用原则，也是为了适当放开该罪的出口，以便更好地分化、瓦解犯罪分子。另一方面，在有组织犯罪案件的侦查、起诉、审判过程中，犯罪嫌疑人、被告人积极配合等工作，为查办有组织犯罪案件提供重要线索或者证据的，依法应当认定为坦白、立功等情节，这些情形原本就属于法定从宽处罚情节。

（二）审议中各方面的意见以及争议的问题

征求意见过程中，有的意见提出，建议在草案第一款“犯罪嫌疑人、被告人积极配合侦查、起诉、审判工作，有以下情形之一的，可以依法从轻、减轻或者免除处罚，但对于有组织犯罪的组织者、领导者应当严格掌握”的“免除处罚”之后增加“或者不起诉”。经反复研究认为，黑恶势力有组织犯罪情况非常复杂，各犯罪嫌疑人、被告人涉嫌的犯罪事实、犯罪情节、犯罪后果、量刑情节及适用幅度等也不尽相同，对有组织犯罪的犯罪嫌疑人、被告人处理贯穿刑事诉讼各个环节。基于此，立法时将处理方式概述为“可以依法从宽处理”，具体法律适用交由司法机关根据个案的情况灵活把握。

审议修改时，有的意见提出，第一款的“可以依法从宽处罚”的情形不应适用于有组织犯罪的组织者、领导者。经研究认为，在有组织犯罪案件的侦查、起诉、审判过程中，犯罪嫌疑人、被告人积极配合工作，为查办有组织犯罪案件提供重要线索或者证据的，依法应当认定为坦白、立功等情节，这些情形原本就属于法定从宽处罚情节，如果绝对不适用，这与刑法关于坦白、立功的规定存在冲突。不能为了从严而突破法律的幅度和界限，任意或变相加重被告人的刑罚。一方面，从宽处罚没有适用罪名和可能判处刑罚的限定，所有刑事案件都可以适用，不能因罪轻、罪重或者罪名特殊等原因而剥夺犯罪嫌疑人、被告人依法获得从宽处理的机会。至于如何把握好从宽处罚的度，可以由司法机关根据个案的情况依法处理，这样才能实现良好的法律效果和社会效果。另一方面，对符合从宽处罚的有组织犯罪的组织者、领导者不绝对化排除其获得从宽的可能性，这样能够在刑事政策导向上鼓励这些在黑恶犯罪组织当中起组织、领导、策划、管理等核心作用的人积极配合办案，减少对抗，促进犯罪组织的内部瓦解，节约执法司法成本。这也是宽严相济刑事政策当中宽以济严的目的和价值所在。基于此，没有采纳该建议。

对于草案第二款，征求意见过程中，有的意见提出，建议删去第二款“应当根据案件的不同情况，予以训诫、责令具结悔过并保证不再从事违法犯罪活动，或者由主管部门予以行政处罚或者行政处分”当中的“保证不再从事违法犯罪活动”。经研究认为，草案中未对如何监督犯罪嫌疑人、被告人“不再从事违法犯罪活动”作出明确规定，也未予设置对再违法犯罪的人要从重处罚的规定。要求罪嫌疑人、被告人做出这种保证不符合法律要求，实践当中也不好掌握。基于此，采纳了该建议。

第三十四条 对黑社会性质组织的组织者、领导者，应当依法并处没收财产。对其他组织成员，根据其在犯罪组织中的地位、作用以及所参与违法犯罪活动的次数、性质、违法所得数额、造成的损失等，可以依法并处罚金或者没收财产。

【条文主旨】

本条是关于对组织、领导、参加黑社会性质组织的犯罪分子财产刑适用的规定。

【条文释义】

根据本条规定，对黑社会性质组织的组织者、领导者，应当依法并处没收财产。对其他组织成员，可以根据案件情况依法并处罚金或者没收财产。

本条包含以下三层意思：

第一，本条针对的是黑社会性质组织犯罪分子。目前刑法尚未对恶势力组织犯罪分子的处罚作出规定。为维护刑法体系的统一性、协调性，反有组织犯罪法也没有规定恶势力组织犯罪分子的财产刑适用。

第二，对黑社会性质组织的组织者、领导者，应当并处没收财产。没收财产，是指司法机关依据刑法的有关规定，将犯罪分子个人财产的一部或者全部强行无偿收归国家所有的一种刑罚方法。没收财产是对罪犯经济上的制裁，与刑法中规定的作为刑事措施的追缴、没收违法所得或用于犯罪的工具等，性质不同。作为刑罚方法的没收财产，没收的是犯罪人本人所有的合法财产。根据刑法规定和通行法理，相对于罚金刑，没收财产刑更为严厉，主要适用于危害国家安全罪、破坏社会主义市场经济秩序罪、侵犯财产罪及妨害社会管理秩序罪中较严重的犯罪。黑社会性质组织犯罪当中，组织者、领导者是组织的发起者、创建者，或者在组织中实际处于领导地位，对整个组织及其运行、活动起着决策、指挥、协调、管理作用，罪行更严重、主观恶性更大、人身危险性更大、社会危害更大，且比其他组织成员获取、掌握更多的违法所得，扫黑除恶最重要的目的之一就是“打财断血”，彻底铲除黑恶势力的经济基础，剥夺其再犯罪的经济能力。本条规定“对组织者、领导者，应当并处没收财产”，与刑法规定“对组织者、领导者，并处没收财产”，实质上含义是一样的。因为，刑法分则关于犯罪的法定刑设定中，对附加刑规定了“并处”和“可以并处”不同情况，就没收财产而言，对于刑法规定“并处没收财产”的，人民法院在判处主刑的同时，应当一并依法判处没收财产；对于刑法规定“可以并处没收财产”的，人民法院应当根据案件具体情况以及犯罪分子的财产情况，决定是否并处没收财产。

第三，对黑社会性质组织的其他组织成员，可以并处罚金或者没收财产。“罚金”是强制犯罪分子向国家缴纳一定数额金钱，对罪犯进行经济制裁的一种刑罚方法。罚金的本质主要是为了惩罚犯罪人通过犯罪获取非法经济利益，起到惩罚和教育的作用，并剥夺其再犯罪的经济能力。因此，罚金刑主要适用于破坏社会主义市场经济秩序的犯罪和其他非法牟利的犯罪。黑社会性质组织在形成、发展过程中，会有组织地通过违法犯罪活动或其他不正当手段聚敛资产，或者有组织地通过合法的生产、经营活动获取资产，或者由组织成员以及其他单位、个人资助。因此，结合前述关于没收财产附加刑的分析，对于黑社会性质组织的其他组织成员，可以并处罚金或者没收财产，具体由司法实践根据案情灵活掌握。比如，确属骨干成员或者为该组织转移、隐匿资产的积极参加者，可以并处没收个人财产的一部，甚至是个人财产的全部。对于非骨干成员、积极为组织转移、隐匿资产之外的参加者，根据所参与实施违法犯罪活动的次数、性质、地位、作用、违法所得数额以及造成损失的大小等情节，可以并处罚金或者没收财产。

【实践中应注意的问题】

该条理解适用中，需要注意以下四个方面的问题：

第一，本条规定的黑社会性质组织的“其他组织成员”包括积极参加的、其他参加的，比刑法第二百九十四条第一款规定的“其他参加的”范围要宽一些。

第二，本条关于对组织者、领导者之外的其他组织成员“可以依法并处罚金或者没收财产”的规定，这与刑法第二百九十四条第一款“积极参加的，可以并处罚金或者没收财产；其他参加的，可以并处罚金”的规定精神是一致的。反有组织犯罪法没有对刑法关于组织、领导、参加黑社会性质组织犯罪当中的“积极参加的”“其他参加的”的财产刑作特别规定，只是对刑法规定的指引性规范，实践当中要注意准确适用。

第三，没收财产，只能是没收犯罪分子个人所有财产的一部或者全部。这句话有以下两层含义：一是没收的只能是属于犯罪分子本人所有的财产。犯罪分子本人所有的财产，是指属于犯罪分子本人所有的财物及其在与他人共有财产中依法应有的份额。在处理这类案件时，应当依据有关的民事法律界定犯罪分子个人所有的财产，严格划清犯罪分子本人财产与其家属或者他人财产的界限。只有是依法确定为犯罪分子个人所有的财产，才能予以没收。这里的财产包括动产和不动产。二是对于犯罪分子本人所有的财产是没收一部还是全部，应当根据犯罪的性质、情节、对社会的危害程度以及案件的具体情况确定。对于黑社会性质组织的组织者、领导者，一般应当并处没收个人全部财产，以便彻底摧毁其经济基础，防止死灰复燃，有效预防有组织犯罪。决定没收犯罪分子本人的全部财产时，应当在没收的财产中给犯罪分子本人及其所扶养的家属保留必要的生活费用。

第四，合理适用罚金与没收财产。刑法设置的财产刑包括罚金、没收财产两类。从刑罚体系设置来看，立法者认为没收财产应当是重于罚金的处罚方式，但司法实践表明，对于部分案件当中的犯罪分子而言，罚金刑要重于没收财产刑。因为，根据刑法规定，没收财产以前犯罪分子所负的正当债务，需要以没收的财产偿还的，经债权人请求，应当偿还。此外，根据最高人民法院《关于刑事裁判涉财产部分执行的若干规定》关于没收财产问题的规定，判处没收财产的，应当执行刑事裁判生效时被执行人合法所有的财产。被执行人在执行中同时承担刑事责任、民事责任，其财产不足以支付的，按照人身损害赔偿费用、退赔被害人的损失、其他民事债务、罚金、没收财产的顺序执行。而对于罚金刑的缴纳，刑法规定判决可以指定在一定期限内一次或者分期缴纳。期满不缴纳的，强制缴纳。对于不能全部缴纳罚金的，人民法院在任何时候发现被执行人有可以执行的财产，应当随时追缴。由于遭遇不能抗拒的灾祸等原因缴纳确有困难的，经人民法院裁定，可以延期缴纳、酌情减少或者免除。也就是说，没收财产，是针对刑事裁判生效时被告人合法所有的财产；而罚金，如果被告人隐匿财产或者暂时无财产可缴纳，但可以针对其将来发现或者将来所有的财产进行追缴。这样规定，就使得那些在人民法院执行罚金刑时采用各种手段转移、隐匿财产，逃避承担罚金刑的罪犯，或者在人民法院执行罚金刑时，一时不能缴纳或者全部缴纳，但事后有了执行能力的罪犯的刑事责任不至于落空。当然，司法机关在决定判处罚金的数额时，还是要依据犯罪情节审慎地行使自由裁量权，做到罚当其罪，罪责刑相适应。同时，犯罪行为人的经济负担能力也需要作为考虑的因素。如果罚金数额过多，超过了犯罪行为人的实际负担能力，犯罪行为人无法缴纳，这对教育改造犯罪行为人不利；同时，由于罚金刑无法得到实际执行，也损害了法律的严肃性。如果罚金数额过少，则会使犯罪行为人感受不到经济惩罚，对犯罪行为人起不到惩戒作用。因此，司法机关在办理具体案件时，要灵活适用财产刑，以彻底摧毁犯罪分子的经济基础。

【立法宗旨和背景】

（一）起草背景

根据刑法的规定，附加刑主要是配合主刑适用，以更好地做到罪责刑相适应和刑罚个别化，有效发挥刑罚的作用。涉黑财产处置、甄别问题是办理黑社会性质组织犯罪案件的重点、难点。实践表明，黑社会性质组织的发展壮大过程是一个“以黑护商、以商养黑”的循环过程，黑社会性质组织多数以公司、企业的形式出现，涉黑财产来源多元化、形态多样化、犯罪分子有意“洗白化”，组织成员的合法财产与涉黑财产经常出现混同。办案当中，如何对查封、扣押、冻结的涉案财物来源、权属、性质和价值进行全面审查及认定，成为案件的焦点问题。涉案财物的处置及对犯罪分子准确适用财产刑，关系到“打财断血”、防止黑社会性质组织死灰复燃的司法效果。基于此，反有组织犯罪法对黑社会性质组织犯罪分子的罚金、没收财产两种附加刑的适用作出了专门规定。

罚金，是世界各国较为普遍采用的一种刑罚方法，很多国家罚金适用非常普遍，成为人身自由刑罚的替代刑种。可以根据罪犯的经济状况和缴纳的可能性确定罚金的缴纳期限。期满不缴纳或者未缴纳完毕的，人民法院可以查封、拍卖罪犯的财产，冻结、扣划存款，扣留、收缴工资或者其他收入等办法，强制罪犯缴纳。采取强制缴纳措施仍未能全部缴纳罚金的，人民法院在任何时候发现被执行人有可以执行的财产，包括主刑执行完毕后发现的，应当随时追缴，即人民法院对没有缴纳或者没有全部缴纳罚金的被执行人，在发现其有可供执行的财产时，予以追回上缴国库。这样规定，就使得那些在人民法院执行罚金刑时采用各种手段转移、隐匿财产，逃避承担罚金刑的罪犯，或者在人民法院执行罚金刑时，一时不能缴纳或者全部缴纳，但事后有了执行能力可以随时追缴，避免财产刑出现“空判”情况。另外，人民法院依法可以随时追缴，也增强了罚金刑执行的威慑力。

没收财产，是对罪犯经济上的制裁，与刑法中规定的作为刑事措施的追缴、没收违法所得或用于犯罪的工具等，性质不同，应注意区分。作为刑罚方法的没收财产，没收的只能是属于犯罪分子本人所有的合法财产，即属于犯罪分子本人所有的财物及其在与他人共有财产中依法应有的份额。这里的财产包括动产和不动产。一般而言，相对于罚金刑，没收财产刑更为严厉，主要适用于较为严重的犯罪。

因此，公安机关、人民检察院、人民法院办理黑恶势力犯罪案件时，查明黑恶势力组织违法犯罪事实并对黑恶势力成员依法定罪量刑的同时，要全面调查黑恶势力组织及其成员的财产状况，要依法运用查询、查封、扣押、冻结、追缴、没收等手段，彻底摧毁黑恶势力组织的经济基础，防止其死灰复燃。

（二）审议中各方面的意见以及争议的问题

征求意见时，有的意见提出，建议将“应当依法并处没收财产”明确为“应当依法并处没收个人全部财产”，以体现从严打击黑社会性质组织犯罪的刑事政策。经研究认为，根据刑法第五十九条的规定，没收财产是没收犯罪分子个人所有财产的一部或者全部。对于判决没收犯罪分子本人所有的财产是没收一部分还是全部，应当根据犯罪的性质、情节、对社会的危害程度以及案件的具体情况确定。

征求意见时，还有的意见提出，建议增加规定，“对判决中适用财产刑的，应当在交付执行时，将反映财产性判项执行情况的材料一并随案移送刑罚执行机关”，以保证草案当中“执行机关提出减刑、假释建议以及人民法院审理减刑、假释案件，应当充分考虑罪犯履行生效裁判中财产性判项、配合处置涉案财产等情况”的实施。研究认为，根据刑事诉讼法第二百五十九条第一款规定：“判决和裁定在发生法律效力后执行。”监狱法第十六条规定：“罪犯被交付执行刑罚时，交付执行的人民法院应当将人民检察院的起诉书副本、人民法院的判决书、执行通知书、结案登记表同时送达监狱。监狱没有收到上述文件的，不得收监；上述文件不齐全或者记载有误的，作出生效判决的人民法院应当及时补充齐全或者作出更正；对其中可能导致错误收监的，不予收监。”之前的法律已经明确了执行依据，该建议属于执行环节具体操作的程序性事项，没有必要再在反有组织犯罪法当中赘述。当然，不论是判决没收犯罪分子本人所有财产的一部还是全部，都应当对没收的财产名称、数量等在判决中写明，以便负责执行的机构执行，不能笼统地写判决没收一部或者全部。而且，决定没收犯罪分子本人的全部财产时，还应当在没收的财产中给犯罪分子本人及其所扶养的家属保留必要的生活费用。

（三）有关国家和地区的规定

《联合国打击跨国有组织犯罪公约》第十二条规定，缔约国应在本国法律制度的范围内尽最大可能采取必要措施，以便能够没收。

美国《麻醉药品法》第三十三条对追缴与没收作了较为严格的规定。我国台湾地区《组织犯罪防制条例》第三条对于发起、主持、操纵或指挥犯罪的组织者以及参与者，均规定了较重的罚金刑，且作了区分。

第三十五条　对有组织犯罪的罪犯，执行机关应当依法从严管理。

黑社会性质组织的组织者、领导者或者恶势力组织的首要分子被判处十年以上有期徒刑、无期徒刑、死刑缓期二年执行的，应当跨省、自治区、直辖市异地执行刑罚。

【条文主旨】

本条是关于有组织犯罪罪犯管理，以及被判处重刑的黑社会性质组织的组织者、领导者或者恶势力组织的首要分子异地执行刑罚的规定。

【条文释义】

本条共分两款。第一款是关于有组织犯罪的罪犯执行时从严管理的总体规定。

根据本款规定，执行机关对有组织犯罪的犯罪分子应该严格管理。执行的对象包括有期徒刑和附加刑，本款是指对有期徒刑执行的管理。可以从以下两个方面理解：

第一，关于从严管理的对象。执行机关依法从严管理的对象是有组织犯罪罪犯，执行机关包括看守所、公安机关和监狱等。根据反有组织犯罪法第二条第一款的规定，有组织犯罪罪犯包括黑社会性质组织犯罪的罪犯、恶势力组织犯罪的罪犯、境外的黑社会组织犯罪的罪犯。尽管目前刑法只规定了黑社会性质组织犯罪和入境发展黑社会组织犯罪，暂未将恶势力组织犯罪纳入刑法规制范围，但执法司法实务当中，公安机关、人民检察院、人民法院会分别在起诉意见书、起诉书、裁判文书中列明恶势力组织，充分体现区别对待、严惩“首恶”的政策精神。

第二，执行实体方面与程序方面的从严。一是社区矫正机构执行被判处管制、宣告缓刑，以及被假释、暂予监外执行的罪犯，可以要求社区矫正对象遵守国务院司法行政部门关于报告、会客、外出、迁居、保外就医等监督管理规定，从严管理。社区矫正机构应当根据有组织犯罪分子的裁判内容和性别、年龄、心理特点、健康状况、犯罪原因、犯罪类型、犯罪情节、悔罪表现等情况，制定有针对性的矫正方案，实现分类管理、个别化矫正。矫正方案应当根据社区矫正对象的表现等情况相应调整。从严审批社区矫正对象离开所居住的市、县或者迁居，除因正常工作和生活需要经常性跨市、县活动等正当理由，一般不予批准。社区矫正对象违反法律法规或者监督管理规定的，应当视情节依法给予训诫、警告、提请公安机关予以治安管理处罚，或者依法提请撤销缓刑、撤销假释、对暂予监外执行的收监执行。累犯、有组织犯罪组织的首要分子不适用缓刑。二是监狱对被判处死刑缓期二年执行、无期徒刑、有期徒刑的罪犯执行刑罚。监狱可以根据改造罪犯的需要，对有组织犯罪罪犯实行分开关押和管理，并根据罪犯的犯罪类型、刑罚种类、刑期、改造表现等情况，对罪犯实行分别关押，采取不同方式管理。根据罪犯的改造表现，对罪犯实行宽严有别的分级处遇。对不同处遇等级的罪犯，监狱应当在其活动范围、会见通信、接收物品、文体活动、奖励等方面，分别实施相应的处遇。参照监狱法第四十七条的规定，有组织犯罪服刑人员在服刑期间可以与他人通信，但是来往信件应当经过监狱检查。监狱发现有碍服刑人员改造内容的信件，可以扣留。服刑人员写给监狱的上级机关和司法机关的信件，不受检查。罪犯在监狱服刑期间，按照规定，可以会见亲属、监护人、律师。根据《律师会见监狱在押罪犯规定》第十一条的规定：“律师会见在押罪犯时，监狱可以根据案件情况和工作需要决定是否派警察在场。辩护律师会见被立案侦查、起诉、审判的在押罪犯时，不被监听，监狱不得派警察在场。”对在监狱服刑的罪犯拟暂予监外执行的，由监狱审查同意后提请省级以上监狱管理机关批准；在看守所服刑的，由看守所审查同意后提请设区的市一级以上公安机关批准。对有关涉及有组织犯罪的职务犯罪罪犯适用暂予监外执行，还应当依照有关规定逐案报请备案审查。通过提高审查机关级别、逐案报请备案审查等措施，严格审批。监狱应当从严管理组织、领导、参加黑社会性质组织的罪犯，严格罪犯会见、减刑、假释、暂予监外执行等执法活动。积极开展黑恶势力犯罪线索排查，教育引导罪犯检举揭发。社区矫正机构对拟适用社区矫正的黑恶势力犯罪案件的犯罪嫌疑人、被告人，应当认真开展调查评估，为准确适用非监禁刑提供参考。社区矫正机构对组织、领导、参加黑社会性质组织的罪犯要严格监管教育，公安机关、人民检察院、人民法院、司法行政机关要加强协调联动，完善应急处置工作机制，妥善处理被社区矫正人员脱管漏管和重新违法犯罪等情形。三是对有组织犯罪当中被判处死刑缓期执行的累犯以及因故意杀人、强奸、抢劫、绑架、放火、爆炸、投放危险物质或者有组织的暴力性犯罪被判处死刑缓期执行的犯罪分子，人民法院根据犯罪情节等情况可以同时决定对其限制减刑。这是反有组织犯罪法对刑法第五十条第二款关于被判处死刑缓期执行罪犯限制减刑规定的具体化。对需要保外就医或者属于生活不能自理，但适用暂予监外执行可能有社会危险性，或者自伤自残，或者不配合治疗的罪犯，不得暂予监外执行。对组织、领导、参加、包庇、纵容黑社会性质组织犯罪的罪犯适用保外就医应当从严审批，对患有高血压、糖尿病、心脏病等严重疾病，但经诊断短期内没有生命危险的，不得暂予监外执行。

第二款是关于黑社会性质组织的组织者、领导者或者恶势力组织的首要分子被判处 10 年以上有期徒刑、无期徒刑、死刑缓期二年执行的，应当跨省异地执行刑罚的规定。

本款可以从以下两个方面理解：

第一，对象限定为黑社会性质组织的组织者、领导者或者恶势力组织的首要分子。对黑社会性质犯罪的组织者、领导者、恶势力组织的首要分子异地关押，主要基于此类犯罪的性质特殊考虑。黑恶势力犯罪的罪犯社会关系错综复杂，有的还存在利用国家工作人员的包庇、纵容从事违法犯罪活动。因此，异地服刑有利于切断其与原犯罪关系的联系，防止其再犯，有助于重返社会。同时，这些罪犯尤其是组织者、领导者在服刑期间，存在通过各种关系网，逐步向执行机关渗透，拉拢腐蚀甚至是胁迫管理人员，以期获得生活上、刑罚执行变更等方面的非法利益的风险，让这些罪犯在其犯案地服刑，给刑罚执行管理带来极大安全隐患。

第二，应当跨省异地执行的是黑社会性质组织的组织者、领导者以及恶势力组织的首要分子当中被判处重刑的罪犯。刑法第二百九十四条规定的自由刑最高刑罚为15年有期徒刑，因此，此处规定针对的主要是被判处10年以上有期徒刑，因数罪并罚而被判处无期徒刑、死刑缓期二年执行的罪犯。并非所有被判刑的黑社会性质组织的组织者、领导者以及恶势力组织的首要分子都要异地执行，也并非所有被判处重刑的有组织犯罪罪犯均要求跨省异地执行。此外，考虑到实际情况和转押成本、押解风险等，对被判处死刑的罪犯不要求异地执行。

【实践中应注意的问题】

该条理解适用中，需要注意以下三个方面的问题：

第一，关于执行的机关。一是被判处管制、宣告缓刑、假释和暂予监外执行的罪犯，由社区矫正机构执行。二是被判处死刑缓期二年执行、无期徒刑、有期徒刑的罪犯，由监狱执行。其中，被判处有期徒刑的罪犯，在被交付执行刑罚前，剩余刑期在3个月以下的，由看守所代为执行。未成年犯应当在未成年犯管教所执行刑罚。三是被判处剥夺政治权利、拘役、驱逐出境的罪犯，由公安机关执行。四是被判处死刑、罚金的罪犯，由人民法院执行；没收财产的判决，由人民法院执行，在必要的时候，可以会同公安机关执行。

第二，对未成年罪犯的特殊管理。我国一直坚持对成年罪犯和未成年罪犯实行“分押分管”的原则。根据刑事诉讼法第二百六十四条和第二百八十条的规定，对未成年犯应当在未成年犯管教所执行刑罚，这主要是针对需要在监狱服刑的情形而言。而对被判处拘役的未成年犯，包括交付执行前剩余刑期在3个月以下的未成年犯，仍应由公安机关在看守所执行，并应对成年犯和未成年犯分别羁押、分别管理。此外，监狱法第七十六条规定，未成年犯年满18周岁时，剩余刑期不超过2年的，仍可以留在未成年犯管教所执行剩余刑期。

第三，加强对有组织犯罪罪犯的管理力度。采取分类认定管理重点罪犯、顽固犯、危险犯等，进行严格监控，及时清查罪犯的个人物品，及时掌握其日常言行。加强联防联控，详细掌握罪犯的成长史、犯罪史、家庭关系、社会关系等基本信息，有针对性地进行“顽危”犯教育转化工作和监管防范工作。通过有效规范重点管理犯、顽固犯、危险犯管理教育工作，提升罪犯教育转化工作质量。同时加强民警教育，提高管教民警的安全防范意识，确保监狱安全稳定。

【立法宗旨和背景】

（一）起草背景

2018 年“两高两部”《关于办理黑恶势力犯罪案件若干问题的指导意见》明确要求，监狱应当从严管理组织、领导、参加黑社会性质组织的罪犯，严格罪犯会见、减刑、假释、暂予监外执行等执法活动。对于判处 10 年以上有期徒刑、无期徒刑，判处死刑缓期二年执行减为有期徒刑、无期徒刑的黑社会性质组织的组织者、领导者，实行跨省、自治区、直辖市异地关押。三年专项斗争经验表明，黑恶势力犯罪不同于其他普通刑事犯罪，近年来，罪犯执行时脱管漏管、违规减刑、假释、暂予监外执行等时有发生，个别甚至因为违规提前被释放又重新违法犯罪，并造成严重后果，因此，有必要对有组织犯罪罪犯严格管理，特别是社会危害性相对较大的黑社会性质组织的组织者、领导者、恶势力组织的首要分子。这有利于保证管理的客观公正，符合社会公众的期待。

经初步测算，扫黑除恶专项斗争开展以来，符合第二款规定的涉恶的罪犯约 8000 人，这些罪犯采取省内异地关押就可以满足监管改造工作的需要，大规模跨省异地转押罪犯安全风险大，统筹安排难度大。经研究认为，被判处有期徒刑十年以上重刑的涉恶犯罪分子跨省异地执行：一是可以帮助罪犯放下思想包袱，敞开心扉，安心改造，有助于其重返社会；二是通过教育，能够引导罪犯坦白余罪漏罪，激发检举揭发黑恶势力及“保护伞”的积极性，有助于深挖涉黑涉恶线索；三是异地管理可以彻底切断与犯罪地、成长地的非法联系，降低管理风险，确保执行机关和干警的安全。

（二）审议中各方面的意见以及争议的问题

本条草案一审送审稿原拟规定：“对于被判处十年以下有期徒刑的有组织犯罪的组织者、领导者，黑社会性质组织的积极参加者，以及包庇或者纵容有组织犯罪的国家工作人员，可以跨省、自治区、直辖市或者在本省、自治区、直辖市内异地执行刑罚。”讨论时，有意见提出，这些罪犯主观方面坚持黑社会性质组织立场并不是特别顽固，不是特别难以悔改，在当地监管场所接受教育改造，通过思想教育、文化教育、技术教育能够改造成为守法公民，能够帮助他们今后顺利融入社会。而且大规模跨省异地转押罪犯也存在较大的安全风险，会大幅增加刑罚执行成本。基于此，采纳了该建议，未再规定被判处刑罚相对较轻的组织者、领导者、积极参加者，以及包庇、纵容有组织犯罪的国家工作人员异地执行。

第三十六条　对被判处十年以上有期徒刑、无期徒刑、死刑缓期二年执行的黑社会性质组织的组织者、领导者或者恶势力组织的首要分子减刑的，执行机关应当依法提出减刑建议，报经省、自治区、直辖市监狱管理机关复核后，提请人民法院裁定。

对黑社会性质组织的组织者、领导者或者恶势力组织的首要分子假释的，适用前款规定的程序。

【条文主旨】

本条是关于被判处十年以上有期徒刑、无期徒刑、死刑缓期二年执行的黑社会性质组织的组织者、领导者或者恶势力组织的首要分子减刑、假释的规定。

【条文释义】

本条共分两款。第一款是关于被判处10年以上有期徒刑、无期徒刑、死刑缓期二年执行的黑社会性质组织的组织者、领导者或者恶势力组织的首要分子减刑的规定。对于第一款的规定，可以从以下三个方面来理解：

第一，此处的减刑对象有两个限制条件。一是黑社会性质组织的组织者、领导者或者恶势力组织的首要分子。二是这些人员被判处10年以上有期徒刑、无期徒刑、死刑缓期二年执行。尽管根据刑法第七十八条的规定，减刑的对象是被判处管制、拘役、有期徒刑、无期徒刑的犯罪分子。其中，被判处死刑缓期二年执行的罪犯，符合减刑条件的，是应当依法予以减刑，只是裁定减为无期徒刑或是有期徒刑25年的问题。除刑法第三百八十三条第四款规定，对重特大犯贪污罪、受贿罪，被判处死刑缓期执行的，人民法院根据犯罪情节等情况可以同时决定在其死刑缓期执行二年期满依法减为无期徒刑后，终身监禁，不得减刑、假释。减刑没有罪名的限制。也就是说，被判处前述类刑罚的犯罪分子，在执行刑罚期间只要符合减刑条件都可能成为减刑对象。这一规定有利于犯罪分子认罪服法，接受改造。

第二，提高了监狱系统内部审核层级。《最高人民法院关于适用〈中华人民共和国刑事诉讼法〉的解释》第五百三十四条规定：对被判处死刑缓期执行的罪犯的减刑，由罪犯服刑地的高级人民法院在收到同级监狱管理机关审核同意的减刑建议书后裁定；对被判处无期徒刑的罪犯的减刑、假释，由罪犯服刑地的高级人民法院在收到同级监狱管理机关审核同意的减刑、假释建议书后裁定；对被判处有期徒刑和被减为有期徒刑的罪犯的减刑、假释，由罪犯服刑地的中级人民法院在收到执行机关提出的减刑、假释建议书后裁定。也就是说，对被判处死刑缓期执行的罪犯的减刑，被判处无期徒刑的罪犯的减刑、假释，是由高级人民法院裁定；对被判处有期徒刑和被减为有期徒刑的罪犯的减刑、假释，是由中级人民法院裁定。反有组织犯罪法的规定略有不同，提高了对被判处 10 年以上有期徒刑、无期徒刑、死刑缓期二年执行的黑社会性质组织的组织者、领导者或者恶势力组织的首要分子减刑时监狱系统内部审核层级，即要求报经省、自治区、直辖市监狱管理机关复核后，才能提请人民法院裁定。这也是为了保持对黑恶势力犯罪分子的高压态势，同时发挥减刑的改造功能，对这些罪犯提出减刑建议时严格审核、审批。需要注意的是，此处并没有明确规定省级监狱管理机关复核后直接提请同级人民法院裁定，即并非一律要求由高级人民法院裁定。此类案件的级别管辖依然是按照司法解释的相关规定执行。

第三，减刑启动的程序。根据本款的规定，对于符合减刑条件的犯罪分子，应当由执行机关根据罪犯在服刑期间的悔改或者立功表现的考核结果，提出减刑建议，报经省、自治区、直辖市监狱管理机关复核后，向犯罪分子所在地的中级以上人民法院递交减刑建议书，提请人民法院裁定。减刑建议书是执行机关制作的建议人民法院予以减刑的正式书面文件，也是人民法院启动减刑程序的依据；没有执行机关的减刑建议书，人民法院不能受理减刑案件，也不能制作减刑裁定书。这里的执行机关是指依法执行相关刑罚的监狱。

第二款是关于被判处刑罚的黑社会性质组织的组织者、领导者或者恶势力组织的首要分子假释的规定。

假释对象刑罚范围与前一款关于减刑的规定有区别，同时要注意刑法关于假释的禁止性规定。刑法第八十一条第一款、第二款规定：“被判处有期徒刑的犯罪分子，执行原判刑期二分之一以上，被判处无期徒刑的犯罪分子，实际执行十三年以上，如果认真遵守监规，接受教育改造，确有悔改表现，没有再犯罪的危险的，可以假释。如果有特殊情况，经最高人民法院核准，可以不受上述执行刑期的限制。”“对累犯以及因故意杀人、强奸、抢劫、绑架、放火、爆炸、投放危险物质或者有组织的暴力性犯罪被判处十年以上有期徒刑、无期徒刑的犯罪分子，不得假释。”因前述情形和犯罪被判处死刑缓期执行的罪犯，被减为无期徒刑、有期徒刑后，也不得假释。根据立法原意，刑法此处规定的“有组织的暴力性犯罪”，主要是指有组织地进行黑社会性质组织犯罪、恐怖活动犯罪等暴力性犯罪。根据反有组织犯罪法的规定，恶势力组织犯罪罪犯罪行严重，主观恶性深，社会危害性大，因此应当与黑社会性质组织犯罪予以同等力度打击与管理。当然，对被判处 10 年以下有期徒刑的这类犯罪分子，符合假释条件的，依法可以假释。

【实践中应注意的问题】

该条理解适用中，需要注意以下四个方面的问题：

第一，关于减刑建议须报经省、自治区、直辖市监狱管理机关复核与司法解释规定的区别。《最高人民法院关于适用〈中华人民共和国刑事诉讼法〉的解释》第五百三十四条第一款规定，对减刑、假释案件，应当按照情形分别处理。根据该规定，对被判处有期徒刑和被减为有期徒刑的罪犯的减刑、假释的启动，是罪犯服刑地的中级人民法院收到执行机关提出的减刑、假释建议书。即未要求省级监狱管理机关审核同意，所以并不要求省高级人民法院裁定。此外，还要注意对“被判处 10 年以上有期徒刑”的理解。“被判处 10 年以上有期徒刑”是否包含被判处十年以上有期徒刑但后面经过减刑剩余刑期在十年以下的罪犯，减刑、假释时是否仍须经省级监狱管理机关复核。减刑、假释是特殊预防措施，一般来说，适用减刑、假释，说明罪犯通过接受教育改造，确有悔改表现，人身危险性随着刑罚的执行发生了重大改变，社会危害性已经显著降低。但是，体系性理解刑法会发现，刑法根据犯罪的不同性质、后果等因素，对犯罪分子的减刑、假释适用是作了区分的。比如，刑法第五十条第二款规定，对因有组织的暴力性犯罪等被判处死刑缓期执行的犯罪分子，人民法院根据犯罪情节等情况可以同时决定对其限制减刑。刑法第七十八条规定，限制减刑的死刑缓期执行的犯罪分子，缓期执行期满后依法减为无期徒刑的，实际执行的刑期不能少于 25 年，缓期执行期满后依法减为 25 年有期徒刑的，实际执行的刑期不能少于 20 年。刑法第八十一条第二款规定，对因有组织的暴力性犯罪等被判处 10 年以上有期徒刑、无期徒刑的犯罪分子，不得假释。此外，相关司法解释对有组织的暴力性犯罪等特殊类型犯罪罪犯的减刑起始时间和间隔时间，以及假释的条件等也作出了限制性规定。从刑法立法原意来看，对有组织犯罪当中部分罪犯的减刑、假释是严格区分、慎重对待的，主要考虑就是此类犯罪分子主观恶性深、社会危害性大，再犯可能性大，不是那么容易彻底改造。因此，对被判处10年以上有期徒刑但后面经过减刑剩余刑期在10年以下的有组织犯罪罪犯的减刑、假释建议一般情况下也应当由省级监狱管理机关复核后，再按程序报请人民法院审核裁定。

第二，因为司法实践中，对罪犯的减刑、假释是由服刑地人民法院裁定，所以对跨省异地执行的有组织犯罪罪犯减刑、假释也应当是由服刑地的人民法院裁定，确有必要的，可以层报最高人民法院指定管辖。

第三，减刑的情形分为两类，第一类是有悔改表现的，或者有立功表现可以减刑，第二类是属于重大立功表现应当减刑。但是，根据《最高人民法院关于办理减刑、假释案件具体应用法律的规定》第三条第二款规定，组织、领导、参加、包庇、纵容黑社会性质组织犯罪罪犯，不积极退赃、协助追缴赃款赃物、赔偿损失，或者服刑期间利用个人影响力和社会关系等不正当手段意图获得减刑、假释的，不认定其“确有悔改表现”，不符合减刑、假释条件。还要注意刑法关于减刑、假释的排除性规定。

第四，监狱要严格按照《监狱提请减刑假释工作程序规定》要求，对有组织犯罪罪犯提请减刑、假释的审查、评审工作。必要时，监狱可以邀请人民检察院派员列席减刑假释评审委员会会议。

【典型案例】

据媒体报道，孙小果在服刑中，连续7年被评为劳动改造积极分子，接连获得减刑，还号称发明了“联动锁紧式防盗窨井盖”，获得发明专利，据此被认定为“重大立功”，再次减刑。结果是他出狱后继续组织领导黑社会性质组织，作恶一方近10年。

经依法查明：2004年至2008年，在孙小果服刑期间，其家人对云南省监狱管理局人员行贿，让孙小果多次受到记功、表扬，捏造孙小果发明创造并获得专利有重大立功的事实，以达到给孙小果减刑的目的。

2019年12月，云南省玉溪市中级人民法院、玉溪市红塔区人民法院等法院对19名涉孙小果案公职人员和重要关系人职务犯罪案公开宣判。对昆明市五华区城管局原局长李桥忠（孙小果继父）以徇私枉法罪、徇私舞弊减刑罪、受贿罪、行贿罪、单位行贿罪判处有期徒刑 19 年。对孙鹤予（孙小果母亲）以徇私枉法罪、徇私舞弊减刑罪、行贿罪、受贿罪判处有期徒刑 20 年。对云南省司法厅原巡视员罗正云以徇私舞弊减刑罪、受贿罪判处有期徒刑 10 年零 6 个月。其余涉案人员分别被判处有期徒刑 2 年至 12 年不等，部分被告人还分别被并处罚金，依法没收赃款赃物。

【立法宗旨和背景】

（一）起草背景

扫黑除恶专项斗争期间，发现个别被判处重刑的罪犯，通过非法手段减刑、假释，如云南昆明孙小果为首的黑社会性质组织案，不仅严重损害刑罚执行的严肃性，同时导致没有教育改造好的罪犯提前出狱，出狱后又实施违法犯罪行为，造成特别严重后果，社会影响极其恶劣。因此，对于黑社会性质组织的组织者、领导者或者恶势力组织的首要分子，特别是这部分人当中被判处 10 年以上有期徒刑、无期徒刑、死刑缓期二年执行的，因为考虑到这些人犯罪社会影响恶劣，主观恶性深，人身危险性大，避免其在服刑期间利用个人影响力和社会关系等不正当手段意图获得减刑、假释。所以提出减刑、假释的建议时应当严格审核。此外，还要注意刑法第五十条第二款、第八十一条第二款对减刑、假释的排除性规定。

（二）审议中各方面的意见以及争议的问题

征求意见过程中，有意见提出，建议将草案第一款"对被判处十年以上有期徒刑、无期徒刑、死刑缓期二年执行的有组织犯罪罪犯减刑的"当中的"罪犯"修改为"有组织犯罪的组织者、领导者和纠集者、首要分子"。经研究认为，被判处 10 年以上有期徒刑、无期徒刑、死刑缓期二年执行的有组织犯罪组织者、领导者、首要分子，属于重刑犯，对于此类罪犯人身危险性和再犯可能性较高，应当与其他罪犯区别对待，对其从严把握减刑、假释，符合宽严相济的刑事政策。因此，采纳上述意见，仅针对被判处 10 年以上有期徒刑、无期徒刑、死刑缓期二年执行的黑社会性质组织和恶势力组织当中的"组织者、领导者、首要分子"提出减刑、假释建议和作出裁定时，设置报送复核的条件。

此外，征求意见过程中还有意见建议，对有组织犯罪罪犯减刑应当特别慎重，省级监狱管理机关审核后，还应由同级监察、检察、公安机关联合审查，并报最高人民法院、最高人民检察院备案。其中，对被判无期徒刑、死刑缓期二年执行的罪犯，减刑需由国家监察委、最高人民法院、最高人民检察院、公安部联合审查备案。相关人员获减刑后再次犯罪的，应从重处罚，不得再减刑、假释。研究认为，死刑缓期二年执行的罪犯的减刑，属于法定事由。这些意见或者暂时缺乏相应的法律依据，或者条件尚不成熟，留待今后根据执法司法实际情况进一步研究。

第三十七条　人民法院审理黑社会性质组织犯罪罪犯的减刑、假释案件，应当通知人民检察院、执行机关参加审理，并通知被报请减刑、假释的罪犯参加，听取其意见。

【条文主旨】

本条是关于人民法院审理黑社会性质组织犯罪罪犯的减刑、假释案件应当通知有关单位和罪犯参加并听取意见的规定。

【条文释义】

本条可以从以下三个方面来理解：

第一，关于人民法院审理减刑、假释案件的方式。按照法律规定，人民法院审理案件的方式有书面审理和开庭审理。2021 年《最高人民法院关于适用〈中华人民共和国刑事诉讼法〉的解释》规定："被报请减刑、假释罪犯系组织、领导、参加、包庇、纵容黑社会性质组织犯罪罪犯的，应当开庭审理。"根据本法第二条规定，"黑社会性质组织犯罪"包括组织、领导、参加黑社会性质组织犯罪和黑社会性质组织实施的犯罪，但不包括包庇纵容黑社会性质组织罪。《最高人民法院关于适用〈中华人民共和国刑事诉讼法〉的解释》规定，组织、领导、参加、包庇、纵容黑社会性质组织犯罪罪犯减刑、假释案件应当开庭审理。因此，本条规定的黑社会性质组织犯罪案件与司法解释明确要求开庭审理的组织、领导、参加、包庇、纵容黑社会性质组织犯罪罪犯减刑、假释案件是存在包含的关系。尽管本法未明确规定人民法院审理黑社会性质组织犯罪罪犯的减刑、假释案件一律开庭，但司法实践当中应当依法开庭审理，确保司法权最大限度地在阳光下运行。

第二，应当通知人民检察院、执行机关参加审理。减刑、假释案件由执行机关启动，这里的执行机关包括监狱、看守所、社区矫正机构，执行机关对被报请减刑、假释的罪犯的改造情况最熟悉，因此，有必要派员参加案件审理，介绍说明提请减刑、假释建议书及理由，配合法庭核实相关情况。人民检察院是法律监督机关，对减刑、假释案件负有监督职责。《人民检察院刑事诉讼规则》规定，人民检察院收到执行机关抄送的减刑、假释建议书副本后，应当逐案进行审查，向审理减刑、假释案件的人民法院提出书面检察意见或纠正意见。人民法院开庭审理减刑、假释案件，人民检察院应当指派检察人员出席法庭，发表意见。同时，人民检察院收到人民法院减刑、假释的裁定书副本后，还要依法审查被减刑、假释的罪犯是否符合法定条件，对罪犯减刑的减刑幅度、起始时间、间隔时间或者减刑后又假释的间隔时间、罪犯被减刑后实际执行的刑期或者假释考验期是否符合有关规定；执行机关提请减刑、假释的程序是否合法；人民法院审理、裁定减刑、假释的程序是否合法；人民法院对罪犯裁定不予减刑、假释是否符合有关规定等。基于此，应当依法保障人民检察院对减刑、假释案件的提请、审理、裁定等活动是否合法实行法律监督。

第三，应当通知被报请减刑、假释的罪犯参加，听取其意见。被报请减刑、假释的罪犯是案件的当事人，对报请理由有疑问的，在经审判长许可后，可以出示证据，申请证人到庭，向证人提问并发表意见。执法机关、司法机关应当依法保障被报请减刑、假释的罪犯充分行使最后陈述的权利。反有组织犯罪法的规定与《最高人民法院关于减刑、假释案件审理程序的规定》关于“人民法院开庭审理减刑、假释案件，应当通知人民检察院、执行机关及被报请减刑、假释罪犯参加庭审”的精神是一致的。

【实践中应注意的问题】

该条理解适用中，需要注意以下两个方面的问题：

第一，关于被判处死刑缓期二年执行的罪犯减刑。被判处死刑缓期二年执行的罪犯减刑存在三种处理可能：一是在死刑缓期执行期间，如果没有故意犯罪，死刑缓期执行期满，执行机关应当提出减刑的书面意见，报请高级人民法院裁定减为无期徒刑或者有期徒刑。二是如果故意犯罪，情节恶劣，查证属实，高级人民法院应当报请最高人民法院核准执行死刑。三是如果故意犯罪但不属于情节恶劣，不需要执行死刑，则死刑缓期执行的期间重新计算，并报最高人民法院备案。反有组织犯罪法此处关于被判处死刑缓期二年执行的罪犯减刑的规定是专门针对第一种情形，即依法应当予以减刑。

第二，关于“听取其意见”当中的“其”。应该理解为人民检察院、执行机关、被报请减刑、假释的罪犯。不包括人民法院根据需要，通知证明罪犯确有悔改表现或者立功、重大立功表现的证人，公示期间提出不同意见的人，以及鉴定人、翻译人员等其他参加庭审人员。

【立法宗旨和背景】

（一）起草背景

减刑、假释是激励罪犯改造的刑罚制度，关系到罪犯的切身权益，也关系到对罪犯教育改造效果的评估。为了规范司法决策的公正性、严肃性，加强对减刑、假释裁定的监督，预防可能存在的司法腐败，防止罪犯通过减刑、假释的方式规避法律的制裁。有必要严格黑社会性质组织犯罪罪犯减刑、假释案件的审理程序。

（二）审议中各方面的意见以及争议的问题

有意见建议删去草案第二款“人民法院根据需要，可以通知证明罪犯确有悔改表现或者立功、重大立功表现的证人，以及鉴定人、翻译人员等其他人员参加庭审”的规定。经研究，刑事诉讼法对此已有规定，司法实践按规定操作即可，故采纳了该意见。

第三十八条　执行机关提出减刑、假释建议以及人民法院审理减刑、假释案件，应当充分考虑罪犯履行生效裁判中财产性判项、配合处置涉案财产等情况。

【条文主旨】

本条是关于对有组织犯罪罪犯提出减刑、假释建议以及裁定减刑、假释时，应当充分考虑罪犯履行生效裁判中财产性判项、配合处置涉案财产等情况的规定。

【条文释义】

本条规定可以从以下三个方面来理解：

第一，执行机关提出减刑、假释建议与人民法院裁定减刑、假释时应当双重审查。执行机关对罪犯提出减刑、假释的建议前，要充分审查执行依据裁判文书当中涉财产部分的判项及其履行情况，拟报请减刑、假释罪犯实际履行情况，如果尚未履行或者未完全履行，则应当进一步调查核实财产状况或者财产线索，调查罪犯是否有转移、隐匿财产逃避履行的情形，督促罪犯积极履行和配合处置。执行机关应当根据调查结果，确定罪犯在服刑期间确有悔改或者立功表现，是否可以减刑，是否符合假释条件，慎重向人民法院提出减刑、假释建议。

人民法院办理有组织犯罪罪犯减刑、假释案件时，应当严格按照《最高人民法院关于适用〈中华人民共和国刑事诉讼法〉的解释》《最高人民法院关于办理减刑、假释案件具体应用法律的规定》《最高人民法院关于减刑、假释案件审理程序的规定》有关规定，依法严格审理被报请减刑、假释罪犯在执行期间遵守监规，接受教育改造，悔改表现，立功表现，再犯罪的危险等情况，从而确定是否符合减刑、假释的条件。“确有悔改表现”是指同时具备以下条件：认罪悔罪；遵守法律法规及监规，接受教育改造；积极参加思想、文化、职业技术教育；积极参加劳动，努力完成劳动任务。组织、领导、参加、包庇、纵容黑社会性质组织犯罪等罪犯，不积极退赃、协助追缴赃款赃物、赔偿损失的，不认定其“确有悔改表现”。

对符合减刑、假释条件的组织、领导、参加黑社会性质组织犯罪罪犯，确有履行能力而不履行或者不全部履行生效裁判中财产性判项的罪犯，减刑幅度、假释与否应当比照《最高人民法院关于办理减刑、假释案件具体应用法律的规定》的有关规定从严掌握。

第二，“充分考虑罪犯履行生效裁判中财产性判项、配合处置涉案财产等情况”是确定性要求，而非酌定要求。履行生效裁判中财产性判项、配合处置涉案财产，不仅仅是扫黑除恶斗争“打财断血”，铲除有组织犯罪的经济基础，防止黑恶犯罪势力死灰复燃的需要，也是罪犯的法定义务和认罪悔罪的重要表现。这事关刑罚执行的严肃性和完整性，因此，司法实践有必要从严掌握。

第三，“生效裁判”的理解。根据现行法律规定，诉讼当中的裁判主要包括刑事裁判、刑事附带民事裁判、民事裁判、行政裁判等。减刑制度是惩办与宽大相结合政策在刑罚执行中的具体运用，假释是对于被判处有期徒刑、无期徒刑的犯罪分子执行一定的刑期后附条件地提前释放的制度。由此可见，减刑、假释是适用于刑事犯罪分子的，因此，本法当中的“生效裁判”只包括刑事裁判和附带民事裁判。

【实践中应注意的问题】

该条理解适用中，需要注意以下四个方面的问题：

第一，要全面审查罪犯的履行能力。履行生效裁判中财产性判项是罪犯的法定义务，但同时也应当考虑罪犯的实际履行能力。要全面核查，罪犯有没有隐匿、转移财产逃避执行等行为；是否存在因遭遇不能抗拒的灾祸等原因缴纳罚金确有困难，已提交相关证明材料申请延期缴纳、酌情减少或者免除罚金等情形。人民法院应当综合核查情况和犯罪性质、情节、被处刑罚、服刑期间消费等情况，裁定是否予以减刑、假释，如果符合减刑的还应当考虑减刑的幅度。

第二，要注意生效裁判中财产性判项、涉案财产等范围。根据《最高人民法院关于适用〈中华人民共和国刑事诉讼法〉的解释》第五百二十一条规定，刑事裁判涉财产部分的执行包括发生法律效力的刑事裁判中判项当中的罚金、没收财产，追缴、责令退赔违法所得，处置随案移送的赃款赃物，没收随案移送的供犯罪所用本人财物，其他应当由人民法院执行的相关涉财产的判项。

第三，本条规定不仅是针对黑社会性质组织犯罪罪犯，也包括恶势力组织罪犯。

第四，人民法院作出的刑事判决、裁定发生法律效力后，在依照刑事诉讼法第二百五十三条、第二百五十四条的规定将罪犯交付执行刑罚时，如果生效裁判中有财产性判项，人民法院应当将反映财产性判项执行、履行情况的有关材料一并随案移送刑罚执行机关。罪犯在服刑期间本人履行或者其亲属代为履行生效裁判中财产性判项的，应当及时向刑罚执行机关报告。刑罚执行机关报请减刑时应随案移送以上材料。人民法院办理减刑、假释案件时，可以向原一审人民法院核实罪犯履行财产性判项的情况。原一审人民法院应当出具相关证明。

【立法宗旨和背景】

（一）起草背景

将财产性执行和附带民事赔偿责任履行情况作为减刑、假释的重要参考依据，体现了刑罚执行的严肃性和完整性，同时能够调动罪犯执行财产刑的积极性。罪犯积极履行刑事裁判中罚金、没收财产、追缴与责令退赔违法所得、处置随案移送的赃款赃物、没收随案移送的供犯罪所用本人财物等判项，以及附带民事裁判确定的赔偿判项，这些本来就是罪犯的法定义务，也是认定其是否具有悔改表现的重要参考。

有组织犯罪罪犯通过各种违法犯罪手段，非法聚敛了一定经济利益，想要彻底铲除黑恶势力犯罪，防止黑恶势力死灰复燃，实现“打财断血”，就要彻底铲除有组织犯罪经济基础。但司法实践中，有些犯罪分子通过窝藏、转移手段，消灭犯罪线索和证据，掩饰隐瞒有组织犯罪的所得及其产生收益的来源和性质，为非法收入披上合法外衣，逃避法律追究和制裁，实现犯罪所得的安全循环使用。这严重损害了刑罚执行的严肃性和完整性。因此，有组织犯罪罪犯不积极退赃，协助追缴赃款赃物、赔偿损失的，不能认定其具有刑法关于减刑、假释要求的“有悔改表现”。

如果提请和裁定减刑、假释案件时不考虑罪犯的财产刑执行和配合处置涉案财产情况，导致执行履行与不执行不履行无区别，或者执行履行多少与减刑、假释不挂钩的局面，会造成错误的财产刑执行导向，加剧财产刑空判的现象，进而影响宽严相济刑事政策的落实。综上，为了体现刑罚执行的严肃性和完整性，调动罪犯执行财产性的积极性，本法在执行机关提出建议和人民法院最终作出裁定两个环节加以规定，将财产性执行、附带民事赔偿责任履行、配合处置涉案财产情况等作为提出减刑、假释建议与裁定减刑、假释的重要参考依据。

（二）审议中各方面的意见以及争议的问题

审议中，有的建议将“应当充分考虑罪犯主动履行生效裁判中财产性判项、配合处置涉案财产的情况”中的“的”，修改为“等”。经研究认为，《最高人民法院关于办理减刑、假释案件具体应用法律的规定》的规定，“财产性判项”是指判决罪犯承担的附带民事赔偿义务判项，以及追缴、责令退赔、罚金、没收财产等判项。根据本法第四章“涉案财产认定和处置”的相关规定，有组织犯罪案件中，凡是可用以证明犯罪嫌疑人、被告人有罪或者无罪的各种财物、文件都属于涉案财产。办理减刑、假释案件时，应当综合考察罪犯犯罪的性质和具体情节、社会危害程度、原判刑罚及生效裁判中财产性判项的履行情况、交付执行后的一贯表现等因素，如果本法作确定化表述，的确容易引起误解。基于此，采纳了该建议。

第四章　涉案财产认定和处置

第三十九条　办理有组织犯罪案件中发现的可用以证明犯罪嫌疑人、被告人有罪或者无罪的各种财物、文件，应当依法查封、扣押。

公安机关、人民检察院、人民法院可以依照《中华人民共和国刑事诉讼法》的规定查询、冻结犯罪嫌疑人、被告人的存款、汇款、债券、股票、基金份额等财产。有关单位和个人应当配合。

【条文主旨】

本条是关于办理有组织犯罪案件对涉案财物进行查封、扣押、冻结的规定。

【条文释义】

本条共分为两款。第一款是关于办理有组织犯罪案件查封、扣押的范围的规定。本款有三层意思。

一是适用本款的案件范围和阶段。本款适用于“有组织犯罪案件”，即本法第二条规定的所有有组织犯罪的案件都适用本款规定。本款规定的“办理有组织犯罪案件中”，涵盖对有组织犯罪案件的侦查、起诉、审判各阶段。

二是查封、扣押的范围。本款规定查封、扣押的范围是办理有组织犯罪案件中发现的“可用以证明犯罪嫌疑人、被告人有罪或者无罪的各种财物、文件”。刑事诉讼法第一百四十一条第一款规定，在侦查活动中发现的可用以证明犯罪嫌疑人有罪或者无罪的各种财物、文件，应当查封、扣押；与案件无关的财物、文件，不得查封、扣押。本款除了规定对有组织犯罪犯罪嫌疑人的特定财物、文件依法予以查封、扣押外，还规定了对有组织犯罪被告人的特定财物、文件依法予以查封、扣押。

查封、扣押犯罪嫌疑人、被告人的特定财物、文件应是“可用以证明有罪或者无罪的各种财物、文件”。对于证据的收集要客观、全面，不能只收集一方面的证据，既要注重能够证明有罪、罪重的证据，也要注重无罪、罪轻的证据。此外，被查封、扣押的财物、文件要与案件有关，可以作为证据使用。刑事诉讼法第一百一十五条规定，公安机关对已经立案的刑事案件，应当进行侦查，收集、调取犯罪嫌疑人有罪或者无罪、罪轻或者罪重的证据材料。人民检察院审查起诉、提出量刑建议、人民法院审理案件也应当注重犯罪嫌疑人、被告人有罪或者无罪、罪轻或者罪重的证据材料，以准确确定犯罪性质，科学确定量刑。因此，“可用以证明有罪或者无罪的各种财物和文件”是指能够证明犯罪嫌疑人、被告人有罪或无罪、罪重或罪轻的物证、书证及视听资料等证据。这里的“财物”是指可作为证据使用的财产和物品，包括动产和不动产，如房产、汽车、人民币、票据等。

三是本款规定的措施。基于这些证据的重要性，本款规定对可用以证明犯罪嫌疑人、被告人有罪或者无罪的各种财物、文件应当依法查封、扣押。同时，如果与案件无关的财物、文件不得查封、扣押，不得随意扩大查封、扣押的范围。如果出现查封、扣押、冻结与案件无关的财物的，当事人和辩护人、诉讼代理人、利害关系人可以依照刑事诉讼法第一百一十七条的规定，有权向该机关申诉或者控告。

第二款是关于办案部门可以依法查询、冻结犯罪嫌疑人、被告人的财产的规定。本款有四层意思。

一是适用主体为公安机关、人民检察院、人民法院。这些主体是办理有组织犯罪案件各环节的主体。

二是办案主体要依照刑事诉讼法的规定查询、冻结财产。刑事诉讼法中对公安机关、人民检察院、人民法院在符合相关条件的情况下查询、冻结犯罪嫌疑人、被告人财产作了明确的规定。

关于人民检察院、公安机关的权限，刑事诉讼法第一百四十四条规定，人民检察院、公安机关根据侦查犯罪的需要，可以依照规定查询、冻结犯罪嫌疑人的存款、汇款、债券、股票、基金份额等财产。有关单位和个人应当配合。犯罪嫌疑人的存款、汇款、债券、股票、基金份额等财产已被冻结的，不得重复冻结。第一百四十五条规定，对查封、扣押的财物、文件、邮件、电报或者冻结的存款、汇款、债券、股票、基金份额等财产，经查明确实与案件无关的，应当在3日以内解除查封、扣押、冻结，予以退还。

人民法院在审理案件过程中，可以依法采取查封、扣押、冻结等措施。刑事诉讼法第一百九十六条规定，法庭审理过程中，合议庭对证据有疑问的，可以宣布休庭，对证据进行调查核实。人民法院调查核实证据，可以进行勘验、检查、查封、扣押、鉴定和查询、冻结。关于犯罪嫌疑人、被告人逃匿、死亡案件违法所得的没收程序，刑事诉讼法第二百九十八条规定："对于贪污贿赂犯罪、恐怖活动犯罪等重大犯罪案件，犯罪嫌疑人、被告人逃匿，在通缉一年后不能到案，或者犯罪嫌疑人、被告人死亡，依照刑法规定应当追缴其违法所得及其他涉案财产的，人民检察院可以向人民法院提出没收违法所得的申请。""公安机关认为有前款规定情形的，应当写出没收违法所得意见书，移送人民检察院。""没收违法所得的申请应当提供与犯罪事实、违法所得相关的证据材料，并列明财产的种类、数量、所在地及查封、扣押、冻结的情况。""人民法院在必要的时候，可以查封、扣押、冻结申请没收的财产。"在审理刑事附带民事诉讼案件过程中，人民法院可以依法采取财产保全措施。刑事诉讼法第一百零二条规定，人民法院在必要的时候，可以采取保全措施，查封、扣押或者冻结被告人的财产。附带民事诉讼原告人或者人民检察院可以申请人民法院采取保全措施。人民法院采取保全措施，适用民事诉讼法的有关规定。

刑事诉讼法的相关规定明确了公安机关、人民检察院、人民法院可以查询、冻结犯罪嫌疑人、被告人财产的条件和情形。根据本款规定，在办理有组织犯罪案件的过程中，公安机关、人民检察院、人民法院查询、冻结犯罪嫌疑人、被告人财产的程序，适用刑事诉讼法的规定。

三是相关财产要与犯罪嫌疑人、被告人及其所犯的有组织犯罪有关，即属于犯罪嫌疑人、被告人或者与其犯罪有牵连的人的存款、汇款、债券、股票、基金份额。这些财产或被用于有组织犯罪，或为有组织犯罪所得。通过查询这些财产的情况，可以查明案情，查清犯罪嫌疑人、被告人有罪或者无罪、罪重或者罪轻的事实。查询、冻结存款、汇款、债券、股票、基金份额等财产还可以有效防止赃款转移，斩断有组织犯罪的经济基础，挽回并减少损失。

四是有关单位和个人应当配合。查询、冻结存款、汇款、债券、股票、基金份额等涉案财产是办理有组织犯罪的重要措施。本款特别对单位和个人设定了应当配合的义务。当依法有权进行查询、冻结涉案财产的公安机关、检察机关、人民法院实施查询、冻结措施时，有关单位和个人必须配合。这里的"配合"主要是指为查询、冻结工作提供方便，提供协助，履行冻结手续，不得以保密为由阻碍等，但同时也要保护个人隐私，不得违反个人信息保护法的规定。

【实践中应注意的问题】

实践中，对公安机关、人民检察院、人民法院依法查封、扣押、冻结涉有组织犯罪的犯罪嫌疑人、被告人的财物，也需要注意司法解释等相关规定的适用。如2021年《最高人民法院关于适用〈中华人民共和国刑事诉讼法〉的解释》第一百八十九条第一款对刑事附带民事诉讼中人民法院可以采取查封、扣押、冻结措施作了进一步细化规定，即人民法院对可能因被告人的行为或者其他原因，使附带民事判决难以执行的案件，根据附带民事诉讼原告人的申请，可以裁定采取保全措施，查封、扣押或者冻结被告人的财产；附带民事诉讼原告人未提出申请的，必要时，人民法院也可以采取保全措施。

有组织犯罪有较大概率涉及单位犯罪，在单位犯罪案件的审理中，上述司法解释第三百四十一条规定，被告单位的违法所得及其他涉案财物，尚未被依法追缴或者查封、扣押、冻结的，人民法院应当决定追缴或者查封、扣押、冻结。第三百四十二条规定，为保证判决的执行，人民法院可以先行查封、扣押、冻结被告单位的财产，或者由被告单位提出担保。第三百四十三条规定，采取查封、扣押、冻结等措施，应当严格依照法定程序进行，最大限度降低对被告单位正常生产经营活动的影响。

此外，对于重大的黑社会性质组织犯罪案件的犯罪嫌疑人、被告人有逃匿，长期通缉不能到案，或者死亡的情形，依照刑法规定应当追缴其违法所得及其他涉案财产的，人民检察院可以依法向人民法院提出没收违法所得的申请。对于办理黑社会性质组织及其成员涉及隐匿、死亡时没收违法所得的案件，上述司法解释第六百一十三条第二款规定，人民检察院尚未查封、扣押、冻结申请没收的财产或者查封、扣押、冻结期限即将届满，涉案财产有被隐匿、转移或者毁损、灭失危险的，人民法院可以查封、扣押、冻结申请没收的财产。

【立法宗旨和背景】

制定本条规定，有以下考虑：

一是查明犯罪、证实犯罪，办理好有组织犯罪案件，需要明确侦查机关等办案部门查封、扣押、冻结相关证据的权力。办理有组织犯罪案件，需要收集、保全刑事诉讼证据，防止证据被隐匿、毁损等情况发生，保证诉讼活动能顺利进行。为此，需要明确规定办案机关有权查封、扣押、冻结涉案财物，支持刑事诉讼。

二是需要依法履行查封、扣押、冻结。查封、扣押、冻结措施直接影响到当事人的权益，有必要通过法律加以明确。如商业银行法明确规定，对个人、单位存款，商业银行有权拒绝任何单位或者个人查询、冻结、扣划，但是法律另有规定的除外。邮政法明确规定，除法律另有规定外，任何组织或者个人不得检查、扣留汇款。本条规定就是商业银行法、邮政法规定的“法律的另有规定”，为公安机关、人民检察院、人民法院办理有组织犯罪案件，实施查询、冻结犯罪嫌疑人、被告人的财产提供了法律依据。

三是需要与刑事诉讼法、相关司法解释等做好衔接。刑事诉讼法、相关司法解释等对一般案件的查封、扣押、冻结程序作了相应规定。如刑事诉讼法第一百零二条、第一百一十五条、第一百一十七条、第一百四十一条、第一百四十四条、第一百四十五条、第一百九十六条、第二百九十八条等。《最高人民法院关于适用〈中华人民共和国刑事诉讼法〉的解释》第一百八十九条、第三百四十一条、第三百四十二条、第三百四十三条、第六百一十三条等。为更好地办理有组织犯罪案件，本条对依照刑事诉讼法的规定作了进一步明确，与刑事诉讼法做好衔接。

第四十条　公安机关、人民检察院、人民法院根据办理有组织犯罪案件的需要，可以全面调查涉嫌有组织犯罪的组织及其成员的财产状况。

【条文主旨】

本条是关于对涉嫌有组织犯罪的组织及其成员财产调查的规定。

【条文释义】

根据本条规定，公安机关、人民检察院、人民法院根据办理有组织犯罪案件的需要，可以全面调查涉嫌有组织犯罪的组织及其成员的财产状况。本条对财产调查制度的规定可以从以下几个方面理解：（1）规定了对财产进行调查的有权主体及适用阶段。公安机关、人民检察院、人民法院均有权对涉嫌有组织犯罪的组织及其成员的财产状况进行调查。根据刑事诉讼法第五十四条第一款的规定，人民法院、人民检察院和公安机关有权向有关单位和个人收集、调取证据。有关单位和个人应当如实提供证据。公安机关、人民检察院、人民法院是刑事诉讼中收集、调查、核实证据的主体，赋予其相应的财产调查权符合刑事诉讼法的内在要求。（2）规定了对涉嫌有组织犯罪的组织及其成员的财产状况进行调查的范围为全面调查。全面调查，是指对涉嫌有组织犯罪的组织及其成员的所有财产进行调查，而不以是否为涉案财产为限制。具体范围包括有组织犯罪组织及其成员的所有合法财产与非法财产。（3）规定了对涉嫌有组织犯罪的组织及其成员的财产状况进行调查的前提条件。要求公安机关、人民检察院、人民法院在办理有组织犯罪过程中，实施该财产调查措施，要根据办理有组织犯罪案件的需要。根据办理有组织犯罪案件的需要，是指办案机关认为有必要的理由对涉嫌有组织犯罪的组织及其成员财产状况进行调查，如果不采取财产调查措施，可能导致涉案财产有关的事实、证据无法查清等后果，给有组织犯罪查处带来阻碍。只要是出于办理有组织犯罪案件的需要，公安机关、人民检察院、人民法院即有权实施财产调查措施。

【实践中应注意的问题】

为防止财产调查措施启动及适用的随意性，该规定实践中适用应具备相应的条件。（1）财产调查适用的案件范围为有组织犯罪案件，其他类型案件不适用该规定。本法第二条第一款已对有组织犯罪作了明确解释。（2）司法实践中，为防止该措施案件适用范围扩大，或以调查有组织犯罪案件为由，行调查其他案件当事人财产状况之实的现象发生，办案机关及人员在财产调查措施实施过程中，应把握好惩治犯罪的便利性与当事人财产信息隐私权的保护二者间的关系。（3）在财产调查的适用对象范围上，本法明确为有组织犯罪组织及其成员，不包括该成员的近亲属及其他存在利害关系的组织和人员的财产，防止对财产调查制度的滥用侵犯到社会公众的基本权利。（4）财产调查措施涉及公民的财产权这一基本权利，进行调查和采取查封、扣押、冻结措施要依法进行，启动与实施应符合刑事诉讼法的规定和相应的刑事诉讼程序要求，防止侵犯人民和法人的合法权益。

【典型案例】

广东省某市在办理有组织犯罪案件中全面调查涉嫌有组织犯罪的组织及其成员的财产，重点调查以下财产：

（1）银行资产。银行资产主要是指嫌疑人在银行的存款或者其他的金融资产。该部分资产可根据嫌疑人身份证信息到相关银行进行查询，如已经掌握银行账号的可以通过银行账号直接到相关银行查询调取，查询时应注意要尽可能全面查询嫌疑人名下的全部银行资产，不仅限于银行存款，还包括理财产品，购买国债等情况。

（2）证券、期货、基金、保险资产。证券资产主要是指嫌疑人在证券、期货，基金、保险公司开户购买的股票，债券、基金产品，期货合约，保险产品等金融资产。一般来讲，如果已经掌握嫌疑人的证券账户信息，可以根据证券、期货账号到开户的证券、期货公司进行查询，如果未直接掌握嫌疑人证券开户信息的，可以通过使用嫌疑人的身份证信息到中国证券登记结算公司查询嫌疑人的开户信息，并根据开户信息到相应的证券公司查询证券账户资产情况。对于保险资产而言，普通保险并无实际价值，但是如果在侦查中发现嫌疑人有购买储蓄型分红型保险的，可以通过对应的保险公司查询相关资产情况。

（3）公司股权。公司股权主要是指以嫌疑人或者嫌疑人成立的公司以及嫌疑人指定的人员代持的相关公司的股权。公司股权一般通过工商登记部门系统查询，公司股权一般通过前期侦查掌握的相应公司名称进行查询，如果未能掌握公司名称的，可以通过嫌疑人身份证信息进行查询。在核查公司股权过程中，要注意发现嫌疑人通过他人代持公司股权情况。

（4）土地、房屋资产。房屋资产主要是指嫌疑人直接持有或者通过其指定的人员持有的房屋产权。房产信息可以通过房产登记中心系统进行查询，土地信息可以通过国土部门的查询系统进行查询。一般而言，房产持有人可以是个人也可以是单位，主要通过嫌疑人的身份证信息或者公司的信息进行查询。土地信息一般是以公司的名义取得，所以一般通过相应土地的宗地号到国土部门查询权属关系，来确定土地的使用权。

（5）车辆等动产。车辆主要是指嫌疑人购买的汽车。车辆一般通过公安局车辆管理所查询系统都能够查询到嫌疑人的车辆登记情况。在核查车辆信息时，应注意嫌疑人使用他人的名义购买车辆的情况，或者以单位的名义购买车辆的情况。

（6）债权。债权一般指嫌疑人通过借贷方式，将资金借贷给他人形成的债权。债权主要通过审讯，以及获取相关借款合同的债权证明确定。

（7）无产权土地、房产。该部分资产主要是由于一些地区的历史遗留问题，有部分土地、房产无产权登记信息，如早期一些农村村民自建的住房转让的，这部分资产在国土或者房产部门可能没有登记，需要去所在地的街道办或居委会查询底单，以核实涉案资产权属。

【立法宗旨和背景】

（一）起草背景

全面、高效、准确地把握涉案财产情况，是定罪量刑证据的基本要求之一，也是在诉讼中有效进行涉案财产认定和处置程序的重要前提。刑事诉讼法中对查询、查封、扣押、冻结涉案财物作了规定。刑事诉讼法第一百四十一条规定，在侦查活动中发现的可用以证明犯罪嫌疑人有罪或者无罪的各种财物、文件，应当查封、扣押；与案件无关的财物、文件，不得查封、扣押。第一百四十四条规定，人民检察院、公安机关根据侦查犯罪的需要，可以依照规定查询、冻结犯罪嫌疑人的存款、汇款、债券、股票、基金份额等财产。有关单位和个人应当配合。第一百四十五条规定，对查封、扣押的财物、文件、邮件、电报或者冻结的存款、汇款、债券、股票、基金份额等财产，经查明确实与案件无关的，应当在3日以内解除查封、扣押、冻结，予以退还。第一百九十六条第二款规定，人民法院调查核实证据，可以进行勘验、检查、查封、扣押、鉴定和查询、冻结。有组织犯罪的一个重要特点就是有组织地通过违法犯罪活动或者其他手段获取经济利益，具有一定的经济实力，以支持该组织的活动。黑恶势力犯罪案件的这种财产性特征，决定了该类犯罪会不择手段地攫取大量财产。扫黑除恶斗争要对黑恶势力犯罪的涉案财产进行调查并采取相应的处置，一方面要挽回犯罪给企业、公民及社会造成的财产损失，另一方面也要彻底铲除有组织犯罪的经济基础，实现“打财断血”，防止黑恶势力死灰复燃。刑事诉讼法对涉案财物，特别是作为证据使用的财产物品的查询、查封、扣押、冻结作了明确规定。但对调查犯罪嫌疑人、被告人的合法财产没有明确规定，司法行政机关在调查犯罪嫌疑人、被告人其他财产状况时缺少明确的法律依据。

一些司法解释对如何执行财产刑或者财产性判项调查犯罪嫌疑人的财产状况作了规定。2014年《最高人民法院关于刑事裁判涉财产部分执行的若干规定》第四条规定，人民法院刑事审判中可能判处被告人财产刑、责令退赔的，刑事审判部门应当依法对被告人的财产状况进行调查；发现可能隐匿、转移财产的，应当及时查封、扣押、冻结其相应财产。2018年《最高人民法院、最高人民检察院、公安部、司法部关于办理黑恶势力犯罪案件若干问题的指导意见》中规定，公安机关、人民检察院、人民法院根据黑社会性质组织犯罪案件的诉讼需要，应当依法查询、查封、扣押、冻结全部涉案财产。公安机关侦查期间，要会同工商、税务、国土、住建、审计、人民银行等部门全面调查涉黑组织及其成员的财产状况。2019 年《最高人民法院、最高人民检察院、公安部、司法部关于办理黑恶势力刑事案件中财产处置若干问题的意见》中提出，公安机关、人民检察院、人民法院在办理黑恶势力犯罪案件时，在查明黑恶势力组织违法犯罪事实并对黑恶势力成员依法定罪量刑的同时，要全面调查黑恶势力组织及其成员的财产状况，依法对涉案财产采取查询、查封、扣押、冻结等措施，并根据查明的情况，依法作出处理。处理既包括对涉案财产中犯罪分子违法所得、违禁品、供犯罪所用的本人财物以及其他等值财产等依法追缴、没收，也包括对被害人的合法财产等依法返还。公安机关侦查期间，要根据《公安机关办理刑事案件适用查封、冻结措施相关规定》（公通字〔2013〕30 号）等有关规定，会同有关部门全面调查黑恶势力及其成员的财产状况，并可以根据诉讼需要，先行依法对相应财产采取查询、查封、扣押、冻结等措施。

实践中，一些地区在办理案件过程中，对犯罪组织及其成员的财产状况进行调查，取得了较好的效果，也积累了很好的经验。本条总结扫黑除恶专项斗争中“打财断血”的重要经验做法，确立财产调查制度，为调查和了解涉嫌有组织犯罪的组织及其成员的财产状况和经济能力提供了明确的法律依据，有利于全面收集证据、及时采取强制措施、准确区分合法财产、依法保全涉案财产、正确定罪量刑、消除黑恶犯罪的经济基础、弥补被害人因犯罪遭受的经济损失、保障当事人合法权益。

具体有以下几方面考虑：（1）确立财产调查制度是全面收集证据，及时固定证据，采取强制措施的重要保证。在办理一些有组织犯罪案件的司法实践中，由于缺乏财产调查的法律依据，无法完全掌握涉案财产的范围，办案机关往往只能固定一些较为明显的证据，依法能够采取查封、扣押、冻结等措施的涉案财产也较为有限，致使部分关键证据不能及时被收集、固定而导致灭失，从而影响有组织犯罪的整体认定。（2）确立财产调查制度是准确甄别涉案财产，维护当事人合法权益的重要保证。财产调查制度的明确，是快速、准确查明涉案财产范围的重要前提，也是办案机关能够准确甄别涉案财产与合法财产的重要条件，避免实践中涉案财产处置范围过大或者滥用涉财产性强制措施，导致的侵犯当事人合法权益的现象。（3）确立财产调查制度是第一时间发现、保全涉案财产，提高诉讼效率的重要保证。案件的办理过程中，侦查质量往往直接影响到起诉、审判的质量，从保障刑事诉讼进行的角度，财产调查制度的有效运用能够及时发现、保全涉案财产，从而保障诉讼能够有效进行，涉案财产得到有效处置。

（二）审议中各方面的意见以及争议的问题

提请全国人大常委会审议的一审稿规定，办理有组织犯罪案件应当全面调查涉案财产状况，收集证明涉案财产来源、性质、用途、权属及价值的有关证据，依法对涉案财产采取查询、查封、扣押、冻结等措施，并根据查明的情况依法作出处理。关于在本法中确立财产调查制度，各方总体意见比较统一，赞成设立这一制度，并对其表述方式和条文结构提出一些建议。有的意见提出，实践中存在对有组织犯罪财产范围甄别难、甄别不及时、涉案财产处置程序不规范、对利害关系人的权利保障不够等问题，建议进一步细化有关规定，严格查询、查封、扣押、冻结等措施实施的范围和程序，明确对涉案财物处置程序及案外人对涉案财物处置提出异议的方式，明确公检法及监察机关相互监督制约的程序。对办案机关处置财产有错误的，应规定纠错和赔偿措施。有的意见提出，本条规定的是案件处理过程中的问题，建议移至第三章；建议将本条中的"成员"修改为"有组织犯罪案件的犯罪嫌疑人、被告人"。还有的提出，财产状况调查是采取查封、扣押、冻结措施的准备，将本条移至第三十九条关于查封、扣押、冻结的有关规定之前，逻辑上更为合理。本条对这些意见作了合理吸收。

（三）有关国家和地区的规定

有的国家规定了财产调查制度。如意大利《刑事诉讼法》就赋予了执法机关特殊的调查权力。执法机关有权调查黑手党资金的来源、流向、投资和运行情况，反黑手党调查局局长可以申请对可疑人员和财产采取预防性调查措施，获取反洗钱报告，派人进入金融机构进行调查，要求金融机构监控可疑账户，要求有关部门联合行动等。《联合国打击跨国有组织犯罪公约》要求各缔约国：应考虑采取切实可行的措施调查和监督现金和有关流通票据出入本国国境的情况，但须有保障措施以确保情报的妥善使用且不致以任何方式妨碍合法资本的流动。这类措施可包括要求个人和企业报告大额现金和有关流通票据的跨境划拨。

第四十一条　查封、扣押、冻结、处置涉案财物，应当严格依照法定条件和程序进行，依法保护公民和组织的合法财产权益，严格区分违法所得与合法财产、本人财产与其家属的财产，减少对企业正常经营活动的不利影响。不得查封、扣押、冻结与案件无关的财物。经查明确实与案件无关的财物，应当在三日以内解除查封、扣押、冻结，予以退还。对被害人的合法财产，应当及时返还。

查封、扣押、冻结涉案财物，应当为犯罪嫌疑人、被告人及其扶养的家属保留必需的生活费用和物品。

【条文主旨】

本条是关于查封、扣押、冻结、处置涉案财物的要求的规定。

【条文释义】

本条分两款。第一款是关于查封、扣押、冻结、处置涉案财物的要求的规定：一是查封、扣押、冻结、处置涉案财物，应当严格依照法定条件和程序进行。这里的“涉案财物”包括犯罪分子违法所得的财物、违禁品和供犯罪所用的本人财物等。违法所得的财物，是指通过黑恶势力违法犯罪所得的财产和物品，包括动产和不动产，如房屋、汽车、货币等。违禁品，是指依照国家规定，公民不得私自留存、使用的物品，例如国家禁止非法持有、经营、流通的物品，包括枪支弹药、易燃易爆物品、毒品、淫秽物品等。供犯罪所用的本人财物，是指供犯罪分子进行犯罪活动而使用的属于其本人所有的钱款和物品，如用于有组织犯罪的运输工具等。

这里的法定条件和程序，主要是指刑事诉讼法第一百四十一条、第一百四十二条和第一百四十四条等的规定，以及本法有关条文的规定。查封、扣押、冻结、处置涉案财物，是办理有组织犯罪案件的重要环节之一，必须严格依法进行。刑事诉讼法第一百四十一条规定，在侦查活动中发现的可用以证明犯罪嫌疑人有罪或者无罪的各种财物、文件，应当查封、扣押；与案件无关的财物、文件，不得查封、扣押；对查封、扣押的财物、文件，要妥善保管或者封存，不得使用、调换或者损毁。第一百四十二条规定，对查封、扣押的财物、文件，应当会同在场见证人和被查封、扣押财物、文件持有人查点清楚，当场开列清单一式二份，由侦查人员、见证人和持有人签名或者盖章，一份交给持有人，另一份附卷备查。第一百四十四条规定，人民检察院、公安机关根据侦查犯罪的需要，可以依照规定查询、冻结犯罪嫌疑人的存款、汇款、债券、股票、基金份额等财产。有关单位和个人应当配合。犯罪嫌疑人的存款、汇款、债券、股票、基金份额等财产已被冻结的，不得重复冻结。《最高人民法院、最高人民检察院、公安部、司法部关于办理黑恶势力刑事案件中财产处置若干问题的意见》也规定，严禁在立案之前查封、扣押、冻结财物；凡查封、扣押、冻结的财物，都应当及时进行审查，防止因程序违法、工作瑕疵等影响案件审理以及涉案财产处置。

二是查封、扣押、冻结、处置涉案财物要依法保护公民和组织的合法财产权益，要严格区分违法所得与合法财产、本人财产与其家属的财产，减少对企业正常经营活动的不利影响。

财产权益是公民和组织重要的民事权利，直接关系到公民个人及相对人的切身利益，也是法律重点保护的对象。因此，在查封、扣押、冻结、处置涉案财物的过程中，要严格区分违法所得与合法财产、本人财产与其家属的财产，减少对企业正常经营活动的不利影响。犯罪分子的本人财产，是指属于犯罪分子本人所有的财物及其在与他人共有财产中依法应有的份额。在处理有组织犯罪案件时，应当依据有关的民事法律界定犯罪分子个人所有的财产，严格划清犯罪分子本人财产与其家属或者他人财产的界限。属于犯罪分子家属的财产，是指属于与犯罪分子共同生活的家庭成员个人所有的财产和在家庭共有财产中应当占有的份额。只有在法律规定的情形下，才可以查封、扣押、冻结、处置犯罪分子家属所有或者应有的财产，如本法第四十六条规定：“涉案财产符合下列情形之一的，应当依法予以追缴、没收：（一）为支持或者资助有组织犯罪活动而提供给有组织犯罪组织及其成员的财产；（二）有组织犯罪组织成员的家庭财产中实际用于支持有组织犯罪活动的部分；（三）利用有组织犯罪组织及其成员的违法犯罪活动获得的财产及其孳息、收益。”

严格区分犯罪分子本人财产与其家属的财产，主要是为了保护犯罪分子家属合法权益，体现罪责自负，不株连无辜的原则。

“减少对企业正常经营活动的不利影响”也是查封、扣押、冻结、处置涉案财物的要求之一。企业是社会经济活动的主体，有关办案部门在执行查封、扣押、冻结、处置的过程中，要充分认识企业对社会经济发展的重要作用，切实增强支持企业发展的自觉性，履行支持企业健康发展的重要职责，坚持主动服务、平等保护、规范执法，努力为经济发展壮大创造安全稳定的社会环境、公平正义的法制环境。办案部门在日常工作和涉企业有组织犯罪案件侦办工作中，要进一步提升产权保护意识，坚持惩罚犯罪与保障人权并重、实体公正与程序公正并重、查证犯罪与挽回损失并重、依法办案和服务发展并重，加强对各种所有制经济产权与合法权益的保护。2019 年《最高人民法院、最高人民检察院、公安部、司法部关于办理黑恶势力刑事案件中财产处置若干问题的意见》规定，根据案件具体情况，在保证诉讼活动正常进行的同时，可以允许有关人员继续合理使用有关涉案财产，并采取必要的保值保管措施，以减少案件办理对企业正常办公和合法生产经营的影响。

三是不得查封、扣押、冻结与案件无关的财物。刑事诉讼法规定，在侦查活动中发现的可用以证明犯罪嫌疑人有罪或者无罪的各种财物、文件，应当查封、扣押，与案件无关的财物、文件，不得查封、扣押。查封、扣押、冻结涉及企业、公民的财产权等相关权利，不得随意扩大查封、扣押、冻结的范围。与案件无关的财物，既不能作为证据使用，又影响企业、公民对其财产权利的行使，因此不得查封、扣押，否则就是对公民合法权益的侵犯。

四是经查明确实与案件无关的财物，应当在 3 日以内解除查封、扣押、冻结，予以退还。司法机关查封、扣押或者冻结有组织犯罪嫌疑人、被告人的财产，一方面是为了在刑事诉讼中切实保全相关证据，有利于及时准确全面地查清案件事实，另一方面也可以保证在刑事诉讼期间，有关涉案财产不被转移、隐匿或者遭受损坏，保障被害人等的合法财产，挽回损失。对于经查明与案件无关的财物，及时解除查封、扣押、冻结，有利于维护当事人的合法财产权益。刑事诉讼法对此也有类似的规定，刑事诉讼法第一百四十五条规定，对查封、扣押的财物、文件、邮件、电报或者冻结的存款、汇款、债券、股票、基金份额等财产，经查明确实与案件无关的，应当在 3 日以内解除查封、扣押、冻结，予以退还。

有组织犯罪办案人员对查封、扣押的物品、文件、邮件、电报或者冻结的存款、汇款、债券、股票、基金份额等财产，应当及时认真进行审查。经审查后，凡是与案件无关的，应当在查明情况后 3 日以内解除查封、扣押、冻结，予以退回。查封、扣押、冻结犯罪嫌疑人财产的目的是查明犯罪、证实犯罪，及时、准确地惩罚犯罪，保护国家、集体和公民的合法权益。在惩罚犯罪的同时，也要切实保障公民、组织的合法权利，防止执法部门在这一问题上出现偏差或权力滥用。所以，本条明确规定了在查明确实与案件无关后，解除扣押、冻结的期限。其中“查明确实与案件无关”是指经过侦查，询问证人，讯问犯罪嫌疑人，调查核实证据，并对查封、扣押的财物进行认真分析，认定该查封、扣押的财物或冻结款项、债券、股票、基金份额等并非违法所得，也不具有证明犯罪嫌疑人是否犯罪、罪轻、罪重的作用，不能作为证据使用，与犯罪行为无任何牵连。“三日以内解除查封、扣押、冻结，予以退还”是指自确定该查封、扣押物和冻结款项、债券、股票、基金份额等与犯罪行为无关之日起 3 日以内应当解除查封、扣押、冻结。这里规定的“予以退还”是指将查封、扣押财物、文件交还包括犯罪嫌疑人在内的财物、文件所有人。查封、扣押、冻结财产涉及公民的财产权利，一旦查明与犯罪无关，应当及时解除，有利于保障公民的合法权利，减少公民的损失。执行及时退还与案件无关财物的要求，应当注意以下三点：（1）查封、扣押财物、文件、邮件、电报或者冻结存款、汇款、债券、股票、基金份额后，必须及时调查核实，弄清被查封、扣押物与有组织犯罪案件及犯罪嫌疑人的关系，不能扣而不查；（2）对被查封、扣押的财物、文件、邮件、电报应当妥善保管，不得损坏或私自处理；（3）经查明确实与案件无关的查封、扣押物，应当及时退回，对被冻结的存款、汇款、债券、股票、基金份额要尽快解冻，不得以任何借口留置或者拖延退还、解冻。

五是对被害人的合法财产，应当及时返还。对于查封、扣押、冻结的财物及其孳息，如果有证据证明是被害人的合法财产，且不是必须在法庭上作为证据出示的，应当及时返还给被害人，以保证被害人的生产、生活需要。

第二款是关于查封、扣押、冻结涉案财物的限制的规定。

为了维持犯罪分子及其扶养的家属基本的生活需要，体现人道主义精神，在查封、扣押、冻结涉案财物时，应当给犯罪分子本人以及其所扶养的家属保留必要的生活费用和物品。这里所说的其扶养的家属既包括由其扶养的配偶，也包括由其抚养的子女和赡养的老人，还包括根据具体情况作为其家属需要其承担扶养责任的人。我国刑法也有与本条内容精神相似的规定，如刑法第五十九条规定，没收犯罪分子个人全部财产的，应当对犯罪分子个人及其扶养的家属保留必需的生活费用。在判处没收财产的时候，不得没收属于犯罪分子家属所有或者应有的财产。

【实践中应注意的问题】

第一，有关部门在侦查阶段查封、扣押、冻结涉案财物时，要严格依照刑事诉讼法和有关规定的程序，开具清单要具体、完整、规范，列明被查封、冻结、扣押财物的涉案性质，明确是作为犯罪工具、被害人合法财物、违禁品还是作为犯罪所得被查封、扣押、冻结的。对于犯罪所得，要充分进行调查，尽可能进行追缴。

第二，对于未按照法定条件和程序进行查封、扣押、冻结涉案财物的，可以依照相关法律规定处理，如刑事诉讼法第一百一十七条中规定，当事人和辩护人、诉讼代理人、利害关系人对于司法机关及其工作人员有下列行为之一的，有权向该机关申诉或者控告：（1）采取强制措施法定期限届满，不予以释放、解除或者变更的；（2）应当退还取保候审保证金不退还的；（3）对与案件无关的财物采取查封、扣押、冻结措施的；（4）应当解除查封、扣押、冻结不解除的；（5）贪污、挪用、私分、调换、违反规定使用查封、扣押、冻结的财物的。受理申诉或者控告的机关应当及时处理。对处理不服的，可以向同级人民检察院申诉；人民检察院直接受理的案件，可以向上一级人民检察院申诉。人民检察院对申诉应当及时进行审查，情况属实的，通知有关机关予以纠正。

根据刑事诉讼法、人民检察院组织法等的规定，对侦查机关涉案财物处置进行监督的主要是检察机关。刑事诉讼法第十九条规定，人民检察院在对诉讼活动实行法律监督中发现的司法工作人员利用职权实施的非法拘禁、刑讯逼供、非法搜查等侵犯公民权利、损害司法公正的犯罪，可以由人民检察院立案侦查。对于侦查机关违法处置涉案财物行为构成犯罪，如果属于检察机关立案侦查范围的，检察机关还可以依法立案侦查。检察机关应当积极履行法定监督职责，完善有关工作机制，加大对侦查机关涉案财物处置工作的监督力度，及时发现和纠正涉案财物处置中的违规违法行为，保障当事人的合法财产权利，维护司法公正。

第三，要根据案件具体情况，依法及时返还与案件无关的财物。我国实行以审判为中心的刑事诉讼制度改革，应当发挥庭审在查明事实、认定证据、保护诉权、公正裁判中的决定性作用。法院的裁判是处理涉案财物的基本依据，由法院对涉案财物作出最终的认定和处置，有利于保障被告人的涉案财物在案件审理终结之前不被随意处分，防止被告人被宣告无罪后先前被处分的财物难以追回，也有利于落实追缴、责令退赔和没收等执行责任等。但对权属明确的被害人合法财产，返还不损害其他被害人或者利害关系人的利益、不影响诉讼正常进行的，公安机关、人民检察院、人民法院都可以及时返还。需要注意的是，对于权属有争议的，或者受害者众多的涉众型经济案件，应当在人民法院判决时一并处理。

第四，对刑事涉案财物的查封、扣押、冻结要以保障准确查明犯罪事实，顺利进行刑事诉讼，惩治犯罪、阻止犯罪造成的损失扩大，弥补犯罪对权利人的侵害为目的，在采取查封、扣押、冻结措施时，要注意尽可能保护合法产权和相关人员的合法权利。在刑事涉案财物存在损毁、灭失、转移、减值等情况下，可能无法达到预期诉讼目的时，有关机关才可采用查封、扣押、冻结等强制性手段。一是查封、扣押、冻结要坚持目的性原则，围绕固定犯罪证据的需要，查封、扣押可以用以证明犯罪嫌疑人有罪或者无罪的各种财物、文件，冻结犯罪嫌疑人的存款、汇款、债券、股票、基金份额等财产。二是要坚持比例性原则，查封、扣押、冻结的范围主要应是有组织犯罪违法所得、违禁品和供犯罪所用的本人财物，以及作为证据使用的其他财物等。目的性原则要求司法机关在采用强制性措施的原因消失或者发生变化后，应当及时解除或者变更强制性措施。对于符合解除查封、扣押、冻结条件的财物，而拒不解除的做法，司法机关应当承担相应的法律责任。

【典型案例】

某地公安机关在办理“王某某组织、领导黑社会性质组织案”过程中，该涉黑组织通过王某某名下的数家房地产、纺织厂等公司，“以黑护商”“以商养黑”，大肆非法敛财。工作中发现，以上涉案企业有数千名员工，参与有组织违法犯罪的仅是部分管理人员及打手。为保障群众民生和社会稳定，减少对企业正常经营活动的不利影响，专案组及时向上级公安机关和当地党委政府报告，对涉案企业妥善安排托管措施，切实维护了涉案企业正常的生产经营。

【立法宗旨和背景】

（一）起草背景

查封、扣押、冻结涉案财产是保障刑事裁判执行的重要措施，处置涉案财物是斩断黑恶势力的财产链条，“打财断血”的重要环节，因此查封、扣押、冻结、处置涉案财物是处理涉有组织犯罪案件的重要措施。同时，查封、扣押、冻结和处置涉案财物过程中如果出现问题，容易影响企业、个人合法权益，甚至产生腐败问题，从而影响反有组织犯罪的整体社会效果。为了规范和保障在刑事诉讼中的涉案财物查封、扣押、冻结，刑事诉讼法对查封、扣押、冻结的范围、财物的保管与封存、有关单位和个人的配合义务等作了明确规定。

为了贯彻执行刑事诉讼法有关规定，有关文件、司法解释也对查封、扣押、冻结作了进一步细化规定。有的提出更为具体的要求，使法律的规定更有可操作性，有的对依法采取查封、扣押、冻结措施作了进一步强调。2015 年中共中央办公厅、国务院办公厅印发的《关于进一步规范刑事诉讼涉案财物处置工作的意见》第二条规定，规范涉案财物查封、扣押、冻结程序，查封、扣押、冻结涉案财物，应当严格依照法定条件和程序进行。严禁在立案之前查封、扣押、冻结财物。不得查封、扣押、冻结与案件无关的财物。凡查封、扣押、冻结的财物，都应当及时进行审查；经查明确实与案件无关的，应当在 3 日内予以解除、退还，并通知有关当事人。查封、扣押、冻结涉案财物，应当为犯罪嫌疑人、被告人及其所扶养的亲属保留必需的生活费用和物品，减少对涉案单位正常办公、生产、经营等活动的影响。公安机关、国家安全机关决定撤销案件或者终止侦查、人民检察院决定撤销案件或者不起诉、人民法院作出无罪判决的，涉案财物除依法另行处理外，应当解除查封、扣押、冻结措施，需要返还当事人的应当及时返还。在查封、扣押、冻结涉案财物时，应当收集固定依法应当追缴的证据材料并随案移送。2016 年中共中央、国务院《关于完善产权保护制度依法保护产权的意见》第五条中规定，进一步细化涉嫌违法的企业和人员财产处置规则，依法慎重决定是否采取相关强制措施。确需采取查封、扣押、冻结等措施的，要严格按照法定程序进行，除依法需责令关闭企业的情形外，在条件允许情况下可以为企业预留必要的流动资金和往来账户，最大限度降低对企业正常生产经营活动的不利影响。采取查封、扣押、冻结措施和处置涉案财物时，要依法严格区分个人财产和企业法人财产。对股东、企业经营管理者等自然人违法，在处置其个人财产时不任意牵连企业法人财产；对企业违法，在处置企业法人财产时不任意牵连股东、企业经营管理者个人合法财产。严格区分违法所得和合法财产，区分涉案人员个人财产和家庭成员财产，在处置违法所得时不牵连合法财产。完善涉案财物保管、鉴定、估价、拍卖、变卖制度，做到公开公正和规范高效，充分尊重和依法保护当事人及其近亲属、股东、债权人等相关方的合法权益。

在扫黑除恶专项斗争中，有关部门也对涉黑涉恶财产的处理作了进一步规定。2019 年，《最高人民法院、最高人民检察院、公安部、司法部关于办理黑恶势力刑事案件中财产处置若干问题的意见》对查封、扣押、冻结和处置有组织犯罪案件中的涉案财物作出了较为详细的规定。上述法律和规范性文件对于指导司法实践发挥了重要作用。

反有组织犯罪法在总结实践经验的基础上，与刑事诉讼法等法律相衔接，对查封、扣押、冻结和处置涉案财物提出了明确和相对具体的要求，进一步重申了依法查封、扣押、冻结的原则，并对依法采查封、扣押、冻结作了进一步细化的规定。

（二）审议中各方面的意见以及争议的问题

在常委会审议一审稿过程中，有意见认为，实践中存在对有组织犯罪财产范围甄别难、甄别不及时、涉案财产处置程序不规范、对利害关系人的权利保障不够等问题，建议进一步细化有关规定，严格查询、查封、扣押、冻结等措施实施的范围和程序，明确对涉案财物处置程序及案外人对涉案财物处置提出异议的方式，明确公检法及监察机关相互监督制约的程序。对办案机关处置财产有错误的，应规定纠错和赔偿措施。本条的规定部分吸收了上述意见的内容。

（三）有关国家和地区的规定

各国都非常重视对涉案财物处置中相关利害关系人的权益保障，考虑到查封、扣押、冻结措施涉及对公民财产权这一基本权利的限制和剥夺，一般对采取查封、扣押、冻结等措施的审批程序，可查封、扣押、冻结财物的范围，以及相关权利人的救济程序等都作了较为严格详细的规定。

一是采取查封、扣押、冻结需经过严格的批准手续。境外一些国家和地区对涉案财物进行查封、扣押、冻结，采取的是令状主义下的司法审查制度，侦查机关如果要采取查封、扣押、冻结措施，需要提请法官作出裁定。具体程序是由刑事侦查或者检控机关提出申请，交由法官裁量是否适用。有的国家允许由检察机关决定，有的国家规定在紧急情况下，警察也有权直接行使搜查、扣押权，事后再由法官予以确认。如意大利规定，允许司法警察或者检察官在紧急情况下采取扣押、冻结措施，但需要在法定期限内得到法官确认，否则就解除这些措施。

二是相关权利人对涉案财物处置享有知情权、请求权和抗辩权。如根据德国《刑事诉讼法》，对涉案财物的扣押等，是作为强制性措施进行规范的，如果公民对法官采取的措施有异议，可以向上一级法院提起抗告，对检察机关、警察人员决定采取的措施有异议的，公民可以向所在地的法院申请异议。根据日本《刑事诉讼法》，当没收的财产涉及第三人时，应当按照规定允许第三人参加案件的审理程序。

第四十二条　公安机关可以向反洗钱行政主管部门查询与有组织犯罪相关的信息数据，提请协查与有组织犯罪相关的可疑交易活动，反洗钱行政主管部门应当予以配合并及时回复。

【条文主旨】

本条是关于公安机关可以向反洗钱行政主管部门查询信息数据、提请协查的规定。

【条文释义】

本条主要规定了以下几个方面的内容：

一是公安机关可以向反洗钱行政主管部门查询与有组织犯罪相关的信息数据。根据反洗钱法、中国人民银行法的规定，“反洗钱行政主管部门”是指中国人民银行，中国人民银行承担国务院反洗钱行政主管部门的职责。反洗钱法第四条规定，国务院反洗钱行政主管部门负责全国的反洗钱监督管理工作。国务院有关部门、机构在各自的职责范围内履行反洗钱监督管理职责。国务院反洗钱行政主管部门、国务院有关部门和机构及司法机关在反洗钱工作中应当相互配合。反洗钱法第十条规定，国务院反洗钱行政主管部门设立反洗钱信息中心，负责大额交易和可疑交易报告的接收、分析，并按照规定向国务院反洗钱行政主管部门报告分析结果，履行国务院反洗钱行政主管部门规定的其他职责。根据反有组织犯罪法的本条规定，公安机关调查有组织犯罪活动，可以向反洗钱行政主管部门查询与有组织犯罪相关的信息数据。

二是公安机关可以向反洗钱行政主管部门提请协查与有组织犯罪相关的可疑交易活动。所谓可疑交易活动，是指公安机关发现或者有合理理由怀疑有关的交易活动与有组织犯罪相关。与有组织犯罪相关的可疑交易活动，相对于一般的正常支付交易具有许多不同的特征和疑点，这些具有不同特征和疑点的支付交易极可能是有组织犯罪洗钱行为的表现。中国人民银行 2018 年《金融机构大额交易和可疑交易报告管理办法》第十一条规定，金融机构发现或者有合理理由怀疑客户、客户的资金或者其他资产、客户的交易或者试图进行的交易与洗钱、恐怖融资等犯罪活动相关的，不论所涉资金金额或者资产价值大小，应当提交可疑交易报告。该办法第十二条规定，金融机构应当制定本机构的交易监测标准，并对其有效性负责。交易监测标准包括并不限于客户的身份、行为，交易的资金来源、金额、频率、流向、性质等存在异常的情形，并应当参考以下因素：(1) 中国人民银行及其分支机构发布的反洗钱、反恐怖融资规定及指引、风险提示、洗钱类型分析报告和风险评估报告。(2) 公安机关、司法机关发布的犯罪形势分析、风险提示、犯罪类型报告和工作报告。(3) 本机构的资产规模、地域分布、业务特点、客户群体、交易特征，洗钱和恐怖融资风险评估结论。(4) 中国人民银行及其分支机构出具的反洗钱监管意见。(5) 中国人民银行要求关注的其他因素。

三是反洗钱行政主管部门应当予以配合，并及时回复。这里的“配合”主要是指应当为相关查询工作提供方便，提供协助，提供相应的信息数据，不得以保密为由进行阻碍或者拒绝。反洗钱法第八条规定，国务院反洗钱行政主管部门组织、协调全国的反洗钱工作，负责反洗钱的资金监测，制定或者会同国务院有关金融监督管理机构制定金融机构反洗钱规章，监督、检查金融机构履行反洗钱义务的情况，在职责范围内调查可疑交易活动，履行法律和国务院规定的有关反洗钱的其他职责。对于公安机关向反洗钱行政主管部门提出的查询与有组织犯罪相关的信息数据，提请协查与有组织犯罪相关的可疑交易活动的要求，反洗钱行政主管部门应当积极配合、协助，并及时回复。

【实践中应注意的问题】

在该条的理解适用中，需要注意本条与本法第十七条内容的关系。本法第十七条规定，国务院反洗钱行政主管部门、国务院其他有关部门、机构应当督促金融机构和特定非金融机构履行反洗钱义务。发现与有组织犯罪有关的可疑交易活动的，有关主管部门可以依法进行调查，经调查不能排除洗钱嫌疑的，应当及时向公安机关报案。该条规定主要是关于反洗钱行政主管部门以及金融机构和特定非金融机构在履行反洗钱义务中发现与有组织犯罪有关的可疑交易活动时的调查和报告义务，而本条是公安机关主动就有关情况向反洗钱行政主管部门要求协助调查的规定。两个条文尽管侧重点有所不同，但目标都是通过反洗钱工作为发现、处置有组织犯罪案件提供支持。

【典型案例】

江西省某市公安机关在办理“熊某组织、领导黑社会性质组织案”时，发现在2014年，某市银某房地产开发有限公司为低价取得某村157.475亩土地使用权进行房地产开发，多次向熊某行贿，曾某以提供银行账户、转账、取现等方式，帮助熊某转移受贿款共计3700万元。这3700万元全部用于以熊某为首的黑社会性质组织的日常开支和发展壮大。2016年11月16日，熊某因另案被检察机关立案调查，曾某担心其利用众某公司帮助熊某接收、转移受贿款的事实暴露，以众某公司名义与银某公司签订虚假土方平整及填砂工程施工合同，将上述受贿款伪装为银某公司支付给众某公司的项目工程款。

办案过程中，公安机关会同检察机关依法向中国人民银行某市中心支行调取该黑社会性质组织所涉及账户资金去向相关证据材料，并联同人民银行反洗钱部门对本案所涉大额取现、频繁划转、使用关联人账户等情况进行追查、分析，查明曾某及其关联账户与熊某等黑社会性质组织成员的账户之间有大额频繁的异常资金转移。2019年11月15日，某区人民法院判决认定曾某犯洗钱罪，判处有期徒刑3年6个月，并处罚金300万元。曾某未上诉，判决已生效。

【立法宗旨和背景】

（一）起草背景

有组织犯罪活动经常与洗钱行为相伴发生，有组织犯罪需要通过洗钱来掩饰、隐瞒犯罪所得及其收益的来源和性质。反洗钱是指为了预防洗钱活动，依照反洗钱法等法律的规定采取的相关措施，这些措施包括多方面的内容，如客户身份识别、大额交易和可疑交易报告、保存客户身份资料和交易记录，以及依法进行的反洗钱检查、调查等等。通过健全金融监管措施和信息数据分析发现可疑交易活动是反洗钱的重要内容。通过反洗钱相关措施，可以有效地发现有组织犯罪的财产来源、资金流向等，一方面为侦查有组织犯罪提供线索和证据支持，另一方面也为查封、扣押、冻结、处置涉案财物打好工作基础。

有关法律对反洗钱信息和企业、个人的财产信息等的保密要求作了规定。如反洗钱法第五条规定，对依法履行反洗钱职责或者义务获得的客户身份资料和交易信息，应当予以保密；非依法律规定，不得向任何单位和个人提供。反洗钱行政主管部门和其他依法负有反洗钱监督管理职责的部门、机构履行反洗钱职责获得的客户身份资料和交易信息，只能用于反洗钱行政调查。司法机关依照本法获得的客户身份资料和交易信息，只能用于反洗钱刑事诉讼。其他相关法律也有关于金融数据信息保密的规定，如商业银行法第二十九条第二款规定，对个人储蓄存款，商业银行有权拒绝任何单位或者个人查询、冻结、扣划，但法律另有规定的除外；第三十条规定，对单位存款，商业银行有权拒绝任何单位或者个人查询，但法律、行政法规另有规定的除外；有权拒绝任何单位或者个人冻结、扣划，但法律另有规定的除外。邮政法第三条规定，用户交汇的汇款受法律保护，除法律另有规定外，任何组织或者个人不得检查、扣留。

通过反洗钱信息数据查询有组织犯罪的相关情况，涉及与反洗钱行政主管部门的信息沟通，同时也涉及组织和个人的财产信息，只有法律明确授权才能行使。考虑到有组织犯罪案件的危害性、特殊性，以及防范、调查和惩治有组织犯罪活动的特别需要，本条明确规定了公安机关可以向反洗钱行政主管部门查询与有组织犯罪相关的信息数据，提请协查与有组织犯罪相关的可疑交易活动，这是针对调查有组织犯罪案件作出的授权规定。赋予公安机关上述权力，是查明、证实有组织犯罪案件、收集、固定证据的需要，是发现新的犯罪线索、扩大侦查成果的需要，有利于防止证据转移、赃款转移，防止资金、财物被继续用于有组织犯罪活动，消除有组织犯罪活动的经济基础。

（二）审议中各方面的意见以及争议的问题

提请全国人大常委会审议的反有组织犯罪法一审稿第四十四条第二款规定“公安机关可以向反洗钱行政主管部门调取与有组织犯罪相关的信息数据和提出可疑交易调查，反洗钱行政主管部门应当予以配合。”对此，有的部门建议将第二款单独规定为一条，并调整章节位置。有的建议本条规定应做好与反洗钱法修改的衔接。立法机关经研究，部分采纳了上述意见。

第四十三条　对下列财产，经县级以上公安机关、人民检察院或者人民法院主要负责人批准，可以依法先行出售、变现或者变卖、拍卖，所得价款由扣押、冻结机关保管，并及时告知犯罪嫌疑人、被告人或者其近亲属：

（一）易损毁、灭失、变质等不宜长期保存的物品；

（二）有效期即将届满的汇票、本票、支票等；

（三）债券、股票、基金份额等财产，经权利人申请，出售不损害国家利益、被害人利益，不影响诉讼正常进行的。

【条文主旨】

本条是关于涉有组织犯罪资产可以先行处置的规定。

【条文释义】

本条是关于涉有组织犯罪资产可以先行处置的规定。本条主要规定了以下几层意思：

一是规定了可以先行处置的财产的范围。对于扣押、冻结的部分财产，有的需要在人民法院作出的判决生效以前，先予以出售或者变现，再等待最终执行，本条明确下列财产可以先行处置：（1）易损毁、灭失、变质等不宜长期保存的物品；（2）有效期即将届满的汇票、本票、支票等；（3）债券、股票、基金份额等财产，经权利人申请，出售不损害国家利益、被害人利益，不影响诉讼正常进行的。这里的“易损毁、灭失、变质等不宜长期保存的物品”主要是指因为财产自身的物理特性导致其易于损毁、灭失、变质，不适宜长期保存，如鲜活、易腐的货物等，对于这些物品，如果不及时处理，必然造成财物的损失。“有效期即将届满的汇票、本票、支票等”，被扣押、冻结的汇票、本票、支票等票据，在扣押、冻结期间可能会发生其有效期即将届满的情形，根据票据法等有关法律规定，如果有效期届满不及时变现，有关票据权利就会受到影响甚至消灭，从而损害国家利益或者当事人的合法权益。债券、股票、基金份额等财产的价值具有波动性，在司法实践中有时在扣押、冻结期间其市场价值会发生重大变化，不及时予以出售，有关债券、股票、基金份额等财产的市场价值就会大幅“缩水”。

二是规定了对相关财产进行先行处置的程序要求，即“经县级以上公安机关、人民检察院或者人民法院主要负责人批准，可以依法先行出售、变现或者变卖、拍卖”。财产的处置涉及当事人财产权益，因此，法律对于涉有组织犯罪财物的先行处置规定了较为严格的程序要求，必须经县级以上公安机关、人民检察院或者人民法院主要负责人批准，才能出售、变现或者变卖、拍卖。

需要注意的是，对于易损毁、灭失、变质等不宜长期保存的物品和有效期即将届满的汇票、本票、支票等，经县级以上公安机关、人民检察院或者人民法院主要负责人批准，即可以先行出售、变现或者变卖、拍卖。但是对于“债券、股票、基金份额等财产”的处置，除了需经批准外，还需要满足“经权利人申请，出售不损害国家利益、被害人利益，不影响诉讼正常进行”的条件。法律之所以做出特别要求，主要是因为债券、股票、基金份额等财产的价值具有波动性，其不同于易损毁、灭失、变质等不宜长期保存的物品和有效期即将届满的汇票、本票、支票等，需要由权利人选择适当的时机进行处置。启动程序是由权利人提出申请，权利人未提出申请，扣押、冻结机关不能依职权作出现行处置决定；对权利人申请的，司法机关还应当审查先行处置是否会损害国家利益、被害人利益，是否影响诉讼正常进行，对于不损害国家利益、被害人利益，不影响诉讼正常进行的，才可以经批准先行处置。

三是规定了涉案财产处置后的相关要求，即“所得价款由扣押、冻结机关保管，并及时告知犯罪嫌疑人、被告人或者其近亲属”。规定所得价款由扣押、冻结机关保管，主要是为了确保扣押、冻结的效果，明确涉案财产处置后的价款管理问题，不能交由其他机关保管，更不能交由个人保管。规定要及时告知犯罪嫌疑人、被告人或者其近亲属，是指告知其相关财产的处置情况。这样规定，有利于维护当事人的知情权，同时也可以发挥当事人的监督作用，对于不合理的处置行为，当事人可以通过相应渠道寻求救济。

【实践中应注意的问题】

在该条的理解适用中，需要注意以下几个方面的问题：

一是对扣押、冻结的财产进行处理，涉及国家利益，也涉及当事人的合法权益，必须严格依照法律规定的权限和程序进行，切实履行各项法定义务，以防止危害国家利益和当事人合法权益，影响诉讼正常进行的情况发生。

二是司法机关必须严格执行有关财经纪律，不得将先行处置财产所得价款挪作他用，也不能与经费保障、有关考核奖励等挂钩，以防止由于利益驱动而违法处置涉案财产，避免违法处理涉案财产的情况发生，保障司法机关及其工作人员严格依法办事。

【典型案例】

浙江湖州某县人民法院在省级督办的沈某、郑某等16人涉黑案件审理过程中，由于该案被告人人数众多，案件情况复杂，无法在短时间内快速审结。为依法高效处置黑恶势力涉案财物，避免涉案财物因长期扣划造成价值贬损，法院合议庭审查了全部案件事实，在查清涉案财物权属的基础上，经被告人申请，裁定对被告人郑某名下的宝马越野车依法进行拍卖。刑庭将拍卖裁定、涉案财物清单及权属证明等移交执行局后，执行部门指定专人负责网络拍卖，并立即启动司法评估和网拍程序，采用“一元起拍”的司法网拍模式，通过62轮的竞价，涉案车辆以39.5501万元的价格成交，溢价率13%。此次涉黑恶财物处置、拍卖过程严格按照法律规定进行，评估及网拍程序公开、公正、透明、高效，有效防止了扣押财物的价值贬损，实现了财产处置价值最大化。

【立法宗旨和背景】

（一）起草背景

涉有组织犯罪被司法部门采取扣押、冻结措施的财产中，有的财产不宜长期保存、保管，但是实践中司法机关对有组织犯罪案件的办理需要一定的时间，因此对这些财产需要及时进行处理，否则可能导致市场价值大幅“缩水”，从而损害国家利益或者当事人的合法权益。这些财产经人民法院的判决认定，最终有可能是属于违法所得或者其他涉案财产依法应当予以追缴，有可能是属于被害人的合法财产依法应当予以返还，还有可能是属于犯罪嫌疑人、被告人或者其他利害关系人的合法财产或者与案件无关的财产。因此，在特定情况下，应当允许在判决生效前对有关财产依法出售或者变现，在判决生效后，再对出售或者变现所得价款进行执行。但为防止出现滥用，应当同时规定严格的适用条件和操作程序。在判决生效前依法出售和变现有关财产，与在判决生效后再对这些财产进行没收、返还等作实质处理，二者是不矛盾的，且司法实践中确实存在这种需要和做法。

涉案财物先行处置制度，其目的是保证涉案财物不贬值、不灭失，有利于实现诉讼目的和方便执行。关于涉案财物的先行处置，有关法律和规范性文件等已经有相应规定。如现行刑事诉讼法第二百四十五条中规定，公安机关、人民检察院和人民法院对查封、扣押、冻结的犯罪嫌疑人、被告人的财物及其孳息，应当妥善保管，以供核查，并制作清单，随案移送。任何单位和个人不得挪用或者自行处理。对被害人的合法财产，应当及时返还。对违禁品或者不宜长期保存的物品，应当依照国家有关规定处理。

2015年中共中央办公厅、国务院办公厅印发的《关于进一步规范刑事诉讼涉案财物处置工作的意见》第七条规定："完善涉案财物先行处置程序。对易损毁、灭失、变质等不宜长期保存的物品，易贬值的汽车、船艇等物品，或者市场价格波动大的债券、股票、基金份额等财产，有效期即将届满的汇票、本票、支票等，经权利人同意或者申请，并经县级以上公安机关、国家安全机关、人民检察院或者人民法院主要负责人批准，可以依法出售、变现或者先行变卖、拍卖。所得款项统一存入各单位唯一合规账户。涉案财物先行处置应当做到公开、公平。"

2012 年《最高人民法院、最高人民检察院、公安部、国家安全部、司法部、全国人大常委会法制工作委员会关于实施刑事诉讼法若干问题的规定》第三十六条中规定，对于被扣押、冻结的债券、股票、基金份额等财产，在扣押、冻结期间权利人申请出售，经扣押、冻结机关审查，不损害国家利益、被害人利益，不影响诉讼正常进行的，以及扣押、冻结的汇票、本票、支票的有效期即将届满的，可以在判决生效前依法出售或者变现，所得价款由扣押、冻结机关保管，并及时告知当事人或者其近亲属。

2019 年《最高人民法院、最高人民检察院、公安部、司法部关于办理黑恶势力刑事案件中财产处置若干问题的意见》第十二条中规定："对易损毁、灭失、变质等不宜长期保存的物品，易贬值的汽车、船艇等物品，或者市场价格波动大的债券、股票、基金等财产，有效期即将届满的汇票、本票、支票等，经权利人同意或者申请，并经县级以上公安机关、人民检察院或者人民法院主要负责人批准，可以依法出售、变现或者先行变卖、拍卖，所得价款由扣押、冻结机关保管，并及时告知当事人或者其近亲属。"

上述法律和规范性文件的规定为先行处置扣押、冻结财产提供了有益经验，在反有组织犯罪法中作出相应的衔接性规定，对于实践执行更具针对性和指导性。

（二）审议中各方面的意见以及争议的问题

草案一次审议稿第四十七条中规定，对扣押、冻结的财产，经权利人同意或者申请，并经县级以上公安机关、人民检察院或者人民法院主要负责人批准，可以依法出售、变现或者先行变卖、拍卖，所得价款由扣押、冻结机关保管。

在征求意见过程中，有的部门建议对第一项规定的物品的处理取消"经权利人同意或者申请"的条件，避免出现当事人无正当理由拒不同意先行变卖处置，导致相关涉案财物保管难、处置难的问题。有的地方建议对权利人的范围予以明确，并增加告知权利人、当事人或其他利害关系人的规定。立法机关经研究，吸收了上述意见。

第四十四条　公安机关、人民检察院应当对涉案财产审查甄别。在移送审查起诉、提起公诉时，应当对涉案财产提出处理意见。

在审理有组织犯罪案件过程中，应当对与涉案财产的性质、权属有关的事实、证据进行法庭调查、辩论。人民法院应当依法作出判决，对涉案财产作出处理。

【条文主旨】

本条是关于涉有组织犯罪财产甄别和处理的规定。

【条文释义】

本条共分两款。第一款是关于公安机关、人民检察院应当对涉案财产审查甄别和提出处理意见的规定。公安机关、人民检察院应当对涉案财产审查甄别。在移送审查起诉、提起公诉时，应当对涉案财产提出处理意见。

有组织犯罪案件中对涉案财产的处置是一个系统工作，需要公安机关、检察机关、人民法院分工协作、互相配合。公安机关、检察机关、人民法院在刑事诉讼的全流程中都要把涉案财物处置作为工作重点之一，与对犯罪嫌疑人、被告人的查清犯罪事实、定罪量刑工作同等重视、同等对待。这里的“审查甄别”，是要求公安机关、人民检察院、人民法院要对涉案财物的权属、来源、性质等进行审查分类，区分财物是犯罪人所有还是被害人所有，是犯罪工具还是赃款赃物，同时在本阶段程序终结时提出具体的处理意见。

具体而言，在侦查阶段，公安机关在查封、冻结、扣押涉案财物时，要严格依照刑事诉讼法和有关规定的程序，开具清单要具体、完整、规范，列明被查封、冻结、扣押财物的涉案性质，明确是作为犯罪工具、被害人合法财物、违禁品还是作为犯罪所得被查封、扣押、冻结的。对于犯罪所得，要充分进行调查，尽可能进行追缴。在侦查终结移送人民检察院审查起诉时，要在起诉意见书中对涉案财物的情况作详细说明，并提出处理的意见。对于尚未追缴的犯罪所得，可以在案件移送审查起诉后继续追缴。对于可能判处财产刑，特别是没收财产刑的案件，还要对犯罪嫌疑人的财产状况进行详细调查，防止犯罪嫌疑人及其亲属提前转移、隐匿财产。

在审查起诉阶段，检察机关应当对侦查阶段认定的涉案财物的性质及相关证据依法进行审查，查明侦查机关移送的涉案财物的状况、权属，以及对涉案财物采取的措施是否合法、适当，对涉案财物提出的处置建议是否适当等。对于应当追缴但尚未追缴到案的财物，应当督促侦查机关继续采取措施予以追缴。对与涉案财物有关的重大事项事实不清，需要补充侦查的，必要时可以退回侦查机关补充侦查，或者由检察机关自行补充侦查。检察机关在向人民法院提起公诉时，应当在起诉书中列明涉案财物的信息，并对涉案财物的处置提出明确的意见。

第二款是关于人民法院应当就涉案财物进行法庭调查、辩论，通过判决作出处理的规定。主要包含了两层意思。

一是人民法院在审理有组织犯罪案件过程中，应当对与涉案财产的性质、权属有关的事实、证据进行法庭调查、辩论。在审理有组织犯罪案件过程中，应当对涉案财物的性质、权属等进行充分的调查，充分听取公诉人、被害人、被告人、辩护人及其他诉讼参与人对涉案财物处置的意见。在此基础上对涉案财物与被指控的犯罪行为的关联性，即是否属于犯罪所得及其孳息等应当没收的涉案财物，侦查（调查）机关、检察机关对涉案财物采取的查封、扣押、冻结等措施是否合法、适当，提出的处理意见是否合法、合理等进行审查，必要时可以依法对有关证据进行调查核实。

二是人民法院应当依法作出判决，对涉案财产作出处理。在办理刑事案件过程中，对与案件有关的犯罪嫌疑人、被告人的财物进行查封、扣押、冻结的情况很复杂，有的财物是被害人的，有的是犯罪工具，有的是赃款赃物，有的是善意第三人的，有的财物所有者明确，有的不清楚、存在争议，如何认定和处理直接关系有组织犯罪案件的办案效果。对此，人民法院经过审理形成的裁判文书，应当对涉案财物的处置作出明确结论，对侦查机关、检察机关先行采取的返还或者处置措施的合法性应当作出评价，对尚未到案的涉案财物也应当作出是否继续追缴的裁判。在法院审理完毕作出判决后，超出案件执行部分被查封、扣押、冻结的财产或者不需要追缴、没收的财产部分，就应当及时解除查封、扣押、冻结。

本条第二款的规定体现了对涉案财物的最终处置决定应当由人民法院作出

的原则。在刑事诉讼中，对涉案财物性质的认定，原则上不能由控辩双方的任何一方进行，而是应当由人民法院认定。因此，刑事诉讼法第二百四十五条中规定："公安机关、人民检察院和人民法院对查封、扣押、冻结的犯罪嫌疑人、被告人的财物及其孳息，应当妥善保管，以供核查，并制作清单，随案移送。任何单位和个人不得挪用或者自行处理。对被害人的合法财产，应当及时返还。对违禁品或者不宜长期保存的物品，应当依照国家有关规定处理。对作为证据使用的实物应当随案移送，对不宜移送的，应当将其清单、照片或者其他证明文件随案移送。人民法院作出的判决，应当对查封、扣押、冻结的财物及其孳息作出处理。人民法院作出的判决生效以后，有关机关应当根据判决对查封、扣押、冻结的财物及其孳息进行处理。对查封、扣押、冻结的赃款赃物及其孳息，除依法返还被害人的以外，一律上缴国库。"因此，在移送审查起诉、提起公诉时，公安机关、人民检察院应当对采取措施的涉案财产提出处理意见，但最终的处置决定由人民法院作出，人民检察院、公安机关、国家安全机关、司法行政机关等应当予以配合。

【实践中应注意的问题】

在该条的理解适用中，需要注意：在审判阶段，可以通过庭审中相对独立的涉案财物处置环节，促进公正处理涉案财物相关问题。一是在具体程序上，可以借鉴此前人民法院完善量刑程序的经验，把涉案财物处置作为刑事案件法庭审判中相对独立的一个部分或者阶段进行，对涉案财物问题进行充分的审理。二是在法庭调查阶段，法庭应当对涉案财物的性质、权属、与犯罪行为的关联性等进行调查，由控辩双方进行举证、质证。在法庭辩论阶段，法庭应当充分听取控辩双方对涉案财物处置的意见。三是，涉案财物处置涉及被告人、被害人以外的第三人权利的，人民法院应当充分保障第三人的诉讼权利，充分听取其意见。

【立法宗旨和背景】

（一）起草背景

司法实践中，有组织犯罪案件涉案财产的处理，既是办理有组织犯罪案件的重点，也是难点之一。在立法调研中，地方普遍反映：有组织犯罪案件涉案财产权属复杂，个人财产与家庭财产、个人财产与企业财产、非法财产与合法经营财产交织。一些案件在侦查、审查起诉环节甄别不力，给审判和执行带来较大困难。希望反有组织犯罪法专门针对财产甄别、处理和处置作出规定。相关法律、规范性文件对于财产的甄别和处置有规定，如刑事诉讼法第二百四十五条中规定，人民法院作出的判决，应当对查封、扣押、冻结的财物及其孳息作出处理。2019年《最高人民法院、最高人民检察院、公安部、司法部关于办理黑恶势力刑事案件中财产处置若干问题的意见》第十一条规定，公安机关、人民检察院应当加强对在案财产审查甄别，在移送审查起诉、提起公诉时，一般应当对采取措施的涉案财产提出处理意见建议，并将采取措施的涉案财产及其清单随案移送。人民检察院经审查，除对随案移送的涉案财产提出处理意见外，还需要对继续追缴的尚未被足额查封、扣押的其他违法所得提出处理意见建议。涉案财产不宜随案移送的，应当按照相关法律、司法解释的规定，提供相应的清单、照片、录像、封存手续、存放地点说明、鉴定、评估意见、变价处理凭证等材料。在总结上述法律和规范性文件内容的基础上，针对实践中的问题，与刑事诉讼法等相关法律相衔接，反有组织犯罪法对涉案财产的甄别、处理等作出了更具针对性的规定。

（二）审议中各方面的意见以及争议的问题

针对二次审议稿中有关财产处置的规定，在常委会审议中，有的提出，实践中存在对有组织犯罪财产范围甄别难、甄别不及时、涉案财产处置程序不规范、对利害关系人的权利保障不够等问题，建议进一步细化有关规定。对于上述意见，反有组织犯罪法第四十九条专门规定了利害关系人可以对查封、扣押、冻结、处置涉案财物提出异议的，对于公安机关、人民检察院、人民法院对涉案财物作出处理后，利害关系人对处理不服的，可以提出申诉或者控告。

第四十五条　有组织犯罪组织及其成员违法所得的一切财物及其孳息、收益，违禁品和供犯罪所用的本人财物，应当依法予以追缴、没收或者责令退赔。

依法应当追缴、没收的涉案财产无法找到、灭失或者与其他合法财产混合且不可分割的，可以追缴、没收其他等值财产或者混合财产中的等值部分。

被告人实施黑社会性质组织犯罪的定罪量刑事实已经查清，有证据证明其在犯罪期间获得的财产高度可能属于黑社会性质组织犯罪的违法所得及其孳息、收益，被告人不能说明财产合法来源的，应当依法予以追缴、没收。

【条文主旨】

本条是关于对有组织犯罪组织及其成员违法所得的一般处理、等值追缴、没收的法律适用及高度可能性证明标准的规定。

【条文释义】

本条共分三款。第一款是关于对违法所得、违禁品和供犯罪所用的本人财物的一般处理的规定。

关于犯罪物品的处理，刑法第六十四条规定，犯罪分子违法所得的一切财物，应当予以追缴或者责令退赔；对被害人的合法财产，应当及时返还；违禁品和供犯罪所用的本人财物，应当予以没收。没收的财物和罚金，一律上缴国库，不得挪用和自行处理。本款规定与刑法第六十四条关于犯罪物品处理的规定是一致的，专门就涉案财产中违法所得、违禁品和供犯罪所用的本人财物的处理进行规定，属于对涉案财产处理的一般性规定条款。根据本款规定，有组织犯罪组织及其成员违法所得的一切财物及其孳息、收益，违禁品和供犯罪所用的本人财物，应当依法予以追缴、没收或者责令退赔。

本款针对的主体为有组织犯罪组织及其成员，明确涉案财产处理的具体范围包括违法所得的一切财物及其孳息、收益，违禁品和供犯罪所用的本人财物。所谓“违法所得的一切财物”，是指有组织犯罪组织及其成员因实施犯罪活动，而取得的全部财物，包括金钱或者物品，如有组织犯罪非法经营所得的金钱、房产或者物品等。“孳息”，是指涉案财产所产生的受益，包括天然孳息和法定孳息。“收益”，包括但不限于以下情形：（1）聚敛、获取的财产直接产生的收益，如使用聚敛、获取的财产购买彩票中奖所得收益等；（2）聚敛、获取的财产用于违法犯罪活动产生的收益，如使用聚敛、获取的财产赌博赢利所得收益、非法放贷所得收益、购买并贩卖毒品所得收益等；（3）聚敛、获取的财产投资、置业形成的财产及其收益；（4）聚敛、获取的财产和其他合法财产共同投资或者置业形成的财产中，与聚敛、获取的财产对应的份额及其收益；（5）应当认定为收益的其他情形。“违禁品”，是指依照国家规定，公民不得私自留存、使用的物品，如枪支、弹药、管制刀具、毒品以及淫秽物品等。“供犯罪所用的本人财物”，是指供有组织犯罪组织及其成员进行犯罪活动而使用的属于该组织或成员本人所有的钱款和物品，如用于犯罪的交通工具等。

对违法所得的处理方式和结论分别根据涉案财产的具体情况进行追缴、没收或者责令退赔。所谓“追缴”，是指将有组织犯罪组织及其成员的违法所得强制收缴。如在刑事诉讼过程中，对有组织犯罪组织及其成员的违法所得进行追缴、收缴；对于在办案过程中发现的犯罪分子已转移、隐藏的赃物追查下落，予以追缴。对于违禁品和供犯罪所用的本人财物，应当没收。对违禁品，不管属于谁所有，法律规定都应当予以没收。“责令退赔”，是指有组织犯罪组织及其成员已将违法所得使用、挥霍或者毁损的，也要责令其按违法所得财物的价值退赔。

需要说明的是，对于追缴和责令退赔的违法所得，如果是属于被害人的合法财产，应当及时返还。涉案财物中如果不是犯罪分子本人的，而是借用或者擅自使用的他人财物，财物所有人事前不知是供犯罪使用的，应当予以返还。但是，对司法机关作为证据扣押的，需要等到案件审理结束后，再发还给财物所有人。如果通过照片、录像资料能够使原物充分发挥证据作用的，也可以将原物发还财物所有人，只保存照片、录像资料。

第二款是关于等值追缴、没收的法律适用的规定。

根据本款规定，依法应当追缴、没收的涉案财产无法找到、灭失或者与其他合法财产混合且不可分割的，可以追缴、没收其他等值财产或者混合财产中的等值部分。其中规定了三种可以等值追缴、没收的情形。第一种是应当追缴、没收的涉案财产无法找到的情形。这里指侦查机关在寻找、查处涉案财产过程中，已穷尽所有侦查手段和方法仍然无法找到相应涉案财产的情形。第二种是涉案财产已经灭失的情况。所谓“灭失”，是指涉案财产因自然灾害、被盗、遗失等原因不复存在，包括实体消灭和丧失下落。第三种是与其他合法财产混合且不可分割。“混合财产”，是指与其他人的财产混在一起，形成不能识别或难以识别的混合物或者混合的财产不可分割，如经添附、附和或加工后无法分割的物品、房产等。出现上述三种法定情况，可以追缴、没收其他等值财产或者混合财产中的等值部分。这是等值追缴、没收的限定性规定。“其他等值财产”，是指与应当追缴、没收的涉案财产同等价值的其他财产。“混合财产中的等值部分”，是指混合财产中与违法所得相等价值的部分。

第三款是关于高度可能性证明标准的法律适用的规定。根据本款规定，被告人实施黑社会性质组织犯罪的定罪量刑事实已经查清，有证据证明其在犯罪期间获得的财产高度可能属于黑社会性质组织犯罪的违法所得及其孳息、收益，被告人不能说明财产合法来源的，应当依法予以追缴、没收。本款从以下几个方面进行理解：第一，在案件适用范围上，只限于黑社会性质组织犯罪，不适用于其他犯罪和有组织犯罪中的恶势力犯罪。第二，本款在具体适用上还应具备以下几个前提条件：（1）黑社会性质组织犯罪定罪量刑事实的证明标准不降低，必须达到刑事诉讼法第五十五条规定的证据确实、充分的程度：定罪量刑的事实都有证据证明；据以定案的证据均经法定程序查证属实；综合全案证据，对所认定事实已排除合理怀疑。（2）证明涉案财产为犯罪期间获得的财产。黑社会性质组织一般在短时间内难以形成，“恶势力”团伙和犯罪集团向黑社会性质组织发展是一个渐进的过程，没有明显的性质转变的节点，故对黑社会性质组织存在时间、成员人数问题不宜作出“一刀切”的规定。黑社会性质组织未举行成立仪式或者进行类似活动的，成立时间可以按照足以反映其初步形成非法影响的标志性事件的发生时间认定。没有明显标志性事件的，可以将组织者、领导者与其他组织成员首次共同实施该组织犯罪活动的时间认定为该组织的形成时间。该组织者、领导者因未到案或者因死亡等法定情形未被起诉的，不影响认定。（3）涉案财产的证明标准要达到高度可能的程度，而不是较大可能性或一般可能性，从证据数量、种类、证明程度及排除合理怀疑等方面来看，已经十分接近“证据确实、充分”的证明标准。（4）从适用对象上进行严格限制，突出适用对象的特殊性。高度可能的证明标准适用的具体对象只能为黑社会性质组织犯罪的违法所得及其孳息、受益。（5）被告人对此类涉案财产处置可以提出异议。如果被告人对适用高度可能的证明标准处置涉案财产有异议，并且能够合理地说明其来源，办案机关就不应按照本条的规定对涉案财产进行处置，而是应当认真调查，在确认财产确实属于违法犯罪所得的情况下，根据刑法、刑事诉讼法的规定对财产作出处置。

【实践中应注意的问题】

第一，关于对违法所得、违禁品和供犯罪所用的本人财物的一般处理的规定，应注意与刑法第六十四条相衔接配合运用。其中对违法所得的一切财物及其孳息、收益的处理，实践中应首先确定违法所得，在此基础上对其产生的孳息、收益进行处理，而不能在违法所得不确定的情况下，对其孳息、收益进行处理。

第二，关于等值追缴、没收的适用，实践中应首先追缴违法犯罪所得及其孳息、收益，只有在涉案财产无法折抵犯罪造成的损失的情况下，才采取本条规定的等值追缴、没收的方式。同时，所追缴、没收的其他等值财产或混合财产的等值部分，应优先折抵被害人的损失。

第三，关于高度可能性证明标准的法律适用，司法实践中应严格掌握其适用范围。第三款虽然规定限于黑社会性质组织犯罪，但对于涉案财产权属清晰的涉黑案件，应直接根据刑事诉讼法的有关规定予以追缴、没收。在要求被告人对其财产合法性作出说明之前，侦查机关、公诉机关对涉案财产的证明首先要满足两个条件，即定罪量刑事实已经查清，高度可能的证明标准，只有在这种情况下才可以要求被告人说明财产合法来源，如果侦查机关、公诉机关达不到前两项要求，就应当认定为涉案财产认定的事实不清，证据不足。

【参考材料及案例】

《最高人民法院、最高人民检察院、公安部、司法部关于办理黑恶势力刑事案件中财产处置若干问题的意见》第四章第 19 条至第 21 条

19. 有证据证明依法应当追缴、没收的涉案财产无法找到、被他人善意取得、价值灭失或者与其他合法财产混合且不可分割的，可以追缴、没收其他等值财产。对于证明前款各种情形的证据，公安机关或者人民检察院应当及时调取。

20. 本意见第 19 条所称“财产无法找到”，是指有证据证明存在依法应当追缴、没收的财产，但无法查证财产去向、下落的。被告人有不同意见的，应当出示相关证据。

21. 追缴、没收的其他等值财产的数额，应当与无法直接追缴、没收的具体财产的数额相对应。

某县人民法院在对“王某某组织、领导黑社会性质组织案”宣判时，除判决王某某 20 年有期徒刑以外，对王某某通过犯罪取得的不正当财产利益 3756.32 万元追缴后予以没收。后在该法院执行庭追缴王某某违法所得未能足额追缴到位的情况下，决定强制执行王某某名下的 8 套涉案房产，王某某以“该八套房屋均购买于犯罪行为发生之前，并非犯罪所得”为由向该市中级人民法院申请复议。该市中级人民法院经审理认为王某某的复议理由不能成立，法院不予支持。

【立法宗旨和背景】

（一）起草背景

2002年4月28日第九届全国人民代表大会常务委员会第二十七次会议通过了《关于〈中华人民共和国刑法〉第二百九十四条第一款的解释》，对刑法第二百九十四条作出解释，规定黑社会性质的组织应当同时具备组织特征、经济特征、行为特征和危害性特征。其中经济特征是指有组织地通过违法犯罪活动或者其他手段获取经济利益，具有一定的经济实力，以支持该组织的活动。经济特征也是恶势力组织犯罪的重要特征。最大限度地获取巨额经济利益是有组织犯罪的主要目的之一。很多有组织犯罪组织的发展过程就是一个“以黑促商，以商养黑”的循环过程，一方面通过各种非法手段聚敛钱财并将这种财产用于支撑其违法犯罪活动，另一方面又依仗其经济实力，腐蚀、拉拢政府官员，并向经营领域渗透，将非法收入转化为合法收入，维护自己的既得利益，获取更大的社会财富，进一步在一定区域或者行业内形成更大的非法控制，拓展地盘和影响。黑恶势力犯罪所具有的经济特征，决定了有组织犯罪组织往往具有一定的经济实力，这也是其坐大成势、称霸一方的基础。要彻底铲除黑恶势力犯罪的根基，就要彻底摧毁有组织犯罪组织的经济基础。实践经验表明，只有在扫黑除恶中落实“打财断血”，才能防止黑恶势力死灰复燃，从而根本上消除黑恶势力犯罪的土壤。

实践发现，黑恶势力犯罪组织经常利用各种方式隐匿、转移、掩饰、隐瞒犯罪所得，许多案件中涉案财产的成分、类型和流转情况相当复杂。此外，黑恶势力犯罪组织通过违法犯罪活动所积聚的大量财产被消耗和挥霍，涉案财产流失导致被害人的合法财产无法追回，人民法院判决中的财产性判项得不到落实，形成空判，影响司法的效果和权威。关于涉案财产处置，刑法第六十四条、刑事诉讼法第二百四十五条等，对犯罪分子的违法所得、违禁品和供犯罪所用的本人财物，以及对查封、扣押、冻结的财物及其孳息等作了较为明确的规定。以上规定仅限于对犯罪组织及其成员违法所得的财产等进行处置，对其他涉案财产无法适用。我国刑事诉讼法第五十五规定的证据证明标准，要求达到“证据确实、充分”“排除合理怀疑”的程度，也导致部分涉案财产因达不到该证明标准而无法处置。司法实践中，仅根据以上条款不能完全解决有组织犯罪中的涉案财产处置问题。对此，《联合国打击跨国有组织犯罪公约》有明确要求，英国《2002年犯罪收益追缴法》、意大利《反腐败法》、韩国《关于预防非法贩运毒品特别问题法律》等中的有关规定，也为反有组织犯罪法中涉案财产的处置提供了重要借鉴。要实现彻底扫黑除恶，就要深化“打财断血”达到“黑财见底”，全面、准确、高效地处置有组织犯罪案件中的涉案财产。

（二）审议中各方面的意见以及争议的问题

审议中各方面对本条提出的意见和主要争议的问题集中在以下几个方面：一是关于违法所得、违禁品和供犯罪所用的本人财物的一般处理与刑法第六十四条关于涉案财物的处理之间的协调衔接关系。有的建议在追缴、没收基础上增加责令退赔，表述上更为完整。有的建议该款按照刑法第六十四条规定对涉案财物进一步进行区分处理。二是关于等值没收的规定。有的建议进行柔性规定，充分考虑因不可抗力灭失或被第三人善意取得的情况。三是关于部分涉案财产证明标准的规定，各方面争议较大，涉案财产证明也应遵守刑事诉讼法规定的事实清楚，证据确实、充分，排除合理怀疑的证明标准，降低容易产生侵犯合法财产的现象。有的建议与黑恶势力犯罪中涉案财产的复杂特殊的实践情况相匹配，对涉案财产认定实行举证责任倒置：由犯罪嫌疑人、被告人证明其财产是合法获得的，而不是通过犯罪获得的。对本条审议中提出的意见，在认真权衡不同方案利弊基础上，进行了合理的吸收。

（三）有关国家和地区的规定

1. 对有组织犯罪组织及其成员违法所得予以追缴、没收或者责令退赔，《联合国打击跨国有组织犯罪公约》有明确要求：缔约国应在本国法律制度的范围内尽最大可能采取必要措施，以便能够没收公约涵盖犯罪的犯罪所得或价值与其相当的财产，以及用于或拟用于公约涵盖犯罪的财产、设备或工具；应采取必要措施，辨认、追查、冻结或扣押上述物品，以便最终予以没收；如果犯罪所得已经部分或全部转变或转化为其他财产，也适用上述措施。如果犯罪所得已与从合法来源获得的财产相混合，则应在不影响冻结权或扣押权的情况下没收这类财产，没收价值可达混合于其中的犯罪所得的估计价值；对于来自犯罪所得、来自由犯罪所得转变或转化而成的财产或已与犯罪所得相混合的财产所发生的收入或其他利益，也适用没收、扣押措施，其方式和程度与处置犯罪所得相同；应使法院或其他主管当局有权下令提供或扣押银行、财务或商务记录，不得以银行保密为由拒绝；可考虑要求由犯罪的人证明应予没收的涉嫌犯罪所得或其他财产的合法来源，但此种要求应符合本国法律原则和司法及其他程序的性质。

2. 等值没收，当犯罪所得及其收益因被挥霍、转让等原因而无法实现对其没收时，允许用犯罪人的其他财产实行充抵，即允许“等值没收”，在事实上无法没收原物时，可以没收其替代物。如《联合国打击跨国有组织犯罪公约》第十二条规定，对于来自有组织犯罪的犯罪所得，或者与其价值相当的财产，可以采取必要的措施，以便能够没收。德国《刑法典》第七十四条规定，如果犯罪人对其享有所有权或处分权，但应当被没收的财物，在法院判决前出售、消耗或者以其他方式使其无法被没收的，法院可以没收与该财物价值相当的财物或者折价款。

3. 推定为犯罪所得。一般来说，各国法院认定财物属于犯罪所得，都要求控诉方证明有关财物来源于特定的犯罪，并达到刑事案件“内心确信”或者“排除合理怀疑”的证明标准。由于实践中情况比较复杂，针对一些特殊的案件和情况，有的国家也规定了“推定的犯罪所得”制度，即在特定的情形下，不需要达到定罪所需要的证明标准，就可以推定被告人的特定财产来源于犯罪，系犯罪所得并予以追缴、没收。主要有以下几种情形：

一是认定“犯罪生活方式”。法院认定被告人具有“犯罪生活方式”的，可以认定其生活对犯罪收益具有依赖性，进而可以推定被告人在一定期限内获得的财产或者发生的开销均来自犯罪收益。英国《2002 年犯罪收益追缴法》规定，以下三种情形可推定为犯罪生活方式：（1）被告人犯有以下 9 类犯罪之一，包括贩毒罪、洗钱罪、领导恐怖活动罪、贩卖人口罪、贩卖武器罪、走私罪、侵犯知识产权罪、组织卖淫活动罪、敲诈勒索罪；（2）被告人在 6 个月以上时间持续从罪行中获益；（3）被定罪行为为犯罪活动进程组成部分，具有职业性的特点。“一定期限”最长可为自被告人受追诉之日起向前回溯 6 年。

二是认定为“特定犯罪所得”。被告人实施了特定的犯罪，且综合各种情形有理由推定其财产来源于犯罪，这些财产可以推定为犯罪所得。如韩国《关于预防非法贩运毒品特别问题法律》第十七条规定，在评估毒品犯罪的获利时，对于犯罪人在其持续实施毒品犯罪活动期间所取得的财产，如果相较于其合法财产收入状况被发现明显增加，有合理根据认为所取得的财产来自毒品犯罪的非法收益的，则有关财产应当被推定为与毒品犯罪相关的非法收益。

三是不能说明合法来源而推定为犯罪所得。被告人具有特定身份且不能对其财产的合法来源作出合理解释的，可以推定其财产为犯罪所得。被告人具有国家工作人员身份时，这种推定比较常见。《联合国反腐败公约》第二十二条要求各国需考虑将“公职人员的资产显著增加，而本人无法以其合法收入作出合理解释”的行为规定为犯罪。《联合国打击跨国有组织犯罪公约》第十二条中规定，缔约国可考虑要求由犯罪的人证明应予没收的涉嫌犯罪所得或其他财产的合法来源，但此种要求应符合其本国法律原则和司法及其他程序的性质。一些国家也作了类似的规定。匈牙利规定，有组织犯罪的行为人在参与有组织犯罪期间所获得的所有财产，在被证实来源合法之前，一律予以没收。意大利《反腐败法》规定，对因贪污、索贿、受贿、介绍贿赂等行为被定罪的，没收其不能说明合法来源的钱款、财物或者其他利益，以及与其缴纳所得税时申报的收入不相符合或者与其经济活动不相符合的钱款、财物或者其他利益。我国刑法第三百九十五条规定的针对国家工作人员的巨额财产来源不明罪就属于这一类。

一旦被认定为“推定的犯罪所得”，被告人在一定时段的收入和花费都可以被推定为犯罪所得，其在这段时间赠予第三人的财产，也可以是追缴的对象。为确保司法公正，防止推定发生错误，各国也规定了一些不能实行推定的情形，如存在相反证据时，以及法官综合考量各种因素后，认为适用推定是错误的或者可能造成严重的不公正时，应当放弃推定。

第四十六条　涉案财产符合下列情形之一的，应当依法予以追缴、没收：

（一）为支持或者资助有组织犯罪活动而提供给有组织犯罪组织及其成员的财产；

（二）有组织犯罪组织成员的家庭财产中实际用于支持有组织犯罪活动的部分；

（三）利用有组织犯罪组织及其成员的违法犯罪活动获得的财产及其孳息、收益。

【条文主旨】

本条是关于不属于有组织犯罪组织及其成员所有的涉案财产中应当依法予以追缴、没收的特殊情形的规定。

【条文释义】

本条分三项对涉案财产中应当依法予以追缴、没收的特殊情形作出规定，是对本法第四十五条财产处置规定的补充和扩展。第四十五条适用的对象为有组织犯罪组织及其成员违法犯罪活动的涉案财产，本条适用的对象则是有组织犯罪组织及其成员之外的其他人所有的涉案财产。

根据第一项的规定，为支持或者资助有组织犯罪活动而提供给有组织犯罪组织及其成员的财产，应当予以追缴、没收。构成本项行为应当符合以下条件：（1）提供此类支持或者资助的行为人，往往不直接参与有组织犯罪，而是采用暗中帮助、提供财物的隐蔽形式来实际支持或资助犯罪，属于有组织犯罪的幕后黑手。（2）要求行为人主观上明知是有组织犯罪组织及其成员实施的有组织犯罪活动而提供财产进行支持或者资助。如果行为人对此并不明知而提供了财产支持或者资助，不能认定为本项规定的行为。（3）这里的财产，是指其他单位、组织、个人为支持该黑恶势力组织活动资助或者主动提供的财产，既可能是金钱也可能是其他类型的财物。此类财产本身可能是合法的，但实际却用于犯罪行为，属于涉案财产的范围，故应当予以追缴、没收。

根据第二项的规定，有组织犯罪组织成员的家庭财产中实际用于支持有组织犯罪活动的部分，应当予以追缴、没收。本项行为有以下几层含义：（1）这里的“家庭财产”指的是家庭中的共有合法财产。家庭财产是在家庭中全部或部分家庭成员共同所有的财产，是指家庭成员在家庭共同生活关系存续期间共同创造、共同所得的财产。（2）家庭财产与家庭成员共同生活期间的个人财产是有区别的。该项规定表明，不仅有组织犯罪组织成员供犯罪所用的本人财物应当予以追缴、没收，其家庭共有财产中的合法财产，实际上是其他家庭成员所有的财产，如果实际用于支持有组织犯罪活动的，也应当予以追缴、没收。（3）“实际用于”，是指家庭财产中的这部分财产，已经用于支持实际的有组织犯罪活动或者作为有组织犯罪活动的财产进行管理，已经成为犯罪资产或犯罪工具的。

根据第三项的规定，利用有组织犯罪组织及其成员的违法犯罪活动获得的财产及其孳息、收益，应当予以追缴、没收。具体是指其他单位、组织、个人利用黑恶势力组织及其成员违法犯罪活动获取的财产及其孳息、收益。本项行为有以下几层含义：（1）这里所述的财产及其孳息、收益，本身并非有组织犯罪组织及其成员的犯罪所得，也不是有组织犯罪活动的直接产物，而是利用有组织犯罪组织及其成员的违法犯罪活动而获得。(2) 虽然该项规定的获取财产的行为不是直接参与有组织犯罪的违法犯罪活动，但获得的这些财产及孳息、收益，却与有组织犯罪组织及其成员的违法犯罪活动存在相应的因果关联。比较典型的行为，如雇用有组织犯罪组织成员充当保镖等进行不正当的市场竞争，利用有组织犯罪组织的影响力去从事显失公平的交易等。(3) 利用有组织犯罪组织及其成员通过违法犯罪活动，而获得相应的经济利益的行为，在实践中问题已比较突出，严重影响正常的营商环境，有必要进行规制。值得注意的是，这里的"利用"一般指间接性的行为，如果有组织犯罪组织及其成员直接参与具体的商业经营行为，那么所获得的财产及其孳息、收益就应属于违法所得及其孳息、收益。

【实践中应注意的问题】

第一，本条中应当依法予以追缴、没收的涉案财产，实际认定时应严格界定范围。依据本条认定涉案财产的范围，应仅限于已经用于支持或者资助有组织犯罪，家庭财产中实际已经用于支持有组织犯罪活动的部分，以及利用有组织犯罪组织及其成员的违法犯罪活动已经获得的财产及孳息收益。这些财产应当是已经成为用于或将要用于违法犯罪活动的涉案财产，以及利用有组织违法犯罪实际上已取得的收益。

第二，本条中所列举的行为与有组织犯罪组织及其成员的违法犯罪活动间存在直接关联。本条三种行为中所列的涉案财产，在处置过程中涉及第三人的财产权，适用过程中应特别谨慎，在实际适用过程中应严格查明本条规定的行为与违法犯罪活动的关联关系。当无法确定其二者间的关联，无法认定属于本条规定的情形时，则不应依照本条的规定予以追缴、没收，以保护公民、法人的合法财产权益。

第三，本条中所列举的行为，应当为主观故意行为，当事人不知情的情况下不适用本条。在实际办案中，应严格区分本条规定的行为与确不知情前提下所进行的投资、借贷等普通民事行为。

第四，行为人主观故意实施的这些行为，不仅涉案财产应当依法予以追缴、没收，如果支持者、利用者本人的行为涉嫌违法犯罪的还应当依照相关法律规定追究相应的法律责任。

【立法宗旨和背景】

（一）起草背景

本法第四十五条规定了对有组织犯罪组织及其成员违法所得、违禁品和供犯罪所用的本人财物的进行处置，对等值追缴、没收的法律适用，以及对涉案财产中高度可能性证明标准的法律适用，为处置有组织犯罪案件中的涉案财产提供了有力的法律依据。实践表明，随着各种犯罪组织的犯罪活动及其手段日益隐蔽、复杂，其背后的不法财源支持问题也日益凸显，如何打掉犯罪活动幕后黑手、黑财，成为预防和惩治有组织犯罪必须要解决的问题。黑恶势力组织往往盘踞地方多年，犯罪形式多样，涉案财产成分、类型和流转情况相当复杂，不乏利用其他人的财产实施犯罪，利用其他手段掩饰、隐瞒犯罪所得及其收益，或者其他人利用有组织犯罪去谋取利益等情况。其中既涉及有组织犯罪组织及其成员的违法所得、违禁品、供犯罪所用的财物等，也存在与有组织犯罪组织及其成员相关的其他组织或个人的涉案财产，如本条规定的三种情形：为支持或者资助有组织犯罪活动而提供给有组织犯罪组织及其成员的财产；有组织犯罪组织成员的家庭财产中实际用于支持有组织犯罪活动的部分；利用有组织犯罪组织及其成员的违法犯罪活动获得的财产及其孳息、收益。要彻底摧毁黑恶势力组织的犯罪基础，就要全面摧毁其财产基础。在涉案财产处置过程中，既要处置涉案财产中的“明财”，也要处置涉案财产中的“暗财”，加大涉案财产的审查、处置力度，铲除黑恶势力财产基础可能存在的源头和土壤，防止其死灰复燃。打掉有组织犯罪所积聚的“明财”，铲除为有组织犯罪提供帮助或输送利益的“暗财”，是扫黑除恶专项斗争中“打财断血”中的一项重要举措和成熟经验。本条在以往涉案财产处置的实践经验基础上，对涉案财产中应当依法予以追缴、没收的范围作了进一步界定、细化和适当拓展，将进一步提高有组织犯罪案件中涉案财产的处置效果。

（二）审议中各方面的意见以及争议的问题

除了对有组织犯罪组织及其成员涉案财产处理的一般性规定外，本条总结出其他涉案财产中用以支持、资助或利用有组织犯罪及其成员的情形，规定应当予以依法追缴、没收，从而对有组织犯罪给予更为有利的打击。审议中各方面对本条的规定比较赞同，从立法技术上能体现出对“打财断血”目标的纵深化，是涉案财产处置方面的重要突破。同时，也有意见认为应对条文追缴、没收的具体对象作细化规定，经过讨论修改，最终结合刑法第六十四条规定作出本条规定。

（三）有关国家和地区的规定

对涉案财产的追缴、没收，能否超出有组织犯罪组织及其成员的违法所得之外，一些国家的法律中规定，在一定范围内允许针对第三人的财物实行没收。如日本《刑法典》第十九条规定，只有不属于犯罪人以外的人所有之物，才可以没收，但是属于犯罪人以外的人所有之物，在犯罪以后该人知情并取得财物的，也可以没收。德国《刑法典》第七十五条规定，第三人出于重大过失将其财物用作犯罪工具，或者明知该物应当没收并取得财物的，可以没收。

第四十七条　黑社会性质组织犯罪案件的犯罪嫌疑人、被告人逃匿，在通缉一年后不能到案，或者犯罪嫌疑人、被告人死亡，依照《中华人民共和国刑法》规定应当追缴其违法所得及其他涉案财产的，依照《中华人民共和国刑事诉讼法》有关犯罪嫌疑人、被告人逃匿、死亡案件违法所得的没收程序的规定办理。

【条文主旨】

本条是关于黑社会性质组织犯罪案件的犯罪嫌疑人、被告人逃匿、死亡案件违法所得的没收程序的规定。

【条文释义】

本条规定了黑社会性质组织犯罪案件违法所得的没收程序的适用条件和适用程序。

一、关于适用违法所得的没收程序的条件

一是“黑社会性质组织犯罪案件的犯罪嫌疑人、被告人逃匿，在通缉一年后不能到案，或者犯罪嫌疑人、被告人死亡”。“黑社会性质组织犯罪案件的犯罪嫌疑人、被告人”是适用违法所得的没收程序的对象范围，对于本法规定的恶势力犯罪的嫌疑人、被告人，如果实施了刑事诉讼法及最高人民法院、最高人民检察院《关于适用犯罪嫌疑人、被告人逃匿、死亡案件违法所得没收程序若干问题的规定》规定的案件，则可以适用这一程序，否则不适用本条规定。也就是说，不能根据本法的规定对恶势力犯罪的嫌疑人、被告人适用违法所得没收程序。一般情况下，黑社会性质组织犯罪案件的犯罪嫌疑人、被告人如果逃匿，诉讼程序就无法进行下去；如果犯罪嫌疑人、被告人死亡，依照刑事诉讼法第十六条的规定，就应当撤销案件，或者不起诉，或者终止审理。但是违法所得的没收程序属于特别程序，在黑社会性质组织犯罪案件的犯罪嫌疑人、被告人不能到案的情况下，可以对其违法所得及其他涉案财产进行审理并作出裁定。如果黑社会性质组织犯罪案件的犯罪嫌疑人、被告人能够到案接受处理的，应当依照刑事诉讼法有关侦查、起诉和审判的程序，在追究其刑事责任的同时依法对涉案财产作出处理。这里所说的“逃匿”是指犯罪嫌疑人、被告人在犯罪后，为逃避侦查和刑事追究潜逃、隐匿，或者在刑事诉讼过程中脱逃的。“通缉”是指公安机关或人民检察院通令缉拿应当逮捕而在逃的犯罪嫌疑人归案的一种侦查行为。实践中，一般由县级以上的公安机关发布通缉令。

二是“依照《中华人民共和国刑法》规定应当追缴其违法所得及其他涉案财产的”。刑法第六十四条规定，犯罪分子违法所得的一切财物，应当予以追缴。这里的“违法所得”是指因实施犯罪活动而取得的全部财物，包括金钱或者物品，如通过实施有黑社会性质组织犯罪得到的金钱或者物品等。“其他涉案财产”，一般是指除违法所得以外的与犯罪有关的款物、作案工具和非法持有的违禁品等。“追缴”是指将违法所得的财产强制追回。

二、关于违法所得的没收程序适用的具体程序

“依照《中华人民共和国刑事诉讼法》有关犯罪嫌疑人、被告人逃匿、死亡案件违法所得的没收程序的规定办理”，这里的刑事诉讼法的有关规定，主要是指刑事诉讼法第二百九十八条至第三百零一条的规定。

根据本法和刑事诉讼法第二百九十八条的规定，对于符合“黑社会性质组织犯罪案件的犯罪嫌疑人、被告人逃匿，在通缉一年后不能到案，或者犯罪嫌疑人、被告人死亡，依照《中华人民共和国刑法》规定应当追缴其违法所得及其他涉案财产的”条件，需要对犯罪嫌疑人、被告人的违法所得及其他涉案财产予以没收的，应当由人民检察院向人民法院提出没收违法所得的申请。如果在审判阶段犯罪嫌疑人、被告人逃匿的，人民法院应当根据刑事诉讼法第二百零六条的规定中止审理；如果犯罪嫌疑人、被告人死亡的，人民法院应当根据刑事诉讼法第十六条的规定终止审理。如果符合没收违法所得条件的，应当再

由人民检察院提出没收违法所得的申请，人民法院不能在被告人不能到案的情况下直接作出没收违法所得的裁定。

根据刑事诉讼法的相关规定，侦查阶段需要启动没收程序的，由公安机关写出没收意见书并移送人民检察院。公安机关在侦查黑社会性质组织犯罪案件过程中，如果存在犯罪嫌疑人逃匿，在通缉一年后不能到案，或者犯罪嫌疑人死亡，依照刑法规定应当追缴其违法所得及其他涉案财产的情形，应当写出没收违法所得意见书，移送人民检察院，由人民检察院申请人民法院对违法所得的财产予以没收。"没收违法所得意见书"，是指公安机关对认为存在前款规定情形的，应当写出书面意见并移送人民检察院处理的法律文书，其中应当写明黑社会性质组织犯罪案件犯罪嫌疑人的犯罪事实、违法所得的有关情况、处理的意见和理由以及所依据的法律条款等。

根据刑事诉讼法的规定，没收违法所得的申请应当提供与犯罪事实、违法所得相关的证据材料，并列明财产的种类、数量、所在地及查封、扣押、冻结的情况。也就是说，人民检察院在向人民法院提出违法所得没收程序申请时，必须提供犯罪嫌疑人、被告人有关犯罪事实的证据材料，以及能够证明属于犯罪嫌疑人、被告人违法所得及其他涉案财产的相关证据材料。同时在案卷中还应当载明违法所得及其他涉案财产的种类、数量、存放地点以及查封、扣押、冻结有关财产的情况。这样规定主要考虑：一是只有人民检察院提供了犯罪嫌疑人、被告人犯罪事实、违法所得的证据材料，以及财产的详细情况，人民法院才能在犯罪嫌疑人、被告人不到案的情况下对是否没收犯罪嫌疑人、被告人财产作出正确的判断，从而保证案件的质量。二是明确这些内容，便于法院采取保全措施和裁定的执行。

根据刑事诉讼法的规定，人民法院在必要的时候，可以查封、扣押、冻结申请没收的财产。在侦查阶段，侦查机关根据侦查犯罪的需要，有权查封、扣押与犯罪有关的财物，有权冻结犯罪嫌疑人的存款、汇款、债券、股票、基金份额等财产。如果侦查机关没有对犯罪嫌疑人的财产采取查封、扣押、冻结措施，人民法院在审理没收违法所得申请时，也有权根据案件情况和审判的需要对犯罪嫌疑人、被告人的财产采取查封、扣押和冻结措施。

【实践中应注意的问题】

对于黑社会性质组织犯罪案件的犯罪嫌疑人、被告人逃匿的，司法机关首先应当尽力通缉、抓捕，以使之尽快到案并依照法定程序追诉，只有对确实在通缉一年后仍无法抓捕到案的，才可以适用违法所得没收的特别程序。

【立法宗旨和背景】

（一）起草背景

2012 年 3 月 14 日第十一届全国人民代表大会第五次会议通过的关于修改刑事诉讼法的决定在刑事诉讼法中增加了犯罪嫌疑人、被告人逃匿、死亡案件违法所得没收程序。科学技术的发展和全球一体化趋势的加强在给人们经济活动和生活带来极大便利的同时，也为犯罪分子逃匿和隐匿财产创造了条件。对此，修改后的刑事诉讼法明确了没收程序的适用范围、申请、公告、审理和救济程序。

2017 年 1 月，最高人民法院、最高人民检察院联合发布《关于适用犯罪嫌疑人、被告人逃匿、死亡案件违法所得没收程序若干问题的规定》，规定共二十五条，就违法所得没收程序适用的罪名范围、概念认定、证明标准以及具体操作规范进行了明确。该规定的出台，增强了违法所得没收程序的实践可操作性，为司法实践中适用违法所得没收程序提供了依据。2018 年最高人民法院、最高人民检察院、公安部、司法部《关于办理黑恶势力犯罪案件若干问题的指导意见》第三十条规定，黑社会性质组织犯罪嫌疑人、被告人逃匿，在通缉一年后不能到案，或者犯罪嫌疑人、被告人死亡的，应当依照法定程序没收其违法所得。

在反有组织犯罪法立法过程中，根据实践需要，与刑法、刑事诉讼法的有关规定相衔接，反有组织犯罪法规定了黑社会性质组织犯罪案件的犯罪嫌疑人、被告人逃匿、死亡案件违法所得的没收程序。

（二）审议中各方面的意见以及争议的问题

在法律草案征求意见的过程中，有意见认为，本条扩大了刑事诉讼法中违法所得没收程序的适用范围，需要考虑与刑事诉讼法的衔接及落实问题。立法机关经研究认为，刑事诉讼法第二百九十八条的适用范围是贪污贿赂犯罪、恐怖活动犯罪“等重大犯罪案件”，2017 年最高人民法院、最高人民检察院《关于适用犯罪嫌疑人、被告人逃匿、死亡案件违法所得没收程序若干问题的规定》

进一步明确，违法所得没收程序还适用于危害国家安全、走私、洗钱、金融诈骗、黑社会性质的组织、毒品犯罪案件等犯罪。考虑到黑社会性质组织犯罪较为特殊的社会危害性和实践需要，通过立法进一步明确黑社会性质组织犯罪案件适用违法所得没收程序，是适当的。

第四十八条　监察机关、公安机关、人民检察院发现与有组织犯罪相关的洗钱以及掩饰、隐瞒犯罪所得、犯罪所得收益等犯罪的，应当依法查处。

【条文主旨】

本条是关于依法查处与有组织犯罪相关的洗钱以及掩饰、隐瞒犯罪所得、犯罪所得收益等犯罪的规定。

【条文释义】

本条主要从涉案财产认定和处置的角度列举了与有组织犯罪关系较为密切的两类犯罪，包括洗钱罪和掩饰、隐瞒犯罪所得、犯罪所得收益罪。

1. 洗钱罪。指根据刑法第一百九十一条规定，洗钱罪是指："为掩饰、隐瞒毒品犯罪、黑社会性质的组织犯罪、恐怖活动犯罪、走私犯罪、贪污贿赂犯罪、破坏金融管理秩序犯罪、金融诈骗犯罪的所得及其产生的收益的来源和性质，有下列行为之一的，没收实施以上犯罪的所得及其产生的收益，处五年以下有期徒刑或者拘役，并处或者单处罚金；情节严重的，处五年以上十年以下有期徒刑，并处罚金：（一）提供资金帐户的；（二）将财产转换为现金、金融票据、有价证券的；（三）通过转帐或者其他支付结算方式转移资金的；（四）跨境转移资产的；（五）以其他方法掩饰、隐瞒犯罪所得及其收益的来源和性质的。单位犯前款罪的，对单位判处罚金，并对其直接负责的主管人员和其他直接责任人员，依照前款的规定处罚。"这里的洗钱包括有组织犯罪分子"为他人洗钱"和"自洗钱"两种行为。"为他人洗钱"是指有组织犯罪分子帮助其他犯罪分子开展洗钱活动，符合洗钱罪的构成要件的。"自洗钱"是指行为人自己实施上游犯罪并掩饰、隐瞒其犯罪所得及产生的收益的来源和性质的行为。2020年12月26日第十三届全国人民代表大会常务委员会第二十四次会议通过的刑法修正案（十一）对刑法第一百九十一条作了修改，将自"自洗钱"行为规定为犯罪，即行为人自己实施上游犯罪并掩饰、隐瞒其犯罪所得及产生的收益的来源和性质的行为，也应当依法追究刑事责任。为自己的上游犯罪进行洗钱，属于实施上游犯罪后的额外行为，不仅放大了上游犯罪的危害后果，而且对国家的金融稳定等产生了额外伤害。

根据刑法规定，构成洗钱罪需要具备以下条件：一是主观上是为掩饰、隐瞒上游犯罪的所得及其产生的收益的来源和性质。这里的“掩饰、隐瞒”是指行为人以窝藏、转移、转换、收购等方法将自己或者他人实施上游犯罪的所得及其产生的收益予以掩盖或洗白。行为人的主观方面，可以通过行为人的认知能力，接触和掌握上游犯罪及其犯罪所得和收益的情况，犯罪所得及其收益的种类、数额，掩饰、隐瞒犯罪所得及其收益的方式等，结合客观实际情况与犯罪意图综合判断。二是行为人实施了掩饰、隐瞒毒品犯罪，黑社会性质的组织犯罪、恐怖活动犯罪、走私犯罪、贪污贿赂犯罪，破坏金融管理秩序犯罪、金融诈骗犯罪的所得及其产生收益的来源和性质的行为。洗钱罪的本质在于为上游犯罪的犯罪所得披上合法外衣，消灭犯罪线索和证据，从而达到逃避法律追究和制裁，实现犯罪所得的安全循环使用的目的。

2. 掩饰、隐瞒犯罪所得、犯罪所得收益罪。根据刑法第三百一十二条的规定，掩饰、隐瞒犯罪所得、犯罪所得收益罪是指“明知是犯罪所得及其产生的收益而予以窝藏、转移、收购、代为销售或者以其他方法掩饰、隐瞒的，处3年以下有期徒刑、拘役或者管制，并处或者单处罚金；情节严重的，处3年以上7年以下有期徒刑，并处罚金。单位犯前款罪的，对单位判处罚金，并对其直接负责的主管人员和其他直接责任人员，依照前款的规定处罚”。根据刑法规定，构成掩饰、隐瞒犯罪所得、犯罪所得收益罪，需要具备以下条件：第一，明知是犯罪所得及其产生的收益。行为人是故意犯罪，即明知是犯罪所得及其产生的收益而故意予以掩饰，隐瞒的。“明知”包括推定为应当知道的情况。第二，行为人实施了窝藏、转移、收购、代为销售或者以其他方法掩饰、隐瞒犯罪所得及其收益的行为。

需要指出的是，根据刑法修正案（十一）对洗钱罪的修改，“自洗钱”行为可以按照刑法第一百九十一条洗钱罪定罪处罚，作为广义的洗钱犯罪，刑法第三百一十二条“掩饰、隐瞒犯罪所得、犯罪所得收益罪”也适用“自洗钱”行为可以独立定罪。因此，尽管刑法修正案（十一）没有对刑法第三百一十二条进行修改，“自洗钱”独立定罪处罚也一并适用于刑法第三百一十二条“掩饰、隐瞒犯罪所得、犯罪所得收益罪”。十三届全国人民代表大会常务委员会第二十二次会议《全国人民代表大会宪法和法律委员会关于〈中华人民共和国刑法修正案（十一）（草案）修改情况的汇报》对此作了明确说明："宪法和法律委员会经同有关方面研究，建议对草案作以下修改补充……修改洗钱罪，将实施一些严重犯罪后的'自洗钱'明确为犯罪，同时完善有关洗钱行为方式，增加地下钱庄通过'支付'结算方式洗钱等。作上述修改以后，我国刑法第一百九十一条、第三百一十二条等规定的洗钱犯罪的上游犯罪包含所有犯罪，'自洗钱'也可单独定罪，为有关部门有效预防、惩治洗钱违法犯罪以及境外追逃追赃提供充足的法律保障。"根据上述规定，对于有组织犯罪案件中，犯罪分子自己实施有组织犯罪后，具有掩饰、隐瞒犯罪所得及其收益的目的，并且对财物进行了转换、转移等明显的清洗行为，构成"自洗钱"的，应当依法定罪处罚。但是，掩饰、隐瞒犯罪所得、犯罪所得收益罪中也包括了传统的赃物犯罪，对这类赃物犯罪的"自窝赃"不宜作为单独犯罪处理，例如实施了盗窃罪后的窝藏、使用、出售等行为，一般应当认定为盗窃罪的延伸行为、后续处理行为。

根据本条规定，依法查处与有组织犯罪相关的洗钱以及掩饰、隐瞒犯罪所得、犯罪所得收益等犯罪的主体包括监察机关、公安机关、人民检察院。"依法查处"，是指依照职责分工，依法调查、侦查有关的犯罪活动，收集、固定证据，依照监察法、刑事诉讼法的规定开展相应工作。监察机关、公安机关、人民检察院发现与有组织犯罪相关的洗钱以及掩饰、隐瞒犯罪所得、犯罪所得收益等犯罪的，对于属于自己职权管辖范围的，应当直接立案查处，对于不属于自己职权管辖范围的，应当连同案件线索一并移送有管辖权的机关，但是对发现的犯罪行为不能置之不理，更不能故意隐瞒。

关于监察机关、公安机关、人民检察院的职责分工。根据监察法的规定，监察委员会负责对涉嫌贪污贿赂、滥用职权、玩忽职守、权力寻租、利益输送、徇私舞弊以及浪费国家资财等职务违法和职务犯罪进行调查。根据2018年刑事诉讼法第十九条的规定，刑事案件的侦查由公安机关进行，法律另有规定的除外。人民检察院在对诉讼活动实行法律监督中发现的司法工作人员利用职权实施的非法拘禁、刑讯逼供、非法搜查等侵犯公民权利、损害司法公正的犯罪，可以由人民检察院立案侦查。对于公安机关管辖的国家机关工作人员利用职权实施的重大犯罪案件，需要由人民检察院直接受理的时候，经省级以上人民检察院决定，可以由人民检察院立案侦查。

2018年刑事诉讼法修改后，人民检察院的侦查职权变化较大，概括起来，人民检察院自侦案件主要包括以下两类：（1）检察机关在对诉讼活动实行法律监督中发现的司法工作人员利用职权实施的非法拘禁、刑讯逼供、非法搜查等侵犯公民权利、损害司法公正的犯罪。检察机关是国家法律监督机关，依法对诉讼活动实行法律监督是检察机关的重要职责。这里的司法工作人员，根据刑法第九十四条的规定，是指有侦查、检察、审判、监管职责的工作人员。这里的诉讼活动包括侦查、审查起诉、审判、执行的全过程。从实践看，司法工作人员在侦查阶段可能涉及的罪名包括：非法拘禁罪（刑法第二百三十八条）、非法搜查罪（刑法第二百四十五条）、刑讯逼供罪（刑法第二百四十七条）、暴力取证罪（刑法第二百四十七条）等。审判阶段可能涉及的罪名包括：徇私枉法罪（刑法第三百九十九条第一款）、民事、行政枉法裁判罪（刑法第三百九十九条第二款）等，涵盖了刑事诉讼、民事诉讼、行政诉讼。对于监管、执行过程中可能涉及的罪名包括：虐待被监管人罪（刑法第二百四十八条）、执行判决、裁定失职罪（刑法第三百九十九条第三款）、执行判决、裁定滥用职权罪（刑法第三百九十九条第三款）、私放在押人员罪（刑法第四百条）、失职致使在押人员脱逃罪（刑法第四百条第二款）、徇私舞弊减刑、假释、暂予监外执行罪（刑法第四百零一条）等。此外，发生在司法活动中的司法工作人员玩忽职守罪、滥用职权罪（刑法第三百九十七条）也属于“对诉讼活动实行法律监督中”发现的司法工作人员利用职权实施的侵犯公民权利、损害司法公正的犯罪。（2）对于公安机关管辖的国家机关工作人员利用职权实施的重大犯罪案件，需要由人民检察院直接受理的时候，经省级以上人民检察院决定，可以由人民检察院立案侦查。这一规定也是检察机关行使监督权的体现，有利于加强检察机关对公安机关立案侦查活动的监督。需要注意的是，上述两类案件“可以由人民检察院立案侦查”，但不排除监察机关直接调查的可能。另外，检察机关在查办这些可能与“腐败型”犯罪有牵连的案件时，如果发现涉嫌“腐败型”职务犯罪线索的，应当及时将“腐败型”职务犯罪线索移送监察机关。

【实践中应注意的问题】

实践中，需要注意：一是关于洗钱罪是否需要在上游犯罪判决之后才能认定的问题。对此，《最高人民法院关于审理洗钱等刑事案件具体应用法律若干问题的解释》第四条规定了下述三种情形不影响洗钱犯罪的审判和认定：（1）上游犯罪尚未依法裁判，但查证属实的；（2）上游犯罪事实可以确认，因行为人死亡等原因依法不予追究刑事责任的；（3）上游犯罪事实可以确认，依法以其他罪名定罪处罚的。

二是与有组织犯罪相关的犯罪并非仅限于洗钱以及掩饰、隐瞒犯罪所得、犯罪所得收益等犯罪，由于有组织犯罪的复杂性，犯罪分子可能涉嫌的罪名非常广泛，如行贿罪、毒品犯罪等。根据刑法规定，如果有组织犯罪分子实施其他犯罪行为，监察机关、公安机关、人民检察院在查办有组织犯罪过程中发现的，都应当依法查处。

【立法宗旨和背景】

有组织犯罪的犯罪分子通常需要通过洗钱等行为来掩饰、隐瞒犯罪所得及其收益的来源和性质，因此有组织犯罪活动经常与洗钱犯罪、掩饰、隐瞒犯罪所得、犯罪所得收益犯罪相伴发生。

“洗钱”一词通常是指为了隐瞒或者掩饰犯罪收益的真实来源和性质，通过各种手段使其在形式上合法化。通俗地讲，洗钱就是将“不干净”的非法收入通过“清洗”变成“干净”的钱。洗钱活动的过程相当复杂，模式也不固定。典型的洗钱过程通常被分为三个阶段，即处置阶段、离析阶段和融合阶段。每个阶段都各有其目的及运行模式，洗钱者有时交错运用，以达到最终的清洗目的。（1）处置阶段。处置阶段亦称放置阶段，是指将犯罪收益投到清洗系统的过程。处置阶段是洗钱手法的第一阶段，也是洗钱过程中最容易被反洗钱机构发现的阶段。在本阶段，洗钱者把犯罪收益注入银行等正规金融机构或转换为银行票据、国债、信用证等金融票证，为清洗资金作好准备。如有的将赃钱存到不同账户后，再分别签发支票给第三者，使赃钱由洗钱账户转账到第三者在其他银行的户头内，避免因现金申报而被查到；还有的洗钱者将钱存入地下钱庄，通过地下钱庄将犯罪收益转移到境外。（2）离析阶段。离析阶段也叫培植阶段，主要是通过复杂多层的金融交易，将非法收益与其来源分隔，分散资金流向，从而掩盖账目线索和隐藏罪犯身份，减少被发现的概率。在该阶段，行为人通过资金在地理位置的转移，资产形式上的转化、利用空壳公司做账和虚假运营，以及账户所有人名称的变化等方法，模糊犯罪收益的真实来源、性质，掩盖财产所有人或实际控制人的身份，让执法机关难以追查。（3）融合阶段。融合阶段又叫归并阶段，是洗钱链条中的最后阶段，又称为“整合阶段”，被形象地描述为“把赃钱甩干”，目的是使不法财产成为表面合法的收入。本阶段，犯罪收益经过充分的清洗后，已经与合法的资金混同存在于社会生活中，犯罪收益已经披上了合法的外衣，犯罪收益人可以自由使用。

通过洗钱行为，有组织犯罪分子可以获得进一步的资金支持，开展更大规模的犯罪活动，为了贯彻“打财断血”的要求，必须严厉查处有组织违法犯罪的洗钱和掩饰、隐瞒犯罪所得、犯罪所得收益等行为。监察机关、公安机关、人民检察院在调查、查处有组织犯罪案件的过程中，通过相关线索，易于发现与之相关的洗钱以及掩饰、隐瞒犯罪所得、犯罪所得收益等犯罪行为。对此，反有组织犯罪法明确规定，监察机关、公安机关、人民检察院应当依法查处相关的犯罪行为。

第四十九条　利害关系人对查封、扣押、冻结、处置涉案财物提出异议的，公安机关、人民检察院、人民法院应当及时予以核实，听取其意见，依法作出处理。

公安机关、人民检察院、人民法院对涉案财物作出处理后，利害关系人对处理不服的，可以提出申诉或者控告。

【条文主旨】

本条是关于利害关系人对查封、扣押、冻结、处置涉案财物提出异议应当如何处理，以及利害关系人对涉案财物处理不服应当如何救济的规定。

【条文释义】

本条共分两款。第一款是关于利害关系人对查封、扣押、冻结、处置涉案财物提出异议的，公安机关、人民检察院、人民法院应当及时予以核实，听取其意见，依法作出处理的规定。

根据本款规定，“利害关系人”是指与案件有关联并存在利害关系的人，这里主要是指与有关涉案财产有利害关系的人。利害关系人对刑事涉案财物提出异议，既不是接受被告人的委托代其行使辩护权，也不是作为证人针对案件事实提供证据，而是针对涉案财物提出自己的权利主张及相关证据，其诉讼地位既不同于被告，也不同于其他诉讼参与人，而是类似于对涉案财物享有独立请求权的第三人，应当享有相应的诉讼权利。

“提出异议”是指由利害关系人以书面形式或者口头形式，直接向对涉案财物采取查封、扣押、冻结以及处置行为的司法机关提出异议。提出异议的时间应当在司法机关对涉案财物作出处理决定之前。利害关系人提出异议，可以分为三个阶段。第一个阶段是案件侦查阶段，利害关系人认为公安机关对与案件无关的涉案财物采取查封、扣押、冻结措施或者应当解除不解除的，有权向该公安机关提出异议，公安机关应当及时核实强制措施情况，听取利害关系人意见，并依法作出相应处理；利害关系人认为公安机关先行处置行为不当提出异议的，公安机关应当结合其意见，依法处理。第二个阶段是审查起诉阶段，利害关系人认为人民检察院采取强制措施不当或者应当解除不解除的，或者先行处置行为不当的，有权提出异议，人民检察院应当及时核实，听取其意见，依法作出处理。第三种情况是在案件审判阶段，利害关系人认为人民法院采取强制措施不当或者应当解除不解除的，或者先行处置行为不当的，有权提出异议，人民法院应当依法处理。在第三个阶段即案件审判阶段，人民法院需要对定罪、量刑有关的事实、证据进行调查，包括对涉案财物有关事实进行认定，根据需要，人民法院可以在庭前或者法庭审理过程中听取利害关系人意见。

第二款是关于公安机关、人民检察院、人民法院对涉案财物作出处理后，利害关系人对处理不服的，可以提出申诉或者控告的规定。根据本款规定，公安机关、人民检察院、人民法院对涉案财物作出处理后，利害关系人对处理不服的，可以提出申诉或者控告。公安机关、人民检察院、人民法院对涉案财物作出处理，包括对涉案财物作出查封、扣押、冻结决定，或者先行处置涉案财物，或者人民法院对涉案财物作出裁判等影响该涉案财物实体权利状态的行为。“对处理不服”，包括对司法机关作出的该处理本身不服，以及对司法机关工作人员在处理过程中采取的行为不服。具体而言，认为司法机关对与案件无关的财物采取查封、扣押、冻结措施的，应当解除不解除的，先行处置不当的，生效判决涉财产部分有错误的，利害关系人均有权向作出相应处理的司法机关提出申诉；认为司法机关工作人员在查封、扣押、冻结、处置涉案财物中存在贪污、挪用、私分、调换、违反规定使用等违法犯罪行为的，利害关系人有权向该司法机关提出控告。根据刑事诉讼法第一百一十七条第二款的规定，受理申诉或者控告的机关应当及时处理。如果对处理结果还不服的，利害关系人可以向同级人民检察院申诉；人民检察院直接受理的案件，可以向上一级人民检察院申诉。人民检察院对申诉应当及时进行审查，情况属实的，通知有关机关予以纠正。

【实践中应注意的问题】

在该条的理解适用中，应当需要注意以下两个方面的问题：

第一，关于利害关系人向人民法院提出异议后，人民法院是否可以通知其出庭的问题。

关于是否允许利害关系人出庭参与庭审，实践中有所争议。刑事诉讼法规定的“当事人”是指被害人、自诉人、犯罪嫌疑人、被告人、附带民事诉讼的原告人和被告人；“诉讼参与人”是指当事人、法定代理人、诉讼代理人、辩护人、证人、鉴定人和翻译人员。上述可以出庭参与庭审的人员范围似乎并未包括与涉案财产有利害关系的（案外）人。但是，根据《最高人民法院关于适用〈中华人民共和国刑事诉讼法〉的解释》第二百一十八条规定，对提起公诉的案件，人民法院应当在收到起诉书、案卷、证据后，审查是否查封、扣押、冻结被告人的违法所得或者其他涉案财物，查封、扣押、冻结是否逾期；是否列明涉案财物权属情况；是否就涉案财物处理提供相关证据材料等能够证明涉案财物权属性质和权利状态的材料。因此，利害关系人对查封、扣押、冻结、处置涉案财物有异议的，人民法院应当予以核实，查明有关事实。

实践中，有的人民法院书面审查利害关系人提出的异议，有的人民法院则在开庭前的庭前会议中听取利害关系人意见等。根据现有法律规定和规范涉案财物处置、保护权利人合法权益的有关精神，不应当排除利害关系人出庭参与庭审。人民法院认为有必要的，可以依职权通知涉案财物的利害关系人出庭，听取其意见，对其提交的证据进行审查。需要说明的是，利害关系人出庭参与庭审尚缺乏明确的法律依据，其诉讼地位和参与庭审的程序尚未统一，在司法实践中应当注意其与当事人、证人等主体诉讼权利的区别，如不得举证质证、参与法庭辩论等。

第二，对涉案财物处理有错误的，利害关系人是否可以申请国家赔偿。根据国家赔偿法第十八条规定，行使侦查、检察、审判职权的机关及其工作人员在行使职权时，违法对财产采取查封、扣押、冻结、追缴等措施的，受害人有取得赔偿的权利。根据本法规定，利害关系人作为赔偿请求人，可以向赔偿义务机关，即对涉案财物作出相应处理的机关，申请国家赔偿。赔偿义务机关应当自收到申请之日起 2 个月内，作出是否赔偿的决定。赔偿义务机关作出赔偿决定，应当充分听取赔偿请求人的意见，并可以与赔偿请求人就赔偿方式、赔偿项目和赔偿数额依法进行协商。赔偿义务机关在规定期限内未作出是否赔偿的决定，赔偿请求人可以自期限届满之日起 30 日内向赔偿义务机关的上一级机关申请复议。赔偿请求人对赔偿的方式、项目、数额有异议的，或者赔偿义务机关作出不予赔偿决定的，赔偿请求人可以自赔偿义务机关作出赔偿或者不予赔偿决定之日起 30 日内，向赔偿义务机关的上一级机关申请复议。赔偿义务机关是人民法院的，赔偿请求人可以向其上一级人民法院赔偿委员会申请作出赔偿决定。

【立法宗旨和背景】

（一）起草背景

反有组织犯罪法强调反有组织犯罪工作应当依法进行，尊重和保障人权，维护公民和组织的合法权益。由于刑事涉案财产的性质、权属关系较为复杂，实践中存在超范围查封、扣押、不当查封、扣押善意第三人、案外人等利害关系人财物等问题，在查封、扣押、冻结、处置涉案财物过程中，应该注重对利害关系人合法权益的保障。除了本法第四十一条规定的查封、扣押、冻结、处置涉案财物需要遵循的基本原则外，利害关系人在合法权益受到侵害时，还需要有效的权利救济渠道。主要体现在办案过程中，对于司法机关采取的查封、扣押、冻结、处置等行为，利害关系人有提出异议、进行申诉或者控告的诉讼权利。

2015 年印发的《关于进一步规范刑事诉讼涉案财物处置工作的意见》对刑事涉案财物处置工作作了进一步规范，第十二项明确规定，善意第三人等案外人涉案财物处理存在利害关系的，公安机关、国家安全机关、人民检察院应当告知其相关诉讼权利，人民法院应当通知其参加诉讼并听取其意见。对涉案财物处理决定不服的，被害人或者其他利害关系人可以请求人民检察院抗诉。该《意见》对我国刑事涉案财物处置过程中的权利救济提出了要求，也为办理有组织犯罪案件中有关涉案财产的利害关系人权利救济途径提供了参考。

（二）审议中各方面的意见以及争议的问题

提请全国人大常委会审议的一审稿涉及利害关系人权利部分表述较少，其第四十九条第二款曾对利害关系人提出异议作出规定：对涉案财产较多或者财产性质、权属等问题较为复杂、争议较大的，人民法院可以召开庭前会议，组织控辩双方出示证据、发表意见。利害关系人提出异议的，人民法院应当通知利害关系人到场。根据该一审稿规定，利害关系人在进入法院审理阶段后，有权提出异议并参与庭前会议。有的提出，应当进一步强调利害关系人参加庭审的权利，规定利害关系人提出异议的，人民法院应当通知其出席庭前会议，参加庭审。二审稿吸收了有关意见，并参考《关于进一步规范刑事诉讼涉案财物处置工作的意见》有关规定，对利害关系人的诉讼权利作了进一步保障，规定查封、扣押、冻结、处置涉案财物与案外人存在利害关系的，或者案外人提出异议的，公安机关、人民检察院、人民法院应当告知其相关诉讼权利并听取其意见；必要时，人民法院可以通知其出庭。利害关系人认为查封、扣押、冻结措施不当的，有权依法提出申诉或者控告。利害关系人对涉案财物处理决定不服的，可以请求人民检察院提出抗诉。

在二审稿征求意见过程中，有的意见提出，“必要时，人民法院可以通知其出庭”中的“必要时”在司法实践中不好掌握，且刑事诉讼法并没有通知涉案财物的利害关系人出庭的规定，建议不在本法作出规定。除此之外，有关方面还曾就利害关系人对涉案财物处理决定不服的，是否可以请求人民检察院提出抗诉存在争议意见。有的提出，刑事诉讼法没有规定利害关系人就涉案财物处理决定请求检察院抗诉的情形，不宜在本法中作出抗诉规定；有的提出，对公安机关等机关作出的处理决定，不存在抗诉的问题，建议将“请求人民检察院提出抗诉”修改为“申请人民检察院予以监督”较为周延；有的建议，增加利害关系人向作出处理决定的机关的上级机关申诉的规定。经研究，刑事抗诉是法律赋予人民检察院的重要职权，通过刑事抗诉纠正确有错误的裁判是人民检察院行使法律监督职权的重要体现。涉案财物处理主体包括公安机关、人民检察院和人民法院，可能发生在刑事诉讼各个程序阶段。根据刑事诉讼法规定，当事人、利害关系人等对查封、扣押、冻结、处置涉案财物不服的，有权向作出该处理的机关提出申诉；认为司法机关工作人员有违法犯罪行为的，有权向作出处理的机关提出控告。受理申诉或者控告的机关应当及时处理。经吸收各方面意见，考虑到刑事诉讼法已有规定较为完善，三审稿简化规定为利害关系人提出异议的，公安机关、人民检察院、人民法院应当及时予以核实，听取其意见，依法作出处理。利害关系人对涉案财物处理不服的，可以提出申诉或者控告。

第五章　国家工作人员涉有组织犯罪的处理

第五十条　国家工作人员有下列行为的，应当全面调查，依法作出处理：

（一）组织、领导、参加有组织犯罪活动的；

（二）为有组织犯罪组织及其犯罪活动提供帮助的；

（三）包庇有组织犯罪组织、纵容有组织犯罪活动的；

（四）在查办有组织犯罪案件工作中失职渎职的；

（五）利用职权或者职务上的影响干预反有组织犯罪工作的；

（六）其他涉有组织犯罪的违法犯罪行为。

国家工作人员组织、领导、参加有组织犯罪的，应当依法从重处罚。

【条文主旨】

本条是关于国家工作人员涉有组织犯罪的处理，国家工作人员组织、领导、参加有组织犯罪应当依法从重处罚的规定。

【条文释义】

本条共分两款。第一款是关于国家工作人员涉有组织犯罪的处理的规定。本款共六项内容，对国家工作人员有这六项行为的，应当全面调查，依法作出处理。全面调查，是指对行为人进行调查的范围上，不受该行为或该案件范围的限制，不仅要调查与该行为有关的案件信息，还应当全面调查与行为人行为相关的其他信息和关系，深挖细查与有组织犯罪相关的犯罪，从严打击有组织犯罪幕后的国家工作人员。

第一项为组织、领导、参加有组织犯罪活动的行为。所谓“组织”有组织犯罪，是指倡导、发起、策划、建立有组织犯罪的行为。“领导”有组织犯罪，是指在有组织犯罪组织中处于领导地位，对该组织的发展、运行、活动进行策划、决策、指挥、协调、管理的行为。“参加”有组织犯罪活动，是指加入有组织犯罪组织的行为，包括参与该组织的违法犯罪活动，或者在违法犯罪活动中起作用。

第二项是为有组织犯罪组织及其犯罪活动提供帮助的行为。本项中所谓的“提供帮助”，其方式和途径可以不作限定，既可能是利用国家工作人员的职权便利向犯罪分子通风报信、提供逃避侦查的便利；也可能是向犯罪组织及其成员提供的私人帮助，如提供财物等；还可能是在参与有组织犯罪活动中提供具体的犯罪帮助。提供帮助的具体受益对象，既可以是有组织犯罪的整个组织，也可以是有组织犯罪组织的具体成员。

第三项为包庇有组织犯罪组织、纵容有组织犯罪活动的行为。所谓“包庇有组织犯罪组织”，是指国家工作人员为使有组织犯罪组织及其成员逃避查禁，而通风报信，隐匿、毁灭、伪造证据，阻止他人作证、检举揭发，指使他人作伪证，帮助逃匿，或者阻挠其他国家工作人员依法查禁等行为。“纵容有组织犯罪组织”，是指国家工作人员不依法履行职责，对有组织犯罪组织的违法犯罪活动不依法制止，反而予以放纵的行为。

第四项为在查办有组织犯罪案件工作中失职渎职的行为。具体包含以下几层含义：（1）在查办有组织犯罪案件工作中失职渎职的行为主体，应当是负有查办有组织犯罪案件或者依照职责支持、协助查办有组织犯罪案件职责的国家工作人员。（2）有组织犯罪案件工作中的失职渎职行为往往与案件直接相关，如接到报案、控告、举报不受理，发现犯罪信息、线索隐瞒不报、不如实报告，或者未经批准、授权擅自处置、不移送犯罪线索、涉案材料；向违法犯罪人员通风报信，阻碍案件查处；违背事实和法律处理案件；违反规定查封、扣押、冻结、处置涉案财物等。（3）具体的案件类型包括：负有查禁监管职责的国家机关工作人员滥用职权、玩忽职守帮助犯罪分子逃避处罚的案件；司法工作人员徇私枉法、民事枉法裁判、执行判决裁定失职或滥用职权、私放在押人员以及徇私舞弊减刑、假释、暂予监外执行的案件；负有查办职责的公职人员滥用职权，徇私舞弊，包庇、阻碍查处黑恶势力犯罪的案件，以及泄露国家秘密、商业秘密、工作秘密，为犯罪分子通风报信的案件等。

第五项为利用职权或者职务上的影响干预反有组织犯罪工作的行为。“利用职权”干预有组织犯罪工作，是指国家工作人员利用其职务范围内掌握的国家权力和地位，违规插手、干扰、影响反有组织犯罪的具体工作。利用职务上的影响干预反有组织犯罪工作，是指国家工作人员利用其职权或者地位形成的影响力，通过其他国家工作人员的职务行为，参与、干扰、影响反有组织犯罪的具体工作。

第六项为其他涉有组织犯罪的违法犯罪行为。本项为兜底项，是指上述五项之外，需要全面调查，依法作出处理的与有组织犯罪相关的违法犯罪行为。

第二款是关于国家工作人员组织、领导、参加有组织犯罪应当依法从重处罚的规定。“从重处罚”，是指在法定刑的幅度内，对犯罪分子适用相对较重的刑种或者处以相对较长的刑期。也就是在犯罪分子所犯罪行应适用的法定刑幅度内相对从重，而不能在法定最高刑之上判处刑罚。从重处罚是要根据犯罪分子的具体犯罪行为和情节、危害后果等，相对于其如果没有该从重情节的情况下应判处的刑罚，适当从重，而不是一律判处最高刑或者一律适用较重的刑种、较长的刑期或者一律在法定刑的平均刑期以上判处刑罚。我国刑法中规定了多个从重处罚的情节，如教唆不满18周岁的人犯罪、累犯、奸淫不满14周岁的幼女等。刑法第二百九十四条第一款对组织、领导参加黑社会性质组织犯罪进行了规定。本款在该条基础上对国家工作人员组织、领导、参加有组织犯罪的行为，规定为从重处罚情节。这是考虑到国家工作人员依法承担着一定的国家和社会公共事务的管理职责和权力，如果具有组织、领导、参加有组织犯罪的行为，其造成的社会危害性相较非国家工作人员也更大，形成的社会不良影响也更深。将本款规定为从重处罚情节，有利于提高“打伞破网”的震慑力，符合反有组织犯罪法的立法宗旨。

【典型案例】

经查，2013年至2018年，徐某担任山东某市海洋与渔业局党组书记、局长，某市国土资源局党委书记、局长期间，先后多次收受涉黑头目王某所送礼品礼金，与王某置换房产从中获取差价；通过聚餐、打招呼等方式，为其参与县市区土地整理项目等牟利活动牵线搭桥；利用职务便利，为其海域使用权办理等事项提供帮助。徐某最终因受贿罪被判处有期徒刑8年6个月，并处罚金人民币70万元，涉案账款予以没收并上缴国库。

【立法宗旨和背景】

（一）起草背景

黑恶势力犯罪具有明显的危害性特征，往往自己直接实施有组织的具体违法犯罪活动，为该组织争夺势力范围打击竞争对手、形成强势地位、牟取经济利益、树立非法权威、扩大非法影响、寻求非法保护、增强犯罪能力等创造条件。由于黑恶势力组织通常拥有一定的资产，操纵着一些行业或者区域的经济，为了巩固犯罪基础，他们有的通过贿赂等手段拉拢一些国家干部充当保护伞，插手控制基层政权，对一定区域内正常的社会、经济秩序造成更大的危害，严重败坏社会道德风尚，严重威胁社会治安。有的国家工作人员成为“保护伞”，黑恶势力犯罪组织利用国家工作人员的包庇或者纵容，称霸一方，在一定区域或者行业内，形成非法控制或者重大影响，严重破坏经济、社会生活秩序。刑法第二百九十四条第三款专门规定了包庇、纵容黑社会性质组织罪，对国家机关工作人员包庇黑社会性质的组织，或者纵容黑社会性质的组织进行违法犯罪活动的行为，进行严厉处罚。在扫黑除恶专项斗争中，长期坚持把扫黑除恶与反腐败斗争、基层“拍蝇”结合起来，深挖黑恶势力的“保护伞”，取得了很好的社会效果。为总结实践经验，保障“打伞破网”，反有组织犯罪法第五章对国家工作人员涉有组织犯罪的处理作了明确规定，明确了国家工作人员涉有组织犯罪的违法犯罪行为的具体类型，明确对于这些行为，应当全面调查，依法作出处理；并规定国家工作人员组织、领导、参加有组织犯罪的，应当依法从重处罚。

（二）审议中各方面的意见以及争议的问题

从审议中的意见来看，各方面对国家工作人员涉有组织犯罪进行处理的规定，在法条内容上均表示赞同，认为本条是以往扫黑除恶斗争经验中严惩“保护伞”的重要体现，将“打伞破网”的惩治与预防思路充分反映在具体法条中，是常态化、机制化开展扫黑除恶工作的重要举措。各方面的主要争议在于第二款中国家工作人员涉有组织犯罪应当依法从重处罚的情形上。原草案中规定的应当从重处罚的情形，除了国家工作人员组织、领导、参加有组织犯罪外，还包括包庇、纵容、帮助有组织犯罪，或者实施与有组织犯罪关系密切的违法犯罪的行为。对此，有的意见提出，国家机关工作人员包庇、纵容黑社会性质组织是一个独立的犯罪，规定“从重处罚”不合逻辑。也有的意见提出，刑法对国家机关工作人员包庇、纵容黑社会性质组织犯罪已经作了规定，并规定了比渎职罪更重的法定刑，不宜再规定“应当依法从重处罚”，建议删去“包庇、纵容、帮助有组织犯罪”。有意见提出，草案规定包庇、纵容有组织犯罪的主体是国家工作人员，与刑法规定的国家机关工作人员不一致。包庇、纵容与帮助行为之间的关系也需要进一步明确。经过讨论修改，本条第二款充分采纳了上述意见，删除了包庇、纵容、帮助有组织犯罪和实施与有组织犯罪关系密切的违法犯罪的内容。此外，有的意见提出，第一款中的列项建议按照违法犯罪行为的严重程度来设置。本条充分吸收了该建议，对条文中列项的逻辑关系进行了调整，并对一些条文表述进行了完善。

（三）有关国家和地区的规定

1.《联合国打击跨国有组织犯罪公约》要求，各缔约国要对行贿和受贿都规定为刑事犯罪，对这些行为涉及的外国公职人员或国际公职人员的行为也要规定为刑事犯罪。对于反腐败，公约要求各缔约国：一是应在适当时并在符合本国法律制度的情况下，采取立法、行政或其他有效措施，以促进公职人员廉洁奉公，并预防、调查和惩治腐败行为；二是应采取措施，确保本国当局在预防、调查和惩治公职人员腐败行为方面采取有效行动，包括使该当局具备适当的独立性，以免其行动受到不适当的影响。

2. 德国反有组织犯罪立法的核心在于通过引入一系列有针对性的措施，以有效地预防和惩治有组织犯罪，重在相关行业和领域的规范和管理，重在对犯罪的预防，从源头上遏制犯罪特别是有组织犯罪的滋生和发展。针对腐败行为，《反腐败法》《公务员法》等规定了大量预防性措施，如所有公职人员都不得接受任何形式的馈赠和捐献；公务员经批准并向社会公开后，才能从事第二职业；对容易滋生腐败的权力机关或敏感岗位的公务员，3年必须换岗，其他部门5年必须轮岗等。

3. 美国2011年通过《公共腐败起诉改进法》，将某些严重的公共腐败犯罪的诉讼时效延长至六年，提高了联邦刑法中某些腐败犯罪的刑罚上限；在《反犯罪组织侵蚀合法组织法》（“RICO法案”）的基础上增加了贿赂、盗窃、侵占公共资金；增加了其他的无线电窃听规定；扩大了伪证罪和妨碍司法程序罪的管辖范围等。

4. 意大利加强反腐败立法。随着有组织犯罪形态的转变，官员与黑手党等犯罪组织相互勾结，严重侵害国家利益、威胁国家安全，意大利加大了对与有组织犯罪有关的贪污腐败犯罪的打击力度。2015年4月，意大利议会通过一项反腐败法案，其中规定，涉案官员一旦被认定犯贪腐罪，将判处等同于其受贿所得的罚金；与腐败相关有组织犯罪的主犯和从犯，将面临最高达26年的囚禁。

第五十一条　监察机关、人民法院、人民检察院、公安机关、司法行政机关应当加强协作配合，建立线索办理沟通机制，发现国家工作人员涉嫌本法第五十条规定的违法犯罪的线索，应当依法处理或者及时移送主管机关处理。

任何单位和个人发现国家工作人员与有组织犯罪有关的违法犯罪行为，有权向监察机关、人民检察院、公安机关等部门报案、控告、举报。有关部门接到报案、控告、举报后，应当及时处理。

【条文主旨】

本条是关于对国家工作人员涉有组织犯罪建立线索办理沟通机制，单位和个人报案、控告、举报及其处理的规定。

【条文释义】

本条共分两款。第一款是关于建立线索办理沟通机制的规定。

一是查办有组织犯罪案件包括国家工作人员涉有组织犯罪案件，涉及不同部门的职责。监察机关、公安机关、人民检察院、人民法院在查处、办理公职人员涉黑涉恶违法犯罪案件过程中，应当分工负责，互相配合，互相制约，通过对办理的黑恶势力犯罪案件逐案筛查、循线深挖等方法，保证准确有效地执行法律，彻查公职人员涉黑涉恶违法犯罪。

二是为更好地做好协调沟通，根据常态化扫黑除恶的要求，既要建立有组织犯罪案件线索通报机制，也要建立国家工作人员涉有组织犯罪案件线索通报机制，实现“打伞破网”的常态化。监察机关、公安机关、人民检察院、人民法院要建立完善查处公职人员涉黑涉恶违法犯罪重大疑难案件研判分析、案件通报等工作机制，进一步加强监察机关、政法机关之间的配合，共同研究和解决案件查处、办理过程中遇到的疑难问题，相互及时通报案件进展情况，进一步增强工作整体性、协同性。

三是监察机关、公安机关、人民检察院、人民法院、司法行政机关要建立公职人员涉黑涉恶违法犯罪线索移送制度，对工作中收到、发现的不属于本单位管辖的公职人员涉黑涉恶违法犯罪线索，应当及时移送有管辖权的单位处置：（1）公安机关、人民检察院、人民法院、司法行政机关在工作中发现公职人员涉黑涉恶违法犯罪中的涉嫌贪污贿赂、失职渎职等职务违法和职务犯罪等应由监察机关管辖的问题线索，应当移送监察机关。（2）监察机关在信访举报、监督检查、审查调查等工作中发现公职人员涉黑涉恶违法犯罪线索的，应当将其中涉嫌包庇、纵容黑社会性质组织犯罪等由公安机关管辖的案件线索移送公安机关处理。（3）监察机关、公安机关、人民检察院、人民法院、司法行政机关在工作中发现司法工作人员涉嫌利用职权实施的侵犯公民权利、损害司法公正案件线索的，根据有关规定，经沟通后协商确定管辖机关。监察机关、公安机关、人民检察院接到移送的公职人员涉黑涉恶违法犯罪线索，应当按各自职责及时处置、核查，依法依规作出处理，并做好沟通反馈工作；必要时，可以与相关线索或案件并案处理。对于重大疑难复杂的公职人员涉黑涉恶违法犯罪案件，监察机关、公安机关、人民检察院可以同步立案、同步查处，根据案件办理需要，相互移送相关证据，加强沟通配合，做到协同推进。

四是公职人员涉黑涉恶违法犯罪案件中，既涉嫌贪污贿赂、失职渎职等严重职务违法或职务犯罪，又涉嫌公安机关、人民检察院管辖的违法犯罪的，一般应当以监察机关为主调查，公安机关、人民检察院予以协助。监察机关和公安机关、人民检察院分别立案调查（侦查）的，由监察机关协调调查和侦查工作。犯罪行为仅涉及公安机关、人民检察院管辖的，由有关机关依法按照管辖职能进行侦查。

本款适用的主体包括监察机关、人民法院、人民检察院、公安机关、司法行政机关，针对发现国家工作人员涉嫌本法第五十条规定的违法犯罪的线索，强调国家机关间的协作配合，依法处理或者及时移送主管机关处理。之所以规定监察机关、人民法院、人民检察院、公安机关、司法行政机关五部门间要加强协作配合，建立线索办理沟通机制，是考虑到这些部门在办理有组织犯罪案件过程中承担着相应的职责，相比其他机关更容易发现国家工作人员涉嫌本法第五十条规定的违法犯罪的线索。同时，这些部门的国家工作人员涉有组织犯罪的风险，相比其他部门的国家工作人员也更高。在这些部门间明确加强协作配合，建立线索办理沟通机制，具有较强的实践意义，客观上形成相应的制度制约，也有助于公职人员涉有组织犯罪案件的深挖细查。

第二款是关于报案、控告、举报及其处理的规定。

任何单位和个人发现有犯罪事实或者犯罪嫌疑人，有权利也有义务向公安机关、人民检察院或者人民法院报案或者举报。被害人对侵犯其人身、财产权利的犯罪事实或者犯罪嫌疑人，有权向公安机关、人民检察院或者人民法院报案或者控告。公安机关、人民检察院或者人民法院对于报案、控告、举报，都应当接受。对于不属于自己管辖的，应当移送主管机关处理，并且通知报案人、控告人、举报人；对于不属于自己管辖而又必须采取紧急措施的，应当先采取紧急措施，然后移送主管机关。

这里的“报案”，是指单位和个人（包括被害人）向监察机关、人民法院、人民检察院、公安机关报告发现与有组织犯罪有关的违法犯罪行为；“控告”，是指被害人及其近亲属或其诉讼代理人，对侵犯被害人合法权益的犯罪行为向司法机关告诉，要求追究侵害人的法律责任的行为；“举报”，是指当事人以外的其他知情人向监察机关、人民法院、人民检察院、公安机关检举、揭发与有组织犯罪有关的违法犯罪行为。需要注意的是，虽然刑事诉讼法、监察法对监察机关、人民法院、人民检察院、公安机关各自的职责和管辖范围有明确规定，但本款对单位和个人报案、控告、举报的机关未作任何限制，即发现与有组织犯罪有关的违法犯罪行为的单位和个人，可以向监察机关、人民法院、人民检察院、公安机关任何一个机关报案、控告、举报。至于案件具体如何分工，归哪一个机关管辖，待这四个机关收到报案、举报、控告后，再根据法律规定确定。

对单位和个人的报案、控告、举报，监察机关、人民法院、人民检察院、公安机关都应当接受，决不能以任何理由拒绝、推诿。在接受以后应当马上进行初步审查，对于不属于自己管辖的，应当移送主管机关处理，并且通知报案人、控告人、举报人，以便于他们了解处理结果。对于不属于自己管辖而又必须采取紧急措施的，应当先采取紧急措施，然后移送主管机关。

【立法宗旨和背景】

（一）起草背景

宪法、刑事诉讼法规定了分工负责、相互配合、相互制约的原则。在打击犯罪过程中，一方面要依照法律规定的分工，在各自的职责范围内，各司其职，各负其责，既不能包办代替，越权行事，也不能互相推诿，不负责任。另一方面，要按照法律规定，在正确履行各自职责的基础上，互相支持，共同完成惩罚犯罪和保护人民的任务。而不能违反法律规定，各行其是，互不通气，甚至互相扯皮。在打击惩治有组织犯罪案件过程中，更需要加强相互协作配合，建立线索办理沟通机制。在2019年扫黑除恶专项斗争过程中，国家监察委员会、最高人民法院、最高人民检察院、公安部、司法部五部门联合发布了《关于在扫黑除恶专项斗争中分工负责、互相配合、互相制约严惩公职人员涉黑涉恶违法犯罪问题的通知》，专门就相关国家机关在扫黑除恶专项斗争中的分工负责、互相配合、互相制约严惩公职人员涉黑涉恶违法犯罪问题进行了规定，形成打击公职人员涉黑涉恶违法犯罪的监督制约、配合衔接机制。建立完善线索办理沟通机制，积极落实报案、控告、举报及其处理制度，进一步规范和加强各级监察机关、人民法院、人民检察院、公安机关、司法行政机关在惩治公职人员涉黑涉恶违法犯罪中的协作配合，是巩固扫黑除恶专项斗争成果，常态化开展扫黑除恶斗争，全面落实习近平总书记关于扫黑除恶与反腐败结合起来，与基层“拍蝇”结合起来的重要批示指示精神的要求，有助于深挖黑恶势力滋生根源，铲除黑恶势力生存根基，严惩公职人员涉黑涉恶违法犯罪，除恶务尽，切实维护群众利益，进一步净化基层政治生态，推进全面从严治党不断向基层延伸。

我国是人民民主专政的社会主义国家，国家的一切权力属于人民，人民是国家的主人。同犯罪作斗争既是公民的权利也是公民的义务。在实际生活中，除了监察机关、人民法院、人民检察院、公安机关发现与有组织犯罪有关的违法犯罪行为外，单位和个人的报案、举报、控告也是案件的重要来源。实践证明，单位和个人的报案、举报、控告对于有关机关侦破案件、揭露犯罪、惩罚犯罪，保护人民，保障国家安全和社会秩序发挥了重要作用。为了更好地发挥单位、个人报案、举报控告的作用，保障公民、组织更好地行使这一权利，履行这一义务，有利于同有组织犯罪作斗争，在总结扫黑除恶专项斗争实践经验的基础上，规定了本条。

（二）审议中各方面的意见以及争议的问题

关于该条规定的内容，审议中各方面总体表示赞同。第一款中的主要意见争议集中于发现线索如何处置的问题。有的意见提出，有关部门对违法犯罪线索，有的可依职权处理，有的需要移送其他主管机关。本条充分吸收了该意见，最终修改为“应当依法处理或者及时移送主管机关处理”。第二款中的主要意见争议集中于单位和个人有权报案、控告、举报的范围及处理的机关。有的意见提出，应将范围扩大到国家工作人员涉有组织犯罪的全部违法犯罪行为。有的建议明确处理的有关部门是指监察机关和检察机关。本条修改过程中充分考虑到了这些意见，并进行了合理的吸收。鉴于本法为惩治和预防有组织犯罪的专门法律，对单位和个人有权报案、控告、举报的范围，限于与有组织犯罪有关的违法犯罪行为。关于处理报案、控告、举报的有关机关，指的是本款规定的监察机关、人民检察院、公安机关等部门。

第五十二条　依法查办有组织犯罪案件或者依照职责支持、协助查办有组织犯罪案件的国家工作人员，不得有下列行为：

（一）接到报案、控告、举报不受理，发现犯罪信息、线索隐瞒不报、不如实报告，或者未经批准、授权擅自处置、不移送犯罪线索、涉案材料；

（二）向违法犯罪人员通风报信，阻碍案件查处；

（三）违背事实和法律处理案件；

（四）违反规定查封、扣押、冻结、处置涉案财物；

（五）其他滥用职权、玩忽职守、徇私舞弊的行为。

【条文主旨】

本条是关于依法查办有组织犯罪案件或者依照职责支持、协助查办有组织犯罪案件的国家工作人员涉有组织犯罪的处理规定。

【条文释义】

本条对依法查办有组织犯罪案件或者依照职责支持、协助查办有组织犯罪案件的国家工作人员，作了禁止性规定。本条明确了适用的对象为对依法查办有组织犯罪案件或者依照职责支持、协助查办有组织犯罪案件的国家工作人员，具体指在查办有组织犯罪过程中，负有一定职责的监察机关、人民法院、人民检察院、公安机关、司法行政机关等工作人员。这些工作人员的特殊性在于，在查办有组织犯罪过程中具有相应的职责，同时对案件也具有一定的处置权限。尤其是负责查办案件的司法工作人员，往往是第一时间掌握案件线索等信息的专业人员，对案件如何处置具有相应的话语权，能够直接影响到案件的查办进程。同时，这些工作人员往往是查办有组织犯罪案件的一线人员或审批人员，更容易接触案件事实和相关人员，也更容易受到黑恶势力的诱导、收买等成为“保护伞”，从而存在比一般国家工作人员更高的廉政风险。

对于黑恶势力的保护伞，我国刑法第二百九十四条第三款专门规定了包庇、纵容黑社会性质组织罪。该条第四款规定包庇、纵容黑社会性质组织又有其他犯罪行为的，依照数罪并罚的规定处罚。此外，对于其他包庇、放纵黑恶势力违法犯罪的，可以根据案件具体情况，适用刑法规定的包庇罪，伪证罪，徇私枉法罪，枉法裁判罪，徇私舞弊不移交刑事案件罪，放纵走私罪，放纵制售伪劣商品犯罪行为罪，帮助犯罪分子逃避处罚罪，私放在押人员罪，徇私舞弊减刑、假释、暂予监外执行罪，受贿罪等罪名定罪处罚。

最高人民法院、最高人民检察院、公安部、司法部《关于办理黑恶势力犯罪案件若干问题的指导意见》第二十二条中明确，刑法第二百九十四条第三款中规定的“包庇”行为，不要求相关国家机关工作人员利用职务便利。利用职务便利包庇黑社会性质组织的，酌情从重处罚。包庇、纵容黑社会性质组织，事先有通谋的，以具体犯罪的共犯论处。国家监察委员会、最高人民法院、最高人民检察院、公安部、司法部《关于在扫黑除恶专项斗争中分工负责、互相配合、互相制约严惩公职人员涉黑涉恶违法犯罪问题的通知》中提出，要严格查办公职人员涉黑涉恶违法犯罪案件，列明了重点查办的案件包括：公职人员直接组织、领导、参与黑恶势力违法犯罪活动的案件；公职人员包庇、纵容、支持黑恶势力犯罪及其他严重刑事犯罪的案件；公职人员收受贿赂、滥用职权，帮助黑恶势力人员获取公职或政治荣誉，侵占国家和集体资金、资源、资产，破坏公平竞争秩序，或为黑恶势力提供政策、项目、资金、金融信贷等支持帮助的案件；负有查禁监管职责的国家机关工作人员滥用职权、玩忽职守帮助犯罪分子逃避处罚的案件；司法工作人员徇私枉法、民事枉法裁判、执行判决裁定失职或滥用职权、私放在押人员以及徇私舞弊减刑、假释、暂予监外执行的案件；在扫黑除恶专项斗争中发生的公职人员滥用职权，徇私舞弊，包庇、阻碍查处黑恶势力犯罪的案件，以及泄露国家秘密、商业秘密、工作秘密，为犯罪分子通风报信的案件；公职人员利用职权打击报复办案人员的案件。

本条共包含五项具体禁止性内容。第一项是接到报案、控告、举报不受理，发现犯罪信息、线索隐瞒不报、不如实报告，或者未经批准、授权擅自处置、不移送犯罪线索、涉案材料。这一条的焦点集中在有组织犯罪案件线索、信息等处置上。具体行为指接到报案、控告、举报不受理，该受理的案件故意不受理或怠于受理；发现犯罪信息、线索隐瞒不报、不如实报告，故意隐瞒案件线索、信息或者不如实汇报；未经批准、授权擅自处置、不移送犯罪线索、涉案材料，对于犯罪线索、涉案材料滥用相关职权违法处置或负有相应职责而不作为。这些不法行为对于顺利查办有组织犯罪案件产生了直接的阻碍作用，具有较大的社会危害性和不利后果。

第二项是向违法犯罪人员通风报信，阻碍案件查处。这一条是关于有组织犯罪查处过程中案件保密的禁止性规定。这些国家工作人员通常掌握着案件侦破方向或内情等关键信息，这些涉密信息一旦泄露很可能会打草惊蛇，给案件进一步办理造成较大困难。

第三项是违背事实和法律处理案件。这一条是关于对有组织犯罪案件查办过程中的禁止性规定。这类行为的表现形式较多，主要指处理案件过程中的包庇、纵容行为，徇私枉法等渎职行为。典型的如包庇、纵容黑社会性质组织罪，徇私枉法罪，徇私舞弊减刑、假释、暂予监外执行罪等。具体分两种情况，一种是在处理案件中违背事实的情况，这种情况下可能存在故意隐瞒犯罪事实，也可能存在虚构无罪或罪轻的事实。另一种是在处理案件中违背法律的情况，如在侦查过程中违法办理取保候审措施，在审查起诉时违法决定不起诉、提出畸轻量刑意见，审判过程中违法裁判，刑罚执行中违法办理减刑、假释、暂予监外执行等，其目的都是为了帮助有组织犯罪组织及其成员逃避或减轻法律的制裁。

第四项是违反规定查封、扣押、冻结、处置涉案财物。这一条是关于对有组织犯罪案件查办过程中涉案财产处置的禁止性规定。刑事诉讼法第一百四十一条中明确规定，与案件无关的财物、文件，不得查封、扣押。对查封、扣押的财物、文件，要妥善保管或者封存，不得使用、调换或者损毁。这里的“违反规定”，除了刑事诉讼法中对查封、扣押、冻结的规定外，还包括违反相关司法解释、法律文件等的行为，如《最高人民法院关于适用〈中华人民共和国刑事诉讼法〉的解释》、《人民检察院刑事诉讼规则》、《公安机关办理刑事案件程序规定》、六部委《关于实施刑事诉讼法若干问题的规定》等。

第五项是其他滥用职权、玩忽职守、徇私舞弊的行为。依法查办有组织犯罪案件或者依照职责支持、协助查办有组织犯罪案件的国家工作人员，除了上述四项比较典型、多发的违法行为外，还可能存在其他滥用职权、玩忽职守、徇私舞弊的行为。

【实践中应注意的问题】

第一，要注意本条与第五十条的适用关系问题。第五十条是对国家工作人员的总体要求，即不得涉有组织犯罪活动。第五十二条是第五十条规定内容的一些特殊行为，适用的对象是其中依法查办有组织犯罪案件或者依照职责支持、协助查办有组织犯罪案件的国家工作人员。这两条的适用关系是一般规定与特别规定的包含关系。

第二，本条规定的五项禁止性内容，可以作为不法行为认定的具体指引。同时，也是在本法中对依法查办有组织犯罪案件或者依照职责支持、协助查办有组织犯罪案件的国家工作人员相关行为的明确提醒，司法实践中应当禁止的行为绝不止于此，本条第五项也规定了其他滥用职权、玩忽职守、徇私舞弊的行为。因此，国家工作人员在反有组织犯罪工作中出现本条规定之外的滥用职权、玩忽职守、徇私舞弊行为的，也以应当根据本条及有关法律的规定，依法予以追究。

【典型案例】

2021 年 5 月，时任甘肃省某市公安局某分局局长周某、副局长曹某，在办理黑社会性质组织首要分子郑某某等人聚众扰乱社会秩序案过程中，违规将刑事案件降格为治安案件处理，导致郑某某等人未被追究刑事责任，客观上放任了该黑社会性质组织坐大成势。2021 年 5 月，周某、曹某受到开除党籍、开除公职处分。

【立法宗旨和背景】

（一）起草背景

负有特殊职责的国家工作人员，尤其是司法工作人员，与查办有组织犯罪往往具有直接关联，更容易接触案件事实和相关人员，也更容易成为黑恶势力收买的对象。有的禁不住诱惑，成为“保护伞”，在查办案件及日常工作中为有组织犯罪组织及其成员通风报信，甚至滥用职权故意隐瞒有组织犯罪线索、材料、信息等，为有组织犯罪组织及其成员暗中提供帮助。也有的国家工作人员在工作中对有组织犯罪案件作出不当处理，故意出入罪或者滥用职权、玩忽职守、徇私舞弊。这都给当事人的合法权益造成了损害，不仅妨碍了对有组织犯罪的查处，也损害了国家机关特别是监察机关、司法机关的权威。严厉查处国家工作人员涉有组织犯罪，督促负有查办有组织犯罪案件职责的部门和人员认真履行职责，对在查办有组织犯罪过程中负有一定职责的工作人员细化相应的禁止行为，有助于国家工作人员在具体行为上及时自我对照提醒，是对扫黑除恶中“打伞破网”政策的强化。

（二）审议中各方面的意见以及争议的问题

审议中对本条的各方面意见及争议，主要集中于本条与第五十条一般性规定的关系上，以及条文的顺序设置上，同时也对一些具体表述提出了意见。草案中对本法第五十条、第五十二条的内容未作细化区分，只作为不同的列项加以规定。有的意见提出，本条的五项禁止性规定与第五十条对一般国家工作人员的六项禁止性规定，存在内容上的包含关系，第五十二条建议作为第五十条的特殊性、具体性规定。经过讨论修改，本法对上述意见作了合理的吸收，调整了相关立法的体例和有关条款的内容。本条最后作了分条处理，对负有特殊职责的国家工作人员，尤其是司法工作人员，列明了具体行为的禁止性规定。

（三）有关国家和地区的规定

《联合国打击跨国有组织犯罪公约》要求，各缔约国要将公职人员腐败行为规定为刑事犯罪，对这些行为涉及的外国公职人员或国际公职人员的行为同样规定为刑事犯罪。德国反有组织犯罪立法的核心在于通过引入一系列有针对性的措施，以有效地预防和惩治有组织犯罪，重在相关行业和领域的规范和管理，重在对犯罪的预防，从源头遏制犯罪特别是有组织犯罪的滋生和发展，如对容易滋生腐败的权力机关或敏感岗位的公务员，3 年必须换岗，其他部门 5 年必须轮岗等。美国在 2011 年通过的《公共腐败起诉改进法》中将某些严重的公共腐败犯罪的诉讼时效延长至 6 年，提高了联邦刑法中某些腐败犯罪的刑罚上限；在《反犯罪组织侵蚀合法组织法》（“RICO 法案”）的基础上增加了其他的无线电窃听规定；扩大了伪证罪和妨碍司法程序罪的管辖范围等。意大利为了应对官员与黑手党等犯罪组织相互勾结，严重侵害国家利益、威胁国家安全的有组织犯罪形态，进一步加强了反腐败立法，加大了对与有组织犯罪有关的贪污腐败犯罪的打击力度。如意大利议会 2015 年通过的一项反腐败法案，其中规定，涉案官员一旦被认定犯贪腐罪，将判处等同于其受贿所得的罚金；与腐败相关有组织犯罪的主犯和从犯，将面临最高达 26 年的囚禁。

第五十三条　有关机关接到对从事反有组织犯罪工作的执法、司法工作人员的举报后，应当依法处理，防止犯罪嫌疑人、被告人等利用举报干扰办案、打击报复。

对利用举报等方式歪曲捏造事实，诬告陷害从事反有组织犯罪工作的执法、司法工作人员的，应当依法追究责任；造成不良影响的，应当按照规定及时澄清事实，恢复名誉，消除不良影响。

【条文主旨】

本条是关于对从事反有组织犯罪工作的执法、司法人员依法履职的保障规定和因依法履职而遭受名誉损害的保障制度的规定。

【条文释义】

本条共分两款。第一款是关于从事反有组织犯罪工作的执法、司法人员依法履职的保障规定。举报在我国执法、司法实践中发挥着重要作用。公民可以通过举报表达对国家和社会的看法，可以对国家机关和国家工作人员进行批评、提出建议，可以对违纪违法的现象进行控告，有利于发现犯罪线索、监督国家机关和国家机关工作人员公正执法、司法，发挥沟通联结人民群众、宣传发动人民群众，震慑和惩处犯罪作用。举报可以采用口头或者书面形式举报，可以现场举报或者利用互联网媒介等进行线上举报，可以实名举报也可以匿名举报。依法如实举报有利于提升反有组织犯罪工作法治化、规范化、专业化水平。但实践中，有些不实举报，明知不是真实情况，采取捏造事实、虚构证据等手段对从事反有组织犯罪工作的执法、司法人员进行举报，包括向上级单位举报，也包括向纪检监察机关举报，目的是影响正常的办案程序，对办案结果施加影响，以作出对从事有组织犯罪的犯罪嫌疑人、被告人的有利结果。根据本款规定，对从事反有组织犯罪工作的执法、司法工作人员的举报应当依法处理，防止犯罪嫌疑人、被告人等利用举报干扰办案、打击报复。“依法处理”主要是指收到举报的相关部门应当依照法定程序、职权等对举报线索进行甄别，防止犯罪嫌疑人、被告人等利用举报干扰办案、打击报复。“打击报复”表现为相关人员利用职权或者其他手段对从事反有组织犯罪工作的执法、司法工作人员进行打击、报复、陷害等，侵犯其人身权利、民主权利的行为，具体方式多种多样，如以暴力、威胁或者非法限制人身自由的方式侵犯人身安全；非法占有或者毁损财产；栽赃陷害执法、司法人员等。既可能涉及职务职级调整也可能涉及福利待遇，严重的可能直接侵犯人身财产的显性打击报复，也可能更多地表现为利用职权进行变相打击的隐性报复。

第二款是关于因依法履职而遭受名誉损害的保障制度的规定，包含两个方面内容：一是要依法追究不实举报人的责任；二是造成不良影响的，要及时澄清事实，恢复名誉，消除不良影响，维护执法、司法工作人员的合法履职权益和名誉。

对利用举报等方式歪曲捏造事实，诬告陷害从事反有组织犯罪工作的执法、司法工作人员的，依法追究责任。这里的责任包括承担相应的民事责任、行政责任和刑事责任及给予相应的行政处分、政务处分。我国刑法第二百四十三条规定了诬告陷害罪、第二百五十四条规定了报复陷害罪等，对于侵害从事反有组织犯罪工作人员合法权益，构成犯罪的，依法追究刑事责任。对于尚不构成犯罪的，可依法予以治安管理处罚法关于捏造事实诬告陷害他人，企图使他人收到刑事追究或者治安管理处罚的规定等给予治安管理处罚。我国民法典对侵犯他人生命权、健康权、名誉权、荣誉权等民事权益的，规定依法承担停止侵害、赔礼道歉等侵权责任。此外，我国公务员法还规定了对国家工作人员实施的报复陷害、侮辱诽谤行为给予行政处分。公务员法第五十九条规定，公务员应当遵守纪律，不得有压制批评，打击报复，滥用职权，侵害公民、法人或者其他组织的合法权益等行为。公务员违反上述规定的，应当依法承担纪律责任的，依照公务员法的规定给予处分，包括警告、记过、记大过、降级、撤职、开除等。政务处分法第三十二条规定，诬告陷害，意图使他人受到名誉损害或者责任追究等不良影响的，予以警告、记过或者记大过；情节严重的，予以降级或者撤职；情节严重的，予以开除。

我国刑法第二百四十三条规定了诬告陷害罪。对利用举报等方式歪曲捏造事实，诬告陷害从事反有组织犯罪工作的执法、司法工作人员，严重的可追究刑事责任。我国宪法第三十八条规定："中华人民共和国公民的人格尊严不受侵犯。禁止用任何方法对公民进行侮辱、诽谤和诬告陷害。"检举揭发违法犯罪行为是每个公民的权利，但实践中有些人往往利用该项权利滥用检举揭发权，无中生有，诬告陷害从事反有组织犯罪工作人员，严重影响社会和谐发展，破坏社会风气，应当予以惩处。由于行为人企图假手司法机关实现其诬陷无辜的目的，不仅侵犯了公民的人身权利，使无辜者的名誉受到损害，而且可能导致冤假错案，造成错捕、错判甚至错杀的严重后果，干扰司法机关的正常活动，破坏司法机关的威信，因此必须依法予以严惩。诬告陷害罪，是指捏造事实，作虚假告发，意图陷害他人，使他人受刑事追究，情节严重的行为。诬告陷害罪侵犯的客体是复杂客体，既侵犯了他人的人身权利，也侵犯了司法机关的正常活动。构成诬告陷害罪必须具备以下条件：

1. 诬告陷害他人，必须以使他人受刑事追究为目的。行为人诬陷他人可能出于不同的动机，有的是发泄私愤，有的是嫉贤妒能，有的是排除异己，但必须以使他人受刑事追究为目的，才能构成诬告陷害罪。如果不以使他人受刑事追究为目的而捏造事实诬告的，如以败坏他人名誉、阻止他人得到某种奖励或者提升等为目的而诬告他人有违法或不道德行为的，则不构成本罪。

2. 捏造的事实必须是他人的犯罪事实，如果捏造的事实不足使他人受到刑事追究的，则不构成本罪。捏造事实，既包括无中生有，捏造犯罪事实陷害他人，也包括栽赃陷害，在确实发生了具体犯罪事实的情况下，捏造证据栽赃、嫁祸他人，还包括借题发挥，将不构成犯罪的事实夸大为犯罪事实，进而陷害他人等。

3. 行为表现不仅捏造了他人的犯罪事实，而且将捏造的犯罪事实向有关机关进行了告发。行为人虽有捏造他人犯罪事实的行为，但如果没有进行告发，其诬陷的目的就无法实现，因而也不构成诬陷罪。告发的形式可以是书面告发，也可以是口头告发，可以是实名告发，也可以是匿名告发。

4. 诬告陷害的行为必须有明确的对象，如果行为人只是捏造了某种犯罪事实，向有关机关告发，并没有具体的告发对象，这种行为虽然也侵犯了司法机关的正常活动，但并未直接侵犯他人的人身权利，也不构成本罪。有明确的对象并非要求行为人必须指名道姓告发，如果通过告发的事实可以明显地判断出告发对象，即使没有提出具体姓名，也属于有明确的对象。

5. 诬告陷害情节严重的，“情节严重”主要是指捏造的犯罪事实情节严重、诬陷手段恶劣、严重影响了司法机关的正常工作、社会影响恶劣等。只要诬告陷害的行为符合以上条件，本罪就成立。“造成严重后果”，主要是指被害人被错误地追究了刑事责任，或者使被诬陷人的人身权利、民主权利、财产权利等受到重大损害，或者使司法机关的正常工作遭受特别重大的损害。犯诬告陷害罪的，处3年以下有期徒刑、拘役或者管制；造成严重后果的，处3年以上10年以下有期徒刑。但是，关于错告或者检举失实，不适用本罪的规定。这样规定是为了正确区分诬告陷害与错告、检举失实的界限，以有利于打击犯罪，保护公民与违法犯罪作斗争的积极性。我国宪法第四十一条第一款规定：“中华人民共和国公民对于任何国家机关和国家工作人员，有提出批评和建议的权利；对于任何国家机关和国家工作人员的违法失职行为，有向有关国家机关提出申诉、控告或者检举的权利，但是不得捏造或者歪曲事实进行诬告陷害。”

我国刑法第二百五十四条规定了报复陷害罪。我国宪法和有关法律的规定，控告权、申诉权、批评建议权以及举报权是公民的重要民主权利。对控告人、申诉人、批评人、举报人进行报复陷害，就是对公民民主权利的严重侵害，应当依法予以惩处。报复陷害罪是指国家机关工作人员滥用职权、假公济私，对控告人、申诉人、批评人、举报人实行报复陷害的行为。这里规定的“报复陷害”，主要是指利用手中的权力，以种种借口进行政治上或者经济上的迫害，如降职、降级、调离岗位、经济处罚、开除公职、捏造事实诬陷其经济、生活作风上有问题等。报复陷害的行为，必须采取滥用职权或者假公济私的方法。如果行为人进行报复陷害与滥用职权、假公济私没有联系，则不构成本罪。根据本条规定，报复陷害的对象只能是控告人、申诉人、批评人和举报人。国家机关工作人员滥用职权、假公济私，对控告人、申诉人、批评人、举报人实行报复陷害的，处2年以下有期徒刑或者拘役；情节严重的，处2年以上7年以下有期徒刑。

对于从事反有组织犯罪工作的执法、司法人员被举报的，有关部门应当首先了解事实，认真调查有关情况，确认是利用举报等方式歪曲捏造事实，诬告陷害从事反有组织犯罪工作的，应当采取适当方式向知悉不实情况的单位和社会公众及时通报真实情况，防止不实信息继续扩散，对履职情况作出解释说明，消除单位和社会公众对办理案件过程和办理案件结果的质疑。对于因诬告陷害遭受调查处理的，应当及时停止调查处理。关于澄清事实和消除影响的范围、方式，应当结合有关情况确定，如可以通过官方网站、微博、微信公众号或者新闻发布会等形式及时澄清事实，总之要在相应范围内消除不良影响，维护从事反有组织犯罪工作的司法、执法人员的良好声誉。从事反有组织犯罪工作的执法、司法人员也可以拿起法律的武器，依法要求侵权人承担相应的法律责任，维护自己的合法权益。

【实践中应注意的问题】

在该条的理解适用中，应当注意正确区别不实举报和举报失实之间的关系。如果举报人并无主观故意，而是因证据不足、错告等原因致使举报失实、名誉受损的，一般不予追究举报人的法律责任，但也应当及时澄清事实，消除不良影响。二者在客观上都表现为向国家机关或有关单位告发的犯罪事实与客观事实不相符合。但在主观方面，二者有着质的不同：前者是故意捏造或者歪曲事实告发他人，具有陷害他人的故意；后者则是行为人认为自己告发的是真实犯罪事实，只是由于情况不明，或者认识片面而在控告、检举中发生差错，没有陷害他人的故意。由此可见，是否具有诬告陷害的故意，是区分诬告与错告的根本标志。实践中要准确区分诬告与错告，就必须根据行为人告发的背景、原因、告发的事实来源、告发人与被告人之间的关系等综合判定。

【典型案例】

2020年3月4日上午，某市纪委监委在某区公安局召开澄清正名大会，通报某区副区长、公安局局长郭某信访举报问题的核查情况。据核查，举报人反映其充当黑恶势力保护伞的问题失实，为此予以澄清。

澄清正名会议召开前，市纪委监委第三监督检查室与牵头负责澄清正名工作的信访室进行工作对接后，依照澄清正名工作规程，与被举报人充分沟通交流，征求其意见建议；同时，还向其所在地党委政府征求意见建议。随后，第三监督检查室成立以室主任为组长的复核组，认真细致开展复核工作。复核组既复核了不实举报事实，也复核了核查认定程序，并多次就此与南康区纪委监委、驻市公安局纪检监察组主要负责同人进行了深入沟通交流。复核组认定，核查认定事实事楚、证据确凿、核查程序规范，符合予以澄清正名的条件，可以以会议方式予以澄清正名。

【立法宗旨和背景】

（一）起草背景

党的十八届四中决定，要建立健全执法、司法人员依法履行法定职责保护机制，这体现了党和国家对执法、司法工作人员的高度重视，为保障法律正确实施、惩治反有组织犯罪提供了制度保障。实践中，从事反有组织犯罪工作的执法、司法人员履行法定职责面临三个方面的困扰：一是来自社会各方面包括内部，类似“批条子”“打招呼”等形形色色的干扰；二是执法、司法机关内部不同程度存在的考评考核、责任界定不清、惩戒程序缺乏外部监督，使得执法、司法办案走了样、变了形。三是时有发生的执法、司法工作人员遇害遇险等事件凸显执法、司法人员履职人身安全保护机制不完善，执法、司法工作人员执法办案特别是办理人身危险性高的反有组织犯罪案件存在后顾之忧。在具体执法、司法中，一些当事人对执法、司法工作和结果不满，采取了恶意举报，在互联网等媒介上捏造事实、诬告陷害从事反有组织犯罪工作的执法、司法人员的人格和名誉等手段，干扰办案、进行打击报复。这些行为不仅侵犯了执法、司法工作人员个人权益，有关不实材料和言论在一定范围内的传播、散布，也使得人民群众对办理反有组织犯罪案件的公正性产生怀疑，从而影响了正常的执法、司法工作，甚至严重损害国家执法、司法权威。

（二）审议中各方面的意见以及争议的问题

1. 提请全国人大常委会审议的一审稿规定："对从事反有组织犯罪工作的执法、司法工作人员的举报应当依法处理，防止犯罪嫌疑人、被告人等利用举报干扰办案、打击报复。对举报事项不明确的匿名举报，可以不予受理"。有的常委会组成人员和地方意见提出，举报事项不明确的匿名举报也可能构成案件线索，应当按照有关规定进行办理，不用强调不予受理，且"事项不明确"如何认定太笼统。综合上述意见，对"举报事项不明确的匿名举报，可以不予受理"，不再作出具体规定。实践中，需要对线索举报人实现严格的保密措施，对举报的事项进行具体甄别，依照反有组织犯罪相关规定进行处理。

2. 一审稿规定："必要时，对被诬告受害人进行公开澄清"。有的地方建议在"对被诬告受害人进行公开澄清"前增加"应当"，并进一步细化"公开澄清"方式，修改为"及时公开澄清，恢复名誉，消除不良影响"。考虑到对公开澄清的方式进一步细化，有利于维护从事反有组织犯罪工作的执法、司法人员的合法权益，保障其正当履职，维护执法、司法工作的公正性、权威性，本条第二款相应内容规定为，"造成不良影响的，应当按照规定及时澄清事实，恢复名誉，消除不良影响"。

3. 草案二次审议稿规定："对从事反有组织犯罪工作的执法、司法工作人员的举报应当依法处理，防止犯罪嫌疑人、被告人利用举报干扰办案、打击报复。对利用信访举报等方式歪曲捏造事实、诬告陷害从事反有组织犯罪工作的执法、司法工作人员的，应当依法追究责任，从严处理。造成不良影响的，应当按照规定及时澄清事实，恢复名誉，消除不良影响"。

有的地方建议，在"犯罪嫌疑人、被告人"之后增加"近亲属、利害关系人"，不限于犯罪嫌疑人、被告人利用举报干扰办案，打击报复，以加大对办案人员的保护力度。考虑到，具体列举主体可能造成列举不全，为避免挂一漏万，草案三次审议稿中在犯罪嫌疑人、被告人后增加“等”，实践中，可以包括犯罪嫌疑人、被告人的近亲属、利害关系人和其他人利用举办干扰反有组织犯罪工作办案、进行打击报复。

有的意见提出，草案二次审议稿将利用信访举报等方式单独作了列举，建议将“信访举报”修改为“举报”，以完善举报方式规定。草案三次审议稿采纳了上述建议，完善举办方式，以加大对从事反有组织犯罪工作人员的保护力度，保障反有组织犯罪工作的顺利进行。

第六章　国际合作

第五十四条　中华人民共和国根据缔结或者参加的国际条约，或者按照平等互惠原则，与其他国家、地区、国际组织开展反有组织犯罪合作。

【条文主旨】

本条是关于反有组织犯罪开展国际合作的规定。

【条文释义】

本条是关于反有组织犯罪开展国际合作的规定。有两个方面含义：一是根据中华人民共和国根据缔结或者参加的国际条约，与其他国家、地区、国际组织开展反有组织犯罪合作。二是按照平等互惠原则开展国际合作。

根据国际法的原则和普遍惯例，国际合作必须通过相应的程序和条件予以规范。国际合作事关国家主权和国家利益。处理国家之间的相关事务时，既需遵循相关执法、司法制度，同时必须以一定的外交关系作为基础，需遵循处理国际关系的有关准则，要求国家之间具有平等关系和互助、互利关系。根据本条的规定，开展反有组织犯罪合作：一是要根据缔结或者参加的国际条约开展国际合作。这里的国际合作，是指国际法主体之间缔结的用于确定相互权利义务关系的书面协议。二是如果我国与其他国家、地区、国际组织之间没有缔结或者参加国际条约的，应当平等互惠原则来进行。

这里的“缔结或者参加的国际条约”，既包括我国与外国共同加入的国际公约，也包括中国与外国签订的多边、双边条约，如《联合国打击跨国有组织犯罪公约》以及我国与他国签订的国际刑事司法协助等条约的有关内容，在我国与其他国家就开展反有组织犯罪国际合作时，是同样适用的。实践中，反有组犯罪合作主要体现在情报交流、信息交换、培训和执法合作、建立会谈会晤等合作机制、司法协助等方面。

这里的“平等互惠原则”，是处理国家关系的一项基本原则，是基于主权国家之间，在司法上应平等对待的理论确立的原则，是国际上所公认的一项原则。我国是独立的主权国家，处理与其他国家关系，包括司法上的关系，一向以平等互惠为基础。这些原则体现在我国与其他国家签订的国际条约中，也体现在我国国内的相关法律规定中。如我国民事诉讼法规定，外国人、无国籍人、外国企业和组织在中华人民共和国进行诉讼，同等享有我国法律规定的诉讼权利。外国法院对中华人民共和国公民、法人和其他组织的民事诉讼权利加以限制的，中华人民共和国人民法院应当对该国公民、企业和组织的民事诉讼权利，实行对等原则。此外，我国刑事诉讼法规定，根据中华人民共和国缔结或者参加的国际条约，或者按照互惠原则，我国司法机关和外国司法机关可以相互请求刑事司法协助。我国引渡法规定，中华人民共和国和外国之间在平等互惠的基础上进行引渡合作。我国国际刑事司法协助法规定，中华人民共和国和外国按照平等互惠原则开展国际刑事司法协助。在反有组织犯罪领域，如果我国与其他国家之间没有缔结或者参加的国际条约的，应当按照平等互惠原则来开展国家合作。

【立法宗旨和背景】

随着我国国际地位的日益提高，对外交往日益频繁，我国缔结和参加了许多有惩治犯罪行为的规定的国际条约，且今后还会参加一些国际条约。中国作为国际社会负责任的一员，为信守承诺，履行我国承担的国际义务，打击犯罪，我们在开展反有组织犯罪合作时，应当遵守这些我国缔结或者参加的国际条约，积极行使条约赋予的权利，履行条约规定的义务。

互相尊重主权和领土完整、互不侵犯、互不干涉内政、平等互利、和平共处五项基本原则是我国提出的处理国际关系的基本原则。和平共处五项原则不仅是我国奉行独立自主和平外交政策的基础，而且已经被世界上绝大多数国家接受，不仅在各国大量的两边条约中得到体现，而且成为规范国际关系的重要准则。1970年第二十五届联大通过的《关于各国依联合国宪章建立友好关系及合作之国际法原则之宣言》，1974年第六届特别联大通过的《关于建立新的国际经济秩序宣言》，都明确把和平共处五项基本原则包括在内。反有组织犯罪合作是国际合作的一种重要领域，坚持和奉行这些原则，一方面要求我们在反有组织犯罪工作中从平等互惠角度处罚，规范相关处理的程序和机制，更好地开展合作，促进各自司法活动的有效顺利开展，另一方面要求我们坚持主权原则，维护国家主权、安全和社会公共利益，遵守我国法律的基本原则。同时，考虑到有些国家无视别国主权、安全和社会公共利益，通过所谓的“长臂管辖权”等，将自己国家的司法主权凌驾于他国司法主权之上的做法，作出应对性规定，也有利于维护我国主权、安全和社会公共利益。我国在与其他国家开展反有组织犯罪合作时，一直坚持和遵循这些原则，对于其他国家和地区请求我国提供反有组织犯罪工作合作时，我们也要求其遵循这些原则。这是国际交往中遵循的规则。当今的有组织犯罪具有有组织和跨国性等特征，各国越来越认识到有组织犯罪不是某一个国家能够单独面对和解决的问题，如禁止和惩治贩运人口特别是妇女和儿童等，还需要加强国际合作，积极开展多边反有组织犯罪合作，在反有组织犯罪刑事司法合作、执法和证据认定等方面加强沟通和合作。

第五十五条　国务院有关部门根据国务院授权，代表中国政府与外国政府和有关国际组织开展反有组织犯罪情报信息交流和执法合作。

国务院公安部门应当加强跨境反有组织犯罪警务合作，推动与有关国家和地区建立警务合作机制。经国务院公安部门批准，边境地区公安机关可以与相邻国家或者地区执法机构建立跨境有组织犯罪情报信息交流和警务合作机制。

【条文主旨】

本条是关于开展国际合作具体机制的规定。

【条文释义】

本条共分两款。第一款是关于开展反有组织犯罪国际合作的规定。反有组织犯罪国际合作是指与其他国家、地区和国际组织之间在反有组织犯罪的犯罪侦查、执法、情报交流、人才培训等方面互相给予支持、便利和协助的一种合作。具体机制包括情报信息的交流与合作、犯罪调查取证、送达刑事诉讼文书、移交物证、书证和视听资料、安排证人作证或者协助调查，查封、扣押、冻结涉案财物，没收、返还、违法所得及其他涉案财物、引渡等合作内容。反有组织犯罪国际合作的刑事案件仅限于具有涉外因素的犯罪案件。就协助调查取证来说，一般是由国内侦查机关根据外国当局的委托，在国内进行刑事侦查，并将犯罪情报和犯罪线索提供给请求国，以帮助请求国顺利完成侦查任务。就查封、扣押、冻结涉案财物来说，一般是指国内有关部门根据请求国查封、扣押、冻结涉及犯罪案件财物的请求，依照我国法律的规定进行审核，对符合条件的协助进行查封、扣押、冻结。对于有组织犯罪案件的侦查、起诉、审判和执行等活动中的送达文书、调查取证、安排证人作证或者协助调查，查封、扣押、冻结涉案财物，没收、返还违法所得及其他涉案财物的国际刑事司法协助，都需要依照国际刑事司法协助法进行，对外国提出的刑事司法协助请求，由相关部门根据职责分工进行审核，并承担具体的工作职责。

根据本款的规定，在我国，国务院有关部门根据国务院授权，开展反有组织犯罪国际合作。也就是说，国务院有关部门代表中国政府与外国政府开展国际合作，必须具有国务院的授权。授权的方式，主要是国家通过制定行政法规或者发布具体的命令予以具体的授权。这里的国务院有关部门，主要是指与反有组织犯罪密切相关的司法机关、司法行政机关等部门，这些部门在反有组织犯罪执法、治理中担任非常重要的决策，加强与其他国家、地区和国际组织的情报信息交流，会大大加强反有组织犯罪工作力度。

此外，有组织犯罪活动具有一定的隐蔽性，不会公开进行，有组织犯罪分子为了逃避侦查，入境发展成员等通常会采用比较隐蔽的作案方法，因此事先获得可靠的情报信息对于破获有组织犯罪案件极为重要。获得可靠的情报信息，有助于有效地抓获犯罪分子，获得侦查主动权。为了有效打击有组织犯罪分子，各国之间尤其是与周边国家和地区之间需要及时交换本国收集的有关有组织犯罪的情报信息，交流打击有组织犯罪的进展情况，以便得到他国的情报信息。我国重视在现有合作机制的基础上，在法律中明确规定开展反有组织犯罪情报信息交流和执法合作，为开展反有组织犯罪工作提供充足的法律依据。

第二款是关于公安部门应当加强跨境反有组织犯罪警务合作的规定。公安机关承担着预防、制止和侦查违法犯罪活动，维护社会治安秩序，制止危害社会治安秩序行为的职责，在扫黑除恶专项斗争中发挥着重要作用。本款明确国务院公安部门职责，公安机关应当加强跨境反有组织犯罪警务合作，推动与有关国家和地区建立警务合作机制。同时，边境之间加强合作有利于提高打击跨境有组织犯罪工作的灵活性和主动性，在经国务院公安部门即公安部批准后，边境地区公安机关可以与相邻国家或地区（包括陆地国境和水域）建立跨境有组织犯罪情报信息交流和警务合作机制。

【典型案例】

据《人民日报》2020年9月28日载，扫黑除恶专项斗争中，重庆警方在公安部、市扫黑办的统一指挥下，启动国际执法合作，跨境作战，一举将涉嫌组织、领导黑社会性质组织罪，被公安部通缉后潜逃境外18年的“黑老大”王某抓获。

据报道，重庆警方经公安部批准设立国际刑警组织中国国家中心局重庆联络处，负责国际刑警组织框架下的联络工作，统筹重庆市涉外刑事案件有关工作的组织协调、国际警务交流等工作。2018年9月11日，在全方位，多层次、宽领域的国际执法合作体系下，专案组经数月艰苦细致工作，辗转多国追踪，一举将王某从境外抓捕归案。

【立法宗旨和背景】

（一）起草背景

当前，跨国有组织犯罪形势依然严峻，如贩毒、贩运妇女儿童等，具有严密的组织性和反侦查能力，且随着科技进步，联络方式越来越便捷，沟通越来越密切，导致打击跨国有组织犯罪越来越困难。这就需要世界各国加强反有组织犯罪国家合作，切实履行条约义务。在法律中明确规定有关部门代表中国政府与外国政府和有关国际组织开展反有组织犯罪国际合作，有利于反组织犯罪条约义务的履行，有利于反有组织犯罪国际合作的开展。

（二）审议中各方面的意见以及争议的问题

1. 草案二次审议稿规定：“国务院有关部门根据国务院授权，代表中国政府与外国政府和有关国际组织开展反有组织犯罪情报信息交流和执法合作。国务院公安部门应当加强跨境反有组织犯罪警务合作，推动与有关国家和地区建立警务合作机制。经国务院公安部门批准，边境地区公安机关可以与境外执法机构建立跨境有组织罪情报信息交流和警务合作机制。”有的意见提出，边境地区公安机关加强境外执法合作应当重点加强与相邻国家与地区执法机构合作，建议法律予以明确。

2. 草案三次审议稿规定：“国务院有关部门根据国务院授权，代表中国政府与外国政府和有关国际组织开展反有组织犯罪情报信息交流和执法合作。国务院公安部门应当加强跨境反有组织犯罪警务合作，推动与有关国家和地区建立警务合作机制。经国务院公安部门批准，边境地区公安机关可以与相邻国家或者地区执法机构建立跨境有组织犯罪情报信息交流和警务合作机制。”草案三次审议稿将草案二次审议稿“境外”修改为“相邻国家或者地区”，加强与重点地区的执法合作。

第五十六条　涉及有组织犯罪的刑事司法协助、引渡，依照有关法律的规定办理。

【条文主旨】

本条是关于反有组织犯罪的刑事司法协助、引渡的规定。

【条文释义】

本条是关于涉及有组织犯罪的刑事司法协助、引渡的规定。根据本条规定，涉及有组织犯罪的刑事司法协助、引渡，依照有关法律的规定办理。这里的有关法律，主要是指国际刑事司法协助法、引渡法等涉及国家与国家之间在刑事诉讼领域开展国际合作的法律。

关于国际刑事司法协助问题。2018年10月26日第十三届全国人大常委会第六次会议通过的国际刑事司法协助法，为开展反有组织犯罪的刑事司法协助提供了法律依据。国际刑事司法协助法的通过，保障了国际刑事司法协助的正常进行，加强了刑事司法领域的国际合作，有效惩治犯罪，保护个人和组织的合法权益，维护国家利益和社会秩序。国际刑事司法协助是指中华人民共和国和外国在刑事案件调查、侦查、起诉、审判和执行等活动中相互提供帮助，包括送达文书、调查取证、安排证人作证或者协助调查、查封、扣押、冻结涉案财物，没收、返还违法所得及其他涉案财物，移管被判刑人以及其他协助。国与国之间按照平等互惠原则，开展国际刑事司法协助。国际刑事司法协助不得损害中华人民共和国的主权、安全和社会公共利益，不得违反中华人民共和国法律的基本原则。国际刑事司法协助法共九章七十条，对国际刑事司法协助的立法目的、依据、对外联系机关、主管机关及其职责，刑事司法协助请求的提出、接收和处理，以及送达文书、调查取证、安排证人作证或者协助调查，查封、扣押、冻结涉案财物，没收、返还违法所得及其他涉案财物，移管被判刑人等协助事项的具体办理作了规定。广义上的刑事司法协助包括引渡等活动。我国已经于2000年制定了引渡法，国际刑事司法协助法规定的内容中不包括引渡。反有组织犯罪刑事司法协助包括两个方面：一是外国向我国提出刑事司法协助请求，要求我国为其开展的刑事诉讼活动提供协助；二是我国向外国提出的刑事司法协助请求，请求外国为我国正在进行的有组织犯罪案件的调查、侦查、起诉、审判、执行活动提供协助。对于外国向我国提出刑事司法协助请求的，从该请求的提出，需要提供什么文件和材料、如何由有关部门进行审查以及决定是否提供协助，如何开展具体的协助活动等，刑事司法协助法作出了规定。对于我国向外国提出刑事司法协助请求的，由于是请求外国提供协助，对于外国如何进行审查、是否提出协助以及执行请求的具体程序等，需要由外国法律作出规定，刑事司法协助法规定我国如何向外国提出刑事司法协助请求。在我国向外国提出请求的过程中，相关的国内程序，如办案机关提出请求时请求书的内容和格式、主管机关的审核等程序，应当依据刑事司法协助法的规定进行。

【典型案例】

据《南方都市报》2019 年 8 月 17 日报道，在外交部、我驻巴西使馆和驻圣保罗总领馆的大力支持与协助下，公安部工作组从巴西圣保罗将潜逃十年的涉黑犯罪嫌疑人黄某引渡回国，这是巴西首次向我国引渡犯罪嫌疑人。

犯罪事嫌疑人黄某自 2009 年以来，先后网罗多名有违法犯罪前科人员和社会闲散人员，在福建省某市有组织地实施开设赌场、非法拘禁、寻衅滋事、敲诈勒索等违法犯罪行为，逐渐形成了以黄某为首的黑社会性质组织，攫取了大量非法利益，严重扰乱了当地的社会秩序。2010 年 8 月，某市公安机关经过缜密侦查，一举捣毁该黑社会性质组织，抓获犯罪嫌疑人 10 余名，组织头目黄某潜逃巴西。

为将黄某缉捕归案，公安部先后四次派出工作组赴巴西开展执法合作，积极推动巴西司法部门开展有关工作，并通过国际刑警组织对黄某发布红色通报。2018 年 8 月，巴西警方在圣保罗市将黄某抓获。黄某落网后，根据中国有关法律和《中华人民共和国和巴西联邦共和国引渡条约》规定，中国警方迅速向巴西提出引渡请求，并在外交部和我驻巴使领馆的大办协助下，全力推动引渡工作。2018 年 6 月，巴西联邦最高法院判决同意将黄某引渡回中国，8 月 17 日，黄某被公安部工作组押解回国。

【立法宗旨和背景】

在实践中，由于存在跨国和跨境犯罪、犯罪嫌疑人、被告人外逃，在境外犯罪或者犯罪地涉及本国及外国、证据在外国等各种因素，有时候只能在本国开展相关诉讼活动，由于司法主权的原因，无法到外国开展刑事诉讼，追究跨国、跨境犯罪嫌疑人、被告人的刑事责任。开展国家与其他国家、地区和国际组织之间的刑事司法协助等国际合作就尤为重要。目前世界上许多国家通过签订双边或者多边条约等形式，确定了打击犯罪的国际合作。《联合国反腐败公约》《联合国打击跨国有组织犯罪公约》等也都有开展国际合作的内容。刑事司法协助是国家和国家之间开展协助，打击犯罪的一种合作活动。许多国家之间签订双边国际刑事司法协助条约，以及为专项目的而签订条约，比如，移管被判刑人条约等。从各国司法实践情况来看，国际刑事司法协助已经成为有效惩治犯罪，保护个人和组织的合法权益，维护国家利益和社会秩序的一种重要手段，使犯罪分子的犯罪行为不因国家在地域管辖上的限制而逃脱法网，对维护国际社会的共同利益具有很重要的作用。刑事司法协助涉及的范围很广。我国国际刑事司法协助法第二条明确规定，国际刑事司法协助，是指中华人民共和国和外国在刑事案件调查、侦查、起诉、审判和执行等活动中相互提供协助，包括送达文书，调查取证，安排证人作证或者协助调查，查封、扣押、冻结涉案财物，没收、返还违法所得及其他涉案财物，移管被判刑人以及其他协助。

引渡是一国向另一国提出请求，要求另一国将在其境内的某一刑事逃犯移交给请求国，以便请求国对其提起刑事诉讼或执行刑罚的活动，是惩治犯罪行为、追究刑事责任、保障刑事诉讼程序正常进行的重要制度。引渡是国家之间开展打击犯罪的一种刑事司法协助活动，目前世界上许多国家通过签订双边或者多边引渡条约等形式，确定了打击犯罪的国际合作，如美洲国家之间签订的美洲国家间引渡公约等，还有许多国家签订了两国之间的引渡条约。我国自改革开放以来，随着对外交往的增多，涉外刑事案件也日益增多，一些犯罪分子携巨款潜逃境外，有的境内外犯罪组织相互勾结进行洗钱、贩毒等，为了有效地打击这些犯罪活动，我国在引渡法颁布前已先后与12个国家签订了双边引渡条约，开始生效。随着国际社会对打击严重危害人类共同利益的犯罪活动的日益重视，为了有效地加强国际合作，2000年11月联合国大会通过了《联合国打击跨国有组织犯罪国际公约》，我国已经签署了该公约，该公约对引渡的有关问题也作了规定。从各国引渡实践情况看，引渡已成为打击严重犯罪活动，尤其是打击某些国际犯罪活动的一种重要手段，它使犯罪分子不因国家在地域管辖上的限制而逃脱法网，对维护国际社会的共同利益具有很重要的作用。

第五十七条　通过反有组织犯罪国际合作取得的材料可以在行政处罚、刑事诉讼中作为证据使用，但依据条约规定或者我方承诺不作为证据使用的除外。

【条文主旨】

本条是关于反有组织犯罪国际合作中的证据使用的规定。

【条文释义】

本条有两层含义：

一是通过反有组织犯罪国际合作取得的材料原则上可以在行政处罚、刑事诉讼中作为证据使用。我国法律作对行政处罚和刑事诉讼的证据要求作了明确规定，追究任何人的行政责任或者刑事责任，都要依法进行。行政处罚是指行政机关依法对违反行政法律法规等规定的公民、法人或者其他组织给予一定的惩罚。对公民、法人或者其他组织给予行政处罚，行政机关必须查明事实，违法事实不清的不得给予行政处罚。行政机关发现公民、法人或者其他组织有依法应当给予行政处罚行为的，必须全面、客观、公正地调查，收集有关证据，决定给予行政处罚的应当制作行政处罚决定书，行政处罚决定书应当载明违反法律、法规或者规章的事实和证据。刑事诉讼是依法追究违反刑法规定构成犯罪的人的刑事责任的诉讼活动。根据刑事诉讼法规定，案件事实清楚，证据确实、充分，依据法律认定被告人有罪的，应当作出有罪判决；证据不足，不能认定被告人有罪的，应当作出证据不足、指控的犯罪不能成立的无罪判决。依照刑事诉讼法的规定，可以用于证明案件事实的材料，都是证据，包括物证，书证，证人证言，被害人陈述，犯罪嫌疑人的供述和辩解，鉴定意见，勘验、检查、辨认、侦查、实验等笔录，视听资料，电子数据等。通过国际合作取得的材料通常是由国际合作方收集，主体及程序上与我们自己收集证据往往会有一定的差异，以往的实践中有需要经过转换方能在我们的行政处罚、刑事诉讼中作为证据使用。明确通过反有组织犯罪合作取得的材料原则上可以在行政处罚、刑事诉讼中作为证据使用，有利于依法惩治反有组织犯罪活动和有组织犯罪人员。

二是例外情况下，通过反有组织犯罪国际合作取得的材料不可以在行政处罚、刑事诉讼中作为证据使用，例外情况就是本法规定的“依据条约规定或者我方承诺不作为证据使用”。根据国际惯例或者为了得到有关国家的配合获取相关证据而与其签订的条约或者协议，我国有时会对通过国际合作取得的证据在使用方面作出一些承诺，主要是限制证据使用方面的承诺。《联合国反腐败公约》第四十六条第十九款规定：“未经被请求缔约国事先同意，请求缔约国不得将被请求缔约国提供的资料或者证据转交或者用于请求书所述以外的侦查、起诉或者审判程序……”。上述规定虽然针对的是反腐败领域的国际合作，但是此类关于限制使用通过国际刑事司法协助获得的证据材料的规定几乎存在于所有双边司法协助条约当中。比如：2007 年 12 月 1 日签订、2008 年 8 月 29 日十一届全国人大常委会第四次会议批准的《中华人民共和国和日本国关于刑事司法协助的条约》中规定，协助包括：获取包括证言、陈述、文件、记录和物品在内的证据；执行搜查和扣押；进行专家鉴定以及对人员、场所、文件、记录或者物品进行检查或者勘验等。同时规定，未经被请求方中央机关的事先同意，请求方不得将根据本条约提供的证据用于除请求所述的侦查、起诉或者其他诉讼程序以外的目的。如果被请求方中央机关提出要求，请求方应当根据本条约提供的证据予以保密，或者仅在被请求方中央机关指明的条件下使用该证据。这种规定对于我国刑事司法机关使用和采纳证据的权利构成限制。规定通过反有组织犯罪国际合作取得的材料在我方承诺的情况下不在行政处罚、刑事诉讼中作为证据使用，有利于消除有关国家的疑虑，为我国与有关国家进行反有组织犯罪合作排除法律障碍。如果某一通过反有组织犯罪国际合作取得的材料也能证明其他案件的事实，而外国主管机关又将该证据材料的使用限制于特定案件或者附加其他限制，我国行政机关和司法机关在办理案件中就应当遵守有关约定或者承诺。

【立法宗旨和背景】

追究有组织犯罪人员的行政或者刑事法律责任，需要有证据支持。随着有组织犯罪活动范围的扩大，在我国境内发生的反组织犯罪行为人为逃避法律追究，逃到境外，或者在我国境外发生的针对我国或者我国公民发生的犯罪行为，在追究这些组织和人员的法律责任的时候，有些证据需要国际合作取得。证据问题是反有组织犯罪国家合作中非常重要的内容。一般来说，可以用于证明案件事实的材料都可以作为证据使用。但是，不同于国内调查取得的证据，通过国际合作取得的材料有一定的特殊性，因为涉及其他国家或地区，因此要受到国际条约和与相关国家的条约或者协议的约束。本条对通过反有组织犯罪国家合作取得的材料能否在行政处罚、刑事诉讼中作为证据使用的问题作了规定，为执法和司法提供了法律依据。

关于刑事诉讼程序中的证据，我国刑事诉讼法第五十条对本证据的概念、种类以及证据须经查证属实才能作为定案的根据作出。以事实为根据，以法律为准绳，是办理刑事案件的基本原则之一，是我国长期以来刑事诉讼的重要经验，是正确惩治犯罪，防止错案，保障无罪的人不受追究的重要保证。一个人是否犯罪，是罪轻还是罪重，都要以事实为根据。人民法院、人民检察院、公安机关进行刑事诉讼，必须以客观存在的、经过调查属实的、有证据证明的事实为根据，而不能靠主观想象、推测和怀疑来办案。关于证据的概念的规定。可以用于证明案件事实的材料，都是证据。从实践情况看，司法机关进行刑事诉讼，主要是通过收集、审查、采信证据来认定案件事实。收集来的证据不一定都真实，也不一定都被司法机关采纳作为定案的根据。可从以下三个方面来理解：（1）证据是材料，包括物证、书证等客观性较强的材料和证言、供述等主观性较强的材料。（2）证据可以用于证明案件事实，即证据与案件事实有着一定程度的关联性，可以用于揭示、推断案件事实。但某一证据是否真实地反映了案件事实，需要经过司法机关的审查判断。（3）证据既包括证明犯罪嫌疑人、被告人有罪的材料，也包括证明犯罪嫌疑人、被告人无罪的材料，既包括证明犯罪嫌疑人、被告人罪重的材料，也包括证明犯罪嫌疑人、被告人罪轻或者可以从轻、减轻、免除处罚的材料。根据规定，证据包括以下八种：（1）物证。是指与案件相关联，可以用于证明案件情况和犯罪嫌疑人、被告人情况的实物或者痕迹，如作案工具、现场遗留物、赃物、血迹、精斑、脚印等。（2）书证。是指能够以其内容证明案件事实的文字、图案等资料，如合同、账本、同案人之间有联络犯罪内容的书信等。（3）证人证言。是指了解案件情况的人就其了解的案件情况所作的陈述。（4）被害人陈述。是指直接受犯罪行为侵害的人，就案件的情况所作的陈述。（5）犯罪嫌疑人、被告人供述和辩解。是指犯罪嫌疑人、被告人就案件情况所作的陈述，既包括承认自己有罪的人对自己犯罪情况的供述，也包括声称自己无罪或者罪轻的辩解。（6）鉴定意见。是指有专门知识的鉴定人对案件中的专门性问题进行鉴定后提出的书面意见，如法医鉴定报告、指纹鉴定报告、血迹鉴定报告等。鉴定的结果不是最终结论，仍然要经过司法机关结合全案情况和其他证据进行审查判断，查证属实之后，才能作为定案的根据。（7）勘验、检查、辨认、侦查实验等笔录。勘验、检查笔录是指侦查人员对与犯罪有关的场所、物品、人身、尸体等进行现场勘验、检查所作的记录。辨认笔录是指侦查人员让被害人、犯罪嫌疑人或者证人对与犯罪有关的物品、文件、尸体、场所或者犯罪嫌疑人进行辨认所作的记录。侦查实验笔录是指侦查人员在必要的时候按照某一事件发生时的环境、条件，进行实验性重演的侦查活动形成的笔录。侦查机关依法进行其他侦查活动形成的笔录，也可以作为证据。（8）视听资料、电子数据。视听资料是指载有与案件相关内容的录像、录音材料等。电子数据是指与案件事实有关的电子邮件、网上聊天记录、电子签名、访问记录等电子形式的证据。证据须经查证属实才能作为定案的根据的规定。证据只是可以用于证明案件事实的材料，真实性还需要经过司法机关的审查。只有证据本身是真实的，才能证明案件的真实情况，虚假的证据会造成对案件认定的错误，“证据必须经过查证属实，才能作为定案的根据”。这是证据使用的根本原则，违背这一原则就会出现错案、假案，放纵犯罪或者侵犯公民的合法权利。“查证”是指司法机关经过法定程序，对证据的客观性、合法性等情况进行审查，并将某一证据所提供的情况与其他证据相互验证，去伪存真，从而确定证据是否真实。“作为定案的根据”是指作为认定案件事实，作出是否移送起诉、是否起诉等决定和判决、裁定的依据。追究有组织犯罪人员的刑事法律责任，需要证据支持，要严格依照刑事诉讼法的规定来认定证据，做到以事实为根据，以法律为准绳，做到罪责刑相适应，正确打击有组织犯罪。

关于行政诉讼的证据。我国行政诉讼法对证据种类、认定等作出具体规定。行政诉讼法第五章对证据问题作出专章规定。行政诉讼法第三十三规定的证据包括：（1）书证；（2）物证；（3）视听资料；（4）电子数据；（5）证人证言；（6）当事人的陈述；（7）鉴定意见；（8）勘验笔录、现场笔录。以上证据经法庭审查属实，才能作为认定案件事实的根据。同时，对证据的认定要遵循行政诉讼规则。行政诉讼证据规则是行政诉讼过程中关于能够证明行政案件真实情况的一切事实的基本准则。对行政诉讼中证据的认定要遵守以下规则：各种证据只有经法庭审查属实，才能作为定案的根据；被告对作出的具体行政行为负有举证责任，应当提供作出该具体行政行为的证据和所依据的规范性文件；在诉讼过程中，被告不得自行向原告和证人收集证据；人民法院有权要求当事人提供或者补充证据，并有权向有关行政机关以及其他组织、公民调取证据；在行政诉讼过程中，人民法院认为对专门性问题需要鉴定的，应当交由法定鉴定部门鉴定，没有法定鉴定部门的，由人民法院指定的鉴定部门鉴定；在证据可能灭失或者以后难以取得的情况下，诉讼参加人可以向人民法院申请保全证据，人民法院也可以主动采取保全措施。这些证据规则，对于保证人民法院正确查明行政案件的真实情况，以作出正确的裁判有重要作用。对于通过国际合作取得的证据用于行政处罚的证据的认定，也应当遵守上述规则。同时，对于依据条约规定或者我方承诺不作为证据使用的材料，要履行相关承诺，不得作为行政处罚、刑事诉讼的证据，构建良好的反有组织犯罪国际合作局面。

第七章　保障措施

第五十八条　国家为反有组织犯罪工作提供必要的组织保障、制度保障和物质保障。

【条文主旨】

本条是关于为反有组织犯罪工作提供各项保障的规定。

【条文释义】

本条规定了国家为反有组织犯罪工作提供三个方面的保障：

一是提供组织保障。主要包括以下几个内容：第一是要保障有充足的工作人员投入反有组织犯罪工作中，满足工作需要；第二是要提高工作人员工作能力，提高反有组织犯罪工作效率，促使反有组织犯罪工作顺利进行；第三是坚持从严管理从事反有组织犯罪工作的干部，加强对干部队伍的监督管理，特别是对关键岗位、重点领域、重点对象进行重点监督，加大对违纪违法干部的查处力度。各有关部门、地方各级人民政府要切实加强组织协调，明确部门职责分工，综合运用法律、行政、科技、经济等手段，推进反有组织犯罪工作。要推进宣传教育工作。各地区、各部门可以采取多种形式开展各级领导干部反有组织犯罪指导工作，提高反有组织犯罪意识；要加强舆论引导，各有关部门要加强同宣传部门和新闻媒体的联系沟通，及时准确提供信息，做好反有组织犯罪工作宣传报道，引导社会公众正确理解和使用反有组织犯罪工作信息，防止歪曲报道、恶意炒作，营造全社会共同重视和支持反有组织犯罪工作的良好氛围。

二是提供制度保障。制定反有组织犯罪法，为反有组织工作提供了依据，徒法不足以自行，法律规定需要通过具体制度进行落实，要完善各项配套的制度规定，形成制度保障体系。

三是提供物质保障，重要的是加大资金投入。财政部门要加大资金支持力度。在开展反有组织犯罪工作，必然产生相关的支出和费用，需要国家财政予以支持和保障。对于需要经费支出和保障的，国家可以通过财政转移支付等方式实施。我国预算法规定，国家实行财政转移支付制度。财政转移支付包括中央对地方的转移支付和地方上级政府对下级政府的转移支付。目前我国中央对地方转移支付分为一般性转移支付和专项转移支付。一般性转移支付是指上级政府对有财力缺口的下级政府，按照规定给予的补助。一般性转移支付不规定具体用途，由下级政府根据本地区实际情况统筹安排使用。专项转移支付是指上级政府为了实现特定的经济发展和社会发展目标，给予下级政府的资金补助，由下级政府按照上级政府规定的用途安排使用。对于反组织犯罪应当提供经费保障，一是保障本法规定的反有组织犯罪查处、涉案财物的处置、国际合作所支付的费用等，以保障反有组织犯罪基础工作的开展；二是要保障重大的、影响范围广的有组织犯罪案件的办理工作。

【立法宗旨和背景】

组织保障、制度保障和物质保障是顺利开展反有组织犯罪工作的重要前提。我国多部法律都对工作开展规定了提供组织保障、经费保障，如反恐怖主义法、法官法、检察官法等。在法律中明确提供组织保障、制度保障和物质保障，有利于充实具有反有组织犯罪工作职责的部门和单位工作人员队伍，有利于提供各项制度保障，有效履行法律赋予的职责和使命，有利于提高反有组织犯罪的工作效率，加强工作凝聚力、战斗力，实现反有组织犯罪工作的规范化、制度化和法治化。本法第六条规定，监察机关、人民法院、人民检察院、公安机关、司法行政机关以及其他有关国家机关，应当根据分工，互相配合，互相制约，依法做好反有组织犯罪工作。有关部门应当动员、依靠村民委员会、居民委员会、企业事业单位、社会组织，共同开展反有组织犯罪工作。本法第七条规定，任何单位和个人都有协助、配合有关部门开展反有组织犯罪工作的义务。国家依法对协助、配合反有组织犯罪工作的单位和个人给予保护。有关部门和单位应当在具体工作落实。

第五十九条　公安机关和有关部门应当依照职责，建立健全反有组织犯罪专业力量，加强人才队伍建设和专业训练，提升反有组织犯罪工作能力。

【条文主旨】

本条是关于加强反有组织犯罪队伍建设的规定。

【条文释义】

反有组织犯罪专业力量是防范、打击和惩治反有组织犯罪的主要力量，是有关部门和单位反有组织犯罪职责的具体实施者，在反有组织犯罪线索发现、证据收集、侦查逮捕等方面发挥着重要作用。当今的反有组织犯罪形式多样、涉及领域较多和人民群众联系密切，反有组织犯罪工作危险性高、专业性突出，这都需要一支经过专业训练、具备丰富经验的力量来执行反有组织犯罪职责。加强反有组织犯罪专业力量建设，强化反有组织犯罪情报信息收集能力，面对错综复杂的反有组织犯罪事件增强及时、果断采取科学的反应能力，加强反有组织犯罪力量的自我保护，从而尽可能避免反有组织犯罪的发生和减少反有组织犯罪活动造成的人民群众生命财产损失。

对于建立健全反有组织犯罪专业力量，应当加强专业训练。这是进行反有组织犯罪的人才素质保障。专业训练，是指针对反有组织犯罪行为的特点、规律、手段、方式等进行有针对性的训练，掌握相应活动的技能、技巧，使得反有组织犯罪专业力量在应对和面对有组织犯罪活动时能够在合适的时机采取合适的措施。同时，还应当加强反有组织犯罪专业力量物质保障，保障在面对有组织犯罪活动有重要专业设备、设施，切实提高反有组织犯罪工作能力。

【实践中应注意的问题】

实践中需要注意的是，建立健全反有组织犯罪专业力量的主体是公安机关和有关部门。公安部门既可以建立健全本系统反有组织犯罪专业力量，也可以与有关部门合作，加强专业力量建设，如加强对基层司法行政机关等从事反有组织犯罪工作人员的指导。

【立法宗旨和背景】

（一）起草背景

建立健全反有组织犯罪专业力量，加强人才队伍建设和专业训练，严厉惩治反有组织犯罪，最重要的是要建立一支强大、高效的反有组织犯罪队伍。本法总则第三条到第七条对反有组织犯罪工作坚持原则、工作要求等作出了规定，对反有组织犯罪的能力建设问题和坚持专门工作与群众路线相结合问题作了规定。本条是对总则上述规定的落实，对公安机关和有关部门应当依照职责，建立健全反有组织犯罪专业力量，加强人才队伍建设和专业训练，以保障法律赋予的各项职责有效履行，反有组织犯罪工作取得实效。

（二）审议中各方面的意见以及争议的问题

1. 草案二次审议稿规定："公安机关和有关部门，应当依照法律规定的职责，建立健全反有组织犯罪专业力量，加强专业训练，提升反有组织犯罪工作能力。"在审议过程中，有的常委委员提出，人才队伍建设是保障反有组织犯罪工作开展的基础，应当在专业训练前增加"人才队伍建设"和内容。

2. 草案三次审议稿规定："公安机关和有关部门应当依照法律规定的职责，建立健全反有组织犯罪专业力量，加强人才队伍建设和专业训练，提升反有组织犯罪工作能力。"考虑到人才队伍建设是加强组织保障的重要内容，在法律中专门规定加强人才队伍建设，有利于从法律层面保障充实公安机关和有关部门，健全反有组织犯罪专业力量，草案三次审议稿在专业训练前增加"人才队伍建设"的内容。

第六十条　国务院和县级以上地方各级人民政府应当按照事权划分，将反有组织犯罪工作经费列入本级财政预算。

【条文主旨】

本条是关于反有组织犯罪工作经费保障的规定。

【条文释义】

本条是对国务院和县级以上地方各级人民政府按照事权划分将反有组织犯罪工作经费分别列入同级财政预算作了规定。本条包含两个方面的内容：

（一）按照事权划分保障经费

2013 年 11 月 12 日党的十八届三中全会通过的《中共中央关于全面深化改革若干重大问题的决定》提出，建立事权和支出责任相适应的制度。中央和地方按照事权划分相应承担和分担支出责任。国务院即中央人民政府，是最高国家权力机关的执行机关，是最高国家行政机关。地方各级人民政府是地方各级人民代表大会的执行机关，是地方各级国家行政机关，县级以上地方各级人民政府包括县级、设区的市级和省级三级人民政府。本法对国务院及其有关部门和县级以上地方各级人民政府及其有关部门，在反有组织犯罪工作中应当履行的职责和承担的任务作了规定。如，本法第九条规定，各级人民政府和有关部门应当依法组织开展有组织犯罪预防和治理工作，将有组织犯罪预防和治理工作纳入考评体系。村民委员会、居民委员会应当协助人民政府以及有关部门开展有组织犯罪预防和治理工作。

反有组织犯罪工作的经费保障同样体现了按照事权划分保障经费的原则。所谓事权，就是政府承担职能和事务的责任与权力。其中，事务是前提，权力是工具，职能是内容，责任是约束，合理是标尺。明确划分各级政府之间、政府与政府之间的事权关系，才能更好地明确一级政府在公共事务和服务中应该承担的任务和责任，才能更好地明确其权利义务。按照财权与事权相匹配的原则，一级政府按照其所承担的事权，根据财力状况匹配财权，才能使一级政府运转正常。反有组织犯罪工作的经费按照国家确定的原则予以保障。确定的保障原则，决定了反有组织犯罪的经费保障体制、经费来源渠道和具体方式。相关经费按照事权划分的原则予以保障，深刻体现了全面深化改革的创新发展理念。

根据本条规定，国务院和县级以上地方各级人民政府应当根据本级政府在反有组织犯罪工作中依法承担的职责和任务，保障所需的工作经费，即国务院事权范围内事项的所需工作经费由国务院予以保障，省级政府事权范围内事项的所需工作经费由省级政府予以保障，设区的市级政府和县级政府事权范围内事项的所需工作经费分别由相应级别政府予以保障。党的十八届三中全会通过的《中共中央关于全面深化改革若干重大问题的决定》进一步明确，“适度加强中央事权和支出责任，国防、外交、国家安全、关系全国统一市场规则和管理等作为中央事权”。近年来，中央按照财权与事权相匹配的原则，明确相关领域财政事权和支出责任划分的指导意见。2016年8月，国务院印发了《关于推进中央与地方财政事权和支出责任划分改革的指导意见》，从事权和支出责任划分即政府公共权力纵向配置角度推进财税体制改革。2018年1月，国务院办公厅印发《基本公共服务领域中央与地方共同财政事权和支出责任划分改革方案》，将八大类18项主要基本公共服务事项，首先纳入中央与地方共同财政事权范围，制定基本公共服务保障国家基础标准，规范中央与地方共同财政事权的支出责任分担方式。

（二）以将经费纳入本级政府财政预算的方式保障经费

保障的方式是纳入财政预算，即纳入相应级别政府财政正常的预算支出范围，由政府财政予以保障，从而建立稳定的反有组织犯罪工作经费保障机制。财政预算也称政府预算，是政府的基本财政收支计划，即经法定程序批准的国家年度财政收支计划。我国的财政预算由中央预算和地方预算组成。根据预算法第二条到第八条的规定，我国的财政预算体制是：国家实行一级政府一级预算；中央政府预算由中央各部门（含直属单位）的预算组成；地方各级政府预算由本级各部门（含直属单位）的预算组成；各部门预算由本部门所属各单位预算组成；单位预算是指列入部门预算的国家机关、社会团体和其他单位的收支预算。预算包括一般公共预算、政府性基金预算、国有资本经营预算、社会保险基金预算。反有组织犯罪的经费纳入财政预算，就是一种有助于维护国家安全的预算形式。

【实践中应注意的问题】

在该条的理解适用中，应当需要注意以下问题：

预算法第六十三条规定，各部门、各单位应当加强对预算收入和支出的管理，不得截留或者动用应当上缴的预算收入，不得擅自改变预算支出的用途。党的十八届三中全会将“财政”定位为国家治理的基础和重要支柱，预算是财政的核心，预算治理是推动国家治理体系和治理能力现代化的重点环节、关键手段、重要支撑。因此，反有组织犯罪工作由政府财政予以保障，有助于建立稳定的反有组织犯罪工作经费保障机制。

【立法宗旨和背景】

（一）起草背景

2018 年 1 月 11 日，中共中央、国务院发出《关于开展扫黑除恶专项斗争的通知》，中央成立全国扫黑除恶专项斗争领导小组，由中央政法委牵头，中央纪委机关、中央组织部、中央宣传部等 23 家成员单位参加，在全国开展为期三年的扫黑除恶专项斗争。经过三年斗争，黑恶势力基本肃清，涉黑涉恶“保护伞”得到清除，基层基础明显加强，党风政风、社会风气持续净化，为决胜全面建成小康社会、决战脱贫攻坚和疫情防控营造了安全稳定的社会环境，为全面从严治党向基层延伸、夯实党的执政根基作出了突出贡献。中央保留全国扫黑除恶领导小组及其办公室，各级党委和有关部门保留相应机构，完善工作机制，设置专项编制，充实人员队伍。推动各级党委和政府把扫黑除恶纳入经济社会发展全局谋划，作为平安建设重点工作部署，并纳入同级财政预算。反有组织犯罪工作的经费保障是开展反有组织犯罪工作的物质前提，是落实本法第七章相关保障措施的一个重要方面。与反恐怖主义法、突发事件应对法、人民警察法、人民武装警察法对相关工作的经费保障问题作出明确规定一样，本条对反有组织犯罪工作的经费保障作出专门规定，对于承担反有组织犯罪工作职责的部门和单位有效履行职责，提高工作效率，增强反有组织犯罪工作能力，具有重要的意义。

（二）有关国家和地区的规定

美国反有组织犯罪立法形成了以制定法为主的反有组织犯罪法律体系。1968 年《犯罪综合控制与安全街道法》是美国第一部专门针对有组织犯罪的法律，该法就提出了美国反有组织犯罪的经费来源，即联邦政府通过“协助执法管理基金”（LEAA）向地方执法机构提供资金，打击有组织犯罪，明确了美国打击有组织犯罪的经费保障。

第六十一条　因举报、控告和制止有组织犯罪活动，在有组织犯罪案件中作证，本人或者其近亲属的人身安全面临危险的，公安机关、人民检察院、人民法院应当按照有关规定，采取下列一项或者多项保护措施：

（一）不公开真实姓名、住址和工作单位等个人信息；

（二）采取不暴露外貌、真实声音等出庭作证措施；

（三）禁止特定的人接触被保护人员；

（四）对人身和住宅采取专门性保护措施；

（五）变更被保护人员的身份，重新安排住所和工作单位；

（六）其他必要的保护措施。

【条文主旨】

本条是关于对在有组织犯罪案件中作证等相关人员采取保护措施的规定。

【条文释义】

本条是对因举报、控告和制止有组织犯罪活动，在有组织犯罪案件中作证，本人或者其近亲属的人身安全面临危险时可以采取保护措施的规定。在刑事诉讼法及其相关规定的基础上，进一步强化了相应措施，以加强对因举报、控告和制止有组织犯罪活动，在有组织犯罪案件中作证及其举报、控告和制止有组织犯罪活动相关人员的保护，这既是反有组织犯罪法规定的保障措施的重要内容，也是解除作证及相关人员后顾之忧，推动反有组织犯罪工作的实际需要。

本款规定包括以下四个方面的内容：

1. 适用范围和对象，本款规定的保护措施适用于两类人员。第一类是因举报、控告和制止有组织犯罪活动，本人或者其近亲属的人身安全面临危险的人。第二类是在有组织犯罪案件中作证，本人或者其近亲属的人身安全面临危险的人。根据本法第二条第一款的规定，本法所称有组织犯罪，是指刑法第二百九十四条规定的组织、领导、参加黑社会性质组织犯罪，以及黑社会性质组织、恶势力组织实施的犯罪。因为举报、控告和制止上述有组织犯罪活动，本人或者其近亲属的人身安全面临危险的人，可以申请采取相应的保护措施。

关于“近亲属”的范围，根据刑事诉讼法第一百零八条的规定，主要是指夫、妻、父、母、子、女、同胞兄弟姊妹。

2. 适用条件，即因上述反有组织犯罪相关行为，本人及其近亲属面临安全危险。实践中，举报、控告和制止有组织犯罪活动、在有组织犯罪案件中作证的人，本人及其近亲属遭受打击报复的风险较高，面临很大的人身安全威胁。因此，对以上人员中人身安全面临危险的，有必要采取相应措施予以保护。这里的“面临危险”，是指本人及其近亲属的人身安全可能面临比较迫切的现实危险的情形，而不是想象的精神威胁。是否属于“面临危险”，需要结合不同人员的具体情况等综合考虑。实践中比较典型的危险是可能遭受打击报复的情况。根据《人民检察院刑事诉讼规则》第一百三十二条，犯罪嫌疑人具有下列情形之一的，可以认定为“可能对被害人、举报人、控告人实施打击报复”：(1) 扬言或者准备、策划对被害人、举报人、控告人实施打击报复的；(2) 曾经对被害人、举报人、控告人实施打击、要挟、迫害等行为的；(3) 采取其他方式滋扰被害人、举报人、控告人的正常生活、工作的；(4) 其他可能对被害人、举报人、控告人实施打击报复的情形。

3. 适用程序及执行主体，根据刑事诉讼法第六十四条规定，办案机关可以主动决定采取保护措施，也可以应上述人员依照刑事诉讼法第六十四条第二款提出的请求采取保护措施。采取保护措施的执行主体为公安机关、人民检察院、人民法院。执行中需要结合被保护人的具体情况和需要采取的具体保护措施确定执行主体。根据本法第六十二条规定，针对“禁止特定的人接触被保护人员”和“对人身和住宅采取专门性保护措施”的执行机关为公安机关。针对“变更被保护人员的身份，重新安排住所和工作单位”，由国务院公安部门批准和组织实施。

4. 具体的保护措施包括下列一项或者多项保护措施：

（1）不公开真实姓名、住址和工作单位等个人信息。这是对被保护人的个人身份不予公开的保护措施。在刑事诉讼中，人民法院、人民检察院和公安机关对于依法决定不公开证人等人员的真实姓名、住址和工作单位等个人信息的，可以在判决书、裁定书、起诉书、询问笔录等法律文书、证据材料中使用化名等代替证人等人员的个人信息。但是，应当书面说明使用化名的情况并标明密级，单独成卷。辩护律师经法庭许可，查阅对证人等人员使用化名情况的，应当签署保密承诺书。证人保护密卷不得提供给人民法院、人民检察院和公安机关的承办人员以外的人员查阅，法律另有规定的除外。对上述证人询问过程制作同步录音录像的，应当对视音频资料进行处理，避免暴露证人外貌、声音等。在公安机关以外的场所询问证人时，应当对询问场所进行清理、控制，无关人员不得在场，并避免与犯罪嫌疑人接触。

（2）采取不暴露外貌、真实声音等出庭作证措施。是指人民法院在有关人员出庭参与诉讼时，采取技术措施不使其外貌、声音等暴露给被告人、旁听人员等，但应当保证控辩双方质证的顺利进行。

（3）禁止特定的人接触被保护人员。这是禁止可能实施打击报复的特定人员在一定期间内接触被保护人的措施。根据《公安机关办理刑事案件证人保护工作规定》，采取禁止特定人员接触被保护人措施的，公安机关应当制作禁止令，书面告知特定人员，禁止其在一定期限内接触被保护人。特定人员违反禁止令，接触被保护人，公安机关应当依法进行调查处理，对犯罪嫌疑人视情采取或者变更强制措施，其他人员构成违反治安管理行为的，依法给予治安管理处罚；涉嫌犯罪的，依法追究刑事责任。

（4）对人身和住宅采取专门性保护措施。该措施包括派警力保护相关人员人身和住宅的安全。第三类、第四类措施要付出更大的人力、物力成本，对面临比较迫切的重大危险的人，可以考虑采取此类措施。根据《公安机关办理刑事案件证人保护工作规定》，被保护人面临重大人身安全危险的，经被保护人同意，公安机关可以在被保护人的人身或者住宅安装定位、报警、视频监控等装置。必要时，可以指派专门人员对被保护人的住宅进行巡逻、守护，或者在一定期限内开展贴身保护，防止侵害发生。证人保护部门对人身和住宅采取专门性保护措施，需要由被保护人居住地辖区公安派出所或者公安机关其他部门协助落实的，应当及时将协助函送交有关派出所或者部门。有关派出所或部门应当及时安排人员协助证人保护部门落实证人保护工作。有条件的地方，可以聘请社会安保力量承担具体保护工作。

（5）变更被保护人员的身份，重新安排住所和工作单位。本条保护措施是在刑事诉讼法相关保护规定的基础上，根据反有组织犯罪需要，新增加的保护措施。该措施在反恐怖主义法第七十六条中的表述为“变更被保护人员的姓名，重新安排住所和工作单位”。可以看出，本条从“姓名”到“身份”的变化，为通过改变姓名以外保护证人的方式提供了法律依据。

（6）其他必要的保护措施。“其他必要的保护措施”是个兜底性的条款，可以理解为因案情特殊，对因举报、控告和制止有组织犯罪活动，在有组织犯罪案件中作证，本人或者其近亲属确实面临非常重大的危险，可能因作证遭受打击报复时，公安司法机关有义务采取一切有利于保护其人身安全的保护措施。

此外，关于法律沿革。我国法律制度对于证人的保护也在不断完善过程之中：

宪法第四十一条第二款规定：“对于公民的申诉、控告或者检举，有关国家机关必须查清事实，负责处理。任何人不得压制和打击报复。”该条是我国证人保护的宪法渊源。

1996 年刑事诉讼法第四十九条规定：“人民法院、人民检察院和公安机关应当保障证人及其近亲属的安全。对证人及其近亲属进行威胁、侮辱、殴打或者打击报复，构成犯罪的，依法追究刑事责任；尚不够刑事处罚的，依法给予治安管理处罚。”

1998 年 5 月，公安部《公安机关办理刑事案件程序的规定》第五十五条规定“公安机关应当保障证人及近亲属的安全”。

2010 年 6 月，“两高三部”《关于办理死刑案件审查判断证据若干问题的规定》第十六条规定：“证人作证，涉及国家秘密或者个人隐私的，应当保守秘密；证人出庭作证，必要时，人民法院可以采取限制公开证人信息、限制询问、遮蔽容貌、改变声音等保护性措施。”

2018 年修改的刑事诉讼法在证人保护方面进一步完善。增加规定了对特定案件的证人采取特别的保护措施。同时，特定案件的鉴定人、被害人因为参与诉讼，也可能面临打击报复的危险，也需要纳入保护的范围。对于一些特定类型的犯罪案件，由于案件关系国家安全、公共安全，或者犯罪性质恶劣、组织性强，证人遭到打击报复的可能性大，后果也可能更严重，甚至是有生命危险。对于这些案件，有必要在对打击报复证人的行为追究责任之外，再有针对性地加强对证人的保护力度，以预防打击报复证人的事件发生，保证公民履行作证义务，保障诉讼活动的顺利进行，同时通过切实保护公民的人身安全，支持和鼓励人民群众积极同犯罪行为作斗争，更好地实现刑事诉讼法“打击犯罪，保护人民”的立法目的。其第六十四条规定：“对于危害国家安全犯罪、恐怖活动犯罪、黑社会性质的组织犯罪、毒品犯罪等案件，证人、鉴定人、被害人因在诉讼中作证，本人或者其近亲属的人身安全面临危险的，人民法院、人民检察院和公安机关应当采取以下一项或者多项保护措施：（一）不公开真实姓名、住址和工作单位等个人信息；（二）采取不暴露外貌、真实声音等出庭作证措施；（三）禁止特定的人员接触证人、鉴定人、被害人及其近亲属；（四）对人身和住宅采取专门性保护措施；（五）其他必要的保护措施。证人、鉴定人、被害人认为因在诉讼中作证，本人或者其近亲属的人身安全面临危险的，可以向人民法院、人民检察院、公安机关请求予以保护。人民法院、人民检察院、公安机关依法采取保护措施，有关单位和个人应当配合。”

《公安机关办理刑事案件程序规定》第七十五条第一款和第二款规定：“对危害国家安全犯罪、恐怖活动犯罪、黑社会性质的组织犯罪、毒品犯罪等案件，证人、鉴定人、被害人因在侦查过程中作证，本人或者其近亲属的人身安全面临危险的，公安机关应当采取以下一项或者多项保护措施：（一）不公开真实姓名、住址、通讯方式和工作单位等个人信息；（二）禁止特定的人员接触被保护人；（三）对被保护人的人身和住宅采取专门性保护措施；（四）将被保护人带到安全场所保护；（五）变更被保护人的住所和姓名；（六）其他必要的保护措施。证人、鉴定人、被害人认为因在侦查过程中作证，本人或者其近亲属的人身安全面临危险，向公安机关请求予以保护，公安机关经审查认为符合前款规定的条件，确有必要采取保护措施的，应当采取上述一项或者多项保护措施。”

对于黑恶势力妨害作证以及威胁、打击报复证人的行为，刑法规定了妨害作证罪、打击报复证人罪。刑法第三百零七条规定，以暴力、威胁、贿买等方法阻止证人作证或者指使他人作伪证的，处3年以下有期徒刑或者拘役；情节严重的，处3年以上7年以下有期徒刑。第三百零八条规定，对证人进行打击报复的，处3年以下有期徒刑或者拘役；情节严重的，处3年以上7年以下有期徒刑。对威胁、打击报复证人构成犯罪的，应当依法追究刑事责任。

上述法律法规基本构建了当前我国证人保护措施的框架，从程序法到实体法的规范体系基本定型，从原则性的角度规范国家保障证人安全的义务，到明确具体的保护措施及相关机制，都对保障证人履行作证义务，查明案件真相，保证刑事诉讼的顺利进行，显示出积极意义。

【实践中应注意的问题】

在该条的理解适用中，应当需要注意以下方面的问题：

在有组织犯罪案件中，由于证人遭到打击报复的可能性大，后果也可能更严重，甚至是有生命危险。对于这些案件，有必要在对打击报复证人的行为追究责任之外，更有针对性地加强对证人的保护力度，以预防打击报复证人的事件发生，保证公民履行作证义务，保障诉讼活动的顺利进行，同时通过切实保护公民的人身安全。

【典型案例及先进经验】

案例一：广州刘某等人黑社会性质组织案。广州刘某等人黑社会性质组织在当地恶名昭著，很多证人、被害人不愿也不敢作证。为解决此类问题，广州市政法委牵头有关政法机关出台了《关于证人保护的规定（试行）》，为全国首例专门证人保护专项办法，有效为涉黑恶案件证人作证和出庭提供司法保护。针对证人出庭作证安全问题的顾虑，广州市公安机关、检察院、法院在证人出行、参加庭审环节予以联动保护，由公安机关负责专车接送证人到庭，法院负责提供隔离通道、安全等待区域及视频作证室，全方位为证人出庭作证提供人身安全保障。

案例二：广州市谭某等黑社会性质组织案。在办理该案过程中，多名被害人和证人慑于主犯及其骨干成员的压力，不敢指认和作证，为鼓励证人和被害人出庭作证，承办检察官与证人、被害人建立24小时热线联系，并要求公安机关24小时待命。在审判阶段，根据《证人保护规定》的要求，让证人、被害人在与法庭有物理隔离的证人室作证，采取全程模糊脸部、变声等措施，让谭某及其他组织成员无法知悉证人身份。审判结束后，承办检察官建立的证人热线仍旧开通，并定期询问证人情况。

【立法宗旨和背景】

（一）起草背景

在刑事诉讼中，一些不法分子为了阻止和妨碍证人作证，有时会对证人及其近亲属采取威胁、侮辱甚至伤害等手段，妨碍诉讼的正常进行，同时也会对举报、控告和制止有组织犯罪活动的相关人员进行报复。本法所涉及的有组织犯罪往往以黑社会性质组织、恶势力组织为依托，因此具有更大的危险性。

举报、控告和制止有组织犯罪活动的人及在有组织犯罪案件中作证的证人所直接面对的可能是各类黑恶势力，包括威胁政治安全特别是政权安全、制度安全以及向政治领域渗透的黑恶势力；把持基层政权、操纵破坏基层换届选举、垄断农村资源、侵吞集体资产的黑恶势力；利用家族、宗族势力横行乡里、称霸一方、欺压残害百姓的“村霸”等黑恶势力；在征地、租地、拆迁、工程项目建设等过程中煽动闹事的黑恶势力；在建筑工程、交通运输、矿产资源、渔业捕捞等行业、领域，强揽工程、恶意竞标、非法占地、滥开滥采的黑恶势力；在商贸集市、批发市场、车站码头、旅游景区等场所欺行霸市、强买强卖、收保护费的市霸、行霸等黑恶势力；操纵、经营“黄赌毒”等违法犯罪活动的黑恶势力；非法高利放贷、暴力讨债的黑恶势力；插手民间纠纷，充当“地下执法队”的黑恶势力；组织或雇佣网络“水军”在网上威胁、恐吓、侮辱、诽谤、滋扰的黑恶势力；境外黑社会入境发展渗透以及跨国跨境的黑恶势力。这些黑恶势力自身的暴力、威胁手段实际是以组织的势力、影响和犯罪能力为依托，以暴力、威胁的现实可能性为基础，足以使他人产生恐惧、恐慌进而形成心理强制或者足以影响、限制他人人身自由、危及他人人身财产安全或者影响正常生产、工作、生活，因此需要强有力的保护措施来确保因举报、控告和制止有组织犯罪活动，在有组织犯罪案件中作证的本人或者其近亲属的人身安全。

（二）审议中各方面的意见以及争议的问题

2021年8月20日至9月18日，反有组织犯罪法草案二次审议稿在中国人大网公布，向社会公开征求意见。其间，共收到353位公众提出的678条意见，还收到了一些群众来信，对草案提出意见。在这些建议中，有的建议删除第五项关于变更被保护人员的身份，重新安排住所和工作单位的规定。考虑到有组织犯罪的危险性一般更大，应尽可能明确更多的保护措施，故对该措施予以保留。

（三）有关国际组织、国家和地区的规定

证人的保护是各国及地区刑事诉讼领域普遍关注的问题。为了强化证人保护，美国、意大利、英国、德国等国家都制定了专门的证人保护法。

1. 联合国。联合国相关公约对于证人保护也有原则性规定。联合国《有效防止和调查法外、任意和即决处决的原则》第十五条规定："应保护原告、证人、进行调查的人及其家属不受暴力、以暴力相威胁或任何其他形式的恐吓。凡可能牵连到法外、任意或即决处决的人均应调离任何对原告、证人及其家属以及对进行调查的人直接或间接进行控制或拥有权限的职位。"

联合国《禁止酷刑和其他残忍、不人道或有辱人格的待遇或处罚公约》第十三条也规定："每一缔约国应确保凡声称在其管辖的任何领土内遭到酷刑的个人有权向该国主管当局申诉，并由该国主管当局对其案件进行迅速而公正的审查。应采取步骤确保申诉人和证人不因提出申诉或提供证据而遭受任何虐待或恐吓。"

联合国《预防和控制有组织犯罪准则》第十一条规定："保护证人免遭暴力和恐吓的办法在刑事侦查和审讯过程中及打击有组织犯罪的执法工作中越来越重要。此办法包括为以被告及其律师无法获悉的方法掩护证人身份、提供受保护人的人身保护，转移住所和提供资金援助。"

《联合国反腐败公约》第三十二条也规定："各缔约国均应当根据本国法律制度并在其力所能及的范围内采取适当的措施，为就根据本公约确立的犯罪作证的证人和鉴定人并酌情为其亲属及其他与其关系密切者提供有效的保护，使其免遭可能的报复或者恐吓。"

这些规定，都对刑事诉讼中证人的保护具有很大的借鉴意义。

2000年11月15日，第55届联合国大会通过了《联合国打击跨国有组织犯罪公约》。公约对各缔约国如何完善打击跨国有组织犯罪的有关刑事诉讼程序，如保护证人、帮助和保护被害人等，作了规定。公约要求，各缔约国应采取措施，为证人并酌情为其亲属及其他与其关系密切者提供有效的保护，使其免遭可能的报复或恐吓；证人保护措施可包括制定提供人身保护的程序，如人身转移、不披露或限制披露身份和下落等；规定可允许以确保证人安全的方式作证的证据规则，如允许借助于诸如视像连接之类的通信技术或其他适当手段提供证言。

2. 德国。20 世纪 70 年代以前，德国的刑事诉讼程序为了有效追诉犯罪，视证人出庭作证为应尽的义务，疏于对证人的保护。1992 年和 1998 年打包修改法律时，加强了对证人的保护，规定：

一是证人提供住所地可能对证人和其他人员带来危害的，证人可以不告知真实住址、有关身份信息。德国《刑事诉讼法》第六十八条第二款规定，在询问证人过程中，“告诉住所可能导致证人或者其他人员遭到危险的，证人可以不回答住所问题，而是告诉他的工作或者公务地址或者其他可以传唤的地址。审判长在庭审中可以许可证人不回答问题”。第三款规定：“公开证人身份、住所或者居所可能给证人或者其他人员的生命、身体或者自由造成危险的，可以许可证人不回答个人问题或者只告诉以前的身份。但证人在审判中应当说明以何身份了解到陈述的事实。证明证人身份的文件由检察人员保管。只有在危险消除时，才能纳入本案的案卷。”二是被告人出庭可能妨碍证人真实陈述的，询问证人时，可以要求被告人离庭。三是证人可能遭受危害的，审判长可以决定全部或者部分不公开审理。四是证人接受法庭询问，符合法定情形的，可以在与被告人不同的房间或者在法院以外的其他地方接受询问，并在法庭同步进行视频播放。

3. 美国。美国的证人保护制度可以追溯至 1960 年联邦证人保护项目：任何人一旦被确定为证人，立刻被政府纳入证人保护计划中，受到政府全方位保护；同时，对被认定威胁证人的行为人，可以“威胁证人罪”判处高达 20 年以上的刑罚；一旦被确认事后报复证人的，可以被判处终身监禁。2000 年，美国国会通过了《非法交易和暴力犯罪被害人保护法》，在保护被害人权益的同时，进一步补充和完善了证人保护制度的相关细节。联邦政府在可能利用的财源范围内，在不损害被告人各种宪法权利的情况下，可以为证人提供人身保护、经济资助，包括为其提供新的生活空间，新的职业与工作，甚至为其改换身份等。

4. 意大利。意大利于 1991 年通过证人保护法案，规定了对合作者及其家属的一系列保护措施，并建立了专门的证人保护系统。由证人保护中心负责向被保护人及其家属提供虚假身份、住房、经济来源，帮助其融入社会等。

5. 英国。1999 年的英国《警察与刑事证据法》规定了八项特殊的作证措施，具体包括：“向被告遮蔽证人，但不能阻止证人与法官或陪审团等人相互看见；通过现场视频连线的方式提供证据；秘密给出证据；除去假发和法官袍；

以庭前证人谈话的录像记录作为主要证据；以证人在接受交叉询问和再询问时录像记录作为证据；通过中介询问证人；提供必要的手段协助与证人交流。”

6. 我国台湾地区为避免在刑事诉讼中诘问证人或对质时，使证人身份暴露，规定证人在审判时可以蒙面变声、变像、视频传送或采取其他适当隔离措施。其中“证人保护法”规定了应受保护证人身份数据暴露的处理方式，在制作笔录或文书时，证人的身份应“以代号为之”，不得记载证人之年籍、住居所、身份证统一编号或者护照号码以及其他足以识别其身份之资料；证人之签名“按指纹代之”；载有证人真实姓名等足以识别其身份的资料，需另卷封存保管。“于侦查或审事中为讯问时，应以蒙面、变声、变像、视讯传送或其他适当隔离方式为之。而于其依法接受对质或诘问时，亦同。”

第六十二条　采取本法第六十一条第三项、第四项规定的保护措施，由公安机关执行。根据本法第六十一条第五项规定，变更被保护人员身份的，由国务院公安部门批准和组织实施。

公安机关、人民检察院、人民法院依法采取保护措施，有关单位和个人应当配合。

【条文主旨】

本条是关于有组织犯罪案件中保护措施的批准和执行机关的规定。

【条文释义】

本条共分两款。第一款是关于有组织犯罪案件中保护措施的批准和执行机关的规定。根据本款规定，针对“禁止特定的人接触被保护人员”和“对人身和住宅采取专门性保护措施”的执行机关为公安机关。针对“变更被保护人员的身份，重新安排住所和工作单位”，由国务院公安部门批准和组织实施。

1. 公安机关办理刑事案件时对证人等被保护人员的保护职责。证人、鉴定人、被害人除出庭时间以外，其余时间均在外生活、工作，人民法院、人民检察院很难采取实质性保护措施。基于职责，应当由公安机关采取专门措施，以保护证人、鉴定人、被害人的人身安全。对证人及其近亲属进行威胁、侮辱、殴打或者打击报复，构成犯罪的，依法追究刑事责任；尚不够刑事处罚的，依法给予治安管理处罚。

2. 证人保护措施的启动。证人保护措施可由证人或被害人申请启动，也可由公安机关、人民检察院、人民法院等机关依职权决定而启动。

3. 具体采取的保护措施。根据本法规定，由公安机关负责执行的具体的保护措施包括：（1）禁止特定的人接触被保护人员。这是禁止可能实施打击报复的特定人员在一定期间内接触被保护人的措施。采取禁止特定人员接触被保护人措施的，公安机关应当制作禁止令，书面告知特定人员，禁止其在一定期限内接触被保护人。特定人员违反禁止令，接触被保护人，公安机关应当依法进行调查处理，对犯罪嫌疑人视情采取或者变更强制措施，其他人员构成违反治安管理行为的，依法给予治安管理处罚；涉嫌犯罪的，依法追究刑事责任。（2）对人身和住宅采取专门性保护措施。包括派警力保护相关人员人身和住宅的安全。被保护人面临重大人身安全危险的，经被保护人同意，公安机关可以在被保护人的人身或者住宅安装定位、报警、视频监控等装置。必要时，可以指派专门人员对被保护人的住宅进行巡逻、守护，或者在一定期限内开展贴身保护，防止侵害发生。证人保护部门对人身和住宅采取专门性保护措施，需要由被保护人居住地辖区公安派出所或者公安机关其他部门协助落实的，应当及时将协助函送交有关派出所或者部门。有关派出所或部门应当及时安排人员协助证人保护部门落实证人保护工作。有条件的地方，可以聘请社会安保力量承担具体保护工作。

由国务院公安部门批准和组织实施的保护措施为，变更被保护人员的身份，重新安排住所和工作单位。

对此，《公安机关办理刑事案件程序规定》第七十五条中也规定了具体措施，对黑社会性质的组织犯罪等案件，证人、鉴定人、被害人因在侦查过程中作证，本人或者其近亲属的人身安全面临危险的，公安机关应当采取以下一项或者多项保护措施：（一）不公开真实姓名、住址、通讯方式和工作单位等个人信息；（二）禁止特定的人员接触被保护人；（三）对被保护人的人身和住宅采取专门性保护措施；（四）将被保护人带到安全场所保护；（五）变更被保护人的住所和姓名；（六）其他必要的保护措施。证人、鉴定人、被害人认为因在侦查过程中作证，本人或者其近亲属的人身安全面临危险，向公安机关请求予以保护，公安机关经审查认为符合前款规定的条件，确有必要采取保护措施的，应当采取上述一项或者多项保护措施。公安机关依法采取保护措施，可以要求有关单位和个人配合。案件移送审查起诉时，应当将采取保护措施的相关情况一并移交人民检察院。这些措施都与本法中公安部门的权责相呼应。

4. 有关单位和个人的配合义务。第二款是关于有关单位和个人对有关机关采取的保护措施应当配合的规定。人民法院、人民检察院、公安机关依法采取本法第六十一条规定的保护措施，有时需要其他单位或者个人的配合。如不公开证人的个人信息可能需要新闻媒体配合，禁止特定人员接触举报、控告、制止反有组织犯罪活动者，证人及其近亲属可能需要基层群众组织的配合等。本条规定有关单位和个人应当配合办案机关依法采取保护措施，使保护措施能够有效地起到保护作用。

【实践中应注意的问题】

在该条的理解适用中，应当需要注意以下方面的问题：

在本法中狭义的证人保护是指人民法院、人民检察院、公安机关对因举报、控告和制止有组织犯罪活动，在有组织犯罪案件中作证，本人或者其近亲属的人身安全面临危险的人身安全等方面应当依法提供法律保护的制度；广义的证人保护还应该包括对证人作证费用的补偿等。在刑事诉讼中建立和完善证人保护制度具有重要的诉讼价值。此处的证人保护侧重于狭义的保护进行阐述。

刑事诉讼法第六十四条赋予了证人、鉴定人、被害人在认为因在诉讼中作证，本人或者其近亲属的人身安全面临危险的时候，向人民法院、人民检察院、公安机关请求予以保护的权利，以便更加有效地对有关人员的人身安全予以保护。依据此规定，收到请求后，人民法院、人民检察院、公安机关应当认真进行审查，对于符合第一款规定，确有危险的，应当决定采取第一款规定的一项或者多项保护措施。

在司法实践中，举报、控告和制止有组织犯罪活动、证人出庭作证现实地存在受到恐吓和报复的现象。在这种情形下，办理有组织犯罪案件，首先要解决举报、控告和制止有组织犯罪活动及证人的安全保障问题，而这种安全的需求在刑事诉讼中更为明显和迫切。这是因为，在各国的刑事司法实践中，普遍确立了传闻规则或者直接言辞原则，这就要求证人应当就他们的证言出庭接受当事人双方的质询、质证。证人出庭作证，其证言必然对一方当事人（刑事诉讼中往往是被告人）不利，从而可能导致因作证而遭受不利后果的可能，而国家则对那些履行了法定作证义务的人员及其有密切关系的人员负有保护其安全的职责。

【立法宗旨和背景】

（一）起草背景

人民法院、人民检察院和公安机关是保护证人及近亲属人身安全的法定主体，但在三个机关都负有保护证人及近亲属人身安全义务的情况下，可能会存在权责不明、相互推诿的情况。即便按照在不同的诉讼阶段，要求各自的办案机关负责保护证人及近亲属人身安全，如此权责似乎清晰，但是，在审判阶段和审查起诉阶段，人民法院、人民检察院对反有组织犯罪的保护力量依然有限，现实中这些保护措施的启动也需要法律予以明确。

（二）审议中各方面的意见以及争议的问题

有的意见建议，国务院公安部门和省级公安机关应当成立或指定相关具有专业经验或技能的专职部门，对相关特定人员进行安全保护。有的提出，应细化秘密移居保护措施，包括居所保护、通信保护等，特殊情况下可采用更改身份信息的措施，防止黑恶势力打击报复。此建议有待在实践中进一步探索，条件成熟的可在实施细则中以适当方式予以明确。

（三）有关国家和地区的规定

1. 美国。1984 年，美国通过《证人保护改革法》，赋予联邦司法部部长保护联邦和州有组织犯罪的证人及其家属的生命财产的权力。2000 年，美国国会通过了《非法交易和暴力犯罪被害人保护法》，在保护被害人权益的同时，进一步补充和完善了证人保护制度的相关细节。联邦政府在可能利用的财源范围内，在不损害被告人各种宪法权利的情况下，可以为证人提供人身保护、经济资助，包括为其提供新的生活空间，新的职业与工作，甚至为其改换身份等。

2. 意大利。意大利有组织犯罪以黑手党型犯罪为主。为与有组织犯罪集团作斗争，意大利形成了以刑法典和刑事诉讼法为基础，以各具特色的单行法律和特别法令为补充发展的法律体系。意大利还颁布了《反“黑手党”法》、《证人保护法案》、《黑手党悔过法》以及 1992 年针对洗钱行为的第 328 号法令等一系列单行法律和特别法令，以保证立法和司法能对犯罪形势作出快速反应。意大利于 1991 年通过证人保护法案，规定了对合作者及其家属的一系列保护措施，并建立了专门的证人保护系统。由证人保护中心负责向被保护人及其家属提供相应身份、住房、经济来源，帮助其融入社会等。

3. 南非。南非《1998 年证人保护法》明确规定设立证人保护机关，由主任、副主任、证人保护官员和安全官员组成，专门负责证人和相关人员的保护。此外，各国在为证人提供必要的保护时还应当考虑开展国际合作，与其他国家订立有关本条人员的移管的协定或者安排。

4. 中国香港特别行政区。1995 年 4 月 28 日，我国香港特别行政区警务处宣告成立证人保护小组，负责为证人提供广泛的保护，具体包括提供一个紧急电话号码和提供一间 24 小时由警方特殊保护的安全居所等，以适应证人的需要和个别情况，防范任何形式的威胁。

第六十三条　实施有组织犯罪的人员配合侦查、起诉、审判等工作，对侦破案件或者查明案件事实起到重要作用的，可以参照证人保护的规定执行。

【条文主旨】

本条是关于对侦破案件或者查明案件事实起到重要作用的实施有组织犯罪人员的保护规定。

【条文释义】

本条是关于对侦破案件或者查明案件事实起到重要作用的实施有组织犯罪人员的保护的规定。

1. 适用主体及前提：本条适用的主体是配合侦查、起诉、审判等工作的实施有组织犯罪的人员。根据本法第二条，本法所称有组织犯罪，是指刑法第二百九十四条规定的组织、领导、参加黑社会性质组织犯罪，以及黑社会性质组织、恶势力组织实施的犯罪。本法所称恶势力组织，是指经常纠集在一起，以暴力、威胁或者其他手段，在一定区域或者行业领域内多次实施违法犯罪活动，为非作恶，欺压群众，扰乱社会秩序、经济秩序，造成较为恶劣的社会影响，但尚未形成黑社会性质组织的犯罪组织。境外的黑社会组织到中华人民共和国境内发展组织成员、实施犯罪，以及在境外对中华人民共和国国家或者公民犯罪的，适用本法。因此，此类参与有组织犯罪的人员，如能配合侦查、起诉、审判等工作，可以作为适用本条的条件之一。本条的适用前提是此类人员需要对侦破案件或者查明案件事实起到重要作用，才可以参照证人保护的规定执行。由于参与有组织犯罪的人员相较于一般证人来说具有特殊性，由于其自身对有组织犯罪活动更加了解，如果其能全力配合案件的侦查、起诉、审判等工作，对于案件的侦查、起诉、审判工作都具有积极的推动作用。

2. 证人保护措施。根据反有组织犯罪法第六十一条，具体的保护措施包括下列一项或者多项保护措施：

（1）不公开真实姓名、住址和工作单位等个人信息。这是对被保护人的个人身份不予公开的保护措施。根据有关规定，在刑事诉讼中，人民法院、人民检察院和公安机关对于依法决定不公开证人等人员的真实姓名、住址和工作单位等个人信息的，可以在判决书、裁定书、起诉书、询问笔录等法律文书、证据材料中使用化名等代替证人等人员的个人信息。但是，应当书面说明使用化名的情况并标明密级，单独成卷。辩护律师经法庭许可，查阅对证人等人员使用化名情况的，应当签署保密承诺书。证人保护密卷不得提供给人民法院、人民检察院和公安机关的承办人员以外的人员查阅，法律另有规定的除外。对上述证人询问过程制作同步录音录像的，应当对视音频资料进行处理，避免暴露证人外貌、声音等。在公安机关以外的场所询问证人时，应当对询问场所进行清理、控制，无关人员不得在场，并避免与犯罪嫌疑人接触。

（2）采取不暴露外貌、真实声音等出庭作证措施。是指人民法院在有关人员出庭参与诉讼时，采取技术措施不使其外貌、声音等暴露给被告人、旁听人员等，但应当保证控辩双方质证的顺利进行。

（3）禁止特定的人接触被保护人员。这是禁止可能实施打击报复的特定人员在一定期间内接触被保护人的措施。采取禁止特定人员接触被保护人措施的，公安机关应当制作禁止令，书面告知特定人员，禁止其在一定期限内接触被保护人。特定人员违反禁止令，接触被保护人，公安机关应当依法进行调查处理，对犯罪嫌疑人视情采取或者变更强制措施，其他人员构成违反治安管理行为的，依法给予治安管理处罚；涉嫌犯罪的，依法追究刑事责任。

（4）对人身和住宅采取专门性保护措施。包括派警力保护相关人员人身和住宅的安全。第三类、第四类措施要付出更大的人力、物力成本，对面临比较迫切的重大危险的人，可以考虑采取此类措施。被保护人面临重大人身安全危险的，经被保护人同意，公安机关可以在被保护人的人身或者住宅安装定位、报警、视频监控等装置。必要时，可以指派专门人员对被保护人的住宅进行巡逻、守护，或者在一定期限内开展贴身保护，防止侵害发生。证人保护部门对人身和住宅采取专门性保护措施，需要由被保护人居住地辖区公安派出所或者公安机关其他部门协助落实的，应当及时将协助函送交有关派出所或者部门。

有关派出所或部门应当及时安排人员协助证人保护部门落实证人保护工作。有条件的地方，可以聘请社会安保力量承担具体保护工作。

（5）变更被保护人员的身份，重新安排住所和工作单位。本条保护措施是在刑事诉讼法相关保护规定的基础上，根据反有组织犯罪需要，新增加的保护措施。该措施在反恐怖主义法第七十六条中的表述为“变更被保护人员的姓名，重新安排住所和工作单位”。可以看出，本条从“姓名”到“身份”的变化，为通过改变姓名以外保护证人的方式提供了法律依据。

（6）其他必要的保护措施。“其他必要的保护措施”是个兜底性的条款，可以理解为因案情特殊，配合侦查、起诉、审判等工作的实施有组织犯罪的人员确实面临非常重大的危险，可能因作证遭受打击报复时，公安司法机关有义务采取有利于保护其人身安全的保护措施。此外，根据本法第三十二条，犯罪嫌疑人、被告人检举、揭发重大犯罪的其他共同犯罪人或者提供侦破重大案件的重要线索或者证据，同案处理可能导致其本人或者近亲属有人身危险的，可以分案处理，这也是对于此类人员的保护措施。

【实践中应注意的问题】

在该条的理解适用中，应当需要注意以下几个方面的问题：

在我国刑事诉讼法中，就某一特定罪行而言，证人与犯罪嫌疑人、被告人是互斥的关系，不可能某个人既是某一罪行的实施者，同时又是该起罪行的证人。因此，有学者认为，无论是否处于同一诉讼程序，共犯意义上的同案犯都不可能再成为自己参与的犯罪行为的证人。因为共同犯罪人之间的罪行是彼此结合在一起的，指证其他共犯的罪行其实就是交代自己的罪行，所以，即便某个共犯的供述内容中涉及其他共同犯罪人的罪行，该供述在诉讼法上的定位也只能属于犯罪嫌疑人、被告人供述和辩解，而不属于证人证言。

需要注意的是，对一案起诉的共同犯罪或者关联犯罪案件，被告人人数众多、案情复杂，人民法院经审查认为，分案审理更有利于保障庭审质量和效率的，可以分案审理。分案审理不得影响当事人质证权等诉讼权利的行使。分案审理不能随意为之，更不能通过分案审理的方式变相剥夺当事人质证权。相关问题可以在司法实践中裁量把握。对此，可以协商人民检察院合并或者分别起诉；人民法院在职责范围内并案或者分案的，通常可以采取决定的方式。

【立法宗旨和背景】

（一）起草背景

2018年1月24日，中共中央、国务院发出《关于开展扫黑除恶专项斗争的通知》，明确要求在全国范围内开展为期三年的扫黑除恶专项斗争。在专项斗争开展过程中，涉黑案件大量增加。众所周知，涉黑案件组织性强、暴力性大、复杂度高，公安司法机关办案难度相对较大，因而涉黑案件中证人是否积极作证往往成为影响案件进程和办案成效的重要因素。“两院两部”《关于办理黑恶势力犯罪案件若干问题的指导意见》第三十五条就涉及关于实施有组织犯罪的人员配合侦查、起诉、审判等工作，对侦破案件或者查明案件事实起到重要作用人员的保护。犯罪嫌疑人、被告人，积极配合办案工作，在查明黑社会性质组织的组织结构和组织者、领导者的地位作用，组织实施的重大犯罪事实，追缴、没收赃款赃物，打击“保护伞”等方面提供重要线索和证据，经查证属实的，可以根据案件具体情况，对其参照证人保护的有关规定采取保护措施。这类人作为犯罪嫌疑人或被告人，是参与犯罪活动的亲历者，又积极配合办案工作，其往往会提供关键性证据，而这类证据的提出更有利于对罪行更加严重的犯罪嫌疑人或被告人进行追诉，同时也能节约诉讼成本，减少司法资源浪费，提高诉讼效率。

对起重要作用的实施有组织犯罪人员的打击报复可能发生在案件的侦查、起诉阶段，也可能发生在审判阶段。加之与案件的最终处理结果对参与有组织犯罪人员存在切身的利害关系，这势必会影响犯罪嫌疑人或者被告人对案件办理发挥重要作用的积极性和主动性。因而要打消其后顾之忧，使其敢于反戈一击，行之有效的保护措施至关重要。

（二）有关国际组织、国家和地区的规定

1. 联合国。早在1985年的联合国大会就认识到“全世界千百万人民深受罪行和滥用权力行为之害，这些受害者的权利未得到适当承认”，并且“罪行受害者和滥用权力行为受害者，往往还有他们的家属、证人和帮助他们的其他人，不公道地遭到损失、损害或伤害，而且还可能在协助检举告发罪犯时遭受苦难”，因此，联合国通过了《为罪行和滥用权利行为受害者取得公理的基本原则宣言》，该宣言第6条规定，应当“采取各种措施，尽可能减少对受害者的不便，必要时保护其隐私，并确保他们及其家属和为他们作证的人安全而不受威吓和报复”，以“便利司法和行政程序来满足受害者的需要”。

联合国《有效防止和调查法外、任意和即决处决的原则》第十五条规定：“应保护原告、证人、进行调查的人及其家属不受暴力、以暴力相威胁或任何其他形式的恐吓。凡可能牵连到法外、任意或即决处决的人均应调离任何对原告、证人及其家属以及对进行调查的人直接或间接进行控制或拥有权限的职位。”

联合国《禁止酷刑和其他残忍、不人道或有辱人格的待遇或处罚公约》第十三条也规定：“每一缔约国应确保凡声称在其管辖的任何领土内遭到酷刑的个人有权向该国主管当局申诉，并由该国主管当局对其案件进行迅速而公正的审查。应采取步骤确保申诉人和证人不因提出申诉或提供证据而遭受任何虐待或恐吓。”

联合国《预防和控制有组织犯罪准则》第十一条规定：“保护证人免遭暴力和恐吓的办法在刑事侦查和审讯过程中及打击有组织犯罪的执法工作中越来越重要。此办法包括为掩护证人身份以免被告及其律师获悉的方法、提供受保护人的住所的人身保护，转移住所和提供资金援助。”

《联合国反腐败公约》第三十二条也规定：“各缔约国均应当根据本国法律制度并在其力所能及的范围内采取适当的措施，为就根据本公约确立的犯罪作证的证人和鉴定人并酌情为其亲属及其他与其关系密切者提供有效的保护，使其免遭可能的报复或者恐吓。”

这些规定，都对刑事诉讼中证人的保护具有很大的借鉴意义。

2000 年 11 月 15 日，第 55 届联合国大会通过了《联合国打击跨国有组织犯罪公约》。这是世界上第一项针对跨国有组织犯罪的全球性公约。公约于 2003 年 9 月 29 日正式生效。为调整各国间的不同政策和法律，促进国际合作。公约对各缔约国如何完善打击跨国有组织犯罪的有关刑事诉讼程序，如保护证人、帮助和保护被害人等，作了规定。公约要求，缔约国应采取措施，鼓励参与或曾经参与有组织犯罪集团的人为主管当局的侦查取证提供信息和帮助；对于在侦查或起诉中提供了实质性配合的被指控人员，应考虑规定在适当情况下减轻处罚的可能性；对于在侦查或起诉中予以实质性配合的被指控人员，应考虑根据本国法律基本原则规定免予起诉的可能性；应按照公约关于保护证人措施的规定保护本条规定人员等。各缔约国应采取措施，为证人并酌情为其亲属及其他与其关系密切者提供有效的保护，使其免遭可能的报复或恐吓；证人保护措施可包括制定提供人身保护的程序，如人身转移、不披露或限制披露身份和下落等；规定可允许以确保证人安全的方式作证的证据规则，如允许借助于诸如视像连接之类的通信技术或其他适当手段提供证言。

2. 美国。美国 1970 年出台了《有组织犯罪控制法》，该法一大亮点是证人制度。规定有组织犯罪案件的污点证人可以通过作证来免于被起诉，同时要求政府为有组织犯罪案件中的证人或潜在证人及他们的家人提供安全保护。

1984 年，美国又通过《证人保护改革法》，赋予联邦司法部部长保护联邦和州有组织犯罪的证人及其家属的生命财产的权力。对各州有组织犯罪的污点证人保护一般是在赔偿的基础上进行的，司法部部长有权为证人及其家属提供健康、安全及福利方面的帮助。只要危险不排除，他们就可以永远使用政府提供的保护性设施。

3. 意大利。意大利有组织犯罪以黑手党型犯罪为主。为与有组织犯罪集团作斗争，意大利形成了以刑法典和刑事诉讼法为基础，以各具特色的单行法律和特别法令为补充发展的法律体系。意大利还颁布了《反“黑手党”法》《证人保护法案》《黑手党悔过法》以及 1992 年针对洗钱行为的第 328 号法令等一系列单行法律和特别法令，以保证立法和司法能对犯罪形势作出快速反应。意大利于 1991 年通过证人保护法案，规定了对合作者及其家属的一系列保护措施，并建立了专门的证人保护系统。一方面，该法案与 1991 年的《黑手党悔过法》相结合，对于积极指控有组织犯罪的合作者，可以从监禁地点被释放或者被采取监禁替代措施。由证人保护中心负责向被保护人及其家属提供虚假身份、住房、经济来源，帮助其融入社会等。另一方面，规定证人最大限度出庭作证义务。证人应当依法庭传唤到庭，在诉讼活动中执行法官命令、回答问题；若证人经多次传唤无故拒不到庭的，法官可以下令强制拘留证人。

第六十四条　对办理有组织犯罪案件的执法、司法工作人员及其近亲属，可以采取人身保护、禁止特定的人接触等保护措施。

【条文主旨】

本条是关于对办理有组织犯罪案件的工作人员及其近亲属的保护措施的规定。

【条文释义】

1. 适用对象，本条针对的对象是有组织犯罪案件的执法、司法工作人员及其近亲属，本人或者其近亲属的人身安全面临危险的人。这里的“办理有组织犯罪案件”，是指依照本法规定从事相关反有组织犯罪执法、司法工作的人员。因从事这些工作，其本人或者近亲属的人身安全面临危险的人，可以申请采取相应的保护措施。

关于“近亲属”的范围，根据刑事诉讼法第一百零八条，本款中的“近亲属”是指夫、妻、父、母、子、女、同胞兄弟姊妹。

2. 适用条件，本条对适用条件未作明确限定，通常是因从事反有组织犯罪工作行为，本人及其近亲属面临安全危险。实践中，从事反有组织犯罪的工作人员尤其是司法、执法工作人员，其近亲属可能面临很大的人身安全威胁，有些情况下本人也可能面临个人无法应对的安全风险。因此，对以上人员中人身安全面临危险的，有必要采取相应措施予以保护。这里的“面临危险”，是指本人及其近亲属的人身安全可能面临比较迫切的现实危险的情形，而不是想象的精神威胁。实践性比较典型的危险是可能遭受打击报复的情况。根据《人民检察院刑事诉讼规则》第一百三十二条，犯罪嫌疑人具有下列情形之一的，可以认定为“可能对被害人、举报人、控告人实施打击报复”：（1）扬言或者准备、策划对被害人、举报人、控告人实施打击报复的；（2）曾经对被害人、举报人、控告人实施打击、要挟、迫害等行为的；（3）采取其他方式滋扰被害人、举报人、控告人的正常生活、工作的；（4）其他可能对被害人、举报人、控告人实施打击报复的情形。由于“恶势力”纠集者相对固定，违法犯罪活动主要为强迫交易、故意伤害、非法拘禁、敲诈勒索、故意毁坏财物、聚众斗殴、寻衅滋事等，同时还可能伴随实施开设赌场、组织卖淫、强迫卖淫、贩卖毒品、运输毒品、制造毒品、抢劫、抢夺、聚众扰乱社会秩序、聚众扰乱公共场所秩序、交通秩序以及聚众“打砸抢”等，存在较大危险性，是否属于“面临危险”，需要结合案件及人员的具体情况等综合考虑。

3. 保护措施，本条所称的保护措施，是指人身保护、禁止特定的人接触等保护措施。办理危险性较高的有关案件，经司法人员本人申请，可以对司法人员及其近亲属采取相应保护措施。

（1）对人身的保护措施，即对人身采取专门性保护措施。通常包括派警力保护办理有组织犯罪案件的执法、司法工作人员及其近亲属的人身安全。被保护人面临重大人身安全危险的，经被保护人同意，公安机关可以在被保护人的人身或者住宅安装定位、报警、视频监控等装置。必要时，可以指派专门人员对被保护人的住宅进行巡逻、守护，或者在一定期限内开展贴身保护，防止侵害发生。有条件的地方，可以聘请社会安保力量承担具体保护工作。

对以恐吓威胁、滋事骚扰、跟踪尾随、攻击辱骂、损毁财物及其他方式妨害司法人员及其近亲属人身自由和正常生活的，公安机关接警后应当快速出警、有效制止；对正在实施违法犯罪行为的，应当依法果断处置、从严惩处。对实施暴力行为危害司法人员及其近亲属人身安全的精神病人，在人民法院决定强制医疗之前，经县级以上公安机关负责人批准，公安机关可以采取临时保护性约束措施，必要时可以将其送精神病医院接受治疗。

（2）禁止特定的人接触被保护人员。这是禁止可能实施打击报复的特定人员在一定期间内接触被保护人的措施。采取禁止特定人员接触被保护人措施的，公安机关应当制作禁止令，书面告知特定人员，禁止其在一定期限内接触被保护人。特定人员违反禁止令，接触被保护人，公安机关应当依法进行调查处理，对犯罪嫌疑人视情采取或者变更强制措施，其他人员构成违反治安管理行为的，依法给予治安管理处罚；涉嫌犯罪的，依法追究刑事责任。根据中央办公厅、国务院办公厅印发的《保护司法人员依法履行法定职责规定》第十八条，人民法院、人民检察院办理恐怖活动犯罪、黑社会性质组织犯罪、重大毒品犯罪、邪教组织犯罪等危险性高的案件，应当对法官、检察官及其近亲属采取出庭保护、禁止特定人员接触以及其他必要的保护措施。对法官、检察官近亲属还可以采取隐匿身份的保护措施。

【实践中应注意的问题】

在该条的理解适用中，应当需要注意以下几个方面的问题：

反有组织犯罪的工作人员尤其是司法、执法工作人员在依法履职过程中的人身安全、职业身份保障至关重要。2016 年 7 月 28 日，中共中央办公厅、国务院办公厅印发了《保护司法人员依法履行法定职责规定》，加强司法人员特别是法官、检察官的履职安全保护，是维护法律权威、厉行法治的必然要求，也是国际通行做法。该规定在司法机关自身强化保护的基础上综合施策：一是强调对干扰阻碍司法活动，威胁、报复陷害、侮辱诽谤、暴力伤害司法人员及其近亲属的行为，要依法迅速从严惩处。二是明确公安机关保护司法人员依法履职的责任，接警后应当快速出警、果断处置、坚决打击。三是建立了办理危险性高案件的配套保护措施。四是加强对办案人员及其近亲属个人信息的保护。

《人民法院落实〈保护司法人员依法履行法定职责规定〉的实施办法》强化了对法官及其近亲属人身权益的保护措施。针对近年屡见不鲜的扰乱人民法院办公、庭审秩序和威胁、诽谤、侵扰、伤害法官事件，从组织保障、硬件配置、机制建设和配套举措等方面，强化了对一线司法人员及其近亲属人身权益的保护措施。一是要求各级人民法院设立法官权益保障委员会，组织领导、统筹协调与司法人员履职保障相关的事务。二是加强履职保障设施建设。要求各级人民法院的立案信访、诉讼服务、审判区域应当与法官办公区域相对隔离，为法官、审判辅助人员配备具有录音功能的办公电话和具有录像功能的记录设备，提供配备录音录像设施的专门会见、接待场所。三是强调严格依法惩治违反法庭规则、扰乱人民法院办公秩序的行为。四是要求切实维护法官及其近亲属的信息安全，对偷窥、偷拍、窃听、散布法官或其近亲属隐私的行为人，构成侵犯公民个人信息罪等犯罪的，依法追究刑事责任。五是对于法官因依法履行法定职责，本人或其近亲属遭遇恐吓威胁、滋事骚扰、跟踪尾随，或者人身、财产、住所受到侵害、毁损的，要求其所在人民法院及时采取保护措施，并商请公安机关依法处理。

【立法宗旨和背景】

实践中，从事反有组织犯罪的工作人员尤其是司法、执法工作人员，其近亲属可能面临很大的人身安全威胁，有些情况下本人也可能面临个人无法应对的安全风险。因此，采取禁止特定的人员接触、对人身和住宅予以专门性保护等必要的措施，以确保办理案件的工作人员及其近亲属的人身安全。"两高两部"《关于办理黑恶势力犯罪案件若干问题的指导意见》中第三十五条就涉及对办案干警及其近亲属的保护。对于办理黑社会性质组织犯罪案件的政法干警及其近亲属，需要采取保护措施的，可以参照刑事诉讼法等关于证人保护的有关规定，采取必要的保护措施。本条对办理有组织犯罪案件的执法、司法工作人员及其近亲属的保护通过法律的形式予以明确。

第六十五条　对因履行反有组织犯罪工作职责或者协助、配合有关部门开展反有组织犯罪工作导致伤残或者死亡的人员，按照国家有关规定给予相应的待遇。

【条文主旨】

本条是关于因从事反有组织犯罪相关工作致伤残或者死亡的人员给予抚恤优待的规定。

【条文释义】

本条是关于因从事反有组织犯罪相关工作致伤残或者死亡的人员给予抚恤优待的规定。

本条规定的给予相应待遇的人员，包括两类人员。一是履行反有组织犯罪工作职责的人员。二是协助、配合有关部门开展反有组织犯罪工作的相关人员。履行反有组织犯罪工作职责的人员，是指在反有组织犯罪工作中承担一定职责的单位和部门的人员；协助、配合反有组织犯罪工作的人员，是指本身并没有反有组织犯罪工作职责，而积极为反有组织犯罪工作提供帮助的人员。不论是履行反有组织犯罪工作职责的人员，还是协助、配合反有组织犯罪工作的人员，都可能因此而导致伤残或者死亡，国家对这些人员应当给予相应的待遇和保障。

我国相关法律法规等对于各类人员因公导致伤残死亡的，规定了相应的待遇，本条对因履行反有组织犯罪工作职责或者协助、配合有关部门开展反有组织犯罪工作导致伤残或者死亡的如何享受待遇作了衔接性规定，即按照国家有关规定给予相应的待遇。

根据伤残或者死亡人员的具体情况，依法可以享受的待遇主要有：

（1）因履行反有组织犯罪工作职责或者协助、配合有关部门开展反有组织犯罪工作导致死亡的人员依法被评定为烈士的，应当依照《烈士褒扬条例》的规定对其本人予以褒扬，对其遗属给予抚恤优待。根据《烈士褒扬条例》公民在依法查处违法犯罪行为、执行国家安全工作任务、执行反恐怖任务和处置突发事件中牺牲的，评定为烈士。因此，对因履行反有组织犯罪工作职责或者协助、配合有关部门开展反有组织犯罪工作导致死亡的人员，属于本条依法查处违法犯罪行为的情形。

（2）国家机关工作人员因战因公负伤致残，按照《伤残抚恤管理办法》的有关规定予以评残和抚恤；其评残条件、伤残性质的认定、伤残等级评定标准、伤残抚恤金标准等参照《军人抚恤优待条例》《军人残疾等级评定标准》等有关规定办理。国家机关工作人员死亡一次性抚恤金标准、发放办法按照民政部、财政部《关于调整一次性抚恤金发放办法的通知》（民发〔2001〕317号），民政部、人事部、财政部《关于国家机关工作人员及离退休人员死亡一次性抚恤发放办法的通知》（民发〔2007〕64号）和民政部、人力资源和社会保障部、财政部《关于国家机关工作人员及离退休人员死亡一次性抚恤金发放有关问题的通知》（民发〔2011〕192号）等有关规定执行。

根据《人民警察抚恤优待办法》规定，各级政法机关的政治工作部门负责办理人民警察抚恤优待的具体工作。伤残人民警察，按照伤残等级享受伤残抚恤金。伤残抚恤金由发给其伤残证件的县级人民政府民政部门发给，其标准按照《军人抚恤优待条例》规定执行。伤残人民警察旧伤复发住院治疗期间的伙食补助费、经批准到外地就医的交通食宿费用，已经参加工伤保险的，按照工伤保险有关规定执行；未参加工伤保险的，由所在单位负责解决。伤残人民警察需要配制假肢、轮椅等辅助器械的，已经参加工伤保险的，按照工伤保险有关规定执行；未参加工伤保险的，按照规定的标准，由其所在单位负责解决。伤残人民警察凭《中华人民共和国伤残人民警察证》优先购票乘坐境内运行的火车、轮船、长途公共汽车以及民航班机，享受减收正常票价50%的优待。伤残人民警察凭《中华人民共和国伤残人民警察证》免费乘坐市内公共汽车、电车和轨道交通工具。伤残人民警察本人、烈士子女、因公牺牲人民警察子女、一级至四级伤残人民警察子女按照有关规定享受教育优待。

（3）根据《工伤保险条例》规定，在抢险救灾等维护国家利益、公共利益活动中受到伤害的，视同工伤，按照《工伤保险条例》的有关规定享受工伤保险待遇。因此，依法参加工伤社会保险的人员因协助、配合有关部门开展反有组织犯罪工作导致伤残或者死亡，属于视同工伤情形的，依法享受工伤保险待遇。

此外，有关部门也对给予因公伤亡人员优待作出了一些规定。比如，民政部、教育部、公安部、财政部、人力资源社会保障部、住房城乡建设部、原卫生部联合制定了《关于加强见义勇为人员权益保护的意见》，对于符合条件的协助、配合有关部门开展反有组织犯罪工作导致伤残或者死亡的人员，可以按照上述意见的规定享受相应的待遇。

【实践中应注意的问题】

在该条的理解适用中，应当需要注意以下方面的问题：

做好因从事反有组织犯罪相关工作导致伤残或者死亡的人员伤亡抚恤，是激励反有组织犯罪工作的一项重要内容，掌握有关伤亡抚恤工作的政策、规定及审批程序，积极配合当地民政部门，共同做好相关人员的伤亡抚恤工作至关重要。

【立法宗旨和背景】

为表彰、抚恤因履行反有组织犯罪工作职责或者协助、配合有关部门开展反有组织犯罪工作的相关人员为国家、社会作出的牺牲，体现国家对这些人员的关心和爱护，解除他们的后顾之忧，弘扬为维护国家安全、人民生命财产安全无私奉献的精神，本条明确规定给予抚恤优待。

第八章　法律责任

第六十六条　组织、领导、参加黑社会性质组织，国家机关工作人员包庇、纵容黑社会性质组织，以及黑社会性质组织、恶势力组织实施犯罪的，依法追究刑事责任。

境外的黑社会组织的人员到中华人民共和国境内发展组织成员、实施犯罪，以及在境外对中华人民共和国国家或者公民犯罪的，依法追究刑事责任。

【条文主旨】

本条是关于对黑社会性质组织、恶势力组织相关犯罪依法追究刑事责任的规定。

【条文释义】

本条共分两款。第一款是关于组织、领导、参加黑社会性质组织，国家机关工作人员包庇、纵容黑社会性质组织，以及黑社会性质组织、恶势力组织实施犯罪的，依法追究刑事责任的规定。根据本款规定，主要对以下三种犯罪行为依法追究刑事责任：

一是组织、领导、参加黑社会性质组织。本款规定的“组织、领导、参加黑社会性质组织”指的是刑法第二百九十四条规定的组织、领导、参加黑社会性质的组织。其中，“组织”黑社会性质的组织，是指倡导、发起、策划、建立黑社会性质的组织的行为。“领导”黑社会性质的组织，是指在黑社会性质的组织中处于领导地位，对该组织的发展、运行、活动进行策划、决策、指挥、协调、管理的行为。组织者、领导者既包括通过一定形式产生的有明确职务、称谓的组织者、领导者，也包括在该组织中被公认的事实上的组织者、领导者。“参加”既包括积极参加，也包括一般参加。积极参加黑社会性质组织，是指积极、主动加入黑社会性质组织的行为，包括多次积极参与该组织的违法犯罪活动，或者在违法犯罪活动中作用突出，或者在组织中起重要作用等。一般参加黑社会性质组织，是指在黑社会性质的组织中，除组织、领导和积极参加者外，其他参加该组织的成员。实践中，对于一些只参加黑社会性质组织，没有实施其他违法犯罪活动的，或者受蒙蔽、胁迫参加黑社会性质组织，情节显著轻微的，一般不应作为犯罪处理。根据刑法第二百九十四条第一款规定，组织、领导黑社会性质的组织的，处7年以上有期徒刑，并处没收财产；积极参加的，处3年以上7年以下有期徒刑，可以并处罚金或者没收财产；其他参加的，处3年以下有期徒刑、拘役、管制或者剥夺政治权利，可以并处罚金。2018年，最高人民法院、最高人民检察院、公安部、司法部联合印发的《关于办理黑恶势力犯罪案件若干问题的指导意见》中提出，对于组织者、领导者一般应当并处没收个人全部财产。对于确属骨干成员或者为该组织转移、隐匿资产的积极参加者，可以并处没收个人全部财产。对于其他组织成员，应当根据所参与实施违法犯罪活动的次数、性质、地位、作用、违法所得数额以及造成损失的数额等情节，依法决定财产刑的适用。

二是国家机关工作人员包庇、纵容黑社会性质组织。“国家机关工作人员”，是指在国家机关中从事公务的人员。“国家机关”，是指国家的权力机关、行政机关、监察机关、司法机关以及军事机关。国家机关是依据宪法和法律设立的，依法承担一定的国家和社会公共事务的管理职责和权力的组织。“从事公务的人员”，是指在国家机关中行使一定职权、履行一定职务的人员。在国家机关中从事劳务性工作的人员，如司机、门卫、炊事员、清洁工等勤杂人员以及部队战士等，不属于国家机关工作人员范畴。“包庇黑社会性质组织”，是指国家机关工作人员为使黑社会性质组织及其成员逃避查禁，而通风报信，隐匿、毁灭、伪造证据，阻止他人作证、检举揭发，指使他人作伪证，帮助逃匿，或者阻挠其他国家机关工作人员依法查禁等行为。“包庇”行为，不要求相关国家机关工作人员利用职务便利。“纵容黑社会性质组织”，是指国家机关工作人员不依法履行职责，对黑社会性质的组织的违法犯罪活动不依法制止，甚至放纵的行为。根据刑法第二百九十四条第三款规定，国家机关工作人员包庇黑社会性质的组织，或者纵容黑社会性质的组织进行违法犯罪活动的，处5年以下有期徒刑；情节严重的，处五年以上有期徒刑。根据《最高人民法院关于审理黑社会性质组织犯罪的案件具体应用法律若干问题的解释》第六条规定，“情节严重”，是指有下列情形之一的行为：（1）包庇、纵容黑社会性质的组织跨境实施违法犯罪活动；（2）包庇、纵容境外黑社会组织在境内实施违法犯罪活动；（3）多次实施包庇，纵容行为；（4）致使某一区域或者行业的经济、社会生活秩序遭受黑社会性质的组织特别严重破坏的；（5）致使黑社会性质组织的组织者、领导者逃匿，或者致使对黑社会性质组织的查禁工作严重受阻的；（6）具有其他严重情节的。

三是黑社会性质组织和恶势力组织实施的犯罪。对黑社会性质组织和恶势力组织实施的犯罪，应当按照具体犯罪行为触犯的刑法规定追究刑事责任。实践中，黑社会性质组织和恶势力组织往往触犯多种违法犯罪行为，常常包括寻衅滋事、敲诈勒索、强迫交易、故意毁坏公私财物、故意杀人、故意伤害等，符合刑法规定的，还应当分别对其违法犯罪行为进行评价，构成犯罪且需要追究刑事责任的，应当数罪并罚。刑法第六十九条对数罪并罚的一般原则作了规定，除判处死刑和无期徒刑的以外，应当在总和刑期以下、数刑中最高刑期以上，酌情决定执行的刑期，但是管制最高不能超过3年，拘役最高不能超过1年，有期徒刑总和刑期不满35年的，最高不能超过20年，总和刑期在35年以上的，最高不能超过25年。数罪中有判处有期徒刑和拘役的，执行有期徒刑。数罪中有判处有期徒刑和管制，或者拘役和管制的，有期徒刑、拘役执行完毕后，管制仍须执行。数罪中有判处附加刑的，附加刑仍须执行，其中附加刑种类相同的，合并执行，种类不同的，分别执行。

关于黑社会性质组织、恶势力组织实施的犯罪，应当由谁承担刑事责任的问题，要区分两种不同的犯罪主体。（1）对于黑社会性质组织实施的犯罪。根据刑法第二百九十四条规定，黑社会性质组织的组织者、领导者，应当对其所组织、领导的黑社会性质的组织所犯的全部罪行承担刑事责任；对于黑社会性质组织的参加者，应当按照其所参与的犯罪处罚。（2）对于恶势力组织实施的犯罪。按照刑法关于共同犯罪的规定，应当区分主犯和从犯，分别予以认定。具体而言，组织、领导犯罪集团进行犯罪活动的或者在共同犯罪中起主要作用的，是主犯。对于主犯，应当按照其所参与的或者组织、指挥的全部犯罪处罚；在共同犯罪中起次要或者辅助作用的，是从犯。对于从犯，应当从轻、减轻处罚或者免除处罚。需要注意的是，对于构成恶势力犯罪集团的，对组织、领导犯罪集团的首要分子，则应当按照集团所犯的全部罪行处罚。

第二款是关于对境外的黑社会组织的人员入境发展成员、实施犯罪，以及在境外对中华人民共和国国家或者公民犯罪的，依法追究刑事责任的规定。根据本款规定，“境外的黑社会组织”，是指被境外国家和地区确定为黑社会的组织，既包括外国的黑社会组织，也包括我国台湾、香港、澳门地区的黑社会组织。“到中华人民共和国境内发展组织成员”，是指境外黑社会组织通过引诱、拉拢、腐蚀、强迫、威胁、暴力、贿赂等手段，在我国境内将境内或者境外人员吸收为该黑社会组织成员的行为。根据刑法第二百九十四条第二款规定，境外的黑社会组织到中华人民共和国境内发展组织成员的，处 3 年以上 10 年以下有期徒刑。

【实践中应注意的问题】

在适用过程中，应当注意充分运用刑法总则关于共同犯罪和数罪并罚的有关规定，正确运用宽严相济有关刑事政策要求。对于组织者、领导者或者犯罪集团的首要分子以及恶势力、恶势力犯罪集团共同犯罪中罪责严重的主犯，应当严格掌握取保候审，严格掌握不起诉，严格掌握缓刑、减刑、假释，严格掌握保外就医适用条件，充分利用资格刑、财产刑等法律手段从严惩处。对于符合刑法第三十七条之一规定的，可以依法禁止其从事相关职业。同时，对于在共同犯罪中罪责相对较小、人身危险性、主观恶性相对不大的，具有自首、立功、坦白、初犯等法定或酌定从宽处罚情节，可以依法从轻、减轻或免除处罚。对于认罪认罚或者仅参与实施少量的犯罪活动且只起次要、辅助作用的罪犯，符合缓刑条件的，可以适用缓刑。

【立法宗旨和背景】

（一）起草背景

有组织犯罪危害国家安全、公共安全、人民生命财产安全，是综合性的严重犯罪，应当依法予以严厉惩处。由于有组织犯罪组织往往通过贿赂等手段拉拢一些国家机关工作人员充当“保护伞”，严重危害一定区域内正常的社会、经济、生活秩序，打击有组织犯罪，还需要对包庇、纵容的国家机关工作人员依法予以惩处。此外，境外黑社会组织也对我国不断进行渗透、发展组织成员，在境内外实施各种犯罪活动，也需要对其犯罪行为根据属地管辖、属人管辖、保护管辖原则等依法予以打击。

为防范和惩治上述犯罪活动，反有组织犯罪法根据工作需要，对有组织犯罪的定义、预防和治理、案件办理、涉案财产认定和处置、国家工作人员涉有组织犯罪的处理、国际合作及保障措施等相关制度作了规定。本条作为反有组织犯罪法“法律责任”一章的第一条，明确规定对各种涉有组织犯罪活动依法追究刑事责任，是扫黑除恶斗争常态化的必然要求，体现了国家坚决打击黑恶势力、铲除黑恶势力“保护伞”的决心。同时，本条也是在依法追究涉有组织犯罪刑事责任问题上与刑法的衔接性规定。我国刑法历来重视防范和惩治黑社会性质组织犯罪及其相关犯罪。1997 年刑法即对组织、领导、参加黑社会性质组织犯罪作了规定，同时对国家机关工作人员包庇、纵容黑社会性质组织的、境外黑社会组织人员到境内发展组织成员的也作出了规定。随着实践的发展，为准确打击黑社会性质的组织犯罪，有利于司法机关正确适用法律，2002 年 4 月 28 日，为第九届全国人大常委会通过《全国人民代表大会常务委员会关于〈中华人民共和国刑法〉第二百九十四条第一款的解释》，对黑社会性质的组织的含义作出解释，明确黑社会性质的组织应当同时具备四个特征。2011 年刑法修正案（八）吸收了 2002 年《全国人民代表大会常务委员会关于〈中华人民共和国刑法〉第二百九十四条第一款的解释》，并调整了相应犯罪行为的法定刑，使得我国打击涉黑社会性质的组织犯罪行为的法律规定更加完善统一。

（二）审议中各方面的意见以及争议的问题

提请全国人大常委会审议的一审稿第七十五条规定，组织、领导、参加黑社会性质组织，帮助黑社会性质组织，利用黑社会性质组织牟利，境外的黑社会组织的人员到中华人民共和国境内发展组织成员，参加境外黑社会组织，国家工作人员包庇、纵容、帮助黑社会性质的组织、境外黑社会组织的，依法追究刑事责任。对于恶势力组织实施的行为，构成犯罪的，依法追究刑事责任。有的提出，“帮助黑社会性质组织”“利用黑社会性质组织牟利”“参加境外黑社会组织”“国家工作人员包庇、纵容、帮助境外黑社会组织”的行为没有对应的刑法罪名，建议该条款与具体刑法条文做好衔接。二审稿吸收了上述意见，结合刑法第二百九十四条规定，将本条调整为：组织、领导、参加黑社会性质组织，国家机关工作人员包庇、纵容黑社会性质组织，以及黑社会性质组织、恶势力组织实施的犯罪行为，依法追究刑事责任。境外的黑社会组织的人员入境发展组织成员、在境内实施犯罪，以及在境外对中华人民共和国国家或者公民实施犯罪的，依法追究刑事责任。三审稿将“入境”修改为“到中华人民共和国境内”，与刑法保持一致，其余未作修改。

第六十七条　发展未成年人参加黑社会性质组织、境外的黑社会组织，教唆、诱骗未成年人实施有组织犯罪，或者实施有组织犯罪侵害未成年人合法权益的，依法从重追究刑事责任。

【条文主旨】

本条是关于涉及未成年人应当依法从重追究刑事责任的三种情形，包括发展未成年人参加境内外涉黑组织的，教唆、诱骗未成年人实施有组织犯罪的，以及侵害未成年人合法权益的情形。

【条文释义】

本条是关于发展未成年人参加黑社会性质组织、境外的黑社会组织的，教唆、诱骗未成年人实施有组织犯罪的，以及实施有组织犯罪侵害未成年人合法权益的，依法从重追究刑事责任的规定。主要有以下三种情形：

一是发展未成年人参加黑社会性质组织、境外的黑社会组织的，依法从重追究刑事责任。“发展未成年人”，是指通过引诱、拉拢、强迫、威胁、暴力等手段，黑社会性质组织的人员在我国境内将未成年人吸收为组织成员，或者境外的黑社会组织人员入境将我国未成年人吸收为组织成员的行为。根据本款规定，发展未成年人的，可以分别按照刑法第二百九十四条规定的组织、领导、参加黑社会性质组织罪和入境发展黑社会组织罪依法从重处罚。“依法从重”是指根据刑法第六十二条规定，在法定刑的限度以内从重判处刑罚。

二是教唆、诱骗未成年人实施有组织犯罪的，依法从重追究刑事责任。“教唆、诱骗未成年人实施有组织犯罪”，是指通过对有组织犯罪的宣传、示范有组织犯罪方法或者对未成年人进行蛊惑、采用欺骗手段在未成年人不知情的情况下利用其实施有组织犯罪等行为，未成年人通常是在有组织犯罪组织及其成员的宣传、诱惑、欺骗、教唆下实施了本法第二条规定的有组织犯罪。刑法第二十九条规定，对于教唆犯，应当按照他在共同犯罪中所起的作用处罚，即按照教唆犯罪的人教唆的方法、手段及教唆的程度对完成共同犯罪所起的作用进行处罚。教唆犯在共同犯罪中起主要作用的，按主犯处罚；起次要作用的，按从犯处罚。另外，出于对未成年人的保护，考虑到未成年人阅历浅，思想尚未成熟，容易被教唆而走上歧途，教唆未成年人犯罪的行为具有更大的社会危害性，刑法第二十九条还明确规定对“教唆不满十八周岁的人犯罪的，应当从重处罚”。结合刑法规定和刑法保护未成年人有关精神，本条规定教唆、诱骗未成年人实施有组织犯罪的，应当依法从重追究刑事责任。需要注意的是，如果教唆、诱骗未达刑事责任年龄的人实施有组织犯罪的，虽然按照刑法的规定不对未成年人追究刑事责任，但是对于教唆犯，仍然应当按照实行犯的规定，从重处罚。

三是实施有组织犯罪侵害未成年人合法权益的，依法从重追究刑事责任。由于未成年人身心发展尚不成熟，有组织犯罪的侵害往往会给未成年人带来更大的伤害，根据刑法保护未成年人合法权益的精神和有关司法实践做法：一方面，本法第十一条规定了教育行政部门、学校应当会同有关部门建立防范有组织犯罪侵害校园工作机制，防范学生遭到有组织犯罪侵害的义务。学校发现有组织犯罪侵害学生人身、财产安全，妨害校园及周边秩序的，应当及时制止，采取防范措施，并向公安机关和教育行政部门报告。另一方面，本条规定对于实施有组织犯罪侵害未成年人合法权益的，应当依法从重追究刑事责任。

【实践中应注意的问题】

在该条的理解适用中，应当注意对于教唆、诱骗未成年人实施有组织犯罪，未成年人未实施被教唆的有组织犯罪的，在实践中应当如何处理的问题。刑法第二十九条第二款规定，如果被教唆的人没有犯被教唆的罪，对于教唆犯，可以从轻或者减轻处罚。所谓“被教唆的人没有犯被教唆的罪”，主要包括以下一些情况：一是教唆犯的教唆对被教唆人没有起到促成犯意、实施犯罪的作用，被教唆的人既没有实施教唆犯教唆的犯罪，也没有实施其他犯罪，其教唆行为没有造成直接的犯罪结果。二是被教唆的人没有犯所教唆的罪，而犯了其他罪。这里又分为两种情况：其一，如果教唆人的教唆内容特定、明确，被教唆人在特定情况下实施了超过教唆内容范围的行为，对教唆人和被教唆人应当分别追究各自的刑事责任，即教唆人无须对被教唆人超出教唆内容实施的危害结果负责。比如教唆人教唆他人实施故意伤害行为，并明确指示下手别太重，而被教唆人却将受害人打死。对于这些情况，被教唆人超出范围实行犯罪的危害结果不应由教唆人承担责任。其二，教唆人的教唆内容并没有明确排除特定犯罪对象或者犯罪结果，被教唆人实施的犯罪行为总体上在其教唆的范围内，或者并不明显违背其教唆内容和意图的，或者相应结果属于其所教唆行为可能产生的自然后果的，或者发生的结果不属于无法预料到的后果等情形的，即使实行行为本身与教唆内容略有出入，也不宜视为超出教唆内容范畴，教唆人和被教唆人都必须对被教唆人的实行行为承担共同犯罪的刑事责任。三是被教唆的人实施了犯罪，但是其本来就独立形成了犯意，教唆行为没有起到任何促致犯意的作用。不论哪一种情况，教唆他人实施犯罪的教唆行为已经实施，教唆者应当承担刑事责任。但是由于被教唆的人没有实施所教唆的罪，教唆犯的教唆行为的社会危害性较小，因此，刑法规定对于上述教唆犯，可以从轻或者减轻处罚。这里规定的“可以”，是因为被教唆的人没有犯被教唆的罪的实际情况复杂，不能一律从轻或者减轻处罚，应当根据案件的具体情况决定是否从轻或减轻处罚。

最后还要根据本条的规定，对教唆、诱骗未成年人实施有组织犯罪的罪犯，在量刑时应当根据从重、从轻或者减轻等多个量刑情节，综合确定量刑措施。

【典型案例】

2017 年 3 月，谢某某刑满释放后，纠集刑满释放和社会闲散人员詹某某、陈某某等人，先后拉拢、招募、吸收 18 名未成年人（其中 15 名在校学生），在福建省某市某区某村实施寻衅滋事、敲诈勒索等违法犯罪活动，逐步形成以谢某某为首的黑社会性质组织。

福建省市区三级人民检察院分别成立指导组和专案组，依法快捕快诉。审慎认定未成年人涉黑恶势力犯罪，对参加涉黑组织时间不长、参与实施违法犯罪活动较少的未成年人不认定参加黑社会性质组织罪，对认定参加黑社会性质组织罪的未成年人提出从轻处罚的量刑建议。对利用未成年人实施黑恶势力犯罪的主犯谢某某依法从严，向法院提出从重处罚的量刑建议，得到法院支持。

2018 年 12 月 20 日，区人民法院依法判处谢某某犯组织、领导黑社会性质组织罪、寻衅滋事罪、聚众斗殴罪、敲诈勒索罪、开设赌场罪、故意伤害罪，数罪并罚，决定执行有期徒刑 13 年 6 个月，并处没收个人全部财产。

【立法宗旨和背景】

（一）起草背景

我国刑法一向注重对未成年人的保护。未成年人是身心发育尚未成熟的特殊群体，具有特殊的生理和心理特征，同时也是国家发展、社会进步的生力军和未来力量，这些特点，均要求法律给予未成年人特殊保护。在三年扫黑除恶专项斗争中，各级人民法院、人民检察院、公安机关和司法行政机关在办理有组织犯罪案件时，发现了一些未成年人被胁迫、利诱参与、实施有组织犯罪的现象，以及一些严重侵害未成年人合法权益的有组织犯罪案件，对未成年人身心健康造成了严重损害。由于未成年人认知能力等限制，对黑社会性质组织、境外的黑社会组织以及有组织犯罪的性质及危害往往缺乏正确的认识，发展其作为成员，教唆、诱骗其实施有组织犯罪的，可能导致未成年人误入歧途，这种行为更具有社会危害性。为进一步保护未成年人合法权益，依法从严惩治发展未成年组织成员，以及教唆、诱骗等利用未成年人实施有组织犯罪的行为，本条规定要依法从重追究刑事责任。这一规定也与国际通行做法是衔接的。

（二）审议中各方面的意见以及争议的问题

提请全国人大常委会审议的一审稿并未对此作出规定。本法经一次审议后，即有意见提出，建议增加规定对利用未成年人实施有组织犯罪和侵害未成年人合法权益的有组织犯罪组织，依法从重处罚。对参与有组织犯罪活动的未成年人，由相关专门矫治教育机构进行强制教育。经研究，刑法一向对教唆未成年人犯罪、侵害未成年人合法权益的行为从严惩处。对于本法规定的有组织犯罪中涉及未成年人的，有必要作出明确规定。同时，未成年人保护法和预防未成年人犯罪法已分别于2020年10月、2020年12月修订通过，对未成年人各方面的保护、教育、矫治制度等均作了详细规定，可不在本法中重复规定。因此，二审稿增加规定发展未成年人参加黑社会性质组织、境外黑社会组织，教唆、诱骗未成年人实施有组织犯罪，或者实施有组织犯罪侵害未成年人合法权益的，依法从重追究刑事责任。三审稿未再作修改。

第六十八条　对有组织犯罪的罪犯，人民法院可以依照《中华人民共和国刑法》有关从业禁止的规定，禁止其从事相关职业，并通报相关行业主管部门。

【条文主旨】

本条是关于对有组织犯罪的罪犯，可以适用刑法有关从业禁止规定，禁止其从事相关职业并通报相关行业主管部门的规定。

【条文释义】

本条是关于对有组织犯罪的罪犯，可以适用刑法有关从业禁止规定，禁止其从事相关职业并通报的规定。根据本条规定，对于黑社会性质组织的组织者、领导者、参加者，恶势力组织的首要分子以及组织成员，均可以适用刑法有关从业禁止的规定。"禁止从事相关职业"或者称为"从业禁止"，是指人民法院对于实施特定犯罪被判处刑罚的人，依法禁止其在一定期限内从事相关职业以预防其再犯罪的法律措施。这种措施，是刑法从预防再犯罪的角度针对已被定罪判刑的人规定的一种预防性措施，不是新增加的刑罚种类。根据刑法第三十七条之一第一款的规定，人民法院可以根据犯罪情况和预防再犯罪的需要，禁止罪犯自刑罚执行完毕之日或者假释之日起从事相关职业，期限为3年至5年。结合本条规定，可以从以下几个方面加以理解：

第一，对于所有有组织犯罪的罪犯，人民法院均可以依照刑法和本条规定，对犯罪行为人决定适用从业禁止。刑法第三十七条之一规定"根据犯罪情况和预防再犯罪的需要"，是指人民法院根据有组织犯罪的事实、性质、情节、社会危害程度等，以及有组织犯罪的罪犯的主观恶性、再次犯罪的可能性等确定。对于黑社会性质组织的组织者、领导者和恶势力组织的首要分子，不适用从业禁止可能严重影响人民群众安全感，且有预防其再犯罪的现实需要，依法适用从业禁止有关规定。对于有非法控制某一行业领域从而攫取经济利益的犯罪情节的有组织犯罪组织，依法适用从业禁止有关规定。对于利用自己职务之便或者违背职业要求的特定义务实施有组织犯罪的，依法适用从业禁止有关规定。另外，对于主观恶性较小、犯罪情节较轻、再犯罪可能性较小的，可以不适用从业禁止的有关规定。从业禁止应当在判决中同时确定，从业禁止的具体内容和时间应当体现在裁判中，具有强制性的法律效力，被禁止从事相关职业的人必须遵守。

第二，关于从业禁止期限。根据刑法第三十七条之一的规定，从业禁止应当是自刑罚执行完毕或者假释之日起，期限是3年到5年。根据设置从业禁止的立法目的，其效力当然适用于刑罚执行期间，包括暂予监外执行期间等。人民法院可以根据犯罪情况和预防再犯罪的需要，在3年和5年之间，酌情确定从业禁止的具体期限。

第三，关于从业禁止的实施与监督。本条规定人民法院在作出从业禁止规定的同时，要通报相关行业主管部门。其目的就是进一步保障从业禁止规定得到有效贯彻实施。"相关行业主管部门"指的是禁止从事职业所在的行业主管部门，包括市场监管、金融监管、自然资源、交通运输等行业主管部门。根据本法第十三条的规定，行业主管部门应当会同公安机关，建立健全行业有组织犯罪预防和治理长效机制，对相关行业领域内有组织犯罪情况进行监测分析，对有组织犯罪易发的行业领域加强监督管理。除了人民法院应当将从业禁止决定及时通报行业主管部门以外，刑罚执行机关在刑罚执行完毕时，以及人民法院在作出同意假释决定时，均应当将相应刑罚执行完毕证明、同意假释决定书等及时抄送相关行业主管部门，以便于其加强监督管理。

第四，关于违反本条从业禁止规定的法律责任。为保证从业禁止规定在实际执行中能够落实到位，刑法第三十七条之一从两个方面规定了违反从业禁止决定的法律后果：一是被禁止从事相关职业的人违反人民法院依法作出的从业禁止的决定的，由公安机关依法给予处罚。这种情形，主要是针对违反人民法院作出的从业禁止决定，但情节比较轻微，尚不构成犯罪的。二是情节严重的，依照刑法第三百一十三条“拒不执行判决、裁定罪”的规定定罪处罚。这里规定的“情节严重”，主要是指违反人民法院从业禁止决定，经有关方面劝告、责令改正仍不改正的，因违反从业禁止决定受到行政处罚后又违反的，或者违反从业禁止决定在从业过程中又有不法行为的等情形，具体需要结合行为人违反从业禁止的具体情形，根据刑法第三百一十三条的规定确定。根据刑法第三百一十三条规定，对人民法院的判决、裁定有能力执行而拒不执行，情节严重的，处 3 年以下有期徒刑、拘役或者罚金；情节特别严重的，处 3 年以上 7 年以下有期徒刑，并处罚金。

【实践中应注意的问题】

在该条的理解适用中，应当需要注意如何处理本条与刑法第三十七条之一，以及其他法律、行政法规关于从业禁止规定之间的关系。根据刑法第三十七条之一第三款规定，其他法律、行政法规对从事相关职业另有禁止或者限制性规定的，从其规定。根据上述规定，其他法律、行政法规有从业禁止规定的，应当适用其规定。其他法律、行政法规关于从业禁止的规定，主要是对受过刑事处罚人员作了从事相关职业的禁止或者限制性规定，包括禁止或者限制担任一定公职、禁止或者限制从事特定职业以及禁止或者限制从事特定活动等。根据行政处罚法第九条的规定，该从业禁止规定属于行政处罚。

其他法律、行政法规没有从业禁止规定的，可以适用刑法第三十七条之一的规定，禁止罪犯自刑罚执行完毕之日或者假释之日起从事相关职业，期限为 3 年至 5 年。同时按照本条规定，通报相关行业主管部门。

【参考材料及案例】

刑法中有关从业禁止的规定为第三十七条之一第一款：因利用职业便利实施犯罪，或者实施违背职业要求的特定义务的犯罪被判处刑罚的，人民法院可以根据犯罪情况和预防再犯罪的需要，禁止其自刑罚执行完毕之日或者假释之日起从事相关职业，期限为3年至5年。

从我国司法实践来看，已有对有组织犯罪人员在判决时同时宣告从业禁止的案例。2019年审结的“王某某等组织、领导、参加黑社会性质组织”一案，行为人利用黑社会组织先后开发两栋单元楼、建材大市场等工程，以抵扣工程款的名义，低价购买了闲置的土地和建筑物等资产，获取巨额经济利益。在该案中，对组织领导者同时宣告了禁止其在3年内从事房地产开发行业。

2018年审结的“王某等组织、领导、参加黑社会性质组织罪”一案，被告人等通过组建“车队”，吸收温州夜班出租车司机加入队伍，不断发展壮大势力，车队成员采取堵车、插队等方式霸占出租车排队权，非法控制该市两大区域的夜间出租车营运市场。该案在宣判时分别对多名组织、领导者宣告了禁止其在3到5年内从事出租运输行业。

【立法宗旨和背景】

（一）起草背景

在涉黑恶势力犯罪案件中，黑恶势力的发展壮大过程中往往伴随着攫取大量经济利益的目的，同时攫取的巨额利润又反过来为有组织犯罪组织的发展壮大提供了经济保障和支撑。从经济利益的形成途径来看，一方面，类似采矿业等涉及自然资源垄断行业的，较容易形成“沙霸”“矿霸”等黑恶犯罪；另一方面，黑社会性质组织以及颇具规模的恶势力组织及恶势力犯罪集团，都在不同程度上具有在一定区域、一定行业内实施控制、获取经济利益的特性。因此，为了有效解决黑恶势力组织的经济来源，预防再犯罪，强化刑罚执行效果，根据刑法第三十七条之一关于从业禁止的规定，制定了本条关于有组织犯罪成员从业禁止的规定。

（二）审议中各方面的意见以及争议的问题

提请全国人大常委会审议的一审稿第三十四条曾规定，对于有组织犯罪的组织者、领导者，人民法院应当依照刑法有关从业禁止的规定，禁止其从事相关职业，并通报相关行业主管部门。一审稿征求意见稿过程中，针对职业禁止提出了很多意见。有的提出，建议将适用对象扩大到有组织犯罪组织的成员；有的提出，实践中有些黑恶势力“以黑护商、以商养黑”，招募具有金融、财务、法律等专业知识技能的人为其服务，对犯罪组织发挥了重要作用，建议增加对这些骨干人员适用从业禁止的规定；有的建议增加规定，被判处管制、宣告缓刑的，可以根据犯罪情况，依法适用禁止令。经研究，鉴于有组织犯罪组织以攫取经济利益为目的并且利用非法经济利益反哺组织犯罪行为的特性，除了组织者、领导者，黑社会性质组织的积极参加者、恶势力组织的首要分子、甚至其他帮助者均有重新进入某一行业领域并借原影响力再犯罪或者帮助组织者、领导者再犯罪的可能，不利于根除有组织犯罪组织的经济基础。因此，有必要把从业禁止适用范围扩大至所有有组织犯罪的罪犯，并由法院在审判时根据该罪犯具体犯罪行为、性质、地位作用等决定是否对其实施从业禁止。二审稿规定，对于有组织犯罪的罪犯，人民法院可以依照刑法有关从业禁止的规定，禁止其从事相关职业，并通报相关行业主管部门。三审稿仅作文字调整，未作其他修改。

（三）有关国家和地区的规定

在日本，暴力团犯罪在有组织犯罪中占有绝大部分的比重。根据日本1991年通过的《暴力团对策法》，暴力团是指可能助长其成员集体或者长期地实施非法暴力行为的团体。在日本，暴力团是有限合法的，其反有组织犯罪立法的重点在于对暴力团体、有关行业以及特定的犯罪行为、工具、对象等进行规制、防范和社会管控。其中在防范暴力团侵害、预防再犯罪方面，日本在2010年前后全部47个都道府县陆续制定实施《暴力团排除条例》，通过禁止、限制金融业、建筑业、运输业、房产业等传统“涉黑”企业与暴力团相关联，禁止、限制暴力团行业准入，斩断暴力团经济来源，让其在经济上陷入孤立境地。

第六十九条　有下列情形之一，尚不构成犯罪的，由公安机关处五日以上十日以下拘留，可以并处一万元以下罚款；情节较重的，处十日以上十五日以下拘留，并处一万元以上三万元以下罚款；有违法所得的，除依法应当返还被害人的以外，应当予以没收：

（一）参加境外的黑社会组织的；

（二）积极参加恶势力组织的；

（三）教唆、诱骗他人参加有组织犯罪组织，或者阻止他人退出有组织犯罪组织的；

（四）为有组织犯罪活动提供资金、场所等支持、协助、便利的；

（五）阻止他人检举揭发有组织犯罪、提供有组织犯罪证据，或者明知他人有有组织犯罪行为，在司法机关向其调查有关情况、收集有关证据时拒绝提供的。

教唆、诱骗未成年人参加有组织犯罪组织或者阻止未成年人退出有组织犯罪组织，尚不构成犯罪的，依照前款规定从重处罚。

【条文主旨】

本条是关于对参加、教唆或者诱骗他人参加，或者阻止他人退出有组织犯罪，为有组织犯罪提供支持协助，窝藏包庇有组织犯罪情形尚不构成犯罪的处罚规定，以及关于教唆、诱骗未成年人参加或者阻止未成年人退出有组织犯罪组织尚不构成犯罪的，从重处罚的规定。

【条文释义】

本条共分两款。第一款是关于五种尚不构成犯罪但应当给予行政处罚的情形的规定，具体而言：

第一项是参加境外的黑社会组织的。刑法第二百九十四条规定组织、领导、参加黑社会性质组织的，应当依法追究刑事责任。对于单纯参加境外的黑社会组织的行为，刑法没有单独罪名。按照刑法、反恐怖主义法等相关规定，如果参加境外黑社会组织后，有危害国家安全、资助恐怖活动、入境发展组织成员等犯罪行为的，依照刑法相关规定给予刑事处罚。对单纯参加境外黑社会组织，没有实施其他犯罪行为的，实践中情况较少，行为人往往是被诱骗成为境外黑社会组织成员，对于这种情况，虽然刑法没有规定为犯罪，但由于参加境外黑社会组织往往是实施危害国家安全犯罪、黑恶势力犯罪的准备行为，有必要给予行政处罚，有利于违法行为人认识并改正错误。

第二项是积极参加恶势力组织的。本法第二条对恶势力组织定义作出了规定。一般来讲，恶势组织为3人以上，纠集者相对固定。除了恶势力组织的首要分子或者纠集者，还有按照纠集者的组织、策划、指挥参与违法犯罪活动的积极参与者和其他成员。恶势力组织的积极参加者通常应当依法被追究刑事责任。但是在实践中还存在因临时雇用或者被利用以及受蒙蔽参与恶势力违法犯罪活动的，对于这类人，虽然在行为次数上符合“积极参加”的特征，但一般不认定为恶势力成员。情节显著轻微，不构成犯罪的，不追究刑事责任，但应当依法给予行政处罚。

第三项是教唆、诱骗他人参加有组织犯罪组织，或者阻止他人退出有组织犯罪组织的。有组织犯罪组织包括黑社会性质组织和恶势力组织，属于非法组织。组织、领导、参加黑社会性质组织，应当按照刑法第二百九十四条规定依法追究刑事责任。教唆、诱骗他人参加有组织犯罪组织，构成犯罪的，应当依法追究刑事责任。但是仅仅实施教唆、诱骗或者阻止其退出组织的行为，被教唆、诱骗人未实施犯罪或者情节显著轻微的，无须对教唆、诱骗或者阻止退出行为本身追究刑事责任，应当予以行政处罚，加以管制。

第四项是为有组织犯罪活动提供资金、场所等支持、协助、便利的。构成本项情形应当符合以下条件：（1）行为人明知他人在实施有组织犯罪活动。如果行为人对此并不明知而提供了支持、协助、便利的，不能认定为本项规定的情形。（2）行为人为有组织犯罪活动提供了信息、资金、物质、劳务、技术、场所等支持、协助、便利。如向他人提供供组织运转或者犯罪活动的资金支持；提供采购管制刀具、爆炸物的方式方法；提供伪造材料、他人的身份证明文件；提供招募、运送服务；提供活动场所、训练基地等。

第五项是阻止他人检举揭发有组织犯罪、提供有组织犯罪证据，或者明知他人有有组织犯罪行为，在司法机关向其调查有关情况、收集有关证据时拒绝提供的。主要包括两个方面，一是阻止他人检举揭发、提供证据的，二是自己本人拒绝提供有关证据情况的。这里的“司法机关”，主要是指对有组织犯罪负有侦查、检察、审判职责的公安机关、人民检察院和人民法院。“调查有关情况”，主要是指司法机关调查了解有组织犯罪及有关情况，包括犯罪嫌疑人的情况、有关犯罪活动的线索以及方法、手段、时间、地点等。这种调查，既包括刑事立案前的调查，也包括刑事立案后的调查询问。“收集有关证据”，主要是指调查人员或者侦查人员收集有组织犯罪的证据材料，包括书证、物证、证人、视听资料、电子数据等。有关人员如果知道他人有有组织犯罪行为，在司法机关向其调查有关情况、收集有关证据时，应当配合司法机关依法开展工作，如实提供自己了解的有关情况和所掌握的有关证据，而不能以任何借口拒绝提供。这里所说的“拒绝提供”，包括拒绝向司法机关讲述其了解的相关情况，拒绝向司法机关提交有关证据。拒绝提供的表现形式是多种多样的，有的表现为推诿、躲避，有的表现为装作糊涂，还有的表现为只陈述枝节问题，而隐匿关键情节，还有的甚至就直接拒绝等。考虑到有组织犯罪的性质和社会危害性，对于实践中拒绝提供证据和有关情况，以及阻止他人检举揭发、提供证据的，即使是情节轻微，尚不构成犯罪的，也应当予以行政处罚。

存在本款所列的五项情形之一，只有情节显著轻微，尚不构成犯罪的，才能适用本款。实践中，认定是否属于“情节显著轻微，尚不构成犯罪”的，应当结合其行为的社会危害性、行为人的人身危险性、行为人在上述活动中发挥的作用以及事后的表现等综合判断。对于参与上述情形，尚不构成犯罪的，依照本款规定，由公安机关处5日以上10日以下拘留，可以并处1万元以下罚款；情节较重的，处10日以上15日以下拘留，并处1万元以上3万元以下罚款；有违法所得的，除依法应当返还被害人的以外，应当予以没收。

第二款是关于对未成年人实施第一款第三项行为的，应当从重处罚的规定。根据本款规定，教唆、诱骗未成年人参加有组织犯罪组织或者阻止未成年人退出有组织犯罪组织，尚不构成犯罪的，依照前款规定从重处罚。由于未成年人认知能力受到年龄等限制，对有组织犯罪组织的性质及危害往往缺乏正确的认识，发展其作为有组织犯罪的成员，可能导致未成年人误入歧途，这种行为更具有社会危害性。为进一步保护未成年人合法权益，依法从严惩治教唆、诱骗未成年人参加、或者阻止其退出的行为，本款规定要按照第一款规定，在处5日以上10日以下拘留，可以并处1万元以下罚款；情节较重的，处10日以上15日以下拘留，并处1万元以上3万元以下罚款的基础上，较之教唆、诱骗成年人从重处罚。

【实践中应注意的问题】

在该条的理解适用中，应当需要注意以下两个方面的问题：

第一，对于明知他人实施有组织犯罪行为而拒不提供证据的，根据本条第一款规定予以处罚的前提是司法机关向其调查有关情况、收集有关证据，如果司法机关未向其了解情况、收集证据，即使其明知他人有有组织犯罪行为，而未主动向司法机关检举、揭发、提供有关情况或者证据的，不能依照本条规定予以处罚。

第二，正确区分刑法规定的包庇行为与本条规定的拒不提供有关情况和证据、阻止他人提供有关线索和证据的行为。刑法第三百一十条第一款规定，明知是犯罪的人而为其提供隐藏处所、财物，帮助其逃匿或者作假证明包庇的，处3年以下有期徒刑、拘役或者管制；情节严重的，处3年以上10年以下有期徒刑。根据上述规定，“包庇”是指明知是犯罪而作假证明的行为。本条规定的拒不提供以及阻止他人提供有关情况和证据的行为客观上表现为一种消极的不作为，相当于“知情不举”。除了刑法第三百一十一条规定的拒绝提供间谍犯罪、恐怖主义犯罪、极端主义犯罪证据罪以外，对有组织犯罪情况或者证据拒不提供，尚不构成犯罪的，应当给予行政处罚。

【立法宗旨和背景】

（一）起草背景

参加黑社会性质组织、参加恶势力组织，教唆、诱骗他人参加有组织犯罪组织、为有组织犯罪组织提供支持帮助等行为，构成犯罪的，应当依法追究其刑事责任。但在司法实践中，由于黑社会性质组织、恶势力组织所涉犯罪范围较广，对于部分情节显著轻微，尚不构成犯罪的，不追究刑事责任。同时，考虑到上述行为的严重性，如果完全放任不管，不利于惩治黑恶犯罪，不利于实现公平正义。没有及时必要的教育和惩戒，也不利于行为人认识并改正错误，这些人也可能走上实施严重犯罪的道路。为此，本条对涉及有组织犯罪组织活动，但不构成刑事犯罪的几类行为设置了行政处罚，给予行为人必要的惩戒和教育。

（二）审议中各方面的意见以及争议的问题

根据提请全国人大常委会审议的一审稿的规定，对于尚不构成犯罪，给予行政处罚的行为包括：教唆、诱骗他人参加，或者故意阻止他人退出有组织犯罪组织的；阻止他人检举揭发、提供证据或者不按国家机关要求提供有组织犯罪证据材料，经责令拒不改正的；对从事反有组织犯罪工作的执法、司法工作人员，有组织犯罪案件中证人、鉴定人、被害人、举报人、报案人、控告人及其近亲属进行威胁、侮辱等打击报复行为的；违反人民法院作出的从业禁止决定的；违反本法规定的报告制度，经责令拒不改正的；其他不构成犯罪的六种情形。有的提出，对证人、鉴定人等进行打击报复的，以及违反法院从业禁止决定的，治安管理处罚法已经有所规定，建议删除；有的提出，应当调整处罚力度和罚款金额。经研究，由于治安管理处罚法和行政处罚法已经对不构成犯罪应当给予行政处罚的情形作了较为完善的规定，遂删除了原稿关于对鉴定人等打击报复和违反从业禁止决定的情形，将违反第十九条财产报告制度的规定单独作为一条，并增加了两种情形。经调整，二审稿对以下五种情形作出规定：参加境外黑社会组织的；积极参加恶势力组织的；教唆、诱骗他人参加有组织犯罪组织，或者阻止他人退出有组织犯罪组织的；为有组织犯罪组织提供资金、场所等支持、协助、便利的；阻止他人检举揭发有组织犯罪、提供有组织犯罪证据，或者明知他人有有组织犯罪行为，在司法机关向其调查有关情况、收集有关证据时拒绝提供的。在二审稿审议过程中，有的提出在本条中增加没收违法所得的规定。三审稿吸收了该意见，增加规定，有违法所得的，除依法应当返还被害人的以外，应当予以没收。

第七十条　违反本法第十九条规定，不按照公安机关的决定如实报告个人财产及日常活动的，由公安机关给予警告，并责令改正；拒不改正的，处五日以上十日以下拘留，并处三万元以下罚款。

【条文主旨】

本条是关于违反本法第十九条财产报告制度的处罚的规定。

【条文释义】

本条是关于违反本法第十九条财产报告制度应当如何处罚的规定。

根据本条规定，违反本法第十九条规定，不按照公安机关的决定如实报告个人财产及日常活动的，即可适用本条规定。“本法第十九条规定”，是指对因组织、领导黑社会性质组织被判处刑罚的人员，设区的市级以上公安机关可以决定其自刑罚执行完毕之日起，按照国家有关规定向公安机关报告个人财产及日常活动。报告期限不超过5年。“违反本法第十九条规定，不按照公安机关的决定如实报告”包括以下几种情形：（1）不报告个人财产或者日常活动的；（2）虚假报告个人财产或者日常活动的；（3）未按照公安机关的决定，按照决定的日期、方式等报告的。上述情形，个人财产和日常活动中有一项不如实报告即可适用本法规定。

根据本条规定，违反第十九条规定，不按照公安机关决定如实报告的，由公安机关给予警告，并责令改正；拒不改正的，处5日以上10日以下拘留，并处3万元以下罚款。这里的“公安机关”并非作出财产报告决定的设区的市级以上公安机关，而是指按照有关国家规定应当执行该财产报告制度的公安机关，一般是行为人所在地的基层公安机关。对于行为人初次、偶尔不履行报告义务，虚假报告，或者不履行情节轻微的，如报告延迟不积极，应当先由公安机关给予警告并责任改正。“拒不改正的”，是指行为人经公安机关警告后，仍不履行个人财产及日常生活报告义务，采取欺骗手段虚假报告或者有其他违反报告义务的情节，公安机关有权对行为人处5日以上10日以下拘留，并处3万元以下罚款。

【实践中应注意的问题】

在该条的理解适用中，需要注意本条规定的处罚的法律性质和救济途径。本条规定的由公安机关给予的警告、罚款和拘留的处罚，属于行政处罚，应当同时遵守行政处罚法有关规定。按照行政处罚法第三十一条和第三十二条规定，行政机关在作出行政处罚决定之前，应当告知当事人作出行政处罚决定的事实、理由及依据，并告知当事人依法享有的权利。当事人有权进行陈述和申辩。行政机关必须充分听取当事人的意见，对当事人提出的事实、理由和证据，应当进行复核；当事人提出的事实、理由或者证据成立的，行政机关应当采纳。根据行政处罚法的规定，当事人对行政处罚决定不服的，可以依法申请行政复议或者提起行政诉讼。当事人对行政处罚决定不服申请行政复议或者提起行政诉讼的，行政处罚不停止执行，法律另有规定的除外。

【立法宗旨和背景】

（一）起草背景

黑社会性质组织具有有组织地通过违法犯罪活动或者其他手段获取经济利益并支持组织活动的特征。根据黑社会性质组织的特点，为了预防黑社会性质的组织的组织者、领导者重新犯罪，本法第十九条规定了因组织、领导黑社会性质组织被判处刑罚的人员，设区的市级以上公安机关可以决定其自刑罚执行完毕之日起按照国家有关规定报告个人财产和日常活动的义务。为了使个人财产及日常生活报告制度得到有效执行，本条对违反本法第十九条规定的法律责任作了规定，由公安机关给予警告，并责令改正；拒不改正的，处5日以上10日以下拘留，并处3万元以下罚款。

（二）审议中各方面的意见以及争议的问题

提请全国人大常委会审议的一审稿曾将违反报告义务的处罚作为本法现第

六十九条规定的尚不构成犯罪的几种情形之一，规定由公安机关处10日以上15日以下拘留，并处1万元以上3万元以下罚款；情节显著轻微的，处5日以上10日以下拘留，并处1万元以下罚款。在征求意见过程中，考虑到违反本法第十九条报告义务的行为仅属于违法行为，不存在尚不构成犯罪的情况，因此将其单独成条，二审稿规定，违反本法第十九条规定的报告制度的，由公安机关给予警告，并责令改正；拒不改正的，处3万元以下罚款。有的提出，二审稿规定的处罚较轻，仅靠罚款不足以保障财产报告制度的有效实施，建议对拒不改正的，增加规定公安机关处以5日以上10日以下拘留的处罚。经研究，三审稿采纳了该意见，规定违反本法第十九条规定，不按照公安机关的决定如实报告个人财产及日常活动的，由公安机关给予警告，并责令改正；拒不改正的，处5日以上10日以下拘留，并处3万元以下罚款。

第七十一条　金融机构等相关单位未依照本法第二十七条规定协助公安机关采取紧急止付、临时冻结措施的，由公安机关责令改正；拒不改正的，由公安机关处五万元以上二十万元以下罚款，并对直接负责的主管人员和其他直接责任人员处五万元以下罚款；情节严重的，公安机关可以建议有关主管部门对直接负责的主管人员和其他直接责任人员依法给予处分。

【条文主旨】

本条是关于对金融机构等相关单位未协助公安机关采取紧急止付、临时冻结措施的处罚的规定。

【条文释义】

根据本条规定，金融机构等相关单位未依照本法第二十七条规定协助公安机关采取紧急止付、临时冻结措施的，应当依法承担相应的法律责任。本条规定主要包括以下几个方面的内容：

一是协助公安机关采取紧急止付、临时冻结措施的义务主体是金融机构等相关单位。这里的“金融机构”是指依法设立的从事金融业务的政策性银行、商业银行、信用合作社、邮政储汇机构、信托投资公司、证券公司、期货经纪公司、保险公司等金融机构。此外，支付宝、微信等第三方支付公司也应当协助公安机关对有关黑社会性质组织犯罪涉案账户采取紧急止付、临时冻结措施。

二是客观上金融机构等相关单位有未依照本法第二十七条规定协助公安机关采取紧急止付、临时冻结措施的行为。根据本法第二十七条的规定，公安机关核查黑社会性质组织犯罪线索，发现涉案财产有灭失、转移的紧急风险的，经设区的市级以上公安机关负责人批准，可以对有关涉案财产采取紧急止付或者临时冻结、临时扣押的紧急措施。对于公安机关依法作出的决定，金融机构等相关单位应当配合执行。48 小时期限届满的，应当立即解除。金融机构等单位未协助公安机关采取紧急措施，指的是金融机构等单位未依照有关规定的程序和要求采取措施。

三是本条区分不同情形，对金融机构等相关单位未协助公安机关采取紧急止付、临时冻结措施的法律责任作了规定：

（1）责令改正。即对未协助公安机关采取紧急止付、临时冻结措施的有关单位，由公安机关责成其采取有效措施纠正错误做法。责令改正是为了让有关单位纠正违法行为，并没有减损有关单位的权益或者增加有关单位的义务。根据我国行政处罚法第二条的规定，行政处罚是指行政机关依法对违反行政管理秩序的公民、法人或者其他组织，以减损权益或者增加义务的方式予以惩戒的行为，通常认为，责令改正不具有惩戒性，不属于行政处罚。

（2）对拒不改正的，由公安机关处 5 万元以上 20 万元以下罚款，并对直接负责的主管人员和其他直接责任人员处 5 万元以下罚款。本条规定的是双罚制，既对金融机构等相关单位进行处罚，也对直接负责的主管人员和其他直接责任人员予以处罚，进行处罚的前提是“拒不改正”。这里的“拒不改正”是指经公安机关责令改正后，仍不协助采取紧急止付、临时冻结措施。“直接负责的主管人员”是指单位中负有相关管理职责的主要负责人，可以是单位的法定代表人、主要负责人、部门负责人、直接负责相关工作的管理人员。“其他直接责任人员”是指单位违反规定的行为中具体负责实施并发挥较大作用的人员。

（3）情节严重的，公安机关可以建议有关主管部门对直接负责的主管人员和其他直接责任人员依法给予处分。这里的“有关主管部门”主要指的是银保监会、人民银行等监督管理部门。

这里规定的“处分”主要是一种纪律处分，由于金融机构不是国家机关，其工作人员通常不是公务员，所以对其处分属于纪律处分，包括内部工作纪律处分和党内纪律处分。如果违反本条规定的金融机构的直接负责的主管人员和其他直接责任人员是中共党员的，除了给予内部工作纪律处分外，还要根据《中国共产党纪律处分条例》的规定，由党组织给予党内纪律处分，包括警告、严重警告、撤销党内职务、留党察看、开除党籍五种。此外，如果金融机构是国有金融机构，其直接负责的主管人员和其他直接责任人员是公职人员的，还需依照政务处分法的规定给予政务处分。

这里的“情节严重”指的是，不按照规定协助采取紧急止付、临时冻结措施，经公安机关责令改正后仍不改正，并且有情节严重的情形，如经多次责令改正、处罚，仍不改正；或者因拒不改正，不按照规定协助采取紧急止付、临时冻结措施，造成恶劣影响，或者导致数额较大的涉案财产灭失、转移，给被害人带来巨额损失，或者给案件的侦查带来巨大困难等严重后果等。

【实践中应注意的问题】

在该条的理解适用中，应当需要注意以下几个方面的问题：

第一，本条规定的对金融机构等相关单位进行处罚的主体是公安机关。有相关行为的，由公安机关责令改正，拒不改正的，由公安机关予以处罚，情节严重的，公安机关可以建议有关主管部门对有关人员依法给予处分。

第二，实践中，黑社会性质犯罪组织可能会与专业的洗钱团队勾连，迅速转移涉案财产，导致紧急止付、临时冻结措施还没来得及执行，涉案财产就被转移。只要金融机构等单位依照法律法规规定的程序和要求，积极协助公安机关采取紧急措施，不存在故意不协助采取紧急措施或者失职失责行为的，就不能追究相关单位和人员的法律责任。

【立法宗旨和背景】

（一）起草背景

本法第二十七条第二款对公安机关核查黑社会性质组织犯罪线索，发现涉案财产有灭失、转移的紧急风险，经设区的市级以上公安机关批准，可以对涉案财产采取紧急止付或者临时冻结、临时扣押的紧急措施作了规定。规定上述紧急措施主要是为了防止被害人的财产继续被侵害，涉案财产被继续用于黑社会性质组织犯罪，也是为了防止在立案前有关证据、赃款被快速转移、隐匿、处置，影响黑社会性质组织犯罪案件的调查取证、侦查起诉和判决执行。为了保证本法第二十七条第二款规定的紧急止付、临时冻结、临时扣押紧急措施的落实，确保金融机构等相关单位能积极及时地协助公安机关采取紧急止付、临时冻结等紧急措施，本条对金融机构等单位未依照本法第二十七条规定协助公安机关采取有关紧急措施的，规定了相应的法律责任。

（二）审议中各方面的意见

2020 年 12 月全国人大常委会审议的反有组织犯罪法草案初审稿第七十七条规定："金融机构等相关单位，未依照本法规定协助公安机关、人民检察院、人民法院采取紧急止付、查询、冻结、定期续冻或者划扣涉案款项等措施的，由公安机关处 5 万元以上 20 万元以下罚款，并对直接负责的主管人员和其他直接责任人员处 5 万元以下罚款；情节严重的，处 20 万元以上 50 万元以下罚款，并对直接负责的主管人员和其他直接责任人员，处 5 万元以上 10 万元以下罚款，可以并处 10 日以下拘留。"

在常委会审议和征求意见过程中，关于处罚主体，有的部门和地方提出，行政强制法第六十五条规定，金融机构未配合开展冻结、划拨工作的，由金融业监督管理机构责令改正或给予处分，建议将处罚主体修改为金融监督管理部门，或者规定由金融监督管理机构责令改正，拒不执行的，再由公安机关处罚。有的地方建议增加人民检察院、人民法院作为处罚主体，同时增加"经责令改正拒不执行的"前提条件。有的部门建议在本条中体现法院对拒不配合采取冻结、划扣等措施的司法拘留措施。

有的部门提出，实践中电信网络诈骗团伙转移涉案资金十分迅速，可能导致紧急止付、临时冻结措施失败，处罚金融机构有失公平，建议删去本条。有的地方建议增加规定其他法律、行政法规对上述违法行为规定罚款、拘留以外的行政处罚种类的，还应依照其规定作出其他处罚。

有的常委会委员提出，对于金融机构等的处罚，除了行政处罚外，还应当对直接负责的主管人员和其他直接责任人员给予处分。

第七十二条　电信业务经营者、互联网服务提供者有下列情形之一的，由有关主管部门责令改正；拒不改正或者情节严重的，由有关主管部门依照《中华人民共和国网络安全法》的有关规定给予处罚：

（一）拒不为侦查有组织犯罪提供技术支持和协助的；

（二）不按照主管部门的要求对含有宣扬、诱导有组织犯罪内容的信息停止传输、采取消除等处置措施、保存相关记录的。

【条文主旨】

本条是对电信业务经营者、互联网服务提供者违反配合、协助执法义务进行处罚的规定。

【条文释义】

本条是对电信业务经营者、互联网服务提供者违反本法规定进行处罚的规定。本条对电信业务经营者、互联网服务提供者列举了两项予以处罚的行为。

第一项规定的是拒不为侦查有组织犯罪提供技术支持和协助的行为，实践中通常包括以下行为：电信业务经营者、互联网服务提供者未按照国家标准，在有关设备上配置供公安机关侦查有组织犯罪活动使用的技术接口的；在公安机关侦查有组织犯罪活动的过程中，拒绝通过技术接口为公安机关获取有关数据保留必要的技术通道，使公安机关难以获得有关数据，无法顺利开展对有组织犯罪活动的侦查工作的；对于公安机关在侦查有组织犯罪活动中需要对在网络传输过程中加密的信息进行解密时，拒绝向公安机关提供技术支持的；等等。这些行为使公安机关难以有效开展侦查工作，在预防和惩治有组织犯罪，追究犯罪分子的法律责任上遇到困难，应当依法予以处罚。

第二项规定的是不按照主管部门的要求对含有宣扬、诱导有组织犯罪内容的信息停止传输、采取消除等处置措施、保存相关记录的行为，指的是当网信、电信、公安等主管部门对网络上出现含有宣扬、诱导有组织犯罪内容的信息时，要求电信业务经营者、互联网服务提供者采取有关措施时，电信业务经营者、互联网服务提供者拒绝采取措施或者未按照要求采取措施，比如，拖延采取相关措施的，或者虽然停止传输、消除了有关信息，但没有按照要求对有关信息内容和网络日志信息记录等进行备份和留存的。这些行为不仅不利于及时清除网络上含有宣扬、诱导有组织犯罪内容的有害信息，还可能使相关证据缺失，影响公安机关依法查处网络上的有组织犯罪行为，具有一定的社会危害性。

根据本条规定，对于违反本条规定情形的，由有关主管部门责令改正；拒不改正或者情节严重的，由有关主管部门依照网络安全法的有关规定给予处罚。这里的“主管部门”是指法律、行政法规规定的电信、互联网监督管理部门，包括工信部门、网信部门等。根据《中华人民共和国电信条例》第七条规定，国家对电信业务经营按照电信业务分类，实行许可制度。经营电信业务，必须依照本条例的规定取得国务院信息产业主管部门或者省、自治区、直辖市电信管理机构颁发的电信业务经营许可证。未取得电信业务经营许可证，任何组织或者个人不得从事电信业务经营活动。互联网服务提供者包括网络接入服务提供者（ISP）和网络内容服务提供者（ICP）。本款区分不同情节，对电信业务经营者、互联网服务提供者的法律责任作了规定：

一是责令改正。即对未严格执行本法规定的相关技术支持和协助，不按照主管部门的要求对含有宣扬、诱导有组织犯罪内容的信息停止传输、采取消除等处置措施、保存相关记录的电信业务经营者、互联网服务提供者，由其主管部门责成采取有效措施纠正错误做法。责令的主体，责令的方式和程序，都要有法律、行政法规的依据，符合依法行政的要求。

二是对拒不改正或者情节严重的，由有关主管部门依照网络安全法的有关规定给予处罚。“拒不改正”是指明知而故意加以拒绝。实践中，认定电信业务经营者、互联网服务提供者是否“拒不改正”，应当考虑以下因素：电信业务经营者、互联网服务提供者是否收到主管部门提出的责令改正的要求，相关责令改正要求是否明确、具体；电信业务经营者、互联网服务提供者对主管部门提出的采取改正措施的要求，在主观上是否具有拖延或者拒绝执行的故意；电信业务经营者、互联网服务提供者是否具有依照主管部门提出的要求，采取相应改正措施的能力。对于确实因为资源、技术等条件限制，没有或者一时难以达到主管部门要求的，不能认定为是本条规定的“拒不改正”。这里规定的“情节严重”，主要是指造成大量含有宣扬、诱导有组织犯罪内容的信息传播的，造成含有宣扬、诱导有组织犯罪内容的信息传播并产生恶劣影响的，以及造成含有宣扬、诱导有组织犯罪内容的信息传播并产生严重后果的，等等。

依照网络安全法有关规定给予处罚主要是依据该法第六十九条的规定予以处罚。该条规定，网络运营者违反本法规定，有下列行为之一的，由有关主管部门责令改正；拒不改正或者情节严重的，处5万元以上50万元以下罚款，对直接负责的主管人员和其他直接责任人员，处1万元以上10万元以下罚款：（1）不按照有关部分的要求对法律、行政法规禁止发布或者传输的信息，采取停止传输、消除等处置措施的；（2）拒绝、阻碍有关部门依法实施的监督检查的；（3）拒不向公安机关、国家安全机关提供技术支持和协助的。本条规定第二档的处罚实行双罚制，既对电信业务经营者、互联网服务提供者进行处罚，同时也对直接负责的主管人员和其他直接责任人员进行处罚。

根据上述规定，违反本条规定，拒不改正或者情节严重的，处 5 万以上 50 万元以下罚款，对直接负责的主管人员和其他直接责任人员，处 1 万元以上 10 万元以下罚款。需要说明的是，采取威胁、暴力等手段阻碍监督检查，构成违反治安管理处罚行为的，应当依法给予治安管理处罚。

【实践中应注意的问题】

在该条的理解适用中，应当需要注意以下几个方面的问题：

第一，本条规定有关情形的，有主管部门责令改正，“拒不改正”的才处以相应罚款，体现了惩罚与教育相结合的精神。这样规定主要是考虑到本法第十六条对电信业务经营者、互联网服务提供者规定了有关义务，根本目的是为了加强预防和惩治有组织犯罪，维护国家安全、社会管理秩序、经济秩序和公民合法权益。对此，主管部门责令改正后，能够及时改正错误，规范管理，堵塞漏洞，加强防范，提供技术支持和协助的，自然不必予以处罚，毕竟处罚不是目的。这样也有利于调动电信业务经营者、互联网服务提供者对反有组织犯罪工作积极性和主动性，落实相关法律法规规章制度的要求，配合主管部门和公安机关做好反有组织犯罪工作。

第二，2015 年 8 月 29 日全国人大常委会通过的刑法修正案（九）增加了网络服务提供者不履行法律、行政法规规定的信息网络安全管理义务的犯罪，即第二百八十六条之一：“网络服务提供者不履行法律、行政法规规定的信息网络安全管理义务，经监管部门责令采取改正措施而拒不改正，有下列情形之一的，处三年以下有期徒刑、拘役或者管制，并处或者单处罚金：（一）致使违法信息大量传播的；（二）致使用户信息泄露，造成严重后果的；（三）致使刑事案件证据灭失，情节严重的；（四）有其他严重情节的。”“单位犯前款罪的，对单位判处罚金，并对其直接负责的主管人员和其他直接责任人员，依照前款的规定处罚。”“有前两款行为，同时构成其他犯罪的，依照处罚较重的规定定罪处罚。”对于违反本条规定，构成犯罪的，应当依照刑法第二百八十六条之一的规定追究刑事责任。

【立法宗旨和背景】

（一）起草背景

为了预防和惩治有组织犯罪，维护国家安全、社会管理秩序、经济秩序和公民合法权益，本法第十六条规定了电信业务经营者、互联网服务提供者支持和协助公安机关侦查有组织犯罪活动以及防止含有宣扬、诱导有组织犯罪内容的信息传播的义务。具体而言，有三个方面：一是应当为公安机关侦查有组织犯罪提供技术支持和协助。二是应当依法履行网络信息安全管理义务，采取安全技术防范措施，防止含有宣扬、诱导有组织犯罪内容的信息传播。三是应当按照主管部门的要求，对含有宣扬、诱导有组织犯罪内容的信息停止传输、采取消除等处置措施、保存相关记录。本条的规定有利于防范有组织犯罪分子通过电信、互联网实施有组织犯罪活动，及时发现、追踪、预警有组织犯罪分子的通信联络、信息传输，以及各种网上有组织犯罪活动，防止有组织犯罪分子隐匿行踪，逃避打击。电信业务经营者、互联网服务提供者应当履行法律、法规规定的电信、网络安全保护义务外，还应接受有关主管部门的监督检查、配合、支持有关主管部门对网络违法犯罪活动的调查处理。针对本法第十六条规定的义务，本条相应规定了电信业务经营者、互联网服务提供者不履行相关义务的法律责任，以保证第十六条的规定落到实处。

（二）审议中各方面的意见以及争议的问题

一次审议稿中第七十八条规定，“电信业务经营者、互联网服务提供者有下列情形之一的，由主管部门责令改正；拒不改正的，由主管部门处五万元以上二十万元以下罚款，并对其直接负责的主管人员和其他直接责任人员处五万元以下罚款；情节严重的，处二十万元以上五十万元以下罚款，并对其直接负责的主管人员和其他直接责任人员处五万元以上十万元以下罚款，可以由公安机关处五日以上十五日以下拘留：（一）拒不为侦查有组织犯罪提供技术支持和协助的；（二）拒不按照主管部门的要求，停止传输、删除有关信息，保存相关记录，造成宣扬、诱导有组织犯罪内容或者不应披露的案件信息传播的。”该条文中规定了拘留等行政处罚。有的公众提出，本条规定的拘留处罚可能在执法中被过度使用，拘留企业负责人或管理人员还可能造成企业停摆，建议不规定拘留处罚。有的意见提出，网络安全法对电信业务经营者、互联网服务提供者的协助义务及相应法律责任作出了规定，本条规定应当做好衔接。有的地方提出，受到处罚的人员在一定年限内禁止从事电信业务、互联网服务行业，或者增加规定，“其他法律、行政法规对上述违法行为规定罚款、拘留以外的行政处罚种类的，还应依照其规定作出其他处罚”。有的意见提出，“技术支持和协助”应当限定在法律和技术水平允许的范围之内，建议修改为“合理的技术支持和协助”。二审中，有的委员提出，本条规定的应当受处罚的情形与草案第十六条规定的义务不完全对应，如没有包括不向公安机关或者有关部门报告的情形，建议进一步完善。经过研究，吸收了部分建议，将本条有关规定与网络安全法有关规定进行衔接。

（三）有关国家和地区的规定

2001年11月23日，欧洲理事会的二十六个成员国以及美国、加拿大、日本、南非等30个国家签署了《网络犯罪公约》。该公约第二十条第一款中规定，各缔约国应当采取必要的立法或者其他措施，授权主管机关在其管辖范围内采用技术手段收集和记录通过计算机系统传输的与特定通信相关的通信数据；授权主管机关强制服务提供者在主管机关采用技术手段收集、记录相关通信数据时提供配合与协作，以保证其技术上的可行性。该公约第二十一条第一款中，针对主管机关采用技术手段收集和记录内容数据以及服务提供者的配合、协作义务方面，作了类似规定。

德国《电信法》第一百一十条第一款中规定，提供电信服务的电信系统运营主体应当提供法律规定的技术设施来执行通信协助监控措施，并且为执行监控做好安排，不得无故拖延。该法还增加技术侦查手段和卧底侦查员等侦查措施。传统的侦查手段难以有效对付有组织犯罪，1992年德国打包修改法律时，在刑事诉讼法中规定了一些新的侦查手段，如计算机排查、数据比对，以及监听监视、记录电信通信等技术侦查手段，允许使用卧底侦查员等。这些侦查手段适用于有组织犯罪等重大犯罪行为的侦查。

第七十三条　有关国家机关、行业主管部门拒不履行或者拖延履行反有组织犯罪法定职责，或者拒不配合反有组织犯罪调查取证，或者在其他工作中滥用反有组织犯罪工作有关措施的，由其上级机关责令改正；情节严重的，对负有责任的领导人员和直接责任人员，依法给予处分；构成犯罪的，依法追究刑事责任。

【条文主旨】

本条是关于拒不履行或者拖延履行反有组织犯罪法定职责，或者拒不配合反有组织犯罪调查取证，或者在其他工作中滥用反有组织犯罪工作有关措施的法律责任的规定。

【条文释义】

这里的“有关国家机关、行业主管部门”，是指根据本法的规定开展反有组织犯罪工作的国家机关、相关行业主管部门。如本法第二章中规定的各级人民政府、监察机关、人民法院、人民检察院、公安机关、司法行政机关、国务院反洗钱行政主管部门以及国务院其他有关本部门、教育行政部门、学校、民政部门、监狱、看守所、社区矫正机构、移民管理、海关、海警、市场监管、金融监管、自然资源、交通运输、网信、电信等行业主管部门。有关国家机关、行业主管部门失职渎职行为具体包括三种情形：

一是拒不履行或者拖延履行，是指开展反有组织犯罪工作的有关国家机关、行业主管部门严重不负责任，对于自己应当履行的职责，不履行、放弃职守或者拖延履行职责义务。比如，在反有组织犯罪工作中擅离职守，对于工作中发现的问题和危害国家安全，会对人民的生命财产造成重大损失的隐患不及时解决、处理；或者有关国家机关、行业主管部门在履行职责义务中违背职责要求，不按有关法律、法规或者有关规定办事，拖延工作，严重不负责任。

二是拒不配合反有组织犯罪调查取证，是指负有配合义务的有关国家机关、行业主管部门拒不配合。实践中在确定有关国家机关、行业主管部门是否负有配合开展反有组织犯罪工作调查取证的具体义务时，主要从两个方面考虑：（1）有关法律相关条款是否明确规定了有关国家机关、行业主管部门的配合义务。如本法第十六条规定，网信、电信、公安等主管部门对含有宣扬、诱导有组织犯罪内容的信息，应当按照职责分工，及时责令有关单位停止传输、采取消除等处置措施，或者下架相关应用、关闭相关网站、关停相关服务。有关单位应当立即执行，并保存相关记录，协助调查。（2）相关条款是否明确规定了有关国家机关、行业主管部门开展某项具体工作的职权，而根据该项工作的性质，需要相关相对人给予支持和配合。即上述相关法律条款中可能未明确规定有关国家机关、行业主管部门的配合义务，但如果具体事项必须有关国家机关、行业主管部门配合的，仍可以确定有关国家机关、行业主管部门负有配合相关反有组织犯罪工作的义务。如本法第二十六条，公安机关核查有组织犯罪线索，可以按照国家有关规定采取调查措施。开展核查工作，都需要有关方面的协助、配合。同时，有关国家机关、行业主管部门实施了拒不配合有关开展反有组织犯罪调查取证的行为。这里的“拒不配合”，应当是主观上出于故意的行为，是指明知应当配合有关国家机关开展反有组织犯罪调查取证，在有关部门要求其协助、配合时，无正当理由，拒绝提供必要的配合，从而影响反有组织犯罪工作的开展。

三是滥用反有组织犯罪工作有关措施，是指反有组织犯罪工作有关国家机关、行业主管部门超越职权，违法决定、处理其无权决定、无权处理的事项，或者违反规定处理相关工作，比如，反有组织犯罪工作有关国家机关、行业主管部门违反法律规定的条件、程序，或者违反国家反有组织犯罪工作要求，对不应当采取技术侦查措施的情形擅自采取技术侦查措施，或者擅自采取查封、扣押、冻结措施等。

根据本条规定，对于违反本条规定情形的，由其上级机关责令改正；情节严重的，对负有责任的领导人员和直接责任人员，依法给予处分；构成犯罪的，依法追究刑事责任。本款区分不同情节，对有关国家机关、行业主管部门的法律责任作了规定：其一，责令改正。即对拒不履行或者拖延履行反有组织犯罪法定职责，或者拒不配合反有组织犯罪调查取证，或者在其他工作中滥用反有组织犯罪工作有关措施的有关国家机关、行业主管部门，由其上级机关责成采取有效措施纠正错误做法。责令的主体，责令的方式和程序，都要有法律、行政法规的依据，符合依法行政的要求。其二，对情节严重的，对负有责任的领导人员和直接责任人员，依法给予处分。这里所说的“依法给予处分”，既包括单位内部规定的处分，也包括依照公职人员政务处分法等有关法律法规规定给予处分。根据政务处分法第七条，政务处分具体包括警告、记过、记大过、降级、撤职、开除。

根据本条规定，构成犯罪的，依法追究刑事责任。此处重申刑法的有关规定，进一步强调反有组织犯罪工作有关国家机关、行业主管部门在反有组织犯罪工作中拒不履行或者拖延履行反有组织犯罪法定职责，或者拒不配合反有组织犯罪调查取证，或者在其他工作中滥用反有组织犯罪工作有关措施的行为，构成犯罪的，依法追究刑事责任。根据反有组织犯罪有关国家机关、行业主管部门履行职责的具体情况，其负有责任的领导人员和直接责任人员可能构成滥用职权罪和玩忽职守罪。根据刑法第三百九十条的规定，国家机关工作人员滥用职权或者玩忽职守，致使公共财产、国家和人民利益遭受重大损失的，处3年以下有期徒刑或者拘役；情节特别严重的，处3年以上7年以下有期徒刑。刑法另有规定的，依照规定。国家机关工作人员在履行职责过程中，徇个人私利或者私情而违背职责，依照本法开展预防和治理、案件办理、处置涉案财产、国际合作等工作中，有徇私舞弊行为的，如构成犯罪，应当依照刑法第三百九十七条第二款的规定，分别作为滥用职权罪、玩忽职守罪的加重情节处理，即处5年以下有期徒刑或者拘役；情节特别严重的，处5年以上10年以下有期徒刑。刑法另有规定的，依照规定。此外，根据刑法第二百七十七条的规定，以暴力、威胁方法阻碍国家机关工作人员依法执行职务的，处3年以下有期徒刑、拘役、管制或者罚金。暴力袭击正在依法执行职务的人民警察的，处3年以下有期徒刑、拘役或者管制；使用枪支、管制刀具，或者以驾驶机动车撞击等手段，严重危及其人身安全的，处3年以上7年以下有期徒刑。行为人实施的阻碍国家机关工作人员依法执行职务的行为，有的情节较轻，尚不构成犯罪的，应根据情况予以治安处罚。我国治安管理处罚法第五十条规定："有下列行为之一的，处警告或者二百元以下罚款；情节严重的，处五日以上十日以下拘留，可以并处五百元以下罚款：……（二）阻碍国家机关工作人员依法执行职务的……阻碍人民警察依法执行职务的，从重处罚。"

【实践中应注意的问题】

实践中关于拒不配合反有组织犯罪调查取证需要注意以下几点：一是为有利于有关国家机关、行业主管部门积极配合有关部门开展反有组织犯罪调查取证工作，有关部门在开展相关工作时应当注意方式方法，向有关国家机关、行业主管部门解释清楚反有组织犯罪工作要求和其应当履行的支持、配合工作的义务，取得有关国家机关、行业主管部门的支持和理解，要防止简单粗暴、激化矛盾的做法。二是拒不配合是有关国家机关、行业主管部门对有关部门明确提出的配合调查取证相关工作的要求故意予以拒绝。如果有关部门没有明确提出配合调查取证工作的具体要求，有关国家机关、行业主管部门只是态度消极，未主动支持相关调查取证工作的，不属于拒不配合。三是拒不配合没有正当理由，如果有关国家机关、行业主管部门由于不能抗拒的原因，没有条件和能力配合的，也不属于本条所说的“拒不配合”。

需要说明的是，本条对反有组织犯罪工作有关国家机关、行业主管部门履行职责的具体情况，其负有责任的领导人员和直接责任人员有关犯罪行为追究刑事责任作出了衔接性规定。实践中在认定是否构成犯罪时，要依照刑法的有关规定进行。根据刑法第三百九十七条的规定，负有责任的领导人员和直接责任人员构成滥用职权罪或者玩忽职守罪，要求犯罪主体为国家机关工作人员，不仅要有滥用职权或者玩忽职守的行为，而且这种行为必须造成了“致使公共财产、国家和人民利益遭受重大损失”的后果，未造成重大损失的，属于一般工作过失的渎职行为，可以由有关部门给予批评教育或者处分。比如，因反有组织犯罪工作有关国家机关、行业主管部门工作人员滥用职权或者玩忽职守，致使有组织犯罪分子逃脱后实施了有组织犯罪活动，对公民人身、财产和公安利益造成重大损失等。妨害公务罪中关于以暴力、威胁方法阻碍国家机关工作人员依法执行职务的，这里的“暴力”是指以杀害、伤害、毁坏财产、损坏名誉等相威胁。构成妨害公务罪，行为人必须是采取暴力、威胁的方法，如果行为人没有实施暴力、威胁的阻碍行为，只是吵闹、谩骂、不服管理等，不构成犯罪，可以依法予以治安处罚。对此，在实践中，司法机关可以依照法律有关规定和案件有关情况具体认定。

【立法宗旨和背景】

（一）起草背景

反有组织犯罪的安全防范、调查、应对处置工作是反有组织犯罪工作的重要方面。本法第二章、第三章、第四章分别对有组织犯罪工作预防和治理、案件办理、涉案财产认定和处置等作出了全面、系统的规定。为了保证上述规定和相关制度得到切实执行，反有组织犯罪法在总则中规定，任何单位和个人都有协助、配合有关部门开展反有组织犯罪工作的义务。为处理好保障反有组织犯罪有关国家机关、行业主管部门依法行使职权和保护公民、组织合法权益之间的关系，本条对反有组织犯罪有关国家机关、行业主管部门的法律责任作了规定。本法第五条规定：“反有组织犯罪工作应当依法进行，尊重和保障人权，维护公民和组织的合法权益。”本法第六条规定：“监察机关、人民法院、人民检察院、公安机关、司法行政机关以及其他有关国家机关，应当根据分工，互相配合，互相制约，依法做好反有组织犯罪工作。”本条规定体现了总则中的规定的精神，有利于规范反有组织犯罪的各项工作，保障单位、个人的合法权利不受侵犯。

（二）审议中各方面的意见以及争议的问题

提请全国人大常委会审议的一审稿中规定："有关国家机关、行业部门拒不履行或者拖延履行反有组织犯罪法定职责，或者拒不配合反有组织犯罪调查取证，或者在其他工作中滥用反有组织犯罪工作有关措施的，由其上级机关责令改正，对相关单位给予通报批评。造成不良后果或者恶劣影响的，对负有领导责任和直接责任的公职人员，依法给予处分；构成犯罪的，依法追究刑事责任。"有的地方和部门提出，将原草案中"负有领导责任和直接责任的公职人员"修改为"负有责任的领导人员和直接责任人员"；二审中，有的委员提出将原草案中"造成不良后果"前增加"情节严重"。经过研究，吸收了部分意见，对负有责任的领导人员和直接责任人员规定了法律责任，更好的压实各项责任。

（三）有关国家和地区的规定

日本《通信监听法》第三十条规定，拥有侦查或调查权限的公务员若有侵害通信秘密的行为（违反《电气通信事业法》或《有限电气通信法》相关条款）处以3年以下惩役或100万以下罚金。

第七十四条　有关部门和单位、个人应当对在反有组织犯罪工作过程中知悉的国家秘密、商业秘密和个人隐私予以保密。违反规定泄露国家秘密、商业秘密和个人隐私的，依法追究法律责任。

【条文主旨】

本条是关于反有组织犯罪工作有关部门和单位、个人应当对知悉的国家秘密、商业秘密和个人隐私予以保密以及违反规定泄露的法律责任的规定。

【条文释义】

反有组织犯罪工作有关部门和单位、个人在履行反有组织犯罪工作职责、义务过程中有可能涉及、了解有关国家秘密、商业秘密和个人隐私。国家秘密一旦被泄露，就会对国家安全和利益造成危害或者威胁；商业秘密被泄露，会给拥有该商业秘密的单位和个人的生产、经营活动带来不利影响，造成经济损失；个人隐私的泄露，则侵犯了当事人的合法权利，可能给当事人的名誉造成损害，影响正常生活，对个人带来精神痛苦和心理压力。因此，各有关部门和单位、个人对于在反有组织犯罪工作中接触、知悉的国家秘密、商业秘密和个人隐私都应当予以保密。之所以规定本条：一是从现实情况看，有关部门和单位、个人对于在反有组织犯罪工作中接触、知悉的国家秘密、商业秘密和个人隐私量多面广。据统计，国家机关知悉或者掌握的自然人隐私和个人信息量远超一般的企业等商业主体。二是有关部门和单位、个人对于在反有组织犯罪工作中接触、知悉的国家秘密、商业秘密和个人隐私一般是敏感度较大或者私密程度较高。若有关部门和单位、个人没有强烈的保密意识，导致国家秘密、商业秘密和个人隐私被泄露或者公开，有可能造成极大的权益损害，社会后果也是极为严重的。基于此，本条明确规定，有关部门和单位、个人应当对在反有组织犯罪工作过程中知悉的国家秘密、商业秘密和个人隐私予以保密。这就要求，有关部门和单位、个人在反有组织犯罪工作过程中自己不主动泄露、公开或者非法提供这些信息，还要采取有力的措施确保这些信息不被泄露、不被公开。

本条规定的"国家秘密"，依照保守国家秘密法的有关规定，是指关系国家安全和利益，依照法定程序确定，在一定时间内只限一定范围的人员知悉的事项。国家秘密包括符合上述规定的下列秘密事项：国家事务重大决策中的秘密事项；国防建设和武装力量活动中的秘密事项；外交和外事活动中的秘密事项以及对外承担保密义务的秘密事项；国民经济和社会发展中的秘密事项；科学技术中的秘密事项；维护国家安全活动和追查刑事犯罪中的秘密事项；其他经国家保密行政管理部门确定的其他秘密事项。政党的秘密事项中符合上述规定的，也属于国家秘密。国家秘密的密级分为绝密、机密、秘密三级。其中，绝密级国家秘密是最重要的国家秘密，泄露会使国家安全和利益遭受特别严重的损害；机密级国家秘密是重要的国家秘密，泄露会使国家安全和利益遭受严重的损害；秘密级国家秘密是一般的国家秘密，泄露会使国家安全和利益遭受损害。根据保守国家秘密法的有关规定，一切国家机关、武装力量、政党、社会团体、企事业单位和公民都有保守国家秘密的义务。反有组织犯罪工作的有关部门和单位、个人对于履行反有组织犯罪工作职责、义务过程中知悉的国家秘密当然也应当保密，这是对保守国家秘密法有关内容的重申。

根据反不正当竞争法的规定，"商业秘密"，是指不为公众所知悉、能为权利人带来经济利益，具有实用性并经权利人采取保密措施的技术信息和经营信息。技术信息，包括技术配方、技术诀窍、工艺流程等。经营信息，是指采取什么方式进行经营等有关经营的重大决策以及与自己有业务往来的客户的情况等。商业秘密都具有一定的经济价值，必须予以保护，以维护社会主义市场经济秩序。

本条规定的“个人隐私”，是指公民不愿意公开的、与其人身权密切相关的、隐秘的事件或者事实，如个人财产、住址、生育能力、收养子女等。对这些信息应当予以保密，不得非法向外界泄露、传播、扩散，让不该知悉的人知悉。根据民法典第一千零三十二条的规定，自然人享有隐私权。任何组织或者个人不得以刺探、侵扰、泄露、公开等方式侵害他人的隐私权。隐私是自然人的私人生活安宁和不愿为他人知晓的私密空间、私密活动、私密信息。

本条对违反规定泄露国家秘密、商业秘密和个人隐私的，依法追究法律责任。这里的“泄露”是指行为人把自己掌握或者知悉的国家秘密、商业秘密和个人隐私让不应知悉者知悉的行为。泄露的方式是多种多样的：既可以是口头泄露，也可以是书面泄露；既可以是用交给实物的方式泄露，也可以是用发送电子信函的方式泄露；等等。

关于法律责任，本条规定的法律责任主体包括所有在反有组织犯罪工作过程中知悉家秘密、商业秘密和个人隐私的有关部门和单位、个人。

1. 关于泄露国家秘密的法律责任。国家秘密关系到国家安全和利益，保守国家秘密是宪法规定的公民的义务。国家机关工作人员对其了解和知悉的国家秘密，更应该严格保密，不得泄露。对此，公务员法、法官法、检察官法、人民警察法等法律关于国家机关工作人员的义务中也都有明确规定。除国家机关工作人员外，一些非国家机关工作人员也可能因工作关系等原因，接触和知悉国家秘密。根据保守国家秘密法的有关规定，违反规定泄露国家秘密的，依法给予处分，构成犯罪的，依法追究刑事责任，对于尚不构成犯罪，不适用处分的人员，由保密行政管理部门督促其所在机关、单位予以处理。根据刑法第三百九十八条的规定，违反保守国家秘密法的规定，故意或者过失泄露国家秘密，情节严重的，处 3 年以下有期徒刑或者拘役；情节特别严重的，处 3 年以上 7 年以下有期徒刑。对于尚不构成犯罪的，应当依法给予处分，或者承担相应民事责任。

2. 关于泄露商业秘密的法律责任。根据刑法第二百一十九条的规定，违反保密义务或者违反权利人有关保守商业秘密的要求，披露、使用或者允许他人使用其所掌握的商业秘密，情节严重的，处3年以下有期徒刑，并处或者单处罚金；情节特别严重的，处3年以上10年以下有期徒刑，并处罚金。对于尚不构成犯罪的，应当依法给予处分，或者承担相应民事责任。

3. 关于泄露个人隐私的法律责任。根据刑法第二百四十六条的规定，以暴力或者其他方法公然侮辱他人或者捏造事实诽谤他人，情节严重的，处3年以下有期徒刑、拘役、管制或者剥夺政治权利。根据刑法第二百五十三条之一的规定，违反国家有关规定，向他人出售或者提供公民个人信息，情节严重的，处3年以下有期徒刑或者拘役，并处或者单处罚金；情节特别严重的，处3年以上7年以下有期徒刑，并处罚金。违反国家有关规定，将在履行职责或者提供服务过程中获得的公民个人信息，出售或者提供给他人的，依照前款的规定从重处罚。窃取或者以其他方法非法获取公民个人信息的，依照第一款的规定处罚。单位犯前三款罪的，对单位判处罚金，并对其直接负责的主管人员和其他直接责任人员，依照各该款的规定处罚。对于尚不构成犯罪的，应当依法给予处分，或者承担相应民事责任。

此外，民法典第一千零三十九条规定，国家机关、承担行政职能的法定机构及其工作人员对于履行职责过程中知悉的自然人的隐私和个人信息，应当予以保密，不得泄露或者向他人非法提供。刑法第三百零八条之一规定，司法工作人员、辩护人、诉讼代理人或者其他诉讼参与人，泄露依法不公开审理的案件中不应当公开的信息，造成信息公开传播或者其他严重后果的，处3年以下有期徒刑、拘役或者管制，并处或者单处罚金。

【实践中应注意的问题】

在该条的理解适用中，应当需要注意以下几个方面的问题：

民法典主要调整的是作为平等主体的自然人、法人、非法人组织之间的人身关系和财产关系。但由于有关部门和单位在反有组织犯罪工作过程中不可避免地掌握了个人隐私等，且多数为敏感重要的个人信息，一旦被泄露，将造成严重损害。若国家机关、承担行政职能的法定机构或者其工作人员在履行反有组织犯罪法定职责过程中违反保密义务，侵害了自然人的权益，权利人可以根据国家赔偿法或者其他相关法律的规定要求国家机关、承担行政职能的法定机构承担法律责任。民法典第一千零三十四条规定，自然人的个人信息受法律保护。个人信息是以电子或者其他方式记录的能够单独或者与其他信息结合识别特定自然人的各种信息，包括自然人的姓名、出生日期、身份证件号码、生物识别信息、住址、电话号码、电子邮箱、健康信息、行踪信息等。个人信息中的私密信息，适用有关隐私权的规定；没有规定的，适用有关个人信息保护的规定。

实践中执行刑法第三百九十八条规定时，应当注意该条规定的犯罪与刑法规定的其他涉及国家秘密犯罪的关系。刑法中涉及国家秘密的犯罪除该条外，还有第一百一十一条规定的为境外窃取、刺探、收买、非法提供国家秘密、情报罪，第二百八十二条规定的非法获取国家秘密罪等。如果行为人以危害国家安全为目的，为境外窃取、刺探、收买、非法提供国家秘密或者情报的，应当依照刑法第一百一十一条规定的定罪处罚，而不应适用刑法第三百九十八条规定。

【立法宗旨和背景】

反有组织犯罪工作，是关系到国家安全、公共安全和人民群众生命财产安全的一项重要工作，为有效预防和应对有组织犯罪活动，增强反有组织犯罪工作能力，采取各种安全防范措施，以及给予执法机关有力的执法手段等都是必要的。执法机关或者有关部门在履行反有组织犯罪工作职责、义务过程中不可避免地会接触到一些国家秘密、商业秘密和个人隐私。例如，有关部门为反有组织犯罪工作的需要，根据本法有关规定，在对互联网进行管理、管控和调查过程中，或者在采取技术侦查措施过程中，侦查人员在获取与案件有关的证据和线索的通知，可能会知悉其他组织、公民的合法商业秘密或者个人隐私。因此，对平衡反有组织犯罪工作手段和保护国家秘密、商业秘密和个人隐私作出明确规定是必要的。同时，本条规定也是尊重和保障人权的要求。本法第五条规定，反有组织犯罪工作应当依法进行，尊重和保障人权，维护公民和组织的合法权益。本条规定对国家秘密、商业秘密和个人隐私予以保密，既是对国家安全、公共安全的保障，也是在反有组织犯罪工作中贯彻尊重和保障人权，维护公民和组织合法权益的体现，目的是加强规范，防止反有组织犯罪工作过程中侵害国家、组织和公民的合法权益，维护有关方面利益。

第七十五条　国家工作人员有本法第五十条、第五十二条规定的行为，构成犯罪的，依法追究刑事责任；尚不构成犯罪的，依法给予处分。

【条文主旨】

本条是关于国家工作人员涉有组织犯罪的处理。

【条文释义】

本条是关于国家工作人员有涉本法第五十条、第五十二条规定的行为法律责任的规定的处理。国家工作人员有本法第五十条、第五十二条规定的行为，构成犯罪的，依法追究刑事责任；尚不构成犯罪的，依法给予处分。

本款区分不同情节，对有关国家工作人员的法律责任作了规定：一是尚不构成犯罪的，依法给予处分。这里所说的“依法给予处分”，既包括单位内部规定的处分，也包括依照政务处分法等有关法律法规规定给予处分。政务处分具体包括警告、记过、记大过、降级、撤职、开除。二是构成犯罪的，依法追究刑事责任。此处重申刑法的有关规定，进一步强调反有组织犯罪工作有关国家工作人员在反有组织犯罪工作中有违反本法第五十条、第五十二条规定的行为，构成犯罪的，依法追究刑事责任。

本法第五十条规定：“国家工作人员有下列行为的，应当全面调查，依法作出处理：（一）组织、领导、参加有组织犯罪活动的；（二）为有组织犯罪组织及其犯罪活动提供帮助的；（三）包庇有组织犯罪组织、纵容有组织犯罪活动的；（四）在查办有组织犯罪案件工作中失职渎职的；（五）利用职权或者职务上的影响干预反有组织犯罪工作的；（六）其他涉有组织犯罪的违法犯罪行为。国家工作人员组织、领导、参加有组织犯罪的，应当依法从重处罚。”

1. 上述行为的刑事责任主要包括：组织、领导、参加黑社会组织罪和包庇、纵容黑社会性质组织罪。刑法第二百九十四条规定：“组织、领导黑社会性质的组织的，处七年以上有期徒刑，并处没收财产；积极参加的，处三年以上七年以下有期徒刑，可以并处罚金或者没收财产；其他参加的，处三年以下有期徒刑、拘役、管制或者剥夺政治权利，可以并处罚金。”“境外的黑社会组织的人员到中华人民共和国境内发展组织成员的，处三年以上十年以下有期徒刑。”“国家机关工作人员包庇黑社会性质的组织，或者纵容黑社会性质的组织进行违法犯罪活动的，处五年以下有期徒刑；情节严重的，处五年以上有期徒刑。”“犯前三款罪又有其他犯罪行为的，依照数罪并罚的规定处罚。”国家工作人员为黑恶势力充当“保护伞”，涉嫌贪污贿赂、失职渎职等职务犯罪的，由监察机关依照监察法的有关规定进行调查。同时，刑事诉讼法第十九条第二款规定，人民检察院在对诉讼活动实行法律监督中发现的司法工作人员利用职权实施的非法拘禁、刑讯逼供、非法搜查等侵犯公民权利、损害司法公正的犯罪，可以由人民检察院立案侦查。因此，司法工作人员包庇、纵容黑恶犯罪，充当“保护伞”等，涉嫌诉讼活动中有关职务犯罪的，可以由检察机关依法进行侦查。

2. 上述行为的行政责任主要包括：依照政务处分法等有关法律法规规定给予处分。政务处分具体包括警告、记过、记大过、降级、撤职、开除。

本法第五十二条规定：“依法查办有组织犯罪案件或者依照职责支持、协助查办有组织犯罪案件的国家工作人员，不得有下列行为：（一）接到报案、控告、举报不受理，发现犯罪信息、线索隐瞒不报、不如实报告，或者未经批准、授权擅自处置、不移送犯罪线索、涉案材料；（二）向违法犯罪人员通风报信，阻碍案件查处；（三）违背事实和法律处理案件；（四）违反规定查封、扣押、冻结、处置涉案财物；（五）其他滥用职权、玩忽职守、徇私舞弊的行为。”

1. 上述行为的刑事责任主要包括：（1）滥用职权罪；（2）玩忽职守罪；（3）徇私枉法罪；（4）妨害作证罪；（5）打击报复证人罪；（6）帮助犯罪分子逃避处罚罪；（7）洗钱罪。刑法第三百九十七条规定：“国家机关工作人员滥用职权或者玩忽职守，致使公共财产、国家和人民利益遭受重大损失的，处三年以下有期徒刑或者拘役；情节特别严重的，处三年以上七年以下有期徒刑。本法另有规定的，依照规定。国家机关工作人员徇私舞弊，犯前款罪的，处五年以下有期徒刑或者拘役；情节特别严重的，处五年以上十年以下有期徒刑。本法另有规定的，依照规定。”刑法第三百九十九条规定：“司法工作人员徇私枉法、徇情枉法，对明知是无罪的人而使他受追诉、对明知是有罪的人而故意包庇不使他受追诉，或者在刑事审判活动中故意违背事实和法律作枉法裁判的，处五年以下有期徒刑或者拘役；情节严重的，处五年以上十年以下有期徒刑；情节特别严重的，处十年以上有期徒刑。”刑法第三百零七条规定：“以暴力、威胁、贿买等方法阻止证人作证或者指使他人作伪证的，处三年以下有期徒刑或者拘役；情节严重的，处三年以上七年以下有期徒刑。第三百零八条规定，对证人进行打击报复的，处三年以下有期徒刑或者拘役；情节严重的，处三年以上七年以下有期徒刑。”刑法第四百一十七条规定：“有查禁犯罪活动职责的国家机关工作人员，向犯罪分子通风报信、提供便利，帮助犯罪分子逃避处罚的，处三年以下有期徒刑或者拘役；情节严重的，处三年以上十年以下有期徒刑。”第三百六十二条规定：“旅馆业、饮食服务业、文化娱乐业、出租汽车业等单位的人员，在公安机关查处卖淫、嫖娼活动时，为违法犯罪分子通风报信，情节严重的，依照窝藏、包庇罪定罪处罚。”刑法第一百九十一条规定：“个人或者单位明知是毒品犯罪、黑社会性质的组织犯罪、恐怖活动犯罪、走私犯罪、贪污贿赂犯罪、破坏金融管理秩序犯罪、金融诈骗犯罪的所得及其产生的收益，为掩饰、隐瞒其来源和性质，实施洗钱行为的，构成洗钱罪。”

2. 上述行为的行政责任主要包括：依照政务处分法等有关法律法规规定给予处分。政务处分具体包括警告、记过、记大过、降级、撤职、开除。

此外，为防范、调查和应对有组织犯罪活动，由有关国家工作人员对涉及有组织犯罪的物品、资金采取强制措施是必要的。刑事诉讼法、反洗钱法等法律对侦查机关采取查封、扣押、冻结措施作了规定。本法根据反有组织犯罪工作的需要，对于涉及有组织犯罪的物品、资金等规定了查封、扣押、冻结、处置涉案财物的措施。同时，本法第五条规定，反有组织犯罪工作应当依法进行，尊重和保障人权，维护公民和组织的合法权益。有关国家工作人员在依照本法进行反有组织犯罪工作时，既要严密防范、严厉打击有组织犯罪活动，又要严格遵守法定程序和规范，尊重和维护公民、组织的合法权益。本法第四十一条规定，查封、扣押、冻结、处置涉案财物，应当严格依照法定条件和程序进行，依法保护公民和组织的合法财产权益，严格区分违法所得与合法财产、本人财产与其家属的财产，减少对企业正常经营活动的不利影响。不得查封、扣押、冻结与案件无关的财物。经查明确实与案件无关的财物，应当在3日以内解除查封、扣押、冻结，予以退还。对被害人的合法财产，应当及时返还。查封、扣押、冻结、处置涉案财物，应当为犯罪嫌疑人、被告人及其扶养的家属保留必需的生活费用和物品。2004年宪法修正案增加规定“国家尊重和保障人权”。为贯彻实施宪法，根据刑事诉讼特点，2012年修改刑事诉讼法进一步对刑事诉讼的任务作了完善，增加了尊重和保障人权，规定：“中华人民共和国刑事诉讼法的任务，是保证准确、及时地查明犯罪事实，正确应用法律，惩罚犯罪分子，保障无罪的人不受刑事追究，教育公民自觉遵守法律，积极同犯罪行为作斗争，维护社会主义法制，尊重和保障人权，保护公民的人身权利、财产权利、民主权利和其他权利，保障社会主义建设事业的顺利进行。”尊重和保障人权，要求尊重和保障公民人身权利、财产权利和民主权利等各方面权利。坚持这一理念要求我们不能为了达到办案目的而忽视程序中对公民各项权利的保障，不得刑讯逼供，不得随意处置涉案财物，这是尊重和保障人权的重要体现。尊重和保障人权要求进一步规范执法司法活动，防止公权力在执法司法过程中违法损害当事人利益，进一步规范涉案财物处置是其中的重要内容。对于国家工作人员违反规定查封、扣押、冻结、处置涉案财物的行为，给公民和组织的合法权益造成损害的，应当根据国家赔偿法等规定给予赔偿。

【实践中应注意的问题】

在该条的理解适用中，应当需要注意以下几个方面的问题：

第一，本条对反有组织犯罪工作有关国家工作人员履行职责的具体情况，其有关犯罪行为追究刑事责任作出了衔接性规定。实践中在认定是否构成犯罪时，要依照刑法的有关规定进行。根据刑法第三百九十七条的规定，构成滥用职权罪或者玩忽职守罪，要求犯罪主体为国家机关工作人员。这里所说的“国家机关工作人员”，是指在国家各级党政机关、权力机关、司法机关和军事机关中执行一定职权的工作人员。国家机关工作人员不仅要有滥用职权或者玩忽职守的行为，而且这种行为必须造成了“致使公共财产、国家和人民利益遭受重大损失”的后果，未造成重大损失的，属于一般工作过失的渎职行为，可以由有关部门给予批评教育或者处分。比如，因反有组织犯罪工作有关国家机关工作人员滥用职权或者玩忽职守，致使有组织犯罪分子逃脱后实施了有组织犯罪活动，对公民人身、财产和公安利益造成重大损失等。对此，在实践中，司法机关可以依照法律有关规定和案件有关情况具体认定。

第二，对于黑恶势力的保护伞，我国刑法第二百九十四条第三款专门规定了包庇、纵容黑社会性质组织罪，并规定包庇、纵容黑社会性质组织又有其他犯罪行为的，依照数罪并罚的规定处罚。此外，对于其他包庇、放纵黑恶势力违法犯罪的，可以根据案件具体情况，适用刑法规定的包庇罪，伪证罪，徇私枉法罪，枉法裁判罪，徇私舞弊不移交刑事案件罪，放纵走私罪，放纵制售伪劣商品犯罪行为罪，帮助犯罪分子逃避处罚罪，私放在押人员罪，徇私舞弊减刑、假释、暂予监外执行罪，受贿罪等罪名定罪处罚。最高人民法院、最高人民检察院、公安部、司法部《关于办理黑恶势力犯罪案件若干问题的指导意见》第二十二条中明确，刑法第二百九十四条第三款中规定的“包庇”行为，不要求相关国家机关工作人员利用职务便利。利用职务便利包庇黑社会性质组织的，酌情从重处罚。包庇、纵容黑社会性质组织，事先有通谋的，以具体犯罪的共犯论处。

第三，过去的实践经验表明，在国家追诉公民涉嫌刑事案件这一过程中可能发生不尊重和保障人权的情况。进一步规范涉案财物处置，规范执法司法活动是贯彻中央关于民营企业保护，以及做好“六稳”工作、落实“六保”任务的要求。要正确区分企业财产和个人财产、涉案财产和合法财产等，为民营企业发展创造了更好的条件和环境，提振民营企业信心，为统筹疫情和经济社会发展，做好“六稳”，落实“六保”提供了司法政策保障。特别是在打击黑恶势力犯罪过程中，重视对涉黑恶案件中企业产权的依法处置和保护就尤为重要，关系到企业的产权保护和扫黑除恶斗争的规范化、法治化发展。

【典型案例】

经查，以王某为首的黑社会性质组织利用公职人员的包庇纵容，为其部分组织成员披上“国企员工”外衣，既为组织成员及企业“洗白”，又打着“国企”旗号继续欺压渔民，挤压竞争对手，极力扩张势力范围，在当地造成恶劣影响。

经查，2013年至2018年，身为旅游集团有限公司党委书记、董事长臧某在任职期间，以国有公司名义与王某实际控制的公司合资组建休闲渔业有限公司，由王某负责具体运营，并将部分涉黑人员转变成其单位的国企正式人员。臧某还先后收受王某所送财物，为王某谋取利益，并通过王某从事营利活动。

2016年1月，臧某接受王某申请确权的3万余亩海域使用权，并安排下属代臧某持有该海域使用权证，由王某缴纳当年度该海域的使用金31万元，同时默许由王某将该海域对外承包。2016年5月，臧某通过下属以个人名义办理的银行卡，收取王某转来的该海域承包费45万元。不仅如此，2017年初和2018年上半年，臧某先后两次收受王某所送名贵字画多幅。经鉴定，共计价值人民币7.6万元。臧某还接受王某提供的越野车一辆，交给妻弟使用。

最终，臧某因受贿罪被判处有期徒刑8年6个月，并处罚金人民币80

万元。

【立法宗旨和背景】

（一）起草背景

近年来，有组织犯罪活动通过贿赂、腐蚀国家工作人员，寻找“保护伞”，成为严重影响我国社会治安队伍一个重要问题。“保护伞”是隐藏在黑恶势力背后的推手，是黑恶势力的帮凶，只有彻底铲除“伞”的庇护，方能达到正本清源的效果。严肃查处涉黑涉恶腐败和“保护伞”案件，是老百姓对平安生活的热切期盼，是全面从严治党的必然要求。黑恶势力犯罪“保护伞”主要有以下几种表现形式：一是积极地包庇黑恶势力。包括帮助隐匿、毁灭、伪造证据，自行或者指使他人作伪证，阻止他人作证的行为；也包括提供隐藏处所、财物，跑风漏气，游说请托，阻挠办案等行为。二是消极地纵容黑恶势力。主要是违反岗位职责要求，有案不立、立案不查，对黑恶势力放任纵容。三是其他形式。如违规办理取保候审、徇私枉法轻纵罪犯、违规减刑等。做好反有组织犯罪工作，一方面，要依靠群众，调动人民群众的积极性，对举报有组织犯罪或者在犯有组织犯罪工作中作出突出贡献的单位和个人给予表彰、奖励，对其人身安全采取有效的保障措施；另一方面，对于国家工作人员有组织、领导、参加有组织犯罪活动，包庇、纵容、帮助有组织犯罪活动，向违法犯罪人员通风报信，阻碍案件查处，甚至其他滥用职权、玩忽职守、徇私舞弊等行为的，也要依法追究其相应的法律责任。只有奖罚分明，才能收到良好的政治效果、法律效果、社会效果，才能有利于反有组织犯罪工作的顺利开展。本条规定对国家工作人员的法律责任作了规定。

（二）审议中各方面的意见以及争议的问题

一审稿规定：“组织、领导、参加黑社会性质组织，帮助黑社会性质组织，利用黑社会性质组织牟利，境外的黑社会组织的人员到中华人民共和国境内发展组织成员，参加境外黑社会组织，国家工作人员包庇、纵容、帮助黑社会性质的组织、境外黑社会组织的，依法追究刑事责任。对于恶势力组织实施的行为，构成犯罪的，依法追究刑事责任。”有的部门提出，依据刑法规定，建议本条构成包庇、纵容有组织犯罪活动的主体与刑法保持一致。考虑到，国家工作人员的范围中包括国家机关工作人员，且本法中的行为方式与刑法有关规定并不完全相同，经研究认为，为惩治有组织犯罪工作，本法规定的主体能够适应实践中打击的实际需要。

（三）有关国家和地区的规定

随着有组织犯罪形态的转变，官员与黑手党等犯罪组织相互勾结，严重侵害国家利益、威胁国家安全，意大利加大了对与有组织犯罪有关的贪污腐败犯罪的打击力度。2015 年 4 月，意大利议会通过一项反腐败法案，其中规定，涉案官员一旦被认定犯贪腐罪，将判处等同于其受贿所得的罚金；与腐败相关有组织犯罪的主犯和从犯，将面临最高达 26 年的囚禁。意大利一直以来将打击黑手党型犯罪集团放在首要位置，为此，自 1991 年以来，意大利先后设置了调查黑手党罪犯的专业机构。1991 年，意大利第 367 号法令决定设立全国反黑手党检察局和区级反黑手党检察署，专门承办黑手党型有组织犯罪集团的犯罪案件。

美国 2011 年通过《公共腐败起诉改进法》，将某些严重的公共腐败犯罪的诉讼时效延长至六年，提高了联邦刑法中某些腐败犯罪的刑罚上限；在《反犯罪组织侵蚀合法组织法》（“RICO 法案”）的基础上增加了贿赂、盗窃、侵占公共资金；增加了其他的无线电窃听规定；扩大了伪证罪和妨碍司法程序罪的管辖范围等。

第七十六条　有关单位和个人对依照本法作出的行政处罚和行政强制措施决定不服的，可以依法申请行政复议或者提起行政诉讼。

【条文主旨】

本条是对行政处罚和行政强制措施决定不服的，可以依法申请行政复议或者提起行政诉讼的规定。

【条文释义】

本条规定的申请主体是对依照本法作出的有关行政处罚和行政强制措施不服的行政相对人，包括单位和个人。本法根据反有组织犯罪工作的实践需要，设定了一些具体的行政处罚和行政强制措施。行政处罚是特定的行政主体对违反行政管理秩序但尚未构成犯罪的有关单位、个人予以制裁的行政行为，包括警告、罚款、行政拘留、没收违法所得、没收非法财务、责令停产停业、暂扣或者吊销许可证、暂扣或者吊销执照等。本法第八章系统规定了防范、调查、处置有组织犯罪活动有关的行政处罚，如第六十九条，对参加境外的黑社会组织的，积极参加恶势力组织的，教唆、诱骗他人参加有组织犯罪组织，或者阻止他人退出有组织犯罪组织的，为有组织犯罪活动提供资金、场所等支持、协助、便利的，阻止他人检举揭发有组织犯罪、提供有组织犯罪证据，或者明知他人有有组织犯罪行为，在司法机关向其调查有关情况、收集有关证据时拒绝提供的，教唆、诱骗未成年人参加有组织犯罪组织或者阻止未成年人退出有组织犯罪组织，尚不构成犯罪的行为规定了拘留、罚款的行政处罚；第七十条对因组织、领导黑社会性质组织被判处刑罚的人员，不按照公安机关的决定及国家有关规定如实报告个人财产及日常活动的行为规定了警告、拘留、罚款的行政处罚；第七十一条公安机关核查黑社会性质组织犯罪线索，发现涉案财产有灭失、转移的紧急风险的，金融机构等相关单位未依照有关规定协助公安机关采取紧急止付、临时冻结措施的行为规定了罚款的行政处罚；第七十二条对电信业务经营者、互联网服务提供者拒不为侦查有组织犯罪提供技术支持和协助的，不按照主管部门的要求对含有宣扬、诱导有组织犯罪内容的信息停止传输、采取消除等处置措施、保存相关记录的行为规定了警告、罚款、责令停产停业、吊销执照等的行政处罚；等等。

行政强制措施是行政机关在行政管理过程中，为制止违法行为、防止证据损毁、避免危害发生、控制危险扩大等情形，依法对公民的人身自由实施暂时性限制，或者对公民、法人或者其他组织的财物实施暂时性控制的行为，包括限制公民人身自由、查封场所、设施或者财物、扣押财物、冻结存款、汇款等。本法在防范、调查、处置有组织犯罪活动中规定了相关的行政强制措施，如本法第二十一条，移民管理、海关、海警等部门发现相关人员涉嫌违反我国法律或者发现涉嫌有组织犯罪物品的，应当依法扣留并及时处理；第二十九条规定公安机关办理有组织犯罪案件，可以依照出境入境管理法的规定，决定对犯罪嫌疑人采取限制出境措施，通知移民管理机构执行；第三十九条，办理有组织犯罪案件中发现的可用以证明犯罪嫌疑人、被告人有罪或者无罪的各种财物、文件，应当依法查封、扣押。

需要注意的是，本法规定的行政处罚和行政强制措施在具体执行中，既要符合本法的具体规定，也要符合行政处罚法和行政强制法包括程序在内的相应规定。如行政处罚法规定的行政处罚遵循公正、公开原则，行政处罚由具有行政处罚权的行政机关在法定职权范围内实施等；行政强制法规定行政强制的实施应当适用；采用非强制手段可以达到行政管理目的的，不得实施行政强制；应当坚持教育与强制相结合等。上述法律中还规定，公民、法人或者其他组织对行政机关所给予的行政处罚、实施的行政强制，享有陈述权、申辩权。

本条规定可以采取的救济措施包括行政复议或者行政诉讼两种方式。这里的“依法申请行政复议或者提起行政诉讼”，是指有关单位和个人可以按照行政复议法、行政诉讼法规定的条件和程序申请行政复议、提起行政诉讼。行政复议是指公民、法人或者其他组织不服行政机关的处罚决定、侵犯其合法权益的，在一定期限内，依法向行政复议机关提出行政复议申请，接受申请的行政复议机关根据提出的申请，按照法律、法规的规定对原具体行政行为的合法性和适当性进行复查，在规定的时限内作出维持、变更或者撤销原具体行政行为的决定。行政复议法第九条规定：“公民、法人或者其他组织认为具体行政行为侵犯其合法权益的，可以自知道该具体行政行为之日起六十日内提出行政复议申请；但是法律规定的申请期限超过六十日的除外。因不可抗力或者其他正当理由耽误法定申请期限的，申请期限自障碍消除之日起继续计算。”

行政诉讼是指公民、法人或者组织不服行政机关的处罚决定、行政强制措施决定等，认为行政机关和行政机关工作人员的具体行政行为侵犯其合法权益的，在一定期限内，依法向人民法院提起诉讼，由人民法院对具体行政行为是否合法进行审查并作出裁判，但对法律规定由行政机关最终裁决的具体行政行为，人民法院不受理公民、法人或者其他组织提起的诉讼。行政诉讼法第四十五条规定：“公民、法人或者其他组织不服复议决定的，可以在收到复议决定书之日起十五日内向人民法院提起诉讼。复议机关逾期不作决定的，申请人可以在复议期满之日起十五日内向人民法院提起诉讼。法律另有规定的除外。”第四十六条规定：“公民、法人或者其他组织直接向人民法院提起诉讼的，应当自知道或者应当知道作出行政行为之日起六个月内提出。法律另有规定的除外。因不动产提起诉讼的案件自行政行为作出之日起超过二十年，其他案件自行政行为作出之日起超过五年提起诉讼的，人民法院不予受理。”

一般来说，不服行政处罚决定、行政强制措施决定而申请复议或者提起诉讼的，主要有以下几种情况：（1）原行政处罚决定、原行政强制措施决定认定的事实错误。比如，行政处罚或者行政强制措施的对象错误，误罚了案外人或者与案件无关的财务采取了查封、扣押、冻结等措施。（2）原行政处罚决定、原行政强制措施决定适用法律不当。（3）原行政处罚决定、原行政强制措施决定的作出不符合法定程序。

【实践中应注意的问题】

在该条的理解适用中，应当需要注意以下几个方面的问题：

第一，当事人可以依法申请行政复议或者提起行政诉讼，但复议和诉讼期间，除行政复议法、行政诉讼法规定的例外情况外，处罚等决定一般不停止执行。这样一方面当事人有权申请复议和提起诉讼，便于当事人行使自己的权利，如果发生因有关部门认定事实不清或者适用法律不当，使当事人受到不应有的处罚或者行政强制时可以得到及时的纠正和补救，有效地保护当事人的合法权益不受侵犯，同时对包括公安机关、国家安全机关等相关部门也是一种监督和制约，另一方面又体现了有关部门处罚决定和行政强制决定的严肃性和权威性，保证有关部门能够依法履行职责，及时追究违法者的法律责任。

第二，根据行政诉讼法的规定，对属于人民法院受案范围的行政案件，公民、法人或者其他组织可以先向行政机关申请复议，对复议决定不服的，再向人民法院提起诉讼，也可以直接向人民法院提起诉讼。但有关单位和个人不能就同一事实同时提出行政复议和行政诉讼。

【立法宗旨和背景】

（一）起草背景

为防范、调查、应对有组织犯罪活动，由有关部门对涉及有组织犯罪的物品、资金采取强制措施是必要的。刑事诉讼法等法律对侦查机关采取查封、扣押、冻结措施作了规定。本法根据反有组织犯罪工作的需要，对于涉及有组织犯罪的物品、资金等，在不同章节规定了查封、扣押、冻结、处置涉案财物等措施，这些措施对于制止有关违法行为，切断有组织犯罪活动的资金来源，防止危害后果的发生，查获有组织犯罪活动、有组织犯罪人员，具有重要意义。同时，本法第五条规定，反有组织犯罪工作应当依法进行，尊重和保障人权，维护公民和组织的合法权益。有关部门和单位在依照本法进行反有组织犯罪预防和治理、案件办理、涉案财产处置等工作时，既要严密防范、严厉打击有组织犯罪活动，又要严格遵守法定程序和规范，尊重和维护公民、组织的合法权益。有关部门在执行影响公民人身权利和公民、组织的财产权利的反有组织犯罪工作措施时，应当遵循有关规定的原则，尽量减少对公民、组织合法权益的不当影响。在开展反有组织犯罪工作中，一方面，需要赋予有关部门必要的强制性手段，对于违反法律规定的行为依法予以处罚；另一方面，也需要强化执法规范，保障相对人的救济权利，防止侵害公民和组织的合法权益。本条对相关救济措施作了规定。

（二）审议中各方面的意见以及争议的问题

常委会二次审议中，有的提出，该条内容在行政复议、行政诉讼法律中已经规定，在本法中规定针对性不强，建议删去。考虑到，要强化执法规范，维护公民、组织合法的权益，本条对此专门作了规定。

第九章　附　　则

第七十七条　本法自2022年5月1日起施行。

【条文主旨】

本条是关于反有组织犯罪法生效日期的规定。

【条文释义】

本条是关于反有组织犯罪法生效日期的规定。一部法律何时开始发生效力，需要具体的规定。正确理解法律关于施行时间的规定，是运用法律的前提条件。法律的施行和法律的公布是两个不同概念。法律公布是指经立法机关法定程序表决通过，由国家主席以签署主席令形式将法律向社会发布和公告。法律的施行是法律开始产生实际约束力，可以行使法律规定的权利并承担法律规定的义务。一般法律通过后都会在当日公布，但法律从何时开始施行，往往需要根据实际来决定。

法律的施行时间有四种情况，其中第一、二种比较常见。一是法律自公布之日起施行，施行时间、公布时间与通过时间同步。二是法律另定时间施行，该时间是确定的一个时间，是法律公布后经一段时间后的具体时间。我国多数法律都采取这种形式。三是法律公布后先试行或者暂行，经试行或者暂行一段时间后，由立法机关予以修改调整补充，经通过为正式法律后，公布施行。在施行或者暂行期间，法律也有约束力。如第五届全国人民代表大会常务委员会第二十二次会议和第二十五次会议分别通过的《中华人民共和国民事诉讼法（试行）》和《中华人民共和国食品卫生法（试行）》。四是规定一个法律的生效日期取决于另一个法律的制定和实施时间，如第六届全国人民代表大会常务委员会第十八次会议通过的企业破产法（试行）第四十三条规定："本法自全民所有制工业企业法实施满三个月之日起施行……"而全民所有制工业企业法在企业破产法（试行）通过时还尚未制定出来，因此有意见认为采取这种方式规定的施行日期是不确定的，立法应当明确施行日期。

本法施行时间采取了第二种方式。根据本条规定，反有组织犯罪法自2022年5月1日起施行。反有组织犯罪法的制定和施行，系统总结扫黑除恶斗争的实践经验，突出预防和惩治的要求，明确了一系列的重要制度措施，本法规定的有关内容在其他法律、行政法规或者规章中已有规定，制定反有组织犯罪法，主要是对相关规定进一步作了完善，并将其上升为法律，对于巩固扫黑除恶专项斗争工作成果，保障在法治轨道上常态化机制化开展扫黑除恶工作，建设更高水平的平安中国、法治中国，具有重要意义。

综合考虑反有组织犯罪法的重要性和为实施准备的必要性，本条规定，反有组织犯罪法自2022年5月1日起施行，这样，反有组织犯罪法的实施就有了准备期，在准备期间，深入贯彻落实以习近平同志为核心的党中央决策部署，在深入总结全国扫黑除恶专项斗争实践经验的基础上，常态化开展扫黑除恶的制度机制，为反有组织犯罪法的实施做好准备工作。本法是2021年12月24日第十三届全国人民代表大会常务委员会第三十二次会议通过的。之所以规定自2022年5月1日起施行，主要考虑到，本法是我国第一部在反有组织犯罪方面具有基础性、综合性地位的法律，本法还有一些内容，是将党中央加强反有组织犯罪工作的重大决策部署和实践中的一些成功经验，通过法律的形式确定下来。因此，有关工作已经有了一定的积累和基础，各方面也作了一定的准备。法律通过后需要有一个宣传时间，以便人民群众和各方面学习、了解、掌握法律规定的精神。此外，规定本法自2022年5月1日起施行，在法律文本中明确规定本法生效的具体日期，也有利于实践中掌握。

【实践中应注意的问题】

法律的时间效力问题，还涉及法律对其实施前的行为有无溯及力的问题。法律的溯及力，即溯及既往的效力，是指法律施行后，对生效前的行为是否适用的效力。如果适用，就表明具有溯及力；如果不能适用，也就是所谓的法不溯及既往，表明没有溯及力。各国规定大体有这样几种情况：一是从旧原则，即新法没有溯及力。二是从新原则，即新法有溯及力。三是从轻原则，即比较新法与旧法，那个处理轻些就按照哪个法处理。四是从新兼从轻原则，即新法原则上溯及既往，但是旧法对行为人的处罚较轻时，则用旧法。五是从旧兼从轻原则，即新法原则上不溯及既往，但新法对行为人的处罚较轻时，则从新法。目前世界上多数国家采取从旧原则，法律没有溯及力。在法律规定有溯及力的国家，通常采用从旧兼从轻原则。我国刑法的时间效力采用从旧兼从轻原则，即对犯罪行为原则上应当适用行为时的法律规定，但如果适用新的法律规定对犯罪人更为有利的，则应适用新的法律规定。如 2022 年 5 月 1 日起本法施行前，依照本法第五十条、第六十七条，具有从重处罚情节的，对犯罪行为原则上应当适用行为时的法律规定。

【立法宗旨和背景】

法律的生效日期，是指法律开始施行并发生法律效力的日期。关于法律的实施时间，立法法有明确规定。立法法第五十七条规定："法律应当明确规定施行日期。"法律的施行时间及生效时间，是法律效力的起点。一部法律何时开始生效，一般是由该法律的具体性质和实际需要决定的。目前，关于法律生效日期的规定，我国立法实践中通常有两种做法：一是法律公布的时间与法律生效的时间是一致的，也就是说，法律自公布之日起施行。二是法律公布的时间与法律生效的时间不一致，即法律公布后经过一段时间后才生效，其目的是给法律的实施以必要的准备时间。

第三部分

附　　录

附录一

关于《中华人民共和国反有组织犯罪法（草案）》的说明

——2020年12月22日在第十三届全国人民代表大会常务委员会第二十四次会议上

全国人大常委会法制工作委员会副主任　李宁

委员长、各位副委员长、秘书长、各位委员：

我受委员长会议委托，作关于《中华人民共和国反有组织犯罪法（草案）》的说明。

一、制定反有组织犯罪法的必要性和起草过程

新中国成立后，党和政府采取高压严打政策，彻底清除了旧中国遗留下来的黑恶势力。改革开放以来，受多方面因素影响，黑恶势力在一些地方又沉渣泛起。1997年刑法规定了组织、领导、参加黑社会性质组织罪。此后，根据实践需要，立法和司法机关通过刑法修正案、法律解释、司法解释等形式，对相关规定作了完善。扫黑除恶专项斗争开展以来，针对司法实践中的新情况、新问题，全国扫黑除恶专项斗争领导小组办公室协调中央纪委国家监委和中央政法单位发布了依法办理恶势力、“套路贷”刑事案件的规定等10个法律政策文件。从总体上看，我国现有反有组织犯罪的法律制度虽具备一定规模，但仍比较分散、未成体系，部分文件效力位阶低，防范、治理和保障等相关法律规定比较缺乏，有必要在现有法律规定的基础上，制定一部专门的反有组织犯罪法。

按照党中央部署，全国人大常委会将制定反有组织犯罪法列入了2020年度立法工作计划，中央政法委牵头，公安部具体负责，成立了起草工作领导小组和工作专班。起草过程中，多次征求中央纪委国家监委、中央组织部、中央宣

传部等23家全国扫黑除恶专项斗争领导小组成员单位和全国人大常委会法工委的意见，同时向各地各有关部门特别是基层执法部门和一线政法干警征求了意见。在总结实践经验、深入调查研究、广泛听取意见、开展专题论证、反复讨论修改的基础上，形成了草案。

二、起草工作的总体思路

起草工作坚持以习近平新时代中国特色社会主义思想为指导，认真贯彻落实习近平法治思想和以习近平同志为核心的党中央关于扫黑除恶的决策部署，依照宪法、刑法、刑事诉讼法等有关法律规定，系统总结扫黑除恶专项斗争实践经验，推动扫黑除恶工作机制化、常态化开展，提升扫黑除恶工作法治化、规范化、专业化水平，为遏制有组织犯罪滋生蔓延、推进国家治理体系和治理能力现代化提供法治保障。

起草过程中，重点把握了以下原则：一是坚持法治思维。深入把握有组织犯罪规律特点，坚持打击与预防相结合、实体与程序相结合、权力与责任相结合。二是坚持问题导向。聚焦有组织犯罪新动向，对法律规定不明确、法律适用不统一、依法惩治不精准等问题作出相应规定。三是坚持统一协调。妥善处理与刑法、刑事诉讼法及其他法律、现行规范性文件的关系，切实维护法律体系的统一性、协调性。四是从国情和实际出发，广泛听取各方面意见特别是基层的意见建议，合理借鉴境外有益经验。

三、草案的主要内容

草案共10章83条，主要规定了五个方面的内容：

（一）将党中央决策部署转化为法律，写入总则

一是规定了立法宗旨、指导思想、基本原则。二是规定了有组织犯罪概念。将有组织犯罪限定为组织、领导、参加黑社会性质组织犯罪，以及黑社会性质组织、境外黑社会组织、恶势力组织实施的具体犯罪。此外，将恶势力组织上升为法律概念，规定了信息网络有组织犯罪的认定标准。

（二）突出防治要求和责任

一是规定了预防政策和预防主体。草案明确了承担预防和治理工作的主体及其职责，综合运用法律、经济、行政、科技等手段，加强源头治理，依法建

立健全科学高效的有组织犯罪预防和治理体系。二是规定了一般预防措施与特殊预防措施。草案明确了宣传教育、基层组织预防、行业监管等一般预防措施。同时，针对国内外有组织犯罪的发展态势和跨境有组织犯罪的危害性，强调对境外黑社会组织入境渗透、发展的严格防控。三是规定了相关法律责任。草案明确了具有防范义务的责任主体未尽职责时应承担的责任，明确单位和个人报案、控告、举报和救济的权利。同时，对部分危害较轻的行为，不作为犯罪处理，以实现分化瓦解、教育挽救的目的。

（三）规范情报线索处置、案件办理机制

一是确立了线索统一归口管理模式。规定核查阶段可对嫌疑财产采取紧急处置措施，对重点嫌疑人可限制出入境。同时，充分考虑保障当事人合法权益不受侵害，对相关措施设置了严格的审批程序。二是充分体现了从严打击有组织犯罪的要求。规定了软暴力手段认定、侦查措施授权、证据综合运用、特殊组织成员处理、财产刑适用等内容。为多举措降低再犯可能性，规定了减刑、假释的从严控制要求，将财产刑执行情况和配合处置涉案财产情况与减刑、假释挂钩，并对从业禁止、异地服刑、社区矫正等作了专门规定。三是规定了国际合作。规定了合作原则、合作部门及合作中取得证据材料的效力问题。

（四）固化“打财断血”“打伞破网”经验做法

一是规定了涉案财产调查相关制度。规定在侦查起诉阶段，应当全面调查涉案财产状况，金融机构等有关单位应当在法定时限内协助配合；在审判阶段，人民法院应当准确认定涉案财产权属性质。二是规定了对涉案财产的处理措施。规定办案单位对涉案财产可以采取价值认定、保管、先行处置、移送、提出处理建议等措施；人民法院经审理，可以对涉案财产、第三人取得的涉案财物或其他等值财产分别作出返还、追缴、没收等判决。三是规定了对国家工作人员涉有组织犯罪的查处。将查办国家工作人员涉有组织犯罪明确为反有组织犯罪工作重点，构建国家工作人员涉有组织犯罪线索移送制度，明确从重处罚和从重处分情形；对于针对从事反有组织犯罪工作的执法、司法人员的举报，规定审慎原则，对匿名举报可以不予受理，对诬告陷害从严处理等制度。

（五）明确相关保障制度

一是规定了组织保障。规定公安机关和有关部门应当建立反有组织犯罪工作专门机构，提升反有组织犯罪工作能力。二是规定了制度保障。规定对证人、鉴定人、被害人和报案人、控告人、举报人的特殊保护制度。三是规定了物质保障。规定县级以上地方各级人民政府应当按照事权划分，将反有组织犯罪工作经费列入财政预算，给予必要的经费支持。

反有组织犯罪法（草案）和以上说明是否妥当，请审议。

全国人民代表大会宪法和法律委员会关于《中华人民共和国反有组织犯罪法（草案）》修改情况的汇报

全国人民代表大会常务委员会：

常委会第二十四次会议对反有组织犯罪法草案进行了初次审议。会后，法制工作委员会将草案印发各省、自治区、直辖市人大常委会、中央有关部门及部分高等院校、研究机构、基层立法联系点征求意见，在中国人大网全文公布草案，征求社会公众意见。宪法和法律委员会、法制工作委员会还到一些地方进行调研，并就草案的有关问题与中央纪委国家监委、中央政法委、最高人民法院、最高人民检察院、公安部、国家安全部、司法部等部门交换意见，共同研究。宪法和法律委员会于7月16日召开会议，根据常委会组成人员的审议意见和各方面意见，对草案进行了逐条审议。中央政法委、公安部有关负责同志列席了会议。7月28日，宪法和法律委员会召开会议，再次进行了审议。现将反有组织犯罪法草案主要问题的修改情况汇报如下：

一、草案第二条中规定了有组织犯罪和恶势力组织的概念。有的常委委员、地方和部门提出，草案关于恶势力组织概念的界定，与扫黑除恶专项斗争中的有关指导意见和实践中掌握的标准不尽一致，可能导致将恶势力犯罪泛化到一般的团伙犯罪，打击面过大。同时，有组织犯罪的概念应明确与境外黑社会组织有所区别，并处理好对境外黑社会组织的法律适用问题。宪法和法律委员会经研究，建议作出以下修改：一是，根据专项斗争的实践经验，在恶势力组织的概念中增加“在一定区域或者行业领域内”“扰乱经济、社会生活秩序，造成较为恶劣的社会影响”的特征条件。二是，增加一款，明确境外黑社会组织在我国境内发展组织成员、实施犯罪，以及在境外对我国国家或者公民实施犯罪的，适用本法。

二、草案第三条中对构建具有中国特色的打击、防范、治理有组织犯罪制度作了规定。第十条中规定，有关国家机关共同履行有组织犯罪预防和治理工作职责。有的地方和部门建议总结扫黑除恶专项斗争经验，在草案中增加建立健全反有组织犯罪工作机制、将有组织犯罪预防和治理工作纳入考评体系的规定。宪法和法律委员会经研究，建议采纳这一意见。

三、草案第十三条规定了教育部门防范有组织犯罪的职责。有的常委会组成人员、地方和部门建议进一步完善涉及未成年人的反有组织犯罪工作的规定。宪法和法律委员会经研究，建议作出以下修改：一是，完善学校的防范职责和报告义务。二是，增加有关部门对未成年人开展反有组织犯罪宣传教育的规定。三是，规定对涉及未成年人的有组织犯罪活动依法从重追究刑事责任等。

四、草案第四十六条规定，对于不宜查封、扣押、冻结的经营性财产，公安机关、人民检察院、人民法院可以报请同级人民政府指定有关部门或者委托有关机构代管或者托管。草案第五十二条对应当追缴、没收的财产转移到第三人后应当依法追缴的情形作了规定。有的地方、部门提出，涉案财产代管、托管涉及财产权益处置，属于民事法律制度调整的范围，现行民事、公司法律中没有相关基础性规定；实践中的情况比较复杂，各地做法不尽相同，对于代管、托管双方的权利义务以及造成损失的后果承担、法律责任等问题存在不同认识，目前难以在法律中作出统一规定。同时，第三人善意取得涉案财物是否追缴的问题比较复杂，涉及被害人和善意第三人财产的合理处置，各方面还存在不同认识，从案件处理的政治和社会效果考量，目前根据实际情况灵活处理较为妥当。宪法和法律委员会经研究，建议本法对上述两个问题暂不作规定，可在实践中进一步探索，待取得成熟经验后再在法律中规定。

五、草案第五十条第五项中规定，确实无法查清涉案财产权属，但有证据证明涉案财产与有组织犯罪存在关联，被告人无法说明财产合法来源的，应当予以没收。有的地方和部门提出，这有利于实现“打财断血”，铲除有组织犯罪的经济基础。但对这种犯罪组织及其成员的财产，还是应尽力查清其状况，并在本法中对证明涉案财产与有组织犯罪存在关联的证据标准作出明确规定，防止造成滥用。宪法和法律委员会经研究，建议：一是，吸收有的地方的成功经验，增加规定办理有组织犯罪案件，办案机关可以全面调查该犯罪组织及其成员的财产状况。二是，参照联合国打击跨国有组织犯罪公约，吸收有关司法解释的规定，将草案第五十条第五项有关规定修改为：被告人实施黑社会性质组织犯罪的定罪量刑事实已经查清，有足够的证据证明其在犯罪期间获得的财产高度可能属于黑社会性质组织犯罪的违法所得及其孳息、收益，被告人无法说明财产合法来源的，应当依法予以追缴、没收。

六、有的常委委员、地方、部门和社会公众建议增加保障涉案个人和单位合法权益的内容。宪法和法律委员会经研究，建议与刑事诉讼法等相衔接，作出以下修改：一是，对因犯组织、领导黑社会性质组织罪被判处刑罚的刑满释放人员的个人财产及日常活动报告制度的审批，由县级以上公安机关审批修改为设区的市级以上公安机关审批。二是，增加对有组织犯罪的犯罪嫌疑人、被告人适用认罪认罚从宽制度的规定。三是，增加对犯罪嫌疑人、被告人采取异地羁押、分别羁押或者单独羁押等措施依法通知其家属和辩护人的规定。四是，明确公安机关采取技术侦查、控制下交付等措施应当依照刑事诉讼法的规定进行。五是，增加规定涉案财物处置应当严格依照法定条件和程序进行，依法保护公民和组织的合法财产权益。六是，明确涉案财物处置应当保障利害关系人的有关诉讼权利。七是，进一步完善对证人、鉴定人、被害人、举报人等的保护措施。

七、有的地方、部门和社会公众提出，对国家工作人员涉有组织犯罪的违法犯罪行为应当从重处罚，建议根据刑法等法律规定，在本法中作出明确规定，便于司法实践中掌握。宪法和法律委员会经研究，建议进一步明确有关违法和犯罪行为的类型，完善有关法律责任的规定。

此外，还对草案作了一些文字修改。

草案二次审议稿已按上述意见作了修改，宪法和法律委员会建议提请本次常委会会议继续审议。

草案二次审议稿和以上汇报是否妥当，请审议。

全国人民代表大会宪法和法律委员会

2021 年 8 月 17 日

全国人民代表大会宪法和法律委员会关于《中华人民共和国反有组织犯罪法（草案）》审议结果的报告

全国人民代表大会常务委员会：

常委会第三十次会议对反有组织犯罪法草案进行了二次审议。会后，宪法和法律委员会、法制工作委员会联合召开座谈会，听取中央有关部门、全国人大代表和有关专家学者的意见。法制工作委员会在中国人大网全文公布草案，再次征求社会公众意见；到一些地方进行调研，并就草案有关问题与中央政法委、公安部等部门交换意见，共同研究。宪法和法律委员会于 11 月 10 日召开会议，根据委员长会议精神、常委会组成人员审议意见和各方面的意见，对草案进行了逐条审议。中央政法委、公安部有关负责同志列席了会议。11 月 30 日，宪法和法律委员会召开会议，再次进行了审议。宪法和法律委员会认为，贯彻落实党中央关于扫黑除恶常态化的决策部署，总结扫黑除恶专项斗争的实践经验，制定反有组织犯罪法，是必要的。草案经过两次审议修改，已经比较成熟。同时，提出以下主要修改意见：

一、草案二次审议稿第十一条规定，民政部门应当会同有关部门对村民委员会、居民委员会成员候选人资格进行审查，发现有组织犯罪线索的，应当及时移送公安机关。有的常委委员和部门提出，对“两委”候选人资格进行审查，是为了防止黑恶势力向基层组织渗透，审查中发现因实施有组织犯罪受过刑事处罚的，应当作出处理。宪法和法律委员会经研究，建议根据党中央加强基层组织建设、防范和整治“村霸”的有关文件精神，增加规定，发现因实施有组织犯罪受过刑事处罚的，应当依照有关规定及时作出处理。

二、草案二次审议稿第十二条第一款规定，教育行政部门、学校应当会同有关部门建立防范有组织犯罪侵害校园工作机制，加强反有组织犯罪宣传教育，增强未成年人防范有组织犯罪的意识和能力，教育引导未成年人自觉抵制有组织犯罪，防范有组织犯罪的侵害。有的常委委员、专家学者和社会公众提出，在校学生无论是否成年，都应当加强对他们的反有组织犯罪教育。宪法和法律委员会经研究，建议将上述规定中的“未成年人”修改为“学生”。

三、草案二次审议稿第四十条规定了查封、扣押、冻结、处置涉案财物的程序和规范，第六十九条规定了对尚不构成犯罪的涉黑涉恶违法行为的行政处罚。有的地方建议增加对被害人的合法财产应当及时返还和对违法所得应当予以没收的规定。宪法和法律委员会经研究，建议采纳上述意见。

四、草案二次审议稿第七十条规定，违反本法第十九条规定的报告制度的，由公安机关给予警告，并责令改正；拒不改正的，处三万元以下罚款。有的常委委员和部门提出，草案二次审议稿规定的处罚力度不够，建议对拒不改正的，增加拘留的处罚措施。宪法和法律委员会经研究，对于拒不改正的，建议增加规定五日以上十日以下拘留。

此外，还对草案二次审议稿作了一些文字修改。

12 月 3 日，法制工作委员会召开会议，邀请部分全国人大代表、专家学者和基层政法部门、村民委员会、律师等方面的代表，就草案中主要制度规范的可行性、法律出台时机、法律实施的社会效果和可能出现的问题等进行评估。与会人员普遍认为，草案深入贯彻落实党中央决策部署，坚持从国情和实际出发，坚持法治思维和问题导向，系统总结扫黑除恶斗争的实践经验，突出预防和惩治的要求，明确了一系列的重要制度措施，对于保障在法治轨道上常态化开展扫黑除恶工作，建设更高水平的平安中国、法治中国，具有重要意义。草案经过修改，充分吸收了各方面意见，制度设计更加合理，具有较强的针对性和可操作性，已经比较成熟，建议尽快审议通过。与会人员还对草案提出了一些具体修改意见，宪法和法律委员会对有的意见已经采纳。

草案三次审议稿已按上述意见作了修改，宪法和法律委员会建议提请本次常委会会议审议通过。

草案三次审议稿和以上报告是否妥当，请审议。

全国人民代表大会宪法和法律委员会
2021 年 12 月 20 日

全国人民代表大会宪法和法律委员会关于《中华人民共和国反有组织犯罪法（草案三次审议稿）》修改意见的报告

全国人民代表大会常务委员会：

本次常委会会议于 12 月 21 日上午对反有组织犯罪法草案三次审议稿进行了分组审议。普遍认为，草案已经比较成熟，建议进一步修改后，提请本次常委会会议表决通过。同时，有些常委会组成人员和列席人员还提出了一些修改意见和建议。宪法和法律委员会于 12 月 21 日晚召开会议，逐条研究了常委会组成人员和列席人员的审议意见，对草案进行了审议。中央政法委有关负责同志列席了会议。宪法和法律委员会认为，草案是可行的，同时，提出以下修改意见：

一、草案三次审议稿第二十二条第二款中规定，对于有组织犯罪的组织者、领导者和骨干成员，应当严格掌握取保候审、不起诉、缓刑、减刑、假释和暂予监外执行的适用条件，充分适用剥夺政治权利、没收财产等刑罚。有的常委委员提出，根据刑法有关规定，对有组织犯罪的罪犯还可以适用罚金刑，建议予以明确。宪法和法律委员会经研究，建议增加适用罚金刑的规定。

二、草案三次审议稿第七十一条规定了对金融机构等相关单位未依照本法规定协助公安机关采取紧急止付、临时冻结措施的处罚。有的常委委员提出，对于这类不配合执法的行为，应当先由公安机关责令改正，对拒不改正的再予以处罚，并增加公安机关对有关责任人员建议主管部门给予处分的规定。宪法和法律委员会经研究，建议采纳这一意见。

经与有关部门研究，建议将本法的施行时间确定为 2022 年 5 月 1 日。

此外，根据常委会组成人员的审议意见，还对草案三次审议稿作了一些文字修改。

草案修改稿已按上述意见作了修改，宪法和法律委员会建议本次常委会会议审议通过。

草案修改稿和以上报告是否妥当，请审议。

全国人民代表大会宪法和法律委员会

2021 年 12 月 24 日

十三届全国人大常委会第二十四次会议审议反有组织犯罪法草案的意见

2020 年 12 月 23 日下午，十三届全国人大常委会第二十四次会议对反有组织犯罪法草案进行了初次审议。现将审议意见简报如下：

一、总的意见

1. 常委会组成人员和列席人员普遍认为，制定反有组织犯罪法，将扫黑除恶专项斗争以来的成功实践以法律形式确立下来，确保扫黑除恶有法可依，常态化、机制化开展，依法预防和惩治各类有组织犯罪，在法治轨道上推进国家治理体系和治理能力现代化，具有重要意义。草案认真贯彻落实习近平法治思想和以习近平同志为核心的党中央关于扫黑除恶专项斗争的决策部署，系统总结了扫黑除恶专项斗争经验，聚焦有组织犯罪的突出问题，突出预防和惩治的要求，明确了一系列的重要制度措施。

2. 有的委员提出，草案中对有组织犯罪的办案程序和刑罚适用等内容，刑法、刑事诉讼法已有规定；有的规定也与刑法、刑事诉讼法的规定不一致。建议进一步明确本法的定位，处理好与刑法、刑事诉讼法的关系，构建协调统一的法律体系，特别是突破要慎重。

二、关于总则

1. 草案第二条第一款规定，本法所称有组织犯罪，是指刑法第二百九十四条规定的犯罪，以及由黑社会性质组织、境外黑社会组织、恶势力组织实施的犯罪。第二款规定了恶势力组织的概念。

关于有组织犯罪的概念。有的常委会组成人员建议将第一款中的“恶势力组织”放在“境外黑社会组织”前，避免引起恶势力组织是专指境外的误解。

有的委员提出，香港的有组织犯罪是指两名以上人员实施的特定严重犯罪，而草案仅限于黑恶组织犯罪，是否应将有组织犯罪的范围定的更广泛些，赋予有关部门更大职权。有的委员建议将其他有组织的犯罪纳入草案规定的有组织犯罪范围。

有的委员提出，第一款中境外黑社会组织实施的犯罪与刑法第二百九十四条规定的犯罪存在交叉，建议将“刑法第二百九十四条规定的犯罪”直接表述为“组织、领导、参加黑社会性质组织罪，包庇、纵容黑社会性质组织罪”。有的委员建议用简单明确的表述代替“刑法第二百九十四条规定的犯罪”。

关于恶势力组织的概念。有的委员提出，草案关于恶势力组织的定义，比最高法院、最高检察院、公安部、司法部《关于办理恶势力刑事案件若干问题的意见》中的界定要宽泛。建议参照这一意见，对恶势力组织的认定标准还是要严格一些，要把恶势力组织犯罪与团伙犯罪区别开。

2. 草案第三条中规定，反有组织犯罪工作应当贯彻全面依法治国基本方略，坚持总体国家安全观。

有的委员建议增加“坚持中国共产党的领导”。

3. 草案第六条规定，监察机关、公安机关、人民检察院、人民法院、司法行政机关以及其他有关国家机关，应当根据分工，互相配合，主动作为，依法共同做好反有组织犯罪工作。

有的委员建议进一步明确各部门之间的相互制约。

有的委员建议增加“监察机关、公安机关、检察机关、审判机关”在反有组织犯罪工作中应当“分工负责、相互配合、相互制约”。

4. 草案第八条规定，国家鼓励单位和个人举报有组织违法犯罪行为。

有的委员建议明确公安机关为接受举报的主体。

三、关于预防和治理

1. 草案第十一条第二款规定了反有组织犯罪宣传教育的内容，第一项是有组织犯罪的概念和特征；第二项是识别有组织犯罪的方法。

有的常委会组成人员建议将上述两项合并，同时建议将“有组织犯罪的危害”纳入宣传教育内容。

2. 草案第十二条规定，民政部门应当会同监察机关、公安机关等有关部门严格规范基层群众性自治组织换届选举，建立联审机制。

有的委员建议将联审机制扩展至基层群众性自治组织换届选举与履职全过程。

3. 草案第十三条规定，教育部门应当加强对在校学生的防范教育，建立防范有组织犯罪侵害校园工作机制。学校发现有组织犯罪侵害学生人身、财产安全，妨碍校园及周边秩序的，应当依法采取制止和防范措施，并向公安机关和教育主管部门报告。

有的常委会组成人员建议将学校增加规定为校园预防教育的实施主体，明确学校的相关职责。有的委员建议明确学校发现“学生参与有组织犯罪”的防范和报告义务。

4. 草案第十九条第二款规定，对因犯组织、领导黑社会性质组织罪被判处刑罚的刑满释放人员，经县级以上公安机关负责人批准，实行个人财产及日常活动报告制度，自刑满释放之日起最长报告年限不得超过5年。

有的委员提出，个人财产及日常活动报告制度的关键是要明确落实主体，而不是要不要批准的问题，建议将本条中的“由县级以上公安机关负责人批准”修改为“由县级以上公安机关落实”。

四、关于情报线索处置

1. 草案第二十三条规定，负有防范有组织犯罪义务的主体在履行职责时发现有组织犯罪线索，或者接到有组织犯罪举报，应当自发现线索或者接到举报之日起七日内移交公安机关，配合开展调查。

有的委员建议增加规定，公安机关应当在十五日内将处理情况反馈举报单位或者举报人。

2. 草案第二十七条第二款规定，为防止黑社会性质组织及其成员涉案财产灭失、转移，经设区的市级以上公安机关负责人批准，可以对有关涉案财产采取紧急止付、快速冻结、临时扣押的紧急措施。第三款规定，前款适用紧急措施的期限最长不得超过四十八小时。适用紧急措施的情形消失后，应当立即解除对上述涉案财产采取的措施。

有的常委会组成人员建议将第二款中的“临时扣押的紧急措施”修改为“临时扣押等紧急措施”，在第三款解除紧急措施的条件中增加“适用紧急措施期满”。

五、关于案件办理

1. 草案第三十一条第一款规定，办理有组织犯罪案件应当坚持事实清楚，证据确实、充分的证明标准。证人证言、被害人陈述、被告人供述等言词证据取证合法、内容真实，且综合全案证据排除合理怀疑时，可以认定案件事实。第二款规定，认定利用信息网络实施违法犯罪活动的有组织犯罪，应当依照刑法有关规定，结合信息网络犯罪的特殊性，进行综合审查判断。

有的委员提出，草案应当坚持刑事诉讼法的证明标准。认定有组织犯罪的证明标准要比一般犯罪更高，防止出现凑数、拔高现象。

有的委员提出，犯罪事实清楚，证据确实、充分是刑事诉讼法规定的所有案件的证明标准，草案没有必要再作规定，且第一款仅列举了言辞证据这一证据种类，易引起重口供和言辞证据的误解，建议删去第一款。

2. 草案第三十三条规定，为查明案情，必要时，经县级以上公安机关负责人批准，可以实施控制下交付，可以由侦查人员或者公安机关指定的其他人员隐匿身份进行侦查。

有的委员建议增加规定可以采取其他技术侦查措施，并建立特殊的证据审查和开示制度。有的委员建议明确对恶势力组织实施的犯罪能否采取技术侦查措施。

3. 草案第三十六条第二款规定，对参加犯罪组织的犯罪嫌疑人、被告人不起诉或者免予刑事处罚的，应当根据案件的不同情况，予以训诫或者责令具结悔过并保证不再从事违法犯罪活动，或者由主管部门予以行政处罚或者行政处分。

有的委员提出，草案中对如何监督罪犯“不再从事违法犯罪活动”未规定措施，也未明确对再违法犯罪的罪犯要从重处罚。要求罪犯做出这种保证不是法律要求，实践中也不好掌握，建议删去“保证不再从事违法犯罪活动”。

4. 草案第四十条第一款规定，执行机关对有组织犯罪罪犯提出减刑建议，在报经省、自治区、直辖市监狱管理机关审核后，报请人民法院裁定。监狱管理机关审核时应当向同级人民检察院、公安机关通报情况。

有的委员建议根据刑事诉讼法，增加规定“将有关法律文书抄送人民检察院”。

5. 草案第四十一条第一款规定，对黑社会性质组织犯罪罪犯适用减刑、假释的，人民法院应当开庭审理。

有的委员建议参照最高法院关于办理减刑、假释案件的相关司法解释，将“黑社会性质组织犯罪罪犯”明确为“组织、领导、参加、包庇、纵容黑社会性质组织犯罪的罪犯”。

六、关于财产认定和处置

1. 草案第四十三条规定，办理有组织犯罪案件应当全面调查涉案财产状况，收集证明涉案财产来源、性质、用途、权属及价值的有关证据，依法对涉案财产采取查询、查封、扣押、冻结等措施，并根据查明的情况依法作出处理。

有的委员提出，实践中存在对有组织犯罪财产范围甄别难、甄别不及时、涉案财产处置程序不规范、对利害关系人的权利保障不够等问题，建议进一步细化有关规定，严格查询、查封、扣押、冻结等措施实施的范围和程序，明确对涉案财物处置程序及案外人对涉案财物处置提出异议的方式，明确公检法及监察机关相互监督制约的程序。对办案机关处置财产有错误的，应规定纠错和赔偿措施。

2. 草案第四十七条中规定，对扣押、冻结的财产，经权利人同意或者申请，并经县级以上公安机关、人民检察院或者人民法院主要负责人批准，可以依法出售、变现或者先行变卖、拍卖，所得价款由扣押、冻结机关保管。

有的委员提出，主要负责人批准是一种行政决定程序。刑事诉讼中，人民法院对案件及财产的处置应是司法程序。草案规定由人民法院主要负责人批准的程序不妥当，建议删去“主要负责人批准”。

3. 草案第五十条对涉案财产的司法处置作了规定。其中第五项规定，确实无法查清涉案财产性质、权属，但有证据证明涉案财产与有组织犯罪存在关联，被告人无法说明财产合法来源，没有利害关系人主张权利，或者利害关系人虽然主张权利但提供的证据没有达到相应证明标准的，除依法应当返还被害人的以外，应当予以没收。

有的委员提出，财产处理应当坚持民法典的精神，在没有证据证明财产是非法取得的情况下，应推定人们所拥有的财产是合法财产。对于司法机关不能证明是犯罪所得的，不应按犯罪财产处理。有的委员还提出，本条规定的“存在关联”标准过于模糊，很容易被扩大成有一点关系就认为是犯罪财产，违反刑法的罪刑法定原则。将财产合法的举证责任转移给被告人，违反“不得强迫人自证有罪”的原则。

有的委员建议，对有组织犯罪的财产认定实行举证责任倒置，当合法财产与非法财产无法区分时，由有组织犯罪成员自己举证证明哪些财产属于免予追缴或者没收的合法财产。

4. 草案第五十二条规定，应当追缴、没收的财产已用于清偿债务或者转让，或者设置其他权利负担，具有下列情形之一的，应当依法追缴：（一）第三人明知是违法所得而接受的；（二）第三人无偿或者以明显低于市场的价格取得涉案财产的；（三）第三人通过非法债务清偿或者违法犯罪活动取得涉案财产的；（四）第三人通过其他方式取得应当追缴、没收的涉案财产的。

有的委员提出，民法典保护善意第三人的权利，对第三人已经取得的财产予以追缴，应限于以不正当方式取得的情形。建议将第四项“其他方式”的兜底性规定限定为“不正当方式”。

七、关于国家工作人员涉有组织犯罪的查处

1. 草案第五十七条第一款规定，国家工作人员既组织、领导、参加黑社会性质组织，又对该组织进行包庇、纵容、帮助的，依照较重的规定定罪处罚。

有的委员提出，对国家工作人员涉嫌上述犯罪如何处罚，应当考虑国家工作人员与黑社会性质组织的关系，依照刑法规定进行，不能简单规定按照较重的规定定罪处罚。

2. 草案第五十九条第一款规定，对从事反有组织犯罪的执法、司法工作人员的举报应当慎重处理，防止犯罪嫌疑人、被告人利用举报干扰办案、打击报复。对举报事项不明确的匿名举报，可以不予受理。

有的常委会组成人员建议在不予受理的情形中增加“缺乏线索”，加强对匿名举报的筛选。

八、关于国际合作

草案第六十二条规定，涉及有组织犯罪的刑事司法协助、引渡，依照有关

法律的规定办理。

有的常委会组成人员建议在要依照的规定中增加“中华人民共和国缔结或参加的相关国际条约”。

九、关于保障措施

草案第七十二条第二款规定，对于参加有组织犯罪的人员，积极配合侦查、起诉、审判工作并起到重要作用的，可以参照证人、鉴定人与被害人的规定采取特殊保护措施。

有的委员建议完善“污点证人”制度，明确“污点证人”的概念，对认定程序和保护措施作出规定。

十、关于法律责任

草案第七十五条规定，对有组织犯罪依法追究刑事责任。

有的委员建议明确，凡是有组织的犯罪，组织者、领导者对组织成员的所有犯罪行为都应当承担责任。有的委员建议增加规定，对组织、领导恶势力组织的首要分子，按照恶势力组织所犯的全部罪行处罚，有证据证明采取有效措施防止危害后果的，可以从轻减轻处罚。

有的委员建议明确，对利用未成年人实施有组织犯罪和侵害未成年人合法权益的有组织犯罪，从重处罚。

十一、其他意见

1. 有的常委会组成人员建议在草案第一条的“公民合法权益”前增加“保护”。有的委员建议将有关表述修改为“保障经济社会管理秩序和公民合法权益”。有的委员建议对“根据宪法”的表述再研究。

2. 有的常委会组成人员提出，草案第五条中“公民和组织”中的“组织”含义不清，如无特指，建议删去；在“严格遵照宪法和法律”前增加“应当”。

3. 有的委员建议将草案第六条、第十条、第十五条及第四十六条、第四十七条等条款中的“公安机关、人民检察院、人民法院”的表述修改为“人民法院、人民检察院、公安机关”。

4. 有的委员建议对草案第十四条第二款中“易发、常发”的标准及由谁来判断等予以明确或者作出原则规定。

5. 有的委员建议删去草案第十五条第二款中“反馈告知单位”的规定。

6. 有的常委会组成人员建议将草案第十八条中的“国务院有关部门、机构”修改为“国务院其他有关部门和机构”。

7. 有的委员建议将第三章标题“情报线索处置”修改为“举报和线索处置”；将第五章标题“财产认定和处置”修改为“涉案财产认定和处置”。

8. 有的委员建议将草案第三十条第一款中的“保外就医”修改为“暂予监外执行”。

9. 有的常委会组成人员建议在草案第五十六条第一款中增加“及其他有关国家机关”。

10. 有的委员提出，草案第五十八条“依规”是指依照什么规定不清楚，执行中可能产生歧义。如果是指法规，可以包括在“依法”中。

11. 有的委员建议在草案第六十七条第一款的“采取”前增加“立即”，并增加规定保护不力的法律责任。

12. 有的常委会组成人员建议在草案第七十六条中的“执法、司法工作人员”后增加“及其近亲属”。

13. 有的委员建议对草案中“有组织违法犯罪”“有组织犯罪”的表述进行统一。

14. 有的委员建议在刑法中增加组织、领导或参与恶势力组织的犯罪。

十三届全国人大常委会第三十次会议审议反有组织犯罪法草案二次审议稿的意见

2021年8月18日上午，十三届全国人大常委会第三十次会议对反有组织犯罪法草案二次审议稿（以下简称草案）进行了审议。

一、总的意见

1. 常委会组成人员和列席人员普遍认为，制定反有组织犯罪法是为期三年的扫黑除恶专项斗争形成的重要制度成果，对于常态化推进扫黑除恶工作，建设更高水平的平安中国，推进国家治理体系和治理能力现代化具有重要意义。草案吸收了常委会组成人员和各方面的意见，总结实践经验，进一步明确了相关概念和有关部门的工作职责，更加注重与刑法、刑事诉讼法等相关法律的衔接，修改得比较好。建议根据常委会组成人员的审议意见作进一步修改完善。

2. 有的委员提出，草案的一些条文尚需与刑法、刑事诉讼法进一步协调衔接。有的委员提出，本法涉及刑事实体和刑事诉讼制度的完善，要结合扫黑除恶专项斗争的经验教训进一步认真修改。有的委员提出，本法应当针对有组织犯罪的特点作出规定，避免与其他法律不必要的重复。

二、关于总则

1. 草案第二条第一款规定，本法所称有组织犯罪，是指《中华人民共和国刑法》第二百九十四条中规定的组织、领导、参加黑社会性质组织犯罪，以及黑社会性质组织、恶势力组织实施的犯罪。第二款规定了恶势力组织的概念。

关于有组织犯罪的概念。有的委员提出，刑法规定的有组织犯罪较多，除黑社会性质组织外，还有分裂国家、间谍、恐怖活动、邪教组织以及传销组织等有组织犯罪。本法使用“反有组织犯罪法”的名称，但只适用于黑社会性质组织犯罪和恶势力组织犯罪，对其他有组织犯罪怎么处理，建议进一步研究。

关于恶势力组织的概念。有的委员提出，第二款关于恶势力组织的定义仅体现了恶势力组织的行为表现，没有体现出犯罪目的特征，建议在“社会生活秩序”后加上“攫取利益”。

2. 草案第四条规定，反有组织犯罪工作应当坚持专门工作与群众路线相结合，坚持专项治理与系统治理相结合，坚持与反腐败相结合，坚持与加强基层组织建设相结合，惩防并举、标本兼治。

有的委员提出，本条规定的是一些具体工作，没有必要在法律中规定，建议删除。

3. 草案第六条第一款规定，监察机关、人民法院、人民检察院、公安机关、司法行政机关以及其他有关国家机关，应当根据分工，互相配合，互相制约，依法做好反有组织犯罪工作。

有的委员提出，有关机关“互相制约”是宪法中的表述，具有特定的内涵和适用条件，不宜随意扩大。建议将本款修改为“监察机关、人民法院、人民检察院、公安机关办理反有组织犯罪案件，应当分工负责，互相配合，互相制约”。

4. 草案第七条第二款规定，国家依法对协助、配合反有组织犯罪工作的单位和个人给予保护。

有的委员建议增加规定国家对有关单位和个人给予奖励。

三、关于预防和治理

1. 草案第九条规定了各级人民政府、有关部门、村民委员会、居民委员会开展有组织犯罪预防和治理工作的职责。

有的委员建议在“村民委员会、居民委员会”后增加“企业与其他单位”。有的委员建议将本条移至总则中规定，更加突显本条规定的重要性。

2. 草案第十条第一款规定，承担预防和治理职责的有关部门应当开展反有组织犯罪宣传教育，提高公众反有组织犯罪意识和能力。第二款规定，有关部门应当通过普法宣传、以案释法等方式，开展反有组织犯罪宣传教育。第三款规定，新闻、广播、电视、文化、互联网等有关单位应当有针对性地开展反有组织犯罪宣传教育。第四款规定，村民委员会、居民委员会应当协助人民政府以及有关部门加强反有组织犯罪宣传教育。

有的委员建议将第一款中的“公众”修改为“公民”。有的委员建议将第二款修改为有关部门“应当通过各种行之有效的方式，开展反有组织犯罪普法以及安全防范等方面的宣传教育”。有的委员建议将第三款中的“有关单位”修改为“有关媒体单位”。有的委员建议在第四款“村民委员会、居民委员会”后增加“企业与其他单位”。

3. 草案第十一条规定，民政部门应当会同监察机关、公安机关等有关部门，对村民委员会、居民委员会成员候选人资格进行审查，发现有组织犯罪线索的，应当及时移送公安机关。

有的委员提出，在“两委”换届时严格审查候选人资格，不仅是为了发现有组织犯罪线索，还是为了防止黑恶势力渗透基层组织乃至把控基层政权，建议将“发现有组织犯罪线索的，应当及时移送公安机关”修改为“防止有组织犯罪组织的渗透，把控基层群众性自治组织”。有的委员建议将对基层群众性自治组织成员的审查机制扩展至选举与履职全过程。

4. 草案第十二条第一款规定，教育行政部门、学校应当会同有关部门建立防范有组织犯罪侵害校园工作机制，加强反有组织犯罪宣传教育，增强未成年人防范有组织犯罪的意识和能力，教育引导未成年人自觉抵制有组织犯罪，防范有组织犯罪的侵害。第二款中规定，学校发现有组织犯罪侵害学生人身、财产安全，妨碍校园及周边秩序的，有组织犯罪组织在学生中发展成员的，应当及时采取制止和防范措施，并向公安机关和教育行政部门报告。

有的委员建议将第一款中的“未成年人”修改为“学生”。有的委员建议将第二款中的“学生”修改为“师生”。有的委员建议将第二款中的“有组织犯罪组织”修改为“犯罪组织”。

5. 草案第十三条第一款规定，有关行业主管部门应当会同公安机关，建立健全行业反有组织犯罪预防和治理长效机制，对本行业领域内有组织犯罪情况进行监测分析，对有组织犯罪易发的行业领域加强监督管理。第二款规定，相关行业主管部门应当根据职责，采取有效措施，定期排查整治行业乱象，及时移送违法犯罪线索。

有的委员提出，本条两款的内容重复，建议将第二款中“及时移送违法犯罪线索”的规定移至第一款，删除第二款其他内容。

6. 草案第十四条规定，监察机关、人民法院、人民检察院、公安机关在办理案件中发现行业主管部门防治有组织犯罪工作存在问题的，可以书面告知相关行业主管部门，提出意见建议。相关行业主管部门应当及时整改，并书面反馈整改情况。

有的委员提出，在办理减刑、假释、暂予监外执行案件中，司法行政机关也有可能发现行业主管部门防治有组织犯罪工作中存在的问题，建议增加“司法行政机关”作为告知主体。有的委员建议将“防治”修改为“预防和治理”或者“反”。有的委员建议将有关机关“可以”告知修改为“应当”告知。

7. 有的委员提出，本章规定的预防和治理责任主要在行政机关和村民委员会、居民委员会，建议增加公民个人、企业等组织和媒体等各方面参与治理的规定。

四、关于案件办理

1. 草案第二十二条第一款规定，办理有组织犯罪案件，应当以事实为根据，以法律为准绳，坚持宽严相济。第二款、第三款规定，对于有组织犯罪的组织者、领导者和骨干成员，应当严格掌握取保候审、不起诉、缓刑、减刑、假释和暂予监外执行适用条件，充分适用剥夺政治权利、没收财产等刑罚。对于从犯、初犯、偶犯以及认罪认罚的，可以依法从宽处理。

有的委员提出，第一款规定的办案原则适用于所有犯罪案件，不必在本法中专门规定，建议删去。有的委员建议在第二款的“不起诉、缓刑”之间增加“免于刑事处罚”。

2. 草案第二十三条第一款规定，利用信息网络实施的犯罪，符合本法第二条规定的，应当认定为有组织犯罪。

有的委员提出，利用信息网络实施的有组织犯罪在组织成员、结构等方面有新的特点，建议对利用信息网络实施有组织犯罪的认定进一步细化。

3. 草案第二十四条第一款规定，公安机关应当根据职责，运用现代信息技术，建立有组织犯罪线索收集和研判机制，并分级分类进行处置。

有的委员提出，数据的收集、提供、处理，应当依照数据安全法、网络安全法、个人信息保护法等法律进行，建议在“运用现代信息技术”前增加“依法”。

4. 草案第二十五条规定，有关国家机关在履行职责时发现有组织犯罪线索，或者接到有组织犯罪举报的，应当及时移交公安机关，配合开展调查。

有的委员提出，有的机关有配合调查的义务，有的机关只是接到举报后有转送的义务，一律规定“配合开展调查”，对有的机关来说赋予了过重的义务和责任，可能打击移交的积极性，建议区分情形作出规定，不要一刀切。

5. 草案第二十七条第一款规定，公安机关核查有组织犯罪线索，经县级以上公安机关负责人批准，可以查询嫌疑人员的存款、汇款、债券、股票、基金份额、房产、车辆等财产信息。第二款规定，黑社会性质组织及其成员的涉案财产有灭失、转移的紧急风险的，经设区的市级以上公安机关负责人批准，可以对有关涉案财产采取紧急止付或者临时冻结、临时扣押的紧急措施，期限不得超过四十八小时。

有的委员建议在第一款中增加“虚拟财产”。有的委员提出，刑事诉讼法第一百四十五条规定，对查封、扣押的财物等或者冻结的财产，经查明确实与案件无关的，应当在三日以内解除并予以退还。本条第二款规定的“期限不得超过四十八小时”与刑事诉讼法规定不一致，建议再斟酌。有的委员建议在第二款“黑社会性质组织及其成员”后增加“恶势力组织及其成员”。

6. 草案第三十一条规定，公安机关在立案后，为查明案情，依照《中华人民共和国刑事诉讼法》的规定，可以采取技术侦查措施，可以由侦查人员或者公安机关指定的其他人员隐匿身份进行侦查，可以实施控制下交付。

有的委员提出，刑事诉讼法对技术侦查措施已有明确规定，建议在本条中不再规定，并建议将“为查明案情”修改为“为查明有组织犯罪案情”。

7. 草案第三十二条规定，对于黑社会性质组织犯罪的组织者、领导者和骨干成员，应当依法并处没收财产。对于其他组织成员，应当根据所参与实施违法犯罪活动的次数、性质、地位、作用、违法所得数额以及造成的损失等，依法决定财产刑的适用。

有的委员提出，根据刑法第二百九十四条的规定，组织、领导黑社会性质组织的，应当并处没收财产；积极参加的，可以并处罚金或者没收财产。本条规定没有对黑社会性质组织犯罪的组织者、领导者与骨干成员区别适用财产刑，也没有规定对骨干成员或者积极参加者可以判处罚金，建议根据刑法有关规定再斟酌。

8. 草案第三十五条第二款对有关有组织犯罪罪犯跨省、自治区、直辖市执行刑罚作了规定。

有的委员建议将“跨省、自治区、直辖市执行刑罚”修改为“跨省、自治区、直辖市异地执行刑罚”。

9. 草案第三十六条第一款规定了对被判处十年以上有期徒刑、无期徒刑、死刑缓期二年执行的黑社会性质组织的组织者、领导者或者恶势力组织的首要分子减刑的提级复核程序。第二款规定，对黑社会性质组织的组织者、领导者或者恶势力组织的首要分子假释的，适用前款规定。

有的委员提出，根据刑法第八十一条第二款的规定，对因有组织暴力性犯罪被判处十年以上有期徒刑、无期徒刑的犯罪分子不得假释，建议将第二款修改为“被判处不满十年有期徒刑的有组织犯罪罪犯假释的，适用前款规定”。

五、关于涉案财产认定和处置

1. 草案第四十条第二款规定，查封、扣押、冻结、处置涉案财物，应当为犯罪嫌疑人、被告人及其扶养的家属保留必需的生活费用和物品。

有的委员建议根据民法典的有关规定，在“扶养”后增加“抚养和赡养”。

2. 草案第四十一条规定，公安机关、人民检察院、人民法院根据办理有组织犯罪案件的需要，可以全面调查有组织犯罪组织及其成员的财产状况。第四十二条规定了公安机关向反洗钱行政主管部门查询有关信息数据和提请协查。

有的委员提出，草案第四十一条和第四十二条规定的是案件处理过程中的问题，建议移至第三章；建议将第四十一条中的“成员”修改为“有组织犯罪案件的犯罪嫌疑人、被告人”。有的委员建议将第四十一条移至第三十九条之前，逻辑上更为合理。

3. 草案第四十五条第三款规定，被告人实施黑社会性质组织犯罪的定罪量刑事实已经查清，有足够的证据证明其在犯罪期间获得的财产高度可能属于黑社会性质组织犯罪的违法所得及其孳息、收益，被告人无法说明财产合法来源的，应当依法予以追缴、没收。

有的委员提出，“高度可能”和“有足够的证据”在实际工作中不好把握，建议修改为“有证据证明其在犯罪期间获得的财产属于黑社会性质组织犯罪的违法所得”。有的委员提出，在查清的实施黑社会性质犯罪的定罪量刑事实中，已经认定了一部分违法所得，对于其他涉案财产，才适用本条规定的推定违法所得的制度，建议把“获得的财产”改为“另有财产”。

4. 草案第四十九条第二款中规定，利害关系人对涉案财物处理决定不服的，可以请求人民检察院提出抗诉。

有的委员提出，对涉案财产作出处理决定的机关不限于人民法院，对公安机关等机关作出的处理决定，则不存在抗诉的问题，将“请求人民检察院提出抗诉”修改为“申请人民检察院予以监督”较为周延。

5. 有的列席人员提出，草案一审稿第四十六条规定了对不宜查封、扣押、冻结的经营性财产实施代管或者托管，二审稿删去了这一内容，从目前公安机关执法办案的现实情况和基层反映来看，这一规定有必要保留。建议恢复该条款。至于实践中存在的一些难点和问题，可在本法出台后再制定相关配套规定。

6. 有的委员提出，有组织犯罪案件普遍存在人身伤亡，需要考虑人身伤亡的补偿问题，建议增加涉案人身伤亡的认定和处理规定，可以考虑将其放在涉案财产认定和处置一章中。

六、关于国家工作人员涉有组织犯罪的处理

1. 草案第五十条第一款对国家工作人员涉及有组织犯罪的五种违法犯罪行为作了规定，其中第二项是包庇、纵容有组织犯罪活动的，第三项是为有组织犯罪组织及其犯罪活动提供支持帮助的。第二款规定，国家工作人员组织、领导、参加有组织犯罪的，应当依法从重处罚。

有的委员提出，从违法犯罪行为的严重程度来看，第一款第三项比第二项要重，建议将两项的顺序对调。另外，第二款从重处罚的规定只涵盖了第一款第一项的情形，对国家工作人员所有的涉黑恶犯罪都应当从重处罚，建议在草案中予以明确。

2. 草案第五十一条第一款规定，有关机关应当加强协作配合，建立线索办理沟通机制，发现国家工作人员相关违法犯罪线索的，应当依法处理或者及时移送主管机关处理。第二款规定，国家工作人员在反有组织犯罪工作中滥用职权、玩忽职守、徇私舞弊或者有其他违法犯罪行为的，任何单位和个人有权向相关部门报案、控告、举报，相关部门应当及时处理。

有的委员建议删除第一款中的“加强协作配合”，避免与第六条第一款规定重复。有的委员建议将第二款规定的单位和个人有权报案、控告、举报的范

围扩大到国家工作人员涉有组织犯罪的全部违法犯罪行为。

3. 草案第五十三条对如何处理对从事反有组织犯罪工作的执法、司法工作人员的举报作了规定。

有的委员提出，本条规定属于办案保障，建议移至第七章第六十四条前。

七、关于国际合作

1. 草案第五十五条第二款规定，国务院公安部门应当加强跨境反有组织犯罪警务合作，推动与有关国家和地区建立警务合作机制。经国务院公安部门批准，边境地区公安机关可以与境外执法机构建立跨境有组织犯罪情报信息交流和警务合作机制。

有的委员提出，此项规定不应仅限于警务合作，应包括各种国际合作，且除边境地区公安机关外，一些非边境地区的公安机关也需要开展国际合作，建议将该款修改为“国务院公安部门应当加强跨境反有组织犯罪国际合作，推动与有关国家和地区建立情报信息交流和警务合作机制”。

2. 草案第五十六条规定，涉及有组织犯罪的刑事司法协助、引渡，依照有关法律的规定办理。

有的委员建议增加规定“被判刑人移管”。

3. 草案第五十七条规定，通过反有组织犯罪国际合作取得的材料可以在行政处罚、刑事诉讼中作为证据使用，但依据条约规定或者我方承诺不作为证据使用的除外。

有的委员建议将“通过反有组织犯罪国际合作”修改为“在反有组织犯罪国际合作中”。

八、关于保障措施

草案第六十一条第一款规定，因举报、控告、制止有组织犯罪活动或者作证，本人或者其近亲属的人身安全面临危险的，有关机关应当采取保护措施。

有的委员建议在“本人或者其近亲属”后增加“其他与其有密切关系的人”。

九、关于法律责任

1. 草案第六十九条第一款对尚不构成犯罪的涉黑恶违法行为的行政处罚作了规定。

有的委员建议增加规定对“组织、领导恶势力组织”行为的处罚。

2. 草案第七十条规定，违反本法第十九条规定的报告制度的，由公安机关给予警告，并责令改正；拒不改正的，处三万元以下罚款。

有的委员建议增加规定，对罚款后仍不履行报告义务的，由公安机关处以五日以上十日（或者十五日）以下拘留。

附录二

刑法、刑事诉讼法和有关司法解释、规范性文件关于惩治黑恶势力违法犯罪的规定

为了研究反有组织犯罪立法有关问题，我们梳理了刑法、刑事诉讼法、司法解释和规范性文件等有关惩治黑恶势力违法犯罪的规定。

一、刑法

1. 黑社会性质的组织的含义。刑法第二百九十四条第四款规定，黑社会性质的组织应当同时具备以下特征：（1）形成较稳定的犯罪组织，人数较多，有明确的组织者、领导者，骨干成员基本固定；（2）有组织地通过违法犯罪活动或者其他手段获取经济利益，具有一定的经济实力，以支持该组织的活动；（3）以暴力、威胁或者其他手段，有组织地多次进行违法犯罪活动，为非作恶，欺压、残害群众；（4）通过实施违法犯罪活动，或者利用国家工作人员的包庇或者纵容，称霸一方，在一定区域或者行业内，形成非法控制或者重大影响，严重破坏经济、社会生活秩序。

2. 组织、领导、参加黑社会性质组织罪，入境发展黑社会组织罪和包庇、纵容黑社会性质组织罪的规定。刑法第二百九十四条规定："组织、领导黑社会性质的组织的，处七年以上有期徒刑，并处没收财产；积极参加的，处三年以上七年以下有期徒刑，可以并处罚金或者没收财产；其他参加的，处三年以下有期徒刑、拘役、管制或者剥夺政治权利，可以并处罚金。""境外的黑社会组织的人员到中华人民共和国境内发展组织成员的，处三年以上十年以下有期徒刑。""国家机关工作人员包庇黑社会性质的组织，或者纵容黑社会性质的组织进行违法犯罪活动的，处五年以下有期徒刑；情节严重的，处五年以上有期徒刑。""犯前三款罪又有其他犯罪行为的，依照数罪并罚的规定处罚。"

3. 洗钱罪的规定。刑法第一百九十一条规定，明知是毒品犯罪、黑社会性质的组织犯罪、恐怖活动犯罪、走私犯罪、贪污贿赂犯罪、破坏金融管理秩序

犯罪、金融诈骗犯罪的所得及其产生的收益，为掩饰、隐瞒其来源和性质，“有下列行为之一的，没收实施以上犯罪的所得及其产生的收益，处五年以下有期徒刑或者拘役，并处或者单处洗钱数额百分之五以上百分之二十以下罚金；情节严重的，处五年以上十年以下有期徒刑，并处洗钱数额百分之五以上百分之二十以下罚金：（一）提供资金帐户的；（二）协助将财产转换为现金、金融票据、有价证券的；（三）通过转帐或者其他结算方式协助资金转移的；（四）协助将资金汇往境外的；（五）以其他方法掩饰、隐瞒犯罪所得及其收益的来源和性质的”。单位犯前款罪的，对单位判处罚金，并对其直接负责的主管人员和其他直接责任人员，处 5 年以下有期徒刑或者拘役；情节严重的，处 5 年以上 10 年以下有期徒刑。

4. 特殊累犯的规定。刑法第六十六条规定，危害国家安全犯罪、恐怖活动犯罪、黑社会性质的组织犯罪的犯罪分子，在刑罚执行完毕或者赦免以后，在任何时候再犯上述任一类罪的，都以累犯论处。

5. 限制减刑的规定。刑法第五十条第二款规定，对被判处死刑缓期执行的累犯以及因故意杀人、强奸、抢劫、绑架、放火、爆炸、投放危险物质或者有组织的暴力性犯罪被判处死刑缓期执行的犯罪分子，人民法院根据犯罪情节等情况可以同时决定对其限制减刑。

6. 不得假释的规定。刑法第八十一条第二款规定，对累犯以及因故意杀人、强奸、抢劫、绑架、放火、爆炸、投放危险物质或者有组织的暴力性犯罪被判处 10 年以上有期徒刑、无期徒刑的犯罪分子，不得假释。

7. 妨害作证罪、打击报复证人罪的规定。针对黑恶势力妨害作证以及威胁、打击报复证人的行为，刑法规定了妨害作证罪、打击报复证人罪。刑法第三百零七条规定，以暴力、威胁、贿买等方法阻止证人作证或者指使他人作伪证的，处 3 年以下有期徒刑或者拘役；情节严重的，处 3 年以上 7 年以下有期徒刑。第三百零八条规定，对证人进行打击报复的，处 3 年以下有期徒刑或者拘役；情节严重的，处 3 年以上 7 年以下有期徒刑。

8. 惩治通风报信、拒不提供犯罪线索行为的规定。针对为黑恶势力违法犯罪分子通风报信、拒不提供犯罪线索等行为，刑法第四百一十七条规定，有查禁犯罪活动职责的国家机关工作人员，向犯罪分子通风报信、提供便利，帮助犯罪分子逃避处罚的，处 3 年以下有期徒刑或者拘役；情节严重的，处 3 年以上10年以下有期徒刑。第三百六十二条规定，旅馆业、饮食服务业、文化娱乐业、出租汽车业等单位的人员，在公安机关查处卖淫、嫖娼活动时，为违法犯罪分子通风报信，情节严重的，依照窝藏、包庇罪定罪处罚。

二、刑事诉讼法

1. 证人保护措施。刑事诉讼法第六十四条规定，对于危害国家安全犯罪、恐怖活动犯罪、黑社会性质的组织犯罪、毒品犯罪等案件，证人、鉴定人、被害人因在诉讼中作证，本人或者其近亲属的人身安全面临危险的，人民法院、人民检察院和公安机关应当采取以下一项或者多项保护措施：(1) 不公开真实姓名、住址和工作单位等个人信息；(2) 采取不暴露外貌、真实声音等出庭作证措施；(3) 禁止特定的人员接触证人、鉴定人、被害人及其近亲属；(4) 对人身和住宅采取专门性保护措施；(5) 其他必要的保护措施。证人、鉴定人、被害人认为因在诉讼中作证，本人或者其近亲属的人身安全面临危险的，可以向人民法院、人民检察院、公安机关请求予以保护。人民法院、人民检察院、公安机关依法采取保护措施，有关单位和个人应当配合。

2. 技术侦查措施。刑事诉讼法第一百五十条第一款规定，公安机关在立案后，对于危害国家安全犯罪、恐怖活动犯罪、黑社会性质的组织犯罪、重大毒品犯罪或者其他严重危害社会的犯罪案件，根据侦查犯罪的需要，经过严格的批准手续，可以采取技术侦查措施。

3. 违法所得没收程序。刑事诉讼法第五编第四章规定了对贪污贿赂、恐怖活动犯罪案件等的犯罪嫌疑人、被告人逃匿、死亡案件违法所得没收程序。

4. 讯问录音录像。刑事诉讼法第一百二十三条规定，侦查人员在讯问犯罪嫌疑人的时候，可以对讯问过程进行录音或者录像；对于可能判处无期徒刑、死刑的案件或者其他重大犯罪案件，应当对讯问过程进行录音或者录像。

5. 国家工作人员涉黑恶犯罪。国家工作人员为黑恶势力充当“保护伞”，涉嫌贪污贿赂、失职渎职等职务犯罪的，由监察机关依照监察法的有关规定进行调查。同时，刑事诉讼法第十九条第二款规定，人民检察院在对诉讼活动实行法律监督中发现的司法工作人员利用职权实施的非法拘禁、刑讯逼供、非法搜查等侵犯公民权利、损害司法公正的犯罪，可以由人民检察院立案侦查。因此，司法工作人员包庇、纵容黑恶犯罪，充当“保护伞”等，涉嫌诉讼活动中有关职务犯罪的，可以由检察机关依法进行侦查。

三、有关司法解释

1. 2000 年 12 月，最高人民法院颁布《关于审理黑社会性质组织犯罪的案件具体应用法律若干问题的解释》。该解释明确了黑社会性质的组织的定义，并对刑法第二百九十四条具体法律的适用作了规定。

2. 2009 年 12 月，最高人民法院、最高人民检察院、公安部联合印发《办理黑社会性质组织犯罪案件座谈会纪要》的通知。该纪要进一步细化了黑社会性质组织的认定，并对涉黑犯罪财物及其收益的认定和处置，认定黑社会性质组织犯罪的证据要求以及“恶势力”团伙的认定和处理等问题作了规定。

3. 2012 年 9 月，最高人民法院、最高人民检察院、公安部、司法部联合印发《关于办理黑社会性质组织犯罪案件若干问题的规定》的通知。该规定按照宽严相济的刑事政策和“打早打小、除恶务尽”的工作方针，进一步明确黑社会性质组织犯罪案件的管辖、立案、强制措施和羁押、证人保护、涉案财产的控制和处理、律师辩护代理、刑罚执行等有关法律适用问题。

4. 2015 年 10 月，最高人民法院发布《全国部分法院审理黑社会性质组织犯罪案件工作座谈会纪要》。该纪要进一步明确黑社会性质组织的认定，刑事责任和刑罚适用，审判程序和证据审查，黑社会性质组织犯罪案件涉案财产的处置等问题。

此外，最高人民法院《关于适用〈中华人民共和国刑事诉讼法〉的解释》，最高人民检察院《人民检察院刑事诉讼规则》，公安部《公安机关办理刑事案件程序规定》，最高人民法院、最高人民检察院《关于适用犯罪嫌疑人、被告人逃匿、死亡案件违法所得没收程序若干问题的规定》等有关司法解释，也对办理黑社会性质的组织犯罪案件的法律适用作了一些具体规定。

四、扫黑除恶专项斗争中出台的规定

2018 年 1 月以来，针对扫黑除恶专项斗争面临的新情况新问题，为依法、准确有力惩处黑恶势力犯罪，全国扫黑办协调国家监察委员会、最高人民法院、最高人民检察院、公安部、司法部出台了一系列规范性文件。

1. 2018 年 1 月，最高人民法院、最高人民检察院、公安部、司法部联合发

布《关于办理黑恶势力犯罪案件若干问题的指导意见》。该意见对依法惩治“恶势力”犯罪、利用“软暴力”实施的犯罪、非法放贷讨债违法犯罪提供了更加明确指引和细化规定；对于依法严惩黑恶势力犯罪“保护伞”提供了更加具体的指导；对涉案财产的追缴、没收提出了明确要求。

2. 2019 年 4 月，最高人民法院、最高人民检察院、公安部、司法部联合发布《关于办理恶势力刑事案件若干问题的意见》。该意见明确恶势力的具体认定标准，要求正确执行宽严相济刑事政策，强调保障被告人的诉讼权利，规范恶势力等违法犯罪行为的法律适用标准。

3. 2019 年 4 月，最高人民法院、最高人民检察院、公安部、司法部联合发布《关于办理“套路贷”刑事案件若干问题的意见》。该意见明确“套路贷”与民间借贷的界限，明确“套路贷”涉及的罪名、量刑情节和共同犯罪人的处理，确定“套路贷”刑事案件管辖。

4. 2019 年 4 月，最高人民法院、最高人民检察院、公安部、司法部联合发布《关于办理黑恶势力刑事案件中财产处置若干问题的意见》。该意见以依法全面查清黑恶势力涉案财产、利益链条为原则，实现执法办案与保障当事人合法相统一，加大了对涉黑涉恶财产的审查、处置力度，强调了公检法机关在打击涉黑涉恶犯罪、处置涉黑涉恶犯罪财产时要形成合力，有利于正确处置涉案财产，确保摧毁黑恶势力经济基础。

5. 2019 年 4 月，最高人民法院、最高人民检察院、公安部、司法部联合发布《关于办理实施“软暴力”的刑事案件若干问题的意见》。该意见进一步明确“软暴力”的基本概念，列举了“软暴力”表现形式，规定“软暴力”的客观认定标准，明确“软暴力”适用的具体罪名。

6. 2019 年 10 月，国家监察委员会、最高人民法院、最高人民检察院、公安部、司法部联合发布《关于在扫黑除恶专项斗争中分工负责、互相配合、互相制约严惩公职人员涉黑涉恶违法犯罪问题的通知》。该通知从查办公职人员涉黑涉恶违法犯罪问题的工作实践出发，对各部门间分工负责、互相配合、互相制约提出要求，要求严格查办公职人员涉黑涉恶违法犯罪案件。

7. 2019 年 10 月，最高人民法院、最高人民检察院、公安部、司法部联合发布《关于办理非法放贷刑事案件若干问题的意见》。该意见明确非法放贷行为定罪量刑标准，明确规定对黑恶势力从事非法放贷活动应当从严惩处，建立刑事制裁体系内部衔接机制，严厉打击非法放贷行为。

8. 2019 年 10 月，最高人民法院、最高人民检察院、公安部、司法部联合发布《关于办理利用信息网络实施黑恶势力犯罪刑事案件若干问题的意见》。该意见明确利用信息网络实施的黑恶势力犯罪类别；利用信息网络实施犯罪的黑恶势力与传统黑恶势力的区别；界定利用信息网络实施黑恶势力犯罪案件管辖，推动专项斗争从网下向网上延伸，形成网上网下共同发力的局面。

9. 2019 年 10 月，最高人民法院、最高人民检察院、公安部、司法部联合发布《关于跨省异地执行刑罚的黑恶势力罪犯坦白检举构成自首立功若干问题的意见》。该意见明确案件线索排查和移交工作中的职责分工，建立案件办理过程中的告知制度，保护涉黑涉恶罪犯坦白、检举的积极性。

10. 2020 年 4 月，最高人民法院、最高人民检察院、公安部、司法部联合发布《关于依法严惩利用未成年人实施黑恶势力犯罪的意见》。该意见明确要求严惩利用未成年人实施黑恶势力的犯罪行为；要求各级政法机关加强协作，在侦查、起诉、审判、执行各阶段，全面体现从严惩处精神，积极参与社会治理，实现对罪错未成年人的标本兼治。

有组织犯罪常见的刑法罪名及相关条文

第一百二十五条　【非法制造、买卖、运输、邮寄、储存枪支、弹药、爆炸物罪；非法制造、买卖、运输、储存危险物质罪】非法制造、买卖、运输、邮寄、储存枪支、弹药、爆炸物的，处三年以上十年以下有期徒刑；情节严重的，处十年以上有期徒刑、无期徒刑或者死刑。

非法制造、买卖、运输、储存毒害性、放射性、传染病病原体等物质，危害公共安全的，依照前款的规定处罚。

单位犯前两款罪的，对单位判处罚金，并对其直接负责的主管人员和其他直接责任人员，依照第一款的规定处罚。

第一百二十八条第一款　【非法持有、私藏枪支、弹药罪】违反枪支管理规定，非法持有、私藏枪支、弹药的，处三年以下有期徒刑、拘役或者管制；情节严重的，处三年以上七年以下有期徒刑。

第一百七十五条　【高利转贷罪】以转贷牟利为目的，套取金融机构信贷资金高利转贷他人，违法所得数额较大的，处三年以下有期徒刑或者拘役，并处违法所得一倍以上五倍以下罚金；数额巨大的，处三年以上七年以下有期徒刑，并处违法所得一倍以上五倍以下罚金。

单位犯前款罪的，对单位判处罚金，并对其直接负责的主管人员和其他直接责任人员，处三年以下有期徒刑或者拘役。

第一百九十一条　【洗钱罪】为掩饰、隐瞒毒品犯罪、黑社会性质的组织犯罪、恐怖活动犯罪、走私犯罪、贪污贿赂犯罪、破坏金融管理秩序犯罪、金融诈骗犯罪的所得及其产生的收益的来源和性质，有下列行为之一的，没收实施以上犯罪的所得及其产生的收益，处五年以下有期徒刑或者拘役，并处或者单处罚金；情节严重的，处五年以上十年以下有期徒刑，并处罚金：

（一）提供资金帐户的；

（二）将财产转换为现金、金融票据、有价证券的；

（三）通过转帐或者其他支付结算方式转移资金的；

（四）跨境转移资产的；

（五）以其他方法掩饰、隐瞒犯罪所得及其收益的来源和性质的。

单位犯前款罪的，对单位判处罚金，并对其直接负责的主管人员和其他直接责任人员，依照前款的规定处罚。

第二百二十五条　【非法经营罪】违反国家规定，有下列非法经营行为之一，扰乱市场秩序，情节严重的，处五年以下有期徒刑或者拘役，并处或者单处违法所得一倍以上五倍以下罚金；情节特别严重的，处五年以上有期徒刑，并处违法所得一倍以上五倍以下罚金或者没收财产：

（一）未经许可经营法律、行政法规规定的专营、专卖物品或者其他限制买卖的物品的；

（二）买卖进出口许可证、进出口原产地证明以及其他法律、行政法规规定的经营许可证或者批准文件的；

（三）未经国家有关主管部门批准非法经营证券、期货、保险业务的，或者非法从事资金支付结算业务的；

（四）其他严重扰乱市场秩序的非法经营行为。

第二百二十六条　【强迫交易罪】以暴力、威胁手段，实施下列行为之一，情节严重的，处三年以下有期徒刑或者拘役，并处或者单处罚金；情节特别严重的，处三年以上七年以下有期徒刑，并处罚金：

（一）强买强卖商品的；

（二）强迫他人提供或者接受服务的；

（三）强迫他人参与或者退出投标、拍卖的；

（四）强迫他人转让或者收购公司、企业的股份、债券或者其他资产的；

（五）强迫他人参与或者退出特定的经营活动的。

第二百三十二条　【故意杀人罪】故意杀人的，处死刑、无期徒刑或者十年以上有期徒刑；情节较轻的，处三年以上十年以下有期徒刑。

第二百三十四条　【故意伤害罪】故意伤害他人身体的，处三年以下有期徒刑、拘役或者管制。

犯前款罪，致人重伤的，处三年以上十年以下有期徒刑；致人死亡或者以特别残忍手段致人重伤造成严重残疾的，处十年以上有期徒刑、无期徒刑或者死刑。本法另有规定的，依照规定。

第二百三十六条 【强奸罪】以暴力、胁迫或者其他手段强奸妇女的，处三年以上十年以下有期徒刑。

奸淫不满十四周岁的幼女的，以强奸论，从重处罚。

强奸妇女、奸淫幼女，有下列情形之一的，处十年以上有期徒刑、无期徒刑或者死刑：

（一）强奸妇女、奸淫幼女情节恶劣的；

（二）强奸妇女、奸淫幼女多人的；

（三）在公共场所当众强奸妇女、奸淫幼女的；

（四）二人以上轮奸的；

（五）奸淫不满十周岁的幼女或者造成幼女伤害的；

（六）致使被害人重伤、死亡或者造成其他严重后果的。

第二百三十七条 【强制猥亵、侮辱罪；猥亵儿童罪】以暴力、胁迫或者其他方法强制猥亵他人或者侮辱妇女的，处五年以下有期徒刑或者拘役。

聚众或者在公共场所当众犯前款罪的，或者有其他恶劣情节的，处五年以上有期徒刑。

猥亵儿童的，处五年以下有期徒刑；有下列情形之一的，处五年以上有期徒刑：

（一）猥亵儿童多人或者多次的；

（二）聚众猥亵儿童的，或者在公共场所当众猥亵儿童，情节恶劣的；

（三）造成儿童伤害或者其他严重后果的；

（四）猥亵手段恶劣或者有其他恶劣情节的。

第二百三十八条 【非法拘禁罪】非法拘禁他人或者以其他方法非法剥夺他人人身自由的，处三年以下有期徒刑、拘役、管制或者剥夺政治权利。具有殴打、侮辱情节的，从重处罚。

犯前款罪，致人重伤的，处三年以上十年以下有期徒刑；致人死亡的，处十年以上有期徒刑。使用暴力致人伤残、死亡的，依照本法第二百三十四条、第二百三十二条的规定定罪处罚。

为索取债务非法扣押、拘禁他人的，依照前两款的规定处罚。

国家机关工作人员利用职权犯前三款罪的，依照前三款的规定从重处罚。

第二百四十六条　【侮辱罪、诽谤罪】以暴力或者其他方法公然侮辱他人或者捏造事实诽谤他人，情节严重的，处三年以下有期徒刑、拘役、管制或者剥夺政治权利。

前款罪，告诉的才处理，但是严重危害社会秩序和国家利益的除外。

通过信息网络实施第一款规定的行为，被害人向人民法院告诉，但提供证据确有困难的，人民法院可以要求公安机关提供协助。

第二百五十六条　【破坏选举罪】在选举各级人民代表大会代表和国家机关领导人员时，以暴力、威胁、欺骗、贿赂、伪造选举文件、虚报选举票数等手段破坏选举或者妨害选民和代表自由行使选举权和被选举权，情节严重的，处三年以下有期徒刑、拘役或者剥夺政治权利。

第二百六十三条　【抢劫罪】以暴力、胁迫或者其他方法抢劫公私财物的，处三年以上十年以下有期徒刑，并处罚金；有下列情形之一的，处十年以上有期徒刑、无期徒刑或者死刑，并处罚金或者没收财产：

（一）入户抢劫的；

（二）在公共交通工具上抢劫的；

（三）抢劫银行或者其他金融机构的；

（四）多次抢劫或者抢劫数额巨大的；

（五）抢劫致人重伤、死亡的；

（六）冒充军警人员抢劫的；

（七）持枪抢劫的；

（八）抢劫军用物资或者抢险、救灾、救济物资的。

第二百六十六条　【诈骗罪】诈骗公私财物，数额较大的，处三年以下有期徒刑、拘役或者管制，并处或者单处罚金；数额巨大或者有其他严重情节的，处三年以上十年以下有期徒刑，并处罚金；数额特别巨大或者有其他特别严重情节的，处十年以上有期徒刑或者无期徒刑，并处罚金或者没收财产。本法另有规定的，依照规定。

第二百六十七条　【抢夺罪；抢劫罪】抢夺公私财物，数额较大的，或者多次抢夺的，处三年以下有期徒刑、拘役或者管制，并处或者单处罚金；数额巨大或者有其他严重情节的，处三年以上十年以下有期徒刑，并处罚金；数额特别巨大或者有其他特别严重情节的，处十年以上有期徒刑或者无期徒刑，并处罚金或者没收财产。

携带凶器抢夺的，依照本法第二百六十三条的规定定罪处罚。

第二百七十四条 【敲诈勒索罪】敲诈勒索公私财物，数额较大或者多次敲诈勒索的，处三年以下有期徒刑、拘役或者管制，并处或者单处罚金；数额巨大或者有其他严重情节的，处三年以上十年以下有期徒刑，并处罚金；数额特别巨大或者有其他特别严重情节的，处十年以上有期徒刑，并处罚金。

第二百七十五条 【故意毁坏财物罪】故意毁坏公私财物，数额较大或者有其他严重情节的，处三年以下有期徒刑、拘役或者罚金；数额巨大或者有其他特别严重情节的，处三年以上七年以下有期徒刑。

第二百七十六条 【破坏生产经营罪】由于泄愤报复或者其他个人目的，毁坏机器设备、残害耕畜或者以其他方法破坏生产经营的，处三年以下有期徒刑、拘役或者管制；情节严重的，处三年以上七年以下有期徒刑。

第二百七十七条 【妨害公务罪；袭警罪】以暴力、威胁方法阻碍国家机关工作人员依法执行职务的，处三年以下有期徒刑、拘役、管制或者罚金。

以暴力、威胁方法阻碍全国人民代表大会和地方各级人民代表大会代表依法执行代表职务的，依照前款的规定处罚。

在自然灾害和突发事件中，以暴力、威胁方法阻碍红十字会工作人员依法履行职责的，依照第一款的规定处罚。

故意阻碍国家安全机关、公安机关依法执行国家安全工作任务，未使用暴力、威胁方法，造成严重后果的，依照第一款的规定处罚。

暴力袭击正在依法执行职务的人民警察的，处三年以下有期徒刑、拘役或者管制；使用枪支、管制刀具，或者以驾驶机动车撞击等手段，严重危及其人身安全的，处三年以上七年以下有期徒刑。

第二百八十七条之一 【非法利用信息网络罪】利用信息网络实施下列行为之一，情节严重的，处三年以下有期徒刑或者拘役，并处或者单处罚金：

（一）设立用于实施诈骗、传授犯罪方法、制作或者销售违禁物品、管制物品等违法犯罪活动的网站、通讯群组的；

（二）发布有关制作或者销售毒品、枪支、淫秽物品等违禁物品、管制物品或者其他违法犯罪信息的；

（三）为实施诈骗等违法犯罪活动发布信息的。

单位犯前款罪的，对单位判处罚金，并对其直接负责的主管人员和其他直接责任人员，依照第一款的规定处罚。

有前两款行为，同时构成其他犯罪的，依照处罚较重的规定定罪处罚。

第二百八十九条　【对聚众“打砸抢”行为的处理规定】聚众“打砸抢”，致人伤残、死亡的，依照本法第二百三十四条、第二百三十二条的规定定罪处罚。毁坏或者抢走公私财物的，除判令退赔外，对首要分子，依照本法第二百六十三条的规定定罪处罚。

第二百九十条第一款　【聚众扰乱社会秩序罪】聚众扰乱社会秩序，情节严重，致使工作、生产、营业和教学、科研、医疗无法进行，造成严重损失的，对首要分子，处三年以上七年以下有期徒刑；对其他积极参加的，处三年以下有期徒刑、拘役、管制或者剥夺政治权利。

第二百九十一条　【聚众扰乱公共场所秩序、交通秩序罪】聚众扰乱车站、码头、民用航空站、商场、公园、影剧院、展览会、运动场或者其他公共场所秩序，聚众堵塞交通或者破坏交通秩序，抗拒、阻碍国家治安管理工作人员依法执行职务，情节严重的，对首要分子，处五年以下有期徒刑、拘役或者管制。

第二百九十二条　【聚众斗殴罪；故意伤害罪；故意杀人罪】聚众斗殴的，对首要分子和其他积极参加的，处三年以下有期徒刑、拘役或者管制；有下列情形之一的，对首要分子和其他积极参加的，处三年以上十年以下有期徒刑：

（一）多次聚众斗殴的；

（二）聚众斗殴人数多，规模大，社会影响恶劣的；

（三）在公共场所或者交通要道聚众斗殴，造成社会秩序严重混乱的；

（四）持械聚众斗殴的。

聚众斗殴，致人重伤、死亡的，依照本法第二百三十四条、第二百三十二条的规定定罪处罚。

第二百九十三条　【寻衅滋事罪】有下列寻衅滋事行为之一，破坏社会秩序的，处五年以下有期徒刑、拘役或者管制：

（一）随意殴打他人，情节恶劣的；

（二）追逐、拦截、辱骂、恐吓他人，情节恶劣的；

（三）强拿硬要或者任意损毁、占用公私财物，情节严重的；

（四）在公共场所起哄闹事，造成公共场所秩序严重混乱的。

纠集他人多次实施前款行为，严重破坏社会秩序的，处五年以上十年以下有期徒刑，可以并处罚金。

第二百九十三条之一 【催收非法债务罪】有下列情形之一，催收高利放贷等产生的非法债务，情节严重的，处三年以下有期徒刑、拘役或者管制，并处或者单处罚金：

（一）使用暴力、胁迫方法的；

（二）限制他人人身自由或者侵入他人住宅的；

（三）恐吓、跟踪、骚扰他人的。

第二百九十四条 【组织、领导、参加黑社会性质组织罪；入境发展黑社会组织罪；包庇、纵容黑社会性质组织罪】组织、领导黑社会性质的组织的，处七年以上有期徒刑，并处没收财产；积极参加的，处三年以上七年以下有期徒刑，可以并处罚金或者没收财产；其他参加的，处三年以下有期徒刑、拘役、管制或者剥夺政治权利，可以并处罚金。

境外的黑社会组织的人员到中华人民共和国境内发展组织成员的，处三年以上十年以下有期徒刑。

国家机关工作人员包庇黑社会性质的组织，或者纵容黑社会性质的组织进行违法犯罪活动的，处五年以下有期徒刑；情节严重的，处五年以上有期徒刑。

犯前三款罪又有其他犯罪行为的，依照数罪并罚的规定处罚。

黑社会性质的组织应当同时具备以下特征：

（一）形成较稳定的犯罪组织，人数较多，有明确的组织者、领导者，骨干成员基本固定；

（二）有组织地通过违法犯罪活动或者其他手段获取经济利益，具有一定的经济实力，以支持该组织的活动；

（三）以暴力、威胁或者其他手段，有组织地多次进行违法犯罪活动，为非作恶，欺压、残害群众；

（四）通过实施违法犯罪活动，或者利用国家工作人员的包庇或者纵容，称霸一方，在一定区域或者行业内，形成非法控制或者重大影响，严重破坏经济、社会生活秩序。

第三百零三条第二、三款 【开设赌场罪】开设赌场的，处五年以下有期徒刑、拘役或者管制，并处罚金；情节严重的，处五年以上十年以下有期徒刑，并处罚金。

组织中华人民共和国公民参与国（境）外赌博，数额巨大或者有其他严重情节的，依照前款的规定处罚。

第三百零七条之一　【虚假诉讼罪】 以捏造的事实提起民事诉讼，妨害司法秩序或者严重侵害他人合法权益的，处三年以下有期徒刑、拘役或者管制，并处或者单处罚金；情节严重的，处三年以上七年以下有期徒刑，并处罚金。

单位犯前款罪的，对单位判处罚金，并对其直接负责的主管人员和其他直接责任人员，依照前款的规定处罚。

有第一款行为，非法占有他人财产或者逃避合法债务，又构成其他犯罪的，依照处罚较重的规定定罪从重处罚。

司法工作人员利用职权，与他人共同实施前三款行为的，从重处罚；同时构成其他犯罪的，依照处罚较重的规定定罪从重处罚。

第三百一十二条　【掩饰、隐瞒犯罪所得、犯罪所得收益罪】 明知是犯罪所得及其产生的收益而予以窝藏、转移、收购、代为销售或者以其他方法掩饰、隐瞒的，处三年以下有期徒刑、拘役或者管制，并处或者单处罚金；情节严重的，处三年以上七年以下有期徒刑，并处罚金。

单位犯前款罪的，对单位判处罚金，并对其直接负责的主管人员和其他直接责任人员，依照前款的规定处罚。

第三百四十二条　【非法占用农用地罪】 违反土地管理法规，非法占用耕地、林地等农用地，改变被占用土地用途，数量较大，造成耕地、林地等农用地大量毁坏的，处五年以下有期徒刑或者拘役，并处或者单处罚金。

第三百四十二条之一　【破坏自然保护地罪】 违反自然保护地管理法规，在国家公园、国家级自然保护区进行开垦、开发活动或者修建建筑物，造成严重后果或者有其他恶劣情节的，处五年以下有期徒刑或者拘役，并处或者单处罚金。

有前款行为，同时构成其他犯罪的，依照处罚较重的规定定罪处罚。

第三百四十三条第一款　【非法采矿罪】 违反矿产资源法的规定，未取得采矿许可证擅自采矿，擅自进入国家规划矿区、对国民经济具有重要价值的矿区和他人矿区范围采矿，或者擅自开采国家规定实行保护性开采的特定矿种，情节严重的，处三年以下有期徒刑、拘役或者管制，并处或者单处罚金；情节特别严重的，处三年以上七年以下有期徒刑，并处罚金。

第三百四十七条 【走私、贩卖、运输、制造毒品罪】走私、贩卖、运输、制造毒品，无论数量多少，都应当追究刑事责任，予以刑事处罚。

走私、贩卖、运输、制造毒品，有下列情形之一的，处十五年有期徒刑、无期徒刑或者死刑，并处没收财产：

（一）走私、贩卖、运输、制造鸦片一千克以上、海洛因或者甲基苯丙胺五十克以上或者其他毒品数量大的；

（二）走私、贩卖、运输、制造毒品集团的首要分子；

（三）武装掩护走私、贩卖、运输、制造毒品的；

（四）以暴力抗拒检查、拘留、逮捕，情节严重的；

（五）参与有组织的国际贩毒活动的。

走私、贩卖、运输、制造鸦片二百克以上不满一千克、海洛因或者甲基苯丙胺十克以上不满五十克或者其他毒品数量较大的，处七年以上有期徒刑，并处罚金。

走私、贩卖、运输、制造鸦片不满二百克、海洛因或者甲基苯丙胺不满十克或者其他少量毒品的，处三年以下有期徒刑、拘役或者管制，并处罚金；情节严重的，处三年以上七年以下有期徒刑，并处罚金。

单位犯第二款、第三款、第四款罪的，对单位判处罚金，并对其直接负责的主管人员和其他直接责任人员，依照各该款的规定处罚。

利用、教唆未成年人走私、贩卖、运输、制造毒品，或者向未成年人出售毒品的，从重处罚。

对多次走私、贩卖、运输、制造毒品，未经处理的，毒品数量累计计算。

第三百五十八条 【组织卖淫罪；强迫卖淫罪；协助组织卖淫罪】组织、强迫他人卖淫的，处五年以上十年以下有期徒刑，并处罚金；情节严重的，处十年以上有期徒刑或者无期徒刑，并处罚金或者没收财产。

组织、强迫未成年人卖淫的，依照前款的规定从重处罚。

犯前两款罪，并有杀害、伤害、强奸、绑架等犯罪行为的，依照数罪并罚的规定处罚。

为组织卖淫的人招募、运送人员或者有其他协助组织他人卖淫行为的，处五年以下有期徒刑，并处罚金；情节严重的，处五年以上十年以下有期徒刑，并处罚金。

有组织犯罪的概念和特征

反有组织犯罪法已列入2020年的全国人大常委会立法计划。为了研究反有组织犯罪立法有关问题，我们查阅了有关资料，对有组织犯罪的概念，我国有关法律打击有组织犯罪的规定，有关国家和地区反有组织犯罪的立法情况以及联合国打击跨国有组织犯罪的规定等进行了梳理和研究。现将有关情况陆续予以介绍。

一、国际组织对有组织犯罪的界定

20世纪以来，犯罪的组织化程度越来越高，有组织犯罪发展和蔓延的态势越来越严重，并随着经济全球化的进程而呈现出国际化的特点，为了有效遏制有组织犯罪，联合国召开一系列国际会议，针对跨国有组织犯罪问题商议对策，并制定了相关公约。国际组织一般使用广义的方法对有组织犯罪进行界定。

1993年4月联合国举行预防犯罪和刑事司法委员会第二届会议，会议提交了《有组织犯罪活动对整个社会的影响》的报告。该报告指出，有组织犯罪具有以下特点：（1）有组织犯罪是犯罪分子或犯罪集团的一种联合体；（2）有组织犯罪精心策划犯罪活动，而且责任分工非常明确；（3）有组织犯罪倾向于向顾客提供非法货物或服务方面的垄断或近似的垄断；（4）有组织犯罪并不局限于明显的非法活动或非法服务；（5）有组织犯罪使用诸如恫吓、暴力和拉拢腐蚀等手段，通过对非法货物和服务的垄断来确保经济利益，并对合法的企业进行渗透，对政府官员进行腐蚀。

1994年11月在意大利那不勒斯举行的联合国打击有组织跨国犯罪世界部长级会议，会议通过了《那不勒斯政治宣言和打击有组织跨国犯罪的全球行动计划》。该计划认为，有组织犯罪是指："为从事犯罪活动而组成的集团；其首领得以对本集团进行控制；使用暴力、恐吓或行贿收买等手段以牟利或控制地盘和市场；为进行犯罪活动向合法企业渗透，利用非法收益进行洗钱；有扩大新活动领域至本国边界之外的潜在可能性，而且能与其他有组织跨国犯罪集团进行合作。”

2000年联合国通过了《联合国打击跨国有组织犯罪公约》，简称《巴勒莫公约》。该公约指出，有组织犯罪系指：“由三人或多人所组成的，在一定时期存在的，为了实施一项或多项严重犯罪或根据本公约确立的犯罪以直接或间接获得金钱或其他物质利益而一致行动的集团。”

国际组织在界定有组织犯罪定义时，主要考虑这一定义适用的广泛性，即适用于不同国家，能提示出世界各国有组织犯罪的最具普遍性的特征。其主要特征：一是有组织犯罪的主体人数的限定性，必须是3人以上；二是有组织犯罪的主观方面是以牟利为目的；三是有组织犯罪在客观方面表现为实施暴力或其他方法。

二、一些国家和地区关于有组织犯罪的规定

“有组织犯罪”在国际上的英文表述一般是“organized crime”。无论是国内外，理论界还是实务界，对有组织犯罪概念的界定，长期以来无法达成共识。迄今为止，在世界范围内尚无精确、统一的定义。究其原因，主要是由于各国的社会制度、法律规定、文化传统存在着差异，学者们的视野各不相同，以及有组织犯罪的表现形式复杂多样等诸多因素，导致对有组织犯罪概念的界定众说纷纭。

（一）一些国家和地区法律对有组织犯罪概念的界定

不同国家对有组织犯罪的概念界定方式有所不同。有的国家规定了有组织犯罪的概念，有的国家则没有规定有组织犯罪的概念，而只是对一些特定的有组织犯罪，比如黑社会犯罪进行界定。

1. 对有组织犯罪的概念进行界定，黑社会性质犯罪只是其中的一种犯罪。

美国。1970年美国制定的《有组织犯罪控制法》，将有组织犯罪界定为：“一个从事提供非法商品和非法服务，其中包括但不限于赌博、卖淫、高利贷、毒品、劳工欺诈以及其他该组织成员的非法活动的高度组织化、纪律化的社会团体。”该定义的特征是从具体犯罪行为的实施来界定有组织犯罪。黑手党是美国有组织犯罪的一个重要种类，著名的有黑手党拉科萨·诺斯特拉等。

俄罗斯。《俄罗斯联邦刑法典》对有组织犯罪作了规定，第35条规定，两

个以上的罪犯不经预谋而共同参与实施犯罪，是团伙犯罪；事先串通共同实施犯罪的人参与犯罪，是预谋的团伙犯罪；有组织的集团和犯罪团体属于有组织犯罪。该定义对有组织犯罪强调组织性的特征。

2. 没有规定有组织犯罪的概念，而是直接规定某种类型的有组织犯罪，比如日本的暴力团、意大利的黑手党。日本。1991 年制定了《暴力团对策法》，对有组织犯罪中的暴力团的规制作出规定。该法第二条第二款规定："暴力团是指有可能助长其团体成员的集团性，长期性地进行不法行为的团体。"该定义强调了暴力团这种有组织犯罪的组织结构特征。日本的主要暴力团有山口组、稻川会、佳吉会、奥姆真理教等。

意大利。《意大利刑法典》对有组织犯罪集团中的黑手党集团作了规定。该法第四百一十六条第三款规定："当参加集团的人利用集团关系的恐吓力量以及从属或互隐条件，以便实施犯罪，直接或间接地实现对经济活动、许可、批准、承包和公共服务的经营或控制，为自己或其他人取得不正当的利益或好处，意图阻止或妨碍自由行使表决权，或者意图在选举中为自己或其他人争取选票时，该集团即为黑手党集团。"该定义既注重黑手党集团这种有组织犯罪的组织结构，又揭示其典型行为特征。意大利的主要黑手党集团有西西里的科萨·诺斯特拉、那不勒斯的克莫拉、卡拉布里亚的恩特兰盖塔等。

中国香港特别行政区。香港特别行政区将黑社会组织统称为三合会。1949 年香港特别行政区制定《社团条例》规定了对非法社团及三合会的管制和处罚；1994 年制定《有组织及严重罪行条件》对"三合会"和"有组织犯罪"作了规定，"三合会"包括以下任何团体：（1）使用三合会普遍使用的任何仪式，任何与该等仪式十分相似的方式或该等仪式的任何部分的社团；（2）采用或利用任何三合会名衔或称谓术语的社团。同时对"有组织犯罪"实施的具体行为作了规定。上述定义的特征既强调有组织犯罪的组织性，又明确了实施的具体犯罪行为。香港特别行政区的主要三合会有 14K、新义安、和胜和等。

中国澳门特别行政区。1997 年澳门特别行政区制定《有组织犯罪法》对黑社会这种主要的有组织犯罪作了规定。该法第一条规定，为取得不法利益或好处所成立的所有组织而其存在是以协议或协定或其他途径表现出来，特别是从事下列一项或多项罪行者，概视为黑社会：（1）杀人及侵犯他人身体完整性；（2）剥夺他人行动自由、绑架及国际性贩卖人口；（3）威胁、胁迫及以保护为名而勒索；（4）操纵卖淫、淫媒及作未成年人之淫媒；（5）犯罪性暴力；（6）盗窃、抢掠及损毁财物；（7）引诱及协助非法移民；（8）不法经营博彩、彩票或互相博彩及联群的不法赌博；（9）与动物竞跑有关的不法行为；（10）违禁武器及弹药、爆炸性或燃烧性物质等21项。该定义强调黑社会这种有组织犯罪的经济性、组织性的特征，并列举了具体的犯罪行为。澳门特别行政区主要黑社会组织有14K、水房、大圈、胜义等。

（二）一些国外学者对有组织犯罪特征的论述

从国外学者对有组织犯罪所作的表述来看，对有组织犯罪的特征，存在不同的理解和认识，其中具有代表性的观点有：

1. 行为概念说。该学说注重揭示有组织犯罪的典型行为特点。如美国学者认为有组织犯罪是两个或两个以上的人在长期目标的基础上从事下列一种或多种行为：（1）提供非法物品或服务，如放高利贷；（2）掠夺性犯罪，如盗窃、伤害等；（3）典型的犯罪行为，如敲诈集团、非法行业、盗窃集团、帮派、恐怖组织等。

2. 功能概念说。该学说突出阐述有组织犯罪的功能作用。如意大利学者认为，有组织犯罪具有以下功能：收集和传递信息；中立于法律保护机关的活动；利用主要的社会经济部门；存在内部结构；行为外部的某种“合法性”。

3. 结构概念说。该学说注重分析有组织犯罪的组织结构和行为结构，分为组织结构说和行为结构说。主张组织结构说的学者认为，有组织犯罪起源于各种职业犯罪，但有组织犯罪具有更加复杂、多样、善变、从属的等级结构，具有适应现代社会经济和政治发展及与腐败官员紧密联系的特征。主张行为结构说的学者认为，有组织犯罪是由稳定的集团成员实施的、理智的、系统的重复活动，在有组织犯罪活动中，起主导作用的主体，利用社会、经济、立法结构及人的心理结构缺陷、疏漏和矛盾，建立自己的犯罪王国。

4. 广义狭义说。该学说从广义狭义不同角度对有组织犯罪进行定义。广义理解有组织犯罪的观点认为，有组织犯罪是一些结构松散，灵活多变的犯罪组织；狭义的组织犯罪认为，有组织犯罪是大规模的内部等级制明显的组织。

三、我国对有组织犯罪的界定

（一）我国法律对有组织犯罪概念的界定

新中国成立以来，我国法律虽然没有对有组织犯罪的概念进行界定，但刑法和有关法律对共同犯罪、犯罪集团、黑社会性质的组织等犯罪组织作了规定。主要包括以下几类：

1. 共同犯罪。刑法第二十五条对共同犯罪作了规定，即“共同犯罪是指二人以上共同故意犯罪”。

2. 犯罪集团。刑法第二十六条对犯罪集团作了规定，即“三人以上为共同实施犯罪而组成的较为固定的犯罪组织，是犯罪集团”。

3. 黑社会性质的组织。刑法第二百九十四条规定了组织、领导黑社会性质的组织的犯罪，并规定黑社会性质的组织应当具备以下特征：（1）形成较稳定的犯罪组织，人数较多，有明确的组织者、领导者，骨干成员基本固定；（2）有组织地通过违法犯罪活动或者其他手段获取经济利益，具有一定的经济实力，以支持该组织的活动；（3）以暴力、威胁或者其他手段，有组织地多次进行违法犯罪活动，为非作恶，欺压、残害群众；（4）通过实施违法犯罪活动，或者利用国家工作人员的包庇或者纵容，称霸一方，在一定区域或者行业内，形成非法控制或者重大影响，严重破坏经济、社会生活秩序。

4. 恐怖活动组织。刑法第一百二十条、第一百二十一条之一规定了组织、领导、资助恐怖活动组织的犯罪。反恐怖主义法第三条对恐怖活动组织作了规定，即“恐怖活动组织，是指三人以上为实施恐怖活动而组成的犯罪组织”。

5. 邪教组织。刑法第三百条对组织、利用邪教组织的犯罪作了规定，但未对邪教组织进行界定。

此外，刑法第五十条规定，对有组织的暴力性犯罪限制减刑、不得假释；第一百九十一条对明知是黑社会性质组织犯罪所得及其产生的收益而掩饰、隐瞒的规定了刑罚；第三百四十七条还对参与有组织的国际贩毒活动规定了刑罚。

（二）我国学者对有组织犯罪特征的论述

我国本来没有“有组织犯罪”这一称谓，这一概念是从20世纪90年代开始，且以公安等司法机关的工作人员和从事犯罪学研究的学者使用为主。不同的学者从各自的视角对有组织犯罪概念和特征进行研究，存在不同的认识。主要有以下几种代表性观点：

1. 共同犯罪说。最广义的有组织犯罪定义，即有组织犯罪是指两个以上的人为了某种具体的犯罪目的，组织起来共同实施的犯罪活动。

2. 团伙犯罪说。广义的有组织犯罪定义，即有组织犯罪是指三人以上故意实施的一切有组织的共同犯罪或者集团犯罪活动，既包括黑社会组织、黑社会性质的组织，还包括松散性团伙。

3. 集团犯罪说。狭义的有组织犯罪定义，即有组织犯罪是指三人以上的有一定组织形式、主要犯罪成员基本固定、社会危害性大、反侦查能力强的集团性犯罪组织所实施的活动，不包括一般性的犯罪团伙。

4. 黑社会组织说或黑社会性质的组织说。最狭义的有组织犯罪定义，即有组织犯罪是指三人以上有一定组织机构和组织关系、内部结构紧密、等级森严、犯罪能量大、自我防护能力强的超集团性犯罪组织所实施的犯罪活动，主要是指黑社会组织。由于我国没有黑社会组织，只是具备黑社会组织的部分特征，但尚未达到黑社会的程度，是一种向黑社会组织过渡的雏形状态的黑社会性质的组织，因此，有的学者也称“黑社会性质的组织说”。

此外，还有基本特征定义说、本质特征说、“二元论说”等。持“二元论说”观点的学者认为，有组织犯罪的界定需要区分犯罪学和刑法学，在犯罪学意义上的有组织犯罪概念应着眼于有组织犯罪的宏观动态发展过程，将有组织犯罪作为一个“组织化”的过程，采取宽松的标准予以界定；而刑法学意义上的有组织犯罪概念则应立足于刑法规范，采取严格的法律标准确定。

主要参考文献：

1. 莫洪宪、郭玉川：《有组织犯罪的界定》，《国家检察官学院学报》2010年第2期。

2. 李芳晓：《国外有组织犯罪的概念与特征》，《国外社会科学》2007年第1期。

3. 卢建平主编：《有组织犯罪比较研究》，法律出版社2004年版。

4. 蔡军：《中国反有组织犯罪的刑事政策研究》，中国大百科全书出版社2013年版。

《联合国打击跨国有组织犯罪公约》的基本情况和主要内容

《联合国打击跨国有组织犯罪公约》是目前世界上第一项针对跨国有组织犯罪的全球性公约，也是国际社会加强合作打击跨国有组织犯罪的重要法律依据。为研究和推动反有组织犯罪立法相关工作，我们对公约的基本情况和主要内容进行了梳理，简报如下：

一、公约的基本情况

为调整各国间的不同政策和法律，促进国际合作，更有效地预防和打击跨国有组织犯罪活动，第55届联合国大会于2000年11月15日通过了《联合国打击跨国有组织犯罪公约》（以下简称《公约》）。《公约》附属有三项补充议定书：一是《关于预防、禁止和惩治贩运人口特别是妇女和儿童的议定书》（以下简称《打击贩运人口议定书》）。二是《关于打击陆、海、空偷运移民的补充议定书》（以下简称《打击偷运移民议定书》）。这两项补充议定书于2000年12月12日与公约一起开放供各国签署。三是《关于打击非法制造和贩运枪支及其零部件和弹药的补充议定书》（以下简称《打击贩运枪支议定书》）。该议定书于2001年7月2日开放供各国签署。

2003年9月29日，《公约》正式生效。至其生效时，共有147个联合国成员国签署了《公约》，其中有51个国家批准了《公约》；共有117个国家签署了《打击贩运人口议定书》，其中有40个国家批准了该议定书；共有112个国家签署了《打击偷运移民议定书》，其中有36个国家批准了该议定书；共有52个国家签署了《打击贩运枪支议定书》，其中有11个国家批准了该议定书。

2000年12月12日，我国签署了《公约》。2003年8月27日，第十届全国人大常委会批准了《公约》，并声明对《公约》第三十五条第二款关于通过仲裁和国际法院解决争议条款作出保留。2003年9月23日，我国政府向联合国秘书长交存批准书，《公约》于2003年10月23日对我国生效。此外，我国已签署全部三项议定书，并批准了其中的《打击贩运人口议定书》。

二、《公约》的主要内容

《公约》共41条，主要内容有：

（一）关于《公约》涉及的有关概念

《公约》对有组织犯罪集团、跨国犯罪等概念作了明确。根据《公约》规定，有组织犯罪集团是指三人以上组成的、在一定时期内存在的、为了实施一项或多项严重犯罪或根据《公约》确立的犯罪以获得金钱或其他物质利益而一致行动的有组织结构的集团。跨国犯罪包括多种情形：一是，在一个以上国家实施的犯罪；二是，虽在一国实施，但其准备、策划、指挥或控制的实质性部分发生在另一国的犯罪；三是，犯罪在一国实施，但涉及在一个以上国家从事犯罪活动的有组织犯罪集团；四是，犯罪在一国实施，但对另一国有重大影响。

（二）关于刑事定罪

《公约》要求各缔约国采取必要的立法和其他措施，将参加有组织犯罪集团、洗钱、腐败和妨害司法等行为规定为刑事犯罪。

1. 参加有组织犯罪集团犯罪。一是，为获得金钱或其他物质利益而与一人或多人约定实施严重犯罪，如果本国法律要求，还须有其中一名参与者为促进上述约定的实施的行为或涉及有组织犯罪集团；二是，明知有组织犯罪集团的目标和一般犯罪活动或其实施有关犯罪的意图，而积极参加该组织的犯罪活动，或明知其本人的参与将有助于犯罪集团实现其目标而仍实施的其他活动；三是，组织、指挥、协助、教唆、促使或参谋实施涉及有组织犯罪集团的严重犯罪。

2. 洗钱犯罪。一是，明知财产为犯罪所得，为隐瞒或掩饰其非法来源，或为协助任何参与实施上游犯罪者逃避其行为的法律后果而转换或转让财产；二是，明知财产为犯罪所得而隐瞒或掩饰其真实性质、来源、所在地、处置、转移、所有权或有关的权利；三是，明知财产为犯罪所得而仍获取、占有或使用；四是，参与、合伙或共谋实施，实施未遂，以及协助、教唆、促使和参谋实施上述行为。其中，对上述第三和第四种情形规定为刑事犯罪，以符合缔约国本国法律制度的基本概念为前提。

此外，《公约》要求各缔约国将洗钱犯罪适用于范围最广的上游犯罪，各国如果在立法中明确列出上游犯罪清单，则至少清单中应当列出与有组织犯罪集团有关的各种犯罪。

3. 腐败犯罪。《公约》要求，各缔约国要对行贿和受贿都规定为刑事犯罪，对这些行为涉及的外国公职人员或国际公职人员的行为也要规定为刑事犯罪。

4. 妨害司法犯罪。《公约》要求，缔约国将在涉及条约所涵盖的犯罪的诉讼中使用暴力、威胁或恐吓，或许诺、提议给予或给予不应有的好处，以诱使提供虚假证言或干扰证言或证据的提供规定为刑事犯罪；将使用暴力、威胁或恐吓、干扰司法或执法人员针对《公约》所涵盖的犯罪执行公务的行为规定为刑事犯罪。

（三）关于完善反洗钱和反腐败专门措施

1. 对于反洗钱，《公约》要求各缔约国：一是，应在力所能及的范围内，建立对银行和非银行金融机构及在适当情况下对其他特别易被用于洗钱的机构的综合性国内管理和监督制度，以便制止并查明各种形式的洗钱。这种制度应强调验证客户身份、保持记录和报告可疑的交易等项规定。二是，应在国家和国际一级开展合作和交换信息，并应为此目的考虑建立作为国家级中心的金融情报机构，以收集、分析和传播有关潜在的洗钱活动的信息。三是，应考虑采取切实可行的措施调查与监督现金和有关流通票据出入本国国境的情况，但须有保障措施以确保情报的妥善使用且不致以任何方式妨碍合法资本的流动。这类措施可包括要求个人和企业报告大额现金与有关流通票据的跨境划拨。四是，应努力为打击洗钱而发展和促进司法、执法和金融管理当局间的全球、区域、分区域和双边合作。

2. 对于反腐败，《公约》要求各缔约国：一是，应在适当时并在符合本国法律制度的情况下，采取立法、行政或其他有效措施，以促进公职人员廉洁奉公，并预防、调查和惩治腐败行为；二是，应采取措施，确保本国当局在预防、调查和惩治公职人员腐败行为方面采取有效行动，包括使该当局具备适当的独立性，以免其行动受到不适当的影响。

（四）关于完善刑事诉讼程序

《公约》对各缔约国如何完善打击跨国有组织犯罪的有关刑事诉讼程序，如保护证人、帮助和保护被害人等，作了规定。

1. 保护证人。《公约》要求，各缔约国应采取措施，为证人并酌情为其亲属及其他与其关系密切者提供有效的保护，使其免遭可能的报复或恐吓；证人保护措施可包括制定提供人身保护的程序，如人身转移、不披露或限制披露身份和下落等；规定可允许以确保证人安全的方式作证的证据规则，如允许借助于诸如视像连接之类的通信技术或其他适当手段提供证言。

2. 帮助和保护被害人。《公约》要求，各缔约国应在其力所能及的范围内采取措施，对被害人特别是受到报复威胁或恐吓的被害人提供帮助和保护；应制定适当的程序，使被害人有机会获得赔偿和补偿；应在本国法律允许的情况下，保证被害人的意见和关切在诉讼程序中得到充分表达和考虑。

3. 特殊侦查手段。《公约》要求，各缔约国应在其本国法律原则许可的情况下，根据本国法律规定的条件采取必要措施，允许有关主管部门在境内适当使用控制下交付、电子或其他形式的监视和特工行动等特殊侦查手段；鼓励各缔约国间订立关于使用特殊侦查手段的协定或安排。经各有关缔约国同意，国际合作中的控制下交付可包括拦截货物后保存或取出替换后继续运送等办法。

4. 加强犯罪嫌疑人或罪犯与执法当局合作的措施。《公约》要求，缔约国应采取措施，鼓励参与或曾经参与有组织犯罪集团的人为主管当局的侦查取证提供信息和帮助；对于在侦查或起诉中提供了实质性配合的被指控人员，应考虑规定在适当情况下减轻处罚的可能性；对于在侦查或起诉中予以实质性配合的被指控人员，应考虑根据本国法律基本原则规定免予起诉的可能性；应按照《公约》关于保护证人措施的规定保护本条规定人员等。

（五）关于涉案财物处置

1. 没收和扣押。《公约》要求，缔约国应在本国法律制度的范围内尽最大可能采取必要措施，以便能够没收《公约》涵盖犯罪的犯罪所得或价值与其相当的财产，以及用于或拟用于公约涵盖犯罪的财产、设备或工具；应采取必要措施，辨认、追查、冻结或扣押上述物品，以便最终予以没收；如果犯罪所得已经部分或全部转变或转化为其他财产，也适用上述措施。《公约》要求，如果犯罪所得已与从合法来源获得的财产相混合，则应在不影响冻结权或扣押权的情况下没收这类财产，没收价值可达混合于其中的犯罪所得的估计价值；对于来自犯罪所得、来自由犯罪所得转变或转化而成的财产或已与犯罪所得相混合的财产所发生的收入或其他利益，也适用没收、扣押措施，其方式和程度与处置犯罪所得相同；应使法院或其他主管当局有权下令提供或扣押银行、财务或商务记录，不得以银行保密为由拒绝；可考虑要求由犯罪的人证明应予没收的涉嫌犯罪所得或其他财产的合法来源，但此种要求应符合本国法律原则和司法及其他程序的性质。

2. 没收的犯罪所得或财产的处置。《公约》要求，各缔约国应按照本国法律和行政程序处置犯罪所得；对通过国际合作途径没收的犯罪所得，应在本国法律允许的范围内，优先考虑返还请求国；缔约国间在进行没收国际合作时，可以就将全部或部分犯罪所得捐赠给联合国筹款机制指定的账户和专门从事打击有组织犯罪的政府间机构，以及财产分享等事项缔结协定或安排。

3. 没收事宜的国际合作。《公约》要求，对于其他缔约国的没收合作请求，各缔约国应在本国法律允许范围内最大可能的及时转交和执行；各缔约国应当在收到请求后，及时采取财产强制措施，以便没收。同时，《公约》要求各缔约国将《公约》视为没收合作的依据，并考虑缔结相关条约、协定或安排，增强合作的有效性。

（六）关于加强国际合作

《公约》对加强国际合作，以及时有效打击跨国有组织犯罪作了一系列规定。主要有：

1. 引渡。《公约》要求，各缔约国对于引渡请求中既包括《公约》所涵盖的犯罪也包括其他严重犯罪时，可以根据《公约》引渡；在没有订立引渡条约的情况下，视《公约》为引渡的法律依据；应在本国法律允许的情况下，努力加快引渡程序并简化有关证据要求。

2. 司法协助。《公约》要求，各缔约国应对《公约》所涵盖的犯罪提供最大程度的司法协助；缔约国也可以在未经请求的情况下主动提供协助。

3. 执法合作。《公约》要求，各缔约国应在力所能及的范围内开展合作。如：加强并在必要时建立各国主管部门之间的情报信息交换渠道；合作就犯罪人的身份、行踪、活动、所在地点、犯罪所得和犯罪工具去向等进行调查；在适当情况下提供必要数量的物品用于分析或调查；加强专家、联络官员等人员交流等。

4. 联合调查。《公约》要求，各缔约国间应订立协定或安排，以便建立联合调查机构；如没有协定或安排，可就个案商定进行联合调查。联合调查应确保在其境内进行调查的缔约国的主权受到充分尊重。

5. 刑事诉讼移交。《公约》要求，各缔约国如认为移交诉讼有利于司法公正和高效，应考虑移交诉讼。

6. 建立犯罪记录。《公约》要求，各缔约国应采取措施，考虑其他缔约国已经作出的有罪判决，在本国的刑事诉讼中使用。

此外，《公约》还对收集、交流和分析相关资料，打击跨国有组织犯罪的培训和技术援助措施，对发展中国家的经济和技术援助措施，犯罪的预防措施等作了细致规定。

德国反有组织犯罪的立法情况

为研究反有组织犯罪立法有关问题，我们查阅、整理了德国、意大利、美国、日本等国家反有组织犯罪的立法情况。现将德国的有关情况简报如下：

一、德国反有组织犯罪的立法背景

（一）德国的反有组织犯罪立法，是应对有组织犯罪严峻形势和履行国际公约义务的需要

20世纪70年代以来，国际范围内以组织形式进行的毒品交易、非法武器交易、非法机动车交易、偷渡、与卖淫相关的买卖人口、制作伪钞、勒索保护费、团伙盗窃和窝赃、毒品犯罪，以及与这些犯罪紧密相关的洗钱犯罪日益增多，对社会和经济造成很大的危害。德国也面临着同样的问题。为了加大对这类犯罪行为的惩治力度，提高打击效率，有必要制定有关打击有组织犯罪的法律。

为打击有组织犯罪，国际社会也出台了一系列的公约、规则。为了履行相关国际义务，德国也有必要制定打击有组织犯罪的相关法律。欧共体制定了若干有关反洗钱的指令如1991年的《阻止为洗钱目的利用金融体系的欧共体指令》，联合国1988年通过了《禁止非法贩运麻醉药品和精神药品公约》、1999年通过了《禁止向恐怖主义提供资助的国际公约》。21世纪以来，随着经济全球化进程的加快和国际恐怖主义活动的加剧，跨国境犯罪也更加猖獗，联合国2000年通过了《联合国打击跨国有组织犯罪公约》，欧盟2008年通过了《打击有组织犯罪的框架决定》。欧盟和联合国的这些法律规范赋予了成员国通过制定国内法落实相关规定的义务。

（二）德国法学界和司法部门对有组织犯罪的认识不断加强，为反有组织犯罪立法提供了理论支持

20世纪70年代以来，德国法学界和实务界加强了对有组织犯罪和相关法

律、政策的研究。其中一个重要的方面，是对有组织犯罪的特征进行了梳理，形成了系统的认识。德国法学界一般从组织、能力和功能三个方面归纳有组织犯罪的特征。一是组织特征。有组织犯罪系由多人形成的相对稳定的组织，内部有分工，成员可替代。二是能力特征。有组织犯罪往往并不局限于实施某一种犯罪行为，而且形成了一套让成员保持“忠诚”、规避责任追究以及腐蚀公职人员的“措施”；对于犯罪所得，则通过洗钱的方式进行掩饰。三是功能特征。有组织犯罪能制造和满足犯罪领域对特定物质（如毒品）和服务的需求，并采取违反国家禁止性规定的方式对非法需求进行控制。

德国联邦司法部和各州司法部联合发布的《刑事诉讼程序和罚款程序指令》对有组织犯罪的定义是：以获得利润、权力为目的的按计划进行的犯罪行为，行为性质严重，参与人为两人以上，持续时间长，有分工，并通过利用经营性或准经营性组织结构，使用暴力或其他威慑性手段，对政界、媒体或经济等施加影响的方式进行。这一定义体现了上述特征。

可以看出，在德国，有组织犯罪并不仅强调犯罪组织本身，而是把有组织犯罪作为一种犯罪形式，强调犯罪行为是以有组织的形式进行的。只要是有组织地按计划进行的各种犯罪行为，都是有组织犯罪。这种有组织犯罪的犯罪行为是开放的、多样的，可能包括任何一种犯罪行为。实践中，恐怖活动、贩卖人口、偷渡、非法毒品交易、洗钱等犯罪行为通常会以有组织的方式进行，是德国反有组织犯罪立法关注的重点。

二、德国反有组织犯罪的立法形式和主要法律

（一）“包裹立法”是德国反有组织犯罪立法的主要形式

“包裹立法”是一种形象的说法，是指围绕一个主题一次性对多部法律作出修改，并且以一部法律文件的形式予以公布。这类似于我国的打包修改。不同之处在于，德国的“包裹立法”因其主旨而被赋予一个独立的法律名称，如果望文生义的话，会误解为专门制定了一部法律。但实际上，“包裹立法”并不作为独立的法律存在，其具体内容会纳入修改的相关法律中去，只是名称仍然保留。“包裹立法”通过之后，由联邦法律公报予以公布，但在法律汇编或者数据库中是找不到的，使用时一般也不会直接引用，而是直接引用修改过的相应法律。因此，在德国，并不存在一部严格意义上的单独的反有组织犯罪法。

德国关于反有组织犯罪的“包裹立法”共有四次：一是1992年7月通过的《打击贩卖毒品和其他形式的有组织犯罪法》（简称《有组织犯罪法》），对《刑法》《刑事诉讼法》《麻醉药品法》《法院组织法》《违反秩序法》《证人与专家补偿法》等多部法律作了修改。二是1994年10月通过的《刑法、刑事诉讼法和其他法律修改法》（简称《打击严重犯罪法》），对《刑法》《刑事诉讼法》《关键证人法》《外国人法》《避难程序法》等十多部法律作了修改。三是1998年5月通过的《完善打击有组织犯罪法》，对《刑法》《刑事诉讼法》《反洗钱法》《财政管理法》等法律作了修改。四是2017年7月通过的《〈刑法〉的修改与执行欧盟2008年〈打击有组织犯罪的框架决定〉的法律》，对《刑法》《刑事诉讼法》作了修改。

（二）通过制定和修改单行法的方式加强对有组织犯罪的预防和惩治

有组织犯罪的涉及面广，德国还通过制定或修改相关单行法，从重点领域和重点行业着手，来加强对有组织犯罪的预防和惩治。1993年10月通过了《严重犯罪所得利润追查法》；1997年8月通过了《反腐败法》，将腐败的监管范围从传统的公共领域扩大到私营范畴；2001年12月通过了《打击非法避税法》，加大对专业性的避税行为的处罚力度；2002年通过了《打击洗钱和打击对恐怖主义的资金资助法》；2008年推出了全面修订后的《反洗钱法》。

（三）通过刑法修正案对《刑法》作出修改，加强对有组织犯罪的打击

德国还专门通过刑法修正案，加大对有组织犯罪的打击力度。2002年8月通过《刑法修正案三十四》，明确建立犯罪组织罪和建立恐怖犯罪组织罪两个罪名适用于境外犯罪组织。

总的来说，德国经过20世纪90年代大规模的法律修改，以及21世纪以来的进一步完善，已经形成税收、海关、金融管理、司法等多部门协同打击有组织犯罪的格局，以及相对完备的惩治有组织犯罪的法律制度。

三、德国反有组织犯罪立法的主要内容

德国反有组织犯罪立法的核心在于通过引入一系列有针对性的措施，以有效地预防和惩治有组织犯罪，具体包括在单行立法中增加对重点领域和行业的行政管理手段，在刑法中增设新的罪名和措施，在《刑事诉讼法》中增加新的侦查手段、加强对证人的保护等。

（一）规定行政性管理措施

反有组织犯罪是个系统工程，涉及的行业和领域很多，德国在相关单行法律中规定了具体的行政措施，通过对金融及反洗钱、麻醉药品、税务管理、反腐败、恐怖活动惩治等重点行业和领域的行政监管，预防有组织犯罪的发生。

1. 反洗钱措施。针对洗钱行为，《反洗钱法》规定，信贷、金融、保险、律师、公证人、税务顾问、房产中介、博彩业经营者等机构和人员对重大交易要进行身份查证，对可疑交易要报告，需采取措施防止被人用作洗钱工具；海关对跨境现金交易进行监督，需严控进出关的财产申报；对于违反规定的，可以处以大额的罚款。

2. 禁毒措施。针对毒品犯罪行为，《麻醉药品法》规定对药品进行分级分类和列管，并规定了临时管制等行政措施。

3. 反腐败措施。针对腐败行为，《反腐败法》《公务员法》等规定了大量预防性措施，如所有公职人员都不得接受任何形式的馈赠和捐献；公务员经批准并向社会公开后，才能从事第二职业；对容易滋生腐败的权力机关或敏感岗位的公务员，三年必须换岗，其他部门五年必须轮岗等。

4. 反避税措施。针对非法避税行为，《涉外税法》规定了反避税措施，如发现有按照明显低于正常交易价格进行交易造成纳税基数减少的，税务部门可以上调纳税基数等。

上述措施，类似于我国反洗钱法、禁毒法等相关立法中的行政管理和处罚措施，重在相关行业和领域的规范和管理，重在对犯罪的预防，以打早打小，惩防结合，从源头遏制犯罪特别是有组织犯罪的滋生和发展。

（二）修改《刑法》，增设新的罪名，并加大处罚力度

1. 增加和修改有关犯罪组织的罪名。根据实践需要，德国对《刑法》中的犯罪组织的有关罪名不断进行修改完善。1871 年《刑法》创立之初，规定了建立犯罪组织罪。为了打击恐怖组织，1976 年增加规定了建立恐怖犯罪组织罪；2002 年增加规定，明确上述两罪名适用于境外犯罪组织；2017 年又对建立犯罪组织罪进行了修改。

根据德国《刑法》现有规定，建立、参与、赞助犯罪组织，以及为其招募成员的行为，构成建立犯罪组织罪，处五年以下有期徒刑或者罚金。建立、参与、协助恐怖犯罪组织的，构成建立恐怖犯罪组织罪，处六个月以上十年以下

有期徒刑。这里的犯罪组织可以是境内的，也可以是境外的。

2. 明确“组织”的含义。德国 2017 年对建立犯罪组织罪进行了修改，明确“组织”是指：二人以上，为追求共同利益而组成的，具有独立性、组织性及长期存续性，成员自行决定各自的角色定位、身份资格以及组织结构形式的团体。

3. 修改和增设与有组织犯罪有关的罪名，加大处罚力度。一是增加规定洗钱罪，并作出多次修改，扩大上游犯罪行为的类型，加大处罚力度。二是对特定的犯罪行为加大处罚力度。在盗窃罪基础上增加结伙盗窃罪，在窝赃罪基础上增加职业窝赃罪、结伙窝赃罪、职业性结伙窝赃罪，规定更重的刑罚。三是规定犯罪组织成员伪造文书、货币、有价证券或者洗钱、抢劫的，处以更重的刑罚。

4. 增设单独的财产刑和扩大财产追缴范围。不过，有关规定后来被废止。为剥夺因有组织犯罪而获得的财产利益，德国在 1992 年打包修改《刑法》时，一是增加了财产刑，规定可以没收行为人的财产，以其全部财产为限。但该规定在 2002 年被联邦宪法法院以与德国《基本法》的规定相抵触为由，判决无效。二是扩大了财产追缴的范围，将可追缴财产的范围由被告人所有的财产，扩大到用于犯罪行为或者因犯罪行为而获得的财产，即只要与犯罪有牵连的财产，都在追缴之列。但该规定在最新的《刑法》条文中已被删除。

可见，在涉及公民的合法财产权利的剥夺方面，德国是很慎重的，会对惩治犯罪和保护公民的合法权益进行反复权衡和取舍，并根据实践情况，适时对法律进行调整，对不合适的措施也会适时予以废止。

（三）在《刑事诉讼法》中增加新的侦查措施，并加强对证人的保护

1. 增加技术侦查手段和卧底侦查员等侦查措施。传统的侦查手段难以有效对付有组织犯罪。1992 年打包修改法律时，在《刑事诉讼法》中规定了一些新的侦查手段，如计算机排查、数据比对，以及监听监视、记录电信通信等技术侦查手段，允许使用卧底侦查员等。这些侦查手段适用于有组织犯罪等重大犯罪行为的侦查。

1998 年打包修改法律时，在《刑事诉讼法》中增加规定，允许在有组织犯罪等严重犯罪的侦破过程中对住所采取监听监视措施。该措施因为涉及德国《基本法》规定的住所不受侵犯的权利，在德国一直存在争议。

2. 加强对证人的保护。20 世纪 70 年代以前，德国的刑事诉讼程序为了有效追诉犯罪，视证人出庭作证为应尽的义务，疏于对证人的保护。1992 年和 1998 年打包修改法律时，加强了对证人的保护，规定：一是证人提供住所地可能对证人和其他人员带来危害的，证人可以不告知真实住址、有关身份信息。二是被告人出庭可能妨碍证人真实陈述的，询问证人时，可以要求被告人离庭。三是证人可能遭受危害的，审判长可以决定全部或者部分不公开审理。四是证人接受法庭询问，符合法定情形的，可以在与被告人不同的房间或者在法院以外的其他地方接受询问，并在法庭同步进行视频播放。

主要参考文献：

1. 赵赤：《中外惩治有组织犯罪比较研究》，中国政法大学出版社 2017 年版。

2. 郑冲：《德国打击有组织犯罪相关立法情况》，《中国人大》2010 年第 14 期。

3. 刘莹：《论对抗有组织犯罪之秘密证人保护》，《求索》2001 年第 4 期。

意大利反有组织犯罪的立法情况

为研究反有组织犯罪立法有关问题，我们查阅、整理了德国、意大利、美国、日本等国家反有组织犯罪的立法情况。现将意大利的有关情况简报如下：

一、意大利反有组织犯罪的立法背景

意大利的有组织犯罪主要以黑手党形式为世人熟知。意大利黑手党是世界上最早也是最典型的有组织犯罪集团之一，其起源于意大利南部，现在不仅逐渐扩大到意大利其他区域，还渗透到其他国家，变成了跨国武装力量。自 20 世纪 90 年代以来，意大利以黑手党型犯罪为主的有组织犯罪逐渐发展出新形式、新特点。

一是从输出型向输入型转变，跨国组织性质明显。由于意大利特定的地理位置，其既是非法移民的理想“码头”，也是各种跨国犯罪主要非法通道的必经之路。随着通信技术和全球化的发展，意大利本土黑手党组织在发展成为跨国犯罪组织的同时，源于俄罗斯等国的跨国犯罪集团也大量涌入意大利，严重影响到意大利国家和政治安全。

二是由传统犯罪领域转向新型犯罪领域，以合法形式掩盖非法目的。随着意大利法律制度的完善和打击力度的加强，意大利黑手党犯罪集团由传统暴力型犯罪转向经济领域，甚至向新兴行业（如能源、环保行业）渗透。通过利用背景清白的人（而不是自身开公司）代理经营，并与其他跨国犯罪组织寻求利益共同点，达成战略协议等方式，将犯罪的主要对象由普通市民和社会治安转向了破坏公平竞争的市场秩序，控制经济产业，甚至是威胁国家政治经济安全。

三是向公共权力部门渗透，贪污腐败现象严重。随着国家反黑手党体制的建立，黑手党犯罪集团越来越重视贿赂掌握着主要权力的公共管理部门和控制巨额公款的行政部门官员，并企图影响舆论和政治机关。这一状况不仅严重影响了国家机关的公信力和治理能力，还助长了跨国洗钱等犯罪的不法趋势。

二、意大利反有组织犯罪的立法情况

为与有组织犯罪集团作斗争，自1956年以来，意大利出台了数百部打击有组织犯罪集团特别是黑手党犯罪集团的法律，形成了以《意大利刑法典》《意大利刑事诉讼法》为基础，以各具特色的单行法律和特别法令为补充发展的法律体系，这是立法和司法对犯罪形势快速反应的结果。

（一）刑事法律：反有组织犯罪的基础法律

对有组织犯罪集团的定义、刑罚及诉讼程序主要规定在《意大利刑法典》和《意大利刑事诉讼法》中。其中，刑法典第二编“重罪分则”第五章“危害公共秩序罪”中规定了犯罪集团犯罪；1982年刑法典在第四百一十六条中增加“黑手党型集团”犯罪，对黑手党集团的定义和参加、组织、领导、发起黑手党型犯罪集团的刑罚作了具体规定；1992年刑法典在第四百一十六条中又增加“黑手党政治选举交易”的刑事处罚，在第四百一十七条中规定了保安处分；2006年修订刑法典，对有组织犯罪的定义和刑罚有了更为全面的规定。

反有组织犯罪的诉讼程序，主要在刑事诉讼法中规定。

（二）单行法律和特别法令：反有组织犯罪立法的补充

1. 反黑手党立法。主要有：1956年《反“黑手党”法》，主要扩大了警察局局长、检察官、法官的调查、扣押、没收权限；1982年《同“黑手党”犯罪作斗争紧急措施法》，将法律规制对象由黑手党扩大到其他犯罪组织和集团；1990年的《“黑手党”型犯罪防止法》，致力于解决政府部门打击“黑手党”型犯罪不力和一些警察、法官在打击过程中被害的问题；1991年通过《证人保护法案》和《“黑手党”悔过法》，一方面加强对黑手党案件的证人保护，另一方面对于脱离黑手党的悔过者及其家属，可以减轻或免除刑事责任，可以获得缓刑或假释等优待，可以享受终身由国家供养的待遇；1992年颁布《反“黑手党”法案》，成立了反黑手党调查局等。

2. 反洗钱立法。对于特殊形式犯罪如洗钱犯罪，意大利政府则通过多个法令逐步建立了对洗钱行为的法律规范，并在1992年第328号法令中，将洗钱犯罪的范围扩大到所有严重犯罪的收益，使《意大利刑法典》第六百四十八条关于洗钱犯罪的规定得到进一步补充。

3. 反腐败立法。随着有组织犯罪形态的转变，官员与黑手党等犯罪组织相互勾结，严重侵害国家利益、威胁国家安全，意大利加大了对与有组织犯罪有关的贪污腐败犯罪的打击力度。2015 年 4 月，意大利议会通过一项反腐败法案，其中规定，涉案官员一旦被认定犯贪腐罪，将判处等同于其受贿所得的罚金；与腐败相关有组织犯罪的主犯和从犯，将面临最高达 26 年的囚禁。

三、打击有组织犯罪的专门机构

意大利一直以来将打击黑手党型犯罪集团放在首要位置，为此，自 1991 年以来，意大利先后设置了调查黑手党罪犯的专业机构——全国反黑手党检察局、国家警察中央行动处和全国反黑手党调查局。

1. 全国反黑手党检察局。1991 年，意大利第 367 号法令决定设立全国反黑手党检察局和区级反黑手党检察署，专门承办黑手党型有组织犯罪集团的犯罪案件。其主要任务是及时有效地指挥和委托反黑手党调查局、国家警察的中央和跨省机构，为上述机构进行调查取证制定方针；协调全国反黑手党案件的调查取证以及追究刑事责任的工作；根据工作需要直接收集处理有关黑手党型犯罪集团的信息情报和资料；监督督促与协调区级反黑手党检察署工作等。

在特殊情况下，为了避免调查取证工作无正当理由停滞不前，检察长有权将案件调由本局或委派给其他检察署查处。在调查取证工作中，根据监狱法相关规定，经全国反黑手党检察长授权，反黑手党检察局可与被监禁或者被关精神病人会见。反黑手党调查局和中央、跨省警察组织在调查取证中，需要与被监禁或者被关精神病人会见的，则需要根据诉讼阶段，分别由司法部长和公诉人批准。

2. 国家警察中央行动处。国家警察中央行动处始建于 20 世纪 90 年代末，是隶属于国家警察总局的最高调查机构，下属 26 个反有组织犯罪集团调查组，其管辖区域类似于区级反黑手党检察署，一般在其管辖区域内打击有组织犯罪集团。

中央行动处的主要任务包括：（1）负责对国家警察各个调查机构及所属 26 个调查组所实施的反黑手党犯罪组织活动的调查进行协调、分析；（2）随时调查与掌握各种黑手党的犯罪情况并及时制定相应措施；（3）负责为有关调查机构提供技术服务和专业支持；（4）负责与宪兵、财政警察的中央行动处保持高层次协调，通过定期会议相互通报研究反黑手党犯罪集团的有关情况，制定有关调查对策等。

3. 全国反黑手党调查局。全国反黑手党调查局通过1992年《反“黑手党”法案》予以设立，主要人员由国家警察、宪兵和财政警察构成，设有预防性调查、司法调查、国际合作三个部门，其主要功能是在黑手党犯罪活动的调查取证中搜集相关情报信息等。

该调查局与全国反黑手党检察局、国家警察中央行动处共同组成一个严密、高效的打击黑手党犯罪集团的组织机构。

四、意大利反有组织犯罪的主要法律内容

（一）《意大利刑法典》

1. 对黑手党型犯罪集团的界定。《意大利刑法典》第四百一十六条规定了一般犯罪集团①和黑手党型犯罪集团。其中第二款规定，当参加集团的人利用集团关系的恐吓力量以及因实施犯罪而产生的从属和互隐条件，以便直接或间接实现对经济活动、许可、批准、承包和公共服务的经营或控制，使自己或其他人取得不正当利益或好处，阻止或妨碍自由行使表决权，或者在选举中为自己或其他人争取选票时，该集团为黑手党型犯罪集团。

从该定义可以看出黑手党型犯罪集团具有以下三个特征：拥有由集团关系而产生的恐吓力量、集团成员之间具有从属关系、集团成员之间的关系以互隐②为条件。由于意大利对一般犯罪集团和黑手党型犯罪集团在刑事政策、打击力度、罚则和诉讼程序等方面有较大不同，准确界定一般犯罪集团和黑手党型犯罪集团具有重要意义。

2. 对黑手党型犯罪集团的处罚。根据意大利刑事法律规定，黑手党型犯罪集团的犯罪类型及相应处罚主要分四类：

（1）以非法贩卖麻醉品或精神药品为目的的犯罪。刑法典对该组织的发起者、领导者及组织者、资助者，处以不少于20年的有期徒刑；

（2）以释放为条件，为自己或他人索取不正当利益，并以此为目的对他人

① 一般犯罪集团，即《意大利刑法典》第四百一十六条第一款规定的犯罪集团，通常指3人或3人以上为实施数项犯罪目的而结成的集团。

② 互隐，一种法律术语，一般指互相隐瞒和包庇集团内组成人员的罪行和其他违法犯罪行为。

进行绑架的犯罪。由于绑架、勒索犯罪通常是由组织内多人实施的典型共同犯罪，刑法典对共同犯罪中起不同作用的人规定了不同刑罚，对脱离共同犯罪并设法使被绑架者重获自由的，处以轻缓刑；

（3）组织黑手党犯罪集团，并直接或间接实现对经济活动、公共服务等经营或控制以获取不正当利益的犯罪。刑法典对参加、发起、领导及组织等行为规定了不同刑事责任。对单一参加黑手党型犯罪集团的处罚较轻；对参加拥有武装、武器或爆炸物的黑手党犯罪集团处以更重刑罚；对用于实施犯罪的物品、作为犯罪代价所得或收益的物品和用于犯罪的物品一律予以没收；

（4）用赠与钱款等方式影响政治选举交易的犯罪。刑法典早在1992年就对黑手党通过非法途径参与政权进行了刑事化打击，并在刑法中规定了相应罪名。

3. 对洗钱犯罪的规定。根据最新修订的《意大利刑法典》第六百四十八条第二款，除共同犯罪外，对一切非过失犯罪产生的钱款、财物或其他利益均可构成洗钱犯罪的对象。这一规定大大扩大了洗钱罪的上游犯罪范围。另外，客观上只要求实施了有关的替代或转移行为，或者为阻碍犯罪来源甄别而实施其他活动即可构成洗钱罪，而不论主观故意或过失。这一规定使得洗钱犯罪行为不仅包括与洗钱有关的买卖、接受、隐藏、交换以及居间行为，还包括一切与此有关的准备或接洽。

（二）《意大利刑事诉讼法》与刑事程序规定

1. 管辖。由于黑手党型犯罪集团的活动呈现扩张性、流动性、国际性等特点，最高法院于1993年7月3日通过判决确定了如下管辖原则：在世界各地均设立活动中心和分部的犯罪集团，如果活动中心和分部有一个或一个以上在意大利境内，或者某一项犯罪行为发生在意大利境内，其有关犯罪活动和行为人应由意大利司法机关依照意大利法律予以处罚。据此，只要某一个犯罪集团成员在意大利境内实施了部分或全部犯罪行为，意大利刑事法律就可以扩大适用至整个集团成员和全部犯罪活动。

2. 监听。《意大利刑事诉讼法典》第二百六十六条至第二百七十一条分别就监听的案件范围、条件和形式、执行、材料保存、在其他诉讼中的使用及使用禁止等方面进行了规定。对于可能判处3年半以上刑罚的可以由侦查机关申请监听，由法官决定是否批准。

3. 特别拘留措施。1988年新《意大利刑事诉讼法》规定了一系列临时性措施，包括禁止性措施、部分限制人身自由措施和预防性拘留。1992 年，法律又规定可以对被怀疑是即将进行严重黑手党犯罪的主体适用一年以下的拘留，但该权力被严格规范，只能由全国反黑手党检察局作出。

4. 优先扣押可疑涉黑财产和没收措施。由于意大利黑手党型犯罪集团发展的特殊性，打击经济来源一直是意大利反黑领导机构的主要目标之一，法律上也作出了许多特别规定。(1) 赋予执法机关特殊的调查权力。执法机关有权调查黑手党资金的来源、流向、投资和运行情况，反黑手党调查局局长可以申请对可疑人员和财产采取预防性调查措施，获取反洗钱报告，派人进入金融机构进行调查，要求金融机构监控可疑账户，要求有关部门联合行动等。(2) 规定可疑财产扣押程序。只要企业或犯罪组织有部分财产被怀疑有涉黑可能，反黑手党调查局即可扣押全部财产，被扣押的财产实行托管制度并处于司法监控下，最终由法官判断是否予以没收；(3) 规定严厉的没收措施。意大利的财产没收程序可以和刑事定罪程序相分离，即只要该财产是违法犯罪所得（“黑钱”），无论财产现有所有人是否涉嫌犯罪，都可一并扣押、没收。

5. 证人保护制度。意大利于 1991 年通过证人保护法案，规定了对合作者及其家属的一系列保护措施，并建立了专门的证人保护系统。一方面，该法案与 1991 年的《“黑手党”悔过法》相结合，对于积极指控有组织犯罪的合作者，可以从监禁地点被释放或者被采取监禁替代措施。由证人保护中心负责向被保护人及其家属提供虚假身份、住房、经济来源，帮助其融入社会等。另一方面，规定证人最大限度出庭作证义务。证人应当依法庭传唤到庭，在诉讼活动中执行法官命令、回答问题；若证人经多次传唤无故拒不到庭的，法官可以下令强制拘留证人。

主要参考文献：

1. 靳高风：《中国反有组织犯罪法律制度研究》，中国公安大学出版社 2016 年版。

2. 刘晓明：《意大利打击黑手党型有组织犯罪集团的刑事规定及组织体系》，《犯罪研究》2001 年第 4 期。

3. 黄国源：《黑社会性质组织犯罪的刑事立法研究》，中山大学 2009 年硕士学位论文。

美国反有组织犯罪的立法情况

为研究反有组织犯罪立法有关问题，我们查阅、整理了德国、意大利、美国、日本等国家反有组织犯罪的立法情况。现将美国的有关情况简报如下：

一、美国有组织犯罪的发展和特点

（一）美国有组织犯罪的发展

1. 起源阶段。19 世纪末期，大量意大利的西西里人移民至美国，由于缺乏必要谋生手段且正处于美国“禁酒运动”期间，这些意大利移民开始以非法手段走私酒类并逐渐建立起黑社会犯罪组织。至 1920 年墨索里尼执政时期，意大利黑手党也开始直接向美国转移。此后，日本、俄罗斯、中国香港特别行政区等黑社会组织向美国境内转移现象也越来越突出。

这一时期，美国黑手党犯罪呈现组织性强、涉及范围广、犯罪类型多样等特点。

2. 快速发展阶段。进入 21 世纪后，随着全球化和通信技术的发展，美国有组织犯罪的跨国特征越来越明显，有组织犯罪网络全球化，且犯罪活动更加隐蔽，通常采用开办经营合法产业等多种洗钱手段将非法收入合法化，有组织犯罪集团新老替代更迭。

这一时期，美国有组织犯罪呈现更加隐蔽、智能化、外表合法化、境内外相互勾结等新特点，打击和控制难度加大。

（二）美国有组织犯罪的特点

1. 有组织犯罪集团一般由相似文化背景的移民或其后裔组成。这主要与美国的国情密切相关。美国是一个由移民组成的国家，无论是老牌犯罪组织还是新生犯罪集团，均具有种族群聚的特点，如拉丁裔与非洲裔结合的黑手党、华人帮会等。

2. 犯罪集团内部高度组织化，有章程，有行规，有组织纪律。例如，来自俄罗斯的移民犯罪集团在发放高利贷、偷逃税款以及金融犯罪等方面十分专业，其组织内部规则之严密不亚于黑手党。

3. 有组织犯罪的主要形式不断变化。近年来，美国有组织犯罪通过洗钱等方式使犯罪收益合法化，并放弃部分武器毒品犯罪，转向金融诈骗、偷逃税款等经济犯罪活动，加大了政府对其进行打击的难度。

二、美国反有组织犯罪法律体系的发展

1. 起源时期。美国对有组织犯罪的普遍关注始于1929年《禁酒令》的颁布，该法令的颁布实施直接促进了美国有组织犯罪的壮大成熟，禁酒时代也成为美国黑手党的黄金时代。1951年，美国通过了设立有组织犯罪特别委员会以查处赌博和敲诈集团犯罪的议案。该特别委员会的成立和运作，标志着美国打击有组织犯罪法治进程的起点。

2. 形成时期。20世纪50年代末至70年代初，美国进行了一系列重要的反有组织犯罪立法，确立了以电子监控、卧底行动、豁免权和证人保护计划为核心的诉讼和司法制度，标志着美国打击有组织犯罪的法律制度已经初步成型。

其中，1968年的《犯罪综合控制与安全街道法》是美国第一部关于有组织犯罪的成文法，也是唯一一部对有组织犯罪有明确界定的法律。1970年的《有组织犯罪控制法》以及作为其组成部分一并通过的《反犯罪组织侵蚀合法组织法》（简称“RICO法案”），则集实体法和程序法于一身，规定了美国有组织犯罪的常见犯罪类型。

3. 发展时期。第一，完善反洗钱法律。美国1986年通过《洗钱控制法》，首次将洗钱列为联邦法独立的犯罪，并通过1992年《阿农齐奥—怀利洗钱法》、1994年《打击洗钱法》，授予了财政部门在监督和控制洗钱活动方面更大的权限。对反洗钱法律的制定与完善，彰显了美国遏制有组织犯罪集团向合法经济领域渗透、摧毁有组织犯罪经济基础的政策导向。

第二，重视对被害人的保护。美国2000年通过了《非法交易和暴力犯罪被害人保护法》，对非法劳务交易中的劳工剥削问题作出了规定，旨在阻止有组织犯罪集团发展成员和形成行业或区域性非法控制。

第三，强化打击腐败犯罪。美国2011年通过《公共腐败起诉改进法》，将某些严重的公共腐败犯罪的诉讼时效延长至六年，提高了联邦刑法中某些腐败犯罪的刑罚上限；在《反犯罪组织侵蚀合法组织法》（“RICO 法案”）的基础上增加了贿赂、盗窃、侵占公共资金；增加了其他的无线电窃听规定；扩大了伪证罪和妨碍司法程序罪的管辖范围等。

三、美国打击有组织犯罪的主要法律及制度

（一）《犯罪综合控制与安全街道法》

该法是美国第一部专门针对有组织犯罪的法律，并提出了“有组织犯罪”的定义：从事提供非法商品和服务的高度组织化和纪律化的犯罪集团所属成员实施的非法活动，包括但不限于赌博、卖淫、放高利贷、贩毒、敲诈勒索以及其他集团成员所实施的非法活动。

该法还包含两项重要内容：第一，规定联邦政府通过“协助执法管理基金”（LEAA）向地方执法机构提供资金，打击有组织犯罪。此基金后来被美国司法部项目所替代；第二，该法第三章允许美国联邦执法机构可以窃听嫌犯（包括有组织犯罪的嫌犯）的谈话。后来，该联邦执法机构的监听权在 1986 年《电子通信隐私法案》中受到限制，其他部分条款还在 1994 年《控制暴力犯罪和执法法案》中修改，以符合《联合国打击跨国有组织犯罪公约》的精神。

（二）《有组织犯罪控制法》与证人保护制度

1. 《有组织犯罪控制法》。1970 年《有组织犯罪控制法》主要内容规定在作为其组成部分的“RICO 法案”中。除此之外，该法一大亮点是证人制度。包括：（1）赋予大陪审团新的权力。联邦和州的大陪审团可以参与有组织犯罪的调查，并且有传唤证人并强迫其作证的权力，对于难以管理的证人可以决定拘留。（2）规定有组织犯罪案件的污点证人可以通过作证来免于被起诉，同时要求政府为有组织犯罪案件中的证人或潜在证人及他们的家人提供安全保护。这一规定成为美国“证人保护计划”的法律依据。

2. 证人保护制度。该制度可以追溯至 1960 年联邦证人保护项目：任何人一旦被确定为证人，立刻被政府纳入证人保护计划中，受到政府全方位保护；同时，对被认定威胁证人的行为人，可以“威胁证人罪”处以可能高达 20 年以上的刑罚；一旦被确认事后报复证人的，可以被判处终身监禁。

1984 年，美国又通过《证人保护改革法》，赋予联邦司法部部长保护联邦和州有组织犯罪的证人及其家属的生命财产的权力。对各州有组织犯罪的污点证人保护一般是在赔偿的基础上进行的，司法部部长有权为证人及其家属提供健康、安全及福利方面的帮助。只要危险不排除，他们就可以永远使用政府提供的保护性设施。

2000 年，美国国会通过了《非法交易和暴力犯罪被害人保护法》，在保护被害人权益的同时，进一步补充和完善了证人保护制度的相关细节。

（三）《反犯罪组织侵蚀合法组织法》（简称“RICO 法案”）

该法案被认为是美国联邦法律中打击经济犯罪、有组织犯罪最重要和最有威力的一部法律，被列为《美国联邦法典》第 18 篇第 96 章，包括定义、禁止行为、刑事处罚、民事救济、管辖与传唤、诉讼中的快速处理、证据以及民事调查令共 8 节。重要内容包括：

1. 规定“有组织犯罪”范围和主体。（1）将联邦法律和州刑法中谋杀、绑架、赌博、纵火、抢劫、敲诈勒索、经营淫秽和管制物品、挪用基金、电信欺诈、金融机构诈骗、贩卖人口、干扰商业和洗钱等数十种罪行均涵盖在有组织犯罪范围内。（2）确定因实施有组织犯罪而接受惩罚的对象包括“人”和“企业”。其中，“人”是指能够拥有合法财产利益或财产使用权的任何个人或实体；“企业”是指任何个人、伙伴关系、公司、协会或其他法定实体，任何虽不是法定实体但事实上相关的联盟或团体。

2. 在犯罪形式方面，规定了四种禁止行为。包括：（1）禁止对合法企业利用非法资金进行投资；（2）禁止通过该法所规定的犯罪行为来获得、维持或者控制合法企业；（3）禁止通过该法规定的犯罪行为来管理或参与企业事务；（4）禁止合谋实施上述（1）（2）（3）所禁止的行为。

3. 在刑事处罚方面，广泛适用财产刑。以剥夺犯罪者再犯能力为目的，包括：（1）可以处不超过 20 年监禁或者不超过犯罪收益或其他收入两倍的罚金①，两者也可并处。（2）由联邦司法部门剥夺和没收所有基于非法活动产生

① 根据“RICO 法案”关于刑事处罚的规定，可以根据《联邦法典》第 18 编规定处以罚金，也可以判处不超过犯罪收益或其他收入两倍的罚金。《联邦法典》第 18 编规定，对犯罪个人可以判处 25 万美元以下的罚金，对犯罪组织（公司等）可以判处 50 万美元以下的罚金。

的权利和财产，包括因实施本法禁止行为而直接或间接产生的任何财产、孳息和利益，也包括建立、操纵、控制、从事或参与企业的利益、证券、请求权及其他相关财产权利。

4. 在民事赔偿方面，该法案允许受害人提出三倍于其损失（包括诉讼费用）的赔偿请求。一方面，联邦地区法院有权命令违法犯罪行为人解散或重组相关公司，以赔偿受害者损失。另一方面，因违法犯罪行为在业务或财产方面受到损害的当事人，可向相应联邦地区法院提出诉讼，要求获得三倍于其所受损失和诉讼费（包含合理律师费）的赔偿，除非根据本法规定无法认定被告存在有价证券诈骗行为。

5. 在追诉时效上，追诉期可以延长至二十年。根据法案规定，只要一个被指控的上游犯罪是在起诉书首次提出之日的前五年内发生的，那么该罪行实施之日前十年内发生的属于该法案管辖的犯罪（以下简称“第二个犯罪”）也可被追诉。同样，政府也有权起诉在第二个犯罪实施之日前十年内发生的归属于法案管辖的犯罪。

（四）《洗钱控制法》与反洗钱法律制度

1. 《洗钱控制法》。1986 年《洗钱控制法》首次将“洗钱”规定为联邦法独立犯罪。同时规定，任何企业机构或个人有以下行为者，都将被视为非法：（1）采取政府所“指定的非法活动”① 形式，企图从事某项以促进非法活动为目的的金融交易；（2）进行税务欺诈或逃税，掩盖其收入的性质、地点、来源以及所有权等；（3）藏匿或接收赃款等行为。洗钱犯罪同样适用“RICO 法案”中的财产刑。

2. 其他反洗钱法律制度。（1）加强金融机构责任。1992 年《阿农齐奥—怀利洗钱法》规定，任何一家银行若违反《银行保密法》② 或有违规洗钱行为，都将被吊销营业执照。该法案要求所有金融机构必须如实报告与违法违规活动有关的任何可疑金融交易及电汇记录，对数额超过 5000 美元的可疑金融交易活动向政府提交“可疑活动报告”，并且这种报告不会因“泄密”而承担法律责

① “指定的非法活动”包括：毒品交易、逃税、欺诈、伪造、诈骗、贿赂、贪污、走私、谋杀和绑架等。

② 美国于 1970 年通过《银行保密法》（也称为《1970 年货币和涉外交易财务记录法》），该法案是美国惩治金融犯罪法律体系的核心立法，也是美国关于反洗钱的主要立法。

任。1994 年《打击洗钱法》，则要求银行监管机构审查和加强金融机构关于反洗钱培训和考核程序和向执法机构通报涉嫌违法案例的程序，建立了对从事货币汇兑业务公司的联邦注册要求，并将无照运营货币汇兑业务和为逃避监管的现金货币架构交易规定为违法联邦法规的罪行。

（2）加强政府监管。1998 年《反洗钱和金融犯罪策略法》要求美国财政部及其他相关部门机构制定一个全国性的反洗钱策略，并设立洗钱和相关金融犯罪高发区域①工作组，在联邦、州和地方各级洗黑钱的流行区域加强执法工作。2004 年《情报改革和防恐法案》授权财政部在对于打击洗钱和恐怖主义融资来说“合理必要”的前提下，制定规章要求相关金融机构报告跨境电子转账的记录。

（3）填补立法空白。2017 年 5 月，美国参议院通过了《打击洗钱、恐怖主义融资和造假法案》，试图通过消除诸如虚拟货币等立法空白和风险，加强现有的反洗钱和打击恐怖主义融资的法律监管。

四、美国反有组织犯罪立法的特点

美国是世界上最早制定惩治反有组织犯罪法律的国家之一，在司法实践中逐渐形成了以下立法特点：

1. 形成以制定法为主的反有组织法律体系。即直接从《联邦法典》中引用相关罪名而并不规定专门的有组织犯罪罪名。以“RICO 法案”为例，该法案并未创设任何新的罪名，仅仅是针对美国法律先前规定的 46 种上游犯罪的组合形式进行处罚和打击。

2. 建立严密的法律制度网络。一是强化和完善有组织犯罪的实体法规定及相应诉讼制度；二是将与有组织犯罪高度关联的洗钱犯罪和腐败犯罪也纳入规制范围，形成针对性较强的遏制犯罪组织演变成犯罪集团的立体法网。

3. 立法趋势逐渐从打击向预防转变。随着有组织犯罪信息化、外表合法化发展，美国打击有组织犯罪的重点也逐渐向加强金融领域和经济活动的监管等方面转变，并将行政监管与机构职责作为阻止其发展壮大的有效预防手段。

---

① 洗钱和相关金融犯罪高发区域既可以是地域性的，也可以是基于社会经济或产业划分。

主要参考文献：

1. 靳高风：《中国反有组织犯罪法律制度研究》，中国人民公安大学出版社 2016 年版。

2. 黄国源：《黑社会性质组织犯罪的刑事立法研究》，中山大学 2009 年硕士学位论文。

日本反有组织犯罪的立法情况

为研究反有组织犯罪立法有关问题，我们查阅、整理了德国、意大利、美国、日本等国家反有组织犯罪的立法情况。现将日本的有关情况简报如下：

一、日本有组织犯罪的起源和发展

日本传统上较为典型的有组织犯罪是“暴力团”犯罪，学术界将日本的有组织犯罪发展分为四个阶段。

第一阶段是1960年以前，为组织成员形成时期。表现为流浪街头的赌徒、流氓、流动小贩等因临时的同谋而实施聚合性犯罪。

第二阶段是1960年至1980年，为犯罪组织的初始阶段。组织成员为了共同实施犯罪而聚集在一起，形成街头帮派以及从事赌博、抢劫、抢夺的犯罪团伙，组织内部较为简单，没有明确的等级、阶层划分。

第三阶段是1980年至2000年，为有等级犯罪组织阶段。随着战后日本经济的复苏，暴力团发展迅速，内部组织结构严密，并通过“操典”“仪式”“文身”等控制组织成员，还通过经营外表合法的企业，介入经济活动、社会民事领域而获取非法利益。

第四阶段是2000年以后，为现代组织阶段。受国际化的影响，以及为应对国内的立法、司法和刑事政策，大的犯罪组织通过合并、吞并小组织而组成更大的犯罪组织，呈现出隐蔽性、国际化、追求经济利益等特点。如有的犯罪组织拥有熟知各国法律、金融制度的智囊团，通过控制赌博、色情等行业，与他国的黑社会组织相勾结，共同贩毒、走私、拐卖人口，以获取非法财产。

二、日本反有组织犯罪的立法情况

为打击有组织犯罪，日本一直在根据国内有组织犯罪的发展状况而制定修改相关法律。1926年，为了处罚暴力团实施的敲诈勒索、胁迫等行为，制定了

《暴力行为处罚法》（全称为《关于处罚暴力行为等的法律》）。1950 年，制定了《爆炸物取缔法》。1952 年，为了对实施暴力破坏活动的团体规定规制措施，制定了《破坏活动防止法》。1958 年制定了《枪炮刀剑取缔法》，之后进行了多次修改。1991 年，为对暴力团的行为进行规制，制定了《暴力团对策法》（全称为《关于防止暴力团员不正当行为的法律》）。1999 年，为处置实施地铁沙林毒气案件的奥姆真理教，对滥杀无辜犯罪的团体进行规制，制定了《滥杀无辜团体规制法》。1999 年，还制定了《有组织犯罪处罚法》（全称为《关于处罚有组织犯罪及规制犯罪收益等的法律》）、《为调查犯罪而监听通信法》、《部分修改刑事诉讼法的法律》。2002 年制定了《提供恐怖活动资金行为处罚法》等。

在立法模式上，日本采用了专门立法为主，并与刑事法律相结合的立法方式。日本与其他国家不同，是承认暴力团这种有组织犯罪有限合法的国家，其反有组织犯罪立法的重点在于对暴力团体、有关行业以及特定的犯罪行为、工具、对象等进行规制、防范和社会管控。一是针对特定的有组织犯罪，比如暴力团，以及有组织犯罪的一些特定行为，制定专门法律。如《暴力团对策法》《破坏活动防止法》《滥杀无辜团体规制法》等。二是对于一些与有组织犯罪密切相关的刀枪、爆炸物、武器、赌博、毒品、色情行业等行政管理和洗钱等金融领域的规范、社会管控以及有组织犯罪的防范，制定专门法律，如《枪炮刀剑取缔法》《大麻控制法》《娱乐行业控制和改进法》《预防犯罪活动获利转移法》等。

此外，刑法和刑事诉讼法是打击有组织犯罪的基础性法律，追究有组织犯罪刑事责任的有关活动，需要遵守刑法和刑事诉讼法的规定。在立法过程中涉及刑法、刑事诉讼法的，一般通过修改法律的方式解决，有时候也制定一些特别刑法。如 1999 年日本对刑事诉讼法进行了修改，对有组织犯罪的证人保护等问题进行规定等。《有组织犯罪处罚法》是关于有组织犯罪的特别刑法，其中也对有组织犯罪的处罚作了一些规定。

三、《暴力团对策法》和相关专门立法的规定情况

（一）《暴力团对策法》

在日本，暴力团犯罪在有组织犯罪中占有绝大部分的比重。针对有组织犯罪的专门立法中，1991 年的《暴力团对策法》是比较有特色的。该法共八章五

十二条，根据该法，暴力团是指可能助长其成员集体或者长期地实施非法暴力行为的团体。在日本，暴力团是有限合法的。该法主要对暴力团规定了具体的社会管控和防范措施。具体包括：

1. 指定暴力团。将符合一定特征的团体指定为暴力团，并将其名称、工作场所、人数等信息公布于众，使其反社会性明确化、公开化，加强社会对其的排斥，以达到逐渐减少成员数量，瓦解暴力团的目的。如果一个组织中有一定比例的成员有犯罪前科，该组织及其成员利用其威慑力和影响谋取经济利益，形成了具有等级结构的团体，将会被指定为暴力团。

2. 禁止从事相关行为。指定暴力团的成员被禁止从事一系列行为，包括利用暴力团的威力介入民事事项和经济纠纷；引诱、强迫他人加入暴力团；要求其成员实施暴力行为；在其据点附近扰民；暴力要挟、敲诈勒索；强迫成员断指、文身；对实施暴力的成员给予奖励；在据点张贴可能引发公众恐慌的标识；使用粗暴的言行向居民或行人示威等。

3. 损害赔偿责任。指定暴力团的成员使用暴力侵害他人的生命和身体健康的，其负责人无论有无过错，均需承担损害赔偿责任。

4. 关闭据点。若指定暴力团之间发生激烈争斗，使用凶器攻击等暴力行为的，政府可以关闭暴力团的据点，为期最长 3 个月，并可以延长。

5. 宣传培训和帮助措施。政府指定符合条件的组织作为“驱除暴力运动推进中心”，对民众进行应对暴力威胁的教育、培训，并鼓励、帮助成员退出暴力团回归主流社会；政府还对暴力团的被害人提供援助，包括联络、提供信息、指导和培训等。

6. 强制命令和刑事责任。指定暴力团成员实施了禁止行为的，公安委员会可以发出行政命令，要求其停止该行为，还可以发出强制命令，要求其遵守一定的事项。对于违反该法规定的有关强制命令的，可以追究暴力团成员的刑事责任。

该法从 1992 年 3 月 1 日开始施行以来，被指定的暴力团有山口组、稻川会、住吉会等 22 个，暴力团的成员不断减少，暴力团的办公场所不断撤销，暴力团之间的对抗事件也不断减少。特别是本法施行以后，暴力团成员获得资金更加困难。但是，一些暴力团伪装成一般的公司、企业开展活动，暴力团组织与合法的企业活动混杂在一起，其活动更加隐蔽，并朝着国际化、政治化的方向发展。

（二）其他专门立法

其他专门性立法也规定了一些适用于包括暴力团犯罪在内的有组织犯罪的具体管控措施，如《破坏活动防止法》对涉嫌恐怖主义的团体的设立、限制开展活动和取缔等作了规定；《枪炮刀剑取缔法》对管制刀具的携带、枪支弹药及零部件的生产、销售、出租、出借等规定了管控措施。

总的来说，这些针对暴力团体、有关行业以及特定的犯罪行为、工具、对象进行管控的专门性立法，是日本反有组织犯罪立法的一个特色，对涉及有组织犯罪的各方面社会管控措施作了较为全面的规定，基本构成了防治有组织犯罪的严密法网，对日本从源头上减少有组织犯罪，有效预防有组织犯罪起到了关键作用。

四、《有组织犯罪处罚法》和刑法规定的情况

为加重对暴力团、恐怖组织等反社会团体的有组织犯罪的刑事处罚，进一步剥夺犯罪收益，日本1999年出台了特别刑法《有组织犯罪处罚法》，主要规定包括：

1. 对“团体”和“组织”的概念进行了界定。团体实施的有组织的犯罪活动，都应当依法受到处罚。“团体”是指一定数量的成员基于共同目的，以组织的形式反复实施有关行为的持续性结合体；“组织”是指基于指挥命令，依照事先确定的任务分工，全体成员共同行动的结合体。

2. 加重了有组织犯罪的刑罚。对有组织的杀人、绑架、非法逮捕及监禁、诈骗、敲诈勒索、开设赌场、窝藏罪犯、销毁证据、隐匿犯罪收益等都规定了比刑法规定更高的刑期。如刑法规定犯杀人罪预备的，最高刑期为二年有期徒刑，而该法规定最高刑期为五年有期徒刑。

3. 扩大了犯罪收益的没收与追缴的范围。一是关于没收的范围，规定团体的成员实施有组织犯罪的，可以没收归属于团体的犯罪物品，包括提供或者将要提供给犯罪行为使用的，以及属于该团体且由该成员管理的物品。二是规定没收的对象除了犯罪收益外，还包括来源于犯罪收益的财产、犯罪收益与犯罪收益以外的财产混合而成的财产。对于混同的财产，可以没收相当于非法财产的数额的部分。三是进一步明确了犯罪收益的范围包括实施了一定的犯罪行为而产生的、获得的或者作为报酬而得到的财产，犯罪收益等不适宜没收的，可以向犯罪人追缴其价款。

此外，日本刑法关于共同犯罪的规定，内乱罪、骚动罪、聚众不解散罪、聚众赌博罪、准备凶器集合罪等有组织犯罪的罪名，以及放火罪、决水罪、杀人罪、伤害罪、抢劫罪、绑架和贩卖人口罪、诈骗和恐吓罪、胁迫罪、强制猥亵、强奸罪、鸦片烟罪等一般性的罪名都是适用于有组织犯罪的。

五、日本反有组织犯罪立法的特点及启示

通过梳理，我们发现日本反有组织犯罪的立法具有以下几个特点，可以从中得到一些启示。

一是和世界上大多数国家不一样，日本对暴力团这种组织犯罪采取了怀柔态度，暴力团是有限合法的。其对暴力团的打击更多地体现在对团体行为的规制，对成员违法犯罪行为的处罚。有学者分析认为，原因在于：一方面，日本宪法保护公民的结社自由，日本文化有讲求团结合作的传统，这使暴力团的存在有法律的支持和民意的基础；另一方面，日本当时暴力团成员人数众多，采取怀柔态度也是因为，突然取缔暴力团而产生的危险分子，可能会对社会稳定及经济社会发展带来冲击。实践证明，日本根据本国的实际情况采取的对策，取得了良好的效果。我国则与日本不同，犯罪组织本身就不合法，组织、领导、参加黑社会性质组织的都要追究责任。反有组织犯罪，各国都应当根据本国的实际情况，采用符合本国国情的斗争策略和法律制度，不宜照抄照搬。

二是在立法模式上，日本采用了专门立法为主、刑事立法为辅的立法体系。日本反有组织犯罪立法的重心在于通过相关的专门立法，对暴力团体、重点行业和领域、特定的犯罪行为、工具、对象等进行严格的行政管控和防范。刑事立法则主要规定刑事处罚和刑事司法程序。刑事追诉是国家对公民采取的最严厉的措施，通过刑法、刑事诉讼法进行专门规制，更有利于规范有关国家机关的行为，避免出现打击犯罪与保障公民权利两者关系的失衡。我国的刑法对共同犯罪、集团犯罪、组织、领导、参加黑社会性质组织犯罪，刑事诉讼法对技术侦查措施、证人保护等特殊的程序和措施都作了规定，可以考虑把立法的重心放在有组织犯罪的防治方面，在制定专门法的同时，在反恐法、禁毒法、枪支管理法等涉及有组织犯罪的特定领域制定一些特殊规则。

三是从源头上减少有组织犯罪，预防有组织犯罪的发生和蔓延，是反有组织犯罪的治本之策。从具体内容来说，日本针对暴力团体、重点领域和行业等规定了大量的有针对性的行政管控措施，这些措施涉及社会生活的各个方面，其目的就是对可能产生有组织犯罪的领域加强管控，消解有组织犯罪滋事蔓延的土壤和社会环境。刑事措施作为社会治理的最后手段，是严格受到限制的，在产生了有组织犯罪之后进行打击，对社会前端的治理效果是有限的。在治标的同时，还是要在治本上下功夫。当前我国正在全力推进国家治理体系和治理能力现代化，对于反有组织犯罪，需要加强系统治理、综合治理、源头治理，除了对有组织犯罪进行严厉的处罚，更好地“打伞破网”“打财断血”之外，还需多借鉴日本采取的管控和防范措施，努力将有组织犯罪消灭在萌芽阶段。

主要参考文献：

1. 张凌、于秀峰：《日本刑法及特别刑法总览》，人民法院出版社 2017 年版。

2. 余磊、邓小俊：《中日打击有组织犯罪的法律对策之比较》，《法学评论》2010 年第 2 期。

3. 陈成：《中日有组织犯罪刑事立法比较研究》，中国政法大学 2009 年硕士学位论文。

赃物善意取得问题研究

在反有组织犯罪法草案的研究修改过程中，涉及应当追缴、没收的财产转移到第三人，应当如何处理的问题。其中，对于赃物能否适用善意取得，也就是受让人善意地以合理的价款取得赃物的，能否取得赃物所有权的问题，包括民法典等法律中均没有明确规定，实践中的做法也不尽一致，各方面还存在不同认识。为此，我们梳理了我国法律中与涉案财物处置有关的规定，查阅了一些外国的规定，并做了一些研究。简报如下：

一、我国现有法律规定和实践做法

（一）法律规定情况

我国法律对赃物的善意取得问题没有作明确规定，与涉案财物处置有关的规定主要涉及刑法和民法典。

一是我国刑法对涉案财物的处置作了一般性规定。刑法第六十四条规定，犯罪分子违法所得的一切财物，应当予以追缴或者责令退赔；对被害人的合法财产，应当及时返还；违禁品和供犯罪所用的本人财物，应当予以没收。刑法中规定的处置涉及“一切财物”，没有作出但书性或者例外性的规定，未排除善意第三人获得的赃物。

二是我国民法典规定了不动产或者动产的善意取得。根据民法典第三百一十一条的规定，善意取得的条件包括：（1）受让人受让时是善意；（2）以合理的价格转让；（3）依照法律规定应当登记的已经登记，不需要登记的已经交付给受让人。本条同时规定，法律另有规定除外，但是对于哪些法律的规定属于“另有规定”不明确。这条规定是吸收了原物权法第一百零六条的规定。

对于上述刑法和民法典规定之间的关系，存在不同的认识和理解。有的认为，根据刑法的规定，赃物属于犯罪分子的违法所得，应当予以追缴或责令退赔，不存在第三人合法取得财产的空间，对于赃物，不宜适用善意取得制度解决权属问题。对善意第三人因赃物被追回而造成的损失，可以通过其他渠道解决。民法典规定的“法律另有规定外”指的就是刑法、刑事诉讼法、治安管理处罚法等有关规定。有的则认为，在刑事追赃过程中，不宜过度介入公民的私有财产权益争议，对于善意受让人的民事权利也应该予以保护，这对于维护交易安全和社会经济秩序都有好处。

（二）有关司法解释和部门规章的规定情况

一些司法解释和部门规章体现了对赃物的第三人善意取得的保护。1998 年 5 月，最高人民法院、最高人民检察院、公安部、原国家工商行政管理局《关于依法查处盗窃、抢劫机动车案件的规定》第十二条规定，对不明知是赃车而购买的，结案后予以退还买主。该规定保护了合法买主作为善意第三人的财产权益。2020 年公安机关《办理行政案件程序规定》第一百九十六条规定，对收缴和追缴的财物，属于善意第三人的合法财物的，应当及时返还。

2011 年最高人民法院、最高人民检察院《关于办理诈骗刑事案件具体应用法律若干问题的解释》第十条规定，他人善意取得诈骗财物的，不予追缴。2014 年 10 月，最高人民法院《关于刑事裁判涉案财产部分执行的若干规定》第十一条规定，第三人善意取得涉案财物的，执行程序中不予追缴，作为原所有人的被害人对该涉案财物主张权利的，人民法院应当告知其通过诉讼程序处理。规定“执行程序中不予追缴”，为通过民事法律规定解决赃物的善意取得问题留下了适用空间。

在扫黑除恶专项斗争过程中，最高人民法院、最高人民检察院、公安部、司法部《关于办理黑恶势力刑事案件中财产处置若干问题的意见》第十六条规定，“第三人通过其他方式恶意取得涉案财物的”，应当依法追缴。反有组织犯罪法草案稿第五十二条将其修改为“第三人通过其他方式取得应当追缴、没收的涉案财产的”。对此，在征求意见的过程中，各方面普遍提出，对善意第三人取得的财产，一般不宜简单追缴、没收。

（三）实践执行情况

以“赃物”和“善意取得”为关键词在北大法宝案例库进行搜索，共查到 1300 余篇案例与裁判文书。通过分析发现，大量案例的处理结果是认定第三人因不符合善意取得的条件而不能取得所有权，也有一部分在认定属于“善意取得”的前提下，对赃物能否适用“善意取得”进行了探讨和认定。从这些案例可以看出，虽然司法解释和部门规章等倾向于按照善意取得制度处理这一问题，但实践中司法机关对该问题的认识和处理办法并不一致。

有的案例通过对我国刑法和原物权法的规定进行分析，认为赃物不适用善意取得，没有对善意第三人的财产权利进行保护，公安机关在办理案件的过程中扣押了赃物并发还给了被害人，第三人只能要求退还款项。如江苏省苏州市某案例中，边某从葛某处购买25吨布匹，因葛某交付的布匹是他人盗窃并掩饰隐瞒犯罪所得的赃物，最终布匹被扣押并发还给被害人，边某虽然主张自己是善意取得，但法院判决的结果并没有支持其主张，而是要求葛某向边某退还货款，而不是将布匹返还给边某。

有的案例则通过引用有关司法解释和部门规章并进行分析，认为我国对善意取得赃物的第三人的合法权益是给予承认和保护的，认定相关财物为善意第三人所有。如广东省深圳市某案例中，巫某与经纪方签订了委托转让二手车买卖合同，支付了购车款后将车转移到自己名下，并办理了行驶证，没有证据证明巫某在购车过程中有过失或者没有尽到应尽的审慎义务。虽然该车后来被证实是他人诈骗所得，但法院最终仍按照善意取得原则认定巫某拥有车辆的所有权。

二、一些国家关于赃物善意取得的规定

各国法律都规定了动产的善意取得制度，但对于赃物的善意取得，各国的规定一般都比较慎重，除了要求遵守善意取得的一般规则，包括以合理的价格善意地取得，并完成交付外，还都会附加一定的条件，对其进行一定的限制，包括在法律中作出特殊规定。各国的规定主要有以下几种情形：

一是原则上赃物不适用善意取得。如《德国民法典》在动产所有权的取得和丧失一节中的第九百三十五条规定："物从所有人处被盗、遗失或以其他方式丧失的，不发生以善意取得为依据的所有权取得。前款的规定，不适用于金钱或无记名证券以及通过公开拍卖方式让与的物。"根据上述规定，对于赃物能够适用善意取得制度仅限于二种情形：（1）物品为金钱或无记名证券；（2）物品是通过公开拍卖方式的。我国台湾地区也有类似规定，我国台湾地区"民法"第九百五十一条规定："盗赃物或遗失物如系金钱或无记名证券，不得向善意占有人请求回复。"

二是规定了盗赃物原所有人的请求返还的期限，原所有人在期限前要求返还盗赃物的，不适用善意取得制度；在超过请求回复期之后，盗赃物的善意第三人才可以取得所有权。如法国、日本和我国台湾地区。《法国民法典》第二千二百七十九条规定："丢失物品的人或者物品被盗的人，自其物品丢失或被盗之日起3年以内，得向现时持有该物品的人请求返还；该持有物品的人得向其取得该物的人请求赔偿。"对于上述规定，同时规定了一项例外，第二千二百八十条规定："如持有被盗或他人丢失之物品的人是在交易会、市场、公开销售处或出卖同类物品的销售处购得该物品，原所有人仅在向现占有人支付其为取得该物品而支付的价款后，才能让持有人归还原物。"也就是说，如果原所有人愿意支付对价，也应当将盗赃物返还给原所有人，而不能适用善意取得制度。日本和我国台湾地区也有类似的规定，只是可以请求返还赃物的期限是2年。

三是在商事法律等特别法律中确定了购买人的善意取得制度，如英国和美国。《英国货物买卖法》中规定："如果货物是在公开市场上购买的，根据市场惯例，只要买方是善意的，没有注意卖方的权利瑕疵，就可以获得货物完全的权利。"《美国统一商法典》第3-302条规定，购买人从欺诈人处取得货物的，购买人对货物的所有权并非无效，在购买行为被撤销之前，购买人可以把有效的产权转让给支付了充分对价的善意购买人，金钱或者可转让票据之购买人的善意购买的权利优于原所有权人的权利。

可以看出，各国没有完全站在民事法律关系的角度对赃物的善意取得进行处理，而是考虑刑事法秩序的特殊要求与保护民事交易安全之间的平衡，一般不对赃物的善意取得作出绝对化的规定。即使能够得到各国一定程度的认可，通常也是限于通过正常、规范的商业渠道、大宗商品交易取得的物品，或者赃物为金钱或无记名证券等流通性很强的物品的善意取得。

三、对于赃物是否适用善意取得的一些思考

对于赃物是否应当适用善意取得，持不同观点的主要分歧点在于如何平衡刑事法秩序的特殊需要与保护民事交易安全的平衡。持肯定观点的人认为，为保证市场商品的正常流通，维护正常的市场交易秩序，保护交易安全，维护交易效率，节约交易成本，赃物也应当可以适用善意取得；持否定观点的人认为，赃物本身是禁止市场流通的，适用善意取得，不利于对被害人的保护，有些物

品对于原所有人来说具有特殊的人身、情感价值，也不宜被第三人善意取得。综合各方面的情况，有以下几点思考：

一是仅从法律规定方面看，平衡各方面的利益，为维护交易安全和社会经济秩序，借鉴我国民法典对遗失物善意取得的特殊规则以及国外的有关规定，在追赃过程中，对善意取得赃物的第三人的权利分情况在一定范围内给予保护，是必要的，但一律适用善意取得制度需慎重。具体可以区分不同情况：对于赃物为金钱或无记名证券的，因其具有高流通性，应当允许第三人善意取得；对于基于公开市场，通过正常的、规范的商业渠道购买的物品，可以考虑采用折中的办法，规定一定期限的请求回复期，既保护交易安全，又相对平衡了善意第三人与原所有人的权利冲突；对于具有特殊的人身、情感价值的物品，如奖章、婚戒、祖传纪念物等，这类特定物和种类物、大宗商品的交易存在一定的差异，受让人购买时应尽到更多的注意义务，在民事法律上认定其为“善意”也是困难的，若其为赃物，更不宜为受让人所有。

二是从具体案件处理的政治效果和社会效果方面看，如何平衡好善意第三人和原所有人即被害人的权利，需要给予一定的灵活处理的政策空间。我们在调研中了解到，部分案件涉案财产的处理中，法院遵循了善意取得的原则，但给后期的财产处理带来了难题。如北京市朝阳区林某斌黑社会性质组织“套路贷”案，以林某斌为核心的黑社会性质组织（民警、公证员、律师参与其中），以办理房屋抵押贷款投资为名，骗得72名被害人（主要是老年人）的信任，通过办理公证等方式将被害人的房产过户至该组织控制之下，后采用暴力、威胁等手段侵占了被害人的房屋，并将房屋处置变现。这些房产中，有5套房产因处置变现时存在虚假诉讼的情况，被害人提起民事诉讼胜诉后，房屋返还给了被害人；对于公安机关扣押的其他69套涉案房产，法院则判决归取得产权的善意第三人所有。这引发了被害人的集体上访事件，给后期对被害人的财产补偿、安置等工作带来了难题，目前仍然没有处理妥当。

三是若规定赃物完全按照善意取得制度进行处理，则需加强配套制度建设，加强对被害人补偿和保障。在我国对被害人的补偿和保障相关制度还没有到位的情况下，规定对赃物绝对按照善意取得制度进行处理应当慎重。一般认为，政府有维护社会治安的责任，被害人的人身或财产受到犯罪侵害的，国家应该给予其一定的帮助和支持，法国、日本、德国等国都规定有被害人补偿救助制度，被害人在遭到人身伤害时，可以申请国家补偿，根据法国的《刑事诉讼法》，被害人在财产受到损失时也可以申请补偿。实践中，若被害人的财产不能追索回来，也无法得到国家或者犯罪人的一定补偿，社会矛盾就会在一定范围内存在，特别是当这部分财产直接涉及被害人的基本生活保障时，矛盾就会更加激化。我国中央有关部门针对被害人因财产遭到重大损失，加害人没有赔偿能力，无法经过诉讼获得赔偿，造成生活困难的等情形，规定了司法救助制度，但该制度并没有上升到法律的层面，各地执行得并不均衡，实践中多与涉法涉诉的救助工作挂钩，无法确定能给被害人提供补偿。同时，需要注意的是，赃物的善意取得既是涉黑恶犯罪案件中的问题，也是刑事诉讼中的普遍性问题。在司法实践中，可以考虑先由司法机关依据有关法律和司法解释规定的精神，根据个案情况进行判断和处理，合理地保障被害人的财产权益，给社会矛盾纠纷化解留下一定的政策空间。同时，也需及时深入进行总结，在今后修改刑事诉讼法或有关法律时重点研究解决。

一些国际公约、国家关于刑事涉案财产处置的规定

对于涉案财物，包括犯罪所得、罪犯本人用于犯罪的财物以及违禁品等，依法予以追缴、退赔或者没收，对于有效惩治犯罪，恢复被罪犯侵害的社会关系，保护被害人等当事人的合法权益，都具有重要意义。但是，各国对涉案财物的范围规定存在一定的差异。有的国际公约或者国家的法律也会通过一定方式确定特殊的规则，适当扩大涉案财物的范围，以保障有效惩治犯罪刑事政策目标的实现。我们查阅了一些国家和地区相关法律的规定，对可没收的刑事涉案财产范围、证明责任和证明标准以及利害关系人的权利保障等规则进行了梳理。现简报如下：

一、关于可没收的刑事涉案财产范围的一般规定

我国刑法第六十四条规定，犯罪分子违法所得的一切财物，应当予以追缴或者责令退赔；对被害人的合法财产，应当及时返还；违禁品和供犯罪所用的本人财物，应当予以没收。大多数国家不允许追缴、没收与犯罪所得、违禁品或者用于犯罪的本人财物之外的与违法犯罪行为无关的个人财产，但对于上述“犯罪所得、违禁品或者用于犯罪的本人的财物”，不少国家作了更为详尽的规定，以利于司法中掌握。这些规定，也在一定程度上丰富了犯罪所得的内涵。具体如下：

1. 关于报酬、对价等是否认定为“犯罪所得”。有的国家把“犯罪所得”细化为“犯罪行为产出物、取得物、报酬物、对价物等”。如日本《刑法典》第十九条规定，可没收的财产包括：（1）组成犯罪行为之物；（2）供犯罪行为使用或者将供犯罪行为使用之物；（3）犯罪行为产出物、取得物、报酬物；（4）作为前项所列之物的对价所取得之物。其中第三、四两项就是对犯罪所得的具体含义更详尽的规定。日本《刑法典》第十九条之二规定，不能没收应没

收的财物时，可以追缴其价款。再如，德国《刑法典》第73条规定，违法所得包括：（1）犯罪行为所取得的财产利益；（2）正犯或共犯出让所得物而获得的财物或将攫取之财物作为被他人丧失、损坏或夺走的财物的补偿，或给予所得权利而获得的财物；（3）如正犯或共犯为他人实施违法行为，而该行为因此而取得的财物。

2. 关于“犯罪所得收益”是否认定为“犯罪所得”。有关国家和公约有一些原则性规定，一般来说允许追缴、没收犯罪所得产生的收益。但是对于收益的范围界定有宽有窄。《联合国反腐败公约》规定，若犯罪所得及其收益与合法财产混同，没收价值最高可以达到混合于其中的犯罪所得的估计价值。《联合国打击跨国有组织犯罪公约》第十二条中规定，对于来自犯罪所得、来自由犯罪所得转变或转化的财产已与犯罪所得相混合的财产产生的收入或其他利益，也可适用没收和扣押措施，其方式和程度与处置犯罪所得相同。在美国，可查明系源于犯罪行为的收益可以作为犯罪所得予以没收。英国可没收的范围包括收益的替代物、混合收益和利益收益；澳大利亚规定，通过处置或者使用犯罪收益而取得或者实现的财产都可以没收。

3. 关于“供犯罪所用之物”的认定。各国和地区也有一些标准。美国有判例采用的是“实质关联”标准，例如对于洗钱罪，如果行为人将普通财产与违法财产混合在一起，如存放在同一账户中，用以掩盖犯罪所得的来源和性质，对这部分普通财产，法院通常视为其促进和帮助了洗钱的实施，应当予以没收。我国台湾地区司法实务中以“直接性”和“专门性”的标准进行认定，即只有直接和专门用于犯罪的财物才能没收。据此规定，在偶然的轻微犯罪中作为交通工具的小汽车，不宜成为没收的对象。

二、关于涉案财物范围的特殊规则

考虑到案件的特殊情况，有些国际公约、国家或者地区的法律在上述一般性规则之外，作了一些特殊的规定。这些规则在一定程度上将可以追缴、没收的刑事涉案财产范围作了变通或者适当扩大，有利于打击犯罪的需要。主要有：

（一）等值没收

当犯罪所得及其收益因被挥霍、转让等原因而无法实现对其没收时，允许用犯罪人的其他财产实行充抵，即允许“等值没收”，在事实上无法没收原物时，可以没收其替代物。如《联合国打击跨国有组织犯罪公约》第十二条“没收和扣押”中规定，对于来自有组织犯罪的犯罪所得，或者与其价值相当的财产，可以采取必要的措施，以便能够没收。德国《刑法典》第七十四条规定，如果犯罪人对其享有所有权或处分权，但应当被没收的财物，在法院判决前出售、消耗或者以其他方式使其无法被没收的，法院可以没收与该财物价值相当的财物或者折价款。意大利刑法典等也有类似规定。

（二）第三人的财物

有的国家的法律允许在特定情况下针对犯罪人以外的第三人的财物实行没收，比如第三人明知财物系违法所得而取得该财物，或者出于重大过失将自己的财物用作犯罪工具等。日本《刑法典》第十九条规定，只有不属于犯罪人以外的人的财物，才可以没收。但是，属于犯罪人以外的人所有的财物，在犯罪以后该人知情并取得财物的，也可以没收。德国《刑法典》第七十五条规定，第三人出于重大过失将其财物用作犯罪工具，或者明知财物应当没收并以可非难的方式取得财物的，可以没收。

不过，考虑到对于第三人的财物没收涉及案外人的财产权，为了防止过度使用和宽泛使用造成不当影响，对于这些财产的追缴、没收，一些国家也设立了一些限制性原则和规则。如德国规定了相当性原则，即对犯罪人之外的第三人犯罪所生之物、犯罪工具或者与犯罪相关之物的没收，必须与案件的情况相适应，控制在必要的范围内。根据德国《刑法典》第七十四 a 条、第七十四 b 条的规定，这种财物必须是所有人至少出于重大过失而将该物用作犯罪工具或是作为犯罪相关联之物，或者在认知该物的没收的情况下，仍以可非难的方式获得的。同时这种追缴、没收还要遵循比例原则，即相对于犯罪行为或者被没收权益的正犯或者共犯，这种没收不合比例时，则不可宣告没收。

（三）善意所得

各国包括我国的民事法律都规定了动产的善意取得制度，一般要求第三人受让时是善意，以合理的价格获得，并已经完成交付，第三人无偿取得或者有重大过失的，都不适用善意取得。对于赃物的善意取得，一般都会比较慎重，在承认赃物的善意取得的国家，除了要求遵守关于善意取得的上述一般规则外，还会对善意取得的财物的没收进行一定的限制。如德国《民法典》在动产所有权的取得和丧失一节中的第九百三十五条规定，盗赃物原则上不适用善意取得制度，但如果系通过公开拍卖的方式受让，或者受让标的为金钱或无记名证券，则适用善意取得。法国《民法典》将盗赃物的善意取得作为动产即时取得的一般规则的例外作了规定，其第二千二百七十九条和第二千二百八十条规定，盗窃物或遗失物是在交易会、市场、公开拍卖或者贩卖同类物品的商人处购买的，才可以适用善意取得，但原所有人在丢失物品或者物品被盗的 3 年内，在偿还第三人所支付的价款后，可以请求返还此物。即在 3 年内，原所有人提出请求并支付价款的，第三人不能善意取得；期限届满或者不能支付价款的，第三人才能善意取得。日本和我国台湾地区也有和法国类似的规定，但支付价款后可以请求返还赃物的期限是两年。

（四）推定为犯罪所得

一般来说，各国法院认定财物属于犯罪所得，都要求控诉方证明有关财物来源于特定的犯罪，并达到刑事案件“内心确信”或者“排除合理怀疑”的证明标准。由于实践中情况比较复杂，针对一些特殊的案件和情况，有的国家也规定了“推定的犯罪所得”制度，即在特定的情形下，不需要达到定罪所需要的证明标准，就可以推定被告人的特定财产来源于犯罪，系犯罪所得并予以追缴、没收。主要有以下几种情形：

1. 认定“犯罪生活方式”。法院认定被告人具有“犯罪生活方式”的，可以认定其生活对犯罪收益具有依赖性，进而可以推定被告人在一定期限内获得的财产或者发生的开销均来自犯罪收益。该制度为英国《2002 年犯罪收益追缴法》所创制。根据该法，以下三种情形可推定为犯罪生活方式：（1）被告人犯有以下 9 类犯罪之一，包括贩毒罪、洗钱罪、领导恐怖活动罪、贩卖人口罪、贩卖武器罪、走私罪、侵犯知识产权罪、组织卖淫活动罪、敲诈勒索罪；（2）被告人在 6 个月以上时间持续从罪行中获益；（3）被定罪行为为犯罪活动进程组成部分，具有职业性的特点。“一定期限”最长可为自被告人受追诉之日起向前回溯 6 年。

2. 认定为“特定犯罪所得”。被告人实施了特定的犯罪，且综合各种情形有理由推定其财产来源于犯罪，有的国家规定，这些财产可以推定为犯罪所得，如韩国《关于预防非法贩运毒品特别问题法律》第十七条规定，在评估毒品犯罪的获利时，对于犯罪人在其持续实施毒品犯罪活动期间所取得的财产，如果相较于其合法财产收入状况被发现明显增加，有合理根据认为所取得的财产来自毒品犯罪的非法收益的，则有关财产应当被推定为与毒品犯罪相关的非法收益。

3. 不能说明合法来源而推定为犯罪所得。被告人具有特定身份且不能对其财产的合法来源作出合理解释的，可以推定其财产为犯罪所得。被告人具有国家工作人员身份时，这种推定比较常见。《联合国反腐败公约》第二十二条要求各国需考虑将“公职人员的资产显著增加，而本人无法以其合法收入作出合理解释”的行为规定为犯罪。《联合国打击跨国有组织犯罪公约》第十二条中规定，缔约国可考虑要求由犯罪的人证明应予没收的涉嫌犯罪所得或其他财产的合法来源，但此种要求应符合其本国法律原则和司法及其他程序的性质。一些国家也作了类似的规定。匈牙利规定，有组织犯罪的行为人在参与有组织犯罪期间所获得的所有财产，在被证实来源合法之前，一律予以没收。意大利反腐败法规定，对因贪污、索贿、受贿、介绍贿赂等行为被定罪的，没收其不能说明合法来源的钱款、财物或者其他利益，以及与其缴纳所得税时申报的收入不相符合或者与其经济活动不相符合的钱款、财物或者其他利益。我国刑法第三百九十五条规定的针对国家工作人员的巨额财产来源不明罪就属于这一类。

一旦被认定为“推定的犯罪所得”，被告人在一定时段的收入和花费都可以被推定为犯罪所得，其在这段时间赠予给第三人的财产，也可以是追缴的对象。因此，为确保司法公正，防止推定发生错误，各国还规定了一些不能实行推定的情形，如存在相反证据时，以及法官综合考量各种因素后，认为适用推定是错误的或者可能造成严重的不公正时，应当放弃推定；同时，还应当确保被害人等利害关系人的诉讼权利，在被告人逃匿情况下慎用或者不适用类推规定等。

三、一些国家追缴犯罪所得及其收益的特殊程序

为了更好地实现对犯罪所得及其收益的追缴，一些国家在普通刑事诉讼程序之外，还补充规定了一些独立的没收程序，在未定罪的情况下可以实现对犯罪所得及其收益的追缴。如德国、意大利、我国台湾地区等都规定了未定罪的没收程序，也有一些国家主要是英美法系国家规定了没收令和民事没收程序，可以不以定罪为前提追缴财产，并降低了证明标准。主要有以下几种情形：

（一）没收令程序

没收令程序的目的是让被告人丧失因犯罪而获得的经济利益，包括以定罪为基础的没收令和不以定罪为基础的没收令。一般由检察官或资产追缴专员向

法院提出申请，或者由法院依职权主动审查，综合证据情况考虑后决定是否签发没收令。如根据英国的《2002年犯罪收益追缴法》，英国的没收令以定罪为基础，与刑事诉讼程序相对独立，可以在定罪后判刑前签发，也可以在定罪后两年内签发，法院依据优势证据标准作出决定。根据澳大利亚《2002年犯罪收益追缴法》，澳大利亚的没收令包括以定罪为基础的没收令以及不以定罪为基础的没收令；从没收对象和方式上来分，包括以限制令为基础的没收令、名声收益追缴令、罚金令等。不以定罪为基础的没收令，只要法庭认为有关人员从犯罪中获得了好处，即可对相关财产予以没收，不论其是否受到了刑事追诉，证明标准相对宽松。

（二）民事没收程序

民事没收程序是以犯罪收益为诉讼对象的一种没收程序。民事没收程序是不以刑事案件为前提，而以犯罪所得及其收益等财物为对象进行的没收。民事没收程序可以在没有刑事案件（行为达不到犯罪的程度，或者现有证据无法达到定罪的标准），被告人逃匿、死亡，或者无法确定犯罪行为人但可以查明涉案财物的情况下提起。对于民事没收程序，一般不适用刑事案件中排除合理怀疑的证明标准，而是适用民事诉讼中“优势证据”的标准，只要控方根据“优势证据标准”证明财产是犯罪所得，就可以判令没收。同时，允许被诉财物的所有人根据“谁主张，谁举证”的原则，对自己享有合法权利承担相应的证明责任。英国和美国都实行刑事没收和民事没收并行的程序，民事没收程序因适用低于刑事证明标准的优势证据标准，适用更宽松的证据规则，允许采纳传闻证据，可以使用类推规则等，在司法实务中适用很广泛，已经成为美国对刑事涉案财产实行没收的主要方式。

四、关于刑事涉案财产处置中的权利保障

在刑事涉案财产处置中，各国都高度重视利害关系人的权益保障，对采取查封、扣押、冻结等财产保全措施的审批程序，可采取保全措施的财物的范围，以及相关权利人的救济程序等都作了规定。

（一）司法控制原则

对涉案财产进行查封、扣押、冻结，采取的是令状主义下的司法审查制度，一般都得经过司法程序，由法官裁决是否适用查封、扣押、冻结等措施。这与

我国可以由公安机关在刑事立案后直接决定的做法有所不同。具体程序是由刑事侦查或者检控机关提出申请，交由法官裁量是否适用。但作为特别规定，也允许在特定情况下，由检察院直接决定。在紧急情况下，警察也有权行使搜查、扣押权，事后再由法官予以确认。如意大利规定，允许司法警察或者检察官在紧急情况下采取扣押、冻结措施，但要求在法定期限内得到法官确认，否则就解除这些措施。

（二）为财产刑的保全措施

一般来说，各国法律不允许为执行财产刑而提前对财物采取查封、扣押、冻结等保全措施，主要原因在于为执行财产刑而采取保全措施受到违反无罪推定原则的质疑。即使是极个别规定了该制度的国家，也严格限制了适用范围。如法国刑事诉讼法规定，在有组织的犯罪侦查阶段，为了保证所判处的罚金得到支付，法官按照检察院的要求，可以命令对受审人的财产采取保全措施。值得注意的是，法国的该制度仅适用于有组织犯罪案件，并且法国刑法对具体罪名应当判处的罚金数额都有较为明确的规定。

（三）当事人的知情权、请求权和抗辩权

对涉案财物的处置，一般均赋予相关权利人知情权、请求权和抗辩权。如在德国，对涉案财物的扣押等是作为刑事强制性措施进行规范的。若公民对法官采取的措施有异议，可以向上一级法院提起抗告，对检察机关、警察人员决定采取的措施有异议的，可以向所在地的法院申请异议。日本规定当没收的财产涉及第三人时，应当按照规定允许第三人参加案件的审理程序，若第三人参加了审理，没收裁判已经作出，但因为不可归责于自己的原因而没有提出权利主张的，应该依法对第三人进行补偿。

主要参考文献：

1. 熊秋红：《刑事诉讼涉案财物处置程序检视》，《人民检察》2015 年第 13 期。

2. 向燕：《论刑事没收及其保全的对象范围》，《中国刑事法杂志》2013 年第 3 期。

3. 谢丽珍：《违法所得没收特别程序研究》，法律出版社 2016 年版。